EFICÁCIA NORMATIVA DAS TESES JURÍDICAS FIXADAS NOS PRECEDENTES JUDICIAIS

EFICÁCIA NORMATIVA DAS TESES JURÍDICAS FIXADAS NOS PRECEDENTES JUDICIAIS

JOSÉ ROBERTO MELLO PORTO

Copyright © 2023 by Editora Letramento
Copyright © 2023 by José Roberto Mello Porto

Diretor Editorial | Gustavo Abreu
Diretor Administrativo | Júnior Gaudereto
Diretor Financeiro | Cláudio Macedo
Logística | Daniel Abreu
Comunicação e Marketing | Carol Pires
Assistente Editorial | Matteos Moreno e Maria Eduarda Paixão
Designer Editorial | Gustavo Zeferino e Luís Otávio Ferreira

CONSELHO EDITORIAL JURÍDICO

Alessandra Mara de Freitas Silva	Henrique Garbellini Carnio
Alexandre Morais da Rosa	Henrique Júdice Magalhães
Bruno Miragem	Leonardo Isaac Yarochewsky
Carlos María Cárcova	Lucas Moraes Martins
Cássio Augusto de Barros Brant	Luiz Fernando do Vale de Almeida Guilherme
Cristian Kiefer da Silva	Nuno Miguel Branco de Sá Viana Rebelo
Cristiane Dupret	Onofre Alves Batista Júnior
Edson Nakata Jr	Renata de Lima Rodrigues
Georges Abboud	Salah H. Khaled Jr
Henderson Fürst	Willis Santiago Guerra Filho

Todos os direitos reservados. Não é permitida a reprodução desta obra sem aprovação do Grupo Editorial Letramento.

Dados Internacionais de Catalogação na Publicação (CIP)
Bibliotecária Juliana da Silva Mauro – CRB6/3684

P853e   Porto, José Roberto Mello
            Eficácia normativa das teses jurídicas fixadas nos precedentes judiciais / José Roberto Mello Porto. - Belo Horizonte : Casa do Direito, 2023.
            370 p. ; 15,5cm x 22,5 cm.

            Inclui bibliografia.
            ISBN 978-65-5932-339-5

            1. Decisões judiciais. 2. Tese jurídica. 3. Precedentes judiciais. I. Título.

            CDU: 340.142
            CDD: 348.05

Índices para catálogo sistemático:
1. Precedente judiciário
2. Decisões judiciais

Rua Magnólia, 1086 | Bairro Caiçara
Belo Horizonte, Minas Gerais | CEP 30770-020
Telefone 31 3327-5771

CASA DO DIREITO
é o selo jurídico do Grupo
Editorial Letramento

editoraletramento.com.br   •   contato@editoraletramento.com.br   •   editoracasadodireito.com

Porque o Senhor é nosso juiz, o Senhor é nosso legislador; o Senhor é nosso rei que nos salvará.

(Isaías 33,22)

AGRADECIMENTOS

Este livro é fruto da minha tese de doutorado, significando tudo que o leitor é capaz de presumir que signifique. Lembro-me que, alguns instantes após defender o trabalho, diante de uma banca formada pelos professores Paulo Cezar Pinheiro Carneiro, meu orientador, Humberto Dalla Bernardina de Pinho, coorientador, Aluisio Gonçalves de Castro Mendes, Leonardo Farias Schenk, Antonio Pereira Gaio Júnior e Roberto de Aragão Ribeiro Rodrigues - todos referências para mim, com quem tive a honra de dividir momentos de aprendizagem nos últimos anos acadêmicos -, escrevi um texto que traduzia o sentimento que ocupava meu coração.

Opto, em homenagem a essa verdade, por reproduzi-lo, agora, nessa perene obra, possivelmente mais como uma recordação para mim mesmo que para qualquer outra pessoa. Uma sessão de agradecimentos ensimesmada, do ponto de vista do afeto.

"Doutor em Direito.

A UERJ me deu tudo, mas o mais precioso é o exemplo de excelência, de exigência e de generosidade que se faz sentir em todos os professores, especialmente aos do Departamento de Direito Processual.

Há 7 anos, Humberto Dalla me abriu os olhos para a possibilidade de fazer o mestrado, o que não era minimamente óbvio ou natural na época - estava fazendo provas para vários estados e (passar e continuar a) morar no Rio era um sonho ainda remoto. Fui visitá-lo no juizado especial (criminal do Leblon, onde o mestre trabalhou até ser nomeado como desembargador) e trocamos uma ideia entre audiências. Mais uma porta que abriu - é um hábito seu: abrir portas, gratuita e inesperadamente, aos demais.

Em 2016, entrei na Defensoria e no mestrado. Foram poucos os aplausos e muitas as críticas fáceis, com temperos de maledicência. A mim, cabia trabalhar, como sempre trabalhei. Nas mentes pequenas, não cabem planos grandes. Paguei o preço da insanidade: muita leitura, muitos quilômetros, muita correria, menos diversão. O estudo para concurso me deu um presente inesperado: descobrir que estudar e ler não é tormento, é descanso. Apostei no agir.

Em 2017, apliquei para o doutorado enquanto terminava a dissertação do mestrado. Aliás, quando nasceu meu primeiro filho, eram 40 páginas escritas; quando foi batizado, com um mês, eu defendia 217 páginas no dia seguinte. Era mestre.

Em 2018, comecei o doutorado. Já não viveria sem a UERJ, sem o convívio com os professores que viravam exemplos e amigos. Uma bela trajetória, um frutuoso convívio.

Hoje, defendi a tese, que há dois meses contava com 60 páginas. No meio das férias das crianças e sem muita ajuda, fomos (eu e minha Carol) achando espaço e entreguei com 270, lidas por uma banca admirável, de professores que me inspiraram em toda essa etapa.

É uma sensação de alívio e de saudade. O alívio fica, a saudade não: levo a UERJ comigo."

Por fim, o mais importante: obrigado, meu Deus, por essa mania de sempre vencer em matéria de generosidade e obrigado, amor da minha vida, Maria Carolina, por ser um exemplo de dedicação que me constrange, em silêncio, a me doar mais e mais e, assim, sorrir mais e mais.

APRESENTAÇÃO

É um privilégio fazer a apresentação do livro "A eficácia normativa das teses jurídicas fixadas pelo judiciário", deste jovem e brilhante mestre e doutor pela UERJ, defensor público e professor José Roberto Sotero de Mello Porto.

Tenho acompanhado a sua exitosa carreira, desde os bancos da pós-graduação em direito na Universidade do Estado do Rio de Janeiro até os dias de hoje. Durante todo este período, José Roberto demonstrou grande entusiasmo pelo direito processual, capacidade de trabalho e um talento inato. Foi meu assistente docente durante dois anos e meio, acompanhando todo o curso de teoria geral do processo e de processo civil, ministrando inúmeras e excelentes aulas para os alunos da graduação.

Na sua obra, José Roberto de Mello Porto, abordou tema inédito e da maior importância para o direito processual, em especial para o sistema de precedentes, a sua aplicação e a sua extensão exoprocessual.

O autor, na sua obra, faz uma retrospectiva histórica da evolução do tema dos precedentes no common law e no civil law, como também no direito brasileiro, partindo de um modelo de formação de teses do Código de Processo Civil de 2015. Em seguida, José Roberto, enfrenta ponto importantíssimo e sensível, ainda não explorado com profundidade em sede doutrinária, sobre a questão da vinculação da administração pública aos entendimentos judiciais, na medida em que o próprio legislador pontuou a obrigação da fiscalização da tese jurídica, tanto pelos entes públicos como pelos prestadores de serviços públicos autorizados, permitidos ou concedidos e pelas agências reguladoras (artigo 985, § 2º e 1.040, IV, do CPC).

Sustenta que as teses jurídicas possuem eficácia normativa que decorre do exame de três fundamentos: principiológico, funcional e pragmático.

O argumento principiológico, ligado ao dever de todo o ordenamento, está subordinado "aos ditames constitucionais, especialmente os da isonomia, da segurança jurídica e da liberdade."

O argumento funcional "por tutelar a unidade do ordenamento, elemento que lhe é essencial e intrínseco garantindo o direito difuso à higidez e hermenêutica."

O argumento pragmático "parte de uma perspectiva prática para concluir que em um funcionamento estatal, cabe ao judiciário sindicar atos dos demais poderes." E assim, "desobedecer a seus entendimentos é ofender a eficiência esperada do Estado."

Na sua conclusão, José Roberto, sustenta que todos, administração e particulares, estão sujeitos à tese jurídica fixada e que tal vinculação não decorre do instrumento da coisa julgada, mas sim da natureza declaratória da interpretação da norma objeto do incidente. Daí a existência de uma eficácia normativa da decisão, ensejando uma verdadeira colaboração do judiciário com o legislativo na formação da norma jurídica.

Recomendo vivamente a leitura da obra do Professor José Roberto Sotero de Mello Porto, pelo seu imenso conteúdo técnico, inovador e desafiador.

Rio de Janeiro, novembro de 2022.

Paulo Cezar Pinheiro Carneiro

Professor titular de Teoria Geral do Processo da
Universidade do Estado do Rio de Janeiro.

PREFÁCIO

O livro EFICÁCIA NORMATIVA DAS TESES JURÍDICAS NOS PRECEDENTES JUDICIAIS, de JOSÉ ROBERTO SOTERO DE MELLO PORTO, por certo, é um pioneiro e excelente trabalho sobre a construção do sistema brasileiro de precedentes, a partir de marcos históricos no âmbito do Direito Comparado, da evolução nacional e do debate teórico e prático em torno de pontos que são essenciais para a sua compreensão, aplicação e evolução.

No cenário mundial e nacional, pode-se constatar a busca incessante do desenvolvimento e fortalecimento de novos instrumentos processuais, dentro de uma perspectiva de modernização e aperfeiçoamento dos instrumentos de acesso à Justiça e de efetividade do processo. Busca-se celeridade, isonomia, segurança jurídica e eficiência nos julgamentos, especialmente de questões comuns, pois estas acabam obstruindo as vias de circulação do Judiciário, encontram soluções judiciais muitas vezes díspares para questões jurídicas idênticas ou semelhantes, desnorteando os profissionais do direito e o cidadão. Clama-se, incessantemente, pela racionalização da Justiça, tanto no que diz respeito à sua gestão processual, como no seu sentido material. Caminha-se para o fortalecimento dos precedentes, exigindo-se coerência e estabilidade, bem como a sua observância, em termos verticais e horizontais, pelos órgãos judiciais. Dentro deste cenário, a doutrina brasileira vem procurando aprender com as experiências externas, mas também formular construções que se façam apropriadas para a realidade local, bem como a evolução do próprio sistema de precedentes. O autor se preocupou com os fundamentos da eficácia normativa das teses jurídicas, a partir de argumentos principiológico, funcional e pragmático. Discorreu sobre a natureza jurídica e sobre as implicações dos efeitos das teses jurídicas, em termos subjetivos e da controlabilidade da sua aplicação.

JOSÉ ROBERTO SOTERO DE MELLO PORTO, graduado em Direito pela Universidade do Estado do Rio de Janeiro (UERJ), em 2013, vem exercendo desde 2016 o cargo de Defensor Público no Estado do Rio de Janeiro e adquiriu com brilhantismo o título de Mestre em Direito Processual pela Faculdade de Direito da Universidade do Estado do Rio de Janeiro (UERJ), na qual concluiu, mais recentemente, com o mesmo talento, o doutorado. Tratou com a devida seriedade o seu curso de pós-graduação *stricto sensu*. Por fim, a tese, que enseja o presente livro, foi submetida à conceituada banca presidida pelo Professor PAULO CEZAR PINHEIRO CARNEIRO e composta pelos Professores HUMBERTO DALLA BERNARDINA DE PINHO, OSMAR PAIXÃO, LEONARDO FARIA SCHENK, ANTÔNIO PEREIRA GAIO JÚNIOR, ROBERTO DE ARAGÃO RIBEIRO RODRIGUES e por mim, na qual se obteve o conceito máximo, com a aprovação contendo a menção de distinção, louvor e indicação para a publicação.

Ressalte-se que o autor vem se destacando como docente, profissional e autor de livros. A sua dissertação de mestrado foi também publicada, sob o título *elementos da teoria geral dos casos repetitivos*, em 2018. Com muito gosto, participei da referida banca e subscrevi a apresentação do livro. Do mesmo modo, tive a felicidade de escrever em coautoria com ele o livro *Incidente de Assunção de Competência*, cuja primeira edição foi publicada em 2020 e a segunda em 2021. Do mesmo modo, coordenamos juntos o livro *Incidente de Resolução de Demandas Repetitivas: Panorama e perspectivas*, em 2020. Os dois livros tratam de espécies de procedimentos voltados para a formulação de precedentes vinculativos. Portanto, JOSÉ ROBERTO tem demonstrado profundo conhecimento de tema, que encontra lugar central no Direito Processual brasileiro, e que precisa ter o seu estudo ainda ampliado e aprofundado, diante da sua história ainda incipiente no contexto nacional, tendo em vista o decurso de menos de dez anos da sistemática introduzida pelo Código de Processo Civil de 2015 (Código FUX).

Sinto-me honrado e distinguido com o convite formulado para apresentar o presente livro. Devo, contudo, conter-me na tarefa, pois não há comentário que se faça suficiente para substituir o bom vinho ou a boa obra. Recomendo, assim, em benefício do próprio leitor, que se passe, imediatamente, a sorver o resultado desta excelente e rara colheita, indispensável para os estudiosos do Direito Processual.

Rio de Janeiro, novembro de 2022.

Aluisio Gonçalves de Castro Mendes
Professor Titular de Direito Processual Civil da Universidade do Estado do Rio de Janeiro (UERJ)
Professor Titular de Direito Processual da Universidade Estácio de Sá (UNESA)
Professor Titular de Direito Processual do Ibmec
Desembargador Federal do Tribunal Regional Federal da 2ª Região
Especialista, Mestre, Doutor e Pós-Doutor em Direito
Diretor do Instituto Carioca de Processo Civil (ICPC)
Diretor do Instituto Brasileiro de Direito Processual (IBDP)
Diretor do Instituto Iberoamericano de Direito Processual (IIDP)
Membro da Associação Brasil-Alemanha de Juristas (DBJV)
Membro da *International Association of Procedural Law* (IAPL)
Diretor da Academia Brasileira de Letras Jurídicas (ABLJ)

PREFÁCIO

Com muito gosto e alegria, recebi do querido Amigo, Doutor José Roberto Sotero de Mello Porto, o honroso convite para prefaciar sua notável obra, decorrente de Tese de Doutoramento defendida de forma rutilante e inabalável no Programa de Pós-Graduação em Direito da Universidade Estadual do Rio de Janeiro – UERJ, onde também, com enorme satisfação, pude participar da banca avaliadora ao lado de grandes e talentosos amigos processualistas.

A obra, *per si*, já muito diz do desenvolvimento intelectual do autor e do "estado da arte" a que se dispôs revelar em suas letras, assim como os avanços significativos que depreendeu para a construção de sua tese, esta voltada à eficácia normativa das teses jurídicas fixadas pelo Poder Judicante.

José Roberto enfrenta e adiante constrói, significativo e robusto arcabouço de ideias muitos caras à doutrina pátria, mais especialmente após o advento do Código de Processo Civil de 2015, sobretudo no que se refere ao lugar que deve ocupar no sistema jurídico nacional, os "Precedentes", por ele nominado de "Teses Jurídicas", o que prefiro alcunhar de "efeito vinculante das decisões judiciais".

Procurando investigar as bases das teses jurídicas e seu poder de vinculação - o que para nós possui, inegavelmente, significado qualitativo de fonte primária do direito - à Administração Pública e aos particulares, apresenta responsável historicidade do modelo vinculante dos Precedentes em sede de *common law* e *civil law* e, posteriormente, centrando na realidade brasileira e no modelo de formação das teses jurídicas a partir do CPC/2015, realiza expressa menção à fiscalização pelos entes públicos para a promoção vinculante de ditas teses, chegando-se à conclusão de que, seja pela principiologia, pela função e mesmo pelo aspecto pragmático, o Poder Judiciário contribui para com a formação da norma jurídica.

Está aí uma das grandes e significativas virtudes deste sem-par trabalho: a conclusão pela existência de uma eficácia normativa, primária, natural e direta da decisão que forma a tese jurídica com qualificador vinculante.

Em verdade, a contribuição das letras de José Roberto vai além do plano pragmático, fincando suas raízes nos desenhos institucionais, de onde se lançam luzes de reflexão em horizonte seguro porque sólido e bem construído, carreando lucidez para o papel do serviço público da justiça ao consolidar sob a sua égide, a *bonaventura* e responsabilidades pelos destinos normativos e desenvolvimentistas de nosso país.

De tudo, posso asseverar às leitoras e leitores, que estamos diante de uma obra que aponta para a necessária visão das teses jurídicas vinculantes para além do direito processual, fincando suas digitais desde a Teoria Geral do Direito e o tenro lugar a ser ocupando pelos efeitos vinculantes das decisões judiciais no plano do grau de força normativa, isso em sede de nosso sistema jurídico, assim como no arcabouço constitucional, voltado ao equilíbrio, responsabilidade e diálogo institucional entre as funções da república.

Aqui fica o registro da profunda admiração, carinho e respeito pelo autor, dileto, jovial e talentoso processualista, atributos aos quais jamais poderá o Processo Civil brasileiro abdicar, parabenizando ainda a Editora pela felicidade na escolha desta notável produção.

Primavera de 2022

Antônio Pereira Gaio Júnior

Pós-Doutor em Direito (Universidade de Coimbra POR) e em Processo e Democracia (Ius Gentium Conimbrigae/FDUC-POR).
Professor Associado de Teoria Geral do Processo e Processo Civil (Universidade Federal Rural do Rio de Janeiro-UFRRJ).

INTRODUÇÃO

Há algum tempo, se desenvolve no Brasil a compreensão da importância da valorização das decisões judiciais. Diversas motivações podem ser apontadas para o fenômeno, desde a necessidade de real prestígio da isonomia e da segurança jurídica, através da estabilidade jurisprudencial, até o contexto fático de assoberbamento do Judiciário, sobre o qual recaem as esperanças de efetivação dos direitos fundamentais, não raro ignoradas pelos demais poderes da República[1].

O advento do Código de Processo Civil de 2015, fruto de amplo debate democrático, se revela como possível saída para os anseios sociais, tanto dos jurisdicionados como dos demais setores, não litigantes. Especificamente quanto à temática que se buscará examinar, o diploma trouxe a valorização dos ditos "precedentes judiciais". A preocupação está claramente estampada, de forma genérica, nos artigos 926 e 927, bem como em diversos dispositivos específicos, dentre os quais há de se destacar o §1º do artigo 489.

Novidade do texto legal foi o incidente de resolução de demandas repetitivas, espécie do gênero "julgamento de casos repetitivos"[2] (artigo 928), ao lado do julgamento dos recursos especiais e extraordinários repetitivos, indubitavelmente "uma das formas pensadas no Projeto

---

[1] SCHMITZ, Leonard Ziesemer. Compreendendo os "precedentes" no Brasil: fundamentação de decisões com base em outras decisões. *Revista de Processo*, São Paulo, v. 226, dez. 2013, p. 349.

[2] Não obstante a denominação eleita pelo legislador no artigo 928, a doutrina traz outras nomenclaturas, mais precisas, como "decisões definidoras de teses jurídicas" (RODRIGUES, Roberto de Aragão Ribeiro. *Precedente formado em casos repetitivos: eficácia, issue preclusion e as teses jurídicas prejudiciais*. Curitiva: Juruá, 2017, p. 127) ou "procedimento para resolução de processos repetitivos" (CABRAL, Antonio do Passo. Comentário ao artigo 975. In: CABRAL, Antonio do Passo; CRAMER, Ronaldo. *Comentários ao Novo Código de Processo Civil*. 2. ed. Rio de Janeiro: Forense, 2016, p. 1434), quando, na essência, se trata de julgamento de questões jurídicas repetitivas (MENDES, Aluisio Gonçalves de Castro. *Incidente de resolução de demandas repetitivas: sistematização, análise e interpretação do novo instituto processual*. Rio de Janeiro, Forense, 2017).

para buscar garantir uma tranquilidade para os cidadãos, que terão ciência prévia dos seus direitos e poderão reclamá-los na Justiça"[3].

A tese construída quando um tribunal aprecia[4] os "casos repetitivos" guardará forte eficácia, tanto imediata como prospectiva, o que demandou do legislador a elaboração de um procedimento qualificado de debate. Nele, existirá ampla participação dos setores jurídicos e sociais, por meio de audiências públicas e do ingresso de interessados (artigos 983 e §1º e 1.038, incisos I e II) na fixação do entendimento.

Tal "tese jurídica" será, posteriormente, aplicada aos processos todos que versem sobre a mesma questão de direito e aos casos futuros que tramitem no território do respectivo tribunal. Sua aplicabilidade imediata, longe de constituir inovação do Código de 2015, foi por ele prestigiada na medida em que está prevista a suspensão dos processos em curso, desde o primeiro grau (artigos 313, IV, 982, I, e 1.037, II).

Por outro lado, protagonismo real receberam tais entendimentos fixados de maneira privilegiada quanto aos vindouros processos. Além da menção específica, o legislador enumerou amplo leque de consequências endoprocessuais, autorizando a dispensa da observância da ordem de julgamento (artigo 12 §2º), o julgamento liminar de improcedência (artigo 332, II e III), a dispensa da remessa necessária da sentença neles lastreada (artigo 496, §4º), o julgamento monocrático de recursos pelo relator, negatório ou concessório (artigo 932, IV, b e c e V, b e c), bem como nos conflitos de competência (artigo 955, parágrafo único, II), o manejo de reclamação (artigo 988, IV), a desistência da ação antes da contestação independente do pagamento de custas e honorários (artigo 1.040 §2º) ou do consentimento do réu (artigo 1.040 §§ 1º e 3º) e a presunção de omissão da decisão que ignora julgado de casos respetivos[5] (artigo 1.022, parágrafo único, I).

---

[3] CARNEIRO, Paulo Cezar Pinheiro. Breves notas sobre o Incidente de Resolução de Demandas Repetitivas. *Revista Eletrônica de Direito Processual*, Rio de Janeiro, v. XIV, a. 8, jul-dez. 2014, p. 488.

[4] Prefere-se o termo "apreciar" em vez de "julgar", já que há extensa discussão doutrinária sobre o papel do tribunal em tais procedimentos. Alguns consideram que, ao analisar a controvérsia, o colegiado julgue o caso concreto; outros, que apenas há fixação da tese, a ser aplicada por outros órgãos.

[5] Trata-se de explicitação do dever de autorreferência atribuído ao Judiciário pelo Código de Processo Civil (CABRAL, Antonio do Passo. Comentário ao artigo 975. In: CABRAL, Antonio do Passo; CRAMER, Ronaldo. *Comentários ao Novo Código de Processo Civil*. 2. ed. Rio de Janeiro: Forense, 2016, p. 1434.).

Além delas, há inegável efeito exoprocessual das questões jurídicas[6] pacificadas com a fixação da tese, inclusive como remédio dissuasivo contra demandas frívolas[7]. Isso porque o demandismo pátrio decorre, em grande parte, da impossibilidade de se desenvolver a análise econômica do direito processual[8]. Desconhecendo, em absoluto, a eventual solução meritória jurisdicional, torna-se impossível avaliar o custo-benefício do processo[9]. É inegável, destarte, que a fixação do entendimento com ares de definitividade favorece não apenas o cidadão

---

6 MENDES, Aluisio Gonçalves de Castro. *Incidente de resolução de demandas repetitivas:* sistematização, análise e interpretação do novo instituto processual. Rio de Janeiro, Forense, 2017, p. 105-107.

7 OSNA, Gustavo. Direitos individuais homogêneos. Pressupostos, fundamentos e aplicação no processo civil. São Paulo: Revista dos Tribunais, 2014, p. 115.

8 "Repise-se que a segurança jurídica quanto ao entendimento dos Tribunais pauta não apenas a atuação dos órgãos hierarquicamente inferiores, mas também o comportamento extraprocessual de pessoas envolvidas em controvérsias cuja solução já foi pacificada pela jurisprudência. A disposição das partes a resolver suas disputas por um acordo, à luz da teoria dos atores racionais, resulta da multiplicação da probabilidade de vitória pelo proveito (ou prejuízo, no caso do potencial réu) esperado com o valor fixado em condenação por eventual sentença judicial, subtraindo-se disso o custo de litigar em juízo. Nos Estados Unidos, onde a higidez dos precedentes é valorizada, apenas 2% (dois por cento) das causas de acidentes automotivos, 4% (quatro por cento) de todas as causas cíveis nas Cortes estaduais e menos de 2% (dois por cento) das causas cíveis federais são resolvidas por ato jurisdicional de mérito." (FUX, Luiz; BODART, Bruno. Notas sobre o princípio da motivação e a uniformização da jurisprudência no novo Código de Processo Civil à luz da análise econômica do Direito. *Revista de Processo,* v. 269, jul. 2017. Acesso eletrônico.).

9 "Repise-se que a segurança jurídica quanto ao entendimento dos Tribunais pauta não apenas a atuação dos órgãos hierarquicamente inferiores, mas também o comportamento extraprocessual de pessoas envolvidas em controvérsias cuja solução já foi pacificada pela jurisprudência. A disposição das partes a resolver suas disputas por um acordo, à luz da teoria dos atores racionais, resulta da multiplicação da probabilidade de vitória pelo proveito (ou prejuízo, no caso do potencial réu) esperado com o valor fixado em condenação por eventual sentença judicial, subtraindo-se disso o custo de litigar em juízo. Nos Estados Unidos, onde a higidez dos precedentes é valorizada, apenas 2% (dois por cento) das causas de acidentes automotivos, 4% (quatro por cento) de todas as causas cíveis nas Cortes estaduais e menos de 2% (dois por cento) das causas cíveis federais são resolvidas por ato jurisdicional de mérito." (FUX, Luiz; BODART, Bruno. Notas sobre o princípio da motivação e a uniformização da jurisprudência no novo Código de Processo Civil à luz da análise econômica do Direito. *Revista de Processo,* v. 269, jul. 2017. Acesso eletrônico.).

(*one-shotter*[10]), mas também os litigantes habituais (*repeat players*)[11] e, mais ainda, todo o corpo social, que poderá se autodeterminar.

No entanto, o legislador foi além, e delineou, de forma expressa, um efeito exojudiciário da fixação da tese: a obrigação de fiscalização de sua aplicação por parte dos órgãos e entes públicos e das agências reguladoras, quando se tratar de prestação de serviço concedido, permitido ou autorizado (artigos 985 §2º e 1.040, IV). Note-se que, aqui, a relação com o Judiciário é bem menos nítida do que nos efeitos exoprocessuais, em que há, quase que diretamente, a certeza de judicialização do conflito, embora, em ambos, a observância do padrão decisório, por agente público diverso do magistrado, é imperativa.

A atual normativa, indubitavelmente, busca a maior responsabilidade de todos os atores estatais, participantes da dinâmica processual, diretamente (efeitos endoprocessuais da tese) ou indiretamente (efeitos exoprocessuais), ou fora dela (efeitos exojudiciários da pacificação de entendimentos). Longe de uma inovação que rompe completamente com a lógica até então existente, trata-se de positivação meramente exemplar da visão jurídica unitária que deve existir no ordenamento de um país, respeitadora da evolução da compreensão pátria acerca da uniformização de entendimentos.

O quadro, no entanto, merece detida análise por parte da doutrina, cabendo investigar a maneira pela qual os referidos pronunciamentos devem ser formados para que produzam legitimamente efeitos para fora do Judiciário, a natureza jurídica de tais implicações e a sindicabilidade, pela via judicial, do desatendimento das teses na via administrativa.

Verifica-se, portanto, o grau de relevância social da temática. Primeiramente, o estudo vem justificado pelo próprio microssistema dos casos repetitivos, a ensejar a formação de autêntica teoria geral (do procedimento de resolução das) das questões repetitivas. Existe considerável necessidade de se tratar, de maneira sistêmica, das exigências – em sua

---

10 Marc Galanter se refere aos "repeat players" (litigantes repetitivos) e aos "one-shotters" (litigantes ocasionais), para designar aqueles que recorrem reiteradamente ou ocasionalmente ao sistema de justiça (GALANTER, Marc. Why the haves come out ahead? Speculations on the limits of legal change. *Law and Society Review*, v. 9, n. 1, p. 95-160, 1974).

11 CARNEIRO, Paulo Cezar Pinheiro. Breves notas sobre o Incidente de Resolução de Demandas Repetitivas. *Revista Eletrônica de Direito Processual*, v. XIV, a. 8, jul-dez. 2014, p. 487.

maioria, expressas no Código – para que uma tese jurídica seja fixada legitimamente, justificando a ampla eficácia de que goza, por força de lei.

Tal panorama é comum tanto para a aplicabilidade da tese em processos judiciais quanto para a implicação exojudiciária. Porém, nessa última, é verificável maior grau de exigência, sob pena de existir violação a direitos fundamentais básicos, notadamente o contraditório e o devido processo legal. No entanto, por outro lado, uma série de outras garantias constitucionais permite fortalecer os institutos de resolução de questões comuns.

A propósito, conquanto sejam tratados largamente pela doutrina como instrumentos "de julgamento por amostragem", sustenta-se que sua primordial função não é claramente a economia processual macroscópica, julgando em massa milhares de ações[12].

Nem por isso, entretanto, as decisões definidoras de teses jurídicas se afigurariam indesejáveis ou desnecessárias. Na realidade, se está diante de digna solução, construída artesanalmente ao longo do processo legislativo que culminou no vigente diploma, que convive com as exigências democráticas. Como se buscará provar, antes de repre-

---

[12] Os problemas inerentes ao sistema de massificação decisória, uma verdadeira tentação para a magistratura diante do acúmulo de tarefas, já foram alertados: "Nenhum processo civil tutela o direito objetivo, por mais abstrata e geral que seja a eficácia da decisão por ele preconizada. O processo civil tutela as situações subjetivas agasalhadas pelo direito objetivo, ainda que indeterminadas ou indetermináveis sejam essas situações. O direito objetivo é meio e não fim da jurisdição civil.

Esta perspectiva garantística do processo civil contemporâneo vem sendo profundamente ameaçada ultimamente pelos movimentos de reformas processuais desencadeados em vários países, entre os quais o Brasil, ditados preponderantemente pela necessidade justificável de debelar a crise do Judiciário resultante do excesso de processos e de recursos, mas que relegam a segundo plano a função tutelar dos interesses dos jurisdicionados e dos direitos subjetivos agasalhados pelo ordenamento jurídico, de que decorrem a inafastabilidade do contraditório participativo e da mais ampla defesa, e sufocam essas garantias e a preocupação com a qualidade das decisões, em benefício da produção em massa de decisões padronizadas, pouco refletidas, pouco debatidas e com reduzida probabilidade de serem acertadas, tanto do ponto de vista da justiça processual, quanto da justiça substantiva, ou seja, tanto do ponto de vista do respeito às garantias fundamentais do processo, entre as quais avultam o contraditório, a ampla defesa e o devido processo legal, quanto do ponto de vista do resultado, a correta reconstituição dos fatos e a adequada tutela dos direitos subjetivos das partes, através da aplicação da lei ao caso concreto." (GRECO, Leonardo. Publicismo e Privatismo no Processo Civil. *Revista de Processo*, v. 164, out. 2008. Acesso eletrônico.).

sentar empecilho ao acesso à justiça, a fixação de tese no procedimento dos casos repetitivos se revela meio idôneo – e, quiçá, ideal – para o melhor atingimento da pacificação social primordialmente promovida pelo processo subjetivo.

Não se pode ignorar, então, a demanda pela sistematização da aplicabilidade das teses fixadas pelo Judiciário pelos agentes (notadamente os estatais) que lhe são alheios. O Código de Processo Civil afirmou, por duas vezes[13], o dever de fiscalização de sua observância quando a matéria se referir a serviços públicos concedidos (a lei não fala que o organismo regulador levará em consideração a tese, mas que fiscalizará a cogente aplicação da mesma).

Buscar-se-á, portanto, fornecer subsídios para a compreensão, por parte da comunidade jurídica, sobre os limites da mencionada eficácia, provando-se inexistir inconstitucionalidade por ofensa à separação dos poderes, bem como que não apenas os sujeitos mencionados expressamente nos dois dispositivos se submetem ao entendimento pacificado e que todo o Estado, globalmente considerado, está obrigado a seguir, em sua atividade ordinária, o entendimento jurisprudencial.

Para tanto, será explanado o cenário evolutivo dos precedentes judiciais nas tradições jurídicas, desde o clássico *civil law* até a moderna exigência jurisdicional no Estado Democrático de Direito, passando pelo amadurecimento da temática no *common law*. Depois, realizar-se-á uma retrospectiva brasileira sobre o tema, até se chegar às teses jurídicas, instrumento pátrio cuja eficácia para fora do Judiciário será, por fim, investigada e fundamentada, a partir da natureza da eficácia dessa decisão judicial.

---

13 Art. 985 § 2º Se o incidente tiver por objeto questão relativa a prestação de serviço concedido, permitido ou autorizado, o resultado do julgamento será comunicado ao órgão, ao ente ou à agência reguladora competente para fiscalização da efetiva aplicação, por parte dos entes sujeitos a regulação, da tese adotada.

Art. 1.040. Publicado o acórdão paradigma: IV - se os recursos versarem sobre questão relativa a prestação de serviço público objeto de concessão, permissão ou autorização, o resultado do julgamento será comunicado ao órgão, ao ente ou à agência reguladora competente para fiscalização da efetiva aplicação, por parte dos entes sujeitos a regulação, da tese adotada.

1. HISTÓRICO EVOLUTIVO DOS PRECEDENTES JUDICIAIS NAS TRADIÇÕES JURÍDICAS

O estudo dos precedentes judiciais atrai atenção da doutrina há tempos, porém de maneira pouco uniforme. Se, na tradição anglo-saxã, os precedentes são, longamente, instituto basilar objeto de ampla investigação, nos países herdeiros do direito romano-germânico, por outro lado, a temática, por muito tempo, não constitui o cerne do ensino jurídico[1]. Mais modernamente, contudo, a aproximação[2][3] entre as duas

---

[1] "Essa prática não é exclusividade das faculdades de Direito brasileiras. Na França, as obras de introdução ao Direito inglês e norte-americano fazem referência ao tratamento dos precedentes como a principal distinção entre *civil law* e *common law* (SÉROUSSI, Roland. Introdução ao direito inglês e norte-americano. Tradução de Renata Maria Parreira Cordeiro. São Paulo: Landy, 2006. p. 28)". (PUGLIESE, William. *Precedentes e a civil law brasileira:* interpretação e aplicação do novo código de processo civil. São Paulo: Revista dos Tribunais, 2016, p. 21).

[2] "Não foi com surpresa, portanto, que cada vez mais presenciava estudos e debates envolvendo o papel das cortes de vértice nas ordens judiciárias atuais, a proliferação do emprego de expressões como "*statutorification*" do *Common Law* e como "*légisprudence*" dentro da tradição romano-canônica e a crescente preocupação com a comparação entre o precedente e a jurisprudência." (MITIDIERO, Daniel. *Precedentes: da persuasão à vinculação.* 4. ed. São Paulo: Revista dos Tribunais, 2022. Nota à 1ª edição.).

[3] BARBOSA MOREIRA, José Carlos. Correntes e contracorrentes no processo civil contemporâneo. In: *Doutrinas Essenciais de Processo Civil.* São Paulo: Revista dos Tribunais, 2011, v.1, p. 1.079-1.090; DINAMARCO, Cândido Rangel. Processo civil comparado. *Revista de Processo,* v. 90, 1998, p. 46-56

"famílias jurídicas"⁴⁵ acabou por aquecer o interesse pela mais precisa

---

4 "Antes, porém, de investigar se essa abordagem está correta, é preciso uma advertência metodológica. Não se pode compreender *civil law* e *common law* como dois simples sistemas jurídicos, pois, (...) sistema jurídico é um "conjunto de instituições legais, processos e normas vigentes". Sendo assim, somente nos Estados Unidos nos depararíamos com cinquenta e um sistemas distintos: um federal e outros cinquenta estaduais. Do mesmo modo, cada país europeu possui um sistema jurídico, ao que se deve acrescentar o sistema da União Europeia. A quantidade de sistemas jurídicos a serem examinados inviabilizaria o desenvolvimento de qualquer estudo. Ocorre, porém, que esses sistemas jurídicos nacionais são classificados em famílias. Inglaterra, Nova Zelândia e o Estado de Nova Iorque, por exemplo, orientam-se pela *common law*, mas nem por isso possuem as mesmas instituições legais, processos e normas. O mesmo pode ser dito sobre a França, a Alemanha, a Itália e o Brasil. Não se discute que todos fazem parte da *civil law*, mas seria exagerado afirmar que o Direito Civil francês é igual ao brasileiro. (...) No entanto, a possibilidade de reuni-los em famílias indica, sem dúvida, que eles possuem algumas características em comum. São elas que permitem a separação entre *civil law* e *common law*. Esse conjunto de elementos que compõem a comunhão única e que autorizam agrupar os sistemas jurídicos de diversos países pode ser denominado "tradição jurídica". (...) A tradição refere-se à operação do sistema legal e à forma como o direito deve ser produzido, aplicado, estudado e ensinado. Tendo essas observações em vista, as expressões *civil law* e *common law* serão, ao longo deste trabalho, tratadas como tradições, e por isso referidas no feminino." (PUGLIESE, William. *Precedentes e a civil law brasileira*: interpretação e aplicação do novo código de processo civil. São Paulo: Revista dos Tribunais, 2016, p. 22, 23). Em sentido contrário, opta-se por se mencionar no masculino o *civil law* e o *common law*, adotando-se a concepção de "law" como "direito", não como "lei".

5 Diferenciando cultura jurídica, famílias jurídicas e sistemas jurídicos: "En este contexto, la cultura jurídica, en su sentido más general, es una forma de describir patrones relativamente estables de comportamientos y actitudes sociales orientadas legalmente. Para identificar la cultura jurídica existen ciertos elementos, los mismos que comprenden desde hechos sobre instituciones—tales como el número y el papel de los abogados o las formas en que los jueces son nombrados y controlados—, a diversas formas de comportamiento, como los que se exhiben en los litigios o en el sistema carcelario; hasta las ideas, valores y aspiraciones comúnmente compartidas. En otras palabras, la cultura jurídica determina cuándo, porqué y dónde la gente recurre al derecho o a otras instituciones, o simplemente decide no hacerlo. (...) se ha buscado agruparlas en tradiciones legales (familias jurídicas). Dado que, el sistema jurídico es una expresión parcial de la cultura, la tradición legal es el vehículo para correlacionarlo con ella; (...) Lo primero que se hizo frente a ello, ha sido dividir el mundo jurídico en familias (common law, civil law, etc.) a partir de las raíces comunes de cada sistema. Es decir, se construyeron genealogías a efectos de explicar la pertenencia o no de un sistema jurídico a una determinada familia." (FIGUEROA, Jim Ramírez. *Los hechos en el precedente*: fundamentos para un uso adecuado del precedente constitucional. Lima: Yachat Legal, 2020. Livro eletrônico.).

compreensão acerca da formação e da eficácia das decisões judiciais[6].

Desse modo, afigura-se importante compreender, ainda que sinteticamente, como se desenvolveu a concepção sobre as decisões judiciais em ambas as tradições, isto é, no *common law* e no *civil law*, para, após, verificar o estágio atual da matéria no ordenamento jurídico brasileiro.

1.1. COMMON LAW

No *common law*, a fonte primária do direito é, tradicionalmente, o direito comum, por vezes apresentado timidamente sob a alcunha de "costumes". Significa dizer que, dentro de um preciso conjunto social, haveria uma predefinição normativa, decorrente do desenvolvimento

---

6 "A jurisprudência assumiu o destaque característico dos sistemas da família da *common law*, vinculando juízes e tribunais, reclamando, por seu turno, a perfeita adequação da causa ao precedente (*distinguishing*), a possibilidade de sua modificação (*overruling*), bem como a modulação temporal da modificação jurisprudencial no afã de evitar a surpresa judicial, interdição que conspira em prol da prometida segurança jurídica eclipsada em cláusula pétrea constitucional. Essa força emprestada à jurisprudência viabiliza, também, a previsibilidade das decisões, respeitando as justas expectativas dos jurisdicionados.

Essa tendência corrobora o que Giuseppe Chiovenda vaticinara no primeiro quartel do século passado, vale dizer, a evolução do processo civil restaria por unir as famílias do *civil law* e da *common law*, permitindo uma interação capaz de institutos de um sistema serem úteis ao outro. Aliás, ao longo das últimas décadas, os sistemas romano-germânico e anglo-saxônico vêm se interpenetrando. Assim é que o Brasil, país de tradição legalista, propende cada vez mais para a utilização dos precedentes judiciais característicos do sistema anglo-saxônico, como regra apta a realizar a isonomia jurisdicional; ao passo que a Inglaterra, país de tradição dos precedentes, desde 1999 adotou um complexo Código de Processo Civil (*Rules of Civil Procedure*)." (FUX, Luiz. *Curso de Direito Processual Civil*. 5. ed. Rio de Janeiro: Forense, 2022, p. 29).

ininterrupto acumulado de experiência e sabedoria, ou seja, de um "*continuum* histórico"[78].

---

[7] É a expressão de Raoul Charles, o Barão Van Caenegem, famoso historiador belga, especialista em História Europeia (R. C. Van Caenegem. Judges, legislators & professors. Goodhart lectures, 1984 - 1985, Chapters in European Legal History. Cambridge University Press, 2006, p. 7-8), referido em: ALVIM, Teresa Arruda; DANTAS, Bruno. *Recurso especial, recurso extraordinário e a nova função dos tribunais superiores no direito brasileiro*. 3. ed. São Paulo: Revista dos Tribunais, 2016. Similarmente, tem-se que, no *common law*, as boas decisões sempre foram guiadas pelos costumes e pelos bons conselhos ("good decisions are guided by custom and wise counsel as to what is reasonable", conforme J. H. Baker. An introduction to English Legal History. 4. ed. Londres: Butterworths, 2002. p. 1).

[8] "The life of the law has not been logic: it has been experience. The felt necessities of the time, the prevalent moral and political theories, intuitions of public policy avowed or unconscious, even the prejudices which judges share with their fellow-men, have had a good deal more to do than the syllogism in determining the rules by which men should be governed. The law embodies the story of a nation's development through many centuries, and it cannot be dealt with as if it contained only the axioms and corollaries of a book of mathematics. In order to know what it is, we must know what it has been, and what it tends to become. We must alternately consult history and existing theories of legislation. But the most difficult labor will be to understand the combination of the two into new products at every stage. The substance of the law at any given time pretty nearly corresponds, so far as it goes, with what is then understood to be convenient; but its form and machinery, and the degree to which it is able to work out desired results, depend very much upon its past. (...) I shall use the history of our law so far as it is necessary to explain a conception or to interpret a rule, but no further. In doing so there are two errors equally to be avoided both by writer and reader. One is that of supposing, because an idea seems very familiar and natural to us, that it has always been so. Many things which we take for granted have had to be laboriously fought out or thought out in past times. The other mistake is the opposite one of asking too much of history. We start with man full grown. It may be assumed that the earliest barbarian whose practices are to be considered, had a good many of the same feelings and passions as ourselves (...)The customs, beliefs, or needs of a primitive time establish a rule or a formula. In the course of centuries the custom, belief, or necessity disappears, but the rule remains. The reason which gave rise to the rule has been forgotten, and ingenious minds set themselves to inquire how it is to be accounted for. Some ground of policy is thought of, which seems to explain it and to reconcile it with the present state of things; and then the rule adapts itself to the new reasons which have been found for it, and enters on a new career. The old form receives a new content, and in time even the form modifies itself to fit the meaning which it has received". (HOLMES, Oliver Wendell. *The Common Law*. New York: Dover Publications, 1991. p. 1-2 e 5)

Por conseguinte, adota-se, a princípio, a teoria declaratória da jurisdição, segundo a qual caberia ao magistrado, ao decidir, garantir *status* de direito à norma que já existia. Na prática, significa dizer que os casos judiciais eram fonte de direito, de modo a externar o sentimento de justiça do povo, que repousava, silenciosamente, sendo exposto pelos julgadores dos casos concretos[9]: a norma não estava escrita[10].

Essa dinâmica fez com que o tema dos precedentes judiciais se desenvolvesse tipicamente nos países de tradição anglo-saxã, cabendo a um julgador procurar, em julgados anteriores, a *rule of law*, quando houvesse identidade entre o caso sob apreciação (*instant case*) e o pretérito (*precedent case*)[11]. No entanto, apontam-se três etapas de evolução do próprio conceito de precedentes.

Na primeira etapa, desde o direito medieval, citavam-se casos anteriores com finalidade de ilustrar o direito em debate (*precedentes ilustrativos*). Nesse momento, qualquer caso era tido como precedente, desde que constasse nos *plea rolls*, registros de decisões anteriores. Havia, no máximo, um tímido costume de seguir tais decisões, sem que a divergência comprometesse o funcionamento do sistema. Por isso, serviam

---

9 "Por inúmeras e importantes vicissitudes históricas, (...) no ambiente dos ordenamentos fundados na teoria do *stare decisis* e na doutrina do *binding precedente*, derivados do direito inglês, os costumes foram se transformando, mediante um lento processo evolutivo, em direito jurisprudencial, norteado pela concepção de que o *Common Law* correspondia a uma ordem jurídica superior, cujos princípios foram conservados e somente poderiam ser revelados pelos juízes, 'the depositaries of the law, the living oracles of the law', em suas respectivas decisões." (TUCCI, José Rogério Cruz e. *Precedente judicial como fonte do direito.* 2. ed. Rio de Janeiro: GZ, 2021, p. 2.)

10 "E o interessantre é que, seguindo a tendência do Direito Inglês da *common law*, a norma que se deve seguir, o precedente, sequer está escrita, mas encontra-se inserida, como um princípio geral, na prática do sistema." (CÔRTES, Osmar Mendes Paixão. *Recursos repetitivos, súmula vinculante e coisa julgada.* Brasília: Gazeta Jurídica, 2018, p. 99).

11 FERRAZ, Thaís Schilling. *O precedente constitucional:* construção e eficácia do julgamento da questão com repercussão geral. São Paulo: Saraiva, 2017, p. 223 e 225.

mais aos advogados, que enxergavam no rol a externalização do direito – autêntica manifestação do *case law*[12] -, que aos julgadores[13].

De todo modo, apesar de o instituto do precedente não gozar do respeito e da relevância atuais, aponta-se que, ao final da Idade Média, a conquista da Inglaterra pelos normandos acabou por valorizar a *law of the land* e, com isso, o próprio *common law*, impondo-se o respeito ao

---

12 "Historicamente, o precedente no direito inglês aparece vinculado ao modo de formação *case to case* que presidiu a formação da tradição do *Common Law*. (...) O *precedente com função ilustrativa*, portanto, encontra-se na origem do *Case Law*. O direito inglês forma-se a partir do caso e os precedentes o ilustram, servindo para explicar o Direito nas decisões judicias, assumindo logo em seguida o papel de fonte auxiliar para o ensino jurídico. Essa prioridade do caso na formação do Direito – e, pois, do *método indutivo* de sua formação e de seu desenvolvimento – séculos mais tarde foi inclusive apontada como o grande "mérito" do *Common Law* (cujos resultados hoje, no entanto, são colocados abertamente em xeque pela doutrina). Seja como for, o *precedente ilustrativo* servia como um *recurso demonstrativo* do Direito que os juízes citavam em suas decisões – portanto, não funcionavam propriamente como *critérios decisórios*, como *normas*, mas sim como elementos oriundos da *experiência judicial* capazes de refletir o *Common Law*. Isso explica a razão pela qual nesse passo da história toda e qualquer decisão judicial tomada em determinado caso era tratada como precedente,37 bastando a sua inserção nos *pleas rolls* para assunção de semelhante condição – *decisão* era sinônimo de *precedente*. Tendo em conta esse papel, as decisões judiciais paulatinamente começam a ser reportadas e recolhidas em livros para facilitar a identificação, consulta e estudo dos casos, surgindo dessa prática os chamados *Years Books*, coletâneas de discussões forenses e decisões judiciais." (MITIDIERO, Daniel. *Precedentes: da persuasão à vinculação*. 4. ed. São Paulo: Revista dos Tribunais, 2022.)

13 "O precedente medieval não era nada mais do que os resultados dos julgamentos transcritos em um registro (*plea roll*). As razões que fundamentavam a decisão não eram anotadas, pois a discussão judicial era realizada previamente. Por isso, não se podia ter certeza do que havia sido arguido - ou sequer saber se houve algum argumento deduzido.

Os tribunais tinham o costume de seguir os precedentes, mas também não viam maiores restrições ao divergir das decisões passadas. Assim, não havia jurista que afirmasse a vinculação de um tribunal à regra do *stare decisis*. Os precedentes produziam, na época, relativo impacto nos advogados, que os tratavam como evidências do desenvolvimento do direito, mas em nenhum momento imaginava-se que as decisões teriam autoridade ou que fariam parte do direito." (PUGLIESE, William. *Precedentes e a civil law brasileira*: interpretação e aplicação do novo código de processo civil. São Paulo: Revista dos Tribunais, 2016, p. 34)

direito preexistente mesmo ao parlamento, chegando-se a negar vigência aos atos por ele praticados quando contrariassem a tradição jurídica[14].

Na segunda etapa, em torno dos séculos XVI e XVII, os precedentes passaram a possuir um papel de convencimento (*precedentes persuasivos*). Inicialmente, sem um papel determinante para o resultado, mas apenas com viés informativo. Os precedentes, constantes nos *named reports*, eram tidos como a própria evidência do *common law*.[15] Os juí-

---

[14] "A tradição jurídica anglo-saxônica é muito mais recente do que a romano-germânica. A data que representa o nascimento da *common law* é o ano de 1066, em que os normandos derrotaram os defensores nativos em Hastings e conquistaram a Inglaterra. Deu-se início o desenvolvimento da tradição jurídica anglo-saxônica, sem um código que a orientasse, o que se revelará a maior diferença entre as tradições.

Ao final da Idade Média a Inglaterra começou a trilhar um caminho de desenvolvimento judicial diferente dos demais países da Europa Continental. Na disputa pelo poder travada entre a Coroa, então ocupada pela linhagem dos Stuart, e o Parlamento, os tribunais não ficaram do lado da realeza. Pelo contrário, as investidas reais foram barradas pelos magistrados, que impediam a ascensão do poder além dos limites estabelecidos pela " *law of the land*", ou seja, o direito aplicado de forma costumeira no território inglês. A ideia de " *law of the land*" ganhou ainda mais força com a queda dos Stuart. Com isso, a *common law* passou a ser vista como o mais alto produto de uma série de gerações, capaz de conter até mesmo o poder da realeza autoritária.(…) As mudanças no Direito, a partir de então, só poderiam ser realizadas mediante a cooperação e o consentimento dos diversos grupos de interesse representados no Parlamento. Ainda assim, o direito preexistente era capaz de negar vigência aos atos do Parlamento contrários à " *law of the land*". Para o *Chief Justice* Coke, era possível que a *common law* controlasse os atos do Parlamento e em alguns casos os julgasse absolutamente nulos. Nota-se, portanto, que desde sua gênese a *common law* tinha fontes como o costume e os princípios, sem se vincular a um corpo rígido de normas. Outro fato que merece destaque é o de que não há, na origem da *common law*, qualquer referência aos precedentes." (PUGLIESE, William. *Precedentes e a civil law brasileira*: interpretação e aplicação do novo código de processo civil. São Paulo: Revista dos Tribunais, 2016, p. 33-34). No original, veja-se: COKE, Edward. Seventh reports - Calvin's case. London: Thomas and Fraser, 1826, vol. 4, p. 6

[15] "Essa realidade passou a se alterar na segunda metade do século XVI, no início do período Tudor. Os juízes adotaram uma postura de determinar o direito pelas decisões anteriores e, principalmente, pelas razões que passavam a ser registradas." (PUGLIESE, William. *Precedentes e a civil law brasileira*: interpretação e aplicação do novo código de processo civil. São Paulo: Revista dos Tribunais, 2016, p. 34-35).

zes já eram compreendidos como oráculos vivos do direito (*living oracles of the law*), apenas declarando as normas já existentes[16].

Algumas vozes ("doutrina clássica do precedente judicial inglês"[17]), nesse período, se levantaram para enrijecer o respeito às decisões anteriores enquanto parâmetro para as posteriores. Nessa toada, os precedentes, no ensinamento de William Blackstone, deveriam ser obrigatoriamente seguidos, salvo se completamente absurdos ou injustos (*"precedents and rules must be followed, unless flatly absurdo or injust"*). Nesse último caso, o correto não seria abandonar o precedente, mas entender que não seria propriamente direito: os juízes que o pronunciaram anteriormente teriam ocorrido em um erro jurídico (*"mistake the law"*)[18]. Essa margem para afastar os precedentes pretéritos acaba-

---

[16] BLACKSTONE, William. *Commentaries on the law of England* (fac-símile da 1.ª edição, de 1765). Chicago: The University of Chicago Press, 1979. vol. 1, p. 69.

[17] "A doutrina começa a perceber e conscientizar-se mais claramente dessa interconexão, contudo, apenas nos séculos XVI e XVII, quando os *precedentes* incorporam um papel concernente ao processo de tomada de decisão judicial. A partir daí o precedente começa a servir de *critério para decisão do caso*, desde que conforme ao *Common Law*. Os precedentes adquirem uma *função persuasiva* – servem para decisão do caso, desde que não sejam contrários ao "Direito" – e passam a ser recolhidos em "*named reports*". Essa é a doutrina que marca efetivamente o início da teoria do precedente e que foi paulatinamente enriquecida por Edward Coke, Matthew Hale e William Blackstone. Nessa perspectiva, o precedente é visto como a principal e mais autorizada "*evidence*" da existência do *Common Law*. Essa é a *doutrina clássica do precedente judicial inglês*,46 cujo desenho final pode ser encontrado de forma bem-acabada não antes do século XVIII." (MITIDIERO, Daniel. *Precedentes: da persuasão à vinculação*. 4. ed. São Paulo: Revista dos Tribunais, 2022.)

[18] "Não por acaso, a doutrina que melhor retrata esse período da história do precedente no direito inglês é sem dúvida a doutrina de Blackstone. Situada em meio a uma disputa teórica mais abrangente a respeito das relações entre o precedente e a razão, a posição de Blackstone sobre o assunto era clara: *"precedents and rules must be followed, unless flatly absurd or injust"*. Vale dizer: precedentes devem ser seguidos, *ao menos que evidentemente absurdos ou injustos*. Em outras palavras, *isso quer dizer que os juízes teriam que se convencer que o precedente não é absurdo ou injusto para aplicá-lo*. Sendo absurdo ou injusto, o precedente poderia ser descartado como norma para solução do caso. *O precedente – pelas suas razões – deveria convencer o juízo a respeito da bondade da sua solução para o caso*. Ainda na lição de Blackstone, acaso se percebesse posteriormente que determinada solução já adotada para decisão de certo caso *"was unjust, was unreasonable"*, o correto seria julgar que o precedente *"was not law"*. Nesse caso, os juízes que o pronunciaram anteriormente incorreram em *"mistake the law"*. Isso quer dizer que a solução anterior *não era Direito*, com o que encarnava simplesmente uma *solução equivocada*. Com o novo caso, *acha-se a sua*

va por gerar algum grau de insegurança jurídica. Do mesmo modo, a compreensão do Chief Justice Matthew Hale, sustentando um *stare decisis* ainda diminuído, enquanto o Chief Justice Vaughan enxergava as leis como superiores às decisões pretéritas, se contrárias a elas[19].

Por isso, apenas em um terceiro momento, do século XIX em diante, surge a doutrina da vinculação aos precedentes (*precedentes vinculativos*). Essas decisões de seguimento obrigatório estão, até hoje, reunidas nos *law reports*, vocacionados a dar certeza e clareza ao direito. O common law passa a ser visto, a partir das reflexões de Jeremy Bentham, não como uma declaração de um direito preexistente, mas como atos autocráticos revestidos de efeitos semelhantes ao da lei – aos juízes cabe a criação do direito (*judiciary law, judge-made law*)[20].

---

verdadeira e correta solução, que *sempre existiu*, não tendo sido apenas anteriormente encontrada." (MITIDIERO, Daniel. *Precedentes: da persuasão à vinculação*. 4. ed. São Paulo: Revista dos Tribunais, 2022.)

[19] "No entanto, o valor das decisões não era determinante para o resultado, mas meramente informativo. Já no início do século XVII os precedentes ganhavam maior importância, mas não o suficiente para serem considerados vinculantes pelos juízes e tribunais. O período foi marcado, inclusive, pela discussão entre dois *Chief Justices*: Hale C.J. defendia o respeito ao *stare decisis*, mas não chegava a reconhecer sua submissão às decisões anteriores. Por outro lado, Vaughan C.J. afirmava que o papel do juiz era respeitar as leis, nem que para isso tivesse que desrespeitar antigos julgamentos." (PUGLIESE, William. *Precedentes e a civil law brasileira*: interpretação e aplicação do novo código de processo civil. São Paulo: Revista dos Tribunais, 2016, p. 34-35)

[20] "Como um obstinado crítico do *Common Law*, Jeremy Bentham alerta para o fato de que o direito inglês não constituiria um direito preexistente às decisões judiciais, formado a partir dos costumes imemoriais do homem inglês e pacientemente revelado através dos séculos pela experiência dos juízes. Na verdade, o *Common Law* não seria nada além de atos judiciais autocráticos particulares que as pessoas em geral estariam dispostas a atribuir algo semelhante ao efeito legal. Para Bentham, o direito inglês seria um direito judiciário (*"judiciary law"*), integralmente *criado* pelos juízes (*"judge-made law"* – na sua clássica expressão), sendo por essa razão um direito na sua essência irremediavelmente retroativo. Nessa linha, como anos mais tarde escreveria John Austin, a ideia de que os juízes apenas declarariam um *Common Law* preexistente não passaria de uma ficção infantil (*"childish fiction"*). Como um *direito retroativo*, o direito inglês equivaleria a um *"dog law"* – um direito que não permitiria a autodeterminação pessoal à vista da inexistência de efetiva segurança jurídica." (MITIDIERO, Daniel. *Precedentes: da persuasão à vinculação*. 4. ed. São Paulo: Revista dos Tribunais, 2022.)

Significa dizer que, por vários séculos, o *common law* existiu sem uma bem definida doutrina dos precedentes vinculantes[21][22]. É, portanto, apenas em meados do século XIX que se enrijece a doutrina dos precedentes vinculantes na tradição do *common law* (teoria do *stare decisis et non quieta movere*)[23]. Um capítulo fundamental para a consolidação são os famosos casos Beamish x Beamish (1861), no qual Lord Campbell referiu expressamente que a House of Lords se encontrava vinculada aos próprios precedentes (sem um amplo debate da questão)[24], e London

---

[21] "Ademais, o stare decisis somente se solidificou na Inglaterra ao final do século XIX, muito tempo depois do aparecimento das doutrinas de Bentham e de Austin. London Tramways v. London County Council, decidido em 1898, constitui o cume de uma evolução em direção à vinculação da House of Lords às suas próprias decisões, pois o conceito de rules of precedent e a ideia de vinculação (binding effect) foram consolidados no período entre 1862 e 1900. De fato, quando neste caso foi clara e objetivamente colocada a questão relativa à possibilidade de a House considerar argumentos para contrariar as suas decisões, não houve hesitação em se decidir que isto não poderia ocorrer. Isto é, a vinculação horizontal, na House of Lords, é devedora de um precedente com feição de rule of precedent (de regra concernente à eficácia dos precedentes) e não de direito substancial." (MARINONI, Luiz Guilherme. *Precedentes obrigatórios*. 4. ed. São Paulo: Revista dos Tribunais, 2016, p. 29)

[22] "A análise do desenvolvimento da *common law* no medievo revela, sem grandes esforços, um fato que pode surpreender os juristas ligados à *civil law*: a doutrina do precedente não é necessária para a existência da tradição anglo-saxã. Pelo contrário, a *common law* desenvolveu-se por cerca de setecentos anos até reconhecer a necessidade de se respeitar os precedentes." (PUGLIESE, William. *Precedentes e a civil law brasileira:* interpretação e aplicação do novo código de processo civil. São Paulo: Revista dos Tribunais, 2016, p. 34-35).

[23] "O *common law*, é interessante observar, não teve início com a adoção da explícita premissa ou da regra expressa de que os precedentes seriam vinculantes. Isso acabou acontecendo *naturalmente*, desde quando a decisão dos casos era tida como a aplicação do direito costumeiro, antes referido, em todas as partes do reino, até o momento em que as *próprias decisões* passaram a ser consideradas direito. Assim, desenvolveu-se o processo de *confiança* nos precedentes e, a rigor, nunca foram definidos com precisão o papel dos precedentes e o método correto de argumentação a partir dos precedentes." (ALVIM, Teresa Arruda; DANTAS, Bruno. *Recurso especial, recurso extraordinário e a nova função dos tribunais superiores no direito brasileiro*. 3. ed. São Paulo: Revista dos Tribunais, 2016).

[24] "Foi na segunda metade do século XIX que se pôde notar um enrijecimento do *stare decisis*. É amplamente reconhecido que a doutrina inglesa do *stare decisis* enrijeceu-se no século XIX. No caso *Beamish v. Beamish* se estabeleceu expressamente a regra de que a *House of Lords* estaria vinculada pelos seus próprios precedentes. As razões desse enrijecimento foram muitas: alteração da estrutura (dos órgãos) judi-

Tramways Co. v. London County Council (1898), com inequívoco posicionamento da Corte a esse respeito[25].

Complementarmente, no Practice Statement de 1966, ficou sedimentada a possibilidade de a House of Lords superar seus entendimentos, em caráter excepcional, logicamente, de sorte a não comprometer a confiança no sistema de precedentes, evitando-se a inviabilização do desenvolvimento do direito. Outro elemento crucial para a definitiva consolidação da sistemática do *judiciary law* foi a hierarquização dos órgãos judiciários através do Judicature acts (1873), definindo a qual corte caberia dizer o direito[26].

---

cantes, influência das ideias de Bentham e de Austin, ambiente intelectual propício à busca da certeza do direito - *certainty*." (ALVIM, Teresa Arruda; DANTAS, Bruno. *Recurso especial, recurso extraordinário e a nova função dos tribunais superiores no direito brasileiro*. 3. ed. São Paulo: Revista dos Tribunais, 2016).

25 "Em *Beamish*, Lord Campbell disse expressamente que a *House* se encontrava vinculada aos seus próprios precedentes (no caso, ao que foi decidido em *R. v. Mills*, 1844). Embora o caso tenha sido decidido unanimemente, os demais Lords Cranworth, Wensleydale e Chelmsford não enfrentaram a questão examinada por Lord Campbell ligada à autovinculação. É por essa razão que a doutrina aponta pacificamente apenas o caso *London Tramways Co. v. London County Council* (1898) como sendo aquele em que inequivocamente a *house* decidiu pela vinculação aos seus próprios precedentes. *É apenas a partir desse momento, portanto, que os precedentes adquirem força vinculante no direito inglês – isto é, passam a valer independentemente da adesão do julgador à bondade das razões formuladas para a solução do caso anterior.*" (MITIDIERO, Daniel. *Precedentes: da persuasão à vinculação*. 4. ed. São Paulo: Revista dos Tribunais, 2022.)

26 "É claro, no entanto, que a partir daí outro problema igualmente se colocou: o de saber quais seriam os precedentes que gozariam de autoridade e que, portanto, deveriam ser necessariamente reportados. Isso porque, como é evidente, sem uma clara compreensão a respeito da competência de cada uma das cortes e da sua respectiva posição na administração da justiça não é possível dimensionar de forma adequada a autoridade das razões invocadas para solução de casos e questões em suas decisões.80 Buscando outorgar racionalidade à organização judiciária inglesa, os *Judicature Acts* de 1873 – 1875 unificaram as jurisdições de *Common Law* e de *Equity* e estruturaram as cortes inglesas em um sistema hierárquico-piramidal (*High Court of Justice* e *Court of Appeal*).81 Apesar de excluída a jurisdição da *House of Lords*nesse primeiro momento, essa foi reintroduzida logo em seguida com o *Judicature Act* de 1876 no ápice da organização judiciária, posição em que permaneceu até o advento da *Supreme Court of the United Kingdom* por força do *Constitutional Reform Act* de 2005." (MITIDIERO, Daniel. *Precedentes: da persuasão à vinculação*. 4. ed. São Paulo: Revista dos Tribunais, 2022.)

Percebe-se, enfim, que o traço determinante do *common law* era encontrar a fonte do regramento social no direito comum, por alguns visto como preexistente[27], por outros como criado a partir da experiência judicial[28]. A adoção da teoria do *stare decisis* é somente um (desejável) passo ulterior em direção à segurança jurídica e à melhor estruturação do sistema normativo. Na realidade, a tradição inglesa revela que o Legislativo longamente se baseou no Judiciário para desenvolver sua atividade típica, em papel complementar[29] e mesmo a afirmação da su-

---

27 "Note-se, contudo, que quando um precedente interpreta a lei ou a Constituição, como acontece especialmente nos Estados Unidos, há direito preexistente com força normativa, quando é visível que o juiz não está a criar um direito. Na verdade, também no caso em que havia apenas costume, existia direito preexistente, o direito costumeiro. A circunstância de o precedente ser admitido como fonte de direito está muito longe de constituir um indício de que o juiz cria o direito. A admissão do precedente como fonte de direito ou a força obrigatória do precedente não significa que o Judiciário tem poder para criar o direito." (MARINONI, Luiz Guilherme. *Precedentes obrigatórios*. 4. ed. São Paulo: Revista dos Tribunais, 2016, p. 33).

28 "Especificamente no que agora interessa, da compreensão do precedente como *razão persuasiva*, como prova da existência do *Common Law*, ao precedente como *razão excludente*, como expressão do significado do direito, desfaz-se o mito da teoria declaratória da jurisdição e dos juízes como simples oráculos do direito em favor da percepção de que o *direito é fruto de uma prática interpretativa a partir de fontes dotadas de autoridade*. Ao mesmo tempo, percebe-se que a atividade judicial não constitui simplesmente declaração de uma norma preexistente, uma atividade meramente cognitiva que resulta sempre em uma única resposta possível para os problemas jurídicos, cuja aplicação para o caso concreto é realizada apenas por silogismos judiciários." (MITIDIERO, Daniel. *Precedentes: da persuasão à vinculação*. 4. ed. São Paulo: Revista dos Tribunais, 2022.)

29 "O magistrado inglês teve fundamental importância na consolidação do common law - daí se falar em judge make law. O poder do juiz era o de afirmar o common law, o qual se sobrepunha ao Legislativo, que, por isso, deveria atuar de modo a complementá-lo. Aliás, na tradição do common law inglês, o Parlamento considerava as decisões proferidas pelas Cortes nos casos concretos para, a partir delas, precisar e delinear a lei decorrente da vontade comum. Interessante perceber que exatamente aí surge uma primitiva noção de due process of law, visto como o caminho a ser seguido para a elaboração da lei ancorada nos costumes. (…)

O juiz inglês não apenas teve espaço para densificar o common law, como também oportunidade de, a partir dele, controlar a legitimidade dos atos estatais. Edward Coke - cujo papel foi muito importante para a contenção do arbítrio do rei - decidiu no célebre caso Bonham, por volta de 1610, que as leis estão submetidas a um direito superior, o common law, e, quando isto não acontecer, vale dizer, quando não respeitarem este direito, são nulas e destituídas de eficácia. Disse Coke, nesta ocasião, que 'em muitos casos o common law controlará os atos do Parlamento,

premacia do Parlamento, na Revolução Gloriosa, não erodiu a premissa de submissão ao direito comum, mas a refirmou[30] – uma perspectiva revolucionária, portanto, bastante oposta à Revolução Francesa. Por

---

e algumas vezes os julgará absolutamente nulos: visto que, quando um ato do Parlamento for contrário a algum direito ou razão comum, ou repugnante, ou impossível de ser aplicado, o common law irá controlá-los e julgá-los como sendo nulos'." (MARINONI, Luiz Guilherme. *Precedentes obrigatórios*. 4. ed. São Paulo: Revista dos Tribunais, 2016, p. 31 e 34).

30 "É certo que a doutrina de Coke, no seu particular significado de doutrina que dava ao juiz apenas o poder de declarar o common law, foi superada na Inglaterra pela teoria constitutiva - desenvolvida sobretudo por Bentham e Austin. Contudo, a Revolução de 1688 não fez desaparecer a noção de que o Parlamento e a lei estão submetidos ao common law. Também não é adequado sustentar que o juiz, a partir desse momento, passou a estar submetido ao legislativo, nem muito menos que o direito das colônias passou a dever respeito unicamente à produção do Parlamento. O Parlamento, com a Revolução Gloriosa, venceu longa luta contra o absolutismo do rei. Diante da preocupação em conter os arbítrios do monarca, os juízes sempre estiveram ao lado do Parlamento, chegando a com ele se misturar. Assim, aí não houve qualquer necessidade de afirmar a prevalência da lei - como produto do Parliament - sobre os magistrados, mas sim a força do direito comum diante do poder real. Ademais, a Revolução Puritana não objetivou destruir o direito antigo, mas, ao contrário, pautou-se pela afirmação do common law contra o rei. Assim, toda e qualquer norma elaborada pelo legislativo estaria inserida dentro do common law, na busca de afirmação dos direitos e liberdades do povo inglês contra o rei. A Revolução, bem por isso, não teve a pretensão de elevar a lei a uma posição suprema ou a intenção de dotar o Parlamento de um poder absoluto mediante a produção do direito. Mais do que à lei, foi necessário dar destaque ao common law - ou ao direito da história e das tradições do povo inglês - para conter o poder real. De modo que a ideia de supremacy of the English parliament não significou, simplesmente, a submissão do poder real à norma produzida pelo legislativo, mas a submissão do rei ao direito inglês, na sua inteireza. Este direito submetia o monarca, contendo os seus excessos, mas também determinava o conteúdo da produção legislativa, que, sem qualquer dúvida, não podia ser desconforme ao common law. De qualquer forma, ao contrário do que sugere Cappelletti, é certo que o princípio da supremacy of the English parliament não teve a menor intenção de submeter o juiz ao Parlamento. Este princípio teve a intenção de firmar a noção de supremacia do direito sobre o monarca e não o propósito de significar onipotência da lei ou absolutismo do Parlamento." (MARINONI, Luiz Guilherme. *Precedentes obrigatórios*. 4. ed. São Paulo: Revista dos Tribunais, 2016, p. 39-40)

fim, é marcante que a preocupação central de um julgador na tradição anglo-saxã seja o caso[31], mais do que o código[32][33].

---

[31] Calamandrei aponta que o *common law* é mais atento às exigências humanas do caso individual, conservando amplos poderes equitativos. (CALAMANDREI, Piero. La funzione dela giurisprudenza nel tempo presente. *Opere Giuridiche*: probleme generali del diritto e del processo. Vol. 1. Roma: Roma Ter-Press, 2019, p. 602-603).

[32] Sustentando que se evidencia que a lei tem importância diversa, sob a ótica hierárquica, daquela imaginada na família romano-germânica: "A característica mais marcante da *common law*, em sua forma pura, é a ausência de uma compilação básica de leis: a *common law* não possui um código. Os países que seguem a tradição jurídica inglesa herdaram um sistema em que as regras escritas não são tão importantes quanto a imagem e a aparência do direito. Neste sistema puro, os juízes devem resolver as disputas entre particulares sem referência a regras escritas, decidindo os casos de acordo com as suas próprias noções de razoabilidade, costume e justiça. No entanto, a estrutura pura da *common law* não existe. Desde o seu início, na Inglaterra, as leis escritas exercem um papel considerável. Atualmente a legislação é uma das principais formas de controle utilizadas pelos países de tradição anglo-saxã como forma de regular os avanços industriais e muitas outras matérias. Assim, a imagem de que o juiz anglo-saxônico cria direito a partir do nada dificilmente representa a estrutura jurídica dos países da tradição de *common law*. No entanto, o fato de a produção legislativa ser bastante prolífica nesses países não significa que a importância dada à lei pela *common law* seja igual àquela conferida pela *civil law*. As regras criadas são sempre questionáveis e sua aplicação é determinada, em última instância, pelos juízes. É, portanto, uma característica anglo-saxã que os juízes têm o poder de modificar as regras enquanto as aplicam, o que geralmente ocorre ao se decidir um caso imprevisto pelo legislador." (PUGLIESE, William. *Precedentes e a civil law brasileira:* interpretação e aplicação do novo código de processo civil. São Paulo: Revista dos Tribunais, 2016, p. 36).

[33] Em sentido contrário: "se suele afirmar que son muchas e importantes las diferencias que se dan entre estas tradiciones. Así, se señala que los sistemas jurídicos del civil law se basan en la codificación y que la ley desarrolla un papel determinante en el ordenamiento jurídico; contrario a ello, los sistemas del common law se basarían esencialmente en el case law. Sin embargo, postular una distinción entre el common law y el civil law a partir de la codificación parece ser una idea exagerada que no resiste mayor análisis. Dado que, 'al igual que en un país de derecho civil, la legislación válidamente promulgada en los Estados Unidos es la ley, la que se espera que los jueces interpreten y apliquen con el espíritu de su promulgación. La autoridad de la legislación es superior a la de las decisiones judiciales; los estatutos superan a las decisiones judiciales contrarias (dejando de lado las cuestiones constitucionales), pero no a la inversa.'" (FIGUEROA, Jim Ramírez. *Los hechos en el precedente:* fundamentos para un uso adecuado del precedente constitucional. Lima: Yachat Legal, 2020. Livro eletrônico.).

1.2. CIVIL LAW

Por sua vez, no panorama dos países tradicionalmente de *civil law*, os precedentes judiciais, mormente sob a ótica da vinculatividade, não são um elemento essencial ou típico[34]. Nos primórdios, o direito se confundia com a moral e com a religião[35] e, na Grécia, coadjuvou a política e o crucial valor da isonomia, preponderantes[36].

Esse enfoque filosófico e político, contudo, não impediu a definição do direito – na realidade, jamais poderia dela prescindir. O direito revelava a preocupação com o justo e com o bem, de sorte que, para Platão, uma lei que não levasse ao bem não seria, realmente, uma lei (perspectiva que francamente rejeitaria o positivismo, o utilitarismo e o pragmatismo). Quanto às fontes do direito, a descoberta do justo passava por um método objetivo, cósmico, de observação da realidade,

---

[34] "Desse modo, não é preciso dizer que em cada sistema jurídico, qualquer que seja ele, o precedente é dotado de diferente eficácia. É inequívoco, nesse sentido, que nos ordenamentos dominados pelas regras do case law os precedentes judiciais gozam de força vinculante e, portanto, consubstanciam-se na mais importante fonte de direito. Para tanto, desenvolveu-se um complexo aparato conceitual (reconhecido, dentre outras, pelas seguintes expressões: *stare decisis, rule of the law, ratio decidendi, obter dictum, distinguishing, overruling, binding e persuasive precedente...*), de resto, estranho ao jurisrta do *civil law*." (TUCCI, José Rogério Cruz e. *Precedente judicial como fonte do direito*. 2. ed. Rio de Janeiro: GZ, 2021, p. 3).

[35] ALVIM, Teresa Arruda; DANTAS, Bruno. Recurso especial, recurso extraordinário e a nova função dos tribunais superiores no direito brasileiro. 3. ed. São Paulo: Revista dos Tribunais, 2016.

[36] "O direito grego, do ponto de vista das fontes, não teve maior importância para a formação dos sistemas políticos atuais. Essa firmação, contudo, merece uma ressalva de valor, pois, embora eles não tenham deixado muitas regras escritas e produção doutrinal em direito, sua produção política e filosófica não cessou de produzir resultados, chegando até os dias presentes através de grandes debates e discussões. É imperiosa a percepção de que o direito e a política não são completamente dicotômicos, assim como a política e a filosofia não o eram na filosofia grega (Sócrates as via como unidade). A grande contribuição dos gregos foi, portanto, política e filosófica. (...) Para os gregos, a norma (*nómos*) era a base do controle do poder político. Em Atenas, nenhum cidadão poderia estar acima das regras (normas) estabelecidas democraticamente. Elas serviam para garantir a isonomia (igualdade perante as regras) dos cidadãos atenienses. Somente em Platão essa visão unitária se dissolve, rompendo a ligação natural entre filosofia, direito e política." (ZANETI JR., Hermes. O valor vinculante dos *precedentes*: teoria dos precedentes normativos formalmente vinculantes. 2. ed. Salvador: JusPodivm, 2016, p. 75-77).

atividade precipuamente dos filósofos. Essa visão, algo utópica por reservar apenas ao filósofo a compreensão do direito, acabou por restar abrandada, aceitando que essas normas fossem ditadas em códigos, que os juízes deveriam aplicar literalmente (*dikastiké*). Na última linha, a pretensão platônica, inicialmente elevadíssima por aspirar o alcance do justo pelos mais sábios, se reduz a um positivismo grosseiro, apto a ensejar o autoritarismo dos príncipes, posteriormente[37].

Por sua vez, Aristóteles contribuiu decisivamente para a formação do pensamento jurídico, compreendendo o direito como o justo (toda conduta conforme a lei moral e a virtude universal) e o objeto da justiça como a distribuição, em sentido estrito (justiça particular), de atribuir a cada um o que é seu (fórmula que repete de Platão), mantendo a igualdade na repartição dos bens (justiça distributiva, própria do direito público), e também na correção de desequilíbrios oriundos da perturbação da ordem anterior (justiça corretiva ou comutativa, própria do direito privado). Ademais, separa-se o direito da moral, o ser justo do fazer o justo, cabendo ao campo jurídico a preocupação com o efeito exterior, com as condutas, não com a intenção, que fica a cargo da moral[38].

Especificamente quanto às fontes normativas, Aristóteles admitia o justo natural, na razão prática do homem, mas também no justo positivo, oriundo das leis e cujo papel é a complementação do direito racional e natural. Assim, o direito positivo é essencialmente necessário, porque seria mais fácil encontrar, quantitativamente, legisladores prudentes que tantos julgadores igualmente virtuosos e porque o legislador estaria divorciado das paixões que envolvem um juiz, além de garantir a uniformidade da *pólis*. A edição de leis conclui a busca pelo justo natural e garante a determinação precisa de elementos que a ciência (no método aristotélico, essencialmente de observação, fragmentada) não poderia identificar, como valor de uma multa, por exemplo. A lei escrita se revela importante para precisar o justo naquela específica comunidade, naquela específica família etc[39].

---

[37] VILLEY, Michel. *A formação do pensamento jurídico moderno*. 2. ed. São Paulo: WMF Martins Fontes, 2009, p. 24-38.

[38] VILLEY, Michel. *A formação do pensamento jurídico moderno*. 2. ed. São Paulo: WMF Martins Fontes, 2009, p. 40-46.

[39] VILLEY, Michel. *A formação do pensamento jurídico moderno*. 2. ed. São Paulo: WMF Martins Fontes, 2009, p. 54-58.

Sob a ótica evolutiva, um primeiro marco de relevo se encontra no mais remoto Direito Romano. Na fase da realeza, eram os costumes, espontaneamente nascidos, a fonte primordial do direito[40]; na república, os costumes[41], a lei[42] e os éditos dos magistrados[43]; no principado,

---

[40] "Todos os povos primitivos começam a reger-se pelo costume – complexo de usos praticados pelos antepassados e transmitidos às gerações pela tradição –, pois é ele espontâneo, independente, portanto, da existência de órgãos que o elaborem. Roma não fugiu a essa regra: o *mos maiorum* (costume) foi fonte de direito, na realeza." (ALVES, José Carlos Moreira. *Direito Romano*. 20. ed. Rio de Janeiro: Forense, 2021. Livro eletrônico.).

[41] "É ele, no período republicano, a fonte preponderante do direito privado, graças à atividade dos jurisconsultos, que disciplinaram as novas relações sociais pela adaptação das normas primitivas que a tradição transmitira de geração a geração, mas cuja origem se perdera nas brumas de um passado remoto. Os juristas republicanos não formularam doutrina sobre o costume como fonte de direito, o que somente foi realizado pelos jurisconsultos do principado. Mas em Cícero (*De inuentione*, II, 22, 67) já encontramos, em virtude da influência da filosofia grega, os primeiros traços dessa construção doutrinária: *"Consuetudine autem ius esse putatur id, quod uoluntate omnium sine lege uetustas comprobavit"* (Denomina-se *direito baseado no costume* o que o tempo consagrou, sem a intervenção da lei, com a aprovação geral)." (ALVES, José Carlos Moreira. *Direito Romano*. 20. ed. Rio de Janeiro: Forense, 2021. Livro eletrônico).

[42] "Sob duas modalidades apresenta-se a lei em Roma: *lex rogata* (a proposta de um magistrado aprovada pelos comícios, ou a de um tribuno da plebe votada pelos *concilia plebis*, desde quando os plebiscitos se equipararam às leis) e *lex data* (lei emanada de um magistrado em decorrência de poderes que, para tanto, lhe concederam os comícios). Na *lex rogata*, distinguem-se quatro partes: 1ª) o *index* (onde se consignava o nome gentílico do proponente e a indicação sumária do seu objeto); 2ª) a *praescriptio* (em que constavam as indicações do nome e títulos do magistrado proponente, do dia e local em que se votou a lei, e da tribo ou centúria que votou em primeiro lugar); 3ª) a *rogatio* (parte principal da *lex rogata*, pois nela estava declarado o seu conteúdo); e 4ª) a *sanctio* (sanção, pena para o caso de infringência da lei). Na república, encontramos *leges rogatae* de grande importância para o direito privado, como a Lei *Aebutia* (meado do século II a.C.), que introduziu o processo formulário. Entretanto, a mais importante lei na república é uma *lex data*: a Lei das XII Tábuas, o primeiro monumento legislativo dos romanos." (ALVES, José Carlos Moreira. *Direito Romano*. 20. ed. Rio de Janeiro: Forense, 2021. Livro eletrônico).

[43] "Os magistrados romanos tinham a faculdade de promulgar editos (*ius edicendi*), dos quais os mais importantes, para a formação do direito, foram os dos magistrados com função judiciária: em Roma, os pretores (urbano e peregrino) e os edis curuis; nas províncias, os governadores e os questores. O do pretor urbano, porém, sobreleva, em importância, a todos os demais. O edito, a princípio, era a proclamação oral de uma espécie de programa do magistrado (o daqueles com função

os costumes, que acabaram perdendo relevância enquanto fonte do direito por serem vistos como um fato e por acabarem por ser acolhidos nos éditos, o que lhes outorgava indubitável caráter normativo, as leis comiciais, os éditos, as constituições imperiais, as respostas dos jurisconsultos e as deliberações do Senado; e, enfim, no dominato, apenas a constituição imperial, isto é, a lei, cabendo ao costume, fonte espontânea do direito, preencher lacunas[44].

---

judiciária é um verdadeiro inventário de todos os meios de que o particular pode valer-se para obter a tutela de seu direito), no início do ano em que desempenharia a magistratura. Posteriormente, de oral, passou ele a ser escrito numa tábua pintada de branco, e, por isso, denominada *album*. Com o tempo, essa designação (*album*) foi dada ao próprio edito." (ALVES, José Carlos Moreira. *Direito Romano*. 20. ed. Rio de Janeiro: Forense, 2021. Livro eletrônico).

[44] "No principado, por ser período de transição, encontramos o maior número de fontes de direito que Roma conheceu sob determinado regime. No dominato (monarquia absoluta), há apenas uma fonte atuante de criação organizada do direito: a *constituição imperial* (então denominada *lex*). A seu lado, persiste o costume como fonte espontânea de direito, mas limitado a preencher as lacunas das constituições imperiais, sendo pequena sua importância para o direito privado. No entanto, continuam em vigor as normas decorrentes das fontes de direito dos períodos anteriores, desde que não revogadas. E, como no início do dominato é muito acentuada a decadência da jurisprudência – não há grandes juristas, mas, sim, práticos –, conhecem-se essas normas não do estudo da própria fonte, mas, indiretamente, por intermédio da obra dos jurisconsultos clássicos. Por isso, ao lado das constituições imperiais (*leges*), vigora, também, o direito contido nessas obras (e que é denominado, nesse tempo, *iura*). A invocação de normas jurídicas constantes das obras de juristas antigos acarretou um grande inconveniente: advogados habilidosos induziam ao erro os juízes com citações capciosas ou falsas, que eram atribuídas àqueles jurisconsultos. Em face disso – do que decorria a incerteza do direito –, os imperadores procuraram, de início, combater o abuso por meio de constituições imperiais que restringiam a invocação dos *iura*. Assim, em 321 d.C., Constantino declarou sem eficácia as notas que Paulo e Ulpiano haviam feito à obra de Papiniano; mas o mesmo imperador, pouco depois, confirmou a autoridade das demais obras de Paulo, especialmente das *Sentenças* (*Pauli Sententiarum ad filium libri* V). Pouco mais de um século após, Teodósio II e Valentiniano III tomaram providência mais radical, na constituição que os autores modernos denominam *lei das citações*. Essa constituição imperial criou um verdadeiro tribunal de mortos, pois estabeleceu que somente poderiam ser invocados em juízo os escritos de cinco jurisconsultos (Gaio, Papiniano, Ulpiano, Paulo e Modestino), bem como as opiniões dos autores citados por qualquer deles, desde que o original fosse trazido a juízo. No caso de divergência de opiniões, prevalecia a da maioria; se houvesse empate, preponderaria a opinião de Papiniano; e, caso, enfim, este, na última hipótese, não se tivesse manifestado, o juiz seguiria a orientação que lhe parecesse melhor. As notas de Paulo e Ulpiano às

Percebe-se, sem que se ignore a evolução do direito romano ao longo de todas as fases, não se perder de vista que o direito era obra dos jurisprudentes, fruto de sua virtude pessoal, que cristalizavam os costumes, confirmando-os pela decisão judicial[45], voltada aos casos concretos[46][47]. Não vinha, portanto, da regra, mas, essencialmente, do justo[48]. Os "precedentes" – isto é, tais casos julgados anteriormente – se revestiam de utilidade por ostentarem função persuasiva, baseada na analogia, à medida que se pareciam com o conflito *sub judice*, principalmente quando os julgadores não possuíam formação jurídica, como os do processo formular[49]. Até aqui, portanto, a lógica era semelhante à do *common law*. Posteriormente, porém, o protagonismo das constituições imperiais, com restrição ao recurso a outras fontes, acabou por delinear o traço característico do *civil law*.

---

obras de Papiniano continuaram sem validade." (ALVES, José Carlos Moreira. *Direito Romano*. 20. ed. Rio de Janeiro: Forense, 2021).

[45] "Em Roma, apesar de suas importantes ordenações jurídicas, os juízes influenciavam no Direito Positivo. Ao assumirem as suas funções, os pretores publicavam as regras que iriam aplicar durante a sua gestão, além da legislação vigente e dos costumes. Aquelas disposições, que se chamavam *edicta*, eram obrigatórias enquanto durasse o mandato do pretor. Muitas, porém, eram adotadas por seus sucessores e acabavam se incorporando ao Direito em caráter permanente. Os editos não se limitavam a complementar ou a suprir as fontes objetivas do Direito Romano, conforme se pode inferir do comentário de Papiniano, famoso jurisconsulto romano: "O Direito pretoriano é o que, por razão de utilidade pública, introduziram os pretores, para ajudar, ou suprir, ou corrigir o Direito Civil; o qual se chama também honorário, assim denominado em honra dos pretores"". (NADER, PAULO. *Introdução ao Estudo do Direito*. 44. ed. Rio de Janeiro: Forense, 2022. Livro eletrônico.).

[46] BARROSO, Luís Roberto. *O controle de constitucionalidade no direito brasileiro*. 8. ed. São Paulo: Saraiva, 2019, p. 124.

[47] "No modelo seguido, em particular, pelos países da Europa continental, pelo contrário, as codificações determinaram uma ruptura com o passado, ou seja, com o método casuístico herdado do direito romano de época clássica, sobretudo porque a prevalência da lei escrita se sobrepôs a todas as outras formas de expressão do direito." (TUCCI, José Rogério Cruz e. *Precedente judicial como fonte do direito*. 2. ed. Rio de Janeiro: GZ, 2021, p. 2).

[48] VILLEY, Michel. *A formação do pensamento jurídico moderno*. 2. ed. São Paulo: WMF Martins Fontes, 2009, p. 72.

[49] TUCCI, José Rogério Cruz e. *Precedente judicial como fonte do direito*. 2. ed. Rio de Janeiro: GZ, 2021, p. 24-27.

A codificação principia com a decisão de Justiniano de reunir ensinamentos dos jurisconsultos (*Digesto*) e orientações consolidadas na tradição romana no *Corpus Iuris Civilis*, como instrumento de segurança jurídica[50]. A pretensão da codificação era resolver dúvidas e conflitos com maior objetividade, organizando-se e estabilizando-se o conjunto de regras até então desenvolvido. Tal pretensão de suficiência restava evidente na proibição de se referirem trabalhos anteriores.

---

[50] "Os primeiros pilares da *civil law* foram fixados pelo Direito Romano. Mais importante que o *ius gentium* e *ius commune*, porém, foi a compilação levada a efeito por Justiniano no século VI, denominado *Corpus Juris Civilis*. Esse documento foi elaborado em um período no qual o Direito Romano clássico já havia sofrido uma série de alterações e se tornado decadente. Justiniano, então, empreendeu o resgate do sistema antigo a fim de lhe conferir novamente a grandiosidade por que era conhecido. Além disso, Justiniano procurava resolver uma série de conflitos e dúvidas decorrentes das inúmeras interpretações e pontos de vista a respeito do Direito da época, produzido pelos jurisconsultos. Com esses dois propósitos, surgiu o *Corpus Juris Civilis*, organizado em cinco capítulos: direito das pessoas, direito de família, sucessões, propriedade e obrigações; este último compreendia regras sobre negócios jurídicos e responsabilidade civil. Não é por acaso que esta divisão permanece até hoje nos Códigos de Direito Civil. Tamanha é a influência do *Corpus* que a denominação *civil law* decorre justamente da influência civilística nos sistemas jurídicos romano-germânicos.

Mais importante do que a própria compilação foi a proibição de Justiniano de que se fizesse qualquer referência ao trabalho dos jurisconsultos. Foi igualmente proibida a elaboração de comentários a respeito do *Corpus*. Em outras palavras, Justiniano pretendia que a sua compilação fosse suficiente para resolver qualquer problema jurídico. Os comentários foram abolidos e a interpretação do texto foi dispensada. A *civil law* nascia em torno da interpretação de uma compilação de regras jurídicas, aliada a um de seus maiores dogmas: o de que o juiz somente aplica a lei, sem interpretá-la.

É interessante notar que a vedação imposta por Justiniano quanto à elaboração de novos comentários não foi absolutamente efetiva, pois mesmo enquanto o imperador viveu, alguns juristas publicaram comentários a respeito da compilação." (PUGLIESE, William. *Precedentes e a civil law brasileira*: interpretação e aplicação do novo código de processo civil. São Paulo: Revista dos Tribunais, 2016, p. 25-26).

Tempos depois, no século XI, em Bolonha, retoma-se esse texto, surgindo a figura dos glosadores e comentaristas, precursores da doutrina jurídica, e a origem da jurisprudência como ciência do direito[51][52].

---

51 "[O] direito romano, a princípio, não se valia senão dos elementos literais, restringindo-se a interpretação à procura do que se achava fixado na palavra. Este apego à forma é natural em todos os povos que atravessam fase menos desenvolvida de sua evolução, não apenas no tocante ao direito, mas a todas as manifestações de inteligência. Somente quando o romano atingiu mais adiantado grau de cultura, ao alcançar o estágio de plenitude de seu florescimento, e conseguiu expressar-se na criação de conceitos abstratos, pôde formular regras de hermenêutica sob a dominação do elemento lógico, e assentou, então, que a interpretação é algo mais do que conhecimento literal da linguagem da lei, por envolver também a perquirição da sua força e da sua vontade.

O fenômeno se repetiu na Idade Média: com a *recepção* do direito romano, coetânea da escola de Bolonha, os juristas partiram do pressuposto da perfeição técnica dos seus princípios e, dotados os textos de uma espécie de infalibilidade, limitavam-se a explicar literalmente as regras, logo passando à *glosa*, espécie de comentário marginal ou interlinear sob a vinculação dominadora da expressão linguística. Com Irnério e seus seguidores (séc. XII), formou-se a escola que se poderia denominar exegética, a chamada escola bolonhesa dos glosadores. Mais tarde, quando os estudos jus-romanísticos se desenvolveram iluminados pelo espiritualismo cristão e influenciados pela filosofia escolástica, a técnica do comentário se apurou, e os pós-glosadores (Cino di Pistola, Bartolo da Sassoferrato, Accursio da Bagnolo) desceram mais a fundo, impregnando os seus comentários de cogitações científicas mais desenvolvidas (séc. XIV).

Na obra de Cujácio (em francês, Jacques Cujas), já liberada da glosa, encontram-se a exposição e o estudo do direito romano sem a escravização à letra do texto, porém mais sabiamente planejada (séc. XVI), representando o início do humanismo jurídico." (PEREIRA, Caio Mário da Silva. *Instituições de Direito Civil:* introdução ao Direito Civil – Teoria Geral de Direito Civil. Atualizadora e colaboradora: Maria Celina Bodin de Moraes. 34. ed. Rio de Janeiro: Forense, 2022. Livro eletrônico).

52 "A queda do império romano no ocidente provocou um afastamento europeu da compilação de Justiniano. Os germanos, que conquistaram a península italiana e a maior parte dos territórios europeus, tinham seus próprios costumes, que acabaram mesclando às disposições do *Corpus Juris Civilis*. Vale lembrar, ainda, que o medievo não foi marcado por grandes avanços tecnológicos, pelo que o direito romano-germânico pouco se desenvolveu.

Foi a partir da recuperação do Mar Mediterrâneo pelos europeus que se iniciou uma retomada intelectual. O interesse pelo direito romano foi readquirido, e a centralização acadêmica desse processo se deu em Bolonha, na Itália, ao final do século XI.

Tendo o direito como um de seus principais objetos de estudo, a primeira universidade europeia não pregava o estudo do direito romano bárbaro, nem mesmo as normas costumeiras ou as promulgadas pelas cidades locais, muito menos o direito dos comerciantes. Estudar Direito em Bolonha era estudar o *Corpus Juris Civilis* de Justiniano.

Chama atenção que, por esse longo período, a doutrina valorizava o papel da jurisprudência na formação da unidade do regramento jurídico, identificando precedentes vinculantes como um meio para garantir a supremacia do direito, de sorte que há, também no *civil law*, um relevante instrumento[53]. Com efeito, o papel do moderno advogado anglo-saxão é mais próximo do dos juristas medievais que o próprio atuar dos operadores dos países que seguiram a tradição romano-germânica[54]. No direito pré-moderno, medieval, a fonte era eminentemente jurisprudencial, enquanto obra dos prudentes julgadores (jurisprudentes), manifestação de sua virtude pessoal, de seu saber capaz de reconhecer a conduta justa e a injusta em cada caso (*ordenatio rationis*).

Portanto, no medievo, também se decidia o conflito com base em um sistema de costumes descoberto pelos juízes, costumes orais repe-

---

Como se sabe, em torno do *Corpus* formaram-se inúmeras escolas de pensamento que procuravam explicar as compilações do Imperador. Esse fato é, no mínimo, curioso, pois ao se admitir a discussão e a interpretação das normas, a regra da não elaboração de comentários acerca do diploma era violada.

De qualquer modo, fato é que dessas escolas uma delas se tornou proeminente: os "glosadores", com vasta produção literária e estilo didático tiveram ampla difusão entre os estudantes.

Os estudantes bolonheses retornaram para seus respectivos países e lá fundaram outras universidades. Nelas, os ensinamentos dos glosadores foram transmitidos a um número ainda maior de alunos. O resultado desse fenômeno foi o retorno do direito romano ao centro do debate jurídico europeu. Ensinar e pensar o direito significava, em primeira e última instância, examinar o direito romano e os comentários dos glosadores ao *Corpus*. Tal era a importância desses institutos que as leis então promulgadas pelos primeiros estados-nação tinham mero caráter informativo e orientador da interpretação das normas efetivamente cogentes." (PUGLIESE, William. *Precedentes e a civil law brasileira*: interpretação e aplicação do novo código de processo civil. São Paulo: Revista dos Tribunais, 2016, p. 25-26)

53 ZANETI JR., Hermes. O valor vinculante dos precedentes: teoria dos precedentes normativos formalmente vinculantes. 2. ed. Salvador: JusPodivm, 2016, p. 82.

54 "The really astonishing fact is that on the point of legal techniques the English lawyers have much more in common with the Roman lawyers than do the nineteenth century pandectists who expressly followed the Roman tradition... It may be a paradox but it seems to me the truth is that there is more affinity between the Roman jurist and the common lawyer that there is between the Roman jurist and his modern civilian successor" (ZWEIGERT, R; KÖTZ, H. *An introduction to comparative law*. 3. ed. Oxford: Clarendon Press, 1998. p. 186).

tidos pelos indivíduos[55]. Essa fonte normativa ganhava destaque em razão da repetição, passando-se a entender que a sentença seria capaz de criar um costume universal, confirmado pelo ato decisório porque cristalizado no âmbito não conflituoso[56]. Mais uma vez, é evidente a similitude com o surgimento do direito no *common law*.

Sem dúvida, a lei como fonte do direito surge como pilar do *civil law* com o advento dos Estados Nacionais, na era do direito nacional positivado (século XVI e seguintes)[57]. A experiência francesa, sem dúvidas, muito contribui para explicar a evolução da compreensão do Judiciário em nossa tradição, também em três etapas perceptíveis.

No primeiro momento, encontra-se a iniciativa de Louis XIV de confeccionar o Code Louis (*Ordonnance Civile* de 1667), com a finalidade de ultrapassar o particularismo jurídico que vigia à época, do *jus commune* consuetudinário das diversas comunidades[58]. Pretendia o

---

[55] "Cientificamente, o sistema, também chamado de *civil law*, formou-se a partir do século XIII, na Europa continental, seu principal centro. Antes do século XIII, na Europa, observava-se a predominância de um direito consuetudinário, baseado nos costumes da população, desorganizado e descentralizado. Contribuiu para esse quadro a decadência do Império Romano do ocidente (por votla do século V, em razão principalmente das sucessivas invasões germânicas), que, com o contato com os bárbaros, viu-se dominado por costumes territoriais, com o feudalismo que iniciava, e assistiu à perda de impertância das leis." (CÔRTES, Osmar Mendes Paixão. *Recursos repetitivos, súmula vinculante e coisa julgada*. Brasília: Gazeta Jurídica, 2018, p. 130).

[56] "Os costumes eram, por assim dizer, *cristalizados* ou *solidificados* quando confirmados por uma decisão judicial, quando chancelados pela autoridade de um juiz. Porém, a esta altura, ainda não havia direito abstrato, em tese, até porque não havia nenhum poder central para editá-lo." (ALVIM, Teresa Arruda; DANTAS, Bruno. *Recurso especial, recurso extraordinário e a nova função dos tribunais superiores no direito brasileiro*. 3. ed. São Paulo: Revista dos Tribunais, 2016).

[57] ZANETI JR., Hermes. O valor vinculante dos precedentes: teoria dos precedentes normativos formalmente vinculantes. 2. ed. Salvador: JusPodivm, 2016, p. 83.

[58] "A situação do direito francês anterior à promulgação do *Code Louis* pode ser bem caracterizada a partir da ideia de particularismo jurídico.91 Ao Norte tinha vigência a título de *jus commune* um direito consuetudinário de origem germânica, ao passo que ao Sul tinha vigência – também a título de *jus commune* – o direito romano, notadamente o *Corpus Juris Civilis* de Justiniano e o Código Teodosiano. Além disso, existiam inúmeras intervenções legais do soberano que visavam a particularizar determinadas pessoas, assinalar certas jurisdições e diferenciar certos bens visando a privilegiar algumas posições sociais em detrimento de outras.

De um lado, a complexidade das fontes implicava *fragmentação do direito e insegurança jurídica*, dando-se espaço para que os juízes exercessem, muitas vezes indevi-

monarca ter o direito em suas mãos, outorgando reconhecimento jurídico ao seu arbítrio[59]. Nessa dinâmica, o Conseil des Parties funcionava como um instrumento de controle do soberano sobre as cortes, contendo abusos judiciários e tutelando os interesses do rei[60], seguindo a

---

damente em proveito próprio, a *interpretatio* dos diferentes textos e costumes concorrentes, efetivamente decidindo a respeito do significado do direito e resolvendo os inúmeros conflitos normativos evidenciados para a solução dos casos concretos. A *interpretatio* tinha um *valor normativo* e não por acaso era comum a citação de *precedentes judiciais* para a sustentação de casos em juízo.

De outro, a *interpretatio* judicial do direito – entendida como uma *verdadeira decisão* sobre qual a norma aplicável e sobre o qual o seu significado no contexto do caso concreto – evidenciava a existência de um *efetivo poder* concentrado nas mãos dos juízes. Semelhante poder entendia-se normalmente oponível inclusive no confronto do Rei, que cada vez mais o percebia como um fator de ameaça à necessidade de centralização política das funções estatais em suas mãos." (MITIDIERO, Daniel. *Precedentes: da persuasão à vinculação*. 4. ed. São Paulo: Revista dos Tribunais, 2022.)

59 "O objetivo de Louis XIV ao impor a estrita observação das *"ordonnances"* pelos juízes está na reivindicação do direito para as suas mãos. Com isso, procura reduzir paulatinamente o fragmentado direito medieval à lei uniforme moderna, alterando o papel desempenhado pelos juízes franceses – de guardiões do direito, responsáveis pela sua *interpretatio*, a funcionários reais, docilmente subordinados à sua intenção. Daí o aparecimento da conhecida máxima do *Ancien Régime* – *"tout justice émane du roi"*. A chave empregada para a consecução dessa tarefa está justamente no cognitivismo interpretativo: isto é, na mística e mítica suposição de que é possível simplesmente *declarar* normas preexistentes mediante o exercício da jurisdição." (MITIDIERO, Daniel. *Precedentes: da persuasão à vinculação*. 4. ed. São Paulo: Revista dos Tribunais, 2022.)

60 "O Conseil des parties, seção especializada do Conselho de Estado, constituiu um instrumento de controle do soberano sobre as Cortes. Não foi concebido para exercer função jurisdicional ou função assemelhada a dos tribunais ordinários, mas para servir a um interesse específico do soberano, de subordinação dos Corpos Judiciais.

Enquanto concretização da ideia de contenção do Judiciário em face da lei, há correspondência entre o Conseil des parties e o Tribunal de Cassação. Porém, se o Conseil des parties devia interferir para conter os abusos dos corpos judiciais, ele mesmo passou a se valer do seu poder de modo arbitrário. O Conseil des parties teve o fim de tutelar os interesses do monarca, ameaçados pelas Cortes judiciais. O seu objetivo jamais foi proteger o direito ou os interesses populares. A atividade do Conseil des parties era voltada aos fins particulares do monarca." (MARINONI, Luiz Guilherme. *O STJ enquanto corte de precedentes*. 2. ed. São Paulo: Revista dos Tribunais, 2014, p. 28-29).

linha restritiva da interpretação pelos julgadores[61]. Havia, no entanto, uma tendência a que se sujeitasse ao interesse comum, em um embrião do poder discricionário, cuja liberdade deve estar subordinada a este valor maior, o interesse público[62].

O segundo momento, sob influxo do pensamento iluminista, é inaugurado pela Revolução Francesa. Buscando afastar os ditos abusos dos juízes da época, em favor do monarca, os revolucionários chegaram a considerar que, nas palavras de Robespierre, "a jurisprudência deveria ser apagada de sua língua" (*"le mot jurisprudence doit être ef-*

---

[61] "Mesmo antes da Revolução Francesa, em 25.09.1665, quando, na França, reinava Luís XIV, houve uma tentativa de reforma da justiça. Nesse momento histórico, Luís XIV dava seguimento a um movimento já começado anteriormente, no sentido de permitir ao príncipe intervenção no processo: era o projeto do soberano de se apropriar do ordo iudiciarius. Luís XIV quis pôr fim àquilo que via como *desordem*, providenciando um redressement de l'autorité, evitando que os juízes fossem fertiles en inventions contre les meilleures lois. Trata-se de um momento histórico em que se percebe com clareza a existência da regra de que o juiz deve obedecer à lei, no contexto de uma ideologia que reconhecia ao rei a soberania absoluta, não limitada por órgão algum. O direito era a lei e a vontade do Rei. Nada mais natural do que ser do próprio Luís XIV a frase "L'État c'est moi". Ao juiz, segundo o Code de Luís XIV, era proibido interpretar. Em caso de dúvida ou dificuldade de compreensão do texto da lei, o juiz deveria dirigir-se ao soberano, para conhecer a voluntas principis." (ALVIM, Teresa Arruda; DANTAS, Bruno. *Recurso especial, recurso extraordinário e a nova função dos tribunais superiores no direito brasileiro*. 3. ed. São Paulo: Revista dos Tribunais, 2016).

[62] "O fundamento do direito antigo era a figura do monarca. O Estado já foi concebido como objeto de soberania do príncipe e praticamente se confundia com este. Assim, a vontade do soberano se identificava com a vontade do Estado ou era a este imposta. Havia, pois, a possibilidade *de fato do arbítrio* e, o que era mais interessante, a possibilidade do *arbítrio juridicamente permitido e reconhecido*.

Entretanto, é interessante observar que, no curso da história, entre a fase do absolutismo puro e a do Estado moderno, detectou-se uma tendência no sentido da exigência de que o monarca sujeitasse a sua vontade a um "interesse comum". Assim, o soberano passou a ser considerado um depositário do poder para consecução dos fins do Estado: o bem-estar de todos os súditos.

Nesse momento histórico, pode entrever-se um fenômeno possivelmente integrante da mesma árvore genealógica em que nasceu o poder discricionário, de que trataremos adiante, pois o poder do príncipe, embora "livre" (uma vez que estava fora do alcance de limites jurídicos, sendo, então, absoluto), estava adstrito à necessidade de servir ao bem comum." (ALVIM, Teresa Arruda; DANTAS, Bruno. *Recurso especial, recurso extraordinário e a nova função dos tribunais superiores no direito brasileiro*. 3. ed. São Paulo: Revista dos Tribunais, 2016).

facé de notre langue")[63]. Surge o mito do juiz inanimado (*inanimé*), flagrante utopia[64][65].

---

[63] "O direito moderno conheceu um movimento semelhante. Promulgado o Código Civil francês em 1804, criou-se uma escola de interpretação com Toullier, Duverger, Duranton, Troplong, Demolombe, Malleville, Demante, Laurent, Huc etc., que se deixou encantar pelas excelências do Código Napoleão, parecendo aos seus corifeus que nada mais seria possível fazer em matéria de elaboração legislativa, pois esse monumento seria a palavra derradeira, a expressão máxima da civilização jurídica ocidental. Seus comentaristas deixaram-se, então, dominar por esta ideia preconcebida, corroborada pela convicção de que o Código era o triunfo da razão, filho do pensamento racionalista que o movimento enciclopedista do século XVIII havia difundido. Toda a chamada *escola exegética*, ou dos *intérpretes do Código Civil*, consolidou a ideia de que a hermenêutica devia consistir na explicação da lei escrita, subordinando toda a técnica interpretativa à regra de que não há direito fora da lei. Interpretar é indagar a vontade do legislador, a intenção do legislador, a *mens legislatoris*, não podendo o jurista desprender-se do texto legal. A lei é a fonte exclusiva do direito e na sua palavra estaria expressa a *soberania* legislativa. Ao entendimento da norma não devem contribuir quaisquer fatores extrínsecos, nem há de se cogitar das necessidades econômicas ou sociais, como não podem penetrar ideias renovadoras, nem a inspiração da equidade, nem o conceito abstrato de boa-fé. Para esta escola, a da Exegese, a hermenêutica, como processo lógico, cinge seu trabalho às construções silogísticas, para as quais os elementos básicos situam-se na própria lei, de que a interpretação é apenas uma conclusão necessária, como a demonstração de um teorema em matemática. Erigido o mito da lei, o fetichismo da lei, e assentado que esta é, ao mesmo tempo, a expressão do Estado soberano e a construção lógica do legislador perfeito, todo o trabalho do intérprete é enfeixado na concepção de que acima de tudo está o texto, continente do direito, do qual não pode o jurista fugir. O juiz não aplica o direito, aplica a lei, e como esta é concretizada na forma escrita, seu entendimento mora na sua expressão vocabular." (PEREIRA, Caio Mário da Silva. *Instituições de Direito Civil:* introdução ao Direito Civil – Teoria Geral de Direito Civil. Atualizadora e colaboradora: Maria Celina Bodin de Moraes. 34. ed. Rio de Janeiro: Forense, 2022. Livro eletrônico).

[64] A Revolução Francesa foi decididamente antijudiciária (FRANCO, Afonso Arinos de Melo. Minha evolução para o parlamentarismo. *Revista de Ciência Política*, v. 27, n. 2, mai./ago. 1984, p. 4).

[65] "Outro interessante exemplo quanto à tentativa da manutenção da separação *absoluta* dos poderes foi o The General Law Code for the Prussian States, de 1794. Dispunha o § 47 que toda vez que o juiz entendesse que o verdadeiro significado da lei era dúbio, deveria, sem nomear as partes litigantes, notificar a comissão jurídica (Gesetzcommißion) sobre suas dúvidas e requisitar o seu julgamento. Essa lei foi abolida pouco tempo depois, pela inviabilidade de sua aplicação." (ALVIM, Teresa Arruda; DANTAS, Bruno. *Recurso especial, recurso extraordinário e a nova função dos tribunais superiores no direito brasileiro*. 3. ed. São Paulo: Revista dos Tribunais, 2016).

A intenção do movimento era extinguir o arbítrio e a discricionariedade judiciais, prestigiando a vontade popular soberana consagrada pelo Parlamento. Havia uma autêntica crença na onipotência da lei, de maneira a se concluir que, se determinado tema não estivesse contemplado pela codificação, não seria jurídico, vedando-se, ainda, as decisões judiciais com efeitos gerais e abstratos[66]. Ainda hoje, essa noção se encontra algo presente no direito francês, que rechaça fundamentações judiciais fora das disposições gerais dos regramentos, a exemplo do art. 5º do Código Napoleônico e do antecedente código dinamarquês de 1683[67]. No mecanicismo da subsunção[68] dos fatos ao

---

[66] "Posta a lei como vontade geral do povo e a decisão judicial como fruto da sua simples declaração, a *Révolution* encontra finalmente campo propício para sua atuação. Para tanto, veda a prolação de *"réglements"* (isto é, decisões judiciais com efeitos gerais e abstratos) e prevê a possibilidade de o juiz consultar o legislativo em casos de dúvidas interpretativas." (MITIDIERO, Daniel. *Precedentes: da persuasão à vinculação*. 4. ed. São Paulo: Revista dos Tribunais, 2022.)

[67] "Por esta doutrina o juiz operaria apenas com os critérios rígidos das normas jurídicas, com esquemas lógicos, sem possibilidade de contribuir, com a sua experiência, na adaptação do ordenamento à realidade emergente. Com esta orientação se evitaria o subjetivismo e o arbítrio nos julgamentos, ao mesmo tempo em que se preservaria a integridade dos códigos. Com esse objetivo, algumas legislações chegaram a proibir que os advogados invocassem os precedentes judiciais, como o fez o Código dinamarquês de 1683. A teoria da divisão dos poderes, enunciada por Montesquieu, foi tomada como um dogma a impedir a participação do Judiciário na formação do Direito. A Revolução Francesa, impregnada pela filosofia racionalista, idealizou a elaboração de um código perfeito, conforme a razão e que regulasse todos os fatos e conflitos sociais. Com a promulgação do Código Napoleão, no início do século XIX, a função do juiz ficou reduzida à de mero aplicador de normas; máquina de subsumir, sem qualquer outra tarefa senão a de consultar os artigos do código, inteirar-se da *vontade do legislador* e aplicá-la aos casos em espécie. Montesquieu já havia afirmado que "no governo republicano, pela natureza de sua constituição, os juízes hão de seguir o texto literal da lei" e Robespierre, na Assembleia de 27 de novembro de 1790, proclamou: "essa palavra *jurisprudência dos tribunais*, na acepção que tinha no antigo regime nada significa no novo; deve desaparecer de nosso idioma. Em um Estado que conta com uma constituição, uma legislação, a jurisprudência dos tribunais não é outra coisa que a lei." (NADER, PAULO. *Introdução ao Estudo do Direito*. 44. ed. Rio de Janeiro: Forense, 2022. Livro eletrônico.).

[68] "Como é notório, a teoria prescritiva da separação dos poderes fez fortuna na história do pensamento jurídico, sendo um dos pilares do constitucionalismo moderno e do movimento pela afirmação do Estado de Direito. Com ela, porém, difundiu-se igualmente o mito do *"juge inanimé"* e a respectiva crença subjacente na teoria cognitivista da interpretação. Daí circular na cultura iluminista a ideia de que *"tout loi soit claire, uniforme et précise: l'interpréter, c'est presque toujours la corrompre"*. Se

texto legal, haveria uma proteção dos julgadores, que não precisariam avaliar as repercussões de suas decisões[69].

Se, no *common law*, a insegurança jurídica decorria da possibilidade de afastamento dos precedentes porque supostamente injustos, no *civil law* desenhado pela Revolução Francesa, bastaria a lei geral e abstrata para assegurar a igualdade. Aos juízes, cabia a burocrática função de aplicá-la aos casos concretos, em simples silogismo.

Na hipótese de divergências interpretativas, cabia ao Legislativo resolvê-las[70], através do *référé législatiff* facultativo. A necessidade de corrigir eventual decisão que desconsiderava o *référé* levou a criar um órgão autônomo, a *Cour de Cassation*, cuja composição não deveria possuir juízes nem se situar no Judiciário[71]. Sua função era cassar a interpretação

---

interpretar a lei é quase sempre corrompê-la, então é necessário evitar a todo custo que os juízes a interpretem. Por essa razão, na *Encyclopédie* – obra icônica do século das luzes – há uma absolutização do pensamento de Montesquieu: os julgamentos devem ser sempre silogísticos e mecânicos, dando lugar a simples declarações fiéis dos textos precisos das leis que lhes servem de base." (MITIDIERO, Daniel. *Precedentes: da persuasão à vinculação*. 4. ed. São Paulo: Revista dos Tribunais, 2022.)

69 PICARDI, Nicola. *Jurisdição e processo*. Organizador e revisor técnico da tradução Carlos Alberto Alvaro de Oliveira. Rio de Janeiro: Forense, 2008.

70 "A Lei Revolucionária de agosto de 1790 não só afirmou que "os tribunais judiciários não tomarão parte, direta ou indiretamente, no exercício do poder legislativo, nem impedirão ou suspenderão a execução das decisões do poder legislativo" (Título II, art. 10), mas também que os tribunais " reportar-se-ão ao corpo legislativo sempre que assim considerarem necessário, a fim de interpretar ou editar uma nova lei" (Título II, art. 11). Lembra Calamandrei que, nas discussões travadas na Assembleia, Robespierre expressou de modo categórico o princípio - segundo ele, derivado do direito romano, mas aceito como indiscutível por todos os reformadores - de que a faculdade de interpretar a lei pertence ao Poder Legislativo, fundando-se no princípio as disposições de direito positivo - arts. 10 e 11, tít. II, Dec. 16-29 de agosto de 1790 - que expressamente proibiram o juiz de interpretar a lei." (MARINONI, Luiz Guilherme. *Precedentes obrigatórios*. 4. ed. São Paulo: Revista dos Tribunais, 2016, p. 48).

71 "A legislação revolucionária, portanto, além de ter proibido o juiz de interpretar a lei, conferiu ao juiz a faculdade de pedir a um "corpo legislativo" o esclarecimento do texto legal, mediante o que se chamou de *référé législatif* facultativo. Porém, a necessidade de corrigir a decisão judicial que desconsidera o *référé* facultativo deu origem a um órgão de cassação. Discutiu-se acerca da sua composição. Como não poderia deixar de ser, excluiu-se a possibilidade de o órgão se constituir por juízes ou se situar no Poder Judiciário. Não apenas porque tutelar o legislativo ou a separação de poderes nada tinha a ver com a função jurisdicional, mas, sobretudo, porque não

incorreta[72], e não decidir em substituição, apontando a resposta correta[73] – ou seja, não haveria reforma, de sorte que se evitaria o próprio termo "tribunal" para se referir à Corte de Cassação[74]. Na origem, então, buscava

se poderia deixar o controle no âmbito do poder questionado. A ideia de se confiar a cassação ao executivo foi descartada mediante a advertência de Montesquieu sobre o perigo de o conselho real interferir sobre a administração da justiça. Mais difícil foi a discussão acerca da conveniência de se situar o órgão no legislativo. Afirmou-se que seria coerente que o poder que cria e interpreta as leis também detivesse o de zelar por sua autoridade, evitando as interferências do Judiciário. Embora teoricamente a proposta guardasse simpatia, foi ela deixada de lado pelo motivo de que se temia que, ao se ter na Assembleia legislativa um órgão para a instrução das questões de cassação, na prática se estaria constituindo uma espécie de Senado, instituto que os revolucionários não queriam introduzir na nova Constituição.

Diante disso, venceu a tese de que se deveria criar um órgão especial e autônomo para exercer a cassação. Essa primeira natureza - não jurisdicional - da Cassação era compatível com a sua função de apenas cassar as decisões judiciais que dessem à lei sentido indesejado. Sem obrigar o juiz a requerer a devida interpretação, impedia-se que as decisões que não se limitassem a aplicar a lei tivessem efeitos. Em vez de se utilizar o instrumento da "consulta interpretativa", preferia-se algo mais factível, isto é, cassar a interpretação equivocada." (MARINONI, Luiz Guilherme. *Precedentes obrigatórios*. 4. ed. São Paulo: Revista dos Tribunais, 2016, p. 48-49).

[72] "Não por acaso, essa forma de encarar a interpretação jurídica subjaz às conhecidas fórmulas que estão na base da Cour de Cassation (cuja função é cassar toda decisão que contenha uma "contravention expresse au texte de la loi") e da Corte di Cassazione (cuja função é velar pela "esatta osservanza e l'uniforme interpretazione della legge, l'unità del diritto oggettivo nazionale")." (MITIDIERO, Daniel. *Cortes superiores e cortes supremas: do controle à interpretação, da jurisprudência ao precedente*. 2. ed. São Paulo: Revista dos Tribunais, 2015, p. 38-39)

[73] "A decisão cassacional tinha natureza negativa; limitava-se a cassar a decisão judicial. A cassação não podia resolver o caso conflitivo e, além disso, também não podia definir a interpretação correta, uma vez que isso constituiria invasão da esfera do judiciário." (MARINONI, Luiz Guilherme. *O STJ enquanto corte de precedentes*. 2. ed. São Paulo: Revista dos Tribunais, 2014, p. 36).

[74] "Frise-se que a Cour de Cassation foi instituída unicamente para cassar a interpretação incorreta, e não para estabelecer a interpretação correta ou para decidir em substituição a uma decisão prolatada por um tribunal inferior. A Cassation não se sobrepunha aos órgãos judiciais por ter o poder de proferir a última decisão, mas por ter o poder de tutelar a lei.

Por coerência, estavam certos aqueles que não queriam rotular tal órgão de Tribunal nem designar os seus membros de juízes. Ora, se a função do órgão era impedir a interferência do Judiciário no Legislativo, e isso evidentemente nada tem a ver com tutela dos direitos ou atuação do direito objetivo nos casos concretos, não havia qualquer motivo para atribuir-lhe o nome de Tribunal e chamar os seus componentes de juízes.

tutelar a separação dos poderes - ou a lei em face do Judiciário, controlando os poderes do Estado (nomofilaquia[75]). A combinação de ambos os instrumentos evidenciava o papel marginal que os revolucionários pretendiam atribuir aos juízes e à jurisprudência[76].

Ocorre, porém, que a mera natureza cassacional do pronunciamento permitia que o Judiciário reiterasse o seu entendimento, inaugurando celeuma potencialmente infindável. Por isso, em havendo uma segunda cassação, dever-se-ia remeter a questão ao legislativo para que, através do *référé* obrigatório, estabelecesse a interpretação autêntica da lei, a ser seguida[77].

Não foi o que ocorreu, contudo. Deu-se ao órgão o nome de Tribunal de Cassação, tendo os seus membros recebido o apelido de juízes." (MARINONI, Luiz Guilherme. *Precedentes obrigatórios*. 4. ed. São Paulo: Revista dos Tribunais, 2016, p. 49-50).

[75] Nisso consiste, a propósito, a nomofilaquia do recurso dirigido à Corte Superior. A função nomofilática da Corte Superior está na defesa da legislação diante das decisões judiciais. É interessante perceber, nessa linha, que a uniformidade da jurisprudência aparece aí apenas como um instrumento em relação à função de controle desempenhada pela Corte. É preciso fixar a "esatta interpretazione della legge" mediante uma jurisprudência uniforme a fim de que se possa saber se, ao jurisdicionar, as instâncias ordinárias violaram ou não à legislação. O que sobressai na atuação da Corte é o escopo de tutela da legalidade mediante controle das decisões judiciais." (MITIDIERO, Daniel. *Cortes superiores e cortes supremas: do controle à interpretação, da jurisprudência ao precedente*. 2. ed. São Paulo: Revista dos Tribunais, 2015, p. 46)

[76] "Esses dois instrumentos – o *référé legislatif* e o *Tribunal de Cassation* – não deixam dúvidas a respeito da ideologia revolucionária a respeito do papel dos juízes e da jurisprudência dos tribunais. Em uma célebre passagem dos debates parlamentários na *Assemblée Constituante*, Robespierre chegou a afirmar que *"dans un état qui a une constitution, une législation, la jurisprudence des tribunaux n'est autre chose que la loi"*, com o que o próprio termo jurisprudência *"doit être effacé de notre langue"*. Sendo a jurisprudência o mais odioso dos conceitos, algo totalmente inútil e mesmo perigoso em um Estado que tem uma Constituição e leis, era preciso ver a jurisdição como simples declaração de normas preexistentes. Mais do que isso: era preciso *reservar a interpretação do direito ao próprio legislador* (daí a razão pela qual corretamente se alude ao "legiscentrismo" da *Révolution*) e coibir a eficácia de qualquer interpretação judicial que não se limitasse ao mero conhecimento e à simples expressão do texto preciso da lei. Em outras palavras, caberia ao Corpo Legislativo a criação e a interpretação das normas e ao Poder Judiciário apenas a sua mecânica aplicação Foi com a conjugação desses instrumentos que a *Révolution* procurou assegurar a *igualdade* de todos diante do Direito sendo a *"jurisprudence"* da *Cour de Cassation* uma simples *"tentative de 'faire parler' les lois"*." (MITIDIERO, Daniel. *Precedentes: da persuasão à vinculação*. 4. ed. São Paulo: Revista dos Tribunais, 2022.)

[77] "De acordo com o Decreto de novembro-dezembro de 1790, o Tribunal de Cassação deveria, ao receber decisão de tribunal ordinário que mantivesse entendimento por duas

No terceiro momento, a edição do Código Civil Napoleônico (1804) autoriza margem interpretativa para o juiz, influenciado pelos ensinamentos de Portalis. Passa a haver a dicotomia entre a interpretação em abstrato (reservada ao legislativo) e a interpretação em concreto (pelo juiz), quando a lei fosse omissa, obscura ou insuficiente[78], vez que se proibiu o juiz de deixar de julgar casos, abolindo-se, em acréscimo, o *référé* facultativo[79].

Essa abertura à interpretação sofreu forte reação da Escola da Exegese, nos anos seguintes à edição do *Code Civil*, a negar a margem equitativa deixada aos magistrados: para seus defensores, a atividade julgadora permanecia sendo mecânica. Note-se, que a noção de direito napoleônica – direito como conteúdo da lei, dotada de completude e estatalidade[80] – influenciou decisivamente a formação jurídica do período.

---

vezes já cassado, submeter a questão ao Poder Legislativo. Esse teria então o poder de estabelecer a interpretação autêntica da lei, que, por conta disso, deveria passar a ser obrigatoriamente observada. (refere obrigatório)." (MARINONI, Luiz Guilherme. *O STJ enquanto corte de precedentes*. 2. ed. São Paulo: Revista dos Tribunais, 2014, p. 37).

78 "Para tanto, Portalis distinguiu interpretação *in abstracto* (que competiria apenas ao legislador, a qual chamou de *interpretação autêntica*) de interpretação *in concreto* (que competiria aos juízes), viabilizando a partir daí novamente uma teorização a respeito da interpretação judicial do direito. Ao reconhecer a possibilidade de interpretação *in concreto*, Portalis aboliu o *référé legislatif* ao impor ao juiz o dever de interpretar mesmo na ausência de solução expressa no ordenamento jurídico (art. 12, *Livre Préliminaire*; art. 4.º, *Titre Préliminaire*), determinando ainda que semelhante atividade fosse realizada de acordo com a equidade, com o direito natural e com os costumes (art. 11, *Livre Préliminaire* – suprimido do *Titre Préliminaire*). É fácil perceber, portanto, que nos casos em que ausente uma "*loi précise*", o juiz passaria a ocupar o papel de "*ministre d'équité*"." (MITIDIERO, Daniel. *Precedentes: da persuasão à vinculação*. 4. ed. São Paulo: Revista dos Tribunais, 2022.)

79 MARINONI, Luiz Guilherme. *O STJ enquanto corte de precedentes*. 2. ed. São Paulo: Revista dos Tribunais, 2014, p. 44.

80 "A afirmação da estatalidade do Direito é obra da cultura jurídica de Setecentos e encontra sua primeira concretização no que atine ao processo civil ainda nos Seiscentos – com a elaboração e promulgação do emblemático Code Louis (1667). Procede-se aí à identificação do Direito a partir da sua origem: o Direito necessariamente decorre da autoridade do Estado. Já a afirmação da completude da ordem jurídica é fruto típico de Oitocentos. Na França, por exemplo, o dogma da completude deriva da leitura realizada pela Ecole de l'Exégèse do Code Napoléon (1804). O Direito passa a ser compreendido como um sistema coerentemente completo. Em ambos os casos, o caldo cultural em que se inserem estatalidade e completude da ordem jurídica é aquele da superação do particularismo jurídico e da afirmação da codificação como a forma ideal para identificação, organização e concentração do Direito." (MITIDIERO, Daniel. *Cortes superiores e cortes supremas: do controle à interpretação, da jurisprudência ao precedente*. 2. ed. São Paulo: Revista dos Tribunais, 2015, p. 36)

No Estado de Direito Legal[81], as faculdades acolheriam aqueles que se dedicariam a ser profissionais do direito, diferentemente da tradição britânica em que o ofício de advogado era aprendido na corporação. O propósito da faculdade era simples reprodução acadêmica do código, onde residia todo o direito, o suficiente para alcançar a vontade infalível do legislador, sem redundâncias, injustiças ou incoerências[82]. A atitude pedagógica que acompanhava o ensino jurídico da época demandava exacerbada memória e nenhuma atitude crítica, atitude dogmática.

Gradualmente, se assistiu à evolução desse cenário. Com a modificação da função dos julgadores, oriunda dos ditames do *Code*, também o Tribunal de Cassação reviu seu atuar. Abandonando a função apenas negativa, de desaprovação de decisões equivocadas em razão da contravenção expressa do texto da lei ("*contravention expresse au texte de la loi*"), passou a fundamentar seus pronunciamentos, em caráter de instrução quanto à melhor interpretação da norma (noção de falsa interpretação da lei, "*fause interprétation de la loi*", correlata à falsa aplicação, "*fausse application de la loi*"), o que reforçou a autoridade da cassação em relação ao juízo de reenvio, isto é, de nova decisão[83].

Esse cenário se transpôs ao campo legislativo, e, em 1º de abril de 1837, editou-se uma lei que outorgava obrigatoriedade de observância do pronunciamento da Corte quando da segunda cassação por igual motivo. À época, a previsão foi amplamente criticada, por se submeter o juiz a pronunciamento que não do Legislativo, nem do Judiciário, ante a autonomia possuída pelo tribunal cassacional. Toda a evolução, contudo, embora despreocupada com a influência dos pronunciamentos sobre os casos futuros, acabou por atribuir à *Cour de Cassacion* o papel de tribunal de cúpula, definindo a interpretação do direito, semelhante às atuais cortes supremas[84].

---

[81] Para um completo comparativo entre o Estado de Direito Legal e o Constitucional, veja-se: VIGO, Rodolfo Luis. Interpretación (argumentación) jurídica em el Estado de Derecho Constitucional. Santa Fe: Rubinzal-Culzoni, 2015.

[82] Daí, a célebre frase atribuída a Jean-Joseph Bugnet (1794-1866): "eu não conheço o Direito Civil, eu ensino o Código de Napoleão".

[83] MARINONI, Luiz Guilherme. *O STJ enquanto corte de precedentes*. 2. ed. São Paulo: Revista dos Tribunais, 2014, p. 44-46.

[84] MARINONI, Luiz Guilherme. *O STJ enquanto corte de precedentes*. 2. ed. São Paulo: Revista dos Tribunais, 2014, p. 48-52.

Outro comparativo particularmente útil que pode ser traçado com o direito estrangeiro se dá perante a experiência portuguesa, especificamente dos assentos[85]. Também aqui, três são as etapas de abordagem do instituto.

No primeiro momento, remete-se à monarquia portuguesa, no século XVI – a exemplo da primeira etapa apontada para a situação francesa. Nessa altura, o rei acumulava a edição de leis e o julgamento, cabendo-se, indubitavelmente, apontar a correta interpretação. Com o passar dos anos e o ganho de funções do monarca, delegou-se à Casa de Suplicação a missão de apontar o sentido autêntico das normas legais, nas Ordenações Manuelinas de 1521: os desembargadores definiriam a mais acertada aplicação, apenas remetendo o caso ao rei se subsistisse dúvida. O resultado desse procedimento era levado a termo no "livro dos assentos".

Posteriormente, nas reformais empreendidas pelo Marques de Pombal, os assentos foram erigidos, por força da chamada Lei das Boas Razões (1769), ao patamar de fonte subsidiária, devendo ser seguidos, quando não fosse bastante a lei. Apesar de se apontar que, ainda nesse momento, o monarca guardasse proximidade institucional com a Casa de Suplicação, é inegável que a previsão reforçava a relevância do instituto.

Com a revolução liberal de 1820 e a promulgação da Constituição de 1822, tal órgão foi extinto, sobrevindo o Supremo Tribunal de Justiça, que deveria uniformizar a interpretação, de sorte que também os assentos desapareceram da prática judiciária. Contudo, a insegurança jurídica se fez presente, apesar da separação dos poderes bem delineada pelo constituinte, por conta de algum grau de indisciplina e insubordinação da magistratura.

O regime militar inaugurado em 1926 pretendeu reestruturar o ordenamento jurídico, buscando alcançar a previsibilidade. Os assentos são retomados, sendo formados pelo Supremo Tribunal de Justiça, em um incidente de uniformização de jurisprudência, vinculando as partes e também outros tribunais, além da própria corte de cúpula. Apesar disso, mantinha-se a possibilidade de superação do entendimento, em futuro julgamento do órgão pleno, o qual produziria um novo assento.

O advento do Código de Processo Civil de 1961 acabou por trazer uma mudança drástica do funcionamento do instituto, excluindo a

---

[85] Confira-se a excelente síntese explicativa em CÔRTES, Osmar Mendes Paixão. *Recursos repetitivos, súmula vinculante e coisa julgada*. Brasília: Gazeta Jurídica, 2018 e GONZALEZ, Anselmo Moreira. *Repetitivos ou "impeditivos"? Sistematização do Recurso Especial Repetitivo*. Salvador: JusPodivm, 2020, p. 40-49.

viabilidade de alteração do entendimento insculpido no assento. Logo após, em 1967, o Decreto-Lei 47.690 afastou a restrição dos efeitos obrigatórios dos assentos ao Judiciário, o que, somado à edição do Código Civil do mesmo ano, cujo artigo 2º estatuía que, nos casos previstos em lei, "os tribunais poderiam fixam, por meio de assentos, doutrina com força obrigatória legal", outorgou-lhes enorme força normativa[86].

---

[86] Na síntese constante do Acórdão 810/93, do Tribunal Constitucional: "O perfil de tal síntese poderá ser assim delineado: (a) Os assentos da Casa da Suplicação constituíam interpretação autêntica das leis e tinham força legislativa; (b) Desde a sua instituição em 1832, até à entrada em vigor do Decreto nº 12353, de 22 de Setembro de 1926, o Supremo Tribunal de Justiça não dispunha de competência para proferir assentos, mas tão somente para uniformizar a jurisprudência, através da interpretação e aplicação da lei nos casos concretos que lhe eram submetidos; (c) O artigo 66º deste último diploma instituiu um recurso inominado de uniformização de jurisprudência para o pleno do Supremo Tribunal de Justiça; (d) A jurisprudência estabelecida por estes acórdãos era obrigatória para os tribunais inferiores e para o Supremo Tribunal de Justiça enquanto não fosse alterada por outro acórdão da mesma proveniência; (e) Apesar de o Decreto nº 12353 não atribuir, explícita ou implícitamente, a estes acórdãos a designação de assentos, o Supremo Tribunal de Justiça assim passou a chamá-los a partir de Dezembro de 1927; (f) O Código de Processo Civil de 1939 consagrou a denominação de assentos para os acórdãos proferidos pelo pleno do Supremo Tribunal de Justiça, mantendo no mais o regime do Decreto nº 12353; (g) O Código de Processo Civil de 1961, eliminou a faculdade de alteração dos assentos pelo próprio Supremo Tribunal de Justiça; (h) O artigo 2º do Código Civil de 1967, veio atribuir à doutrina fixada pelos assentos força obrigatória geral; (i)O Decreto-Lei nº 47690, de 11 de Maio de 1967, na redacção dada ao artigo 769º nº 2, do Código de Processo Civil, eliminou a referência que ali se fazia a respeito da eficácia dos assentos." Especificamente quanto à relevância do último comando para o cenário normativo evolutivo, aduziu-se no acórdão: " Mas, quando a Reforma de 1926 instituiu os "acórdãos proferidos em tribunal pleno", sem lhes conferir a designação de assentos, e mesmo quando o Código de Processo Civil de 1939, embora assumindo pela primeira vez aquele *nomen*, lhes delineou o quadro processual e definiu o seu sentido e alcance, ainda, em tal momento, se podia resistir em ver nos assentos uma restauração das decisões da Casa da Suplicação, querendo por isso recusar-lhes a natureza de prescrições normativas no modo de "interpretação autêntica ou legislativa", para os ver apenas como "simples jurisprudência", como "jurisprudência estabelecida ou fixada". E isto porque, o assento que o tribunal haveria de lavrar no caso de um conflito de jurisprudência (artigo 768º, § 1º), poderia bem ser entendido em termos de traduzir um particular regime de precedente vinculante, não se equiparando a prescrição dos assentos a uma norma e não ultrapassando, seguramente, a natureza de "normatividade jurisprudencial". Mas não foi esse o sentido de institucionalização adoptado que culminou, na sua forma actual, no artigo 2º do Código Civil." (Tribunal Constitucional. Acórdão

Surgiram, naturalmente, acaloradas críticas ao novo panorama, acolhidas pelo Tribunal Constitucional em 1993 (Acórdão 810/93), que declarou inconstitucional o referido dispositivo do diploma civil, mormente por ofensa ao princípio da separação dos poderes (artigo 115, 5, da Constituição de Portugal), vez que os tribunais que editassem assentos funcionariam como órgãos legislativos - a obrigatoriedade apenas para o Judiciário, no entanto, foi admitida pela corte[87]. É inegável, de todo modo, que a sede por certeza

---

810/93. Processo nº 474/88. 1ª Seção, Rel. Conselheiro Monteiro Diniz. Julgado em 7/12/1993).

[87] "Já se observou que a génese da colisão constitucional da norma do artigo 2º do Código Civil, radica no facto de os assentos se arrogarem o direito de interpretação ou integração autêntica da lei, com força obrigatória geral, assumindo assim a natureza de actos não legislativos de interpretação ou integração das leis.

A disposição genérica contida naquela norma relativamente à força vinculativa geral dos assentos esteve na origem da eliminação do nº 2 do artigo 769º do Código de Processo Civil de 1961 que, numa linha de continuidade do artigo 768º do Código de Processo Civil de 1939, prescrevia que a doutrina assente pelo acórdão que resolvesse o conflito de jurisprudência seria "obrigatória para todos os tribunais".

E deste modo, a disputa que se vinha travando sobre o valor jurídico a atribuir aos assentos a partir daquele preceito (o único que contemplava tal matéria) - para uns, os assentos apenas vinculariam os tribunais hierarquicamente subordinados aquele que os houvesse emitido, enquanto para outros, dispunham de uma vinculação normativa idêntica às das normas gerais do sistema jurídico - veio a ser expressamente resolvida através da consagração do entendimento doutrinal que perfilhava a eficácia geral e incondicionada dos assentos, isto é, a vinculação normativa geral própria das fontes de direito.

Por outro lado, como também já se referiu, o Código de Processo Civil de 1961 suprimiu a possibilidade de modificação dos assentos constante do artigo 769º do Código de 1939, possibilidade essa já contemplada no artigo 66º do Decreto nº 12353 que, por seu turno, recebera inspiração no Decreto nº 4620.

A consagração de um tal sistema, rígido e imutável, para além de anquilosar e impedir a evolução da jurisprudência, necessariamente ditada pelo devir do direito e da sua adequada realização histórico-concreta, contraria manifestamente o sentido mais autêntico da função jurisprudencial.

Ora, tanto a eficácia jurídica universal atribuída à doutrina dos assentos, como o seu carácter de imutabilidade, não só se apresentam como atributos anómalos relativamente à forma inicial da sua instituição em 1939, mas também se configuram como formas de caracterização inadequada de um instituto que visa a unidade do direito e a segurança da ordem jurídica.

E parece poder afirmar-se que, desprovida desta caracterização, isto é, sem força vinculativa geral e sujeita, em princípio, à contradita das partes e à modificação pelo

jurídica garantiu ao ordenamento português uma experiência bastante interessante, instrumentalmente mais próxima da brasileira.

Os precedentes judiciais, portanto, acabam por se tornar relevantes na dinâmica da tradição romano-germânica em decorrência da natural e inevitável conclusão de que a lei não encerra todos os questionamentos jurídicos a serem respondidos. Diversos fatores contribuíram para a ascensão do tema na última etapa histórica[88].

---

próprio tribunal dela emitente, aquela doutrina perderá a natureza de acto normativo de interpretação e integração autêntica da lei.

Desde que a doutrina estabelecida no assento apenas obrigue os juízes e os tribunais dependentes e hierarquicamente subordinados àquele que o tenha emitido, e não já os tribunais das outras ordens nem a comunidade em geral, deixa de dispôr de força obrigatória geral o que representa, no entendimento de Marcello Caetano, a perda automática do valor que é próprio dos actos legislativos (...).

Com efeito, desde que o Supremo Tribunal de Justiça, na sequência de recurso interposto pelas partes, disponha de competência para proceder à revisibilidade dos assentos - e não cabe a este Tribunal pronunciar-se sobre os pressupostos e a amplitude do esquema processual a seguir em ordem à concretização desse objectivo - a eficácia interna dos assentos, restringindo-se ao plano específico dos tribunais integrados na ordem dos tribunais judiciais de que o Supremo Tribunal de Justiça é o órgão superior da respectiva hierarquia, perderá o carácter normativo para se situar no plano da mera eficácia jurisdicional e revestir a natureza de simples "jurisprudência qualificada".

E assim sendo, a norma do artigo 2º do Código Civil, entendida como significando que os tribunais podem fixar, por meio de assentos "doutrina obrigatória para os tribunais integrados na ordem do tribunal emitente, susceptível de por este vir a ser alterada", deixará de conflituar com a norma do artigo 115º, nº 5 da Constituição.

É que, com tal sentido, o assento não representa já um acto normativo não legislativo capaz de, com eficácia externa, fazer interpretação ou integração autêntica das leis." (Tribunal Constitucional. Acórdão 810/93. Processo nº 474/88. 1ª Seção, Rel. Conselheiro Monteiro Diniz. Julgado em 7/12/1993).

[88] Nessa dinâmica, encontram-se posicionamentos mais radicais quanto à admissão da liberdade judicial: "até chegarmos, no início do século XX, à escola do *gouvernement des juges* (governo dos juízes), segundo a qual cabe aos juízes não só elaborar os textos normativos abstratos e de caráter geral (obrigatório), isto é, *fazer a lei* (súmula vinculante, súmula, orientações, precedentes), como também *aplicá-la*. A evolução da escola do governo dos juízes culminou, na Alemanha, com o não prestigiado *Richterrecht* (direito dos juízes) e, no *common law*, com o ativismo judicial (*judicial activism*), matizes atualizados da escola do governo dos juízes." (NERY JÚNIOR, Nelson; NERY, Rosa Maria de Andrade. *Código de Processo Civil Comentado*. 6. ed. São Paulo: Revista dos Tribunais, 2021. Livro eletrônico.).

O primeiro, como mencionado, é a própria necessidade de se afirmar a autêntica interpretação[89]. Como visto, mesmo os utópicos revolucionários franceses, que pretendiam diminuir o papel do Judiciário e se satisfazer com a previsão geral e abstrata do legislador, viram, em pouco tempo, a necessidade de atribuir a um órgão a definição da correta leitura e atribuir-lhe caráter vinculativo, ao menos para o caso concreto. Trata-se de algo inerente à atividade jurídica e à jurisdição[90]: a interpretação é invariavelmente demandada, em maior ou menos escala, para o desfazimento de dúvidas de significado[91].

Na verdade, há que se perceber que a motivação de toda a modificação do perfil legislativo e interpretativo faz parte de um fenômeno mais geral, de ultrapassagem do enfoque na lógica pura, no silogismo

---

[89] "A terceira mudança atine ao significado da interpretação jurídica e, no fundo, à própria compreensão a respeito da natureza do Direito. Parte-se do pressuposto de que a atividade jurisdicional constitui uma atividade de reconstrução do sentido normativo das proposições e dos enunciados fático-jurídicos à vista do caráter não cognitivista e lógico-argumentativo do Direito. Como observa a doutrina, "o essencial é que o Direito não é meramente descrito ou revelado, mas reconstruído a partir de núcleos de significado de dispositivos normativos que, por sua vez, precisam ser conectados com elementos factuais no processo de aplicação. O material normativo, assim, não é totalmente, mas apenas parcialmente dado". Isso quer dizer que se assume a separação entre texto e norma – o legislador outorga textos, não normas. As normas são fruto de uma outorga de sentido aos textos pelos seus destinatários. É enorme, portanto, a diferença entre a interpretação jurídica no Estado Legislativo e no Estado Constitucional – basta perceber que se pressupunha no primeiro uma unidade entre texto e norma, pressupondo-se que o legislador outorgava não só o texto, mas também a norma, sendo função da jurisdição tão somente declarar a norma pré-existente para solução do caso concreto. O Direito deixa de ser um objeto total e previamente dado que o jurista tem de simplesmente conhecer para ser uma 'harmoniosa composição entre atividades semânticas e argumentativas'" (MITIDIERO, Daniel. *Cortes superiores e cortes supremas: do controle à interpretação, da jurisprudência ao precedente*. 2. ed. São Paulo: Revista dos Tribunais, 2015, p. 16-17).

[90] "[O] juiz não é o aplicador mecânico das regras legais, mas um verdadeiro criador de direito vivo. Já os antigos observavam que 'o juiz é a Justiça viva', em comparação com a lei, que é a 'Justiça inanimada'" (MONTORO, André Franco. O problema das fontes do direito: fontes formais e materiais. *Revista de Informação Legislativa*, n. 32, out./dez. 1971, p. 11).

[91] "Pois a lei, obra humana, é necessariamente incompleta e imperfeita. (...) A lei moderna, fruto de compromissos e resultado do *acordo possível* na heterogeneidade de um Parlamento, é não raro *vaga e ambígua*." (TEIXEIRA, Sálvio de Figueiredo. *A Criação e Realização do Direito na Decisão Judicial*. Rio de Janeiro: Forense, 2003, p. 8-9).

objetivo que se descuida do voluntarismo e da discricionariedade[92]. A reação a essa postura praticamente passiva em relação à atuação do magistrado – o juiz inanimado, boca da lei[93] – passa pela compreensão de que o papel do juiz é essencialmente mais complexo, envolvendo

---

[92] Cappelletti, citando Morton G. White, reputa tratar-se de uma "revolta contra o formalismo", sentido por diversos países e tradições: contra o *case method* estadunidense, o positivismo francês, o formalismo científico ou conceitual alemão etc (CAPPELLETTI, Mauro. *Juízes legisladores?*. Trad. Carlos Alberto Alvaro de Oliveira. Porto Alegre: Sergio Antonio Fabris Editor, 1993).

[93] "Nos países de direito escrito, como o nosso, a jurisdição é um instrumento da lei; o juiz resolve as questões a ele submetidas buscando no ordenamento jurídico a norma de comportamento aplicável ao caso concreto.

Então, como dizia Chiovenda[5], o juiz transforma a norma de comportamento, que é uma norma genérica e abstrata, numa norma concreta e específica, que vai ser a lei do caso concreto. Muitos dizem: a sentença é a lei do caso concreto. Essa noção coaduna-se à do chamado juiz *boca da lei*, mencionado por Montesquieu.

A lei é um fator determinante do conteúdo da prestação jurisdicional, mas a função ou a finalidade desta não é a de atuar a lei, e, por isso, considero a atuação da vontade concreta da lei uma nota que, não obstante caracterize a jurisdição nos países de direito escrito, não é essencial a um conceito universal de jurisdição.

A definição da jurisdição como atuação da vontade da lei, embora aparentemente sedutora como fruto da supremacia do legislador representativo da vontade popular, é insatisfatória na medida em que conduz à errônea conclusão de que a sua finalidade precípua seja efetivar o cumprimento e a observância da lei. Sem dúvida, o exercício da jurisdição pressupõe a busca, no ordenamento jurídico do Estado, das regras de comportamento que este estabeleceu para regular a vida em sociedade; mas a finalidade da jurisdição não é preservar ou aplicar essas normas, embora indiretamente ela o faça.

Se a finalidade da jurisdição fosse a de assegurar a eficácia das normas estatais, ela deveria ser exercida de ofício, para que todas as violações daquelas normas fossem devidamente coibidas e reparadas pelos juízes. Ao contrário, como veremos, a jurisdição é inerte, ou seja, o juiz somente exerce jurisdição quando provocado. Essa inércia da função jurisdicional é, inclusive, corolário da sua imparcialidade, que estaria comprometida se o juiz pudesse sair pela sociedade investigando e sancionando aqueles que se comportam de maneira contrária à lei. A subordinação do exercício da jurisdição à iniciativa de algum interessado deixa claro que a sua finalidade não é a tutela do direito objetivo, mas que essa é apenas o meio através do qual os juízes tutelam direitos e interesses subjetivos.

A jurisdição nasceu historicamente para resolver litígios. O surgimento de conflitos entre os indivíduos remonta às mais primitivas organizações sociais. Assim, a maior parte da atividade jurisdicional está voltada para a resolução de litígios; compor a lide significa resolvê-la, solucioná-la." (GRECO, Leonardo. *Instituições de Processo Civil: introdução ao Direito Processual Civil*. Vol. 1. 5. ed. Rio de Janeiro: Forense, 2015. Livro eletrônico).

escolhas, valorações e balanceamentos, além da avaliação dos resultados práticos e das implicações morais de suas decisões, somando-se aos elementos lógicos os linguísticos, históricos, econômicos, políticos, éticos, sociológicos etc[94].

Assim, um ponto de partida para a transmudação é a revisão da teoria das normas, afastando-se do dogma de suficiência e completude da lei e incluindo-se, na atividade judicante, a perspectiva da própria descoberta da norma, a partir do texto que deve ser interpretado pelos tribunais[95]. A priori, qualquer enunciado é ambíguo e complexo, a deixar margem para os intérpretes[96] – o que implica na ressurreição da insegurança jurídica que se imaginava haver superado a partir da estipulação geral e abstrata do regramento em ambiente de separação rígida dos poderes.

Em segundo lugar, a realidade corrente e os acontecimentos extrajurídicos impõem um descompasso entre o ordenamento posto e as necessidades sociais[97]. O legislador, de hoje ou de ontem, nem sempre

---

[94] CAPPELLETTI, Mauro. *Juízes legisladores?*. Trad. Carlos Alberto Alvaro de Oliveira. Porto Alegre: Sergio Antonio Fabris Editor, 1993, p. 32-33. O autor deixa em aberto a avaliação sobre se tratar de uma evolução positiva ou negativa.

[95] "Os textos são potencialmente equívocos por várias razões. Dentre elas, a ambiguidade, a complexidade, a implicabilidade, a superabilidade e a abrangibilidade dos enunciados textuais. Os enunciados são ambíguos, porque apresentam duas ou mais opções de significado. São complexos, porque podem exprimir duas ou mais normas ao mesmo tempo. Por vezes, pode existir dúvida a respeito da existência de um nexo de implicação entre os enunciados, da superabilidade ou não do enunciado – isto é, se ele está sujeito ou não a exceções implícitas – e da abrangência da disposição – se taxativa ou meramente exemplificativa. Em todos esses casos, o texto pode revelar-se equívoco e é necessário individualizar, valorar e escolher entre duas ou mais opções de significado a fim de obter-se uma norma." (MITIDIERO, Daniel. *Cortes superiores e cortes supremas: do controle à interpretação, da jurisprudência ao precedente*. 2. ed. São Paulo: Revista dos Tribunais, 2015, p. 56-57)

[96] "Mas a lei deve realmente ser interpretada, e é esse um dos momentos preponderantes da função jurisdicional. A norma jurídica é abstrata e estática, enquanto a vida social está em contínuo movimento e submete ao juiz casos concretos sempre diferentes e sempre novos." (LIEBMAN, Enrico Tulio. *Manual de Direito Processual Civil*. vol. 1. São Paulo: Malheiros, 2005, p. 21).

[97] "Todas as considerações envolvendo o valor social do precedente dependem de uma premissa bem estabelecida nos dias atuais do direito brasileiro: a norma não se confunde com o texto legal. O texto é um meio de comunicação da norma – a norma, que será aplicada para regular os fatos jurídicos, é extraída daqueles limites semânticos. (…) Em resumo, podemos dizer que a complexidade atual das relações sociais é incompatível com o modelo positivista fechado, clamando por textos mais

é capaz de acompanhar o ritmo de desenvolvimento da coletividade, a cada época mais veloz[98]. Longe da autossuficiência da lei iluminista[99], a inexistência de regramento específico não pode significar a correlata falta de resposta estatal ao conflito posto: a proibição do *non liquet* im-

---

fluidos, repletos de conceitos abertos e com maiores possibilidades interpretativas. A força normativa dos princípios de direito (porosos por natureza) e a atual convergência entre common law e civil law também são temas amplamente reconhecidos na doutrina." (WOLKART, Erik Navarro. *Análise Econômica do Processo Civil*. São Paulo: Revista dos Tribunais, 2020. Livro eletrônico.).

[98] "Atualmente, tão só e exclusivamente a velocidade com que caminham os fatos sociais e o inevitável descompasso entre a lei escrita e a realidade já seriam razão suficiente para que, em muitos casos, não possa o intérprete contentar-se com a letra da lei, mas, ao contrário, seria uma razão bastante para que a letra da lei pudesse muito rapidamente deixar de traduzir a vontade geral." (ALVIM, Teresa Arruda; DANTAS, Bruno. *Recurso especial, recurso extraordinário e a nova função dos tribunais superiores no direito brasileiro*. 3. ed. São Paulo: Revista dos Tribunais, 2016).

[99] "É perfeitamente compreensível e compatível com esse caldo de cultura, portanto, a ênfase na igualdade de todos perante a lei e na segurança jurídica como pré-determinação do sentido da lei como meios suficientes e idôneos para observância do Estado de Direito. Se a tarefa do Poder Judiciário cifra-se a declarar uma norma já existente encarnada na legislação, cujo sentido é unívoco, e se a Corte Superior apenas tutela a legalidade contra as decisões judiciais, é claro que basta para manutenção da igualdade e da segurança erigir a lei como parâmetro de controle suficiente para obtenção desses escopos. E mais: como a igualdade e a segurança são garantidas exclusivamente pela uniformidade do sentido intrínseco e unívoco da lei, o modelo de Corte Superior incentiva uma atuação individualista do juiz e um consequente baixo sentimento de unidade institucional do Poder Judiciário.8 Bastando a unidade na legislação, torna-se rigorosamente indiferente ao modelo a existência ou não de unidade na jurisdição." (MITIDIERO, Daniel. *Cortes superiores e cortes supremas: do controle à interpretação, da jurisprudência ao precedente*. 2. ed. São Paulo: Revista dos Tribunais, 2015, p. 52)

põe a interpretação e até certa dose de criatividade judicial[100], embora em nada rebaixe a importância do direito editado[101].

Além disso, o próprio perfil legal se modificou[102]. Após a Segunda Guerra Mundial, assistiu-se gradativamente ao aumento da produção

---

[100] "Não se nega, com isto, que a ficção do caráter declarativo e 'meramente' interpretativo da função judiciária possa oferecer, em certas circunstâncias, algumas vantagens e ter certas justificações. Ela pode ter sido útil como instrumento dirigido a tornar mais visível as 'virtudes passivas' da função judiciária, que, embora não efetivamente fundadas sobre a mencionada não criatividade do processo jurisdicional, podem todavia parecer mais evidente quando o juiz se apresente como a 'inanimada boca da lei'. Parece claro, por outro lado, que atualmente as vantagens dessa ficção são amplamente superadas pelas suas desvantagens – especialmente nas sociedades democráticas, nas quais o processo legislativo tornou-se particularmente lento, obstruído e pesado, forçando, por consequência, o aumento do grau de criatividade da função judiciária." (CAPPELLETTI, Mauro. *Juízes legisladores?*. Trad. Carlos Alberto Alvaro de Oliveira. Porto Alegre: Sergio Antonio Fabris Editor, 1993, p. 131-132).

[101] "Apesar disso, mesmo inseridos na realidade atual, depois de termos vivido mais de duzentos anos depois da Revolução Francesa, pode-se afirmar que o direito, e especialmente o *direito positivo, se tem revelado cada vez mais imprescindível à vida social, permeando-a de forma mais e mais abrangente*. A soberania da lei é a forma encontrada pelo homem, até hoje a mais perfeita, para evitar abusos do Poder. Desde, é claro, que se trate de lei socialmente legitimada, ou seja, lei que possa ser considerada como resultado da vontade majoritária.

A circunstância de o Estado moderno se submeter à observância de normas jurídicas, na sua relação com outras pessoas (outros sujeitos de direito), corresponde a uma exigência sentida cada vez mais agudamente, e que vem sendo correlatamente satisfeita de modo cada vez mais completo nas civilizações dos nossos dias. Justamente essa circunstância é o que caracteriza o Estado de Direito." (ALVIM, Teresa Arruda; DANTAS, Bruno. *Recurso especial, recurso extraordinário e a nova função dos tribunais superiores no direito brasileiro*. 3. ed. São Paulo: Revista dos Tribunais, 2016).

[102] "A segunda [mudança] refere-se à técnica legislativa. Nesse campo, passa-se de uma legislação redigida de forma casuística para uma legislação em que se misturam técnica casuística e técnica aberta. No Estado Constitucional, o legislador redige as suas proposições ora prevendo exatamente os casos que quer disciplinar, particularizando ao máximo os termos, as condutas e as consequências legais (técnica casuística), ora empregando termos indeterminados, com ou sem previsão de consequências jurídicas na própria proposição (técnica aberta). Como facilmente se percebe, entram no segundo grupo os conceitos jurídicos indeterminados e as cláusulas gerais – os primeiros como espécies normativas em que, no suporte fático, há previsão de termo indeterminado e há consequências jurídicas legalmente previstas; as segundas, como espécies normativas em que há previsão de termo indeterminado no suporte fático e não há previsão de consequências jurídicas no próprio enunciado legal." (MITIDIERO, Daniel. *Cortes superiores e cortes supremas: do*

legiferante ("elefantíase legislativa"[103]), o que acentua a dificuldade de manutenção de clareza e de unidade do ordenamento jurídico, com criação de leis esparsas a complementar as codificações, bem como à modificação do próprio fruto legislativo, com maior abertura na tessitura normativa[104]. Na intenção de atender ao anseio de correspondência às mudanças e demandas sociais, o legislador opta por entregar um "produto semitrabalhado"[105], por meio de cláusulas gerais[106] e conceitos jurídicos indeterminados[107][108], normas abertas que seriam, no

---

controle à interpretação, da jurisprudência ao precedente. 2. ed. São Paulo: Revista dos Tribunais, 2015, p. 16)

[103] PICARDI, Nicola. *Jurisdição e processo*. Organizador e revisor técnico da tradução Carlos Alberto Alvaro de Oliveira. Rio de Janeiro: Forense, 2008, p. 146.

[104] "Deve reiterar-se, é certo, que a diferença em relação ao papel mais tradicional dos juízes é apenas de grau e não de conteúdo: mais uma vez impõe-se repetir que, em alguma medida, toda interpretação é criativa, e que sempre se mostra inevitável um mínimo de discricionariedade na atividade jurisdicional. Mas, obviamente, nessas novas áreas abertas à atividade dos juízes, haverá, em regra, espaço para mais elevado grau de discricionariedade e, assim, de criatividade, pela simples razão de que quanto mais vaga a lei e mais imprecisos os elementos do direito, mais amplo se torna também o espaço deixado à discricionariedade nas decisões judiciárias. Esta é, portanto, poderosa causa da acentuação que, em nossa época, teve o ativismo, o dinamismo e, enfim, a criatividade dos juízes." (CAPPELLETTI, Mauro. *Juízes legisladores?*. Trad. Carlos Alberto Alvaro de Oliveira. Porto Alegre: Sergio Antonio Fabris Editor, 1993, p. 42).

[105] Expressão de Giuseppe Pera, citada por Nicola Picardi, também em *Jurisdição e processo*. Organizador e revisor técnico da tradução Carlos Alberto Alvaro de Oliveira. Rio de Janeiro: Forense, 2008, p. 146.

[106] Na Alemanha, cunhou-se a noção de "fuga para as cláusulas gerais", de modo a expressar a preocupação com essa porta aberta deixada pela legislação. A expressão, "die flucht in die generalklauseln", é de Hedemann, mencionado por WIEACKER, Franz (*Privatrechtsgeschichte der Neuzeit unter besonderer Berücksichtigung der deutschen Entwicklung*. 2. ed. Göttingen: Vandenhoeck & Ruprecht, 1996, p. 476).

[107] Diferenciando as cláusulas gerais e a discricionariedade, Barbosa Moreira ensina que, naquelas, há abertura no fato, mas o efeito é fechado, eleito pela lei; nesta, há abertura no efeito (Regras de experiência e conceitos juridicamente indeterminados. In: MOREIRA, José Carlos Barbosa. *Temas de direito processual*. Segunda série. São Paulo: Saraiva, 1980).

[108] "Como a própria história demonstrou pelo *Corpus Juris Civilis* de Justiniano, o ideal de completude das codificações é uma verdadeira utopia. Em primeiro lugar, porque a realidade é muito mais rica do que a mente de um grupo de pessoas pode imaginar. Por essa razão, uma série de problemas não previstos especificamente pela

ideário da Revolução Francesa, absolutamente rechaçados, em razão do poder deixado para seu aplicador[109]. Cabe ao precedente definir os

> legislação é levada à apreciação do Judiciário com frequência. Em razão do problema das lacunas da lei, a doutrina formulou tese abraçada pelos tribunais de que os juízes têm o poder para completar os espaços deixados pelo legislador. Mas é claro, o parâmetro de interpretação deveria ser o sistemático, buscando uma resposta coerente com o Código e as demais leis em vigor. Além disso, esboçaram-se teses que defendiam a aplicação analógica de leis semelhantes. Ocorre, porém, que o próprio desenvolvimento de teorias que visavam suprir as lacunas legislativas já demonstra que os poderes do juiz são maiores do que o de "boca da lei". Admite-se que os magistrados têm a possibilidade de interpretar o material legislativo para decidir casos cuja resposta não é fornecida diretamente pelo Poder Legislativo.
> Um segundo fator que demonstra a falibilidade das codificações é a edição posterior de reformas ou de leis especiais que gravitam em torno dos códigos. Muitas delas visam complementar o sistema, de modo que os juízes não precisem buscar a resposta na interpretação. No entanto, muitas dessas leis estabelecem regimes legais inteiramente novos e que podem decorrer de ideologias diferentes das que convergiram na aprovação dos códigos. Afinal, o Poder Legislativo é marcado por uma maior alternância de poder do que o Judiciário.
> Essa espécie de leis especiais foi batizada pela doutrina de "microssistemas de direito". Alguns autores, inclusive, viram neste fenômeno o anúncio do fim do sistema codificado, o que não se confirmou. Fato é que a incessante criação de normas demonstra a insuficiência dos códigos, enquanto a permanente reconstrução e os adendos aos sistemas normativos noticiam a inviabilidade de a Lei ser vista como fonte única do Direito.
> Deve-se observar, porém, que o sistema codificado continuou buscando soluções para manter-se em vigor. A maior delas foi a inclusão nos códigos das chamadas cláusulas gerais abertas, que permitem o manejo dos conceitos normativos pelo intérprete. Por meio delas os códigos deixaram de ser monumentos inertes e passaram a admitir uma carga ainda maior de interpretação e de valoração das regras pelo magistrado. Pouco se discute, por exemplo, que o magistrado não possa proteger direitos ameaçados de violação, apesar de não haver dispositivo específico para tanto no Código de Processo Civil de 1973. Observa-se, portanto, que todas as teses elaboradas para preservar a vitalidade do sistema codificado conferiram poderes interpretativos aos juízes, mas com o cuidado de não admitir, em nenhuma hipótese, que o poder que lhes era conferido tinha caráter criativo do direito." (PUGLIESE, William. *Precedentes e a civil law brasileira*: interpretação e aplicação do novo código de processo civil. São Paulo: Revista dos Tribunais, 2016, p. 28-29).

109 "Em seguida, não menos relevante se revela a constatação de que frequentemente o tecido legislativo apresenta margens de abertura. Com a finalidade de tornar a disposição adaptável às situações concretas ou para mantê-la atual, nada obstante o passar do tempo e as mudanças sociais, o legislador é levado com maior frequência a adotar técnicas legislativas elásticas, flexíveis e matizadas. A cultura jurídica, por sua vez, está empenhada, pelo menos há um século, em analisar as

limites do alcance dessas previsões, dentro dos quais poderá o magistrado preenchê-las de conteúdo e sentido[110].

O Estado do bem-estar social, maximizado, surgiu, a rigor, no plano legislativo (orgia de leis"[111]), e só após migrou para a seara executiva. A legislação (com finalidade) social é substancialmente diversa da legislação tradicional, a qual se circunscrevia a regras de conduta. O novo perfil engloba a criação de entes sociais, a ampliação dos poderes de decisão do administrador, a regulamentação normativa e a delegação legislativa, de sorte que às leis cabe a indicação de princípios e normas gerais, a serem especificados em normas subordinadas, muitas

---

diversas formas de abertura da lei e a prospectar sutis, mas nem sempre claras, distinções, como os conceitos-válvula (Ventillbegriffe), os legal standards, as cláusulas gerais (Generalklauseln), os conceitos discricionários (Ermessensbegriffe), os conceitos jurídicos indeterminados (unbestimmten Rechtsbegriffe). Recentemente, também se difundiu a expressão 'vagueza das normas'. Mais adiante se terá ocasião de retornar sobre tais perfis, de momento mostra-se suficiente ressaltar que se trata de um complexo de técnicas legislativas por meio das quais se acaba por delegar ao juiz escolhas que o legislador não pode ou não quer fazer." (PICARDI, Nicola. *Jurisdição e Processo*. Rio de Janeiro: Forense, 2008, p. 7).

110 "De qualquer forma, o que realmente importa é constatar que o juiz que trabalha com conceitos indeterminados e regras abertas está muito longe daquele concebido para unicamente aplicar a lei. Aliás, os próprios doutrinadores do common law reconhecem, quando olham para o civil law, que nas decisões acerca de matéria constitucional, assim como nas que envolvem a aplicação de cláusulas gerais, em que é frequente a necessidade de dar concretude ao significado de conceitos jurídicos, não há sequer como admitir a distinção, por alguns realizada, entre precedentes interpretativos e precedentes de solução (que criam o direito). Alega-se que, nesses casos, a interpretação tem tamanho alcance e é guiada por argumentos tão frágeis e vagos da lei escrita que a decisão poderia ser explicada tanto pela teoria interpretativista quanto pela teoria positivista da criação judicial do direito. Ou seja, tal decisão judicial poderia ser vista como criação do direito ou como interpretação judicial do direito. Por isso mesmo, o sistema de precedentes, desnecessário quando o juiz apenas aplica a lei, é indispensável na jurisdição contemporânea, pois fundamental para outorgar segurança à parte e permitir ao advogado ter consciência de como os juízes estão preenchendo o conceito indeterminado e definindo a técnica processual adequada a certa situação concreta." (MARINONI, Luiz Guilherme. *Precedentes obrigatórios*. 4. ed. São Paulo: Revista dos Tribunais, 2016, p. 67)

111 Expressão de Grant Gilmore, a enfocar que a intervenção estatal do *welfare state* se acelerou, inicialmente, no plano legislativo, e só após migrou para a seara executiva, citada por Mauro Cappelletti, em *Juízes legisladores?*. Trad. Carlos Alberto Alvaro de Oliveira. Porto Alegre: Sergio Antonio Fabris Editor, 1993, p. 39, n. 52 (*The Ages od American Law*. New Haven: Yale University Press, 1977, p. 95).

das vezes aplicadas por autoridades regionais ou por novas instituições, como agências, comitês e tribunais administrativos[112].

Ademais, em um aparente contrassenso, mesmo a expansão legislativa, em direção a temas antes inexplorados, acabou por fortalecer o Judiciário, naturalmente demandado acerca das novas questões jurídicas – no fundo, uma expansão do próprio Estado, cabendo à jurisdição garantir o equilíbrio do sistema[113].

Idealmente, a atividade legislativa que culmina em normas abertas tem o potencial de responder às necessidades sociais com maior brevidade e economicidade. No segundo momento, a sociedade se regula de acordo com aquela norma e, em havendo conflitos teóricos ou em concreto, caberá ao Judiciário uniformizar o sentido da previsão legal[114].

---

112 CAPPELLETTI, Mauro. *Juízes legisladores?*. Trad. Carlos Alberto Alvaro de Oliveira. Porto Alegre: Sergio Antonio Fabris Editor, 1993, p. 40-41.

113 "Advirto logo que se trata, induvidosamente, de fenômeno de excepcional importância, não limitado ao campo de direito judiciário, pois de modo mais geral reflete a *expansão do estado* em todos os seus ramos, seja legislativo executivo ou judiciário. Na verdade, a expansão do papel do judiciário representa o necessário contrapeso, segundo entendo, num sistema democrático de '*checks and balances*', à paralela expansão dos 'ramos políticos' do estado moderno. (...) Quando se diz – como faz o 'Chief Justice' Barwick, para citas apenas exemplo recente – que a expansão do direito legislativo, no estado moderno estendida a muitíssimos domínios antes ignorados pela lei, acarretou e ainda está acarretando consigo a paralela expansão do direito judiciário, subentende-se obviamente a negação da clara antítese entre interpretação judiciário da lei e criatividade dos juízes." (CAPPELLETTI, Mauro. *Juízes legisladores?*. Trad. Carlos Alberto Alvaro de Oliveira. Porto Alegre: Sergio Antonio Fabris Editor, 1993, p. 19-20).

114 Em uma perspectiva da análise econômica do direito, Louis Kaplow enxerga três estágios de elaboração da norma e de sua aplicação: no primeiro, a lei é promulgada, como regra ou *standard*. Depois, os indivíduos regulam suas condutas de acordo com tal normativa e, por fim, em havendo provocação, a adjudicação determina as implicações legais dos comportamentos adotados, à luz do ordenamento: "Consider the following setting, which has three stages. First, a law is promulgated, either as a rule or as a standard. Second, individuals decide on their actions. Because they may be imperfectly informed about the law's commands, they either act based on their best guesses of what the law requires or they may acquire further information to guide their decisions. Third, after individuals act, an adjudicator determines the legal implications." (KAPLOW, Louis. "Information and the aim of adjudication: truth or consequences?". *In*: Stanford Law Review, Volume 67, Issue 6, 2015, p. 8). Os gastos totais desse processo variam a depender do tipo de norma editada. Se há uma regra, o custo para sua criação, na primeira etapa, tende a ser maior, com ampliação de

Com o bom funcionamento do sistema de precedentes, ganha-se em rapidez na fabricação da lei e na interpretação da norma[115].

Uma quarta causa para a necessidade de se enraizar a cultura dos precedentes nos países de *civil law* foi a constitucionalização do direito e o neoconstitucionalismo[116]. A ascensão da constituição como fonte

---

estudos e debate legislativo, buscando alcançar o comando mais preciso possível. Por outro lado, em se tratando de um *standard*, como conceitos jurídicos indeterminados ou cláusulas gerais, o gasto do primeiro momento é menor, enquanto, na última etapa, da adjudicação, o trabalho se mostrará mais denso e custoso: "One key set of differences between rules and standards involves differences in information costs at the first and third stages. Rules are more expensive up front because more effort is expended then, and standards are more costly in adjudication because substantive legal content must be determined at that time. The former is advantageous to the extent that there exist economies of scale and scope in information collection and in the activity regulated. This, in turn, relates to the regulated activities' frequency and homogeneity. For activity that is frequent, it is cheaper to figure out the answer once and for all, up front, rather than repeatedly, in adjudication. But when particular actions, which may require particularized commands, are rare and highly varied, it may be cheaper to wait and see, so that the expense can be spared in the myriad instances that never arise. A significant caveat in this regard is that there may nevertheless exist significant economies of scope if, despite heterogeneity, there are common elements in the necessary inquiry; then, it may be cheaper to provide content en mass, and thus ex ante, than to make independent, one-off, ex post determinations even if they only need to be made in the subset of possible cases that actually occur." (KAPLOW, Louis. "Information and the aim of adjudication: truth or consequences?". *In*: Stanford Law Review, Volume 67, Issue 6, 2015, p. 9). As regras possuem conteúdos mais claros, facilitando, também, a atuação dos atores na segunda etapa, ao passo que os parâmetros de atuação desencadeiam, em geral, maior insegurança jurídica na convivência social. Quanto mais preciso o comando, como uma regra específica, mais simples é a atuação dos sujeitos em suas atividades cotidianas, inclusive as profissionais, antecipando seus custos gerais.

115 Percebe-se, então, que a fixação de teses jurídicas, no modelo criado pelo legislador brasileiro, se revela como remédio sob medida para o cenário da produção da norma jurídica. Isso porque, no Brasil, pode-se encontrar a melhor equação sob o ponto de vista econômico: a redução dos custos na produção da lei, no primeiro estágio, pela via da edição de conceitos abertos, cujos conteúdo e limite serão, com clareza, determinados pela jurisdição, na terceira etapa mencionada, através de fixação de tese jurídica pela privilegiada via dos incidentes concentrados, tantos nos tribunais locais (pelo Incidente de Resolução de Demandas Repetitivas ou pelo Incidente de Assunção de Competência) como nos de cúpula (pelos recursos repetitivos e pelo IAC).

116 Para uma visão completa e plural dos diversos neoconstitucionalismos, veja-se: VIGO, Rodolfo Luis. *Interpretación (argumentación) jurídica em el Estado de Derecho Constitucional*. Santa Fe: Rubinzal-Culzoni, 2015.

de garantias e limitação do atuar estatal e privado, estatuindo amplo leque de direitos, mormente de tessitura aberta e, por vezes, de caráter principiológico trouxe duas consequências fundamentais para o crescimento da insegurança jurídica.

De um lado, a releitura de todo o ordenamento à luz dos princípios[117], dos valores e das regras constitucionais é atividade que guarda margem interpretativa e, portanto, instaura variabilidade de respostas jurisdicionais, a depender do agente que atua em nome do Estado[118]. Concretamente em países que adotam o sistema de controle de constitucionalidade difuso, como é o caso do Brasil, o que se percebe é a potencial existência de múltiplos ordenamentos em paralelo, tantos quantas opiniões houver acerca da compatibilidade de um dispositivo com o texto constitucional[119]. Nessa dinâmica, até que suceda a pacifi-

---

[117] "Por outro lado, as sociedades atuais, por serem extremamente complexas, inviabilizam que o sistema jurídico positivo preveja, expressamente, todos os possíveis conflitos que podem ser levados à apreciação do juiz e todas as respectivas soluções. O direito tem exercido movimento tentacular por sobre a realidade: tudo é disciplinado, juridicizado, e, portanto, potencialmente, jurisdicionalizado. Muitas situações, ou não estão mesmo disciplinadas pela lei, de forma direta (nestas situações é, portanto, inevitável que o juiz crie direito), ou o são por meio de técnicas redacionais, cujo escopo é driblar a complexidade do mundo real e dar certa margem de flexibilidade ao julgador: são os conceitos vagos e cláusulas gerais (casos em que também é inafastável certa dose de criatividade).

Isso, sem se falar nos princípios jurídicos, cada vez mais presentes nas discussões jurídicas e nas decisões judiciais, cuja formulação verbal se dá, muito frequentemente, por meio de conceitos vagos." (ALVIM, Teresa Arruda. *Modulação*: na alteração da jurisprudência firme ou de precedentes vinculantes. 2. ed. São Paulo: Revista dos Tribunais, 2021).

[118] "A través de la interpretación los jueces no solo dinamizan el ordenamiento introduciendo normas generales construidas en la decisión de casos concretos, sino que, además, por medio de la interpretación tienen la prerrogativa de declarar la inconstitucionalidad de la ley, expulsarla del ordenamiento; inclusive por medio de las sentencias aditivas y manipulativas pueden alterar el significado de las disposiciones legislativas a fin de hacerlas compatibles con la Constitución. Así, el juez de nuestros días no es o, mejor, no debería ser el juez que pronuncia las palabras de la ley, si por ello se entiende a la actividad jurisdiccional como una actividad mecánica e irreflexiva." (FIGUEROA, Jim Ramírez. *Los hechos en el precedente:* fundamentos para un uso adecuado del precedente constitucional. Lima: Yachat Legal, 2020. Livro eletrônico.).

[119] "Sem considerar a realidade brasileira, advertiu Cappelletti que a introdução no civil law do método americano de controle de constitucionalidade conduziria à consequência de que uma lei poderia não ser aplicada por alguns juízes e tribunais que a entendessem inconstitucional, mas, no mesmo instante e época, ser aplicada por outros juízes e tribu-

cação definitiva da análise, especificamente pelo tribunal vocacionado para tanto, persistirá a indefinição e a aleatoriedade, evidenciando a necessidade de um sistema de precedentes[120].

De outra parte, o próprio caráter normativo, com afirmação de direitos pelo constituinte, influi na mudança de comportamento dos magistrados[121]. Os juízes devem efetivar direitos sociais, que demandam intervenção ativa do Estado – em todos os seus ramos – ao longo

---

nais que a julgassem constitucional. Lembrou o jurista italiano que nada impediria que o juiz que aplicasse determinada lei não a considerasse no dia seguinte ou vice-versa, ou, ainda, que se formassem verdadeiras facções jurisprudenciais nos diferentes graus de jurisdição, simplesmente por uma visão distinta dos órgãos jurisdicionais inferiores, em geral compostos de juízes mais jovens e, assim, mais propensos a ver uma lei como inconstitucional, exatamente como aconteceu na Itália no período entre 1948 e 1956. Frisou Cappelletti que da adoção de um sistema de controle difuso destituído de precedentes obrigatórios poderia advir uma grave situação de incerteza jurídica e de conflito entre órgãos do Judiciário." (MARINONI, Luiz Guilherme. *Precedentes obrigatórios*. 4. ed. São Paulo: Revista dos Tribunais, 2016, p. 61-62).

120 "Quando o controle da constitucionalidade é deferido ao Supremo Tribunal e à magistratura ordinária, a necessidade de um sistema de precedentes se torna evidente, já que está em jogo a afirmação judicial do significado da Constituição. Nesta dimensão, importa perceber que o sistema judicial brasileiro está mais perto do estadunidense do que daquele de controle reservado unicamente ao Tribunal Constitucional. O sistema judicial estadunidense certamente teria tido grande dificuldade para se desenvolver se os seus juízes estivessem autorizados a divergir da Suprema Corte. Na verdade, há absoluta falta de lógica em dar ao juiz a possibilidade de negar o significado atribuído à Constituição pela Corte de vértice. E tal ausência de lógica é ainda mais visível num país de sistema misto de controle da constitucionalidade, como o Brasil, em que se dá ao Supremo Tribunal não só a função de dar a última palavra sobre a questão constitucional no caso concreto, mas igualmente a função de realizar o controle abstrato da constitucionalidade da lei." (MARINONI, Luiz Guilherme. *Precedentes obrigatórios*. 4. ed. São Paulo: Revista dos Tribunais, 2016, p. 60)

121 Outra hipótese que ocorre de maneira cada vez mais frequente é a das decisões integrativas ou aditivas, em que o Judiciário é chamado para, diante da falta de regulamentação específica, decidir – o que acabará por ocorrer com base em princípios ou garantias amplamente estatuídas na Constituição: "A disparidade de orientação a respeito de qual seja o sentido da norma jurídica pode dar-se quando a decisão judicial dever se basear em textos legais que, em princípio, não deveriam suscitar dúvidas interpretativas, mas, sobretudo quando a decisão judicial fundamentar-se em princípios jurídicos, regras com conteúdo vago ou indeterminado e cláusulas gerais. Nesse caso, exige-se do juiz um modo peculiar de atuação." (MEDINA, José Miguel Garcia. Integridade, estabilidade e coerência da jurisprudência no Estado Constitucional e Democrático de Direito: o papel do precedente, da jurisprudência e da súmula, à luz do CPC/2015. *Revista dos Tribunais*. v. 974. dez./2016. Acesso eletrônico.).

do tempo, de modo que os próprios membros do Judiciário passam a se enxergar como um ramo dessa função estatal[122]. Na ausência de lei específica ou na sua presença, sempre se impõe a leitura à luz da constituição, de sorte que o próprio papel do julgador se modifica[123], cabendo-lhe fazer com que o espírito da Constituição viva em suas

---

[122] "Tipicamente, os direitos sociais pedem para sua execução a intervenção *ativa* do estado, frequentemente *prolongada no* tempo. (...) Exigem eles, ao contrário, permanente ação do estado, com vistas a financiar subsídios, remover barreiras sociais e econômicas, para, enfim, promover a realização dos programas sociais, fundamentos desses direitos e das expectativas por eles legitimadas. É evidente que, nessas novas áreas do fenômeno jurídico, importantíssimas implicações impõem-se aos juízes. Em face de legislação social que se limita, frequentemente, a definir a finalidade e os princípios gerais, e diante de direitos sociais essencialmente dirigidos a gradual transformação do presente e formação do futuro, os juízes de determinado país bem poderiam assumir – e, muitas vezes, de fato, têm assumido – a posição de negar o caráter preceptivo, ou '*self-executing*', de tais leis ou direitos programáticos. Sobre isso aprendemos alguma coisa na Itália, especialmente entre 1948 e 1956, ou seja, nos anos entre a entrada em vigor da Constituição e a criação da Cortes Constitucional. Mais cedo ou mais tarde, no entanto, como confirmou a experiência italiana e de outros países, os juízes deverão aceitar a realidade da transformada concepção do direito e da nova função do estado, do qual constituem também, afinal de contas, um 'ramo'." (CAPPELLETTI, Mauro. *Juízes legisladores?*. Trad. Carlos Alberto Alvaro de Oliveira. Porto Alegre: Sergio Antonio Fabris Editor, 1993, p. 41-42).

[123] "No entanto, percebe-se que há, no civil law, preocupação em negar ou obscurecer - ou talvez tornar irrelevante - o papel que o constitucionalismo impôs ao juiz. Há completo descaso pelo significado da nova função judicial. Inexiste qualquer empenho em ressaltar que o juiz, no Estado Constitucional, deixou de ser um mero servo do legislativo. Há apenas cuidado em demonstrar que o princípio da separação dos poderes mantém-se intacto, como se importante fosse apenas a manutenção dos princípios. Como é óbvio, não se quer dizer que o princípio da separação dos poderes não mais tem significado ou importância. Deseja-se tão somente demonstrar que, quando se tenta acomodar a realidade na forma das regras ou dos princípios, corre-se o risco de ver surgir algo que mais parece com uma imagem refletida a partir de um espelho de circo. O vezo de acomodar a realidade às regras e aos princípios faz com que a realidade seja distorcida e até mesmo negada. São as regras e os princípios que devem adquirir outra conformação, adaptando-se às novas realidades, e não o contrário." (MARINONI, Luiz Guilherme. *Precedentes obrigatórios*. 4. ed. São Paulo: Revista dos Tribunais, 2016, p. 58).

sentenças[124]. Some-se a isso a amplitude de fontes jurídicas representada pela reafirmação do caráter normativo dos princípios[125].

Todos esses elementos acabaram por representar a causa de evolução do papel dos tribunais superiores[126] – fenômeno verificável em diversos ordenamentos, em uma manifestação de aproximação entre as famílias jurídicas[127]. Aponta-se a existência de dois modelos de cortes de cúpula: as cortes superiores e as cortes supremas.

---

124 Segundo Piero Calamandrei, em exposição pouco após o advento da Constituição italiana democrática, em um regime autoritário, a mera aplicação da lei é suficiente, mas no regime de liberdade, o juiz pode se desprender do legislador, não dependendo dele: se permanece inerte, a magistratura pode fazer viver o espírito constitucional. (CALAMANDREI, Piero. La funzione dela giurisprudenza nel tempo presente. *Opere Giuridiche*: probleme generali del diritto e del processo. Vol. 1. Roma: Roma Ter-Press, 2019, p. 612 e 616).

125 "A primeira mudança concerne à teoria das normas. No Estado Legislativo, pressupunha-se que toda norma era sinônimo de regra. Os princípios eram compreendidos como fundamentos para normas, mas jamais como normas. No Estado Constitucional, a teoria das normas articula-se em três grandes espécies – as normas podem ser enquadradas em princípios, regras e postulados. Os princípios ganham força normativa – vinculam os seus destinatários. Ao lado dos princípios e das regras, teoriza-se igualmente a partir de normas que visam a disciplinar a aplicação de outras normas – os postulados normativos. Ao lado dessa mudança qualitativa, o Estado Constitucional convive com uma pluralidade fragmentada de fontes: a forma Código perde o seu caráter de plenitude, próprio do Estado Legislativo, e passa a desempenhar função de centralidade infraconstitucional. Abundam estatutos, legislações especiais e instrumentos infralegais que concorrem para disciplina da vida social. O ordenamento jurídico adquire feição complexa." (MITIDIERO, Daniel. *Cortes superiores e cortes supremas: do controle à interpretação, da jurisprudência ao precedente*. 2. ed. São Paulo: Revista dos Tribunais, 2015, p. 15-16).

126 "Com a pulverização de ações, a causa também é fracionada e acaba não sendo, de fato, decidida por nenhum dos juízes de primeiro ou de segundo grau, na medida em que a lide estará sendo apreciada, simultaneamente, por centenas ou milhares de julgadores. Consequentemente, apenas o pronunciamento final ou dos tribunais superiores passa a ter relevância, sob o ponto de vista da solução do conflito." (MENDES, Aluisio Gonçalves de Castro. *Ações coletivas e meios de resolução coletiva de conflitos no direito comparado e nacional*. 4. ed. São Paulo: Revista dos Tribunais, 2014, p. 39).

127 "Mesmo que novos tribunais e novas jurisdições constituam, com certeza, 'mercadoria extremamente custosa', esses países entenderam que valeria a pena suportar tal custo. Criaram, assim, novos tribunais constitucionais, cujas características são profundamente diversas das tradicionais cortes superiores das nações de 'Çivil Law'. Cuida-se, efetivamente, de órgãos que, por sua mais compacta estrutura e

Nas cortes superiores, a interpretação do direito é encarada como um meio para a aplicação da correta disposição da norma - exercem uma interpretação cognitivista ou formalista, isto é, buscando-se descobrir a leitura certa do texto legal. Assim, vige, a rigor, um controle de legalidade das decisões prolatadas (nomofilaquia), em uma atividade, portanto, eminentemente reativa, voltada ao passado e para a resolução do caso concreto. Nesse cenário, admite-se, ainda que de maneira natural, a divergência entre os pronunciamentos, funcionando a uniformização da jurisprudência como um mero instrumento de contribuição, que acaba por receber pouca importância[128].

Decorre desse conjunto que o parâmetro decisório fundamental é a lei, prevalecendo o protagonismo do legislativo, criador da norma a ser aplicada pelo acessório judiciário[129], que, tende a simplesmente

---

organização, pela nomeação 'política' dos juízes, em sua maios parte não 'de carreira', e pelo âmbito mais concentrado da sua competência, assemelham-se muito mais que as tradicionais cortes supremas de 'Çivil Law' às cortes supremas dos países de 'Common Law', especialmente dos que conhecem um sistema de controle judiciários das leis. Tal semelhança torna-se ainda mais evidente quando se pensa no efeito *erga omnes* – ia dizer, na eficácia de precedente vinculativo – das decisões dessas novas cortes constitucionais." (CAPPELLETTI, Mauro. *Juízes legisladores?*. Trad. Carlos Alberto Alvaro de Oliveira. Porto Alegre: Sergio Antonio Fabris Editor, 1993, p. 125-126).

128 "O primeiro modelo parte de uma perspectiva cognitivista ou formalista da interpretação jurídica e encara a corte de vértice como uma corte de controle da legalidade das decisões recorridas, que se vale da sua jurisprudência como um simples parâmetro para aferição de erros e acertos cometidos pelos órgãos jurisdicionais das instâncias ordinárias na decisão dos casos a ele submetidos. A atividade da corte é reativa e preocupa-se com o passado. O recurso dirigido pela parte à corte é fundado no jus litigatoris e essa tem pouca autonomia para gerir a sua própria atividade. A interpretação do Direito aí é apenas um meio para viabilização do fim controle da decisão recorrida. No modelo de Cortes Superiores, a uniformização da jurisprudência tem um papel meramente instrumental, de modo que o desrespeito à interpretação ofertada pela corte de vértice pelos juízes que compõem as instâncias ordinárias é visto como algo natural e em certa medida até mesmo desejável dentro do sistema jurídico." (MITIDIERO, Daniel. *Cortes superiores e cortes supremas: do controle à interpretação, da jurisprudência ao precedente*. 2. ed. São Paulo: Revista dos Tribunais, 2015, p. 13)

129 "Vale dizer: no âmbito da teoria da separação dos poderes. Nessa perspectiva, a redução do Direito à legislação e a compreensão da interpretação como ato de simples conhecimento levam a uma organização política que vê no legislador o criador da norma, encarregado da redação do texto e da outorga de sentido, e no juiz um simples aplicador mecânico da norma pré-existente. Em uma consagrada expressão:

aplicar a vontade concreta da norma legal[130], inclusive pelo perfil mais tradicional dos julgadores[131]. Em acréscimo, a composição dos tribunais de cúpula perpassa pela seleção de membros já magistrados, com o critério cronológico a superar os demais.

Na realidade, o fato de o *civil law* ter como elemento marcante o imperativo da lei – característica que, modernamente, não mais pode ser compreendida de maneira tão simplista -, traz como consequência o objetivo recursal[132] precípuo de controle de decisões em contrariedade

---

simples "bouche de la loi"." (MITIDIERO, Daniel. *Cortes superiores e cortes supremas: do controle à interpretação, da jurisprudência ao precedente*. 2. ed. São Paulo: Revista dos Tribunais, 2015, p. 41)

[130] "Semelhante composição da Corte Superior permite tendencialmente maior ascendência do poder político sobre a magistratura. Uma organização judiciária de vértice homogênea, burocrática e centralizada, aparada com os instrumentos teóricos próprios ao modelo, tende a reproduzir com maior facilidade as diretrizes normativas ditadas pelo poder político. Consequentemente, a uniformização de jurisprudência levada a efeito pela Corte Superior acaba se tornando nesse contexto um instrumento político de grande valor, na medida em que tutela a legalidade reproduzindo e impondo ao fim e ao cabo as aspirações políticas mediante a afirmação da vontade concreta da lei de modo uniforme como produto final da interpretação que se encontra na cúpula do Poder Judiciário. Em outras palavras, esse modelo tende a produzir uma espécie de "servilismo judicial" a favor do poder político." (MITIDIERO, Daniel. *Cortes superiores e cortes supremas: do controle à interpretação, da jurisprudência ao precedente*. 2. ed. São Paulo: Revista dos Tribunais, 2015, p. 42-43)

[131] A tendência dos juízes em serem mais tradicionalistas é apontada por Mauro Cappelletti, que remete a Lord Devlin, em CAPPELLETTI, Mauro. *Juízes legisladores?*. Trad. Carlos Alberto Alvaro de Oliveira. Porto Alegre: Sergio Antonio Fabris Editor, 1993, p. 34, n. 35.

[132] "Daí que é perfeitamente compreensível, diante desse modelo, que o direito ao recurso à Corte Superior seja concebido como um verdadeiro direito subjetivo da parte68– isto é, o recurso como jus litigatoris, voltado "innanzitutto" para "tutela della posizione sostanziale dedotta in lite" – e que seja com ele geneticamente incompatível a existência de filtros recursais e de técnicas de julgamento em bloco de recursos. Se a função da Corte Superior é uma função de controle de legalidade das decisões judiciais, é natural que suas portas se abram para todos os casos em que a parte afirme a existência de uma violação à lei pela decisão recorrida e que a sua função só possa ser realizada de maneira completa com o exame de todos os recursos a ela interpostos. O reconhecimento de direito subjetivo ao recurso à Corte Superior para as partes à vista da simples afirmação de uma violação à legislação, portanto, funciona como um componente de fundamental importância para o adequado funcionamento do modelo. E isso porque, sem recurso, não há como controlar a legalidade das decisões judiciais das instâncias ordinárias: funciona aí

com a legalidade por parte de juízes que têm como missão concretizar o comando abstrato oriundo do legislador. Os tribunais, assim, são tradicionalmente formatados para controlar a observância do ordenamento e garantir-lhe unidade, em organização piramidal[133]. Isso, contudo, em nada compromete a enriquecida visão corrente de que aos tribunais de cúpula cabe outorgar sentido à lei, à medida que elegem o verdadeiro sentido do texto.

Por outro lado, o modelo de cortes supremas parte de uma teoria interpretativa cética ou antiformalista (lógico-argumentativa), que desacredita no dogma da preexistência de um sentido correto do texto legal e enxerga na construção dos pronunciamentos judiciais o espaço para a edificação do sentido preciso da norma (nomofilaquia interpretativa). De um controle de legalidade puro e simples, chega-se a um controle de adequação interpretativa, mais complexo. Desse modo, a atuação da corte de cúpula passa a ser essencialmente voltada para o

---

o "interesse privato a servizio dell'interesse pubblico"." (MITIDIERO, Daniel. *Cortes superiores e cortes supremas: do controle à interpretação, da jurisprudência ao precedente.* 2. ed. São Paulo: Revista dos Tribunais, 2015, p. 48-49)

133 JOBIM, Marco Félix; OLIVEIRA JÚNIOR, Zulmar Duarte de. *Súmula, jurisprudência e precedente: da distinção à superação.* Porto Alegre: Livraria do Advogado, 2021, p. 26-27.

futuro[134][135], proativa, passando a interpretação e a uniformidade dos entendimentos a serem os fins do próprio sistema recursal[136], no qual

---

134 "Sob uma perspectiva diferente, pode-se afirmar que a função primordial do Judiciário na *common law* é solucionar as disputas entre particulares. Nesse sentido, a função das Cortes é bastante semelhante à dos juízes romano-germânicos. Observa-se, inclusive, que na *common law* respeita-se o princípio da inércia jurisdicional, uma vez que deve aguardar as questões serem levadas até a corte pelos particulares.

Além da resolução de conflitos, Melvin Eisenberg defende que os tribunais têm uma segunda função, tão relevante quanto a primeira: o enriquecimento da provisão de regras jurídicas. De acordo com o autor, a sociedade tem uma imensa demanda por regras jurídicas que permitam que os particulares vivam e planejem seus atos, já que a legislação é incapaz de atingir o ideal de completude, principalmente na matéria que regula o setor privado da sociedade.

Com efeito, é socialmente desejável que os tribunais atuem no sentido de enriquecer o ordenamento jurídico. No Brasil, a necessidade de regras jurídicas mais específicas aplica-se também à Administração Pública, que muitas vezes atua na contramão da legalidade ao desrespeitar posicionamentos pacíficos dos tribunais superiores, pois não há vinculação." (PUGLIESE, William. *Precedentes e a civil law brasileira:* interpretação e aplicação do novo código de processo civil. São Paulo: Revista dos Tribunais, 2016, p. 34-38).

135 Nos países de *common law*, o Judiciário tem a função de solucionar as disputas (reativa, portanto) e de enriquecer a provisão de regras jurídicas (proativa): "Sob uma perspectiva diferente, pode-se afirmar que a função primordial do Judiciário na *common law* é solucionar as disputas entre particulares. Nesse sentido, a função das Cortes é bastante semelhante à dos juízes romano-germânicos. Observa-se, inclusive, que na *common law* respeita-se o princípio da inércia jurisdicional, uma vez que deve aguardar as questões serem levadas até a corte pelos particulares. Além da resolução de conflitos, Melvin Eisenberg defende que os tribunais têm uma segunda função, tão relevante quanto a primeira: o enriquecimento da provisão de regras jurídicas. De acordo com o autor, a sociedade tem uma imensa demanda por regras jurídicas que permitam que os particulares vivam e planejem seus atos, já que a legislação é incapaz de atingir o ideal de completude, principalmente na matéria que regula o setor privado da sociedade. Com efeito, é socialmente desejável que os tribunais atuem no sentido de enriquecer o ordenamento jurídico. No Brasil, a necessidade de regras jurídicas mais específicas aplica-se também à Administração Pública, que muitas vezes atua na contramão da legalidade ao desrespeitar posicionamentos pacíficos dos tribunais superiores, pois não há vinculação." (PUGLIESE, William. *Precedentes e a civil law brasileira:* interpretação e aplicação do novo código de processo civil. São Paulo: Revista dos Tribunais, 2016, p. 34-38).

136 Parte da doutrina se mostra reticente a essa objetivação da função dos tribunais superiores: "Indubitavelmente, os Tribunais de Superposição, quando exercem sua competência para julgar os recursos excepcionais (que, como se verá adiante, são o

a divergência se apresenta como autêntica falha institucional – inadrecurso extraordinário, o recurso especial e os embargos de divergência, além dos eventuais agravos que a eles se referem), não devem atuar como órgãos de terceiro grau de jurisdição, nem é seu papel reexaminar os fatos da causa. Isso é realmente assim. Daí a considerar que o STF e o STJ são "tribunais de teses", porém, vai uma longa distância. É que, para os defensores dessa ideia, os casos passam a ser meros pretextos para que as teses sejam fixadas, de modo que não caberia a esses Tribunais julgar os casos, mas, tão somente, fixar as teses jurídicas a serem posteriormente aplicáveis nos casos análogos. E essa ideia serve de base para algumas previsões contidas no texto do CPC (como, por exemplo, o art. 976, § 1º, ou o art. 998, parágrafo único), que são, para dizer o mínimo, de constitucionalidade duvidosa.

De outro lado, há quem sustente – e é a esse entendimento que se adere neste livro – que os Tribunais de Superposição não são "tribunais de teses", mas tribunais que julgam casos concretos, inclusive quando apreciam recursos excepcionais. Basta ver que o texto constitucional, ao tratar da competência do STF para apreciar recursos extraordinários (art. 102, III, da Constituição da República) e da competência do STJ para julgar recursos especiais (art. 105, III, da Constituição da República), expressamente estabelece que esses Tribunais de Superposição têm competência para examinar tais recursos diante de *causas* que tenham sido decididas nos órgãos jurisdicionais inferiores. O que se tem, portanto, a partir da Constituição da República, é que o papel dos Tribunais, inclusive os de Superposição, não é fixar teses em abstrato, mas julgar casos. E a eficácia de precedente de algumas dessas decisões (não de todas, pois nem toda decisão é um precedente) virá dos fundamentos determinantes dos acórdãos.

Admitir que algum Tribunal atue como um "fixador de teses" é, a rigor, admitir aquilo que sempre se repudiou: que o Judiciário atue como órgão consultivo. Não é papel do Judiciário, nem no Brasil nem em qualquer outro lugar do mundo, fixar teses ou interpretações "em abstrato". Exceções a essa regra devem estar expressamente previstas (como se dá, por exemplo, com a competência dos Tribunais Eleitorais para o exame de consultas feitas em tese, prevista no art. 23, XII, e no art. 30, VIII, do Código Eleitoral, e que sempre foi considerada uma atuação de natureza administrativa, e não jurisdicional).

A função jurisdicional é uma atividade destinada a resolver casos concretos. Não é uma atividade de fixação de teses em abstrato. E por isso não se pode ver no caso concreto um pretexto para a fixação de uma tese, nem se pode admitir que algum Tribunal seja tão somente um "tribunal de teses". Aliás, vale destacar que o art. 1.034 do CPC claramente estabelece que o STF e o STJ, quando do julgamento dos recursos excepcionais, devem julgar o processo, aplicando o direito. E isso mostra que esses Tribunais são, também no exercício de sua competência recursal excepcional, *tribunais de casos*, e não "tribunais de teses".

Por isso não pode haver dúvida em afirmar a inconstitucionalidade dos dispositivos anteriormente referidos do CPC (arts. 976, § 1º, e 998, parágrafo único), já que atribuem aos Tribunais uma função que não podem assumir: a de fixar teses em abstrato através de atos jurisdicionais. Nem se diga que essa competência seria a de

missível, portanto -, prevalecendo o interesse público no julgamento do recurso[137].

Quanto ao aspecto da composição das cortes[138], tem-se uma pluralidade de origens de seus membros, tanto sob o ponto de vista do passado profissional como do ideológico. As características do *common law* de revestir a nomeação dos membros das cortes de cúpula de natureza

---

responder a consultas (como acontece com os Tribunais Eleitorais), pois nesse caso os atos seriam meramente administrativos e não vinculantes, o que contraria o sistema que os próprios dispositivos citados buscam estabelecer." (CÂMARA, Alexandre Freitas. *Manual de Direito Processual Civil*. Barueri: Atlas, 2022).

137 "O segundo modelo parte de uma perspectiva cética ou antiformalista da interpretação jurídica, notadamente na sua versão lógico-argumentativa, e encara a corte de vértice como uma corte de adequada interpretação do Direito, que se vale dos seus precedentes como um meio para orientação da sociedade civil e da comunidade jurídica a respeito do significado que deve ser atribuído aos enunciados legislativos. A atividade da corte é proativa e encontra-se endereçada para o futuro. O recurso dirigido pela parte à corte visa a viabilizar a tutela do jus constitutionis e a corte dispõe de ampla autonomia para gerir a sua própria agenda. A corte autogoverna-se. A interpretação do Direito é o fim da corte de vértice, sendo o caso concreto apenas o meio a partir do qual a corte pode desempenhar a sua função. No modelo de Cortes Supremas, a formação do precedente tem um papel central, de modo que a violação à interpretação ofertada pela corte de vértice pelos juízes que compõem a própria corte e por aqueles que se encontram nas instâncias ordinárias é vista como uma grave falta institucional que não pode ser tolerada dentro do sistema jurídico." (MITIDIERO, Daniel. *Cortes superiores e cortes supremas: do controle à interpretação, da jurisprudência ao precedente*. 2. ed. São Paulo: Revista dos Tribunais, 2015, p. 13-14)

138 Quanto à composição interna, em uma perspectiva comparada, percebe-se que a divisão de Cortes Constitucionais em colegiados menores não é imperativa. A título de exemplo, a Corte Suprema de Justicia de la Nación Argentina, composta por cinco juízes, a High Court of Australia, com sete julgadores, a Supreme Court of Canada e a Supreme Court of the United States, ambas com nove membros, a Corte Constitucional da África do Sul, que conta com onze julgadores, o Conselho Constitucional francês, atualmente com doze membros, e a Corte Costituzionale italiana, com quinze juízes, e se reúnem apenas em sessão plenária. Em outros países, conquanto haja uma pluralidade de colegiados menores, apenas o plenário decide questões constitucionais, como sucede na Suprema Corte de Israel (Beit HaMishpat HaElyon), de quinze membros. Na Corte Suprema de Justicia de Costa Rica, apenas um dos órgãos, composto por sete membros, possui competência para matéria constitucional, semelhantemente ao que ocorre na Corte Suprema de Justicia do Paraguai, na qual a Sala Constitucional conta com três julgadores.

política e de possuírem uma estrutura compacta e unitária[139] acabam por se transportar também para países tipicamente de *civil law*[140].

Nesse último modelo, compreende-se que a última palavra é dada pelo Judiciário, em atividade de coordenação com o legislativo. Essa mutação decisória pode ser compreendida a partir da dicotomia do controle judiciário "puramente interpretativo" e o "não interpretativo", do tradicional debate entre a atividade jurisdicional declaratória ou criativa[141].

Todo esse panorama pode ser facilmente identificado no cenário brasileiro que, a exemplo do ocorrido no direito comparado de forma geral, desde o final do século passado e, sobretudo, no presente, vem perce-

---

[139] Aponta Mauro Cappelletti que, sob o ponto de vista da sociologia judiciária – os tipos de magistrados -,o juiz do *civil law* (francês, italiano, alemão) "é um juiz de *carreira*", que escolheu a profissão em idade juvenil e foi gradualmente promovido. Por isso, "não gosta de se colocar em evidência, criando regras de direito", mas possui mais "posturas técnicas do que as valorativas e 'policy-oriented', vale dizer, de política do direito" (CAPPELLETTI, Mauro. *Juízes legisladores?*. Trad. Carlos Alberto Alvaro de Oliveira. Porto Alegre: Sergio Antonio Fabris Editor, 1993, p. 116-121).

[140] Tratando especificamente dos nossos tribunais de cúpula, aponta Daniel Mitidiero que "[a] exigência de notável saber jurídico e de reputação ilibada, aliada a uma idade mínima para nomeação, coloca em evidência o fato de a função de julgar, especialmente no âmbito do Supremo Tribunal Federal e do Superior Tribunal de Justiça, exigir mais do que formação técnica apurada na área do Direito. E isso por uma razão muito simples: como Cortes Supremas, esses tribunais estão encarregados de enfrentar e dar a última palavra sobre questões eticamente sensíveis, além de terem de cotidianamente valorar e escolher entre significados concorrentes dos enunciados linguísticos para outorga de unidade ao Direito. Pela Constituição da República, portanto, para integrar o Supremo Tribunal Federal e o Superior Tribunal de Justiça é exigido não só notável saber jurídico, que é intuitivamente fundamental para compreensão e aplicação do Direito, mas também reputação moral ilibada, a fim de assegurar a necessária prudência no processo de tomada de decisões. Também nesse particular os requisitos para compor o Supremo Tribunal Federal e o Superior Tribunal de Justiça acompanham a orientação majoritária que emerge do direito comparado." (MITIDIERO, Daniel. *Cortes superiores e cortes supremas: do controle à interpretação, da jurisprudência ao precedente*. 2. ed. São Paulo: Revista dos Tribunais, 2015, p. 91)

[141] "Com terminologia um pouco envelhecida, trata-se de verificar se o juiz é mero intérprete-aplicador do direito ou se participa, *lato sensu*, da atividade legislativa, vale dizer, mais concretamente, da criação do direito." (CAPPELLETTI, Mauro. *Juízes legisladores?*. Trad. Carlos Alberto Alvaro de Oliveira. Porto Alegre: Sergio Antonio Fabris Editor, 1993, p. 13).

bendo a ascensão do Judiciário como protagonista decisório estatal, o que exige a precisa definição do conceito e do papel dos precedentes judiciais. O Código de Processo Civil, lido à luz da Constituição, se apresenta, diante de tudo isso, como o instrumento apto a permitir o exercício jurisdicional atribuidor do definitivo sentido da norma de maneira segura, através da fixação de teses jurídicas – resultado de décadas de amadurecimento, revelado através da evolução legislativa e dogmática.

2. EXPERIÊNCIA BRASILEIRA: DA JURISPRUDÊNCIA ÀS TESES

Percebida, em termos gerais, a evolução histórica da temática dos precedentes nas tradições jurídicas e demonstrada a naturalidade da matéria no *common law* e a superveniente demanda dos sistemas de *civil law* por maior segurança jurídica, abandonando o utópico paradigma de suficiência legalista, importa desvendar em que estágio o direito brasileiro se encontra no tocante à questão da uniformidade decisória – e, portanto, necessariamente interpretativa.

Para tanto, é essencial compreender os traços próprios de cada um dos instrumentos surgidos com a finalidade de prevenir ou desfazer divergências jurisprudenciais, desde o estágio em que se tratava apenas a jurisprudência, passando pela experiência das súmulas até chegar ao modelo das teses jurídicas. A partir dessa análise, pode-se realizar um comparativo para verificar se os incidentes fixados de teses jurídicas são a mais favorável ferramenta para a integridade sistêmica.

2.1. JURISPRUDÊNCIA

Inserido na tradição romano-germânica, inclusive por conta da colonização portuguesa, o direito brasileiro não se preocupou, essencialmente, com o uso dos precedentes judiciais[1]. Desde o regramento pelas ordenações lusitanas até os códigos pátrios, encontrou-se um direito processual eminentemente voltado à resolução de casos concretos, ostentando natu-

---

[1] "O tema do caráter vinculativo, propriamente dito, dos precedentes judiciais talvez tenha ficado, de certo modo, adormecido nos anos seguintes. Sem dúvida, eram tempos de redemocratização do país, de redescoberta do Poder Judiciário e de afirmação da independência deste e dos seus magistrados, que passariam a exercer um controle mais efetivo sobre a constitucionalidade das leis e dos atos estatais." (MENDES, Aluisio Gonçalves de Castro. *Jurisprudência e precedentes no direito brasileiro contemporâneo: estudos em homenagam a José Carlos Barbosa Moreira e Ada Pellegrini Grinover.* In: SIMONS, Adrian; MENDES, Aluisio Gonçalves de Castro; RAGONE, Alvaro Pérez; LUCON, Paulo Henrique dos Santos. Estudos em homenagem a Ada Pellegrini Grinover e José Carlos Barbosa Moreira. São Paulo: Tirant Lo Blanch, 2019, p. 89).

reza individualista. Sinal disso é que mesmo o bem desenvolvido direito processual coletivo dependeu de tratamento próprio, externo aos códigos.

Do exercício da função jurisdicional decorre a prolação da sentença – aqui entendida como a decisão judicial final acerca da questão de mérito –, enquanto manifestação de tutela dos direitos lesados ou ameaçados, em confirmação da cláusula de acesso à justiça constitucional[2]. Sob uma perspectiva clássica, importa apenas que tal resolução do conflito seja efetiva e respeitada, de onde decorre o conceito processual fundamental da coisa julgada, com seus efeitos subjetivos limitados às partes.

Nessa dinâmica, naturalmente[3] se vai formando um conjunto de decisões proferidas por determinado tribunal acerca de uma certa matéria, que pode ser fática ou jurídica, ao qual se dá o nome de jurisprudência[4] – termo detentor de múltiplos significados, a principiar pela própria acepção da ciência do direito[5] e do seu exercício profissional[6].

---

2 Art. 5º, XXXV da Constituição Federal: a lei não excluirá da apreciação do Poder Judiciário lesão ou ameaça a direito.

3 "Para tomar partido na controvérsia, é necessário, primeiramente, precisar o sentido da palavra *jurisprudência*. Empregada dantes como sinônimo de Ciência do Direito, tem, na atualidade, significado técnico mais restrito. Por jurisprudência entende-se o conjunto de decisões dos tribunais sobre as matérias de sua competência ou uma série de julgados similares sobre a mesma matéria: *rerum perpetuo similiter judicatorum auctoritas*. Forma-se a jurisprudência mediante o labor interpretativo dos tribunais, no exercício de sua função específica." (GOMES, Orlando. *Introdução ao Direito Civil*. 22. ed. Rio de Janeiro: Forense, 2019. Livro eletrônico.).

4 Mencionando a jurisprudência como conjunto de decisões dos tribunais sobre matérias de sua competência, como uma série de julgados sobre a mesma matéria: GOMES, Orlando. *Introdução ao Direito Civil*. 22. ed. Rio de Janeiro: Forense, 2019.

5 "O termo jurisprudência, no Direito romano, significava a sabedoria dos prudentes, os sábios do Direito. Tinha como significado a própria Ciência do Direito, e ainda hoje a palavra pode ser empregada nesse sentido." (VENOSA, Silvio de Salvo. *Introdução ao estudo do Direito*. 7. ed. Barueri: Atlas, 2022. Livro eletrônico). Remete-se a Ulpiano o tratamento da ciência jurídica pelo termo "jurisprudência", como, aliás, sói acontecer, ainda hoje, em certos países, como na Itália, onde as faculdades de direito são chamadas de "faculta di giurisprudenzia". Veja-se mais em: TUCCI, José Rogério Cruz e. *Precedente judicial como fonte do direito*. 2. ed. Rio de Janeiro: GZ, 2021, p. 1, n.1; GOMES, Orlando. *Introdução ao Direito Civil*. 22. ed. Rio de Janeiro: Forense, 2019.

6 "Sua exposição inicia-se com a definição de justiça: *"Justitia est constans et perpetua voluntas ius suum cuique tribuens"* (Justiça é a constante e firme vontade de dar a cada um o que é seu), seguindo-se a da Ciência do Direito: *"Jurisprudentia est divinarum atque humanarum rerum notitia, iusti atque iniusti scientia"* (Jurisprudência é o conhecimento das coisas divinas e humanas, a ciência do justo e do injusto). Ainda no preâmbulo estão

Desse modo, as cortes julgadoras acabam por explicitar as normas do ordenamento, permitindo que todos aqueles a ele subordinados conheçam o alcance de suas regras[7], o que exige, justamente, um coletivo de decisões a revelar o direito na prática[8].

Outra leitura exige que, para que se possa atribuir a qualidade de jurisprudência a um apanhado de decisões, deve haver uma uniformidade de entendimentos[9]. Para essa linha, portanto, um mero conjunto de acórdãos

---

os famosos princípios: *"Iuris praecepta sunt haec: honeste vivere, alterum non laedere, suum cuique tribuendi"* (Os preceitos do Direito são: viver honestamente, não lesar a outrem e dar a cada um o que é seu). O Direito natural não seria privativo do gênero humano, mas "o que a natureza ensinou a todos os animais" (NADER, PAULO. *Introdução ao Estudo do Direito.* 44. ed. Rio de Janeiro: Forense, 2022. Livro eletrônico.).

[7] "Sua exposição inicia-se com a definição de justiça: *"Justitia est constans et perpetua voluntas ius suum cuique tribuens"* (Justiça é a constante e firme vontade de dar a cada um o que é seu), seguindo-se a da Ciência do Direito: *"Jurisprudentia est divinarum atque humanarum rerum notitia, iusti atque iniusti scientia"* (Jurisprudência é o conhecimento das coisas divinas e humanas, a ciência do justo e do injusto). Ainda no preâmbulo estão os famosos princípios: *"Iuris praecepta sunt haec: honeste vivere, alterum non laedere, suum cuique tribuendi"* (Os preceitos do Direito são: viver honestamente, não lesar a outrem e dar a cada um o que é seu). O Direito natural não seria privativo do gênero humano, mas "o que a natureza ensinou a todos os animais" (NADER, PAULO. *Introdução ao Estudo do Direito.* 44. ed. Rio de Janeiro: Forense, 2022. Livro eletrônico.).

[8] "O substantivo *jurisprudência* é um coletivo. Significa, modernamente, um conjunto de decisões dos tribunais. Desse modo, não há que se entender que um acórdão ou uma sentença seja jurisprudência; fazem sim parte da jurisprudência. Cuida-se do direito vivo; da resposta que os juízes e tribunais superiores dão às quezílias que atormentam a nação. Fenômeno absolutamente dinâmico como a sociedade, os vários institutos jurídicos trazem respostas diversas nos vários períodos da história. Assim, por exemplo, a jurisprudência sobre matéria de posse ou propriedade do início do século XX é totalmente diversa dos julgados do início do século XXI. Isto porque a compreensão e proteção a esses institutos e a legislação constitucional que os preserva modificaram-se basilarmente no decorrer de um século e continuam a se modificar. O casamento, as uniões sem casamento e seu desfazimento vêm sofrendo aceleradas modificações sociais. A resposta dos tribunais em suas decisões procura sempre amoldar-se às transformações sociais. A decisão mais injusta é aquela anacrônica, a que se vale de valores do passado ou que tenta prever valores do futuro. O juiz justo é o que decide de acordo com sua sociedade e seu tempo." (VENOSA, Silvio de Salvo. *Introdução ao estudo do Direito.* 7. ed. Barueri: Atlas, 2022. Livro eletrônico)

[9] "A jurisprudência deve passar a ser considerada na fundamentação de decisões judiciais quando se torna constante e uniforme. Quanto maior o nível de uniformidade dos julgados que a formaram, mais força persuasiva terá a jurisprudência. Diz-se, então, que a jurisprudência é dominante." (MEDINA, José Miguel Garcia.

de um tribunal não configuraria sua jurisprudência quando não denotado pela uníssona e sucessiva[10] definição da questão posta à sua análise harmonicamente[11].

Jamais se poderia cogitar, nessa linha, do uso de termos como "jurisprudência pacífica" ou "jurisprudência uniforme": ou há jurisprudência (porque pacífica, porque uniforme) ou se está diante de um mero apanhado de pronunciamentos disformes. Não parece ter sido essa, porém, a intenção do legislador, ao enunciar que os tribunais devem (i) uniformizar sua jurisprudência e, (ii) mantê-la íntegra, estável e coerente (art. 926[12]). Afinal, não

---

Integridade, estabilidade e coerência da jurisprudência no Estado Constitucional e Democrático de Direito: o papel do precedente, da jurisprudência e da súmula, à luz do CPC/2015. *Revista dos Tribunais*. v. 974. dez./2016. Acesso eletrônico.).

[10] "A jurisprudência, nesse contexto, é o momento final da interpretação, quando é fixado o entendimento do magistrado (ou colegiado de magistrados) sobre a aplicação da norma, em reiteradas decisões. Aliás, aqui, mister seja aberto parênteses para fixar, para o presente estudo, o significado do terno plurívoco *jurisprudência*: coleção de decisões reiteradas sobre um determinado tema, de um Juízo, Tribunal ou de determinada Justiça Especializada. Do ponto de vista não estritamente técnico, todavia, *jurisprudência* pode significar até mesmo uma única decisão sobre um assunto e a tendência de determinada Corte." (CÔRTES, Osmar Mendes Paixão. *Recursos repetitivos, súmula vinculante e coisa julgada*. Brasília: Gazeta Jurídica, 2018, p. 175).

[11] "Pela palavra "jurisprudência" (*stricto sensu*) devemos entender a forma de revelação do direito que se processa através do exercício da jurisdição, em virtude de uma sucessão harmônica de decisões dos tribunais.

Os juízes são chamados a aplicar o Direito aos casos concretos, a dirimir conflitos que surgem entre indivíduos e grupos; para aplicar o Direito, o juiz deve, evidentemente, realizar um trabalho prévio de interpretação das normas jurídicas, que nem sempre são suscetíveis de uma única apreensão intelectual. Enquanto que as leis físico-matemáticas têm um rigor e uma estrutura que não dão lugar a interpretações conflitantes, as leis jurídicas, ao contrário, são momentos de vida que se integram na experiência humana e que, a todo instante, exigem um esforço de superamento de entendimentos contrastantes, para que possam ser aplicadas em consonância com as exigências da sociedade em determinado momento e lugar.

É a razão pela qual o Direito jurisprudencial não se forma através de uma ou três sentenças, mas exige uma série de julgados que guardem, entre si, uma linha essencial de continuidade e coerência. Para que se possa falar em jurisprudência de um Tribunal, é necessário certo número de decisões que coincidam quanto à substância das questões objeto de seu pronunciamento." (REALE JÚNIOR, Miguel. *Lições preliminares de Direito*. 25. ed. São Paulo: Saraiva: 2001, p. 158).

[12] Art. 926. Os tribunais devem uniformizar sua jurisprudência e mantê-la estável, íntegra e coerente.

se poderia falar em uniformização de algo já presumidamente uniforme. O Código, portanto, parte da realidade (existem muitos temas nos tribunais que são controvertidos) para projetar um desejo (desfazer contrariedades pela via da uniformização, da integridade, da coerência e da estabilidade), que, nos moldes postos pelo diploma, pode efetivamente ser cumprido.

O comando assevera, ainda, que a jurisprudência deverá ser estável, íntegra e coerente[13]. Com efeito, um tribunal que não se mostre íntegro[14], isto é, uno, do ponto de vista das decisões proferidas por seus órgãos não possui, ainda, uma jurisprudência como esperada pelo Código. Se cada colegiado que o compõe entende de uma forma diferente idêntico problema de direito, não se pode afirmar que o tribunal, institucionalmente, tenha um posicionamento.

Igualmente, a coerência se relaciona com os demais atributos, estando particularmente direcionada para o casuísmo *intra muros*, ou seja, dentro de um mesmo tribunal. Em definitivo, em existindo posição acerca de determinado tema no âmbito do tribunal, deverão seus órgãos fracionários observá-los[15], tratando casos iguais da maneira igual, isonomicamente.

Importante ficar claro que todas as virtudes enunciadas pelo artigo 926 são corolários do princípio da segurança jurídica. Em última análise, se o tribunal não uniformiza seu entendimento, não o mantém consistentemente ou deixa de observá-lo em casos futuros, inexiste previsibilidade mínima para o cidadão. Com isso, advém efeitos até mesmo exoprocessuais: é notável que, em existindo uma quase-certeza acerca da decisão que se obteria no Judiciário em um caso tal, a conciliação e a mediação poderiam se mostrar caminhos realmente mais concretos e palatáveis[16].

---

[13] Nesse ponto, a Câmara ampliou a redação vinda do Senado, onde apenas constava a exigência da estabilidade.

[14] Por mais essencial que se mostre a integridade para que se forme uma jurisprudência, percebe-se que essa virtude se ausenta, não raro, mesmo no Superior Tribunal de Justiça, cuja função, ironicamente, é uniformizar a interpretação de lei federal. Em vários casos, após a fixação de uma tese por uma de suas seções, uma das turmas a ela subordinadas acaba por decidir contrariamente. Veja-se, por exemplo: julgado da 2ª Seção, em sede de recurso repetitivo (REsp 1.345.331-RS, Rel. Min. Luis Felipe Salomão, julgado em 8/4/2015), contrariado posteriormente pela 3ª Turma (REsp 1.442.840-PR, Rel. Min. Paulo de Tarso Sanseverino, julgado em 6/8/2015).

[15] Enunciado 316 do FPPC: "A estabilidade da jurisprudência do tribunal depende também da observância de seus próprios precedentes, inclusive por seus órgãos fracionários".

[16] É a lógica externada por Marcelo Mazzola: "E o que isso tem que ver com a mediação extrajudicial? Tudo. Quanto mais entendimentos forem consolidados pelos

Há, ainda, quem entenda que a primeira definição se refere à jurisprudência em sentido amplo e a segunda, que exige uniformidade, à jurisprudência em sentido estrito[17][18]. Nessa dinâmica, poder-se-ia afirmar que a lei processual quer sair de uma jurisprudência em sentido amplo para uma em sentido estrito, como, de fato, é desejável.

Apesar da espontaneidade com que sempre foi formada a jurisprudência[19], enquanto manifestação viva do direito posto, nem por isso se des-

---

tribunais, maior é a probabilidade de que as próprias partes busquem a mediação extrajudicial. Um horizonte menos nebuloso alarga o canal do diálogo. Até porque, sabendo da posição jurisprudencial favorável, o autor, de um lado, evitará a judicialização automática, especialmente diante dos altos custos e da demora do processo, e, de outro, o réu, ciente de sua posição desconfortável, se engajará para solucionar o impasse, ampliando o espaço para soluções criativas" (Qual a relação entre mediação extrajudicial, precedentes e negócios jurídicos processuais?. *Migalhas*. 24/05/2016).

17 "[D]istinguimos, no conceito moderno de jurisprudência, duas noções: 1) Jurisprudência em sentido amplo; 2) Jurisprudência em sentido estrito. 1 – *Jurisprudência em Sentido Amplo*: é a coletânea de decisões proferidas pelos tribunais sobre determinada matéria jurídica. Tal conceito comporta: *a) Jurisprudência uniforme*: quando as decisões são convergentes; quando a interpretação judicial oferece idêntico sentido e alcance às normas jurídicas; *b) Jurisprudência divergente ou contraditória*: ocorre quando não há uniformidade na interpretação do Direito pelos julgadores. 2 – *Jurisprudência em sentido estrito*: dentro desta acepção, jurisprudência consiste apenas no conjunto de decisões *uniformes*, prolatadas pelos órgãos do Poder Judiciário, sobre uma determinada questão jurídica. É a *auctoritas rerum similiter judicatorum* (autoridade dos casos julgados semelhantemente). A nota específica deste sentido é a uniformidade no critério de julgamento. Tanto esta espécie quanto a anterior pressupõem uma pluralidade de decisões. Se empregássemos o termo apenas em sentido estrito, conforme a quase totalidade dos autores, que significado teriam as expressões: *a jurisprudência é divergente*; *procedimentos para a unificação da jurisprudência*. Tais afirmativas seriam contraditórias, pois o que é uniforme não diverge e não necessita de unificação." (NADER, PAULO. *Introdução ao Estudo do Direito*. 44. ed. Rio de Janeiro: Forense, 2022. Livro eletrônico.).

18 "A jurisprudência pode ser vista sob um *sentido amplo*, como a coletânea de decisões proferidas por juízes e tribunais sobre determinada matéria, fenômeno ou instituto jurídico, podendo, dessa forma, agasalhar decisões contraditórias. Em *sentido estrito*, costuma-se referir à jurisprudência como o conjunto de decisões uniformes, isto é, no mesmo sentido, acerca de determinada questão. Na verdade, ambos os padrões de exame da jurisprudência se tocam, pois cabe ao operador do Direito estar ciente de todas as correntes jurisprudenciais." (VENOSA, Silvio de Salvo. *Introdução ao estudo do Direito*. 7. ed. Barueri: Atlas, 2022. Livro eletrônico)

19 Esse traço aproxima a jurisprudência dos costumes, inclusive: "Entre a jurisprudência e o costume, há semelhanças e alguns pontos de distinção. A formação de ambos exige a pluralidade de prática: enquanto o costume necessita da repetição

considerava a importância de encontrar meios para garantir a redução das divergências, apontando para o caminho da certeza e da pacificação de entendimentos. É natural que, em um cenário legiferante e de proliferação de demandas[20] em um país de proporções continentais, surjam decisões diferentes para as mesmas questões[21] - com efeito, por vezes se está diante não apenas de uma divergência, mas de uma dispersão jurisprudencial[22].

---

de um ato pelo povo, a jurisprudência requer uma série de decisões judiciais sobre uma determinada questão de Direito. Costume e jurisprudência *stricto sensu* pressupõem a uniformidade de procedimentos: é necessário que a prática social se reitere igualmente e que as sentenças judiciais sejam invariáveis.

A par dessa similitude, distinguem-se principalmente nos seguintes pontos: *a)* enquanto a norma costumeira é obra de uma coletividade de indivíduos que integram a sociedade, a jurisprudência é produto de um setor da organização social; *b)* norma costumeira é criada no relacionamento comum dos indivíduos, no exercício natural de direitos e cumprimento de deveres; a jurisprudência forma-se, geralmente, diante de conflitos e é produto dos tribunais; *c)* a norma costumeira é criação espontânea, enquanto a jurisprudência é elaboração intelectual, reflexiva." (NADER, PAULO. *Introdução ao Estudo do Direito*. 44. ed. Rio de Janeiro: Forense, 2022. Livro eletrônico.).

20 "Realmente, as características da vida contemporânea produzem a emersão de uma série de situações em que, longe de achar-se em jogo o direito ou o interesse de uma única pessoa, ou de algumas pessoas individualmente consideradas, o que sobreleva, o que assume proporções mais imponentes, é precisamente o fato de que se formam conflitos nos quais grandes massas estão envolvidas, e um dos aspectos pelos quais o processo recebe o impacto desta propensão do mundo contemporâneo para os fenômenos de massa: produção de massa, distribuição de massa, cultura de massa, comunicação de massa, e porque não, processo de massa? (BARBOSA MOREIRA, José Carlos. Ações coletivas na Constituição Federal de 1988. *Revista de Processo*. v. 61, jan./mar. 1991).

21 Pode-se apontar um leque de fatores para a dissidência, como a educação jurídica, desnivelada e calcada no aprendizado de textos legais, a pouca atenção acadêmica que historicamente recebeu a estrutura e organização do Poder Judiciário, bem como fatores extrajurídicos, culturais, a educação jurídica, desnivelada e calcada no estudo de textos legais e manuais, e a estrutura e organização do Poder Judiciário, que recebe pouca atenção, historicamente, por parte da doutrina: "a cultura brasileira é marcada pelo paradoxo. Se, por um lado, almeja a segurança jurídica, a igualdade e a previsibilidade, por outro, é fortemente marcada pelo desejo de mudança, decorrente de um sentimento de insatisfação com o *status quo*." (MENDES, Aluisio Gonçalves de Castro. *Incidente de Resolução de Demandas Repetitivas*: sistematização, análise e interpretação do novo instituto processual. Rio de Janeiro: Forense, 2017, p. 88).

22 "Nas últimas décadas esse fenômeno - dispersão jurisprudencial - se tem feito sentir de modo agudo. O número de questões judicializadas aumentou muito, porque se tornou real o tão almejado "acesso à justiça". Ademais, o Brasil tem uma quantidade imensa de Tribunais de 2.º grau. Portanto, tornou-se mais intenso e mais visível o fenômeno antes referido. Não por acaso, usamos a expressão "dispersão" jurisprudencial, em vez de *di-*

A preocupação com a pacificação de entendimentos, porém, não é uma novidade. O direito processual brasileiro se preocupou com a criação de instrumentos uniformizadores, muito antes do atual cenário de tratamento dos precedentes judiciais.

Nesse sentido, veja-se o decreto que organizou a justiça do Distrito Federal, ainda antes do primeiro código processual (Decreto 16.273/23), que pretendia prevenir e corrigir o dissídio jurisprudencial.

A prevenção ficava a cargo do instituto do prejulgado (art. 103[23]), para o caso de outorgar à lei interpretação diferente daquela conferida pelas

---

vergência. Muitas vezes, a mesma questão não comporta *apenas dois* entendimentos, mas diversos, e com variações!

Decidiu o legislador de 2015 criar condições de que (a) o processo e o Judiciário sejam mais eficientes; (b) se respeite de forma mais visível e contundente a isonomia; (c) haja mais previsibilidade (segurança jurídica).

A ausência dessas três condições gera situações de flagrante inconstitucionalidade: (a) desrespeito à razoável duração do processo; (b) muitos indivíduos com casos *idênticos*, decididos de modo diverso - afronta à isonomia; (c) instalação de um verdadeiro caos - ou, como dizem alguns, dos processos "lotéricos"." (ALVIM, Teresa Arruda; DANTAS, Bruno. *Recurso especial, recurso extraordinário e a nova função dos tribunais superiores no direito brasileiro*. 3. ed. São Paulo: Revista dos Tribunais, 2016).

23 Art. 103. Quando a lei receber interpretação diversa nas Camaras de Appellação civel ou criminal, ou quando resultar da manifestação dos votos de uma Camara em um caso sub-judice que se terá de declarar uma interpretação diversa, deverá a Camara divergente representar, por seu Presidente, ao Presidente da Côrte, para que este, incontinenti, faça a convocação para a reunião das duas Camaras, conforme a materia, fôr civel ou criminal.

§ 1º. Reunidas as Camaras e submettida a questão á sua deliberação, o vencido, por maioria, constitue decisão obrigatoria para o caso em apreço e norma aconselhavel para os casos futuros, salvo relevantes motivos de direito, que justifiquem renovar-se identico procedimento de installação das Camaras Reunidas.

§ 2º. O accordam será subscripto por todos os membros das Camaras Reunidas e, na sessão que se seguir, a Camara que tenha, provocado o procedimento uniformisador, applicando o vencido aos factos em debate, decidirá a causa, resalvada aos membros das Camaras que se tenham mantido em divergencia a faculdade de fazer refereneia não motivada, aos seus votos, exarados no referido accordam.

§ 3º. Para os fins previstos neste artigo, cada Camara terá um livro especial, sob a denominação de *livro dos prejulgados", onde serão inscriptas as ementas dos accordams das Camaras Reunidas, inscripção que será ordenada pelos respectivos presidentes.

§ 4º. Em caso de empate na votação, o presidente da sessão de Camaras Reunidas, que será o da Camara que provocou a decisão, submetterá o caso ao Presidente da Côrte, para que este, com precedencia sobre qualquer outro julgamento, submetta a materia á deliberação da mesma Côrte.

câmaras de apelação (cíveis ou criminais) ou quando se previsse a possibilidade de o julgamento seguir rumo diverso de outro anterior, sucedia a reunião das câmaras, para pacificar a questão. A definição, que restava assentada no "livro de prejulgados", constituía decisão obrigatória para os casos concretos em análise e norma aconselhável para os casos futuros, e, se houvesse relevantes motivos de direito, caberia uma espécie de procedimento de revisão, com a instauração de um novo procedimento de reunião de câmaras. Por sua vez, a correção de entendimentos divergentes, quando não tivesse sido utilizado o método de prevenção, se dava pela via do recurso de revista, na hipótese de uma câmara dar interpretação à lei diversa de outra (art. 108, III, c[24]).

A seguir, a Lei 319/36, que regulamentou os recursos contra decisões finais das cortes de apelação, complementou o regramento. Podia-se prevenir, a pedido de qualquer juiz, a divergência, por meio de pronunciamento prévio da Corte Plena sobre uma matéria, quando já houvesse ou pudesse haver disparidade de decisões (art. 2º[25]). Além disso, uma decisão que contrariasse outra a respeito de mesmo tema ou relação de direito poderia ser atacada pelo recurso de revista, para a Corte Plena (art. 1º, a e b[26]).

---

§ 5º. Serão, sempre, relatores dous desembargadores, um de cada Camara, designado pelo respectivo presidente.

§ 6º. Na primeira semana de cada trimestre, o secretario da Côrte providenciará para que seja feita, sob sua directa e pessoal inspecção, a permuta de inscripções entre os livros de prejulgados das Camaras de identica jurisdicção por materia.

§ 7º. As normas para confecção desses livros serão estabelecidas pelo Presidente da Côrte de Appellação, que exercerá sobre elles a necessaria inspecção e mandará que sejam franqueados ao publico.

24 Art. 108. Á Côrte de Appellação compete julgar em unica e definitiva instancia: III Os recursos de revista das sentenças definitivas, passadas em julgado, proferidas em gráo de appellação, não submettidas, antes, a seu julgamento, por meio de embargos e tão sómente nos casos seguintes: c) de divergencia, implicando manifesta contradicção na interpretação da lei, entre julgados de Camaras diversas, com identica jurisdicção ratione materiae, desde que ellas não tenham procedido á fixação das normas de uniformização (art. 103).

25 Art. 2º A requerimento de qualquer de seus juizes, a Camara, ou turma julgadora, poderá promover, o pronunciamento prévio da Côrte Plena sobre materia, de que dependa a decisão de algum feito, ou envolvida nessa decisão, desde que reconheça que sobre ella occorre, ou póde ocorrer, divergencia de decisões, ou de jurisprudencia, entre camaras ou turmas.

26 Art. 1º Das decisões finaes das Côrtes de Appellação ou de qualquer de suas Camaras ou turmas, caberá, de revista para a Côrte plena:

Etapa seguinte foi o advento do Código de Processo Civil de 1939 (Decreto-lei 1.608/39), que tratava a prevenção da divergência pela via do pronunciamento prévio de câmaras reunidas sobre tema sobre o qual houvesse contradição atual ou potencial (art. 861[27]). A correção, por sua vez, se mantinha no campo do recurso de revista, cabível sempre que a interpretação divergente não tivesse, ao tempo da insurgência, já sido pacificada, firmando "jurisprudência uniforme" (art. 853, tanto na redação originária[28] como na reformada[29]).

O segundo código processual, de 1973[30], trouxe originalmente o incidente de uniformização de jurisprudência (artigos 476 a 479[31]), que dependia de causa pendente no tribunal (em turma, câmara ou grupo de

---

a) quando contrariar ou divergir de outra decisão, também final, da mesma Côrte, ou de alguma do suas Camaras turmas, sobre a mesma especie ou sobre identica relação direito;

b) quando proferida por alguma ou algumas das Camaras, ou turmas, contrariar interpretação da mesma lei ou do mesmo acto, adoptada pela mesma Côrte, ou normas ella estabelecidas.

27 Art 861. A requerimento de qualquer de seus juizes, a Câmara, ou turma julgadora, poderá promover o pronunciamento prévio das Câmaras reunidas sobre a interpretação de qualquer norma jurídica, se reconhecer que sobre ela ocorre, ou poderá ocorrer, divergência de interpretação entre Câmaras ou turmas.

28 Art. 853. Conceder-se-á recurso de revista para as Câmaras Civis reunidas, nos casos em que divergirem, em suas decisões finais, duas (2) ou mais Câmaras, ou turmas, entre si, quanto ao modo de interpretar o direito em tese. Nos mesmos casos, será o recurso extensivo à decisão final de qualquer das Câmaras, ou turmas, que contrariar outro julgado, também final, das Câmaras reunidas.

Parágrafo único. Não será lícito alegar que uma interpretação diverge de outra, quando, depois desta, a mesma Câmara, ou turma, que a adotou, ou as Câmaras reunidas, hajam firmado jurisprudência uniforme no sentido da interpretação contra a qual se pretende reclamar.

29 A lei 1.661/52 trouxe pequenas adaptações, mais atinentes à competência para julgamento do recurso que propriamente ao cabimento, objeto de análise.

30 O código revogado, datado originalmente de 1973, nasceu tímido quanto ao tema, tendo-se optado por não se seguir a herança portuguesa dos "assentos" em razão da preocupação com a separação de poderes, conforme notado por CAMBI, Eduardo; FOGAÇA, Mateus Vargas. Incidente de resolução de demandas repetitivas no novo Código de Processo Civil. *Revista de Processo*, v. 243, mai. 2015, p. 334.

31 Art. 476. Compete a qualquer juiz, ao dar o voto na turma, câmara, ou grupo de câmaras, solicitar o pronunciamento prévio do tribunal acerca da interpretação do direito quando:

I - verificar que, a seu respeito, ocorre divergência;

câmaras, não bastando, para sua instauração, processo em trâmite no órgão especial ou no plenário). O juiz natural solicitava[32] pronunciamento prévio do tribunal a respeito de uma questão jurídica (interpretação do direito), quando existisse matéria divergente no âmbito do tribunal ou o julgado recorrido contrariasse posição anterior de um colegiado, permitia a anterior fixação de interpretação por parte da corte.

Ao final do procedimento, no qual deveria ser ouvido o chefe do Ministério Público naquela corte, obrigatoriamente, lavrava-se um acórdão no órgão fracionário e se remetia o incidente ao presidente do tribunal, que enviava uma cópia a todos os juízes. O resultado, quando por maioria absoluta, deveria constar em súmula, consistindo em "precedente na uniformização da jurisprudência"[33]. Nas demais hipóteses, em que não se atingisse

---

II - no julgamento recorrido a interpretação for diversa da que lhe haja dado outra turma, câmara, grupo de câmaras ou câmaras cíveis reunidas.

Parágrafo único. A parte poderá, ao arrazoar o recurso ou em petição avulsa, requerer, fundamentadamente, que o julgamento obedeça ao disposto neste artigo.

Art. 477. Reconhecida a divergência, será lavrado o acórdão, indo os autos ao presidente do tribunal para designar a sessão de julgamento. A secretaria distribuirá a todos os juízes cópia do acórdão.

Art. 478. O tribunal, reconhecendo a divergência, dará a interpretação a ser observada, cabendo a cada juiz emitir o seu voto em exposição fundamentada.

Parágrafo único. Em qualquer caso, será ouvido o chefe do Ministério Público que funciona perante o tribunal.

Art. 479. O julgamento, tomado pelo voto da maioria absoluta dos membros que integram o tribunal, será objeto de súmula e constituirá precedente na uniformização da jurisprudência.

Parágrafo único. Os regimentos internos disporão sobre a publicação no órgão oficial das súmulas de jurisprudência predominante.

[32] Na visão majoritária, tratava-se a instauração do incidente de uma faculdade, o que restringia sua potencialidade (LEMOS, Vinicius Silva. *O incidente de assunção de competência: da conceituação à procedimentalidade*. Salvador: JusPodivm, 2018, p. 60). Havia corrente, porém, que sustentava a obrigatoriedade (por todos: TUCCI, José Rogério Cruz e. *Precedente judicial como fonte do direito*. São Paulo: Revista dos Tribunais, 2004, p. 120).

[33] É interessante perceber que, no anteprojeto do Código de Processo Civil de 1973, desenhado por Alfredo Buzaid, o decidido no incidente de uniformização constaria em assento, baixado pelo presidente do tribunal, o qual geraria efeitos após quarenta e cinco dias da publicação oficial. A previsão, amplamente criticada pela doutrina por conta de suposta inconstitucionalidade – a exemplo do que acabou sendo reconhecido em Portugal, de onde oriundo o instituto -, acabou abandonada no processo legislativo (BARBOSA

esse quórum de julgamento, a posição do órgão que decidia o incidente apenas vinculava o órgão suscitante, para o caso concreto. Essa falta de efeitos prospectivos acabou por restringir a eficácia do instituto e, com o advento do atual Código, que criou instrumentos mais elaborados, os incidentes de uniformização pendentes de julgamento devem ser recebidos como uma das modalidades, a depender da presença dos requisitos de cabimento[34][35].

MOREIRA, José Carlos. Súmula, jurisprudência, precedente: uma escalada e seus riscos. In: _____. *Temas de Direito Processual*: nona série. São Paulo: Saraiva, 2007, p. 301).

34 Enunciado 655 do FPPC: Desde que presentes os requisitos de cabimento, os incidentes de uniformização de jurisprudência pendentes de julgamento na vigência do CPC/2015 deverão ser processados conforme as regras do incidente de resolução de demandas repetitivas ou do incidente de assunção de competência, especialmente as atinentes ao contraditório.

35 INCIDENTE DE UNIFORMIZAÇÃO DE JURISPRUDÊNCIA NO CONFLITO DE COMPETÊNCIA. RECUPERAÇÃO JUDICIAL. EXECUÇÃO FISCAL. PRÁTICA DE ATOS EXECUTÓRIOS CONTRA O PATRIMÔNIO DA RECUPERANDA. LEI N. 13.043/2014. DIVERGÊNCIA ENTRE AS TURMAS DA PRIMEIRA SEÇÃO E A SEGUNDA SEÇÃO DO STJ. RECONHECIMENTO. SUJEIÇÃO À CORTE ESPECIAL. NECESSIDADE. INCIDENTE NÃO CONHECIDO POR RAZÕES DE CONVENIÊNCIA. OBSERVÂNCIA, DE OFÍCIO, DA PROVIDÊNCIA CONTIDA NO ART. 16 DO RISTJ. AFETAÇÃO À CORTE ESPECIAL PARA DIRIMIR O MÉRITO DA DIVERGÊNCIA JURISPRUDENCIAL.

1. O presente incidente de uniformização de jurisprudência, suscitado pela Fazenda Nacional no bojo do Conflito de Competência n. 144.433/GO durante a vigência do Código de Processo Civil/1973, em tese, poderia ser admitido, observando-se, quanto ao seu cabimento, as regras então dispostas pela lei adjetiva civil anterior. Todavia, em juízo de ponderação, quanto à conveniência em se instaurar um procedimento que não mais guarda previsão na lei adjetiva civil, afigura-se possível aventar a adoção de outras providências, que, a um só tempo, atendam à postulação e ao direito da parte de prevenir/encerrar a divergência jurisprudencial aventada. 2. A Corte Especial, em 19/9/2012, em Questão de Ordem suscitada no Conflito de Competência n. 120.432/SP, fixou a competência da Segunda Seção do STJ "para julgamento, não apenas do presente conflito, mas de todos os que envolvam recuperação judicial e execução fiscal ajuizada contra a empresa recuperanda, nos termos do art. 9º, § 2º, IX, do RISTJ". Embora se pudesse inferir, de sua extensão, em cotejo com a fundamentação, a conclusão de que a competência da Segunda Seção abrangeria toda e qualquer questão que, no âmbito de uma execução fiscal, repercutisse na recuperação judicial da executada o que, ressalta-se, se me afigura a melhor interpretação não foi isso o que se sucedeu na prática. 2.1 Na prática, a competência da Segunda Seção definida, naturalmente, pela matéria a ela relacionada, e não por um determinado incidente, ficou restrita ao conhecimento e julgamento dos conflitos de competência, nos quais se têm, como juízos suscitados, o da recuperação judicial, de um lado, e o da execução fiscal, do outro.

Já os recursos especiais oriundos de execuções fiscais, ainda que a questão subjacente repercutisse na recuperação judicial, continuaram a ser distribuídos e julgados pela Primeira

Durante a vigência do Código revogado, diversas reformas valorizaram a jurisprudência. Cite-se, como exemplo, a ampliação dos poderes do relator com base em súmula ou jurisprudência dominante (artigo 557, na redação dada pela lei 9.756/98), a exceção à remessa necessária quando a sentença coincidisse com jurisprudência do plenário do STF ou súmula de tribunal (artigo 475, §3°, incluído pela lei 10.352/01) e o julgamento liminar de improcedência (art. 285-A, inserido pela lei 11.277/06)[36.]

Seção. 3. A partir do enfoque dado, próprio do viés hermenêutico de cada Seção, sobreveio, em questão de fundo, manifesta divergência jurisprudencial entre as Seções.

3.1 A Segunda Turma, integrante da Primeira Seção, em recurso especial advindo de execução fiscal, perfilha o entendimento de que "a execução fiscal não se suspende pelo deferimento da recuperação judicial, permitindo-se a realização de atos constritivos, máxime quando evidenciada a inércia da empresa recuperanda em adotar as medidas necessárias à suspensão da exigibilidade dos créditos tributários, em especial, por meio do parcelamento especial disciplinado pelo art. 10-A da Lei n. 10.522/2002, incluído pela Lei 13.043/2014" (ut REsp 1673421/RS, Rel. Ministro Herman Benjamin, Segunda Turma, julgado em 17/10/2017, DJe 23/10/2017). 3.2 A Segunda Seção, diversamente, em conflito de competência entre os juízos da recuperação judicial e da execução fiscal, reconhece a competência do primeiro, assentando que, embora a execução fiscal não se suspenda, os atos de constrição e de alienação de bens voltados contra o patrimônio social das sociedades empresárias submetem-se ao juízo universal, em homenagem ao princípio da conservação da empresa. A Seção de Direito Privado do STJ perfilha o posicionamento, ainda, de que a edição da Lei n. 13.043/2014 que acrescentou o art. 10-A à Lei n. 10.522/2002 e disciplinou o parcelamento de débitos de empresas em recuperação judicial não descaracteriza o conflito de competência, tampouco tem o condão de alterar o entendimento jurisprudencial destacado, conforme decidiu a Segunda Seção por ocasião do julgamento do AgRg no CC 136.130/SP, Relator o Ministro Raul Araújo, Relator p/ Acórdão Ministro Antonio Carlos Ferreira, Segunda Seção, julgado em 13/5/2015, DJe 22/6/2015.

4. A divergência de posicionamento entre a Segunda Seção e as Turmas que integram a Primeira Seção é manifesta, o que, do ponto de vista da segurança jurídica e da isonomia, afigura-se absolutamente temerário, notadamente em atenção ao papel atribuído constitucionalmente ao Superior Tribunal de Justiça de uniformizar a jurisprudência nacional na interpretação da legislação federal.

5. Por razões de conveniência, não se conhece do Incidente de Uniformização Jurisprudencial e, de ofício, em atenção à providência contida no art. 16 do RISTJ, determina-se a afetação à Corte Especial do julgamento do presente conflito de competência para prevenir/dissipar a divergência jurisprudencial destacada no âmbito do STJ.

(IUJur no CC 144.433/GO, Rel. Ministro Marco Aurélio Bellizze, Segunda Seção, julgado em 14/03/2018,)

[36] A importância do comando é dupla, pois, além de prestigiar julgamentos pretéritos, que passam a gozar de eficácia futura, iniciou os debates sobre o que seria "matéria unicamente de direito".

Em dezembro de 2001 (Lei nº 10.352/01), foi acrescentado à codificação o incidente de relevante questão de direito[37] ou de assunção de competência[38], expediente de afetação de julgamento[39] ou, ainda, uniformização de jurisprudência preventiva[40] (artigo 555, §1º[41]). Nos julgamentos de apelações e agravos[42] que envolvessem "relevante questão de direito", permitia-se que o relator remetesse, preventivamente[43], o recurso para ór-

---

A regra só pecava quanto aos julgados paramétricos para a improcedência, restringindo sua incidência para quando o próprio juízo possuísse decisões análogas. O Superior Tribunal de Justiça, porém, mitigou a literalidade da lei, exigindo que o órgão julgador estivesse em consonância com o entendimento assentado pelos tribunais aos quais se subordina. O atual Código (artigo 332), no entanto, aperfeiçoou, consideravelmente, a sistemática da improcedência do pedido autoral antes da citação do réu, não mais falando em "matéria unicamente de direito", mas em "causas que dispensem a fase instrutória" – o que é mais amplo, admitindo o pronto julgamento ainda que haja divergência fática. Ademais, trouxe como critérios decisões tidas como precedentes de tribunais, homenageando a organicidade do sistema judiciário, o que leva alguns autores a considerarem um dever do julgador a aplicação do comando legal.

[37] FUX, Luiz. Curso de direito processual civil. v. 1. 4 ed. Rio de Janeiro: Forense, 2008. Acesso eletrônico.

[38] Há quem considere se tratar de apenas mais uma hipótese de cabimento do incidente de uniformização de jurisprudência (DIDIER JR., Fredie; CUNHA, Leonardo Carneiro da. Curso de direito processual civil. v. 3. 14 ed. Salvador: Juspodivm, 2017, p. 757).

[39] PINHO, Humberto Dalla Bernardina de. *Manual de Direito Processual Civil Contemporâneo*. São Paulo: Saraiva, 2019, p. 1.253.

[40] BUENO, Cássio Scarpinella. *Processo civil interpretado*. 3. ed. v. 5. São Paulo: Saraiva, 2008, p. 413.

[41] Art. 555. No julgamento de apelação ou de agravo, a decisão será tomada, na câmara ou turma, pelo voto de 3 (três) juízes.
§ 1º Ocorrendo relevante questão de direito, que faça conveniente prevenir ou compor divergência entre câmaras ou turmas do tribunal, poderá o relator propor seja o recurso julgado pelo órgão colegiado que o regimento indicar; reconhecendo o interesse público na assunção de competência, esse órgão colegiado julgará o recurso.

[42] Entendendo que a menção era exemplificativa: FUX, Luiz. Curso de direito processual civil. v. 1. 4 ed. Rio de Janeiro: Forense, 2008. Em sentido contrário: GAIO JÚNIOR, Antônio Pereira. Os perfis do incidente de assunção de competência no CPC/2015. In: GAIO JÚNIOR, Antônio Pereira (org.). *Direito processual em movimento – vol. VIII*. Curitiba: CRV, 2019, p. 18.

[43] Tal instituto igualmente ostentava caráter preventivo – dialogando com o atual incidente de assunção de competência. A propósito, a nomenclatura do referido incidente é herança do seu antecessor, já que o CPC/73 falava em "interesse público na assunção de competência".

gão especificamente indicado pelo regimento interno – previsão que já existia a nível regimental no Superior Tribunal de Justiça[44] e no Supremo Tribunal Federal. Em comparação com o incidente de uniformização, ganhava-se em celeridade, porque julgava-se a questão jurídica e o caso concreto[45] e amplitude de cabimento[46]. O que se percebe é que as previsões anteriormente introduzidas no diploma de 1973, na legislação esparsa[47]

---

[44] Em termos históricos, já existia interessante previsão no regimento interno do STJ, ao tratar da competência da Corte Especial (art. 16, IV) e das Seções Especializadas (art. 14, II): Art. 16. As Seções e as Turmas remeterão os feitos de sua competência à Corte Especial: IV - quando convier pronunciamento da Corte Especial em razão da relevância da questão jurídica, ou da necessidade de prevenir divergência entre as Seções.

Art. 14. As Turmas remeterão os feitos de sua competência à Seção de que são integrantes: II - quando convier pronunciamento da Seção, em razão da relevância da questão, e para prevenir divergência entre as Turmas da mesma Seção.

Percebe-se que a Corte da Cidadania se preocupa, há tempos, com a existência de um proceder voltado à uniformização do entendimento, atenta à sua missão constitucional de pacificar a interpretação da legislação federal. Opta-se pelo reconhecimento da competência do órgão especializado ou máximo, a Seção ou a Corte Especial, respectivamente, quando for conveniente, tanto por conta da relevância da matéria como para prevenir que sejam prolatadas decisões díspares sobre uma questão no próprio tribunal, em turmas ou seções diversas.

Não existe qualquer restrição na previsão a respeito de se tratar de questão controvertida fática ou jurídica no âmbito do incidente para as Seções Especializadas, mas, como a cognição recursal do Superior Tribunal de Justiça não contempla, na maioria dos casos, o revolvimento do conjunto de fatos reconhecido pelas instâncias ordinárias, em geral as discussões recairão sobre aspectos de direito.

[45] BARBOSA MOREIRA, José Carlos Barbosa Moreira. *Comentários ao código de processo civil*. 16. ed. Rio de Janeiro: Forense, 2011, p. 653. No mesmo sentido: DIDIER JR., Fredie; CUNHA, Leonardo Carneiro da. Curso de direito processual civil. v. 3. 14 ed. Salvador: Juspodivm, 2017, p. 756.

[46] BENETI, Sidnei Agostinho. Assunção de competência e fast-track processual. Revista de Processo, v. 171, mai. 2009, pp. 9-23.

[47] Em paralelo ao principal diploma processual, a legislação especial também caminhou em direção à construção de ferramentas para a uniformização da posição das cortes por meio de instrumento específico. Primeiro exemplo disso é a preocupação externada pelo microssistema dos juizados especiais. Passados alguns anos do advento da lei 9.099/95, criadora dos juizados especiais cíveis, o legislador desenhou diploma voltado para a área federal. Na norma que vige para os juizados especiais federais, há previsão expressa do pedido de uniformização de interpretação de lei federal (artigo 14 da lei 10.259/01: Art. 14. Caberá pedido de uniformização de interpretação de lei federal quando houver divergência entre decisões sobre questões de direito material proferidas por Turmas Recursais na interpretação da lei. § 1º O

pedido fundado em divergência entre Turmas da mesma Região será julgado em reunião conjunta das Turmas em conflito, sob a presidência do Juiz Coordenador. § 2º O pedido fundado em divergência entre decisões de turmas de diferentes regiões ou da proferida em contrariedade a súmula ou jurisprudência dominante do STJ será julgado por Turma de Uniformização, integrada por juízes de Turmas Recursais, sob a presidência do Coordenador da Justiça Federal. § 3º A reunião de juízes domiciliados em cidades diversas será feita pela via eletrônica. § 4º Quando a orientação acolhida pela Turma de Uniformização, em questões de direito material, contrariar súmula ou jurisprudência dominante no Superior Tribunal de Justiça -STJ, a parte interessada poderá provocar a manifestação deste, que dirimirá a divergência. § 5º No caso do § 4º, presente a plausibilidade do direito invocado e havendo fundado receio de dano de difícil reparação, poderá o relator conceder, de ofício ou a requerimento do interessado, medida liminar determinando a suspensão dos processos nos quais a controvérsia esteja estabelecida. § 6º Eventuais pedidos de uniformização idênticos, recebidos subsequentemente em quaisquer Turmas Recursais, ficarão retidos nos autos, aguardando-se pronunciamento do Superior Tribunal de Justiça. § 7º Se necessário, o relator pedirá informações ao Presidente da Turma Recursal ou Coordenador da Turma de Uniformização e ouvirá o Ministério Público, no prazo de cinco dias. Eventuais interessados, ainda que não sejam partes no processo, poderão se manifestar, no prazo de trinta dias. § 8º Decorridos os prazos referidos no § 7º, o relator incluirá o pedido em pauta na Seção, com preferência sobre todos os demais feitos, ressalvados os processos com réus presos, os habeas corpus e os mandados de segurança. § 9º Publicado o acórdão respectivo, os pedidos retidos referidos no § 6o serão apreciados pelas Turmas Recursais, que poderão exercer juízo de retratação ou declará-los prejudicados, se veicularem tese não acolhida pelo Superior Tribunal de Justiça. § 10. Os Tribunais Regionais, o Superior Tribunal de Justiça e o Supremo Tribunal Federal, no âmbito de suas competências, expedirão normas regulamentando a composição dos órgãos e os procedimentos a serem adotados para o processamento e o julgamento do pedido de uniformização e do recurso extraordinário.) Será viável o referido requerimento quando houver divergência interpretativa sobre norma de direito material entre turmas recursais – a ser dirimida por reunião de turmas, se a disparidade se der entre colegiados da mesma região, ou pela Turma Nacional de Uniformização, se resultar de conflito entre turmas de diferentes regiões. Pode, ainda, ser caso de a orientação adotada confrontar com súmula ou jurisprudência dominante do Superior Tribunal de Justiça, sendo igualmente decidida a questão pela TNU. Nessa dinâmica, aliás, existe previsão para a litigância repetitiva, na medida em que o §6º do dispositivo em análise, atento à possibilidade de requerimentos de uniformização idênticos, prevê que os subsequentes fiquem retidos nos autos. Além disso, o §9º estabelece a viabilidade de juízo de retratação ou de declaração de prejuízo desses pedidos idênticos, após a uniformização. Trata-se de embrião do procedimento posteriormente adotado para a repercussão do julgamento dos recursos paradigmas nos casos repetitivos. Seguindo a mesma linha, a legislação referente aos Juizados Estaduais da Fazenda Pública trouxe outra hipótese de pedido de uniformização da interpretação da lei

[48] e no Regimento Interno do Superior Tribunal de Justiça careciam de um elemento fundamental que era o efeito vinculativo[49], aspecto que é potencializado pelo Código de Processo atual.

2.2. SÚMULAS

Um instrumento que foi de fundamental importância para o direito brasileiro, no tocante à padronização de entendimentos e de argumentação, foram as súmulas, instituto nascido no âmbito do Supremo

---

(lei 12.153/09, artigo 18: Art. 18. Caberá pedido de uniformização de interpretação de lei quando houver divergência entre decisões proferidas por Turmas Recursais sobre questões de direito material. § 1º O pedido fundado em divergência entre Turmas do mesmo Estado será julgado em reunião conjunta das Turmas em conflito, sob a presidência de desembargador indicado pelo Tribunal de Justiça. § 2º No caso do § 1º, a reunião de juízes domiciliados em cidades diversas poderá ser feita por meio eletrônico. § 3º Quando as Turmas de diferentes Estados derem a lei federal interpretações divergentes, ou quando a decisão proferida estiver em contrariedade com súmula do Superior Tribunal de Justiça, o pedido será por este julgado). São duas, porém, as diferenças: (i) os órgãos julgadores: em caso de disparidade entre turmas do mesmo estado, a pacificação se dará por reunião de turmas, já quando a contrariedade se der entre turmas de diferentes estados ou em relação à súmula do STJ, será a Corte Superior a decidir o tema; e (ii) a ofensa à jurisprudência dominante do Superior Tribunal de Justiça deixa de ser hipótese de cabimento.

48 Outra hipótese recorrentemente apontada na esteira evolutiva ora analisada é a faculdade de suspensão da segurança oriunda de várias liminares de idêntico objeto, prevista na lei 8.437/92 (artigo 4º, §8º) e na normativa do mandado de segurança (lei 12.016/09, artigo 15, §5º). Trata-se de medida administrativa do presidente do tribunal tomada "por amostragem": por meio de decisão única, diversos provimentos provisórios têm sua eficácia suspensa.

49 "O incidente de assunção de competência tem como origem remota o incidente de uniformização de jurisprudência, disciplinado nos arts. 476 e ss. do CPC/73, a assunção de competência do art. 555, § 1º, do CPC/73 e a remessa de processo ao órgão colegiado de maior envergadura, prevista no art. 16, IV, do RISTJ. De fato, assim como aqueles que o precederam, referido incidente tem por objetivo assegurar a celeridade processual, garantida pela existência de julgamentos uniformes e exaurientes das possíveis argumentações suscitadas pelos interessados.

A inovação do CPC/15 consiste, no entanto, na percepção de que essas uniformização e abrangência concentradas em um só julgado do órgão competente de composição mais ampla impedem que casos idênticos tenham decisões discrepantes e, além disso, desestimulam a recorribilidade a respeito de uma específica questão de direito, criando segurança jurídica." (ProAfR no REsp 1610728/RS, Rel. Ministra Nancy Andrighi, Segunda Seção, julgado em 10/04/2018).

Tribunal Federal, por edição de emenda regimental em 30/08/1963, que criou a Súmula da Jurisprudência Predominante do Supremo Tribunal Federal, um conjunto de enunciados que sintetizam os posicionamentos da corte.

Trata-se de uma figura absolutamente alinhada com a realidade judiciária pátria, cuja intenção primordial era documentar o consenso, facilitando o conhecimento dos entendimentos da corte constitucional exarados por décadas. Funcionava, assim, como útil "método de trabalho"[50], capaz de impedir a aleatoriedade das decisões e facilitar até mesmo os novéis julgadores, que poderiam consultar os posicionamentos pretéritos de forma facilitada.

A súmula de um tribunal surge, portanto, com a função de garantir acessibilidade e emprestar publicidade aos seus entendimentos[51], à sua

---

[50] "O método que o Supremo Tribunal incorporou na Súmula -para documentar, de modo formal, e simplificar os seus julgamentos -refletia uma posição equilibrada, isto é, sem qualquer excesso. (...) [A] Súmula realizou 'o ideal do meio-termo, quanto à estabilidade da jurisprudência (...), ela ficou entre a dureza implacável dos antigos assentos da Casa da Suplicação, 'para a inteligência geral e perpétua da lei' e a virtual inoperância dos prejulgados. E um instrumento flexível, que simplifica o trabalho da justiça em todos os graus, mas evita a petrificação, porque a Súmula regula o procedimento pelo qual pode ser modificada (...). Apenas exige, para ser alterada, mais aprofundado esforço dos advogados e juízes. Deverão eles procurar argumentos novos, ou aspectos inexplorados nos velhos argumentos, ou realçar as modificações operadas na própria realidade social e econômica. Com essa precaução, a Súmula substitui a loteria judiciária das maiorias ocasionais pela perseverança esclarecida dos autênticos profissionais do direito. (...) Firmar a jurisprudência de modo rígido não seria um bem, nem mesmo seria viável. A vida não pára, nem cessa a criação legislativa e doutrinária do direito. Mas vai uma enorme diferença entre a mudança que é freqüentemente necessária, e a anarquia jurisprudencial, que é descalabro e tormento. Razoável e possível é o meio-termo, para que o Supremo Tribunal possa cumprir o seu mister de definir o direito federal, eliminando ou diminuindo os dissídios de jurisprudência." (LEAL, Victor Nunes. Passado e Futuro da Súmula do STF. *Revista de Direito Administrativo*, v. 145. Rio de Janeiro: FGV, 1981, p. 10).

[51] "Esses enunciados procuram reproduzir a tese que serviu de fundamento ao entendimento dominante no tribunal acerca de determinado problema jurídico. Não é o *caso* em sua inteireza e complexidade que o enunciado sumulado reproduz, mas apenas a *ratio decidendi* em que os precedentes se fundamentaram." (THEODORO JÚNIOR, Humberto. *Curso de Direito Processual Civil*. Vol. 3. 54. ed. Rio de Janeiro: Forense, 2021. Livro eletrônico.).

jurisprudência[52][53], em última análise, formada a partir de casos concretos[54]. Isso por ser editada através de um procedimento previsto pelos tribunais, em seus regimentos internos, e organizada didaticamente[55]. Cada tribunal possui liberdade para definir, então, como editará e revi-

---

[52] O Código menciona a jurisprudência dominante, no art. 926, §1º, assumindo que ainda não se encontrou a uniformidade como predicado para o conceito de jurisprudência: "Na forma estabelecida e segundo os pressupostos fixados no regimento interno, os tribunais editarão enunciados de súmula correspondentes a sua jurisprudência dominante.".

[53] Diferenciando súmula e jurisprudência: "A súmula é, na verdade, um repositório de enunciados que representam um resumo da jurisprudência dominante de um tribunal. Em outras palavras, é na súmula que cada tribunal enuncia, pelos *verbetes* (ou *enunciados*), as teses que foram identificadas nas linhas de jurisprudência constante identificadas em sua atuação. (…) Todos esses enunciados – como qualquer outro de súmula, seja lá qual for o tribunal de que se origine – são um extrato da jurisprudência daquela Corte. A súmula é, pois, um *extrato da jurisprudência dominante* de um tribunal." (CÂMARA, Alexandre Freitas. *Levando os padrões decisórios a sério*. Barueri: Atlas, 2018, p. 220).

[54] É com essa perspectiva que o Código indica que "[a]o editar enunciados de súmula, os tribunais devem ater-se às circunstâncias fáticas dos precedentes que motivaram sua criação" (art. 926, §2º). Como observa a doutrina, o tribunal não poderia editar enunciados abstratamente, de todo: "A súmula deve ser o resultado de análises de casos concretos, e não a fixação do entendimento do tribunal acerca de determinada questão, de acordo com os parâmetros que entende corretos. Os parâmetros indicados pelo caso concreto é que fixam a súmula, e não o contrário." (NERY JÚNIOR, Nelson; NERY, Rosa Maria de Andrade. *Código de Processo Civil Comentado*. 6. ed. São Paulo: Revista dos Tribunais, 2021. Livro eletrônico.). No mesmo sentido: "Uma vez, porém, que *os tribunais não se pronunciam abstratamente, seus julgados sempre correspondem a apreciação de casos concretos*, cujos elementos são fatores importantes na elaboração da norma afinal aplicada à solução do objeto litigioso. Assim, embora o sistema de súmulas não exija a identidade dos casos sucessivos, *não pode deixar de levar em conta a situação fático-jurídica* que conduziu à uniformização da tese que veio a ser sumulada." (THEODORO JÚNIOR, Humberto. *Curso de Direito Processual Civil*. Vol. 3. 54. ed. Rio de Janeiro: Forense, 2021. Livro eletrônico.).

[55] "A vantagem da jurisprudência sumulada é dupla, pois, a um só tempo: a) é fruto de um procedimento específico voltado à questão da verificação do entendimento dominante, o que legitima em um grau muito maior seu produto e, a par disso, até por esse motivo; b) torna mais segura e juridicamente mais explícita a constatação da pacificação do entendimento, de seus contornos e de sua atualidade." (MONNERAT, Fábio Victor da Fonte. *Súmulas e precedentes qualificados*: técnicas de formação e aplicação. São Paulo: Saraiva, 2019, p. 176).

sará enunciados de sua súmula[56], definindo quóruns de deliberação e

---

[56] Veja-se o tratamento no Regimento Interno do Superior Tribunal de Justiça:

SEÇÃO II Da Súmula

Art. 122. A jurisprudência firmada pelo Tribunal será compendiada na Súmula do Superior Tribunal de Justiça.

§ 1º Poderão ser inscritos na súmula os enunciados correspondentes às decisões firmadas por unanimidade dos membros componentes da Corte Especial ou da Seção, em um caso, por maioria absoluta em pelo menos dois julgamentos concordantes. (Redação dada pela Emenda Regimental n. 24, de 2016)

§ 2º A inclusão da matéria objeto de julgamento na Súmula da Jurisprudência do Tribunal será deliberada pela Corte Especial ou pela Seção, por maioria absoluta dos seus membros.

§ 3º Se a Seção entender que a matéria a ser sumulada é comum às Seções, remeterá o feito à Corte Especial.

Art. 123. Os enunciados da súmula, seus adendos e emendas, datados e numerados, serão publicados três vezes no Diário da União, em datas próximas.

Parágrafo único. As edições ulteriores da súmula incluirão os adendos e emendas.

Art. 124. A citação da súmula pelo número correspondente dispensará, perante o Tribunal, a referência a outros julgados no mesmo sentido.

Art. 125. Os enunciados da súmula prevalecem e serão revistos na forma estabelecida neste Regimento Interno.

§ 1º Qualquer dos Ministros poderá propor, em novos feitos, a revisão da jurisprudência compendiada na súmula, sobrestando-se o julgamento, se necessário.

§ 2º Se algum dos Ministros propuser revisão da jurisprudência compendiada na súmula, em julgamento perante a Turma, esta, se acolher a proposta, remeterá o feito ao julgamento da Corte Especial ou da Seção, dispensada a lavratura do acórdão, juntando-se, entretanto, a certidão de julgamento e tomando-se o parecer do Ministério Público Federal.

(Redação dada pela Emenda Regimental n. 35, de 2019)

§ 3º A alteração ou o cancelamento do enunciado da súmula serão deliberados na Corte Especial ou nas Seções, conforme o caso, por maioria absoluta dos seus membros, com a presença de, no mínimo, dois terços de seus componentes.

§ 4º Ficarão vagos, com a nota correspondente, para efeito de eventual restabelecimento, os números dos enunciados que o Tribunal cancelar ou alterar, tomando os que forem modificados novos números da série.

Art. 126. Qualquer Ministro poderá propor, na Turma, a remessa do feito à Corte Especial, ou à Seção, para o fim de ser compendiada em súmula a jurisprudência do Tribunal, quando verificar que as Turmas não divergem na interpretação do direito.

§ 1º Na hipótese referida neste artigo, dispensa-se a lavratura de acórdão, certificada nos autos a decisão da Turma.

órgãos competentes para tanto, além da periodicidade[57].

(Redação dada pela Emenda Regimental n. 35, de 2019)

§ 2º O processo e o julgamento observarão, no que couber, o disposto nos arts. 271-B e seguintes deste Regimento.

(Redação dada pela Emenda Regimental n. 24, de 2016)

§ 3º A Comissão de Jurisprudência poderá, também, propor à Corte Especial ou à Seção que seja compendiada em súmula a jurisprudência do Tribunal, quando verificar que as Turmas não divergem na interpretação do direito.

§ 4º Proferido o julgamento, em decisão tomada pela maioria absoluta dos membros que integram o Órgão Julgador, o relator deverá redigir o projeto de súmula, a ser aprovado pelo Tribunal na mesma sessão ou na primeira sessão ordinária seguinte.

(Incluído pela Emenda Regimental n. 22, de 2016)

Art. 127. Quando convier pronunciamento da Corte Especial ou da Seção, em razão da relevância da questão jurídica, ou da necessidade de prevenir divergências entre as Turmas, o relator, ou outro Ministro, no julgamento de qualquer recurso, poderá propor a remessa do feito à apreciação da Seção respectiva, ou da Corte Especial, se a matéria for comum às Seções.

§ 1º Acolhida a proposta, a Turma remeterá o feito ao julgamento da Seção ou da Corte Especial, dispensada a lavratura do acórdão. Com a certidão de julgamento, os autos irão ao Presidente do órgão do Tribunal, para designar a sessão de julgamento. A secretaria expedirá cópias do relatório e fará sua distribuição aos Ministros que compuserem o órgão competente para o julgamento.

(Redação dada pela Emenda Regimental n. 35, de 2019)

§ 2º Proferido o julgamento, cópia do acórdão será, no prazo da sua publicação, remetida à Comissão de Jurisprudência, para elaboração de projeto de súmula, se for o caso.

57 Por sua vez, o Supremo Tribunal Federal, berço original da súmula, apenas trata, hoje, da Súmula Vinculante, em seu regimento interno:

Título XIII

Da Súmula Vinculante

(Incluído pela Emenda Regimental n. 46, de 6 de julho de 2011)

Art. 354-A. Recebendo proposta de edição, revisão ou cancelamento de Súmula Vinculante, a Secretaria Judiciária a autuará e registrará ao Presidente, para apreciação, no prazo de 5 (cinco) dias, quanto à adequação formal da proposta. (Incluído pela Emenda Regimental n. 46, de 6 de julho de 2011)

Art. 354-B. Verificado o atendimento dos requisitos formais, a Secretaria Judi- ciária publicará edital no sítio do Tribunal e no Diário da Justiça Eletrônico, para ciência e manifestação de interessados no prazo de 5 (cinco) dias, enca- minhando a seguir os autos ao Procurador-Geral da República. (Incluído pela Emenda Regimental n. 46, de 6 de julho de 2011)

Incorporadas à cultura jurídica nacional e adotadas pelos mais variados tribunais, habituou-se o operador do direito a argumentar e o magistrado a decidir com fundamento nos verbetes. De fato, é muitíssimo comum que se encontre uma sentença ou um recurso que brevemente cite um enunciado sumular (ou, menos tecnicamente, uma súmula), abreviando o raciocínio, por tomá-la a título de premissa.

Não à toa, diversas reformas foram implementadas no Código de Processo Civil de 1973, atribuindo aos enunciados a capacidade de impedimento de recurso de apelação quando baseada a sentença em súmulas do Superior Tribunal de Justiça ou do Supremo Tribunal Federal (art. 518, §1º) e a autorização para julgamentos monocráticos pelo relator de recursos que as contrariassem (art. 557).

Art. 354-C. Devolvidos os autos com a manifestação do Procurador-Geral da República, o Presidente submeterá as manifestações e a proposta de edição, revisão ou cancelamento de Súmula aos Ministros da Comissão de Jurispru- dência, em meio eletrônico, para que se manifestem no prazo comum de 15 (quinze) dias; decorrido o prazo, a proposta, com ou sem manifestação, será submetida, também por meio eletrônico, aos demais Ministros, pelo mesmo prazo comum. (Incluído pela Emenda Regimental n. 46, de 6 de julho de 2011)

Art. 354-D. Decorridos os prazos previstos no art. 354-c, o Presidente submeterá a proposta de edição, revisão ou cancelamento de súmula vinculante à deli- beração do Tribunal Pleno, mediante inclusão em pauta, salvo se já houver manifestação contrária à proposta por parte da maioria absoluta dos Ministros do Tribunal, hipótese em que o Presidente a rejeitará monocraticamente. (Redação dada pela Emenda Regimental n. 54, de 1o de julho de 2020)

Parágrafo único. Contra a decisão do Presidente pela rejeição de proposta ati- nente a súmula vinculante caberá agravo regimental, na forma do art. 317 deste regimento. (Incluído pela Emenda Regimental n. 54, de 1o de julho de 2020)

Art.354-E. A proposta de edição, revisão ou cancelamento de Súmula Vinculante poderá versar sobre questão com repercussão geral reconhecida, caso em que poderá ser apresentada por qualquer Ministro logo após o julgamento de mérito do processo, para deliberação imediata do Tribunal Pleno na mesma sessão. (Incluído pela Emenda Regimental n. 46, de 6 de julho de 2011)

Art.354-F. O teor da proposta de Súmula aprovada, que deve constar do acórdão, conterá cópia dos debates que lhe deram origem, integrando-o, e constarão das publicações dos julgamentos no Diário da Justiça Eletrônico. (Incluído pela Emenda Regimental n. 46, de 6 de julho de 2011)

Art. 354-G. A proposta de edição, revisão ou cancelamento de Súmula tramitará sob a forma eletrônica, e as informações correspondentes ficarão disponíveis aos interessados no sítio do STF. (Incluído pela Emenda Regimental n. 46, de 6 de julho de 2011)

Apesar de as súmulas dos tribunais terem gozado de efetividade no tocante à aplicabilidade, refletindo na dinâmica processual, sempre subsistiu margem para que restassem desrespeitadas[58], já que inexistia instrumento específico e imediato apto a corrigir uma decisão cuja fundamentação colidisse com o entendimento sumulado, obrigando o jurisdicionado a se socorrer da via recursal ordinária e extraordinária para tanto[59]. Evidentemente, os tribunais, como regra, dão provimento a recursos que pleiteiam a reforma de pronunciamentos discordantes, mas nada impediria que uma corte, um colegiado ou um julgador específico deixasse de aplicar o verbete, por qualquer razão.

O Código de Processo Civil atual igualmente outorgou efeitos endoprocessuais para as súmulas, ao trazê-las como fundamento autorizativo do julgamento liminar de improcedência (art. 332, I e IV) e do julgamento monocrático pelo relator (art. 932, IV e V, a, e 955, parágrafo único, I), de dispensa para a remessa necessária (art. 496, §4º, I), da caução no cumprimento de sentença provisório (art. 521, IV), de ajuizamento de ação rescisória por contrariedade ao ordenamento (art. 966, §5º) e de interposição de recurso extraordinário, presumindo-se a

---

[58] "Mas, no processo, no caso concreto sob julgamento, a aplicação do enunciado abstrato deve respeitar os critérios de adequação a todos os enunciados fáticos e jurídicos trazidos pelas partes, através de motivação analítica (artigo 489, IV e V, do CPC/2015). Porém, isso também, simplesmente, não basta. O juiz julga fatos interpretando-os de acordo com as especificidades do caso concreto, e a interpretação só é possível no processo mediante a constante dialética circular entre as normas – ou mesmo a súmula – e os fatos, mas não a aplicação pura e simples da interpretação constante do enunciado. A súmula pode ter valia como pré-compreensão, mas não como substitutiva do intérprete; em verdade, o enunciado abstrato é objeto de interpretação, *persuasivo*. Essa forma de observar a atividade de julgamento remete ao mero silogismo positivista: quando o juiz aplica cegamente o enunciado *vinculante*, ele deixa de interpretar e, portanto, deixa de julgar!" (ARAÚJO, José Aurélio de. *Cognição sumária, cognição exaustiva e coisa julgada*. São Paulo: Revista dos Tribunais, 2017, p. 189)

[59] "Até por razões de política judiciária, por outro lado, o ideal é que as súmulas fossem sempre respeitadas pelos órgãos judiciais inferiores, porque de nada adianta decidir de forma contrária se o Tribunal Superior reformará a decisão para adequá-la à jurisprudência dominante.

É uma realidade, todavia, que isso não ocorre sempre, mas, ao contrário, há algumas vezes uma sistemática resistência de órgãos inferiores, em nome da independência, em seguir as súmulas e jurisprudência dominante, o que é uma lástima, pois vai de encontro aos princípios da celeridade e da efetividade da prestação jurisdicional." (CÔRTES, Osmar Mendes Paixão. *Recursos repetitivos, súmula vinculante e coisa julgada*. Brasília: Gazeta Jurídica, 2018, p. 182).

repercussão geral do tema (art. 1.035, §3º, I). Quando vinculantes, as súmulas autorizam, ainda, a concessão de tutela de evidência (art. 311, II) e o manejo de reclamação (art. 988, III).

Em acréscimo, considera-se não fundamentada, isto é, nula a decisão que deixe de seguir enunciado sumulado sem que se demonstre sua superação ou a distinção em relação ao caso concreto. Significa dizer que, enfim, há uma sanção para o desrespeito da súmula por parte dos julgadores a ela subordinados – ou seja, ao tribunal que a editou. Trata-se de relevante instrumento para guardar a coerência na aplicação de tais parâmetros decisórios.

Porém, sob o ponto de vista da aplicação do ordenamento jurídico fora do ambiente jurisdicional, apenas se cogita da vinculação e da eficácia *erga omnes* na hipótese de a súmula ter sido editada enquanto súmula vinculante, nos moldes do art. 103-A da Constituição Federal[60] e da Lei 11.417/06[61], que o regulamenta. Significa dizer que deve possuir como requisitos (i) a existência de reiteradas decisões anteriores

---

[60] Art. 103-A. O Supremo Tribunal Federal poderá, de ofício ou por provocação, mediante decisão de dois terços dos seus membros, após reiteradas decisões sobre matéria constitucional, aprovar súmula que, a partir de sua publicação na imprensa oficial, terá efeito vinculante em relação aos demais órgãos do Poder Judiciário e à administração pública direta e indireta, nas esferas federal, estadual e municipal, bem como proceder à sua revisão ou cancelamento, na forma estabelecida em lei.

§ 1º A súmula terá por objetivo a validade, a interpretação e a eficácia de normas determinadas, acerca das quais haja controvérsia atual entre órgãos judiciários ou entre esses e a administração pública que acarrete grave insegurança jurídica e relevante multiplicação de processos sobre questão idêntica.

§ 2º Sem prejuízo do que vier a ser estabelecido em lei, a aprovação, revisão ou cancelamento de súmula poderá ser provocada por aqueles que podem propor a ação direta de inconstitucionalidade.

§ 3º Do ato administrativo ou decisão judicial que contrariar a súmula aplicável ou que indevidamente a aplicar, caberá reclamação ao Supremo Tribunal Federal que, julgando-a procedente, anulará o ato administrativo ou cassará a decisão judicial reclamada, e determinará que outra seja proferida com ou sem a aplicação da súmula, conforme o caso.

[61] Art. 1º Esta Lei disciplina a edição, a revisão e o cancelamento de enunciado de súmula vinculante pelo Supremo Tribunal Federal e dá outras providências.

Art. 2º O Supremo Tribunal Federal poderá, de ofício ou por provocação, após reiteradas decisões sobre matéria constitucional, editar enunciado de súmula que, a partir de sua publicação na imprensa oficial, terá efeito vinculante em relação aos demais órgãos do Poder Judiciário e à administração pública direta e indireta, nas

sobre seu objeto, (ii) que será matéria constitucional (especialmente,

esferas federal, estadual e municipal, bem como proceder à sua revisão ou cancelamento, na forma prevista nesta Lei.

§ 1º O enunciado da súmula terá por objeto a validade, a interpretação e a eficácia de normas determinadas, acerca das quais haja, entre órgãos judiciários ou entre esses e a administração pública, controvérsia atual que acarrete grave insegurança jurídica e relevante multiplicação de processos sobre idêntica questão.

§ 2º O Procurador-Geral da República, nas propostas que não houver formulado, manifestar-se-á previamente à edição, revisão ou cancelamento de enunciado de súmula vinculante.

§ 3º A edição, a revisão e o cancelamento de enunciado de súmula com efeito vinculante dependerão de decisão tomada por 2/3 (dois terços) dos membros do Supremo Tribunal Federal, em sessão plenária.

§ 4º No prazo de 10 (dez) dias após a sessão em que editar, rever ou cancelar enunciado de súmula com efeito vinculante, o Supremo Tribunal Federal fará publicar, em seção especial do Diário da Justiça e do Diário Oficial da União, o enunciado respectivo.

Art. 3º São legitimados a propor a edição, a revisão ou o cancelamento de enunciado de súmula vinculante:

I - o Presidente da República; II - a Mesa do Senado Federal; III – a Mesa da Câmara dos Deputados; IV – o Procurador-Geral da República; V - o Conselho Federal da Ordem dos Advogados do Brasil; VI - o Defensor Público-Geral da União; VII – partido político com representação no Congresso Nacional; VIII – confederação sindical ou entidade de classe de âmbito nacional; IX – a Mesa de Assembléia Legislativa ou da Câmara Legislativa do Distrito Federal; X - o Governador de Estado ou do Distrito Federal; XI - os Tribunais Superiores, os Tribunais de Justiça de Estados ou do Distrito Federal e Territórios, os Tribunais Regionais Federais, os Tribunais Regionais do Trabalho, os Tribunais Regionais Eleitorais e os Tribunais Militares.

§ 1º O Município poderá propor, incidentalmente ao curso de processo em que seja parte, a edição, a revisão ou o cancelamento de enunciado de súmula vinculante, o que não autoriza a suspensão do processo.

§ 2º No procedimento de edição, revisão ou cancelamento de enunciado da súmula vinculante, o relator poderá admitir, por decisão irrecorrível, a manifestação de terceiros na questão, nos termos do Regimento Interno do Supremo Tribunal Federal.

Art. 4º A súmula com efeito vinculante tem eficácia imediata, mas o Supremo Tribunal Federal, por decisão de 2/3 (dois terços) dos seus membros, poderá restringir os efeitos vinculantes ou decidir que só tenha eficácia a partir de outro momento, tendo em vista razões de segurança jurídica ou de excepcional interesse público.

Art. 5º Revogada ou modificada a lei em que se fundou a edição de enunciado de súmula vinculante, o Supremo Tribunal Federal, de ofício ou por provocação, procederá à sua revisão ou cancelamento, conforme o caso.

a validade, interpretação ou eficácia de determinada norma) (iii) controvertida nos tribunais ou na Administração, (iv) gerando grave insegurança jurídica e (v) relevante multiplicação de processos[62].

Percebe-se que o constituinte reformador quis, de um lado, facilitar a depreensão acerca do entendimento do tribunal constitucional a respeito de um tema[63], mas, de outro, inseriu diversas barreiras, o que se justifi-

---

Art. 6º A proposta de edição, revisão ou cancelamento de enunciado de súmula vinculante não autoriza a suspensão dos processos em que se discuta a mesma questão.

Art. 7º Da decisão judicial ou do ato administrativo que contrariar enunciado de súmula vinculante, negar-lhe vigência ou aplicá-lo indevidamente caberá reclamação ao Supremo Tribunal Federal, sem prejuízo dos recursos ou outros meios admissíveis de impugnação.

§ 1º Contra omissão ou ato da administração pública, o uso da reclamação só será admitido após esgotamento das vias administrativas.

§ 2º Ao julgar procedente a reclamação, o Supremo Tribunal Federal anulará o ato administrativo ou cassará a decisão judicial impugnada, determinando que outra seja proferida com ou sem aplicação da súmula, conforme o caso. (...)

Art. 10. O procedimento de edição, revisão ou cancelamento de enunciado de súmula com efeito vinculante obedecerá, subsidiariamente, ao disposto no Regimento Interno do Supremo Tribunal Federal.

62 Para uma análise da súmula vinculante, veja-se: CÔRTES, Osmar Mendes Paixão. *Recursos repetitivos, súmula vinculante e coisa julgada*. Brasília: Gazeta Jurídica, 2018.

63 "Una tecnica molto diversa consiste nel configurare la possibilità che la corte suprema emani pronunce dotate di efficacia ultra partes, ossia di effetti vincolanti capaci di determinare direttamente la decisione dei casi successivi. L'esempio più noto è stato in passato quello delle direttive della corte suprema dell'URSS, ma non va dimenticato che questa tecnica è tuttora presente nella cassazione cubana, che segue il modello sovietico. In Russia, inoltre, questa prassi prosegue con i decreti – veri e propri atti normativi – che vengono emanati dal plenum della corte suprema con efficacia vincolante per tutti i giudici che si trovino a dover applicare le stesse norme o a giudicare su casi analoghi, ed anche per tutti gli organi amministrativi. Lo stesso sistema si applica ai decreti della Corte Suprema Commerciale, ed anche alle decisioni che il presidium di questa corte emana in sede di revisione di casi concreti. Una tecnica analoga molto interessante, e per certi versi estrema, è quella che fa perno sulle súmulas vinculantes del sistema brasiliano. La formulazione delle súmulas risale ad una prassi consolidata in quell'ordinamento: esse in passato non avevano efficacia vincolante, mentre ora hanno questa efficacia, dopo una riforma costituzionale che risale al 2004. Si tratta di enunciazioni che vengono formulate dal Supremo Tribunal Federal dopo una riunione dei suoi membri ed una votazione (con una maggioranza di due terzi). Esse hanno la funzione di risolvere un contrasto che si sia verificato nella giurisprudenza delle corti inferiori. Vale la pena di osservare che la súmula non deriva dalla decisione di un caso concreto, poichè si tratta di una enunciazione interpretativa formulata in

ca pelo avanço que o mecanismo significava, à época. Atualmente, ainda que se realize um oportuno filtro à luz das normas principiológicas que informam o diploma processual, estimulando-se a participação pela via dos *amici curiae* e das audiências públicas, se mantêm, ao menos no texto constitucional e no legal, os requisitos, o que significa, objetivamente, outorgar à súmula vinculante caráter repressivo, *a posteriori*.

Portanto, tem-se que as súmulas em geral representaram um avanço importante da maneira como se argumenta juridicamente em nosso ordenamento, contribuindo pedagogicamente com o conhecimento da jurisprudência e suas consequentes uniformidade e coerência[64]. No entanto, ante a fragilidade de eficácia, atenuada pelo Código de Processual vigente por conta da obrigatoriedade de seguimento sob pena de nulidade da decisão (art. 489, §1º, VI), mas não solucionada de todo - haja vista faltarem instrumentos coercitivos de maior relevo, como a reclamação -, e, em relação à súmula vinculante, ao perfil repressivo (exigência de casos anteriores reiteradamente julgados e de controvérsia na aplicação das normas

---

termini generali. Di conseguenza, essa non fa alcun riferimento ai fatti che sono alla base della questione giuridica affrontata, e quindi non può essere considerata come un precedente in senso proprio, ma solo come una decisione che esprime la scelta tra due opzioni interpretative relative a norme generali e astratte. La sua evidente funzione consiste nell'eliminazione di incertezze e conflitti nell'ambito della giurisprudenza, assicurandone l'uniformità. Per questo scopo si prevede che essa abbia efficacia vincolante per tutti i giudici ed anche per tutti gli organi pubblici dello Stato federale" (TARUFFO, Michele. La giurisprudenza tra casistica e uniformità. *Rivista Trimestrale di Diritto e Procedura Civile*, ano LXVIII, n. 1. Milano: Giuffrè, mar. 2014, p. 38-39).

[64] "As súmulas são, na verdade, a fixação de determinado sentido interpretativo a dada norma, vinculado à hipótese fática que deu origem a esse sentido interpretativo. Vincula-se não a atividade jurisdicional pela criação de uma norma, mas, a partir do estabelecimento de um sentido interpretativo, vinculam-se as decisões futuras a esse sentido. Apenas isso. Trata-se mais de problema de política judiciária do que do estabelecimento de normatização nova pelo Poder Judiciário. A atribuição de efeito vinculante à súmula não muda a sua natureza de decisão jurisdicional consolidada a partir da repetição distêmica de entendimentos em um mesmo sentido. Cria-se, no máximo, ma norma de decisão, específica par aum caso concreto, que, em razão da repetição d ehipóteses idêntica, vincula a interpretação de casos futuros. Não se cria proposição hipotética, abstrata e geral, que não se confunde com obrigatoriedade de seguir determinado entendimento sobre o assunto." (CÔRTES, Osmar Mendes Paixão. *Recursos repetitivos, súmula vinculante e coisa julgada*. Brasília: Gazeta Jurídica, 2018, p. 251).

constitucionais), acabaram por serem relegadas a um patamar de menor relevância, sendo perceptível a diminuição da edição de enunciados[65].

Igualmente, carecem as súmulas da possibilidade de outorga de sentido à norma, porque possuem como elemento essencial decorrerem de entendimentos anteriores[66]. Não pode haver, portanto, nada de novo quando advém um enunciado sumular[67], a não ser o próprio enunciado[68].

---

[65] A título de exemplo, veja-se que o Supremo Tribunal Federal não edita enunciado de súmula comum desde 2003 (verbete 736) e de súmula vinculante desde 27/04/2020 (verbete 58) e o Superior Tribunal de Justiça vem experimentando drástica diminuição de edição: foram 28 em 2018, 10 em 2019, 3 em 2020, com uma reanimação em 2021, quando se editaram 10 enunciados, sem qualquer novidade no primeiro semestre de 2022. Por outro lado, o STJ publicou o julgamento de 39 repetitivos em 2018, 25 em 2019, 27 em 2020, 49 em 2021 e 17 no primeiro semestre de 2022.

[66] "A Súmula é o conjunto das teses jurídicas reveladoras da jurisprudência reiterada e predominante no tribunal e vem traduzida em forma de verbetes sintéticos numerados e editados. A súmula, todavia, não pode ser confundida com o precedente propriamente dito, aquele do *common law,* como tem feito boa parte da doutrina e como faz o CPC (ao tratar das súmulas no capítulo que trata do precedente judicial, como se se tratassem de uma e de uma mesma coisa). O imaginário jurídico nacional carrega em si a tendência a simplificar a aplicação do direito mediante a colação de decisões em mesmo sentido e os compêndios de jurisprudência; após a CF, com a recepção equivocada da jurisprudência dos valores, da ponderação e do ativismo norte-americano, e o crescimento avassalador do número de recursos, as súmulas vinculantes e a repercussão geral foram criadas para restringir a interpretação. E a aplicação desses métodos nada mais expressa do que a tendência do direito nacional a enfraquecer a doutrina e a fazer com que o tribunal atribua o sentido à lei". (NERY JÚNIOR, Nelson; NERY, Rosa Maria de Andrade. *Código de Processo Civil Comentado.* 6. ed. São Paulo: Revista dos Tribunais, 2021. Livro eletrônico.).

[67] "[A] súmula, cujo enunciado não corresponder rigorosamente às *rationes decidendi* dos precedentes de que decorreu a sua formulação, constitui um verdadeiro abuso de poder do tribunal que a edita e não pode ser imposta como critério de uniformização de jurisprudência (...), sob pena de se dar força normativa a uma simples decisão administrativa de um tribunal superior" (GRECO, Leonardo. Novas súmulas do STF e alguns reflexos sobre o mandado de segurança. *Revista Dialética de Direito Processual,* são Paulo, n. 10, jan. 2004, p. 44-54). No mesmo sentido: MELLO, Patrícia Perrone Campos. Precedentes e vinculação. Instrumentos do Stare Decisis e Prática Constitucional Brasileira. *Revista de Direito Administrativo.* Rio de Janeiro, v. 241, jul. - set., 2005.

[68] "Embora o § 2º do art. 926 do CPC/2015 afirme que, "ao editar enunciados de súmula, os tribunais devem ater-se às circunstâncias fáticas dos precedentes que motivaram sua criação", essa norma nada mais é do que uma curiosa admissão de que as súmulas são critérios do passado, enquanto o que atualmente importa são os precedentes das Cortes Supremas. Ora, se é preciso analisar precedentes, não há motivo

2.3. TESES JURÍDICAS

Esse estado de amadurecimento da cultura jurídica nacional em busca da formação, catalogação e aplicação de entendimentos, de sorte a forjar padrões decisórios na atividade jurisdicional, permitiu o atingimento de um instrumento essencialmente brasileiro, capaz de associar à publicidade das súmulas os efeitos necessários para garantir efetividade: as teses jurídicas fixadas pelos tribunais[69].

Basicamente, o legislador aproveitou o cenário do julgamento de casos concretos dotados de repetitividade para instaurar procedimento em que se decide a questão jurídica comum, com caráter vinculativo para todos os demais julgadores daquele tribunal[70], no presente e no futuro.

---

para pensar em súmula, a não ser que se esteja ainda a confundir precedente e mera decisão recursal. Na verdade, quando hoje se fala em súmula a partir dos precedentes que lhe deram origem, confessa-se, ainda que sem perceber, a imprescindibilidade de uma teoria que possa explicar como os precedentes são elaborados, o que significam e como devem ser utilizados e revogados". (MARINONI, Luiz Guilherme. *Precedentes obrigatórios*. 6. ed. São Paulo: Revista dos Tribunais, 2019. Livro eletrônico.).

[69] "A esta nova categoria para o Direito brasileiro, a qual se consi- dera necessária em razão de sua superior afinidade e sintonia com a efi- cácia vinculante dos julgamentos por amostragem disciplinados pelo Código de 2015, propõe-se a denominação de teses jurídicas prejudiciais, justamente por ostentarem a característica de condicionar o modo de julgamento de processos futuros que tenham por objeto aquela mesma questão jurídica central." (RODRIGUES, Roberto de Aragão Ribeiro. *Precedente formado em casos repetitivos*: eficácia, *issue preclusion* e as teses jurídicas prejudiciais. Curitiba: Juruá, 2017).

[70] "A técnica está dividida, em linhas gerais, em duas partes. Na primeira, instaura-se incidente de julgamento da questão repetitiva, em um procedimento objetivado, sem partes, semelhante ao que sucede no controle concentrado de constitucionalidade. A exemplo deste, não se despreza o quadro fático, embora também não se considerem eventuais minúcias de situações subjetivas específicas.

Uma vez fixada a tese, que, aliás, costuma ser sintetizada em texto conciso (a lembrar os enunciados sumulares), o órgão colegiado passa a julgar os casos afetados, aplicando-a. Trata-se de um momento diverso do primeiro, e dele dependente, sendo fundamental para o aperfeiçoamento da dinâmica, vez que os órgãos que posteriormente aplicarão o entendimento terão um parâmetro de incidência da *ratio decidendi* ao caso concreto. Deve o tribunal, portanto, elaborar acórdão didático, bastante analítico.

Por fim, havendo tese jurídica estatuída, e já fora da tutela pluri-individual propriamente dita, mas como um reflexo fundamental de sua eficácia, os julgadores dos casos concretos posteriormente ajuizados e que versem sobre a mesma questão jurídica terão um leque de instrumentos para abreviar o curso do processo (eficácia prospectiva ou atemporal da

Atualmente, como instrumentos típicos de formação de teses, tem-se os recursos repetitivos, a repercussão geral, o incidente de resolução de demandas repetitivas e o incidente de assunção de competência.

2.3.1. MEIOS DE FORMAÇÃO

2.3.1.1. REPERCUSSÃO GERAL

A primeira experiência no ordenamento pátrio de fixação de tese, nos moldes estudados, foi a repercussão geral, inserida no plano constitucional no artigo 102, §3º[71], pela Emenda Constitucional nº 45/2004, e no Código de Processo Civil de 1973 pela Lei 11.418/06, nos artigos 543-A[72]

---

fixação de teses)." (PINHO, Humberto Dalla Bernardina de; PORTO, José Roberto Sotero de Mello. *Manual de Tutela Coletiva*. São Paulo: Saraiva, 2020. Livro eletrônico).

[71] Art. 102. § 3º No recurso extraordinário o recorrente deverá demonstrar a repercussão geral das questões constitucionais discutidas no caso, nos termos da lei, a fim de que o Tribunal examine a admissão do recurso, somente podendo recusá-lo pela manifestação de dois terços de seus membros.

[72] Art. 543-A. O Supremo Tribunal Federal, em decisão irrecorrível, não conhecerá do recurso extraordinário, quando a questão constitucional nele versada não oferecer repercussão geral, nos termos deste artigo.
§ 1º Para efeito da repercussão geral, será considerada a existência, ou não, de questões relevantes do ponto de vista econômico, político, social ou jurídico, que ultrapassem os interesses subjetivos da causa.
§ 2º O recorrente deverá demonstrar, em preliminar do recurso, para apreciação exclusiva do Supremo Tribunal Federal, a existência da repercussão geral.
§ 3º Haverá repercussão geral sempre que o recurso impugnar decisão contrária a súmula ou jurisprudência dominante do Tribunal.
§ 4º Se a Turma decidir pela existência da repercussão geral por, no mínimo, 4 (quatro) votos, ficará dispensada a remessa do recurso ao Plenário.
§ 5º Negada a existência da repercussão geral, a decisão valerá para todos os recursos sobre matéria idêntica, que serão indeferidos liminarmente, salvo revisão da tese, tudo nos termos do Regimento Interno do Supremo Tribunal Federal.
§ 6º O Relator poderá admitir, na análise da repercussão geral, a manifestação de terceiros, subscrita por procurador habilitado, nos termos do Regimento Interno do Supremo Tribunal Federal.
§ 7º A Súmula da decisão sobre a repercussão geral constará de ata, que será publicada no Diário Oficial e valerá como acórdão.

e 543-B[73] - tratamento que foi aprimorado pelo atual Código, em seu artigo 1.035[74].

---

[73] Art. 543-B. Quando houver multiplicidade de recursos com fundamento em idêntica controvérsia, a análise da repercussão geral será processada nos termos do Regimento Interno do Supremo Tribunal Federal, observado o disposto neste artigo.

§ 1º Caberá ao Tribunal de origem selecionar um ou mais recursos representativos da controvérsia e encaminhá-los ao Supremo Tribunal Federal, sobrestando os demais até o pronunciamento definitivo da Corte.

§ 2º Negada a existência de repercussão geral, os recursos sobrestados considerar-se-ão automaticamente não admitidos.

§ 3º Julgado o mérito do recurso extraordinário, os recursos sobrestados serão apreciados pelos Tribunais, Turmas de Uniformização ou Turmas Recursais, que poderão declará-los prejudicados ou retratar-se.

§ 4º Mantida a decisão e admitido o recurso, poderá o Supremo Tribunal Federal, nos termos do Regimento Interno, cassar ou reformar, liminarmente, o acórdão contrário à orientação firmada.

§ 5º O Regimento Interno do Supremo Tribunal Federal disporá sobre as atribuições dos Ministros, das Turmas e de outros órgãos, na análise da repercussão geral.

[74] Art. 1.035. O Supremo Tribunal Federal, em decisão irrecorrível, não conhecerá do recurso extraordinário quando a questão constitucional nele versada não tiver repercussão geral, nos termos deste artigo.

§ 1º Para efeito de repercussão geral, será considerada a existência ou não de questões relevantes do ponto de vista econômico, político, social ou jurídico que ultrapassem os interesses subjetivos do processo.

§ 2º O recorrente deverá demonstrar a existência de repercussão geral para apreciação exclusiva pelo Supremo Tribunal Federal.

§ 3º Haverá repercussão geral sempre que o recurso impugnar acórdão que:

I - contrarie súmula ou jurisprudência dominante do Supremo Tribunal Federal;

II – (Revogado);

III - tenha reconhecido a inconstitucionalidade de tratado ou de lei federal, nos termos do art. 97 da Constituição Federal .

§ 4º O relator poderá admitir, na análise da repercussão geral, a manifestação de terceiros, subscrita por procurador habilitado, nos termos do Regimento Interno do Supremo Tribunal Federal.

§ 5º Reconhecida a repercussão geral, o relator no Supremo Tribunal Federal determinará a suspensão do processamento de todos os processos pendentes, individuais ou coletivos, que versem sobre a questão e tramitem no território nacional.

§ 6º O interessado pode requerer, ao presidente ou ao vice-presidente do tribunal de origem, que exclua da decisão de sobrestamento e inadmita o recurso extraordinário que tenha sido interposto intempestivamente, tendo o recorrente o prazo de 5 (cinco) dias para manifestar-se sobre esse requerimento.

A previsão constitucional se volta a configurar um filtro para a admissibilidade do recurso extraordinário[75], garantindo a diminuição do

---

§ 7º Da decisão que indeferir o requerimento referido no § 6º ou que aplicar entendimento firmado em regime de repercussão geral ou em julgamento de recursos repetitivos caberá agravo interno.

§ 8º Negada a repercussão geral, o presidente ou o vice-presidente do tribunal de origem negará seguimento aos recursos extraordinários sobrestados na origem que versem sobre matéria idêntica.

§ 9º O recurso que tiver a repercussão geral reconhecida deverá ser julgado no prazo de 1 (um) ano e terá preferência sobre os demais feitos, ressalvados os que envolvam réu preso e os pedidos de habeas corpus.

§ 10. (Revogado)

§ 11. A súmula da decisão sobre a repercussão geral constará de ata, que será publicada no diário oficial e valerá como acórdão.

[75] "A EC 45/2004 introduziu no ordenamento jurídico brasileiro o instituto denominado *repercussão geral das questões constitucionais*. Com a inovação, a ordem constitucional em vigor, no § 3.º do art. 102, passou a dispor: "No recurso extraordinário o recorrente deverá demonstrar a repercussão geral das questões constitucionais discutidas no caso, nos termos da lei, a fim de que o Tribunal examine a admissão do recurso, somente podendo recusá-lo pela manifestação de dois terços de seus membros". Trata-se de um "novo" requisito de admissibilidade do recurso extraordinário. Por outro lado, serve de filtro para que o STF possa efetivamente dirigir o foco de sua atividade para questões que têm maior relevância para a sociedade, com o que tem, pode-se dizer, repercussão geral. Esse mecanismo de filtragem tem três objetivos principais: (a) diminuir o número de processos no STF; (b) uniformizar a interpretação constitucional sem exigir que a Corte decida múltiplos casos idênticos sobre a mesma questão constitucional; e (c) firmar o papel deste tribunal como Corte Constitucional e não como instância recursal, delimitando sua competência no julgamento de recursos extraordinários a questões constitucionais com relevância social, política, econômica ou jurídica, que transcendam os interesses subjetivos da causa. Dessa forma, atribui-se ao STF a função de julgar as questões constitucionais de maior relevo para a sociedade brasileira e a contrapartida é a redução do número de recursos que comumente teria de apreciar. Essa restrição de acesso ao STF somente àquelas questões constitucionais que têm repercussão geral se afeiçoa à índole deste tribunal, de Corte Constitucional. O advento do instituto da repercussão geral reflete uma mudança de paradigma no sistema jurídico brasileiro. Com ela, equilibram-se os interesses dos jurisdicionados e os da distribuição da justiça, particularmente com a manutenção de uma estrutura funcional do STF. Ademais, com o julgamento de recursos extraordinários apenas quando houver relevância da questão constitucional, ainda que em menor número, tem-se a garantia da salvaguarda de valores fundamentais do Direito contemporâneo presentes na ordem constitucional vigente. Quando o STF decide, espera-se que fixe diretrizes para a sociedade. A expectativa é sempre pela tomada de decisões paradigmáticas." (OLIVEIRA, Pedro Miranda de. Comentário ao artigo

volume de trabalho[76] do Supremo Tribunal Federal, em uma indicação de mutação para a formato de uma corte suprema. Segundo o texto, cabe ao recorrente demonstrar que as questões objeto do caso ostentam repercussão geral – conceito a ser definido pelo legislador, que o fez através da inserção no diploma processual. Diz-se que ostentará a referida qualidade as questões relevantes sob a ótica econômica, política, social ou jurídica (relevância – elemento qualitativo), a evidenciar que ultrapassam os simples interesses subjetivos da causa (transcendência – elemento quantitativo).

Essa mudança diz respeito a uma reflexão acerca do próprio papel dos recursos para o Supremo Tribunal Federal. Em um panorama geral, tais insurgências para tribunais superiores podem ser de três tipos[77]: (i) cassação, com a confirmação da decisão acertada ou o reenvio ao tribunal anterior para correção do julgado, como ocorria no modelo inicial da França pós-revolucionária; (ii) apelação (*appeal*), com ampla devolutividade para apreciação de fatos e do enquadramento jurídico, como sucede nos Estados Unidos, na Inglaterra, Irlanda, Suécia e na Dinamarca; e (iii) revisão, na qual se rediscute apenas o panorama jurídico, assumindo as questões fáticas como resolvidas e definidas pelas instâncias anteriores, a exemplo do modelo alemão, austríaco e do brasileiro.

Em paralelo à competência outorgada ao tribunal de cúpula, exsurge o tema dos filtros para a chegada de recursos a tais cortes. Seguindo-se a visão

---

1.035. In: ALVIM, Teresa Arruda *et al.* [coords.]. *Breves comentários ao novo Código de Processo Civil*. São Paulo: Revista dos Tribunais, 2015. Livro eletrônico).

[76] A respeito do tema, em uma perspectiva de comparação com outros países: "Apenas para se ter uma noção, a Corte di Cassazione italiana é composta por 295 juízes e profere quase 30 mil sentenças cíveis por ano . A Cour de Cassation francesa possui 335 magistrados e julga em torno de 30 mil casos anualmente. (...)

A Itália tem um magistrado na Cassazione para cada 205 mil habitantes e a França tem um juiz da Cour de Cassation para cada 195 mil habitantes. Nos Estados Unidos, veja-se, a proporção é de um juiz da Suprema Corte para 34 milhões habitantes." (SALOMÃO, Rodrigo Cunha Mello. *A Relevância da Questão de Direito no Recurso Especial*. Curitiba: Juruá, 2020. Livro eletrônico).

[77] "Na divisão clássica, são considerados três principais aspectos: i) finalidade preponderante do recurso (interesse subjetivo das partes ou interesse objetivo de desenvolvimento do direito); ii) escopo de julgamento (revisão direta do julgado ou mera cassação da decisão recorrida com o consequente reenvio para a instância inferior); e iii) objeto do recurso (análise de matéria fática ou apenas questões de direito)." (SALOMÃO, Rodrigo Cunha Mello. *A Relevância da Questão de Direito no Recurso Especial*. Curitiba: Juruá, 2020. Livro eletrônico).

tradicional dos países de *common law*, nos quais o julgamento de recursos pelos tribunais superiores não são enxergados como um irrestrito direito subjetivo da parte, encontram-se três formas de seleção das causas a serem julgadas: (i) discricionariedade ampla, na qual a corte elege, livremente, os casos a serem apreciados, como no *writ of certiorari* estadunidense, na Inglaterra e na Escandinávia, à exceção da Dinamarca; (ii) definição legal objetiva, como no *interés casacional* espanhol, delimitado para as hipóteses de oposição à doutrina jurisprudencial do tribunal ou aplicação de normas cuja vigência seja inferior a cinco anos e não haja doutrina jurisprudencial a respeito; (iii) definição legal aberta, em que o ordenamento traz parâmetros que deixam margem de integração e delimitação, como na repercussão geral e no recurso para a corte constitucional alemã, cabível quando houver importância fundamental, importância para a evolução do direito ou para sua uniformidade.

Sob a ótica estritamente constitucional, portanto, a repercussão geral surge como um filtro que apenas indiretamente se relaciona à temática dos precedentes, por possibilitar a maior eficiência na prestação jurisdicional. No entanto, o legislador, ao tratar da matéria, abordou no art. 543-B do Código de 1973 um procedimento para a hipótese de existir "multiplicidade de recursos com fundamento em idêntica controvérsia", isto é, de haver repetitividade da matéria cuja repercussão geral se reconheceu [78]. Em suma, para além de funcionar como um

---

[78] "A técnica de tutela recursal pluri-individual é mais um capítulo nesse roteiro histórico de fortalecimento da função nomofilática dos recursos dirigidos ao STJ e ao STF, e busca inverter o movimento pendular que conduziu essas cortes à beira da inviabilidade, dado o brutal volume de demandas que analisam a cada ano.

Estou convencido de que a técnica de tutela recursal pluri-individual representa a explicitação do reconhecimento da função nomofilática do recurso-piloto, mediante o fracionamento do exame dos dois interesses que ele veicula, o interesse público, por um lado, e o interesse individual do recorrente, por outro.

Dessa forma, o recurso-piloto, por ser representativo de uma controvérsia jurídica que se repete em múltiplos e idênticos casos, tem a natureza de veículo processual hábil a deflagrar a tutela recursal pluri-individual do STJ e do STF.

Por sua vez, a tutela recursal pluri-individual tem natureza jurídica de atividade estatal exercida pelo STF e pelo STJ em atenção à função nomofilática, na qual se busca primariamente dar resposta ao interesse público consistente na definição da questão de direito que subjaz aos múltiplos recursos extraordinários e especiais que repetem idêntica fundamentação jurídica." (DANTAS, Bruno. *Teoria dos Recursos Repetitivos:* tutela pluri-individual nos recursos dirigidos ao STF e ao STJ [arts. 543-B e 543-C do CPC]. São Paulo: Revista dos Tribunais, 2015, p.121)

filtro, como previa o legislador, a repercussão geral, passa a servir para o julgamento "por amostragem" da questão jurídica constitucional, sobrestando-se os recursos pendentes de admissibilidade nos tribunais locais. Após a decisão, caberia às próprias cortes de origem considerar os recursos extraordinários prejudicados ou se retratar do entendimento, alinhando-se ao definido pelo Supremo Tribunal Federal.

Foi diante desse cenário que o tribunal constitucional julgou centenas de temas a partir de recursos tomados como paradigmas, desde 2008. Verificou-se, na realidade, uma modificação do próprio perfil do Supremo Tribunal, que deixou de ser uma instância revisora de acórdãos proferidos localmente, por meio do recurso extraordinário como definido pelo constituinte originária, para um colegiado definidor de teses jurídicas, porque, efetivamente, sempre que o tribunal utilizou a sistemática – ou seja, em todos os recursos admitidos já sob a égide da modificada ordem constitucional e legal -, fixou uma tese, sintetizando seu posicionamento sobre a matéria, que fica catalogada em seu portal eletrônico, com um número próprio.

O Código de Processo Civil atual revisitou o funcionamento da repercussão geral, acabando por considerá-la, ao menos sob o ponto de vista da literalidade, com amparo também no texto constitucional, como um requisito de admissibilidade (art. 1.035). A feição de formação dos precedentes – isto é, de fixação de tese jurídica – foi deixada a cargo dos recursos repetitivos, que, no atual diploma, podem ser tanto os especiais como os extraordinários (arts. 1.036 a 1.041). Em outras palavras: todo recurso extraordinário, para ser admitido, deve veicular matéria substancialmente transcendente, possuindo repercussão geral, mas nem todos acarretariam a formação de uma tese jurídica, função deixada apenas para a hipótese de haver repetição da matéria[79].

---

[79] Em sentido contrário, enxergando a novidade, mas entendendo que esvaziaria a repercussão geral enquanto meio de formação de precedente: "É interessante observar que o art. 927, ao estipular a força vinculante dos precedentes do STF, não fez menção aos julgados proferidos em recursos extraordinários sob regime de repercussão geral, o que poderia levar à dedução de que a vinculação disciplinada pelo CPC/2015, fora do âmbito do controle concentrado de constitucionalidade e dos recursos repetitivos, só alcançaria as decisões do Plenário da Suprema Corte (art. 927, V), assim mesmo, com certas restrições. Uma vez que os recursos extraordinários com repercussão geral podem ser decididos tanto pela Turma como pelo Pleno, o precedente vinculante só aconteceria quando, por meio do incidente de assunção de competência, o julgamento do recurso de questão de repercussão geral reconhecida fosse afetado ao Plenário do STF. Acontece, porém, que o art. 1.030, I, *a*, do mesmo Código, dispõe que o recurso extraordinário terá seu seguimento negado, no tribunal de origem, quando interposto contra acórdão que esteja em conformidade com

Ocorre, porém, que o Supremo Tribunal Federal continua a tratar a repercussão geral como a sistemática de fixação de tese, enquanto o Código, embora evoluindo em relação ao diploma anterior (como em relação à suspensão de todos os processos em curso sobre o tema, não apenas os recursos extraordinários já interpostos, e a dispensa da preliminar recursal formal), não traga indicação qualquer nesse sentido. Há uma certa atipicidade aqui, portanto, reforçada pelo fato de as manifestações do tribunal em sede de repercussão geral não abordarem, em regra, o requisito da

---

entendimento do STF exarado no regime de repercussão geral. Além disso, o art. 1.042 dispõe que não cabe agravo contra a decisão local que não admite recurso extraordinário fundada na aplicação de entendimento firmado pelo STF em regime de repercussão geral. Conjugados os arts. 1.030 e 1.042, é possível divisar um tratamento dispensado pelo CPC/2015 que, de alguma forma, equipara a repercussão geral aos recursos repetitivos, para efeito dos precedentes vinculantes categorizados pelo art. 927. É de advertir, contudo, que o julgamento de recurso em regime de repercussão geral quando ocorrido em turma não impede a ocorrência de divergência jurisprudencial dentro do próprio STF. Isto, naturalmente, reduz a aptidão dessa modalidade recursal a cumprir, com rigor, a função confiada ao precedente jurisprudencial. Talvez tenha sido por esse motivo que o CPC/2015 não incluiu a repercussão geral como fator suficiente, por si só, a gerar a jurisprudência vinculante organizada pelo art. 927. De fato, se a mesma questão submetida a regime de repercussão geral for resolvida de maneira diversa pelas duas Turmas do STF será impossível descobrir jurisprudência vinculante na espécie. Uma coisa, contudo, é certa: se cada Turma, em regime de repercussão geral, decide de maneira diversa a mesma questão de direito, é evidente que o STF não terá produzido precedente vinculante. Entretanto, mesmo julgando separadamente, se as duas Turmas assentarem a mesma tese, aí, sim, poder-se-á cogitar de jurisprudência uniforme e vinculante, no âmbito dos recursos com repercussão geral, porque a manifestação da totalidade do Tribunal terá ocorrido. Assim, para bem aplicar o regime instituído pelo sistema em análise (direito jurisprudencial), o mais correto seria entender que, sendo o acórdão de turma, a tese nele fixada com repercussão geral haveria de ser acatada, nos limites do art. 1.030, mas não com força de imposição *erga omnes* e fora do controle por meio de *reclamação* endereçada ao STF, em caso de inobservância em futuros processos. O caminho para reforçar a autoridade dessa modalidade de jurisprudência do STF é o delineado pelo *incidente de assunção de competência* (art. 947), de modo que, sempre que a repercussão geral for reconhecida em recurso não repetitivo processado perante turma, proceder-se-á, se conveniente, ao deslocamento do respectivo julgamento, por provocação do relator, para o Plenário do STF, assegurando-se ao acórdão, com isso, "a total inserção no sistema de precedentes obrigatórios" instituído pelo CPC/2015. Com tal providência, independentemente da pendência de múltiplos recursos repetitivos, o julgamento do Pleno sobre questão de repercussão geral assumirá, nos moldes do art. 927, III, o caráter inconteste de precedente obrigatório, para aplicação por todos os tribunais em processos atuais e futuros que versem sobre a mesma matéria." (THEODORO JÚNIOR, Humberto. *Curso de Direito Processual Civil*. Vol. 3. 54. ed. Rio de Janeiro: Forense, 2021. Livro eletrônico.).

repetitividade ("multiplicidade de recursos extraordinários com fundamento em idêntica questão de direito"), mas apenas o da transcendência. Por conta desse divórcio entre o estritamente autorizado pelo legislador e o que sucede na prática, em prol da efetividade do instituto, a repercussão geral ganha ares de instrumento preventivo de fixação de tese.

Um último capítulo relevante acerca do julgamento da repercussão geral é sua autorização para ocorrência pelo meio eletrônico[80][81], espe-

---

[80] Regimento Interno do Supremo Tribunal Federal: Art. 21-B. Todos os processos de competência do Tribunal poderão, a critério do relator ou do ministro vistor com a concordância do relator, ser submetidos a julgamento em listas de processos em ambiente presencial ou eletrônico, observadas as respectivas competências das Turmas ou do Plenário.

§ 1º Serão julgados preferencialmente em ambiente eletrônico os seguintes processos: I – agravos internos, agravos regimentais e embargos de declaração; II – medidas cautelares em ações de controle concentrado; III – referendo de medidas cautelares e de tutelas provisórias; IV – demais classes processuais, inclusive recursos com repercussão geral reconhecida, cuja matéria discutida tenha jurisprudência dominante no âmbito do STF.

§ 2º Nas hipóteses de cabimento de sustentação oral previstas neste regimento interno, fica facultado à Procuradoria-Geral da República, à Advocacia-Geral da União, à Defensoria Pública da União, aos advogados e demais habilitados nos autos encaminhar as respectivas sustentações por meio eletrônico após a publicação da pauta e até 48 horas antes de iniciado o julgamento em ambiente virtual.

§ 3º No caso de pedido de destaque feito por qualquer ministro, o relator encaminhará o processo ao órgão colegiado competente para julgamento presencial, com publicação de nova pauta.

§ 4º Em caso de excepcional urgência, o Presidente do Supremo Tribunal Federal e os Presidentes das Turmas poderão convocar sessão virtual extraordinária, com prazos fixados no respectivo ato convocatório.

§ 5º Ato do Presidente do Tribunal regulamentará os procedimentos das sessões virtuais.

[81] Destaquem-se as modificações internas na deliberação do Supremo Tribunal Federal aceleradas pela pandemia do Coronavírus, em 2020: "Especificamente no âmbito do Supremo Tribunal Federal, a imprevisibilidade da pandemia levou à aceleração de expedientes tecnológicos relevantes. A Corte Constitucional se preparou, com a celeridade necessária, para bem decidir os imbróglios surgidos nesse sensível e ímpar período, tornando-se uma Corte Digital.

No tocante à atividade deliberativa e decisória da Corte, sabidamente existem dois ambientes disponíveis. Foram ampliadas as hipóteses de julgamento por meio eletrônico, o primeiro deles. Antes da pandemia, apenas determinadas classes processuais poderiam ser decididas remotamente; com a modificação regimental, qualquer tipo de processo pode ser submetido a tal modalidade de deliberação: após a disponibilização do voto pelo ministro relator, os demais julgadores dispõem de prazo para se posicionar, seja concordando, divergindo ou solicitando pedido de vista.

cificamente através do plenário virtual. Basicamente, cabe ao ministro relator liberar o processo para julgamento em pauta presencial, disputada ante a exiguidade de sessões disponíveis e submetida à marcação pelo presidente da corte, ou na pauta virtual, abrindo-se prazo para deliberação pelos demais ministros, que podem requerer destaque para que a matéria seja julgada na modalidade tradicional, presencial.

Além disso, o tribunal constitucional vem concentrando a admissibilidade de todos os recursos extraordinários em sua Presidência, de sorte que sua Secretaria de Precedentes atenta para temas dotados de repetitividade e o próprio ministro presidente sugere a afetação da matéria para fins de fixação de tese[82]. Já se autorizava o julgamento

---

Além disso, o plenário virtual, existente desde 2007, recebeu, no período, uma série de melhorias, voltadas à preservação do direito ao contraditório, tais como o envio das sustentações orais por meio eletrônico, a possibilidade de se realizar esclarecimento de fato durante a sessão e a disponibilização na internet do relatório e da íntegra dos votos dos ministros, o que amplia a transparência e a publicidade dos julgamentos (Resolução 642/2019, com as alterações realizadas pelas Resoluções nº 669/2020 e 675/2020). Nessa linha, foi criado o Painel de Julgamentos Virtuais, que informa estatísticas e gráficos, a partir de relatórios obtidos de forma automática da base de dados do STF, com as informações mais relevantes para o público.

No tocante à segunda modalidade de julgamento, o presencial, sucedeu-se a adaptação para a realização por videoconferência (Emenda Regimental 53, de 18/03/20, Resolução 672, de 26/03/20, e Resolução 676). Desse modo, as deliberações que seriam tomadas, em condições normais, no próprio tribunal puderam ser mantidas, com idêntica participação de ministros, Ministério Público e advogados, sem comprometimento da atividade decisória do Supremo Tribunal, de enorme relevo para a sociedade." (FUX, Luiz. Juízo 100% Digital e a vocação da moderna atividade jurisdicional. In: FUX, Luiz; ÁVILA, Henrique; CABRAL, Trícia Navarro Xavier. *Tecnologia e Justiça Multiportas*. Indaiatuba: Editora Foco, 2021, p. 3-12). Ainda nessa temática, veja-se: OLIVEIRA SANTOS, Pedro Felipe de; ARABI, Abhner Youssif Mota. Cortes digitais: a experiênciado Supremo Tribunal Federal.In: FUX, Luiz; ÁVILA, Henrique; CABRAL, Trícia Navarro Xavier. Tecnologia e Justiça Multiportas. Indaiatuba: Editora Foco, 2021, p. 105-116.

[82] Em razão desse mote operativo – no qual se inserem, ainda, as reformas regimentais que conferiram ao Presidente atribuição de despachar, antes da distribuição, os recursos formalmente inaptos ou destituídos de repercussão (art. 13, c do RISTF) e também os recursos que veiculem pretensão contrária a jurisprudência dominante ou a súmula do STF (art. 13, d do RISTF, inserido pela Emenda Regimental nº 54, de 01/07/2020), com a finalidade de permitir análise mais detida, pelos demais Ministros, dos recursos que realmente versem sobre questão constitucional -, "[a] repercussão geral conseguiu atingir resultados nunca antes alcançados pelas iniciativas pretéritas para resolver a chamada 'crise do Supremo', representando grande avanço para a incessante busca do STF pela melhoria em sua prestação jurisdicional" (MARCHIORI, Marcelo Ornellas. O modelo

eletrônico, na hipótese de o mérito da questão com repercussão geral ser objeto de jurisprudência dominante da corte, cabendo ao tribunal apenas reafirmá-la e outorgar-lhe a natureza de tese jurídica[83].

Atualmente, porém, o próprio presidente, notando haver jurisprudência já consolidada, propõe o reconhecimento da repercussão geral no plenário virtual[84] e vai além, sugerindo, nesse momento, a redação da tese, o que acaba por abreviar o procedimento e potencializar a conversão da jurisprudência em tese, com todos os benefícios daí decorrentes, de maneira que a admissibilidade e o mérito do julgamento praticamente se confundem, para fins de deliberação pelo colegiado.

---

criativo e funcional do sistema de precedentes brasileiro: proposta para a atuação unificada da repercussão geral e dos recursos repetitivos. In: MENDES, Aluisio Gonçalves de Castro; PORTO, José Roberto Mello [coords]. *Incidente de Resolução de Demandas Repetitivas: panorama e perspectivas.* Salvador: JusPodivm, 2020).

83 Art. 323-A. O julgamento de mérito de questões com repercussão geral, nos casos de reafirmação de jurisprudência dominante da Corte, também poderá ser realizado por meio eletrônico.

Parágrafo único. Quando o relator não propuser a reafirmação de jurisprudência dominante, outro ministro poderá fazê-lo, mediante manifestação devidamen- te fundamentada.

84 Art. 326-A. Os recursos indicados como representativos de controvérsia constitucional pelas instâncias de origem e os feitos julgados no Superior Tribunal de Justiça sob a sistemática de recursos repetitivos serão registrados previamente ao Presidente, que poderá afetar o tema diretamente ao Plenário Virtual, na forma do art. 323 do regimento interno, distribuindo-se o feito por sorteio, em caso de reconhecimento da repercussão geral, a um dos ministros que tenham se manifestado nesse sentido.

§ 1º Caso os recursos representativos de controvérsia constitucional ou os feitos julgados no stj sob a sistemática de recursos repetitivos não recebam proposta de afetação pelo Presidente e sejam distribuídos, poderá o relator proceder na forma do art. 326, *caput* e parágrafos.

§ 2º A decisão proferida nos processos mencionados no § 1o será comunicada à instância de origem e ao Superior Tribunal de Justiça, respectivamente, inclusive para os fins do art. 1.037, § 1o, do Código de Processo Civil.

2.3.1.2. RECURSOS REPETITIVOS

A segunda modalidade de fixação de tese, nos moldes estudados, foram os recursos repetitivos, inseridos no Código de Processo Civil de 1973 em 2008 (art. 543-C[85]) e aperfeiçoados pelo atual diploma (arts.

---

[85] Art. 543-C. Quando houver multiplicidade de recursos com fundamento em idêntica questão de direito, o recurso especial será processado nos termos deste artigo.

§ 1.º Caberá ao presidente do tribunal de origem admitir um ou mais recursos representativos da controvérsia, os quais serão encaminhados ao Superior Tribunal de Justiça, ficando suspensos os demais recursos especiais até o pronunciamento definitivo do Superior Tribunal de Justiça.

§ 2.º Não adotada a providência descrita no § 1.º deste artigo, o relator no Superior Tribunal de Justiça, ao identificar que sobre a controvérsia já existe jurisprudência dominante ou que a matéria já está afeta ao colegiado, poderá determinar a suspensão, nos tribunais de segunda instância, dos recursos nos quais a controvérsia esteja estabelecida.

§ 3.º O relator poderá solicitar informações, a serem prestadas no prazo de quinze dias, aos tribunais federais ou estaduais a respeito da controvérsia.

§ 4.º O relator, conforme dispuser o regimento interno do Superior Tribunal de Justiça e considerando a relevância da matéria, poderá admitir manifestação de pessoas, órgãos ou entidades com interesse na controvérsia.

§ 5.º Recebidas as informações e, se for o caso, após cumprido o disposto no § 4.º deste artigo, terá vista o Ministério Público pelo prazo de quinze dias.

§ 6.º Transcorrido o prazo para o Ministério Público e remetida cópia do relatório aos demais Ministros, o processo será incluído em pauta na seção ou na Corte Especial, devendo ser julgado com preferência sobre os demais feitos, ressalvados os que envolvam réu preso e os pedidos de habeas corpus.

§ 7.º Publicado o acórdão do Superior Tribunal de Justiça, os recursos especiais sobrestados na origem:

I - terão seguimento denegado na hipótese de o acórdão recorrido coincidir com a orientação do Superior Tribunal de Justiça; ou

II - serão novamente examinados pelo tribunal de origem na hipótese de o acórdão recorrido divergir da orientação do Superior Tribunal de Justiça.

§ 8.º Na hipótese prevista no inciso II do § 7.º deste artigo, mantida a decisão divergente pelo tribunal de origem, far-se-á o exame de admissibilidade do recurso especial.

§ 9.º O Superior Tribunal de Justiça e os tribunais de segunda instância regulamentarão, no âmbito de suas competências, os procedimentos relativos ao processamento e julgamento do recurso especial nos casos previstos neste artigo.

1.036 a 1.041[86]). A experiência, positiva, acabou sendo replicada para

---

86 Art. 1.036. Sempre que houver multiplicidade de recursos extraordinários ou especiais com fundamento em idêntica questão de direito, haverá afetação para julgamento de acordo com as disposições desta Subseção, observado o disposto no Regimento Interno do Supremo Tribunal Federal e no do Superior Tribunal de Justiça.

§ 1º O presidente ou o vice-presidente de tribunal de justiça ou de tribunal regional federal selecionará 2 (dois) ou mais recursos representativos da controvérsia, que serão encaminhados ao Supremo Tribunal Federal ou ao Superior Tribunal de Justiça para fins de afetação, determinando a suspensão do trâmite de todos os processos pendentes, individuais ou coletivos, que tramitem no Estado ou na região, conforme o caso.

§ 2º O interessado pode requerer, ao presidente ou ao vice-presidente, que exclua da decisão de sobrestamento e inadmita o recurso especial ou o recurso extraordinário que tenha sido interposto intempestivamente, tendo o recorrente o prazo de 5 (cinco) dias para manifestar-se sobre esse requerimento.

§ 3º Da decisão que indeferir o requerimento referido no § 2º caberá apenas agravo interno.

§ 4º A escolha feita pelo presidente ou vice-presidente do tribunal de justiça ou do tribunal regional federal não vinculará o relator no tribunal superior, que poderá selecionar outros recursos representativos da controvérsia.

§ 5º O relator em tribunal superior também poderá selecionar 2 (dois) ou mais recursos representativos da controvérsia para julgamento da questão de direito independentemente da iniciativa do presidente ou do vice-presidente do tribunal de origem.

§ 6º Somente podem ser selecionados recursos admissíveis que contenham abrangente argumentação e discussão a respeito da questão a ser decidida.

Art. 1.037. Selecionados os recursos, o relator, no tribunal superior, constatando a presença do pressuposto do caput do art. 1.036 , proferirá decisão de afetação, na qual:

I - identificará com precisão a questão a ser submetida a julgamento;

II - determinará a suspensão do processamento de todos os processos pendentes, individuais ou coletivos, que versem sobre a questão e tramitem no território nacional;

III - poderá requisitar aos presidentes ou aos vice-presidentes dos tribunais de justiça ou dos tribunais regionais federais a remessa de um recurso representativo da controvérsia.

§ 1º Se, após receber os recursos selecionados pelo presidente ou pelo vice-presidente de tribunal de justiça ou de tribunal regional federal, não se proceder à afetação, o relator, no tribunal superior, comunicará o fato ao presidente ou ao vice-presidente que os houver enviado, para que seja revogada a decisão de suspensão referida no art. 1.036, § 1º.

§ 2º (Revogado pela Lei nº 13.256, de 2016)

§ 3º Havendo mais de uma afetação, será prevento o relator que primeiro tiver proferido a decisão a que se refere o inciso I do caput.

§ 4º Os recursos afetados deverão ser julgados no prazo de 1 (um) ano e terão preferência sobre os demais feitos, ressalvados os que envolvam réu preso e os pedidos de habeas corpus.

§ 5º (Revogado pela Lei nº 13.256, de 2016)

§ 6º Ocorrendo a hipótese do § 5º, é permitido a outro relator do respectivo tribunal superior afetar 2 (dois) ou mais recursos representativos da controvérsia na forma do art. 1.036.

§ 7º Quando os recursos requisitados na forma do inciso III do caput contiverem outras questões além daquela que é objeto da afetação, caberá ao tribunal decidir esta em primeiro lugar e depois as demais, em acórdão específico para cada processo.

§ 8º As partes deverão ser intimadas da decisão de suspensão de seu processo, a ser proferida pelo respectivo juiz ou relator quando informado da decisão a que se refere o inciso II do caput.

§ 9º Demonstrando distinção entre a questão a ser decidida no processo e aquela a ser julgada no recurso especial ou extraordinário afetado, a parte poderá requerer o prosseguimento do seu processo.

§ 10. O requerimento a que se refere o § 9º será dirigido:

I - ao juiz, se o processo sobrestado estiver em primeiro grau;

II - ao relator, se o processo sobrestado estiver no tribunal de origem;

III - ao relator do acórdão recorrido, se for sobrestado recurso especial ou recurso extraordinário no tribunal de origem;

IV - ao relator, no tribunal superior, de recurso especial ou de recurso extraordinário cujo processamento houver sido sobrestado.

§ 11. A outra parte deverá ser ouvida sobre o requerimento a que se refere o § 9º, no prazo de 5 (cinco) dias.

§ 12. Reconhecida a distinção no caso:

I - dos incisos I, II e IV do § 10, o próprio juiz ou relator dará prosseguimento ao processo;

II - do inciso III do § 10, o relator comunicará a decisão ao presidente ou ao vice-presidente que houver determinado o sobrestamento, para que o recurso especial ou o recurso extraordinário seja encaminhado ao respectivo tribunal superior, na forma do art. 1.030, parágrafo único.

§ 13. Da decisão que resolver o requerimento a que se refere o § 9º caberá:

I - agravo de instrumento, se o processo estiver em primeiro grau;

II - agravo interno, se a decisão for de relator.

Art. 1.038. O relator poderá:

I - solicitar ou admitir manifestação de pessoas, órgãos ou entidades com interesse na controvérsia, considerando a relevância da matéria e consoante dispuser o regimento interno;

II - fixar data para, em audiência pública, ouvir depoimentos de pessoas com experiência e conhecimento na matéria, com a finalidade de instruir o procedimento;

III - requisitar informações aos tribunais inferiores a respeito da controvérsia e, cumprida a diligência, intimará o Ministério Público para manifestar-se.

§ 1º No caso do inciso III, os prazos respectivos são de 15 (quinze) dias, e os atos serão praticados, sempre que possível, por meio eletrônico.

§ 2º Transcorrido o prazo para o Ministério Público e remetida cópia do relatório aos demais ministros, haverá inclusão em pauta, devendo ocorrer o julgamento com preferência sobre os demais feitos, ressalvados os que envolvam réu preso e os pedidos de habeas corpus.

§ 3º O conteúdo do acórdão abrangerá a análise dos fundamentos relevantes da tese jurídica discutida.

Art. 1.039. Decididos os recursos afetados, os órgãos colegiados declararão prejudicados os demais recursos versando sobre idêntica controvérsia ou os decidirão aplicando a tese firmada.

Parágrafo único. Negada a existência de repercussão geral no recurso extraordinário afetado, serão considerados automaticamente inadmitidos os recursos extraordinários cujo processamento tenha sido sobrestado.

Art. 1.040. Publicado o acórdão paradigma:

I - o presidente ou o vice-presidente do tribunal de origem negará seguimento aos recursos especiais ou extraordinários sobrestados na origem, se o acórdão recorrido coincidir com a orientação do tribunal superior;

II - o órgão que proferiu o acórdão recorrido, na origem, reexaminará o processo de competência originária, a remessa necessária ou o recurso anteriormente julgado, se o acórdão recorrido contrariar a orientação do tribunal superior;

III - os processos suspensos em primeiro e segundo graus de jurisdição retomarão o curso para julgamento e aplicação da tese firmada pelo tribunal superior;

IV - se os recursos versarem sobre questão relativa a prestação de serviço público objeto de concessão, permissão ou autorização, o resultado do julgamento será comunicado ao órgão, ao ente ou à agência reguladora competente para fiscalização da efetiva aplicação, por parte dos entes sujeitos a regulação, da tese adotada.

§ 1º A parte poderá desistir da ação em curso no primeiro grau de jurisdição, antes de proferida a sentença, se a questão nela discutida for idêntica à resolvida pelo recurso representativo da controvérsia.

§ 2º Se a desistência ocorrer antes de oferecida contestação, a parte ficará isenta do pagamento de custas e de honorários de sucumbência.

os recursos de revista trabalhistas (artigo 896-C da CLT[87]).

§ 3º A desistência apresentada nos termos do § 1º independe de consentimento do réu, ainda que apresentada contestação.

Art. 1.041. Mantido o acórdão divergente pelo tribunal de origem, o recurso especial ou extraordinário será remetido ao respectivo tribunal superior, na forma do art. 1.036, § 1º.

§ 1º Realizado o juízo de retratação, com alteração do acórdão divergente, o tribunal de origem, se for o caso, decidirá as demais questões ainda não decididas cujo enfrentamento se tornou necessário em decorrência da alteração.

§ 2º Quando ocorrer a hipótese do inciso II do caput do art. 1.040 e o recurso versar sobre outras questões, caberá ao presidente ou ao vice-presidente do tribunal recorrido, depois do reexame pelo órgão de origem e independentemente de ratificação do recurso, sendo positivo o juízo de admissibilidade, determinar a remessa do recurso ao tribunal superior para julgamento das demais questões.

87 Art. 896-C. Quando houver multiplicidade de recursos de revista fundados em idêntica questão de direito, a questão poderá ser afetada à Seção Especializada em Dissídios Individuais ou ao Tribunal Pleno, por decisão da maioria simples de seus membros, mediante requerimento de um dos Ministros que compõem a Seção Especializada, considerando a relevância da matéria ou a existência de entendimentos divergentes entre os Ministros dessa Seção ou das Turmas do Tribunal.

§ 1º O Presidente da Turma ou da Seção Especializada, por indicação dos relatores, afetará um ou mais recursos representativos da controvérsia para julgamento pela Seção Especializada em Dissídios Individuais ou pelo Tribunal Pleno, sob o rito dos recursos repetitivos.

§ 2º O Presidente da Turma ou da Seção Especializada que afetar processo para julgamento sob o rito dos recursos repetitivos deverá expedir comunicação aos demais Presidentes de Turma ou de Seção Especializada, que poderão afetar outros processos sobre a questão para julgamento conjunto, a fim de conferir ao órgão julgador visão global da questão.

§ 3º O Presidente do Tribunal Superior do Trabalho oficiará os Presidentes dos Tribunais Regionais do Trabalho para que suspendam os recursos interpostos em casos idênticos aos afetados como recursos repetitivos, até o pronunciamento definitivo do Tribunal Superior do Trabalho.

§ 4º Caberá ao Presidente do Tribunal de origem admitir um ou mais recursos representativos da controvérsia, os quais serão encaminhados ao Tribunal Superior do Trabalho, ficando suspensos os demais recursos de revista até o pronunciamento definitivo do Tribunal Superior do Trabalho.

§ 5º O relator no Tribunal Superior do Trabalho poderá determinar a suspensão dos recursos de revista ou de embargos que tenham como objeto controvérsia idêntica à do recurso afetado como repetitivo.

§ 6º O recurso repetitivo será distribuído a um dos Ministros membros da Seção Especializada ou do Tribunal Pleno e a um Ministro revisor.

A finalidade da criação do instituto também está relacionada à ne-

§ 7º O relator poderá solicitar, aos Tribunais Regionais do Trabalho, informações a respeito da controvérsia, a serem prestadas no prazo de 15 (quinze) dias.

§ 8º O relator poderá admitir manifestação de pessoa, órgão ou entidade com interesse na controvérsia, inclusive como assistente simples, na forma da Lei nº 5.869, de 11 de janeiro de 1973 (Código de Processo Civil).

§ 9º Recebidas as informações e, se for o caso, após cumprido o disposto no § 7º deste artigo, terá vista o Ministério Público pelo prazo de 15 (quinze) dias.

§ 10. Transcorrido o prazo para o Ministério Público e remetida cópia do relatório aos demais Ministros, o processo será incluído em pauta na Seção Especializada ou no Tribunal Pleno, devendo ser julgado com preferência sobre os demais feitos.

§ 11. Publicado o acórdão do Tribunal Superior do Trabalho, os recursos de revista sobrestados na origem:

I - terão seguimento denegado na hipótese de o acórdão recorrido coincidir com a orientação a respeito da matéria no Tribunal Superior do Trabalho; ou

II - serão novamente examinados pelo Tribunal de origem na hipótese de o acórdão recorrido divergir da orientação do Tribunal Superior do Trabalho a respeito da matéria.

§ 12. Na hipótese prevista no inciso II do § 11 deste artigo, mantida a decisão divergente pelo Tribunal de origem, far-se-á o exame de admissibilidade do recurso de revista.

§ 13. Caso a questão afetada e julgada sob o rito dos recursos repetitivos também contenha questão constitucional, a decisão proferida pelo Tribunal Pleno não obstará o conhecimento de eventuais recursos extraordinários sobre a questão constitucional.

§ 14. Aos recursos extraordinários interpostos perante o Tribunal Superior do Trabalho será aplicado o procedimento previsto no art. 543-B da Lei nº 5.869, de 11 de janeiro de 1973 (Código de Processo Civil), cabendo ao Presidente do Tribunal Superior do Trabalho selecionar um ou mais recursos representativos da controvérsia e encaminhá-los ao Supremo Tribunal Federal, sobrestando os demais até o pronunciamento definitivo da Corte, na forma do § 1º do art. 543-B da Lei nº 5.869, de 11 de janeiro de 1973 (Código de Processo Civil).

§ 15. O Presidente do Tribunal Superior do Trabalho poderá oficiar os Tribunais Regionais do Trabalho e os Presidentes das Turmas e da Seção Especializada do Tribunal para que suspendam os processos idênticos aos selecionados como recursos representativos da controvérsia e encaminhados ao Supremo Tribunal Federal, até o seu pronunciamento definitivo.

§ 16. A decisão firmada em recurso repetitivo não será aplicada aos casos em que se demonstrar que a situação de fato ou de direito é distinta das presentes no processo julgado sob o rito dos recursos repetitivos.

§ 17. Caberá revisão da decisão firmada em julgamento de recursos repetitivos quando se alterar a situação econômica, social ou jurídica, caso em que será res-

cessidade de se criarem meios para que o tribunal superior possa, efetivamente, cumprir sua vocação constitucional[88][89] de garantir uniformidade ao ordenamento, otimizando o tempo para a apreciação das questões jurídicas controvertidas.

Num primeiro momento, o do Código de 1973, percebendo o Superior Tribunal de Justiça a existência de múltiplos recursos com mesmo fundamento, poderia escolher alguns como paradigmas e, a partir desse julgamento, os tribunais locais deveriam fazer a admissibilidade dos recursos especiais interpostos e sobrestados, cabendo a reapreciação do acórdão local se destoante do definido pelo tribunal superior.

No Código atual, no entanto, o tratamento legal se revela muito mais esmiuçado, adequado e completo, aproveitando o que o próprio Superior Tribunal de Justiça havia desenvolvido ao longo dos anos de experiência de julgamento dos repetitivos.

A fixação da tese jurídica é justamente um desses elementos criados pela prática forense e que aperfeiçoaram a dinâmica originalmente imaginada pelo legislador. Nesse ponto, veja-se que, desde os primeiros repetitivos julgados, há a formação da tese, embora nem sempre se

---

peitada a segurança jurídica das relações firmadas sob a égide da decisão anterior, podendo o Tribunal Superior do Trabalho modular os efeitos da decisão que a tenha alterado.

[88] "O Recurso Especial Repetitivo tem como *ratio essendi* cumprir o desígnio constitucional do Egrégio Superior Tribunal de Justiça, qual o de uniformizar a jurisprudência dos Tribunais do país, e evitar a sobrecarga dos Colegiados com a remessa de impugnações contrárias ao entendimento firmado na impugnação representativa. A submissão dos acórdãos locais ao *decisum* representativo conspira em prol da finalidade constitucional do Recurso Especial, cabível pela alínea *c*, exatamente para pacificar o dissídio jurisprudencial nacional". (Voto do Min. Luiz Fux no julgamento da Questão de Ordem no Agravo de Instrumento n. 1.154.599-SP).

[89] "O Recurso Especial Repetitivo tem como *ratio essendi* cumprir o desígnio constitucional do Egrégio Superior Tribunal de Justiça, qual o de uniformizar a jurisprudência dos Tribunais do país, e evitar a sobrecarga dos Colegiados com a remessa de impugnações contrárias ao entendimento firmado na impugnação representativa. A submissão dos acórdãos locais ao *decisum* representativo conspira em prol da finalidade constitucional do Recurso Especial, cabível pela alínea *c*, exatamente para pacificar o dissídio jurisprudencial nacional". (Voto do Min. Luiz Fux no julgamento da Questão de Ordem no Agravo de Instrumento n. 1.154.599-SP).

tenha, por exemplo, a estampado na ementa[90] – aspecto que em nada altera sua formação, apesar de macular a publicidade.

---

90 Nesse sentido, o Repetitivo de nº 1: RECURSO ESPECIAL REPRESENTATIVO DE CONTROVÉRSIA. ART. 543-C DO CPC. PROCESSO CIVIL. CESSÃO DE CRÉDITO. EXECUÇÃO. PRECATÓRIO. SUCESSÃO PELO CESSIONÁRIO. INEXISTÊNCIA DE OPOSIÇÃO DO CEDENTE. ANUÊNCIA DO DEVEDOR. DESNECESSIDADE. APLICAÇÃO DO DISPOSTO NO ART. 567, II, DO CPC. EMENDA CONSTITUCIONAL Nº 62/2009.

1. Em havendo regra específica aplicável ao processo de execução (art. 567, II, do CPC), que prevê expressamente a possibilidade de prosseguimento da execução pelo cessionário, não há falar em incidência, na execução, de regra que se aplica somente ao processo de conhecimento no sentido da necessidade de anuência do adversário para o ingresso do cessionário no processo (arts. 41 e 42 do CPC).

2. "Acerca do prosseguimento na execução pelo cessionário, cujo direito resulta de título executivo transferido por ato entre vivos - art. 567, inciso II do Código de Processo Civil -, esta Corte já se manifestou, no sentido de que a norma inserta no referido dispositivo deve ser aplicada independentemente do prescrito pelo art. 42, § 1º do mesmo CPC, porquanto as regras do processo de conhecimento somente podem ser aplicadas ao processo de execução quando não há norma específica regulando o assunto" (AgRg nos EREsp 354569/DF, Rel. Ministro CASTRO MEIRA, CORTE ESPECIAL, DJe 13/08/2010).

3. Com o advento da Emenda Constitucional nº 62, de 9 de dezembro de 2009, todas as cessões de precatórios anteriores à nova redação do artigo 100 da Constituição Federal foram convalidadas independentemente da anuência do ente político devedor do precatório, seja comum ou alimentício, sendo necessária apenas a comunicação ao tribunal de origem responsável pela expedição do precatório e à respectiva entidade.

4. Recurso especial provido. Acórdão sujeito ao regime do art. 543-C do CPC e da Resolução STJ 08/2008.

(REsp n. 1.091.443/SP, relatora Ministra Maria Thereza de Assis Moura, Corte Especial, julgado em 2/5/2012, DJe de 29/5/2012.). Também assim, o Repetitivo de nº 5: RECURSO ESPECIAL REPETITIVO. ADMINISTRATIVO. LEI COMPLEMENTAR Nº 10.990/97, DO ESTADO DO RIO GRANDE DO SUL. PRETENSÃO À REVISÃO DE ATO DE REFORMA DE POLICIAL MILITAR INATIVO, COM REFLEXOS PATRIMONIAIS NOS SEUS PROVENTOS. MODIFICAÇÃO DE SITUAÇÃO JURÍDICA FUNDAMENTAL. PRESCRIÇÃO DO FUNDO DO DIREITO. OCORRÊNCIA.

1. Na hipótese em que se pretende a revisão de ato de reforma de policial militar do Estado do Rio Grande do Sul, com base na Lei Complementar Estadual nº 10.990/97, com sua promoção a um posto superior na carreira militar e, como mera conseqüência do deferimento do pedido de promoção, a revisão de seus proventos da inatividade, a prescrição aplicável é de fundo do direito, nos termos do artigo 1º do Decreto nº 20.910/32.

2. Recurso especial provido.

(REsp n. 1.073.976/RS, relatora Ministra Maria Thereza de Assis Moura, Terceira Seção, julgado em 26/11/2008, DJe de 6/4/2009.)

A afirmação dessa técnica decisória permitiu ao Superior Tribunal de Justiça se identificar como um tribunal de teses – ou de precedentes -, mais do que meramente revisor de entendimentos de tribunais locais. A falta de um filtro para o conhecimento dos recursos, como sucede na repercussão geral no Supremo Tribunal Federal, porém, impediu que a corte otimize sua atividade por completo, tendo que julgar, ainda, um grande número de recursos que não possuem necessariamente relevância global quanto à sua matéria – aspecto abrandado com a inserção do requisito da demonstração de relevância da questão de direito federal[91].

De todo modo, os recursos repetitivos foram, sem dúvidas, uma experiência muito positiva, restrita ao caráter repressivo – por demandar que haja multiplicidade de causas sobre a questão jurídica sobre a qual se firmará a tese[92] -, mas que inspirou o legislador a não somente aprimorá-la como a replicá-la para tribunais locais.

---

[91] Inserida pela Emenda Constitucional nº 125/2022, que adicionou ao artigo 105 da Constituição os seguintes parágrafos: § 2º No recurso especial, o recorrente deve demonstrar a relevância das questões de direito federal infraconstitucional discutidas no caso, nos termos da lei, a fim de que a admissão do recurso seja examinada pelo Tribunal, o qual somente pode dele não conhecer com base nesse motivo pela manifestação de 2/3 (dois terços) dos membros do órgão competente para o julgamento.

§ 3º Haverá a relevância de que trata o § 2º deste artigo nos seguintes casos: I - ações penais; II - ações de improbidade administrativa; III - ações cujo valor da causa ultrapasse 500 (quinhentos) salários mínimos; IV - ações que possam gerar inelegibilidade; V - hipóteses em que o acórdão recorrido contrariar jurisprudência dominante do Superior Tribunal de Justiça; VI - outras hipóteses previstas em lei.

[92] "Última questão interessante, provocada pelo microssistema, é se, para o incidente de julgamento de recursos repetitivos, de fato haveria necessidade de existirem recursos extraordinários múltiplos, como estatui o artigo 1.036 do CPC e o artigo 896-C da CLT.

Em que pese a literalidade dos comandos, a deixar muito pouca margem para dúvidas, uma visão global do Judiciário recomenda que, existindo um ou alguns recursos sobre questão jurídica no âmbito do tribunal de cúpula, mas considerável maior número de processos nas instâncias ordinárias, se proceda à instauração do incidente na corte superior.

Isso porque há clara intenção de que as matérias alvo dos incidentes restem pacificadas, o quanto antes, pelos tribunais superiores, que ostentam a função de dar a palavra pretensamente definitiva, cuja eficácia é consideravelmente maior, atingindo todos os subordinados ao ordenamento. Portanto, essa proposta de leitura dos artigos 1.036 do CPC e 896-C da CLT à luz do inciso I do artigo 976 garante maior efetividade à tutela pluri-individual e economia para o Judiciário." (PINHO,

2.3.1.3. INCIDENTE DE RESOLUÇÃO DE DEMANDAS REPETITIVAS E INCIDENTE DE ASSUNÇÃO DE COMPETÊNCIA

Como uma das mais relevantes inovações do Código de Processo Civil de 2015, pode-se apontar o incidente de resolução de demandas repetitivas (artigos 976 a 987). O instrumento, que, tal qual os recursos repetitivos, é espécie do gênero "casos repetitivos"[93], nasce sob a inspiração da técnica de fixação de teses adotada pelo Superior Tribunal de Justiça, pretendendo que os tribunais locais[94] também pudessem pacificar entendimento com a vinculatividade própria das teses.

Humberto Dalla Bernardina de; PORTO, José Roberto Sotero de Mello. *Manual de Tutela Coletiva*. São Paulo: Saraiva, 2020. Livro eletrônico).

93 Para uma análise do microssistema dos casos repetitivos, veja-se: PORTO, José Roberto Sotero de. *Teoria Geral dos Casos Repetitivos*. Rio de Janeiro: GZ, 2018.

94 Acerca do cabimento do IRDR nos tribunais superiores, já se teceram considerações em outra oportunidade: "Questão que se coloca é a competência dos tribunais superiores para o incidente de resolução de demandas repetitivas. Como visto, o instituto foi concebido para ter vez nos tribunais locais (TJs e TRFs), sendo certo, ainda, que pode chegar até os tribunais superiores, pela via recursal – desenrolar importante, vez que muitas das matérias analisadas têm repercussão nacional. Não se discute, portanto, a competência recursal das cortes de cúpula para o IRDR.

A polêmica, no entanto, está na possibilidade de instauração originária do incidente nesses tribunais. Aluísio Mendes admite a viabilidade quando diante de processos originários, com base na cláusula geral de uniformização de jurisprudência (artigo 926), que, dentre outros mecanismos, se concretiza pelo IRDR, bem como no fato de que as técnicas de gestão e de julgamento de questões repetitivas prescindem de determinação legal – como ensina a experiência alemã. De todo modo, em homenagem ao devido processo legal e à segurança jurídica, o autor recomenda a prévia disciplina no regimento interno do STF e do STJ.

Fredie Didier e Leonardo Cunha, na mesma linha, admitem o IRDR em causas originárias e em recursos ordinários no âmbito dos tribunais superiores, assentando inexistir impedimento legal para tanto e que o parágrafo do artigo 978 inserido pela Câmara dizendo expressamente que o incidente só caberia em tribunal de justiça e em tribunal regional federal não foi mantido na redação final pelo Senado Federal.

Flávio Yarshell, além de admitir o incidente em processos originários, o sustenta, como instrumento subsidiário, para causas em sede recursal, afastando os empecilhos consistentes nos artigos 976, §4º, 982, §3º, e 979, §3º, além do argumento de política judiciária de que se geraria maior assoberbamento das cortes de cúpula.

O Superior Tribunal de Justiça definiu a questão. Apesar de, no primeiro momento, a 2ª Seção ter acenado negativamente (IUJur no CC 144.433-GO, Rel. Min. Marco Aurélio Bellizze, por unanimidade, julgado em 14/03/2018, DJe 22/03/2018. 2ª Seção), reme-

Tal instituto possui caráter repressivo relativo[95], pois exige que haja repetição efetiva de processos sobre aquela matéria jurídica em trâmite, embora dispense a existência de decisões conflitantes. Significa dizer que a questão objeto do IRDR sempre possuirá natureza repetitiva[96].

---

teu-se a discussão para a Corte Especial (AgInt na Pet. 11.838/MS, Rel. Min. Laurita Vaz, Red. p/ acórdão Min. João Otávio Noronha, Corte Especial, julgado em 07/08/2019), que admitiu a deflagração originária de maneira residual, em duas hipóteses, sempre devendo se atender aos requisitos do art. 976:

Competência originária do tribunal (quando o processo já inicia no tribunal superior, por força de previsão constitucional);

Competência recursal ordinária (quando o STJ funciona como instância revisória comum, a exemplo do recurso ordinário constitucional).

Por sua vez, o Supremo Tribunal Federal parece caminhar no sentido oposto. Em decisão monocrática da Presidência, se concluiu que o incidente apenas tem vez nos tribunais locais e somente chegaria à Suprema Corte pela via recursal, pois seu cabimento originário no tribunal significaria o alargamento de sua competência taxativamente exposta na Constituição Federal e porque, no processo legislativo, não teria havido a pretensão de instauração imediata nos tribunais de cúpula (Pet. 8.245-AM, Min. Dias Toffoli, julgado em 10/10/2019)." (PINHO, Humberto Dalla Bernardina de; PORTO, José Roberto Sotero de Mello. *Manual de Tutela Coletiva*. São Paulo: Saraiva, 2020. Livro eletrônico).

95 Art. 976. É cabível a instauração do incidente de resolução de demandas repetitivas quando houver, simultaneamente:

I - efetiva repetição de processos que contenham controvérsia sobre a mesma questão unicamente de direito;

II - risco de ofensa à isonomia e à segurança jurídica.

§ 1º A desistência ou o abandono do processo não impede o exame de mérito do incidente.

§ 2º Se não for o requerente, o Ministério Público intervirá obrigatoriamente no incidente e deverá assumir sua titularidade em caso de desistência ou de abandono.

§ 3º A inadmissão do incidente de resolução de demandas repetitivas por ausência de qualquer de seus pressupostos de admissibilidade não impede que, uma vez satisfeito o requisito, seja o incidente novamente suscitado.

§ 4º É incabível o incidente de resolução de demandas repetitivas quando um dos tribunais superiores, no âmbito de sua respectiva competência, já tiver afetado recurso para definição de tese sobre questão de direito material ou processual repetitiva.

§ 5º Não serão exigidas custas processuais no incidente de resolução de demandas repetitivas.

96 "O IRDR possui a vantagem, face aos demais mecanismos, de permitir a formação do precedente logo na fase inicial do processo, a partir do primeiro grau de jurisdição – sem que haja necessidade, sequer, da existência de tramitação do

Por sua vez, o incidente de assunção de competência[97], instrumento que recebeu menor atenção doutrinária por sua concisão (artigo 947), possui natureza preventiva, voltando-se a complementar o leque de ferramentas formadoras de teses quando o tema, embora não repetitivo, apresentar repercussão social ou quando houver divergência atual ou potencial sobre o tema no tribunal[98]. Essa última previsão se justifica pela sequência contínua de tratamento da uniformização da jurisprudência, mantendo previsões de códigos e diplomas anteriores[99].

---

processo em segundo grau (...)." (CARNEIRO, Paulo Cezar Pinheiro. *O novo processo civil brasileiro*. 3. ed. Rio de Janeiro: Forense, 2022. Livro eletrônico.).

[97] Para uma visão global do incidente, veja-se: MENDES, Aluisio Gonçalves de Castro; PORTO, José Roberto Sotero de. *Incidente de Assunção de Competência*. 2. ed. Rio de Janeiro: GZ, 2021.

[98] Art. 947. É admissível a assunção de competência quando o julgamento de recurso, de remessa necessária ou de processo de competência originária envolver relevante questão de direito, com grande repercussão social, sem repetição em múltiplos processos.
§ 1º Ocorrendo a hipótese de assunção de competência, o relator proporá, de ofício ou a requerimento da parte, do Ministério Público ou da Defensoria Pública, que seja o recurso, a remessa necessária ou o processo de competência originária julgado pelo órgão colegiado que o regimento indicar.
§ 2º O órgão colegiado julgará o recurso, a remessa necessária ou o processo de competência originária se reconhecer interesse público na assunção de competência.
§ 3º O acórdão proferido em assunção de competência vinculará todos os juízes e órgãos fracionários, exceto se houver revisão de tese.
§ 4º Aplica-se o disposto neste artigo quando ocorrer relevante questão de direito a respeito da qual seja conveniente a prevenção ou a composição de divergência entre câmaras ou turmas do tribunal.

[99] "A rigor, o instituto do incidente de assunção de competência dificilmente será utilizado na prática. A simples exigência de inexistência de recursos repetidos sobre a mesma matéria é praticamente impossível de ser aferida, além da dificuldade de estabelecer um grau de interesse público ou de repercussão social que pudesse deslocar a competência do juiz natural para outro órgão. Se a matéria tem esta importância, certamente caberão os demais recursos para o esgotamento do tema. Também, a possibilidade de prevenção de novos recursos é uma aposta.
Enfim, a realidade é que o incidente de resolução de demandas repetitivas pode alcançar, no mundo prático, as finalidades pretendidas para a uniformização da jurisprudência no âmbito do incidente de assunção de competência, que, em última análise, é a vinculação do precedente formado a todos os juízes e órgãos fracionários (§ 3º, artigo 947)." (CARNEIRO, Paulo Cezar Pinheiro. *O novo processo civil brasileiro*. 3. ed. Rio de Janeiro: Forense, 2022. Livro eletrônico.).

A partir desse mosaico, tanto tribunais locais como os superiores[100] estão aptos a fixar teses mais prontamente do que fariam na sistemática dos repetitivos.

2.3.1.4. OUTROS MEIOS (ATIPICIDADE)

O amadurecimento da atividade jurisdicional no tocante à solidificação de entendimentos sob a forma de teses jurídicas acaba por suscitar um questionamento acerca da possibilidade de ser ir além do rol posto pelo legislador. Em outras palavras, investiga-se se seria possível haver uma tese fixada fora do procedimento dos recursos repetitivo, do incidente de resolução de demandas repetitivas e do incidente de assunção de competência.

Primeiramente, é importante ter em mente que o próprio uso da repercussão geral atual se reveste de algum grau de atipicidade, porque o Código não traz o instituto como um meio de formação de tese, mas somente como um requisito de admissibilidade dos recursos extraordinários.

Como visto, foi a herança do diploma anterior e a prática do Supremo Tribunal Federal, incorporada ao seu regimento interno e tratada em resoluções normativas, que definiram a ampla utilização da ferramenta como fixadora de entendimentos, já que o legislador apenas prevê a tese como produto da sistemática dos repetitivos. Evidência disso está, ainda,

---

[100] "A questão da competência para julgamento do incidente de assunção de competência é bem mais tranquila que no incidente de resolução de demandas repetitivas. Existe quase que um consenso quanto ao seu cabimento tanto nos tribunais locais, inclusive os de jurisdição especializada – trabalhistas, por exemplo – como nas cortes de cúpula.

Isso porque inexiste incompatibilidade entre sua finalidade (fixar tese sobre matéria sem efetiva repetição nos tribunais) e a dos incidentes repressivos (fixar tese sobre matéria com efetiva repetição), mas complementariedade. Ademais, o enxuto regramento conferido pelo legislador (art. 947) não refuta a possibilidade.

Tanto assim que o Superior Tribunal de Justiça possui alguns incidentes de assunção de competência admitidos, bem como regramento específico em seu regimento interno sobre a tramitação (arts. 271-B a 271-G, acrescidos pela Emenda Regimental 24/2016), diversamente do que ocorre com o IRDR, a respeito do qual só há menção à suspensão nacional dos processos, em conformidade com o CPC. (...)

Também o Supremo Tribunal Federal pode instaurar o incidente, uma vez reunidos os requisitos. Não prospera a argumentação que enxerga, nessa hipótese, violação à sistemática constitucional da edição de enunciados de súmula vinculante, uma vez que existe diferença de procedimento e, sobretudo, de efeitos (vinculantes, na súmula, e vinculativos, no incidente)." (MENDES, Aluisio Gonçalves de Castro; PORTO, José Roberto Sotero de. *Incidente de Assunção de Competência*. 2. ed. Rio de Janeiro: GZ, 2021).

em todos os dispositivos que outorgam eficácia processual para as teses, silentes quanto à repercussão geral – opção falha, de todo, porque, ainda que tivesse sucedido uma completa transmutação, com o Supremo Tribunal seguindo a literalidade do diploma, restariam centenas de teses firmadas anteriormente às quais cabe garantir a geração de efeitos.

Em segundo lugar, note-se que o incidente de assunção de competência supre, em larga escala, a lacuna deixada pelo legislador quanto ao cabimento dos instrumentos de fixação de tese, porque, ao possuir amplo cabimento e estar abarcado pela competência de todos os tribunais, pode ser suscitado a partir de qualquer procedimento, originário ou recursal.

Essa tem sido, aliás, a opção do Superior Tribunal de Justiça, quando defronte a questão jurídica, cuja pacificação se recomenda, veiculada em outra modalidade que não um recurso especial – a partir do qual poderia instaurar o procedimento dos repetitivos. O Tribunal da Cidadania tem sido técnico, usando o incidente a partir de processos de diversas classes, como o conflito de competência[101] ou recurso em

---

[101] PROCESSUAL CIVIL. INCIDENTE DE ASSUNÇÃO DE COMPETÊNCIA. DIREITO À SAÚDE. MEDICAMENTO NÃO INCORPORADO AO SUS E REGISTRADO NA ANVISA. CONFLITO NEGATIVO DE COMPETÊNCIA. JUÍZOS FEDERAL E ESTADUAL. PROPOSTA. ACOLHIMENTO.

1. Trata-se de proposta de incidente de assunção de competência, nos termos do art. 947 do Código de Processo Civil/2015, em conflito negativo de competência instaurado nos autos de ação ordinária que versa sobre o fornecimento de medicação não padronizada pelo Sistema Único de Saúde - SUS.

2. A instauração do presente incidente visa unicamente decidir o juízo competente para o julgamento de demanda relativa à dispensação de tratamento médico não incluído nas políticas públicas, sendo o conflito de competência o processo adequado para dirimir a questão de direito processual controvertida, sem que haja necessidade de adentrar no mérito da causa (onde suscitado o conflito) - ainda que a discussão se refira a preliminar, como, no caso, a legitimidade ad causam - nem em eventual nulidade da decisão do Juízo Federal, matérias que devem ser analisadas no bojo da ação ordinária.

3. Delimitação da tese controvertida: Tratando-se de medicamento não incluído nas políticas públicas, mas devidamente registrado na ANVISA, analisar se compete ao autor a faculdade de eleger contra quem pretende demandar, em face da responsabilidade solidária dos entes federados na prestação de saúde, e, em consequência, examinar se é indevida a inclusão da União no polo passivo da demanda, seja por ato de ofício, seja por intimação da parte para emendar a inicial, sem prévia consulta à Justiça Federal.

4. Proposta de julgamento do tema mediante a sistemática do incidente de assunção de competência acolhida.

(IAC no CC n. 187.276/RS, relator Ministro Gurgel de Faria, Primeira Seção, julgado em 31/5/2022, DJe de 13/6/2022.)

mandado de segurança[102]. A partir desse momento, o procedimento incidental ganha autonomia.

Por outro lado, o Supremo Tribunal Federal tem adotado postura menos óbvia e bastante instigante. Embora faltante regulamentação em seu regimento interno, a Corte Constitucional tem proferido acórdãos em processos de diversas classes com a fixação de uma tese, nos moldes da repercussão geral[103].

Essa prática – que é benéfica para a comunidade jurídica – tem sido frequente nas relatorias do Ministro Luís Roberto Barroso, tanto em ações declaratórias de inconstitucionalidade[104] como de constituciona-

---

[102] INCIDENTE DE ASSUNÇÃO DE COMPETÊNCIA. PROCESSUAL CIVIL E TRIBUTÁRIO. EXECUÇÃO FISCAL. CAUSA DE ALÇADA. RECURSO ORDINÁRIO EM MANDADO DE SEGURANÇA. ART. 34 DA LEI 6.830/80. CONSTITUCIONALIDADE RECONHECIDA PELO STF NO ARE 637.975-RG/MG - TEMA 408/STF. EXECUÇÃO FISCAL DE VALOR IGUAL OU INFERIOR A 50 ORTN'S. SENTENÇA EXTINTIVA. RECURSOS CABÍVEIS. EMBARGOS INFRINGENTES E DE DECLARAÇÃO. EXCEÇÃO. RECURSO EXTRAORDINÁRIO (SÚMULA 640/STF). MANDADO DE SEGURANÇA. SUCEDÂNEO RECURSAL. NÃO CABIMENTO. SÚMULA 267/STF.

1. Cinge-se a questão em definir sobre ser adequado, ou não, o manejo de mandado de segurança para atacar decisão judicial proferida no contexto do art. 34 da Lei 6.830/80, tema reputado infraconstitucional pela Suprema Corte (ARE 963.889 RG, Relator Min. Teori Zavascki, DJe 27/05/2016). (…)

7. TESE FIRMADA: "Não é cabível mandado de segurança contra decisão proferida em execução fiscal no contexto do art. 34 da Lei 6. 830/80".

8. Resolução do caso concreto: recurso ordinário do município de Leme/SP, a que se nega provimento. (IAC no RMS n. 53.720/SP, relator Ministro Sérgio Kukina, Primeira Seção, julgado em 10/4/2019, DJe de 20/5/2019.)

[103] Também já sucedeu a formulação de tese, inclusive de repercussão geral, em momento diverso do julgamento, em sessão administrativa da Corte Constitucional: no RE 587008, Relator Min. Dias Toffoli, Tribunal Pleno, julgado em 02/02/2011, não foi fixada tese, mas sua redação foi aprovada nos termos do item 2 da Ata da 12ª Sessão Administrativa do STF, realizada em 09/12/2015.

[104] Direito constitucional. Ação direta de inconstitucionalidade. Lei estadual que dispõe sobre a admissão de diplomas expedidos por instituições de ensino superior de Portugal e de países do Mercosul. 1. Ação direta contra a Lei nº 245/2015, do Estado do Amazonas, que dispõe sobre a admissão de diplomas de pós-graduação stricto sensu originários de países do MERCOSUL e de Portugal. 2. Há inconstitucionalidade formal, por violação à regra que confere competência privativa à União para legislar sobre diretrizes e bases da educação nacional (art. 22, XXIV, da CF). Precedentes (ADI 5.341, Rel. Min. Edson Fachin; ADI 5.168, Relª. Minª. Cármen Lúcia). 3. Procedência do pedido. Fixação da seguinte tese de julgamento: "É inconstitucional lei estadual que dispõe sobre a aceitação de diplo-

lidade[105]. Na primeira espécie, diversos outros julgadores já têm redi-

---

mas expedidos por universidades estrangeiras". (ADI 6592, Relator(a): Roberto Barroso, Tribunal Pleno, julgado em 08/09/2021)

DIREITO CONSTITUCIONAL E ADMINISTRATIVO. AÇÃO DIRETA DE INCONSTITUCIONALIDADE. DECRETO ESTADUAL, DE NATUREZA AUTÔNOMA, QUE ESTABELECE VINCULAÇÃO DE REMUNERAÇÕES DE SERVIDORES PÚBLICOS. RESERVA DE LEI E EXPRESSA VEDAÇÃO CONSTITUCIONAL. 1. É cabível ação direta de inconstitucionalidade contra decreto executivo quando este assume feição flagrantemente autônoma, como é o caso presente, pois o decreto impugnado não regulamenta lei, apresentando-se, ao contrário, como ato normativo independente que inova na ordem jurídica, criando, modificando ou extinguindo direitos e deveres. Precedentes. 2. Embora a Constituição Federal tenha atribuído ao chefe do Poder Executivo a iniciativa privativa para dispor sobre o aumento da remuneração dos servidores públicos (art. 61, § 1º, a), ela exige que isso seja feito mediante lei em sentido estrito e específica (art. 37, X, da CF). 3. É vedada a vinculação de quaisquer espécies remuneratórias para efeito de remuneração do pessoal do serviço público (art. 37, XIII, da CF). 4. Pedido julgado procedente, para declarar a inconstitucionalidade do art. 1º do Decreto nº 16.282/1994, do Estado do Amazonas. Fixada a seguinte tese: "É inconstitucional a vinculação remuneratória entre servidores públicos". (ADI 5609, Relator(a): Roberto Barroso, Tribunal Pleno, julgado em 07/12/2020).

Direito Constitucional e Processual. Ação Direta de Inconstitucionalidade. Constituição do Estado do Amazonas. Atribuição de foro por prerrogativa de função a procuradores e defensores públicos. 1. Ação direta de inconstitucionalidade contra o art. 72, I, a, da Constituição do Estado do Amazonas, na parte em que atribuiu foro por prerrogativa de função aos procuradores e defensores públicos do Estado. 2. A Constituição Federal estabelece, como regra geral, que todos devem ser processados e julgados pelos mesmos órgãos jurisdicionais. Excepcionalmente, em razão das funções de determinados cargos públicos, estabelece-se o foro por prerrogativa de função, cujas hipóteses devem ser interpretadas de maneira restritiva. 3. A jurisprudência do Supremo Tribunal Federal evoluiu no que diz respeito à possibilidade de concessão de foro por prerrogativa de função pelo constituinte estadual, passando a declarar a inconstitucionalidade de expressões de constituições estaduais que ampliam o foro por prerrogativa de função a autoridades diversas das estabelecidas pela Constituição Federal. Precedentes. 4. Tendo em vista que a norma impugnada se encontra em vigor há anos, razões de segurança jurídica recomendam a modulação de efeitos da decisão. Precedentes. 5. Pedido julgado procedente, para declarar a inconstitucionalidade da expressão "da Procuradoria Geral do Estado e da Defensoria Pública", constante do art. 72, I, a, da Constituição do Estado do Amazonas, com efeitos ex nunc. Fixação da seguinte tese de julgamento: "É inconstitucional norma de constituição estadual que estende o foro por prerrogativa de função a autoridades não contempladas pela Constituição Federal de forma expressa ou por simetria". (ADI 6515, Relator(a): Roberto Barroso, Tribunal Pleno, julgado em 23/08/2021).

105 Direito Constitucional. Ação Declaratória de Constitucionalidade. Fixação da Idade mínima de 06 (seis) anos para o ingresso no Ensino Fundamental. 1. Ação declaratória de constitucionalidade que tem por objeto os artigos 24, II, 31, I e 32, caput, da Lei de Diretrizes e Bases da Educação Nacional, que dispõem que o ensi-

gido acórdãos e mesmo ementas com o apontamento da tese firmada, a exemplo dos Ministros Nunes Marques[106], Ricardo Lewandowski[107],

---

no fundamental obrigatório se inicia aos 06 (seis) anos de idade. 2. É constitucional a norma que fixa a idade de 6 (seis) anos como marco para o ingresso no ensino fundamental, tendo em vista que o legislador constituinte utilizou critério etário plenamente compatível com essa previsão no art. 208, IV, da Constituição, de acordo com o qual a educação infantil deve ser oferecida "às crianças até 5 (cinco) anos de idade". 3. O critério etário está sujeito a mais de uma interpretação possível com relação ao momento exato em que o aluno deva ter 6 (seis) anos completos. Cabe ao Ministério da Educação a definição do momento em que o aluno deverá preenche-lo, pois se trata de órgão dotado de capacidade institucional adequada para a regulamentação da matéria. 4. Procedência parcial do pedido com a fixação da seguinte tese: "É constitucional a exigência de que o aluno possua 06 (seis) anos de idade para o ingresso no ensino fundamental, cabendo ao Ministério da Educação a definição do momento em que o aluno deverá preencher o critério etário". (ADC 17, Relator(a): Edson Fachin, Relator(a) p/ Acórdão: Roberto Barroso, Tribunal Pleno, julgado em 01/08/2018)

[106] AÇÃO DIRETA DE INCONSTITUCIONALIDADE. LEI FEDERAL N. 13.352, DE 27 DE OUTUBRO DE 2016, CONHECIDA COMO LEI DO SALÃO-PARCEIRO. CONSTITUCIONALIDADE. 1. São válidos os contratos de parceria celebrados entre trabalhador do ramo da beleza (cabeleireiro, barbeiro, esteticista, manicure, pedicure, depilador e maquiador), denominado "profissional-parceiro", e o respectivo estabelecimento, chamado "salão-parceiro", em consonância com as normas contidas na Lei federal n. 13.352/2016. 2. A higidez do contrato é condicionada à conformidade com os fatos, de modo que é nulo instrumento com elementos caracterizadores de relação de emprego. 3. Estando presentes elementos que sinalizam vínculo empregatício, este deverá ser reconhecido pelo Poder Público, com todas as consequências legais decorrentes, previstas especialmente na Consolidação da Leis do Trabalho. 4. Pedido julgado improcedente. (ADI 5625, Relator(a): Edson Fachin, Relator(a) p/ Acórdão: Nunes Marques, Tribunal Pleno, julgado em 28/10/2021)

[107] AÇÕES DIRETAS DE INCONSTITUCIONALIDADE. VACINAÇÃO COMPULSÓRIA CONTRA A COVID-19 PREVISTA NA LEI 13.979/2020. PRETENSÃO DE ALCANÇAR A IMUNIDADE DE REBANHO. PROTEÇÃO DA COLETIVIDADE, EM ESPECIAL DOS MAIS VULNERÁVEIS. DIREITO SOCIAL À SAÚDE. PROIBIÇÃO DE VACINAÇÃO FORÇADA. EXIGÊNCIA DE PRÉVIO CONSENTIMENTO INFORMADO DO USUÁRIO. INTANGIBILIDADE DO CORPO HUMANO. PREVALÊNCIA DO PRINCÍPIO DA DIGNIDADE HUMANA. INVIOLABILIDADE DO DIREITO À VIDA, LIBERDADE, SEGURANÇA, PROPRIEDADE, INTIMIDADE E VIDA PRIVADA. VEDAÇÃO DA TORTURA E DO TRATAMENTO DESUMANO OU DEGRADANTE. COMPULSORIEDADE DA IMUNIZAÇÃO A SER ALÇANÇADA MEDIANTE RESTRIÇÕES INDIRETAS. NECESSIDADE DE OBSERVÂNCIA DE EVIDÊNCIAS CIENTÍFICAS E ANÁLISES DE INFORMAÇÕES ESTRATÉGICAS. EXIGÊNCIA DE COMPROVAÇÃO DA SEGURANÇA E EFICÁCIA DAS VACINAS. LIMITES À OBRIGATORIEDADE DA IMUNIZAÇÃO CONSISTENTES NA ESTRITA OBSERVÂNCIA DOS DIREITOS E GARANTIAS FUNDAMENTAIS.

COMPETÊNCIA COMUM DA UNIÃO, ESTADOS, DISTRITO FEDERAL E MUNICÍPIOS PARA CUIDAR DA SAÚDE E ASSISTÊNCIA PÚBLICA. ADIS CONHECIDAS E JULGADAS PARCIALMENTE PROCEDENTES. I – A vacinação em massa da população constitui medida adotada pelas autoridades de saúde pública, com caráter preventivo, apta a reduzir a morbimortalidade de doenças infecciosas transmissíveis e a provocar imunidade de rebanho, com vistas a proteger toda a coletividade, em especial os mais vulneráveis. II – A obrigatoriedade da vacinação a que se refere a legislação sanitária brasileira não pode contemplar quaisquer medidas invasivas, aflitivas ou coativas, em decorrência direta do direito à intangibilidade, inviolabilidade e integridade do corpo humano, afigurando-se flagrantemente inconstitucional toda determinação legal, regulamentar ou administrativa no sentido de implementar a vacinação sem o expresso consentimento informado das pessoas. III – A previsão de vacinação obrigatória, excluída a imposição de vacinação forçada, afigura-se legítima, desde que as medidas às quais se sujeitam os refratários observem os critérios constantes da própria Lei 13.979/2020, especificamente nos incisos I, II, e III do § 2º do art. 3º, a saber, o direito à informação, à assistência familiar, ao tratamento gratuito e, ainda, ao "pleno respeito à dignidade, aos direitos humanos e às liberdades fundamentais das pessoas", bem como os princípios da razoabilidade e da proporcionalidade, de forma a não ameaçar a integridade física e moral dos recalcitrantes. IV – A competência do Ministério da Saúde para coordenar o Programa Nacional de Imunizações e definir as vacinas integrantes do calendário nacional de imunização não exclui a dos Estados, do Distrito Federal e dos Municípios para estabelecer medidas profiláticas e terapêuticas destinadas a enfrentar a pandemia decorrente do novo coronavírus, em âmbito regional ou local, no exercício do poder-dever de "cuidar da saúde e assistência pública" que lhes é cometido pelo art. 23, II, da Constituição Federal. V - ADIs conhecidas e julgadas parcialmente procedentes para conferir interpretação conforme à Constituição ao art. 3º, III, d, da Lei 13.979/2020, de maneira a estabelecer que: (A) a vacinação compulsória não significa vacinação forçada, por exigir sempre o consentimento do usuário, podendo, contudo, ser implementada por meio de medidas indiretas, as quais compreendem, dentre outras, a restrição ao exercício de certas atividades ou à frequência de determinados lugares, desde que previstas em lei, ou dela decorrentes, e (i) tenham como base evidências científicas e análises estratégicas pertinentes, (ii) venham acompanhadas de ampla informação sobre a eficácia, segurança e contraindicações dos imunizantes, (iii) respeitem a dignidade humana e os direitos fundamentais das pessoas; (iv) atendam aos critérios de razoabilidade e proporcionalidade, e (v) sejam as vacinas distribuídas universal e gratuitamente; e (B) tais medidas, com as limitações expostas, podem ser implementadas tanto pela União como pelos Estados, Distrito Federal e Municípios, respeitadas as respectivas esferas de competência. (ADI 6586, Relator(a): Ricardo Lewandowski, Tribunal Pleno, julgado em 17/12/2020)

Gilmar Mendes[108], Dias Toffoli[109] Luiz Fux[110],

[108] AÇÃO DIRETA DE INCONSTITUCIONALIDADE. MESA DIRETORA DE ASSEMBLEIA LEGISLATIVA ESTADUAL. REELEIÇÃO ILIMITADA AO MESMO CARGO. IMPOSSIBILIDADE. PRINCÍPIOS REPUBLICANO, DEMOCRÁTICO E DO PLURALISMO POLÍTICO. PROCEDÊNCIA DO PEDIDO. INTERPRETAÇÃO CONFORME A CONSTITUIÇÃO. (...) 6. Teses de julgamento: (i) a eleição dos membros das Mesas das Assembleias Legislativas estaduais deve observar o limite de uma única reeleição ou recondução, limite cuja observância independe de os mandatos consecutivos referirem-se à mesma legislatura; (ii) a vedação à reeleição ou recondução aplica-se somente para o mesmo cargo da mesa diretora, não impedindo que membro da mesa anterior se mantenha no órgão de direção, desde que em cargo distinto; e (iii) o limite de uma única reeleição ou recondução, acima veiculado, deve orientar a formação das Mesas das Assembleias Legislativas que foram eleitas após a publicação do acórdão da ADI 6.524, mantendo-se inalterados os atos anteriores. (ADI 6707, Relator(a): Ricardo Lewandowski, Relator(a) p/ Acórdão: Gilmar Mendes, Tribunal Pleno, julgado em 20/09/2021)

[109] Ação direta de inconstitucionalidade. Direito Tributário. ISS. Subitem nº 17.25 da Lista anexa à LC nº 116/03, incluído pela LC nº 157/16. Inserção de textos, desenhos e outros materiais de propaganda e publicidade em qualquer meio, exceto em livros, jornais, periódicos e nas modalidades de serviços de radiodifusão sonora e de sons e imagens de recepção livre e gratuita. Constitucionalidade. (...) 4. Foi fixada a seguinte tese de julgamento: "É constitucional o subitem 17.25 da lista anexa à LC nº 116/03, incluído pela LC nº 157/16, no que propicia a incidência do ISS, afastando a do ICMS, sobre a prestação de serviço de 'inserção de textos, desenhos e outros materiais de propaganda e publicidade, em qualquer meio (exceto em livros, jornais, periódicos e nas modalidades de serviços de radiodifusão sonora e de sons e imagens de recepção livre e gratuita)'." 5. Ação direta de inconstitucionalidade julgada improcedente. (ADI 6034, Relator(a): Dias Toffoli, Tribunal Pleno, julgado em 09/03/2022)

[110] AÇÃO DIRETA DE INCONSTITUCIONALIDADE. AÇÃO PROPOSTA PELA ASSOCIAÇÃO NACIONAL DE DEFENSORES PÚBLICOS – ANADEP. ART. 103, IX, DA CRFB/88. LEGITIMIDADE ATIVA. PERTINÊNCIA TEMÁTICA CARACTERIZADA. LEI Nº 10.437/2015 DO ESTADO DA PARAÍBA. LEI ORÇAMENTÁRIA ANUAL. EVOLUÇÃO JURISPRUDENCIAL DO SUPREMO TRIBUNAL FEDERAL QUANTO À MATÉRIA. POSSIBILIDADE DE FISCALIZAÇÃO ABSTRATA DE CONSTITUCIONALIDADE. PRECEDENTES. DEVER PROCESSUAL DE IMPUGNAÇÃO DO OBJETO NÃO INTEIRAMENTE CUMPRIDO. AÇÃO CONHECIDA PARCIALMENTE. DEFENSORIA PÚBLICA. AUTONOMIA FUNCIONAL, ADMINISTRATIVA E ORÇAMENTÁRIA. ART. 134, § 2º, DA CRFB/88. REDUÇÃO UNILATERAL, PELO GOVERNADOR DO ESTADO, DOS VALORES CONSTANTES DA PROPOSTA ORÇAMENTÁRIA ELABORADA E APRESENTADA PELA DEFENSORIA PÚBLICA ESTADUAL. APRECIAÇÃO DA PROPOSTA DE LEI ORÇAMENTÁRIA. ATRIBUIÇÃO DO PODER LEGISLATIVO. SEPARAÇÃO DOS PODERES. ARTS. 2º E 166 DA CRFB/88. DECLARAÇÃO DE INCONSTITUCIONALIDADE SEM A PRONÚNCIA DE NULIDADE. AÇÃO DIRETA PARCIALMENTE CONHECIDA E, NESTA PARTE, JULGADA PROCEDENTE PARA A FIXAÇÃO DE TESE. (...) 12. Ação parcialmente conhecida e, nesta parte, julgada procedente para declarar a inconstitucionalidade, sem a pronúncia de nulidade, da Lei Estadual nº 10.437/2015, do Estado da Paraíba, apenas quanto à parte em que fixou a dotação orçamentária à Defensoria Pública estadual em razão da prévia redução unilateral perpetrada pelo Governador do Estado, para fixar a seguinte tese: "É inconstitucional a redução unilateral pelo Poder Executivo dos orçamen-

Rosa Weber [111], Celso de Mello[112] e Edson Fachin[113].

tos propostos pelos outros Poderes e por órgãos constitucionalmente autônomos, como o Ministério Público e a Defensoria Pública, na fase de consolidação do projeto de lei orçamentária anual, quando tenham sido elaborados em obediência às leis de diretrizes orçamentárias e enviados conforme o art. 99, § 2º, da CRFB/88, cabendo-lhe apenas pleitear ao Poder Legislativo a redução pretendida, visto que a fase de apreciação legislativa é o momento constitucionalmente correto para o debate de possíveis alterações no Projeto de Lei Orçamentária". (ADI 5287, Relator(a): Luiz Fux, Tribunal Pleno, julgado em 18/05/2016)

[111] Ação direta de inconstitucionalidade. Art. 127, caput, III, V e VI, da Constituição do Estado do Ceará. Definição dos legitimados para propor ação direta de inconstitucionalidade, perante o Tribunal de Justiça local, contra lei municipal. Exclusão do rol de legitimados do Procurador-Geral de Justiça. Preliminar de ausência de interesse de agir. Rejeição. Relevância constitucional das funções desempenhadas pelo Parquet. Dever do Ministério Público de defesa da integridade do ordenamento jurídico. Supremacia da Constituição. Interpretação histórica e sistemática. Impossibilidade de os Estados-membros recusarem legitimidade ao Procurador-Geral de Justiça para instauração de processo de controle normativo abstrato. Interpretação conforme à Constituição. Procedência. (...) 6. Fixada a seguinte tese: Os Estados-membros da Federação, no exercício da competência outorgada pela Constituição Federal (art. 25, caput, c/c art. 125, § 2º, CF), não podem afastar a legitimidade ativa do Chefe do Ministério Público estadual para propositura de ação direta de inconstitucionalidade perante o Tribunal de Justiça local. (ADI 5693, Relator(a): Rosa Weber, Tribunal Pleno, julgado em 11/11/2021)

[112] AÇÃO DIRETA DE INCONSTITUCIONALIDADE – LEGISLAÇÃO ESTADUAL QUE INSTITUI EXIGÊNCIA DE DEPÓSITO RECURSAL NO VALOR DE 100% DA CONDENAÇÃO COMO PRESSUPOSTO DE INTERPOSIÇÃO DE QUALQUER RECURSO NO ÂMBITO DOS JUIZADOS ESPECIAIS CÍVEIS DO ESTADO DE PERNAMBUCO – REQUISITOS DE ADMISSIBILIDADE RECURSAL: TÍPICA MATÉRIA DE DIREITO PROCESSUAL – TEMA SUBMETIDO AO REGIME DE COMPETÊNCIA PRIVATIVA DA UNIÃO (CF, ART. 22, INCISO I) – USURPAÇÃO, PELO ESTADO-MEMBRO, DA COMPETÊNCIA PRIVATIVA DA UNIÃO FEDERAL PARA LEGISLAR SOBRE DIREITO PROCESSUAL – OFENSA AO ART. 22, I, DA CONSTITUIÇÃO DA REPÚBLICA – INCONSTITUCIONALIDADE FORMAL DECLARADA – AÇÃO DIRETA JULGADA PROCEDENTE. – Os Estados-membros e o Distrito Federal não dispõem de competência para legislar sobre direito processual, eis que, nesse tema, que compreende a disciplina dos recursos em geral, somente a União Federal – considerado o sistema de poderes enumerados e de repartição constitucional de competências legislativas – possui atribuição para legitimamente estabelecer, em caráter de absoluta privatividade (CF, art. 22, n. I), a regulação normativa a propósito de referida matéria, inclusive no que concerne à definição dos pressupostos de admissibilidade pertinentes aos recursos interponíveis no âmbito dos Juizados Especiais. Precedentes. – Consequente inconstitucionalidade formal (ou orgânica) de legislação estadual que haja instituído depósito prévio como requisito de admissibilidade de recurso voluntário no âmbito dos Juizados Especiais Cíveis. Precedente: ADI 4.161/AL, Rel. Min. CÁRMEN LÚCIA. (ADI 2699, Relator(a): Celso de Mello, Tribunal Pleno, julgado em 20/05/2015)

[113] AÇÃO DIRETA DE INCONSTITUCIONALIDADE. ART. 92, §1º, I, DA CONSTITUIÇÃO DO ESTADO DE MINAS GERAIS. EXIGÊNCIA DE AUTORIZAÇÃO DA ASSEMBLEIA LEGISLATIVA

Particular espécie que merece atrair atenção quanto ao tema ventilado é a ação de descumprimento de preceito fundamental. Essencialmente subsidiária aos demais pleitos de controle concentrado de constitucionalidade[114], a ADPF tem sido admitida contra interpretações judiciais[115],

---

PARA O PROCESSAMENTO DE GOVERNADOR DE ESTADO POR CRIME COMUM PERANTE O SUPERIOR TRIBUNAL DE JUSTIÇA. DESNECESSIDADE. PROCEDÊNCIA PARCIAL DA AÇÃO. FIXAÇÃO DE TESE. (...) 4. Ação direta de inconstitucionalidade julgada parcialmente procedente, com fixação da seguinte tese: Não há necessidade de prévia autorização da Assembleia Legislativa para o recebimento de denúncia ou queixa e instauração de ação penal contra Governador de Estado, por crime comum, cabendo ao STJ, no ato de recebimento ou no curso do processo, dispor, fundamentadamente, sobre a aplicação de medidas cautelares penais, inclusive afastamento do cargo. (ADI 5540, Relator(a): Edson Fachin, Tribunal Pleno, julgado em 03/05/2017)

[114] BARROSO, Luís Roberto. *O controle de constitucionalidade no direito brasileiro*. 8. ed. São Paulo: Saraiva, 2019, p. 367.

[115] ARGUIÇÃO DE DESCUMPRIMENTO DE PRECEITO FUNDAMENTAL. INTERPRETAÇÃO JUDICIAL COMO OBJETO DE CONTROLE. POSSIBILIDADE. SUBSIDIARIEDADE. INEXISTÊNCIA DE OUTRO MEIO PARA SANAR A LESÃO OU AMEAÇA EM CARÁTER AMPLO. DECISÕES JUDICIAIS QUE RESULTARAM NO BLOQUEIO, PENHORA OU SEQUESTRO, PARA O FIM DE PAGAMENTO DE DÍVIDAS TRABALHISTAS, DE VERBAS DO ESTADO DO AMAPÁ, DAS CAIXAS ESCOLARES E DAS UNIDADES DESCENTRALIZADAS DE EXECUÇÃO DA EDUCAÇÃO – UDEs, DESTINADAS À MERENDA, AO TRANSPORTE DE ALUNOS E À MANUTENÇÃO DAS ESCOLAS PÚBLICAS. OFENSA AOS PRINCÍPIOS DA SEPARAÇÕES DOS PODERES E DO FOMENTO À EDUCAÇÃO. NATUREZA PRIVADA DAS UNIDADES EXECUTORAS. REPASSE DE VERBAS. DESCENTRALIZAÇÃO DA GESTÃO FINANCEIRA. NÃO CARACTERIZAÇÃO DAS PRERROGATIVAS DA FAZENDA PÚBLICA. NÃO SUJEIÇÃO AO REGIME DE PRECATÓRIO ARGUIÇÃO DE DESCUMPRIMENTO DE PRECEITO FUNDAMENTAL CONHECIDA E JULGADO PARCIALMENTE PROCEDENTE O PEDIDO. (...) 6. A arguição de descumprimento de preceito fundamental para evitar ou reparar lesão a preceito fundamental decorrente de atos judiciais é via processual que atende ao requisito da subsidiariedade, mercê de não existir outro instrumento para sanar a controvérsia com caráter abrangente e imediato, ou com a mesma eficácia e celeridade. 7. Arguição de descumprimento de preceito fundamental conhecida e julgado PARCIALMENTE PROCEDENTE o pedido, para declarar a inconstitucionalidade de quaisquer medidas de constrição judicial proferidas pelo Tribunal Regional do Trabalho da 8ª Região, pelo Tribunal Regional Federal da 1ª Região e pelo Tribunal de Justiça do Estado do Amapá, em desfavor do Estado do Amapá, das Caixas Escolares ou das Unidades Descentralizadas de Execução da Educação – UDEs, que recaiam sobre verbas destinadas à educação, confirmando os termos da medida cautelar anteriormente concedida, bem como para afastar a submissão ao regime de precatório das Caixas Escolares ou Unidades Descentralizadas de Educação, em razão da sua natureza jurídica de direito privado, de não integrar a Administração Pública, de não compor o orçamento público e da ratio que inspira a gestão descentralizada da coisa pública. (ADPF 484, Relator(a): Luiz Fux, Tribunal Pleno, julgado em 04/06/2020)

enquanto atos do poder público[116], especialmente quando existentes diversos processos sobre a questão[117]. Há, portanto, inegável similitude com os mecanismos fixadores de teses.

Também nessa modalidade, são encontrados acórdãos em que o tribunal estabelece uma tese, com clareza. Para além de julgados relatados pelo Ministro Roberto Barroso[118],

---

[116] ARGUIÇÃO DE DESCUMPRIMENTO DE PRECEITO FUNDAMENTAL - ADMISSIBILIDADE - OBSERVÂNCIA DO PRINCÍPIO DA SUBSIDIARIEDADE (Lei nº 9.882/99, art. 4º, § 1º) - JURISPRUDÊNCIA - POSSIBILIDADE DE AJUIZAMENTO DA ADPF QUANDO CONFIGURADA LESÃO A PRECEITO FUNDAMENTAL PROVOCADA POR INTERPRETAÇÃO JUDICIAL (ADPF 33/PA e ADPF 144/DF, v.g.) - ADPF COMO INSTRUMENTO VIABILIZADOR DA INTERPRETAÇÃO CONFORME À CONSTITUIÇÃO - CONTROVÉRSIA CONSTITUCIONAL RELEVANTE MOTIVADA PELA EXISTÊNCIA DE MÚLTIPLAS EXPRESSÕES SEMIOLÓGICAS PROPICIADAS PELO CARÁTER POLISSÊMICO DO ATO ESTATAL IMPUGNADO (CP, art. 287) - MAGISTÉRIO DA DOUTRINA - PRECEDENTES DO SUPREMO TRIBUNAL FEDERAL - ADPF CONHECIDA. (...) ARGUIÇÃO DE DESCUMPRIMENTO DE PRECEITO FUNDAMENTAL JULGADA PROCEDENTE. (ADPF 187, Relator(a): Celso de Mello, Tribunal Pleno, julgado em 15/06/2011)
ARGUIÇÃO DE DESCUMPRIMENTO DE PRECEITO FUNDAMENTAL (...) ADMISSIBILIDADE DO AJUIZAMENTO DE ADPF CONTRA INTERPRETAÇÃO JUDICIAL DE QUE POSSA RESULTAR LESÃO A PRECEITO FUNDAMENTAL (...) ARGUIÇÃO DE DESCUMPRIMENTO DE PRECEITO FUNDAMENTAL JULGADA IMPROCEDENTE, EM DECISÃO REVESTIDA DE EFEITO VINCULANTE. (ADPF 144, Relator(a): CELSO DE MELLO, Tribunal Pleno, julgado em 06/08/2008)

[117] 1. Argüição de descumprimento de preceito fundamental ajuizada com o objetivo de impugnar o art. 34 do Regulamento de Pessoal do Instituto de Desenvolvimento Econômico-Social do Pará (IDESP), sob o fundamento de ofensa ao princípio federativo, no que diz respeito à autonomia dos Estados e Municípios (art. 60, §4o , CF/88) e à vedação constitucional de vinculação do salário mínimo para qualquer fim (art. 7º, IV, CF/88). (...) Cabimento da argüição de descumprimento de preceito fundamental (sob o prisma do art. 3º, V, da Lei nº 9.882/99) em virtude da existência de inúmeras decisões do Tribunal de Justiça do Pará em sentido manifestamente oposto à jurisprudência pacificada desta Corte quanto à vinculação de salários a múltiplos do salário mínimo. (...) Argüição de descumprimento de preceito fundamental julgada procedente para declarar a ilegitimidade (não-recepção) do Regulamento de Pessoal do extinto IDESP em face do princípio federativo e da proibição de vinculação de salários a múltiplos do salário mínimo (art. 60, §4º, I, c/c art. 7º, inciso IV, in fine, da Constituição Federal) (ADPF 33, Relator(a): Gilmar Mendes, Tribunal Pleno, julgado em 07/12/2005)

[118] DIREITO CONSTITUCIONAL E PROCESSO CONSTITUCIONAL. ARGUIÇÃO DE DESCUMPRIMENTO DE PRECEITO FUNDAMENTAL. BLOQUEIO, PENHORA E SEQUESTRO DE VERBAS PÚBLICAS PELA JUSTIÇA DO TRABALHO. CABIMENTO DA ADPF PARA IMPUGNAR ATO JURISDICIONAL. (...) 4. Conversão da apreciação da

a prática já foi adotada[119] pelos Ministros Dias Toffoli[120], liminar em exame de mérito, para julgar procedente o pedido, com fixação da seguinte tese: "Verbas estaduais não podem ser objeto de bloqueio, penhora e/ou sequestro para pagamento de valores devidos em ações trabalhistas, ainda que as empresas reclamadas detenham créditos a receber da administração pública estadual, em virtude do disposto no art. 167, VI e X, da CF, e do princípio da separação de poderes (art. 2º da CF)". (ADPF 485, Relator(a): Roberto Barroso, Tribunal Pleno, julgado em 07/12/2020)

DIREITO CONSTITUCIONAL E PENAL. ARGUIÇÃO DE DESCUMPRIMENTO DE PRECEITO FUNDAMENTAL. CRIME DE DESACATO. ART. 331 DO CP. CONFORMIDADE COM A CONVENÇÃO AMERICANA DE DIREITOS HUMANOS. RECEPÇÃO PELA CONSTITUIÇÃO DE 1988. (...) 6. Arguição de descumprimento de preceito fundamental julgada improcedente. Fixação da seguinte tese: "Foi recepcionada pela Constituição de 1988 a norma do art. 331 do Código Penal, que tipifica o crime de desacato". (ADPF 496, Relator(a): Roberto Barroso, Tribunal Pleno, julgado em 22/06/2020)

119 Apesar das décadas em que compôs o Tribunal Constitucional, não se encontra, por parte do Ministro Marco Aurélio, a fixação de teses fora da sistemática da Repercussão Geral. No máximo, tem-se sua relatoria no processo em que restou vencido, tendo o colegiado optado por firmar tese em acórdão redigido por outro julgador: Direito constitucional e tributário. Ação direta de inconstitucionalidade. Dedução da base de cálculo do IRPF. Dependente com deficiência. (...) 7. Procedência parcial do pedido, fixando-se interpretação conforme a Constituição do art. 35, III e V, da Lei nº 9.250/1995, para estabelecer que, na apuração do imposto sobre a renda de pessoa física, a pessoa com deficiência que supere o limite etário e seja capacitada para o trabalho pode ser considerada como dependente quando a sua remuneração não exceder as deduções autorizadas por lei. 8. Fixação da seguinte tese de julgamento: "Na apuração do imposto sobre a renda de pessoa física, a pessoa com deficiência que supere o limite etário e seja capacitada para o trabalho pode ser considerada como dependente quando a sua remuneração não exceder as deduções autorizadas por lei". (ADI 5583, Relator(a): Marco Aurélio, Relator(A) P/ Acórdão: Roberto Barroso, Tribunal Pleno, julgado em 17/05/2021)

120 Arguição de descumprimento de preceito fundamental. Existência de relevante divergência interpretativa. Plano Real. Transição da moeda antiga para a nova. Artigo 38 da Lei nº 8.880/94. Bases a serem tomadas para o cálculo dos índices de correção monetária atinentes a julho e agosto de 1994. Artigo criado para que houvesse a exata mediação da inflação antes e depois da alteração da moeda. Manutenção do equilíbrio econômico-financeiro das obrigações reajustáveis. Inexistência de expurgo inflacionário. Dispositivo imanente à alteração da moeda. Novo regime monetário. Norma de natureza estatutária ou institucional. Possibilidade de aplicação imediata. Ausência de violação do art. 5º, XXXVI, da CF/88. Procedência da ação. (...) 6. Tese proposta: "é constitucional o art. 38 da Lei nº 8.880, de 27 de maio de 1994, não importando a aplicação imediata desse dispositivo violação do art. 5º, XXXVI, da Constituição Federal". (ADPF 77, Relator(a): Dias Toffoli, Tribunal Pleno, julgado em 16/05/2019)

Edson Fachin[121] e Luiz Fux[122].

Contudo, não apenas em processos dessubjetivados o tribunal tem optado pela formação de tese: mesmo em remédios constitucionais,

---

[121] ARGUIÇÃO DE DESCUMPRIMENTO DE PRECEITO FUNDAMENTAL. DIREITO TRIBUTÁRIO. IMPOSTO SOBRE SERVIÇOS DE QUALQUER NATUREZA - ISSQN. ALÍQUOTA MÍNIMA. ART. 88 DO ADCT. COMPETÊNCIA LEGISLATIVA DA UNIÃO. NORMAS GERAIS DA LEGISLAÇÃO TRIBUTÁRIA. USURPAÇÃO. BASE DE CÁLCULO. DEFINIÇÃO POR LEI MUNICIPAL. CONCEITO DE RECEITA BRUTA DO PREÇO DO SERVIÇO. PRINCÍPIO FEDERATIVO. FEDERALISMO FISCAL (…) 7. Fixação da seguinte tese jurídica ao julgado: "É inconstitucional lei municipal que veicule exclusão de valores da base de cálculo do ISSQN fora das hipóteses previstas em lei complementar nacional. Também é incompatível com o Texto Constitucional medida fiscal que resulte indiretamente na redução da alíquota mínima estabelecida pelo art. 88 do ADCT, a partir da redução da carga tributária incidente sobre a prestação de serviço na territorialidade do ente tributante." 8. Modulação prospectiva dos efeitos temporais da declaração de inconstitucionalidade, a contar da data do deferimento da medida cautelar em 15.12.2015. 9. Arguição de Descumprimento de Preceito Fundamental parcialmente conhecida a que se dá procedência com a finalidade de declarar a inconstitucionalidade dos arts. 190, §2º, II; e 191, §6º, II e §7º, da Lei 2.614/97, do Município de Estância Hidromineral de Poá. (ADPF 190, Relator(a): Edson Fachin, Tribunal Pleno, julgado em 29/09/2016)

[122] ARGUIÇÃO DE DESCUMPRIMENTO DE PRECEITO FUNDAMENTAL. CABIMENTO EM FACE DE ORIENTAÇÃO JURISPRUDENCIAL, DESDE QUE ATENDIDO O TESTE DA SUBSIDIARIEDADE. DIREITOS E GARANTIAS FUNDAMENTAIS DO ART. 5º DA CRFB. CARÁTER DE PRECEITOS FUNDAMENTAIS. COMPETÊNCIA PARA JULGAMENTO DE RECURSO CONTRA A EXPEDIÇÃO DE DIPLOMA (RCED) NAS ELEIÇÕES FEDERAIS E ESTADUAIS. ART. 121, § 4º, DA CRFB. ARTIGOS 216 E 22, INCISO I, ALÍNEA "G", DO CÓDIGO ELEITORAL. ADEQUAÇÃO AO SISTEMA CONSTITUCIONAL. APRECIAÇÃO DO RCED PELO ÓRGÃO JURISDICIONAL HIERARQUICAMENTE SUPERIOR. INOCORRÊNCIA DE VIOLAÇÃO AOS PRINCÍPIOS DO JUIZ NATURAL, DEVIDO PROCESSO LEGAL E CONTRADITÓRIO (ART. 5º, LIII, LIV E LV, DA CRFB). DUPLO GRAU DE JURISDIÇÃO: FIGURA NÃO CONTEMPLADA COMO GARANTIA PELA CARTA MAGNA. RESPEITO AOS PRECEDENTES COMO IMPERATIVO DA SEGURANÇA JURÍDICA (ART. 5º, CAPUT, CRFB). ADPF JULGADA IMPROCEDENTE. (…) Arguição de Descumprimento de Preceito Fundamental improcedente. Tese fixada nos seguintes termos: O Tribunal Superior Eleitoral é o órgão competente para julgar os recursos contra a expedição de diploma nas eleições presidenciais e gerais (federais e estaduais). (ADPF 167, Relator(a): Luiz Fux, Tribunal Pleno, julgado em 07/03/2018)

como o *habeas corpus*, de sua competência originária[123] ou recursal[124], o mandado de segurança[125] e a reclamação[126], teses foram firmadas.

---

[123] Direito penal e processual penal. Agravo regimental em habeas corpus. Acordo de não persecução penal (art. 28-A do CPP). Retroatividade até o recebimento da denúncia. (...) 5. Agravo regimental a que se nega provimento com a fixação da seguinte tese: "o acordo de não persecução penal (ANPP) aplica-se a fatos ocorridos antes da Lei nº 13.964/2019, desde que não recebida a denúncia". (HC 191464 AgR, Relator(a): ROBERTO BARROSO, Primeira Turma, julgado em 11/11/2020)

HABEAS CORPUS. ALEGADA PRESCRIÇÃO DA PRETENSÃO PUNITIVA. INOCORRÊNCIA. INTERRUPÇÃO DA PRESCRIÇÃO PELO ACÓRDÃO CONFIRMATÓRIO DE SENTENÇA CONDENATÓRIA. (...) 3. Habeas Corpus indeferido, com a seguinte TESE: Nos termos do inciso IV do artigo 117 do Código Penal, o Acórdão condenatório sempre interrompe a prescrição, inclusive quando confirmatório da sentença de 1º grau, seja mantendo, reduzindo ou aumentando a pena anteriormente imposta. (HC 176473, Relator(a): Alexandre de Moraes, Tribunal Pleno, julgado em 27/04/2020)

[124] Direito penal. Recurso em Habeas Corpus. Não recolhimento do valor de ICMS cobrado do adquirente da mercadoria ou serviço. Tipicidade. (...) 7. Recurso desprovido. 8. Fixação da seguinte tese: O contribuinte que deixa de recolher, de forma contumaz e com dolo de apropriação, o ICMS cobrado do adquirente da mercadoria ou serviço incide no tipo penal do art. 2º, II, da Lei nº 8.137/1990. (RHC 163334, Relator(a): Roberto Barroso, Tribunal Pleno, julgado em 18/12/2019)

[125] Direito constitucional. Mandado de Segurança. Abertura de linha de crédito para quitação de precatórios submetidos a regime especial de pagamento. 1. Mandado de segurança ajuizado para compelir a União a abrir linha de crédito para quitação de precatórios submetidos a regime especial de pagamento. 2. O refinanciamento das dívidas por meio de linha de crédito oferecida pela União é medida de caráter subsidiário, cabível apenas quando esgotadas as demais alternativas. Precedentes monocráticos: MS 36.036 MC, Rel. Min. Celso de Mello, j. em 19.12.2018; MS 36.581, Rel. Min. Gilmar Mendes, j. 08.06.2020; MS 36.746, Rel. Min. Ricardo Lewandowski, j. em 29.10.2020; MS 37.605 MC, Rel.ª Min. Rosa Weber, j. em 01.02.2021; MS 36.678, Rel.ª Min.ª Cármen Lúcia, j. em 02.03.2021. 3. O ente federativo não demonstrou o exaurimento dos recursos oriundos do orçamento e das fontes adicionais de receita na quitação dos débitos de precatórios. Assim, não se justifica a concessão da ordem para determinação de abertura de linha de crédito pela União na forma do art. 101, § 4º, do ADCT. 4. Segurança denegada, com a consequente revogação da medida liminar e a fixação da seguinte tese de julgamento: "Por ser medida de caráter subsidiário, o financiamento pela União, na forma do art. 101, § 4º, do ADCT, dos saldos remanescentes de precatórios dos Estados, do Distrito Federal e dos Municípios se condiciona ao esgotamento das demais alternativas, previstas no § 2º desse mesmo dispositivo".

(MS 36375, Relator(a): Marco Aurélio, Relator(A) P/ Acórdão: Roberto Barroso, Tribunal Pleno, julgado em 17/05/2021)

[126] Agravo interno em Reclamação. 2. Competência para processar e julgar ação ordinária em face da União, independentemente de constar, no polo passivo, outro ente federativo,

Caminhando ainda mais na linha da atipicidade, reforçando o enfoque na oportunidade de uniformizar entendimentos seja qual for o veículo que traga a questão à apreciação do tribunal, encontram-se teses fixadas em questão de ordem em ação penal de competência originária[127], em agravo interno em petição[128] e em apreciação coletiva da

---

em que se discute ato praticado pelo Conselho Nacional do Ministério Público (CNMP) relacionado às diretrizes constitucional-administrativas, previstas no § 2º do art. 130 da CF. Art. 102, I, "r", da Constituição Federal. 3. Mudança de jurisprudência da Corte firmada nesta demanda, na ADI 4.412, de minha relatoria e na Pet 4.770 AgR, Rel. Min. Barroso, julgadas na mesma data. 4. Reconhecimento da competência do Supremo Tribunal Federal para julgar atos praticados pelos Conselhos Nacional de Justiça e do Ministério Público quando correlatos a atividades finalísticas previstas constitucionalmente. 5. Agravo provido, para determinar a subida dos autos, em trâmite nas instâncias inferiores, a esta Corte. (Rcl 33459 AgR, Relator(a): Rosa Weber, Relator(A) P/ Acórdão: Gilmar Mendes, Tribunal Pleno, julgado em 18/11/2020)

127 Direito Constitucional e Processual Penal. Questão de Ordem em Ação Penal. Limitação do foro por prerrogativa de função aos crimes praticados no cargo e em razão dele. Estabelecimento de marco temporal de fixação de competência. (…) III. Conclusão 6. Resolução da questão de ordem com a fixação das seguintes teses: "(i) O foro por prerrogativa de função aplica-se apenas aos crimes cometidos durante o exercício do cargo e relacionados às funções desempenhadas; e (ii) Após o final da instrução processual, com a publicação do despacho de intimação para apresentação de alegações finais, a competência para processar e julgar ações penais não será mais afetada em razão de o agente público vir a ocupar cargo ou deixar o cargo que ocupava, qualquer que seja o motivo". 7. Aplicação da nova linha interpretativa aos processos em curso. Ressalva de todos os atos praticados e decisões proferidas pelo STF e demais juízos com base na jurisprudência anterior. 8. Como resultado, determinação de baixa da ação penal ao Juízo da 256ª Zona Eleitoral do Rio de Janeiro, em razão de o réu ter renunciado ao cargo de Deputado Federal e tendo em vista que a instrução processual já havia sido finalizada perante a 1ª instância. (AP 937 QO, Relator(a): Roberto Barroso, Tribunal Pleno, julgado em 03/05/2018)

128 Direito Constitucional e Administrativo. (…) 9. Agravo interno provido para reformar a decisão que declarou a incompetência desta Corte e determinar o regular processamento da ação, com a fixação da seguinte tese: "Nos termos do artigo 102, inciso I, r, da Constituição Federal, é competência exclusiva do Supremo Tribunal Federal processar e julgar, originariamente, todas as ações ajuizadas contra decisões do Conselho Nacional de Justiça e do Conselho Nacional do Ministério Público proferidas no exercício de suas competências constitucionais, respectivamente, previstas nos artigos 103-B, § 4º, e 130-A, § 2º, da Constituição Federal". (Pet 4770 AgR, Relator(a): Roberto Barroso, Tribunal Pleno, julgado em 18/11/2020)

suspensão de liminar[129], instrumento imaginado pelo legislador como de competência monocrática do presidente da corte.

Todo esse panorama revela, em última análise, que, a exemplo do que sucedeu com as súmulas na segunda metade do século passado, as cortes dispõem de margem de engenharia em prol do aperfeiçoamento da atividade jurisdicional. Se, de um lado, revela-se importantíssimo o cenário legislado, de outro, se impõe o senso de oportunidade dos tribunais supremos voltados à segurança jurídica, cientes de que seus

---

[129] PEDIDO DE SUSPENSÃO DE MEDIDA LIMINAR. PROCURADORIA-GERAL DA REPÚBLICA. ART. 316, PARÁGRAFO ÚNICO, DO CÓDIGO DE PROCESSO PENAL. PACOTE ANTICRIME (LEI 13.964/2019). COMPETÊNCIA DO PRESIDENTE DO SUPREMO TRIBUNAL FEDERAL PARA CONHECER DE PEDIDO DE SUSPENSÃO DE SEGURANÇA. CONTRACAUTELA. PRESENÇA DOS REQUISITOS PARA DEFERIMENTO. RESGUARDO DA JURISPRUDÊNCIA DO STF. INEXISTÊNCIA DE REVOGAÇÃO AUTOMÁTICA DE PRISÃO PREVENTIVA. NECESSÁRIO EXAME DE LEGALIDADE E DE ATUALIDADE DOS SEUS FUNDAMENTOS. RESGUARDO DA ORDEM PÚBLICA E DA SEGURANÇA JURÍDICA. SUSPENSÃO REFERENDADA. 1. O incidente de suspensão de liminar é meio autônomo de impugnação de decisões judiciais, de competência do Presidente do Tribunal ao qual couber o conhecimento do respectivo recurso. O deferimento da medida demanda demonstração de que o ato impugnado pode vir a causar grave lesão à ordem, à saúde, à segurança e à economia pública (art. 4º, caput, da Lei 8.437/1992 c/c art. 15 da Lei 12.016/2009 e art. 297 do RISTF). 2. In casu, tem-se pedido de suspensão ajuizado pela Procuradoria-Geral da República contra medida liminar concedida nos autos do Habeas Corpus 191.836/SP, no qual se determinou a soltura de André Oliveira Macedo ("André do Rap"), líder da organização criminosa Primeira Comando da Capital (PCC). 3. O risco de grave lesão à segurança e à ordem públicas revela-se patente, uma vez que (i) subsistem os motivos concretos que levaram à decretação e à manutenção da prisão preventiva do paciente; (ii) trata-se de agente de altíssima periculosidade comprovada nos autos; (iii) há dupla condenação em segundo grau por tráfico transnacional de drogas; (iv) o investigado compõe o alto nível hierárquico na organização criminosa denominada Primeiro Comando da Capital – PCC; (v) o investigado ostenta histórico de foragido por mais de 5 anos, além de outros atos atentatórios à dignidade da jurisdição. 4. Ex positis, suspendem-se os efeitos da medida liminar proferida nos autos do HC 191.836, até o julgamento do respectivo writ pelo órgão colegiado competente, consectariamente determinando-se a imediata PRISÃO de ANDRÉ OLIVEIRA MACEDO ("André do Rap"). 5. Tese fixada no julgamento: "A inobservância da reavaliação prevista no parágrafo único do artigo 316 do Código de Processo Penal (CPP), com a redação dada pela Lei 13.964/2019, após o prazo legal de 90 (dias), não implica a revogação automática da prisão preventiva, devendo o juízo competente ser instado a reavaliar a legalidade e a atualidade de seus fundamentos." (SL 1395 MC-Ref, Relator(a): Luiz Fux (Presidente), Tribunal Pleno, julgado em 15/10/2020)

pronunciamentos reverberam e obrigam todos os submetidos ao ordenamento jurídico que interpretam.

Naturalmente, no entanto, permanecem aspectos a demandar ajustes para que a prática possa atingir a plenitude de suas potencialidades, em especial o que diz respeito à publicidade dessas teses fixadas de maneira "não óbvia".

2.3.2. VANTAGENS DO MODELO

Compreendido o desenvolvimento dos padrões decisórios no direito pátrio, desde a jurisprudência pura, simples e espontânea, até as teses jurídicas, passando pelas súmulas, pode-se chegar a uma importante conclusão: as teses são o instrumento mais qualificado dentre todas as experiências retratadas.

Na realidade, apesar da diferença entre o modelo das teses e o que sucede na perspectiva dos precedentes do *common law*, deve-se reconhecer que a opção brasileira é profundamente adequada à tradição jurídica nacional, revelando-se preferível em relação a todas as situações pretéritas e de direito comparado. Isso porque guarda vantagens em diversos aspectos, doravante analisadas.

2.3.2.1. ADEQUAÇÃO E ACERTAMENTO

Um primeiro ponto que outorga relevo às teses, de fundamental importância, é sua capacidade de adequação ao modo de raciocinar o direito em nosso país, essencialmente dedutivo, por conta da precisão de definição que garantem, isto é, o acertamento garantido pelos mecanismos fixadores de teses jurídicas.

Com a hibridização dos sistemas e a aproximação entre o *civil law* e o *common law* - acentuado, no cenário nacional, o interesse de pesquisa no tema desde o advento do atual Código de Processo Civil -, passou-se a dedicar muitos estudos acerca do funcionamento dos precedentes judiciais na tradição anglo-saxã. Evidentemente, muitos ensinamentos enriquecem a compreensão acerca da dinâmica argumentativa e interpretativa naqueles países, mas a simples reprodução de sua prática é incapaz de aprimorar a cultura de precedentes brasileira.

Isso porque, em primeiro lugar, há uma considerável distância no modo de conhecer o direito. Nos países anglo-saxões, vige o *case law*, um método essencialmente indutivo de raciocínio jurídico. Significa dizer que o direito, conquanto tido por muitos como preexistente e até mesmo apenas declarado pelos magistrados, é conhecido, objetivamente, através do advento dos casos julgados.

Decorre dessa premissa um certo grau de imprecisão normativo, já que, até que se tenha uma decisão sobre determinada matéria, vigora uma certa lacuna de orientação – o que, evidentemente, tende a se atenuar ao longo de séculos de continuidade histórica e normativa. Em paralelo a isso, subsiste a possibilidade de os julgadores optarem por raciocínios e conclusões diversas, lançando mão se sua liberdade de decidir – o que, por sua vez, se buscou restringir com a teoria do *stare decisis*, de vinculação aos precedentes[130].

Sucede, no entanto, que o mero conhecimento da decisão proferida no caso paradigma se mostra insuficiente, no trabalho com preceden-

---

[130] "Esse ponto é da mais alta importância e pressupõe uma adequada compreensão a respeito da própria evolução do sistema de Common Law. Como é sabido, o Case Law e a regra do stare decisis não se confundem. Enquanto aquele diz respeito ao modo indutivo pelo qual o Common Law se formou ao longo dos séculos, essa diz respeito à vinculação horizontal e vertical de toda a organização judiciária ao precedente. Não por acaso o Common Law nasce com o Case Law, ao passo que a regra do stare decisis só é proclamada no final de Oitocentos com o célebre caso London Traimways.100 E isso tem uma razão muito clara para quem conhece a evolução da doutrina do Common Law. Nos Setecentos, afirmava-se pacificamente que precedents and rules must be followed, unless flatly absurd or injust.101 Essa linha doutrinária, que na prática justificava a recusa da força vinculante do precedente por todo e qualquer juiz que o considerasse "absurdo" ou "injusto", acarretava um grau de insegurança e uma potencial ameaça à liberdade e quebra de igualdade intoleráveis. Por essa razão, a fim de tornar o direito inglês capaz de reagir a essa difusa e indiscriminada afronta eventual ao precedente, a doutrina no final de Setecentos e no início de Oitocentos começou a pugnar pela adoção de um direito escrito no Common Law.102 Naquele momento, contudo, a resposta institucional inglesa obviamente não se deu pela adoção de um direito codificado, mas sim pela adoção da regra do stare decisis em 1898 pela House of Lords – a partir da qual ficou absolutamente superada a possibilidade de todo e qualquer juiz recusar a aplicação do precedente por considerá-lo "absurdo" ou "injusto". Visualizou-se a partir daí com clareza que seguir o precedente, independentemente de seu conteúdo (que rigorosamente é um problema ligado à justificação externa da decisão e não à eficácia do precedente), constitui condição inafastável para edificação de um sistema seguro e capaz de promover a liberdade e velar pela igualdade de todos perante o Direito." (MITIDIERO, Daniel. *Cortes superiores e cortes supremas: do controle à interpretação, da jurisprudência ao precedente*. 2. ed. São Paulo: Revista dos Tribunais, 2015, p. 110-111)

tes. No *common law*, um precedente só é compreendido a partir dos elementos essenciais que levaram àquela conclusão, entendidos como *ratio decidendi*, a razão de decidir, os fundamentos determinantes[131]. Diferentemente, os argumentos acessórios (*obter dictum*) não se inserem no núcleo da decisão que constitui precedente e, portanto, não obrigam casos futuros[132][133].

A essência do *case law* é a comparação de casos[134], ou seja, o julgador posterior está sempre analisando julgados anteriores, aos quais remete em seu raciocínio de fundamentação. No entanto, essa dinâmica decorre da própria cultura jurídica que pressupõe que os operadores do direito investigarão todos os contornos do caso concreto paradigma: fatos, controvérsia jurídica, peculiaridades. Só a partir dessa análise depurada é que se conhecem os reais limites do precedente. Diversas questões sensíveis emergem dessa premissa conceitual.

---

[131] Por isso, conceitua-se o precedente como a "seleção de aspectos relevantes de um caso submetido a julgamento (*ratio decidendi*), com a posterior aplicação deste entendimento a casos semelhantes" (PINHO, Humberto Dalla Bernardina de; RODRIQUES, Roberto de Aragão Ribeiro. O microssistema de formação de precedentes judiciais vinculantes previstos no novo CPC. *Revista de Processo*, v. 41, set.2016, p. 406-436.)

[132] PICARDI, Nicola. *Jurisdição e processo*. Organizador e revisor técnico da tradução Carlos Alberto Alvaro de Oliveira. Rio de Janeiro: Forense, 2008, p. 149. Para o autor, o precedente seria uma fonte não escrita, que não se confunde nem com o dispositivo nem com a fundamentação, mas integrada pela *ratio*.

[133] "Por outro lado, a doutrina e a jurisprudência da *common law* falam, também, em *obter dictum*, o que integra a decisão de forma indispensável, mas não vincula para os casos subsequentes. O *obter dictum* é a fundamentação do precedente que pode ser usada como suporte argumentativo par ao caso presente. Costuma-se dizer que são 'the thing said by the way', as explicações ou ilustrações adotadas pela decisão." (CÔRTES, Osmar Mendes Paixão. *Recursos repetitivos, súmula vinculante e coisa julgada*. Brasília: Gazeta Jurídica, 2018, p. 102).

[134] "Identificar a *ratio decidendi* e saber se essa é aplicável à solução de uma questão constante de um dado caso exigem interpretação. Em especial, exigem a comparação entre semelhanças e distinções entre os casos. Em outras palavras: impõe a identificação de uma *"relevant similarity"* ou a necessidade de uma *"distinguishing"* entre os casos. Como observa a doutrina, *"the case system game"* é *"the game of matching cases"*.

A *ratio decidendi* de uma questão constitui o resultado de uma generalização das razões invocadas pela corte que julgou o caso *devidamente apreendido* pelo juiz ou pela corte que deve julgar o novo caso." (MITIDIERO, Daniel. *Precedentes: da persuasão à vinculação*. 4. ed. São Paulo: Revista dos Tribunais, 2022. Livro eletrônico.).

Primeiramente, em uma perspectiva prática e realista, a depuração do *decisum* e de seus fundamentos não é tarefa simples. Dois questionamentos básicos e de difícil resolução, mesmo na tradição anglo-saxã, se colocam, em relação à competência para realizar a investigação e descoberta da *ratio decidendi* e ao próprio critério metodológico a ser adotado.

Discute-se se cabe ao órgão prolator da decisão tomada como precedente ou ao julgador do caso subsequente extrair a razão de decidir do primeiro julgado[135][136]. O mais correto é perceber que o processo precisa da contribuição de ambos[137]: daquele, para que haja uma decisão que facilite a apreensão do que foi decidido e, sobretudo, do porquê foi decidido daquele modo; deste, porque sua verificação se torna fundamental para que, após identificar a *ratio*, possa identificá-la com o caso sob julgamento (*backward-looking effect*).

---

[135] Defendendo a competência do segundo julgador: ALVIM, Teresa Arruda. *Modulação*: na alteração da jurisprudência firme ou de precedentes vinculantes. 2. ed. São Paulo: Revista dos Tribunais, 2021. Afirmando que o precedente só tem seu alcance definido no julgamento dos casos posteriores: TUCCI, José Rogério Cruz e. *Precedente judicial como fonte do direito*. 2. ed. Rio de Janeiro: GZ, 2021, p. 2. Aduzindo que "se costuma dizer que é o juiz do caso sucessivo que cria o precedente": FERRAZ, Thaís Schilling. *O precedente constitucional*: construção e eficácia do julgamento da questão com repercussão geral. São Paulo: Saraiva, 2017, p. 83.

[136] LOPES FILHO, Juraci Mourão. *Os precedentes judiciais no constitucionalismo brasileiro contemporâneo*. 3. ed. Salvador: JusPodivm, 2020, p. 115.

[137] "A uma, o trabalho com precedentes – especialmente no que tange ao seu primeiro passo, ligado à determinação da *ratio decidendi* – envolve um *esforço mútuo de dois ou mais órgãos judiciais*. Vale dizer: é preciso submeter o precedente oriundo do julgamento do primeiro caso ao crivo interpretativo e aplicativo do órgão judicial encarregado de julgar o segundo caso. Não é correto afirmar, portanto, que o precedente só se forma a partir do *reconhecimento* como tal do órgão judicial encarregado de julgar o segundo caso108. Também não é integralmente correto – embora constitua, sem dúvida, equívoco conceitual bem menos grave – afirmar que especificamente diante do direito brasileiro o problema do reconhecimento do precedente pelo segundo órgão jurisdicional não se coloca, haja vista a expressa previsão normativa de quais são as razões tidas como vinculantes em nossa ordem jurídica (art. 927, CPC)" (MITIDIERO, Daniel. *Precedentes*: da persuasão à vinculação. 4. ed. São Paulo: Revista dos Tribunais, 2022. Livro eletrônico.). No mesmo sentido: MONNERAT, Fábio Victor da Fonte. *Súmulas e precedentes qualificados*: técnicas de formação e aplicação. São Paulo: Saraiva, 2019, p. 409.

Mais tormentoso é o histórico (e supostamente essencial[138]) debate acerca da forma de averiguação da *ratio decidendi* (*holding* ou *rule*), isto é, os fundamentos determinantes para aquela tomada de decisão, afastados desse rol aqueles acessórios, em um juízo de residualidade (*obter dictum*).

Há, inclusive, certa imprecisão no próprio conceito da *ratio decidendi*: por vezes, se a considera um princípio[139] do direito extraído da decisão; por vezes, como a regra ou tese que pautou a conclusão do julgador[140]; por outros, sem especificar a natureza da norma, que, no fundo, seria o precedente, reputando a *ratio* como seus elementos identificadores[141], como o extrato da decisão que efetivamente vincularás enquanto precedente[142].

Seja a natureza que se atribua à *ratio*[143], fato é que será tal elemento da decisão antecedente (o precedente) que deverá ser levado em conta *a posteriori*. A maior indagação, portanto, diz respeito à forma de descobrir esses fundamentos determinantes, diferenciando-os de fundamentos irrelevantes ou acessórios[144].

Uma primeira forma de diferenciar os dois tipos de fundamentos seria através do teste da inversão: toma-se a proposição jurídica que

---

138 Questionando a essencialidade, veja-se: STONE, Julius. The *ratio* of the *ratio decidendi*. *The Modern Law Review*, vol. 22, n. 6, nov. 1959.

139 Falando em *ratio* como o princípio abstrato e geral que se extrai predominantemente (mas não exclusivamente) da fundamentação (*ruling on a pont of law*): FERRAZ, Thaís Schilling. *O precedente constitucional:* construção e eficácia do julgamento da questão com repercussão geral. São Paulo: Saraiva, 2017, p. 255.

140 TUCCI, José Rogério Cruz e. *Precedente judicial como fonte do direito.* 2. ed. Rio de Janeiro: GZ, 2021.

141 MONNERAT, Fábio Victor da Fonte. *Súmulas e precedentes qualificados*: técnicas de formação e aplicação. São Paulo: Saraiva, 2019, p. 408.

142 "A *ratio decidendi* é configurada de duas maneiras diferentes: por um lado, como um critério estrutural da decisão (um trecho da sentença judicial); por outro, como a parte vinculante da decisão" (PEREIRA, Rafael Caselli. *A influência dos fatos na formação de precedentes.* Londrina: Thoth, 2022, p. 245).

143 O termo foi primeiramente usado em AUSTIN, John. *Lectures on jurisprudence.* New York: Henry Holt and Company, 1875.

144 Para um panorama mais completo das metodologias se descoberta da *ratio decidendi*, veja-se: (PEREIRA, Rafael Caselli. *A influência dos fatos na formação de precedentes.* Londrina: Thoth, 2022, p. 245-263.

formou a motivação da decisão e se inverte seu conteúdo[145]. Se a conclusão do julgado necessariamente for modificada, tratava-se de um argumento determinante; senão, se algo acessório, sendo certo que somente aquele obrigaria os julgadores futuros que aplicassem o precedente. A principal fragilidade desse método reside na possibilidade de uma decisão se pautar em mais de um fundamento que seria suficiente para a sustentação da conclusão[146].

Outra maneira de distinção[147] se baseia na ideia de que a *ratio* não se extrai das proposições de direito expostas – porque podem ser genéricas ou restritas demais -, mas da restrita apreciação dos fatos, buscando descobrir quais fatos podem ser considerados materiais, ou seja, considerados pelo juiz na apreciação da questão e quais não foram tomados como razão de decidir – fatos imateriais, portanto[148]. A *ratio*

---

[145] WAMBAUGH, Eugene. *The study of cases: a course of instruction*. 2. ed. Boston: Little Brown and Company, 1984.

[146] "Uma das primeiras tentativas de se estabelecer a distinção entre os dois elementos foi empreendida por Eugene Wambaugh. De acordo com sua teoria, a *ratio decidendi* seria uma proposição em um julgamento que, caso tivesse seu sentido invertido, resultaria na alteração da decisão.

O erro de Wambaugh, porém, foi rapidamente identificado. Se um tribunal fundamenta sua decisão com dois argumentos distintos, ao se tomar qualquer um dos motivos e reverter seu significado o resultado da decisão não é alterado. Portanto, em todo caso que contiver duas razões independentes, o teste de Wambaugh indicará que as duas são, na verdade, *obiter dicta*, pois nenhuma delas é suficiente para, isoladamente, alterar o resultado da decisão." (PUGLIESE, William. *Precedentes e a civil law brasileira*: interpretação e aplicação do novo código de processo civil. São Paulo: Revista dos Tribunais, 2016. Livro eletrônico.).

[147] GOODHART, Arthur L. Determining the *ratio decidendi* of a case. *Yale Law Journal*, v. 40, dez. 1930.

[148] "Até a publicação de Goodhart, este era todo o desenvolvimento da doutrina sobre o tema. O que se apresenta a seguir são as inovações publicadas em 1930. O autor sustenta que nunca é fácil indicar quais foram os motivos que levaram o juiz a tomar determinada decisão. Afinal, a lógica dos argumentos e a análise dos fatos da decisão anterior podem ter sido feitas de forma incorreta. Mas, ainda assim, essa decisão formará um precedente, com um princípio vinculante, como se toda a fundamentação fosse correta. Goodhart, aliás, afirma que muitos dos casos que se tornaram vitais para o Direito foram examinados por maus juízes - e que ainda assim fizeram "bom" Direito. De qualquer forma, o autor não apresenta essas considerações para questionar a validade e a autoridade do Direito. Ele o faz para determinar, em seguida, as regras para a identificação da *ratio decidendi* dos precedentes. A primeira regra dispõe que as razões expostas pelo juiz não influenciam a *ratio*

decidendi seria a equação que soma aos fatos materiais a conclusão

decidendi. Essa regra deriva justamente da preocupação de que a fundamentação do juiz pode derivar de erros de interpretação, ou mesmo de má-fé, como é a decisão de *Priestley v. Fowler*. Tal caso deu origem à norma de que um empregado, no momento de sua contratação, concorda com a possibilidade de trabalhar junto com outros empregados negligentes. Por isso, qualquer dano que ele sofresse por descuido de um colega não seria responsabilidade de seu empregador. A argumentação desta decisão não tem nenhuma lógica, mas ainda assim era aplicada em casos similiares, o que comprova a veracidade da primeira regra. A segunda regra, por sua vez, sustenta que a *ratio decidendi* não se encontra na proposição de Direito do juiz, pois ela pode ser abrangente demais ou restritiva demais. Dois exemplos podem ilustrar a proposição de Goodhart. Em um caso, a Corte entendeu que o herdeiro que causa a morte de seu testador não poderia receber a herança, pois ele não poderia se aproveitar de um dano a que deu causa. Esta posição, demasiadamente abrangente, precisou ser revista para melhor resolver casos nos quais o herdeiro não teve intenção de assassinar seu testador. Outro exemplo, desta vez de regra (aplicação?) restritiva: afirmou-se que o empregador responde por atos ilícitos (no caso, fraude) de seus empregados se forem cometidos no curso do trabalho e em favor do empregador. Quarenta e cinco anos depois entendeu-se que a configuração de fraude independe do favorecimento do empregador. É preciso ressaltar que essas duas observações não foram feitas somente por Goodhart. Herman Oliphant, ao se debruçar sobre as mesmas questões, entendeu que o papel do jurista era o de analisar somente os fatos descritos no relatório e a consequência jurídica imposta pelo juiz. Em resposta a algumas considerações de Oliphant, Goodhart desenvolveu ainda mais sua teoria. Para ele, existia um grande defeito nas proposições de Oliphant, que considerava que os fatos podem ser levados totalmente em conta ao se estudar um precedente. Ao discordar dessa afirmação, enunciou-se a terceira regra para determinar a *ratio decidendi* de uma decisão: o juiz é quem escolhe quais fatos são importantes para a resolução do caso. Isso quer dizer que nem todos os fatos apresentados em juízo são levados em consideração para a tomada da decisão. Quem interpreta o precedente deve, portanto, estudar como o juiz observou os fatos e as provas para então ver qual foi a decisão tomada. Sem isso, o sistema de precedentes não significaria nada. A quarta regra complementa e auxilia na compreensão da terceira. Existem dois tipos de fatos: os materiais e os imateriais. Alguns fatos são tipicamente imateriais, pois decorrem da imparcialidade do Judiciário, como pessoa, lugar, tempo e valor. Com exceção desses fatos, os demais podem ser materiais. A melhor forma de saber se eles foram ou não levados em consideração pelo juiz é pelo exame do relatório. Após identificar se o magistrado reporta-se ou não a um determinado fato, é preciso investigar se ele o considerou relevante ou não para a resolução da questão. Alguns deles são expressamente considerados imateriais, ou seja, declarados irrelevantes, para a solução do caso, mas esta não é a situação mais comum. Na maioria das vezes, a questão da materialidade de um fato somente é discutida nos casos que examinam a decisão anterior como precedente. Tome-se o exemplo de *People v. Vandewater,* em que o réu foi acusado de "*public nuisance*" (incômodo público). Dois fatos foram alegados: a) as pessoas que frequentavam o bar do réu incomodavam a

jurídica, importando fundamentalmente a forma como o juiz efetivamente enxergou os fatos[149].

Uma outra leitura entende que não bastam os fatos tomados como materiais para identificar a *rule* a partir do precedente, mas que a *ratio* seria qualquer regra de direito (*any rule of law*) tratada pelo juiz como passo necessário à sua conclusão, negando, porém, que uma norma jurídica possa ser um precedente. Desse modo, os fatos continuam sendo essenciais para a apreciação, como forma de leitura e baliza da decisão anterior[150].

---

vizinhança pelo barulho que faziam e pela condição na qual saíam do bar; e b) o bar era ilegal. O resultado do julgamento declarou que a ilegalidade do bar era o que causava a desordem. O barulho e o estado dos clientes foram considerados irrelevantes. Outro caso utilizado por Goodhart para exemplificar sua teoria é *Rylands v. Fletcher*. Nele, o réu, Fletcher, contratou um empreiteiro para a construção de um reservatório de água na sua propriedade. O empreiteiro atuou com negligência e a água do reservatório invadiu as terras do vizinho, causando-lhe prejuízos materiais e machucados. Goodhart identificou, ao analisar o caso, os seguintes fatos: a) Fletcher construiu um reservatório de água em sua propriedade; b) o empreiteiro contratado agiu com negligência; e c) a água escoou e causou danos a Rylands. A decisão da corte foi de que o réu era responsável pela indenização do autor. No entanto, considerou como fatos materiais somente a construção do reservatório e o dano causado, desprezando, assim, a negligência do empreiteiro. Com isso foi cunhada, nos Estados Unidos, a teoria da responsabilidade integral. Essa decisão é importante para demonstrar que, mesmo na hipótese de haver um erro grave na interpretação fática do juiz, deve-se ter em mente que foi nesta representação da realidade que sua decisão se sabeou. De acordo com os fatos eleitos como materiais, a decisão não pode ser considerada incorreta. Com isso, Goodhart encerra sua explicação do que seria a *ratio decidendi*: a regra jurídica definida pelo juiz para decidir o caso da forma como ele o observou, ou seja, de acordo com os fatos considerados materiais. Ao final de seu artigo, Goodhart ainda afirma que *obiter dicta* seriam as conclusões baseadas em fatos hipotéticos, entendidos como qualquer situação cuja existência não seja aceita pelo juiz. Esta ideia foi denominada por outros autores como uma argumentação "de passagem"." (PUGLIESE, William. *Precedentes e a civil law brasileira*: interpretação e aplicação do novo código de processo civil. São Paulo: Revista dos Tribunais, 2016. Livro eletrônico.).

149 Sintetizando essa tese, "[o]s fatos são o que o juiz pensa que são" (PEREIRA, Rafael Caselli. *A influência dos fatos na formação de precedentes*. Londrina: Thoth, 2022, p. 259).

150 CROSS, Rupert; HARRIS, Jim W. *Precedente in English Law*. 4. ed. Oxford: Oxford University Press, 2004.

Prosseguindo, outros autores sustentam que os fatos se tornam materiais por conta de uma regra jurídica que os torna relevantes[151], não apenas em razão da apreciação feita pelo magistrado e que o essencial é extrair a *rule of model*, a partir do exame das palavras utilizadas, semelhantemente à maneira que são lidas as regras jurídicas[152].

O uso dos precedentes, nos moldes do *common law*, portanto, se afigura complexo, trabalhoso e, sobretudo, artificial para a prática judiciária brasileira[153]. Justamente por isso, a gradual construção das teses jurídicas enquanto instituto prescinde da experiência anglo-saxã, ao

---

[151] "Partindo das considerações do autor, é possível, portanto, elaborar uma justificativa para a *ratio decidendi*: é a partir dela, ou seja, da explicitação dos fatos e das soluções jurídicas dos casos, que os juízes conferem materialidade às leis.

Ora, se para Schauer os fatos relevantes são aqueles dotados de relevância jurídica conferida a eles pela lei, o papel do juiz do *common law* não é diferente do que se tem no Brasil. Afinal, o magistrado brasileiro deve, justamente, identificar os fatos relevantes alegados pelas partes e, a partir deles, solucionar o caso aplicando a norma prevista em lei. (...) A conclusão acima exposta não é uma construção isolada de Frederick Schauer. Muitos juristas da *common law* notaram que ao interpretar a lei o precedente não cria uma regra nova, mas confere maior especificidade à legislação.

Aproxima-se dessa tese a opinião de Benjamin Cardozo. Apesar de mais extremado, o *Justice* afirmava que os costumes e as leis não eram propriamente direito, pois os tribunais deveriam aplicá-los para que tivessem efetividade.

A opinião de Kenneth Vandevelde, menos radical, confirma a tese de Schauer ao reconhecer que o precedente é uma norma de direito com nível mais baixo de generalidade. Em outras palavras, é uma norma de direito combinada com os fatos de um caso específico.

Teoricamente, portanto, é possível utilizar precedentes para dar materialidade às leis, assim contribuindo para o desenvolvimento do Direito mas, ao mesmo tempo, garantindo uniformidade, previsibilidade, coerência e igualdade nas decisões. Resta saber, porém, se tudo o que se defendeu é viável na prática." (PUGLIESE, William. *Precedentes e a civil law brasileira*: interpretação e aplicação do novo código de processo civil. São Paulo: Revista dos Tribunais, 2016, p. 86).

[152] SCHAUER, Frederick. Precedent. *Social Science Research Network*, 2011.

[153] "A diferença é que no sistema anglo-saxônico os juízes procuram manter uma unidade entre as suas decisões. Tamanha é essa preocupação que conceberam um instituto de complexidade exagerada.

Nesse sentido, não parece necessário aos membros do Poder Judiciário brasileiro que se debrucem sobre os textos norte-americanos a respeito do assunto. Basta que se convençam de sua função e de sua posição dentro de um sistema de aplicação e distribuição de justiça e que exerçam seu trabalho tendo em mente a igualdade e a necessidade de se conferir estabilidade e previsibilidade às decisões. Assim, o trabalho com os precedentes torna-se mais simples.

menos na forma como estudada (com a imperiosa necessidade de se definirem a *ratio decidendi*, o *obter dictum*, etc). Reitere-se que esse divórcio em relação à metodologia estrangeira é essencialmente natural, seguindo-se os ditames do raciocínio jurídico do *civil law*[154].

Na tradição romano-germânica[155], partes e julgadores operam pela lógica dedutiva, lançando mão de premissas – originalmente, a lei; hoje, a norma -, em relação às quais são cotejadas as circunstâncias fáticas e jurídicas do caso *sub judice*, chegando-se à conclusão de adequação ou não daquela norma em relação ao caso concreto[156]. É tra-

---

Portanto, caberá ao magistrado examinar os fatos juridicamente relevantes e aplicar o Direito de acordo com seus pares e respeitando as decisões anteriores acerca do tema. É desnecessário maior esforço para a identificação da *ratio decidendi* das decisões nacionais. Basta boa vontade e a consciência de que a justiça das decisões não está na casuística, mas na aplicação de um mesmo Direito para todo o jurisdicionado." (PUGLIESE, William. *Precedentes e a civil law brasileira:* interpretação e aplicação do novo código de processo civil. São Paulo: Revista dos Tribunais, 2016, p. 86).

154 "[L]a que más ha calado entre nosotros, es aquella según la cual, los sistemas del civil law tienen un derecho de origen legislativo, en los cuales las disposiciones normativas son de origen político, y los jueces tienen la función de aplicarlas a los casos concretos, deduciendo de aquellas la solución para una determinada controversia. En tanto que, en el common law el derecho sería de formación prevalentemente judicial, es decir, son los jueces quienes crean derecho y no el legislador; así, a través de los precedentes judiciales los jueces crearían derecho en la solución de casos concretos, y no de manera general y abstracta como lo hace el legislador en el civil law; por ello se sostiene que en esta tradición rige la regla del stare decisis, en virtud de la cual, los jueces tienen la obligación de seguir decisiones anteriores." (FIGUEROA, Jim Ramírez. *Los hechos en el precedente:* fundamentos para un uso adecuado del precedente constitucional. Lima: Yachat Legal, 2020. Livro eletrônico.).

155 "Diversamente ocorre no sistema do civil law em que a produção do direito pelo processo legislativo implica a determinação prévia da hipótese de fato colocada como suposto da consequência jurídica, mesmo quando alguns elementos do tipo sejam deixados para subsequente preenchimento hermenêutico pelos magistrados." (CALMON DE PASSOS, José Joaquim. Súmula Vinculante. *Genesis* – Revista de Direito Processual Civil. n. 6, set./dez. 1997).

156 "O papel reconhecido à regra de direito abstrata e geral, que é retirada pela ci~encia jurídica do conjunto dos casos concretos e das necessidades da própria sociedade. Vale destacar que não se tratou de apenas receber as regras romanas, mas, sim, de, a partir dos textos romanos, mostrar qual o melhor direito a reger a sociedade e o melhor modo de chegar a seu conhecimento. (...) Nesse sentido, a regra de direito no sistema romano-germânico tem pretensão de regular a sociedade no futuro, de perdurar no tempo, sem a preocupação imediata de resolução de um único caso concreto. Nesse contexto, observa-se que a fonte primária do direito, no

dicional a lição de que a sentença, coração do organismo processual, é um juízo lógico, portanto silogístico[157], com conteúdo próprio, cuja premissa maior é a lei (leia-se norma[158])[159].

Somente a partir da demanda por maior integralidade sistêmica, uniformidade de entendimentos e coerência de decisões é que se parte para a abertura cognitiva e a prestação de contas quanto a outros processos julgados. Em outras palavras, é a partir do crescimento da insegurança jurídica que cresce a busca por maior isonomia de pronunciamentos de julgadores diversos.

Conquanto se inspire na experiência comparada com a intenção de aprimorar o sistema de precedentes brasileiro, não se pode ignorar que o desenvolvimento do próprio conceito de precedente varia de ordenamento para ordenamento. Por isso, apenas se pode admitir que o

---

sistema romano-germânico, é o direito positivado, que é interpretado e influenciado pelos dos juízes aplicadores e, no máximo, adaptadores das normas abstratas aos casos concretos. A função dos juízes, ao contrário da *common law*, nunca foi a de criar regras gerais a partir dos precedentes, através do raciocínio indutivo, para resolver os casos concretos, literalmente, criando o Direito. A criação das regras dá lugar à pura interpretação, a partir de um raiocínio mais dedutivo – das normas gerais para o caso concreto." (CÔRTES, Osmar Mendes Paixão. *Recursos repetitivos, súmula vinculante e coisa julgada*. Brasília: Gazeta Jurídica, 2018, p. 141-142).

157 Reconhecer simplista a lição, mas também didática: SILVA, Ovídio Araújo Baptista da. *Curso de Processo Civil*: processo de conhecimento. Vol. 1. 5. ed. São Paulo: Revista dos Tribunais, 2000, p. 404-405.

158 "Quem instaura processo de cognição pleiteia o reconhecimento ou a produção de determinado efeito jurídico. Ao órgão competente para julgar a causa incumbe pronunciar-se acerca do efeito pretendido. Como todo efeito resulta da incidência de uma norma jurídica sobre um fato (ou conjunto de fatos), para julgar necessita o juiz, de um lado, reconstituir o fato (ou conjunto de fatos) e, de outro, identificar a norma aplicável. As exposições clássicas costumavam apresentar o mecanismo do julgamento sob a forma de um silogismo, em que. A premissa maior seria a norma, e a menor o enunciado fático. Essa explicação um tanto simplista desfigura em certa medida a dinâmica do ato de julgar; mas não sofre dúvida que norma e faro serão sempre os dois pontos básicos de referência no processo mental do julgador." (BARBOSA MOREIRA, José Carlos. Julgamento e ônus da prova. *Temas de Direito processual Civil*. Segunda série. 2. ed. São Paulo: Saraiva, 1988, p. 73-82)

159 CALAMANDREI, Piero. La genesi logica dela sentenza civile. *Opere Giuridiche*: probleme generali del diritto e del processo. Vol. 1. Roma: Roma Ter-Press, 2019, p. 11-40.

precedente seja um conceito lógico-jurídico[160], pretensamente universalizável, quanto à primeira ideia conceitual, de que os casos julgados anteriormente devem ser tomados como parâmetro decisório para os subsequentes, naquilo que consigo se identificarem.

Por outro lado, o esmiuçar dessa máxima exige que o legislador e a jurisprudência identifiquem especificamente quais decisões ostentam maior ou menos vinculatividade, em que ocasião, sob que condições, entre outros aspectos essenciais. Significa dizer que, no plano prático, o precedente deve ser tido como um conceito jurídico-positivo, especialmente na tradição do *civil law*[161].

Essa ideia resta evidenciada pela própria intenção do Código de Processo Civil em trazer róis de pronunciamentos obrigatórios, a de-

---

160 "Há, pois, uma evolução: precedente, jurisprudência, súmula. São conceitos bem ligados, os dois primeiros *lógico-jurídicos,* o terceiro, *jurídico-positivo.*" (DIDIER JR, Fredie. *Sobre a Teoria Geral do Processo, essa desconhecida*. 3. ed. Salvador: JusPodivm, 2016, p. 137).

161 Semelhantemente, no direito comparado: "El sistema jurídico peruano, desde siempre, ha formado parte de la tradición jurídica del civil law. Por eso, no es raro que hayamos reducido el derecho a la legislación y reconocido en el legislador a su único creador. Sin embargo, ello no ha sido óbice para que vía legislación se introduzca en nuestro sistema jurídico al «precedente judicial vinculante». En este contexto, se puede hablar de una ¿yuxtaposición de las familias jurídicas del civil law y common law en el sistema jurídico peruano? Definitivamente no. Ello debido a que, si bien no se puede negar que algunas decisiones judiciales son—formalmente hablando—fuentes de derecho, también es innegable que la ley sigue siendo la principal fuente de nuestro derecho. Pero eso no es todo. Sino que además, es imposible que el trasplante de una institución como el precedente, traiga consigo el trasplante de una tradición, la cual como sabemos está estrechamente vinculada con la cultura. Por tanto, seguimos siendo parte de la tradición jurídica del civil law. Precisamente, a partir de reconocernos como miembros de la familia del civil law, hemos tenido que introducir el precedente en nuestro sistema jurídico a través de la ley. En otras palabras, ha sido por obra del legislador el que ahora determinadas decisiones judiciales compartan algunos rasgos de las decisiones judiciales del common law. Consecuentemente, no podemos perder de vista que, 'la jerarquía que ocupa el precedente judicial entre las fuentes del derecho en un país determinado se encuentra íntimamente ligada a la cultura jurídica y política de dicho país. De ahí que en los países del common law no exista la necesidad de imprimir en la Constitución o en una ley que los precedentes son obligatorios, mientras que en los países de tradición jurídica continental romanista es necesario consagrar este principio legislativamente o con la intervención del constituyente'." (FIGUEROA, Jim Ramírez. *Los hechos en el precedente:* fundamentos para un uso adecuado del precedente constitucional. Lima: Yachat Legal, 2020. Livro eletrônico.).

pender do instrumento que se lhes atribui para garantir a observância. Há uma lista, bastante afamada, no artigo 927[162], que indica que os julgadores deverão observar certos parâmetros decisórios, desde pronunciamentos do Supremo Tribunal Federal em controle de constitucionalidade concentrado e estampados em sua súmula vinculante, até acórdãos do plenário ou do órgão especial de tribunais locais, passando por acórdãos fixadores de teses jurídicas[163].

---

[162] Art. 927. Os juízes e os tribunais observarão:

I - as decisões do Supremo Tribunal Federal em controle concentrado de constitucionalidade;

II - os enunciados de súmula vinculante;

III - os acórdãos em incidente de assunção de competência ou de resolução de demandas repetitivas e em julgamento de recursos extraordinário e especial repetitivos;

IV - os enunciados das súmulas do Supremo Tribunal Federal em matéria constitucional e do Superior Tribunal de Justiça em matéria infraconstitucional;

V - a orientação do plenário ou do órgão especial aos quais estiverem vinculados.

[163] O rol não é isento de críticas, sobretudo a depender da visão acerca do conceito de precedente e das distintas naturezas dos pronunciamentos acumulados pelo legislador: ""Portanto, o art. 927 do CPC/2015, além de desnecessário, tem caráter meramente exemplificativo. De lado as súmulas - que obviamente não são precedentes e só existem por terem que ser respeitadas -, decisões lembradas nos seus incs. I e III estão *situadas entre os precedentes* das Cortes Supremas. Precedente é gênero, que obviamente encarta os precedentes firmados em controle concentrado (art. 927, I, do CPC/2015) e os precedentes estabelecidos em "julgamento de recursos extraordinário e especial repetitivos" (art. 927, III, do CPC/2015). Já as decisões proferidas nos incidentes de assunção de competência e de resolução de demandas repetitivas - deixando-se de lado, por enquanto, a questão da ilegitimidade constitucional das decisões que prejudicam os que não participaram -, deveriam ser observadas em razão de sua natureza *erga omnes*.

Significa que a norma do art. 927 consiste apenas na lembrança de *alguns* precedentes, além de súmulas e controversas decisões tomadas em incidentes de natureza *erga omnes*, que deverão ser observados pelos juízes e tribunais. (...) A norma diz que os juízes e tribunais devem observar hipóteses que não guardam qualquer homogeneidade. Mistura decisão do Supremo Tribunal Federal proferida em controle concentrado de constitucionalidade, súmulas, decisões tomadas em vias de solução de casos ou questões repetitivas e orientação do plenário ou do órgão especial, mas, surpreendentemente, nada diz sobre precedente, *ratio decidendi* ou fundamentos determinantes da decisão." (MARINONI, Luiz Guilherme. *Precedentes obrigatórios*. 6. ed. São Paulo: Revista dos Tribunais, 2019).

A seguir, existe a listagem de decisões cujo descumprimento autoriza o ajuizamento de reclamação, no artigo 988[164], que não coincide totalmente com aquela primeira. Há, ainda, dois outros meios de controle relevantes: a ação rescisória, autorizada pelo artigo 966, V e §5º[165], e a nulidade das decisões que desprezem súmula, jurisprudência e precedente, prevista no artigo 489, §1º, VI[166] – comando mais amplo de todos.

---

[164] Art. 988. Caberá reclamação da parte interessada ou do Ministério Público para:

I - preservar a competência do tribunal;

II - garantir a autoridade das decisões do tribunal;

III – garantir a observância de enunciado de súmula vinculante e de decisão do Supremo Tribunal Federal em controle concentrado de constitucionalidade;

IV – garantir a observância de acórdão proferido em julgamento de incidente de resolução de demandas repetitivas ou de incidente de assunção de competência;

§ 1º A reclamação pode ser proposta perante qualquer tribunal, e seu julgamento compete ao órgão jurisdicional cuja competência se busca preservar ou cuja autoridade se pretenda garantir.

§ 2º A reclamação deverá ser instruída com prova documental e dirigida ao presidente do tribunal.

§ 3º Assim que recebida, a reclamação será autuada e distribuída ao relator do processo principal, sempre que possível.

§ 4º As hipóteses dos incisos III e IV compreendem a aplicação indevida da tese jurídica e sua não aplicação aos casos que a ela correspondam.

§ 5º É inadmissível a reclamação:

I – proposta após o trânsito em julgado da decisão reclamada;

II – proposta para garantir a observância de acórdão de recurso extraordinário com repercussão geral reconhecida ou de acórdão proferido em julgamento de recursos extraordinário ou especial repetitivos, quando não esgotadas as instâncias ordinárias.

§ 6º A inadmissibilidade ou o julgamento do recurso interposto contra a decisão proferida pelo órgão reclamado não prejudica a reclamação.

[165] Art. 966. A decisão de mérito, transitada em julgado, pode ser rescindida quando:

V - violar manifestamente norma jurídica;

§ 5º Cabe ação rescisória, com fundamento no inciso V do caput deste artigo, contra decisão baseada em enunciado de súmula ou acórdão proferido em julgamento de casos repetitivos que não tenha considerado a existência de distinção entre a questão discutida no processo e o padrão decisório que lhe deu fundamento.

[166] Art. 489. § 1º Não se considera fundamentada qualquer decisão judicial, seja ela interlocutória, sentença ou acórdão, que:

Diante desse cenário, por mais que, pela via interpretativa, se tenham corrigido determinados descompassos legais não intencionais[167], há que se respeitar o panorama normativo de cada país, que leva em conta o estágio de maturação jurisdicional e cultural para a outorga de vinculatividade a certos pronunciamentos – isto é, para a conceituação de precedentes.

Por isso, a procura por uma lista estrita de precedentes acaba por se tornar um empreendimento de menor importância, ainda que profícuo sob o ponto de vista doutrinário. São variados os posicionamentos a respeito, desde aqueles que advogam um conceito de precedente próximo aos ditames do *common law*[168], por vezes partindo da fun-

---

VI - deixar de seguir enunciado de súmula, jurisprudência ou precedente invocado pela parte, sem demonstrar a existência de distinção no caso em julgamento ou a superação do entendimento.

[167] Veja-se o rol autorizativo da tutela de evidência, que não menciona a tese firmada em incidente de assunção de competência, mas que seguramente deve incorporá-lo: "Esmiuçando a eficácia futura da tese, o legislador enumerou amplo leque de consequências endoprocessuais, com repercussão no próprio processo, seja no julgamento final, em questões acessórias ou no seu trâmite.
A primeira técnica de tutela diferenciada é a concessão de tutela da evidência (art. 311, II), apenas para os incidentes repressivos, pela lei, mas perfeitamente extensível às teses formadas em IAC, já que o fundamento é a maior segurança jurídica a respeito da provável decisão judicial a ser proferida ao cabo do processo (Enunciado 135 da II Jornada de Direito Processual Civil do CJF: É admissível a concessão de tutela da evidência fundada em tese firmada em incidente de assunção de competência.): Art. 311. A tutela da evidência será concedida, independentemente da demonstração de perigo de dano ou de risco ao resultado útil do processo, quando: II – as alegações de fato puderem ser comprovadas apenas documentalmente e houver tese firmada em julgamento de casos repetitivos ou em súmula vinculante." (MENDES, Aluisio Gonçalves de Castro; PORTO, José Roberto Sotero de. *Incidente de Assunção de Competência*. 2. ed. Rio de Janeiro: GZ, 2021).

[168] "Esses dispositivos, a nosso ver, permitem entrever que têm potencial para figurar como precedente quaisquer decisões, de quaisquer Tribunais. É necessário, no entanto, que a decisão tenha uma característica especial para ser considerada precedente. Grosso modo, isso deverá ser percebido por aqueles que, a posteriori, a tal decisão se referem, tomando-a por base a fim de se utilizar de seus fundamentos determinantes para resolver problemas subsequentes. Esse aspecto qualitativo confere reconhecimento substancial ao precedente. A nosso ver, é nesse sentido que o art. 926, § 2º do CPC/2015 se refere a 'precedente'.
É o que ocorre, p.ex., no art. 988, IV do CPC/2015 (cf. também § 5º, II do mesmo artigo, na redação da Lei 13.256/2016), que alude a acórdão proferido em incidente de resolução de demandas repetitivas e de assunção de competência (a nosso ver, abrange-se também a hipótese de recurso extraordinário com repercussão geral reconhecida e recursos extraor-

ção exercida pelas cortes que proferem as decisões[169], havendo, ainda, quem procure o requisito do aspecto qualitativo do precedente, não bastando que a lei formalmente lhes atribua tal predicado[170], até os que

dinário e especial repetitivos, a que se aludiu apenas no § 5º, II do art. 988 do CPC/2015, na redação da Lei 13.256/2016)." (MEDINA, José Miguel Garcia. Integridade, estabilidade e coerência da jurisprudência no Estado Constitucional e Democrático de Direito: o papel do precedente, da jurisprudência e da súmula, à luz do CPC/2015. *Revista dos Tribunais*. v. 974. dez./2016. Acesso eletrônico.).

[169] ""Os incidentes de assunção de competência e de resolução de demandas repetitivas e a técnica dos recursos extraordinário e especial repetitivos têm grande diferença em relação ao sistema de precedentes. O sistema de precedentes constitui resposta à função das Cortes Supremas, de atribuir sentido ao direito e desenvolvê-lo de acordo com as necessidades sociais. Como as decisões que atribuem sentido ao direito ou mesmo o desenvolvem agregam conteúdo à ordem jurídica e, desta maneira, passam a orientar a sociedade, elas constituem critérios que necessariamente devem ser observados pelos tribunais e juízes para a resolução dos conflitos. Estas decisões não se destinam a resolver casos pendentes (casos repetitivos) ou a prevenir casos que podem aflorar em virtude da relevância social da questão de direito (assunção de competência). Mais claramente, os incidentes de assunção de competência e de resolução de demandas repetitivas se destinam a regular casos que podem surgir ou já surgiram em face de determinada situação ou litígio. São meios de resolução de casos de massa ou de questões múltiplas.". (MARINONI, Luiz Guilherme. *Precedentes obrigatórios*. 6. ed. São Paulo: Revista dos Tribunais, 2019). Semelhantemente, defendendo que os pronunciamentos das Cortes Supremas constituem precedentes, independentemente do procedimento: MITIDIERO, Daniel. *Precedentes: da persuasão à vinculação*. 4. ed. São Paulo: Revista dos Tribunais, 2022.

[170] "Espera-se que ao reconhecimento formal do precedente agregue-se o substancial, isso é, trate-se de decisão proferida com elevado grau de qualidade (e.g., pleno respeito ao contraditório, participação efetiva de amici curiae, publicidade plena do procedimento, fundamentação exauriente em resposta a todos os argumentos relacionados ao problema etc.) e que a ela se submetam os juízes e Tribunais. O déficit qualitativo da decisão diminuirá ou, até, prejudicará o reconhecimento substancial a tal 'precedente', reduzindo sua 'força' vinculante, fazendo com que juízes não o respeitem e, consequentemente, se ajuíze grande número de reclamações fundadas no art. 988, IV e §§ 4º e 5º do CPC/2015.(...) No caso brasileiro, a lei atribui, formalmente, a qualidade de precedente a determinadas decisões, ao exigir sua observância e sujeitar seu desrespeito a controle exercido por meio da reclamação. A decisão que julga incidente de resolução de demandas repetitivas ou de assunção de competência, e.g., tem essa característica, ex vi legis. Mas isso atribui a tal decisão o reconhecimento de que se estaria diante de um precedente apenas formalmente. Ostentar tal qualidade formal permite que, de acordo com a lei processual, caiba reclamação contra a decisão que desrespeitar tal julgado – à semelhança do que sucede com a súmula vinculante, cuja afronta também justifica o ajuizamento de reclamação (cf. art. 988, III do CPC/2015, na redação da Lei 13.256/2016). Mas se

hierarquizam os parâmetros elencados pelo legislador de acordo com os instrumentos de controle mencionados.

Nesses últimos, costuma-se distinguir graus de obrigatoriedade[171], atribuindo-se maior força àqueles cujo descumprimento autoriza ajui-

---

essa qualificação formal não for acompanhada por um reconhecimento substancial, o 'precedente', ao invés de propiciar a obtenção de segurança e contribuir para a integridade da jurisprudência, produzirá efeito inverso, já que o não reconhecimento de que a decisão tenha qualidade de precedente (precedente em sentido substancial) acabará determinando o ajuizamento de elevado número de reclamações." (MEDINA, José Miguel Garcia. Integridade, estabilidade e coerência da jurisprudência no Estado Constitucional e Democrático de Direito: o papel do precedente, da jurisprudência e da súmula, à luz do CPC/2015. *Revista dos Tribunais*. v. 974. dez./2016. Acesso eletrônico.).

[171] "A expressão *obrigatoriedade* vem sendo muito frequentemente empregada. Certamente, esta palavra pode ser compreendida de mais de uma maneira.

Os precedentes dos Tribunais Superiores, por exemplo, evidentemente devem ser obrigatoriamente respeitados, já que a *função* e a *razão de ser* desses Tribunais é a de proferir decisões *paradigmáticas*, que sirvam de "modelo" aos demais órgãos do Poder Judiciário. Não teria sentido a existência desses órgãos de cúpula se não houvesse essa obrigatoriedade.

Também se pode afirmar que o respeito às súmulas vinculantes do STF (que não são precedentes) é obrigatório. Essa obrigatoriedade decorre de sua razão de ser e finalidade, que foi levada em conta pelo legislador constituinte e ordinário, que tratou de estabelecer o desrespeito à súmula vinculante como uma das hipóteses de cabimento de reclamação.

Evidentemente, as expressões obrigatório/obrigatoriedade estão sendo usadas em sentidos diferentes, nos dois parágrafos *supra*.

É que se podem conceber, principalmente à luz do atual CPC, *três graus de obrigatoriedade*.

Esta classificação da obrigatoriedade dos precedentes, em *três graus de intensidade*, a partir de critério ligado, fundamentalmente, à *consequência* que decorre do seu *descumprimento*, parece-nos adaptada à nossa cultura.

A obrigatoriedade será tida como *forte* quando o respeito a um precedente é exigido, sob pena do manejo de medida ou ação *especialmente concebida para esse fim, a reclamação*. São *precedentes obrigatórios*, no sentido *forte*, *à luz do* CPC/2015, por exemplo, as decisões proferidas em recursos repetitivos, no regime dos arts. 1.036 e ss. do CPC/2015. (...)

Todavia, embora não haja vinculação forte/formal, é evidente que tais precedentes devem ser observados pela Administração Pública: são direito, são *pauta de conduta*.

Média é a obrigatoriedade de um precedente quando ocorre pelo menos uma das duas hipóteses: (i) o seu desrespeito gera a correção por meios não concebidos, necessariamente, para esse fim, como recursos. Assim, se o juiz, ao decidir o caso entre A e B, o faz em desconformidade com o que o STJ tenha decidido em recurso especial, julgados pela Corte Especial, interposto em processo que corre entre C e D, em caso idêntico, a via apropriada para a parte prejudicada corrigir a decisão do juiz, adequando-a àquilo que o STJ havia

zamento de reclamação, seguidos pelos que possuem outros meios de correção, específicos ou não, até chegar a precedentes fracos, nos quais a única justificativa para que se lhes respeite é a cultural[172].

No entanto, para a prática jurídica, o que, de fato, se afigura relevante são os efeitos atribuídos pelo ordenamento para aquele pronunciamento. Em última análise, é menos importante discutir se esses pronunciamentos não são precedentes, quando não revestidos da força de obrigatoriedade consistente na reclamação, ou se o são, mas não na modalidade qualificada[173], do que, percebendo o cenário positivado, compreender as consequências das escolhas do legislador.

---

decidido antes, é a recursal; (ii) quando a lei utiliza a existência daquele precedente (ou daquele elemento oriundo do labor dos tribunais) para gerar abreviação do procedimento, permitindo à parte gozar de certos 'benefícios', como, por exemplo, a dispensa do duplo grau ou da prestação de caução na execução." (ALVIM, Teresa Arruda. *Modulação*: na alteração da jurisprudência firme ou de precedentes vinculantes. 2. ed. São Paulo: Revista dos Tribunais, 2021).

172 "Em terceiro e último lugar, há a obrigatoriedade que chamamos de *fraca*. A obrigatoriedade *fraca* é (apenas) cultural. É aquela que decorre da razão de ser das coisas, mas, principalmente, do que se deve ter o direito de razoavelmente esperar dos órgãos do Estado (= justa expectativa da sociedade, princípio da proteção da confiança). Da *lógica* ou da racionalidade exigível do direito. O juiz decide o conflito entre A e B do modo x. C e D lhe submetem conflito idêntico à apreciação, no dia seguinte, e *o mesmo juiz* decide de modo y. Expectativa legítima e razoável tinham C e D de que o conflito fosse decidido do modo x!

É desejável que o mesmo juiz não mude de opinião; que os tribunais de 2º grau mantenham jurisprudência firme e estável; mas é, principalmente, não só desejável, como imprescindível para o bom funcionamento do sistema, que os *Tribunais Superiores e o STF não alterem, com frequência, suas posições*. Afinal, o direito não pode se confundir com a sucessão de "opiniões" diferentes, de diferentes juízes de Cortes Superiores. A jurisprudência firmada há de ser *do tribunal*, e não de cada ministro, individualmente considerado." (ALVIM, Teresa Arruda. *Modulação*: na alteração da jurisprudência firme ou de precedentes vinculantes. 2. ed. São Paulo: Revista dos Tribunais, 2021).

173 "Há dois graus de força normativa atribuída à jurisprudência, segundo a sistemática prestigiadora da uniformização pretoriana da interpretação e aplicação do direito positivo: *(i)* as hipóteses em que a jurisprudência vincula todos os julgamentos futuros que envolvam a mesma tese normativa (*i.e.*, a mesma *ratio decidendi*), reprimindo as insubmissões eventuais com remédio enérgico e de eficácia imediata, qual seja, a *reclamação*; e *(ii)* aquelas em que o Código preconiza a observância dos precedentes judiciais, sem, entretanto, coibir de imediato as transgressões cometidas pelos juízes e tribunais obrigados à respectiva sujeição. Não nos parece, todavia, razoável considerar a vinculação prevista nos incisos IV e V do art. 927 como meramente persuasiva, já que o comando do dispositivo legal impõe a sujeição dos

O que, efetivamente, se afigura crucial, no cenário jurídico brasileiro, é compreender quais decisões devem ser seguidas enquanto precedentes e em que condições. Por isso, é desaconselhável adotar o amplo e fluido conceito de precedente dos países anglo-saxões, onde se encontra elevado grau de imprecisão, podendo, em tese, qualquer pronunciamento pretérito ser tomado como precedentes, desde que reiteradamente os tribunais o adotem como fundamentação – razão de decidir – de outros casos, ainda que não exatamente iguais, mas análogos, o que acaba por contribuir com a construção do direito, evolutivamente. Esse progredir lento e espontâneo privilegia a tradição e transforma, com naturalidade, costumes em precedentes, gradualmente[174]. É um histórico de decisões que acaba por alçar a decisão, nascida como uma solução *inter partes* e pontual, ao patamar de precedente.

Diferentemente, no *civil law* e, especificamente, no histórico jurídico brasileiro, costuma-se procurar o fundamento para o argumento na lei, enquanto fonte formal primária. As alterações podem ser, respeitado o processo legislativo, mais abruptas, sem que, com isso, se repute haver uma descontinuidade cultural. Somente com as modificações trazidas pelo século passado, instauradoras de maiores graus de insegurança jurídica e hermenêutica[175], é que se buscou, passo a passo, construir instrumentos de uniformização jurisprudencial e, mais modernamen-

---

órgãos judicantes, em caráter imperativo, ao conteúdo de todas as hipóteses nele indicadas. O que se manifesta de maneira diferente é a reação prevista pelo Código para as diversas situações de contrariedade às súmulas e precedentes. (…) O fato de o sistema de precedentes vinculantes estatuído pelo CPC/2015 compreender hipóteses algumas protegidas e outras não protegidas pelo remédio processual da reclamação não afeta a obrigatoriedade de observância de todo o elenco do art. 927 pelos juízes e tribunais. Apenas permite qualificar os tutelados pelo remédio especial da reclamação como "precedentes qualificados", na linguagem do Regimento Interno do STJ (art. 121-A). Mas força vinculativa das normas jurídicas (sejam legais, sejam judiciais) de modo algum deve se deduzir da conexão com a possibilidade, ou não, de manejo de reclamação. Basta lembrar que as mais enérgicas normas, como as da Constituição e as das leis infraconstitucionais, quando violadas, não desfrutam da reação tutelar da reclamação." (THEODORO JÚNIOR, Humberto. *Curso de Direito Processual Civil*. Vol. 3. 54. ed. Rio de Janeiro: Forense, 2021. Livro eletrônico.).

174 O costume não é, ainda, o precedente, mas se transforma em precedente pela confirmação através de decisões judiciais. Nesse sentido: TUCCI, José Rogério Cruz e. *Precedente judicial como fonte do direito*. 2. ed. Rio de Janeiro: GZ, 2021, p. 4-5.

175 "A palavra hermenêutica provém do grego, *Hermeneúein*, *interpretar*, e deriva de *Hermes*, deus da mitologia grega, filho de Zeus e de Maia, considerado o intérprete da vontade divina. Habitando a Terra, era um deus próximo à Humanidade,

te, fixação de teses vinculativas. No modelo pátrio, portanto, precedente é a decisão judicial que, por força da lei, é revestida de efeitos vinculantes ou vinculativos, obrigando os julgadores de casos futuros que enfrentarem a matéria. Mais do que um histórico de decisões, tem-se uma decisão que, ainda que inédita, nasce histórica.

Além desse aspecto temporal, há outro elemento fundamental para a compreensão da vantagem do modelo das teses jurídicas, que é a limitação de objeto, vez que as teses apenas uniformizam interpretação sobre questões jurídicas. Deixa-se de lado questões fáticas, o que restringe tanto o que pode ser uniformizado como, sobretudo, o que deve ser analisado para a aplicação da tese.

Com a escolha feita pelo constituinte e pelo legislador ordinário, desde a criação dos instrumentos de uniformização de jurisprudência, passando pela criação da súmula vinculante no texto constitucional, até as teses jurídicas formadas em casos repetitivos ou em instrumentos preventivos mais amplos (incidente de assunção de competência e repercussão geral), o entendimento firmado ocupa um espaço ao qual está habituado o operador do direito. Ao invés de tomar a lei, geral e abstrata e (in)suficiente, como premissa, agrega-se ao texto legal o sentido eleito pelo tribunal competente.

Se a principal causa de divergência jurisprudencial é a amplitude de sentidos autorizados pelo texto ou imaginados para ele, a definição da correta interpretação garante o acertamento da norma e, no momento seguinte, sua aplicação ao caso concreto, tomando a tese como premissa indiscutível[176]. O objetivo do mecanismo brasileiro é, portanto,

---

o melhor amigo dos homens." (NADER, PAULO. *Introdução ao Estudo do Direito*. 44. ed. Rio de Janeiro: Forense, 2022. Livro eletrônico.).

[176] "A situação real, no entanto, é outra: nos instrumentos chamados de "casos repetitivos", o que sucede é um julgamento de debate qualificado no qual, mediante ampla participação (mas não irrestrita, sob pena de o mesmo se tornar inviável), se elege uma interpretação correta da norma legal, elucidando, com pretensa definitividade, seu real conteúdo. Nos diversos processos individuais em que se discutiria a mesma questão jurídica, sem a segurança de se saber qual é a visão do tribunal respectivo a seu respeito, simplesmente se assume, como premissa indiscutível, o que a corte previamente decidiu. Todo o restante continuará a ser debatido à exaustão." (PORTO, José Roberto Sotero de. *Teoria Geral dos Casos Repetitivos*. Rio de Janeiro: GZ, 2018). Semelhantemente: "(...) trata-se de uma técnica introduzida com a finalidade de auxiliar no dimensionamento da litigiosidade repetitiva mediante uma cisão de cognição por meio do 'procedimento-modelo' ou 'procedimento-padrão", ou seja, um incidente no qual 'são apreciadas somente questões comuns a todos

abreviar o processo decisório acerca da questão jurídica e garantir seu ajuste com o entendimento dos tribunais aos quais está submetido o julgador[177].

Para que a técnica bem funcione, é a conclusão que merece ser tomada como premissa, não sendo essencial que se busquem os fundamentos determinantes, se os distinga dos argumentos acessórios, ou que se investiguem os contornos fáticos da demanda paradigma, até porque os procedimentos de fixação de tese se dividem em duas etapas: a discussão em abstrato sobre a matéria jurídica, ainda que se leve em conta um cenário fático típico[178], e a posterior aplicação da tese a um processo sob julgamento. Esse último momento é acessório e até dispensado, por parte da doutrina e mesmo pela lei, em determinadas hipóteses[179],

---

os casos similares, deixando a decisão de cada caso concreto para o juízo do processo originário', que aplicará o padrão decisório em consonância com as peculiaridades fático-probatórias de cada caso (...)."(THEODORO JÚNIOR, Humberto; NUNES, Dierle; BAHIA, Alexandre Melo Franco; PEDRON, Flávio Quinaud. *Novo CPC – Fundamentos e sistematização*. 3. ed. Rio de Janeiro: Forense, 2016, p. 443).

177 ""Por outro lado, a força que o atual Código confere à jurisprudência, manifesta-se em dois planos: (i) o *horizontal*, de que decorre a sujeição do tribunal à sua própria jurisprudência, de modo que os órgãos fracionários fiquem comprometidos com a observância dos precedentes estabelecidos pelo plenário ou órgão especial (art. 927, V); (ii) o *vertical*, que vincula todos os juízes ou tribunais inferiores às decisões do STF em matéria de controle concentrado de constitucionalidade e de súmulas vinculantes; aos julgamentos do STF e do STJ em recursos extraordinário e especial repetitivos; aos enunciados de súmulas do STF e do STJ; e, finalmente, à orientação jurisprudencial relevante de todo tribunal revisor das respectivas decisões, a exemplo das decisões nas resoluções de demandas repetitivas, nos incidentes de assunção." (THEODORO JÚNIOR, Humberto. *Curso de Direito Processual Civil*. Vol. 3. 54. ed. Rio de Janeiro: Forense, 2021. Livro eletrônico.).

178 Haverá um conjunto de fatos pressupostos, projetados, generalizados pela corte, formando um "fato-tipo" (TEMER, Sofia. *Incidente de Resolução de Demandas Repetitivas*. Salvador: Juspodivm, 2016, p. 74-75).

179 Mesmo no incidente de assunção de competência, em que a lei exige, *a priori*, um processo subjetivo, há margem para o julgamento apenas objetivo: "Nem por isso, se deixa de questionar a escolha legal, já que, a exemplo do que ocorre nos incidentes repressivos, o primordial é a fixação da tese jurídica com caráter vinculativo, elemento substancialmente novo do IAC. Assim, em havendo desistência do recurso ou do processo de competência originária, deve ser aplicado o regramento do art. 976, §1º, garantindo ao tribunal decidir sobre a questão jurídica controvertida e/ou de repercussão social reconhecida, como expressamente definido pelo regimento interno do Superior Tribunal de Justiça (art. 271-B, §2º) e pela doutrina (Enunciado 65 da I Jornada de Direito Processual Civil do CJF: A desistência do

conquanto ostente especial valor pedagógico, como primeiro exemplo de aplicação do entendimento[180].

A opção pela separação entre o cenário fático e a questão jurídica afasta qualquer pretensão de investigação dos contornos do caso paradigma para fins de aplicação direta da tese jurídica. As teses são enunciados objetivos e abstratos, semelhantes às leis – aliás, o texto de uma tese poderia, perfeitamente, ser um artigo de lei, quanto à forma.

A prática revelou que as teses e os dispositivos legais, bem como os enunciados de súmulas, são proposições (conjuntos de palavras com unidade de significado) prescritivas, isto é, que pretendem "fazer fazer"[181], isto é, dar um comando, influenciar comportamentos e modificá-los. Apesar de comumente restarem redigidas como proposições

---

recurso pela parte não impede a análise da questão objeto do incidente de assunção de competência), se a questão se mantiver relevante para a resolução de outros casos pendentes." (MENDES, Aluisio Gonçalves de Castro; PORTO, José Roberto Sotero de. *Incidente de Assunção de Competência*. 2. ed. Rio de Janeiro: GZ, 2021).

[180] A título de parâmetro, veja-se a ementa do julgamento do REsp 1389750, Rel. Min. Herman Benjamin, 1ª Seção, DJe 17.4.2017, em que se destaca a resolução da tese e a resolução do caso, em momentos distintos: Administrativo e processual civil. Recurso representativo de controvérsia. Art. 543-C do CPC/1973 (atual 1.036 do CPC/2015) e resolução STJ 8/2008. Ação de repetição de indébito. Tarifa de energia elétrica. Relação contratual. Consumidor e concessionária do serviço público. Interesse da ANEEL. Não ocorrência, em regra. Controvérsia submetida ao rito do art. 543-C do CPC/1973 (atual 1.036 do CPC/2015). 1. Sob o rito do art. 543-C do CPC (atualmente 1036 e seguintes do CPC/2015), foi admitida a seguinte tese controvertida: "questão atinente ao interesse jurídico da ANEEL (Agência Nacional de Energia Elétrica) para figurar no pólo passivo de ação revisional e de repetição de indébito relativa a contrato de fornecimento de energia elétrica celebrado entre usuário do serviço e concessionária do serviço público". *Resolução da tese controvertida*. 2. O Superior Tribunal de Justiça sedimentou a compreensão de que não há, em regra, interesse jurídico da Aneel (Agência Nacional de Energia Elétrica) para figurar como ré ou assistente simples de Ação de Repetição de Indébito relativa a valores cobrados por força de contrato de fornecimento de energia elétrica celebrado entre usuário do serviço e concessionária do serviço público. Nesse sentido: (...). *Resolução do caso concreto*. 3. Na hipótese dos autos, o Tribunal de origem observou o entendimento jurisprudencial do STJ que aqui se consolida, estabelecendo que, na situação específica dos autos, não vislumbrou interesse jurídico da Aneel. 4. Recurso Especial não provido. Acórdão submetido ao regime dos arts. 1.036 e seguintes do CPC/2015."

[181] BOBBIO, Norberto. *Teoria da Norma Jurídica*. 6. ed. São Paulo: Edipro, 2016, p. 77.

descritivas[182], cuja função é informar, possuem caráter normativo, elucidando o conteúdo autorizativo ou proibitivo da norma legal.

Por detrás de toda tese, há uma indagação anterior, respondida precisamente por ela. Tal indagação, no modelo brasileiro, é essencialmente jurídica e teórica, ou seja, passível de abstração e generalização, diferentemente do que sucede na simples jurisprudência, cujo traço da naturalidade é essencial, porque depende da chegada de casos concretos aos tribunais e de sua repetição e confirmação. Esse processo de amadurecimento da corte sobre a matéria, lento e gradual, faz parte do funcionamento da jurisdição, cuja razão de existir é julgar litígios reais, existentes, e, por isso, sempre existirá, em um sem-número de temas não afetos para a fixação de tese. Aliás, a própria instauração de um incidente formador de tese jurídica depende de um caso que verse sobre seu objeto – ou vários, nos mecanismos repressivos (repetitivos).

Sucede, porém, que a naturalidade da jurisprudência traz ônus que lhe são inerentes: a imprecisão e a lentidão. A imprecisão porque, semelhantemente à sistemática do *common law*, as decisões nascem vocacionadas a solucionar um conflito subjetivo pontual. À medida que o tema se torna relevante e reiterado, passam a ser consideradas no julgamento de casos futuros.

Há, portanto, um certo paralelismo entre os precedentes clássicos do *common law* e a jurisprudência do *civil law*. Ocorre que, no direito anglo-saxão, a cultura jurídica de obediência aos padrões decisórios[183]

---

[182] São três as diferenças entre as proposições descritivas e as prescritivas: a função (a descritiva informa, a prescritiva modifica comportamentos), o destinatário (que deve crer na proposição descritiva, mas apenas eecutar a prescritiva) e a valoração (entre verdadeira ou falsa, na descritiva; entre justa e injusta, na prescritiva) (BOBBIO, Norberto. *Teoria da Norma Jurídica*. 6. ed. São Paulo: Edipro, 2016, p. 80-81).

[183] "Numa perspectiva mais ampla, essas regras – as quais, é bom enfatizar, comportam qualificações sob outros enfoques importantes – repousam sobre duas diretrizes: eficiência e humildade. As motivações de eficiência soam óbvias no contexto do sentido vertical e apenas um pouco menos evidentes sob a ótica do sentido horizontal. Imagine a hipótese na qual um juiz ou tribunal de grau inferior receba uma causa contendo questão jurídica idêntica à que já foi submetida e resolvida no âmbito de um juiz ou tribunal de instância hierarquicamente superior. Suponha também que o julgador da instância inferior desconsidere a lógica do sistema de precedentes e, ao contrário, examine o mérito da questão jurídica sob uma ótica jurídica exclusivamente pessoal. Se a solução dada à causa pelo julgador originário, nesta hipótese, seguir a mesma linha de orientação já estabelecida pelo juiz ou tri-

permitiu sua progressiva catalogação, enquanto, na tradição romano-germânica, especialmente na sua feição moderna (pós-revolucionária), a prevalência da lei retirou a importância da jurisprudência por longa data, dando azo a disparidades de entendimentos que se busca enfrentar com a criação de um sistema de precedentes – não com a acrítica importação de um sistema já existente.

Evidentemente, os métodos de trabalho do *common law* são úteis e contribuem com o aprimoramento do raciocínio e do estoque de capital jurídico[184] que representam os precedentes. Contudo, não podem

---

bunal de instância superior, tanto esse julgador quanto as partes litigantes terão despendido o seu tempo e os seus esforços inutilmente. Assim, parece simplesmente eficiente solucionar- -se a questão mediante remissão ao precedente já estabelecido em decisão da Corte superior. Por outra, se o julgador originário soluciona a questão de maneira contrária àquela com que operou o julgador da instância superior, a parte vencida pode recorrer e o órgão julgador da instância superior reformará a decisão originária por ter cometido (sob o prisma do julgador da instância superior) um equívoco jurídico. Mas, se a parte vencida não apelar por lhe faltarem recursos materiais para tanto – é difícil imaginar que outro motivo haveria para impedir um recurso da parte vencida ao grau apelação disponível nessas circunstâncias – o princípio do Estado de Direito resta violado. Assim, ou bem o tempo e a energia das partes litigantes serão consumidos desnecessariamente, ou os valores que inspiram o Estado de Direito ficarão comprometidos." (TUSHNET, Mark. Os precedentes judiciais nos Estados Unidos. trad. Flavio Portinho Sirangelo. *Revista de Processo*, v. 218, abr. 2013, p. 100)

[184] A jurisprudência é tratada pela Análise Econômica do Direito como um estoque de capital, o qual pode incrementar a eficiência das futuras decisões do Poder Judiciário. É papel dos juízes impedir que esse capital se deteriore, adaptando-o às evoluções sociais ao longo do tempo, mas também formulando precedentes bem fundamentados e os respeitando em julgamentos subsequentes. O magistrado que decide em desacordo com precedentes, sem observância das regras próprias do *overruling*, para satisfazer preferências pessoais, agendas políticas ou até mesmo para que suas habilidades argumentativas ganhem destaque, ameaça diretamente o capital consubstanciado no arcabouço jurisprudencial. Quando bem administrado, esse estoque de capital tende a resultar em maior eficiência para o sistema processual como um todo. Primeiro, porque minimiza o tempo gasto pelos demais magistrados na resolução dos casos, uma vez vinculados a entendimento já sedimentado. Segundo, vez que tende a resultar na proposição de menos demandas judiciais, autorizando a instalação de filtros processuais, como a improcedência liminar do pedido (art. 332) e a concessão de tutela de evidência (art. 311). Em sendo possível que as partes realizem prognósticos prévios sobre suas chances em juízo, a demanda judicial somente será proposta caso a pretensão esteja em consonância com o entendimento sedimentado pelo Tribunal. Caso contrário, racionalmente, tratar-se-á de perda de tempo e de recursos financeiros. Em resumo, para a escola, o sistema de

ser incorporados *in totum* ao funcionamento das teses jurídicas, que buscaram resolver um problema próprio do cenário brasileiro: inicialmente, sob o ponto de vista macroeconômico, administrar o elevado número de processos do Judiciário brasileiro[185][186], a começar por

---

precedentes pode maximizar o bem-estar social da comunidade na medida em que sedimenta entendimentos, conferindo maior segurança jurídica para os operadores do Sistema de Justiça. Nesse sentido, veja-se: FUX, Luiz; BODART, Bruno. *Processo Civil e Análise Econômica*. Rio de Janeiro: Forense, 2019, p. 161; e LANDES, William M; POSNER, Richard A. Legal Precedent: a theoretical and empirical analysis. *The Journal of Law & Economics* 249, 1976.

[185] "De fato, a explosão do contencioso civil deixou de ser uma tendência, para se consubstanciar em realidade mundial, embora com peculiaridades nacionais. No Brasil e nos países da América Latina, o incremento do número de ações ajuizadas passou a ser extremamente significativo a partir do final da década de 80', com a democratização dos regimes políticos e o fortalecimento dos órgãos judiciários. No âmbito global, o aumento do número de processos judiciais cíveis pode ser considerado como resultado da chamada onda renovatória do acesso à Justiça, tendo em vista que várias medidas foram adotadas para facilitar o exercício do direito de ação, removendo ou atenuando várias barreiras existentes." (MENDES, Aluisio Gonçalves de Castro. *Ações coletivas e meios de resolução coletiva de conflitos no direito comparado e nacional*. 4. ed. São Paulo: Revista dos Tribunais, 2014, p. 41). Acerca da simplista solução de aumentar o número de magistrados, continua o ensinamento: "[é] o que ocorre, por exemplo, nas comparações com a Alemanha, que possui, de fato, um número elevado de juízes (exatos 20.999 no dia 31 de dezembro de 1999), mas esse fato também ocorre porque os Landgerichte, que exercem ora a função de primeiro grau de jurisdição, ora a de revisor dos pronunciamentos dos Amtsgerichte, são órgãos colegiados, fazendo com que haja o incremento do número de juízes em proporção não coincidente com a de órgãos julgadores. Sob o argumento de que os julgamentos realizados por juízes singulares são mais céleres, mas, também, com o objetivo de economizar, pretende-se, com a reforma em curso, o fortalecimento dos Amtsgerichte, que são juízos singulares." (MENDES, Aluisio Gonçalves de Castro. *Ações coletivas e meios de resolução coletiva de conflitos no direito comparado e nacional*. 4. ed. São Paulo: Revista dos Tribunais, 2014, p. 40, n. 18)

[186] "O juiz é o personagem mais importante para o desenvolvimento da atividade jurisdicional: dirige o processo, exerce poder de polícia; é quem dá a palavra final (decide) sobre o conflito. A figura do juiz se confunde com a própria idéia de justiça. Ele perde um pouco da sua própria identidade enquanto ser humano. Para a maioria do povo não interessa qual é o nome que identifica aquele magistrado, mas tão-somente o fato de que ele é um juiz, personifica o justo, a própria justiça enquanto valor. É dele que se exige e se espera maior rigor no comportamento, e, portanto, estrita observância não só das normas éticas que direcionam a atividade jurisdicional, mas também daquelas morais que informam a sua conduta enquanto ser humano. (…) Se é verdade que a estrutura da justiça não funciona de forma adequada, que são poucos juízes para atender

aqueles de natureza repetitiva[187] (essa a lógica de criação dos recursos repetitivos); posteriormente, aproveitar a atividade dos tribunais superiores para definir, com precisão, entendimentos sobre os temas enfrentados (com a repercussão geral, desde seu advento) e, num terceiro momento, com a coordenação de um sistema coeso a partir de todas as experiências, aperfeiçoadas no atual Código de Processo Civil e somadas aos novos institutos (incidente de resolução de demandas repetitivas e incidente de assunção de competência).

O enfoque, em nosso sistema processual, passou a ser não somente no volume de processos e na gestão desse "estoque"[188], mas na otimização da função dos tribunais de definir o sentido correto da norma. Essa evo-

---

à população, também não é menos verdade que existem muitos, diríamos até a maioria, que estão em dia com os seus serviços, dão pleno cumprimento às normas éticas que informam a sua atividade. A diferença é que uns, certamente com maior sacrifício, têm compromisso com a jurisdição, com a sociedade, outros não.' Quem quer que venha a ser investido nessa função sabe, de antemão, os sacrifícios e as responsabilidades que o cargo apresenta, não sendo ético utilizar o seu poder e os instrumentos de que dispõe para garantir seu próprio bem-estar pessoal. Talvez esta seja a noção central da ética que deve informar a conduta do juiz: estar a serviço da sociedade em primeiro lugar, cumprindo rigorosamente seus deveres e suas obrigações, da melhor forma que sua capacidade permitir." (CARNEIRO, Paulo Cezar Pinheiro. *Acesso à justiça*: juizados especiais cíveis e ação civil pública: uma nova sistematização da teoria geral do processo. Rio de Janeiro: Forense, 1999. Acesso eletrônico.)

187 "A questão não deixa de ser, também, lógica, pois, *a priori*, os conflitos eminentemente singulares devem ser resolvidos individualmente, enquanto os litígios de natureza essencial ou acidentalmente coletiva precisam contar com a possibilidade de solução metaindividual. A inexistência ou o funcionamento deficiente do processo coletivo dentro do ordenamento jurídico, nos dias de hoje, dá causa à multiplicação desnecessária do número de ações distribuídas, agravando ainda mais a sobrecarga do Poder Judiciário. Na verdade, são lides que guardam enorme semelhança, pois decorrem de questão comum de fato ou de direito, passando a ser decididas de modo mecânico pelos juízes, através do que se convencionou chamar de sentenças-padrão ou repetitivas, vulgarizando-se a nobre função de julgar. É o que vem ocorrendo, v.g., na Justiça Federal brasileira. Nas circunscrições do Rio de Janeiro e de Niterói, por exemplo, as sentenças-padrão representaram, no cômputo do total de sentenças cíveis de mérito, entre os anos de 1998 e 2001, respectivamente, 62,5% e 73%. A atividade judicial descaracteriza-se, com essa prática, por completo, passando a ser exercida e vista como mera repetição burocrática, desprovida de significado e importância." (MENDES, Aluisio Gonçalves de Castro. *Ações coletivas e meios de resolução coletiva de conflitos no direito comparado e nacional*. 4. ed. São Paulo: Revista dos Tribunais, 2014, p. 39).

188 LEMOS, Vinicius Silva. *O incidente de assunção de competência*: da conceituação à procedimentalidade. Salvador: JusPodivm, 2018.

lução fica bastante evidente, por exemplo, na atual feição do incidente de assunção de competência, que, na esteira de sua sequência histórica, herda elementos do incidente de questão relevante e da uniformização de jurisprudência, mas, ao se aproximar do incidente de resolução de demandas repetitivas, passa a ser um instrumento de fixação de tese jurídica, portanto mais preciso, mais efetivo e mais funcional.

A experiência do *common* law, portanto, no caso brasileiro, é mais útil ao interpretar um julgado (uma jurisprudência) que uma tese, porque esta está circunscrita a uma precisa e bem delineada questão exclusivamente jurídica, destacada na origem do procedimento instaurado precipuamente para defini-la – algo totalmente diverso dos julgamentos ordinários em que se acabam por formar, sem que necessariamente se saiba no primeiro momento, os precedentes[189].

Logicamente, em certas hipóteses, como na jurisdição de uma corte suprema, todas as decisões são relevantes e, pela vocação do tribunal, deveriam ser tidas com a relevância de um precedente. No entanto, no atual cenário de compreensão e de exercício de sua atividade jurisdicional, seria inviável e até contraproducente que se pretendesse outorgar a todos os acórdãos do Supremo Tribunal Federal ou do Superior Tribunal de Justiça a qualidade de precedentes – e, por isso, obrigatórios -, vez que os próprios tribunais ainda possuem decisões conflitantes internamente, a depender do ministro relator ou do colegiado menor que as profere.

É diante desse quadro realista que o legislador, acertadamente, criou mecanismos especificamente voltados para dar segurança jurídica através das teses jurídicas deles resultantes. Reconhecendo que há um caminho a ser percorrido até que os tribunais superiores efetivamente possam se pronunciar com definitividade em todas as ocasiões (onde se insere o ama-

---

189 "Deve-se, portanto, ter em mente que nosso CPC, ao inserir o sistema de precedentes no direito processual civil brasileiro, o fez a partir do mecanismo da identificação da *tese* e não do *caso*, mas traçou regras importantíssimas destinadas ao aprimoramento da técnica de formação dos julgados e de sua fundamentação, bem como de formulação dos enunciados da súmula jurisprudencial (entre os diversos dispositivos acerca da matéria, destacam-se os arts. 936; 489, § 1º; 926, § 2º; 1.037, I; 947, § 3º; 976).

O sistema de precedentes brasileiro, em suma, inspira-se, de alguma forma, no exemplo do *common law*, mas não se limita a uma simples versão do instituto anglo-americano. Respeita as peculiaridades da construção histórica de nosso ordenamento jurídico, dos movimentos doutrinários, bem como da experiência que, em torno da matéria, nossa lei e nossos tribunais têm vivenciado." (THEODORO JÚNIOR, Humberto. *Curso de Direito Processual Civil*. Vol. 3. 54. ed. Rio de Janeiro: Forense, 2021. Livro eletrônico.).

durecimento de nossa cultura de precedentes, a reformulação da extensa competência outorgada pela Constituição a tais cortes e outros aspectos), opta-se por destacar instrumentos próprios para a criação de teses – instrumentos estes aos quais está acostumada a comunidade jurídica.

Em suma, significa dizer que a incorporação da praxe anglo-saxã ao cenário pátrio significa um esquecimento das próprias circunstâncias e da herança do ordenamento nacional, bem como um atropelo de etapas evolutivas, que não podem prescindir de ajustes de ordem legislativa, atribuindo aos tribunais superiores apenas a função de cortes de precedentes.

Por isso, só faz sentido a definição de um precedente, no Brasil, com base nos efeitos garantidos pelo legislador[190]. Por mais que se presuma a ideia de que um precedente seja uma decisão anterior que acabe influenciando e fundamentando decisões posteriores, a medida técnica da utilização do termo deve se restringir às hipóteses de efeitos prospectivos[191] outorgados pela lei – ou pela jurisprudência,

---

[190] O Código, não à toa, menciona apenas 4 vezes a palavra "precedente", tendo retirado a referência na reforma operada pela Lei 13.256/16, no inciso que autorizava o cabimento de reclamação, preferindo mencionar o acórdão proferido que o precedente proferido: Art. 988. Caberá reclamação da parte interessada ou do Ministério Público para: IV - garantir a observância de enunciado de súmula vinculante e de precedente proferido em julgamento de casos repetitivos ou em incidente de assunção de competência. Na versão reformada: IV – garantir a observância de acórdão proferido em julgamento de incidente de resolução de demandas repetitivas ou de incidente de assunção de competência; (Redação dada pela Lei nº 13.256, de 2016).

[191] Mencionando os precedentes à brasileira: "O *NCPC* privilegia *precedentes* proferidos em certas e determinadas situações que justificam sejam eles tidos *de antemão* como precedentes. Sim, porque há decisões que se tornam, naturalmente, precedentes *a posteriori*: ou seja, são densas, convincentes, com excelentes fundamentos, que passam a ser respeitadas em casos posteriores, idênticos ou semelhantes. De acordo com a sistemática do CPC de 2015, há decisões que já nascem como precedentes *obrigatórios* e que devem ser paradigma para as posteriores, em casos normalmente idênticos e às vezes semelhantes." (ALVIM, Teresa Arruda; DANTAS, Bruno. *Recurso especial, recurso extraordinário e a nova função dos tribunais superiores no direito brasileiro*. 3. ed. São Paulo: Revista dos Tribunais, 2016. Livro eletrônico.).; "Em vista do exposto, o que ocorreu, por meio das últimas alterações de peso impostas ao CPC/1973, reforçadas pelo atual CPC, foi a criação de um "precedente à brasileira", consubstanciado na súmula, em primeiro lugar, e em segundo lugar nas decisões em ações/recursos repetitivos e de repercussão geral. Se se levar este ponto em consideração, aí sim seria possível falar em súmula como precedente, nos termos em que o faz o CPC (o mesmo podendo ser dito em relação ao julgamento de recursos repetitivos e à repercussão geral). Talvez seja melhor do que justificar a adoção do instituto com base na interpretação errônea do instituto do *common*

em interpretação da lei. Diante disso, são precedentes[192] as decisões fixadoras de teses jurídicas, ao lado de outros pronunciamentos que possuem eficácia vinculante, nomeadamente o controle concentrado de constitucionalidade.

Com isso, tem-se um modelo de maior acertamento de sentido do texto. As teses jurídicas, ao contrário dos precedentes anglo-saxões[193], são uma técnica de simplificação[194] e sumarização - do procedimento

---

law, apelando-se para a necessidade de julgamento célere que acabou por ser consagrada como regra constitucional (CF 5.º LXXVIII), como se outros meios (administrativos, p.ex.) de solução do grande acúmulo de feitos a julgar não fossem possíveis." (NERY JÚNIOR, Nelson; NERY, Rosa Maria de Andrade. *Código de Processo Civil Comentado*. 6. ed. São Paulo: Revista dos Tribunais, 2021. Livro eletrônico.).

[192] Evidentemente, pode-se trazer conceito mais amplo de precedente, a abarcar súmulas e até a jurisprudência, por conta do art. 489, §1º, VI, e do artigo 966, V. Opta-se, porém, por eleger os instrumentos que embasam o uso de reclamação, por serem obrigatoriamente observados *a posteriori*. No entanto, como sustentado, é desimportante definir limites fixos para o gênero, sendo muito mais relevante a análise dos efeitos específicos trazidos pela lei. O próprio Código diferencia, aparentemente, o precedente da súmula: art. 926. § 2º Ao editar enunciados de súmula, os tribunais devem ater-se às circunstâncias fáticas dos precedentes que motivaram sua criação.

[193] "Porém, o precedente, no *common law*, vai muito além da simplificação do julgamento que é normalmente enxergado pela doutrina nacional, de modo geral. O precedente, ali, não funciona como uma simples ferramenta de simplificação de julgamento (…). Portanto, há uma análise acurada do caso para que se verifique se é cabível a aplicação do mesmo princípio que norteou o julgamento do caso tomado como precedente, o que é bem diferente daquilo que se entende comumente por esse instituto no Brasil. No *common law*, o precedente é fonte referencial do direito, que, contudo, nunca deve ser aplicado se houver lei expressa regulando a matéria. Cada vez mais o *common law*, regido principalmente por precedentes e costumes, se aproxima do *civil law* criando leis escritas. Havendo lei, não se aplica nenhum precedente." (NERY JÚNIOR, Nelson; NERY, Rosa Maria de Andrade. *Código de Processo Civil Comentado*. 6. ed. São Paulo: Revista dos Tribunais, 2021. Livro eletrônico.)

[194] "A tese jurídica descreve a situação fática e a regra jurídica a ela correspondente. Com isso, por causa do enquadramento da situação concreta à hipótese fática descrita na tese jurídica, o precedente terá aplicabilidade para regular a solução jurídica a ser oferecida pelo Poder Judiciário. Nesse ponto, verifica-se que a tese jurídica é verdadeiro mecanismo de facilitação para o uso do precedente, porque preestabelece a tipologia fática dos casos a serem regulados de forma idêntica." (BARIONI, Rodrigo; ALVIM, Teresa Arruda. Recursos repetitivos: tese jurídica e ratio decidendi. In: BIANCHI, José Flávio; PINHEIRO, Rodrigo Gomes de Mendonça; ALVIM, Teresa Arruda (coords.). *Jurisdição e direito privado*: estudos em homenagem aos 20 anos da Ministra Nancy Andrighi no STJ. São Paulo: Thomson Reuters Brasil, 2020, p. 611-630).

que os aplique, mas, também, do entendimento neles consubstanciado e, por isso, a relevância da boa redação dos enunciados.

É fundamental perceber que a *ratio decidendi* não se confunde com a tese[195], bastando esta para que o entendimento nela consubstanciado seja aplicado e respeitado[196]. Não à toa, costuma-se apontar na ementa, instrumento típico da prática forense brasileira, a redação da tese, garantindo-lhe didática publicidade.

A bem da verdade, a grande vantagem do modelo brasileiro – de precedentes por teses jurídicas – é a dupla conceituação da *ratio decidendi*: no procedimento que a fixa, a tese é a consequência da deliberação, sintetizando o entendimento[197] de maneira fiel e objetiva, comumente

---

[195] Em sentido contrário, inserindo como sinônimos *ratio decidendi*, tese jurídica, fundamentos determinantes, entendimento firmado e padrão decisório: "Há algo que as une, a nosso ver, e que consiste naquilo que, realmente, deve ser "observado" pelo julgador, ao proferir a decisão em respeito a precedente, súmula e jurisprudência dominante, e que, no Código, ora é chamado de "tese jurídica" (cf. § 2º do art. 927 do CPC/2015), ora de "fundamentos determinantes" (cf. art. 489, § 1º, V, do CPC/2015), ora de "entendimento firmado" (cf., e.g., art. 932, IV, c, e V, c do CPC/2015), ora de "padrão decisório" (art. 966, § 5º do CPC/2015, na redação da Lei 13.256/2016), mas que, por comodidade, reunimos sob a expressão ratio decidendi, que vem a ser, como afirmamos em outro estudo os "argumentos principais sem os quais a decisão não teria o mesmo resultado, ou seja, os argumentos que podem ser considerados imprescindíveis". (MEDINA, José Miguel Garcia. Integridade, estabilidade e coerência da jurisprudência no Estado Constitucional e Democrático de Direito: o papel do precedente, da jurisprudência e da súmula, à luz do CPC/2015. *Revista dos Tribunais*. v. 974. dez./2016. Acesso eletrônico.).

[196] Aduzindo que a tese não é a ratio, mas a própria solução, a verdadeira construção da norma: FERRAZ, Thaís Schilling. *O precedente constitucional*: construção e eficácia do julgamento da questão com repercussão geral. São Paulo: Saraiva, 2017, p. 264.

[197] Em mais uma ambiguidade, há quem mencione esse entendimento como "tese normativa", o que não se confunde com a tese jurídica, síntese dessa tese normativa: "Há dois graus de força normativa atribuída à jurisprudência, segundo a sistemática prestigiadora da uniformização pretoriana da interpretação e aplicação do direito positivo: (i) as hipóteses em que a jurisprudência vincula todos os julgamentos futuros que envolvam a mesma tese normativa (*i.e.*, a mesma *ratio decidendi*), reprimindo as insubmissões eventuais com remédio enérgico e de eficácia imediata, qual seja, a *reclamação*; e (ii) aquelas em que o Código preconiza a observância dos precedentes judiciais, sem, entretanto, coibir de imediato as transgressões cometidas pelos juízes e tribunais obrigados à respectiva sujeição. Não nos parece, todavia, razoável considerar a vinculação prevista nos incisos IV e V do art. 927 como meramente persuasiva, já que o comando do dispositivo legal impõe a sujeição dos órgãos judicantes, em

(mas, não necessariamente) concisa; nos processos futuros, que a aplicam a casos concretos, inclusive no paradigma julgado pelo próprio tribunal que a fixou momentos antes, a tese será a *ratio decidendi*, ao menos para aquela questão específica (já que pode haver outras).

No sistema brasileiro, optou-se por construir um enunciado capaz de simplificar toda a investigação dos fundamentos determinantes, o que foi e é possível simplesmente porque os procedimentos criadores de teses jurídicas foram pensados para tanto, desenhados com a finalidade de já influir em casos futuros. Eis a diferença essencial: no *common law*, um julgamento anterior é erigido ao nível de precedente após, porque é estudado, tem sua *rule* extraída a partir dos fatos e do direito e aplicada a *cases* assemelhados, de sorte que é fundamental concluir, antes da última etapa, o que efetivamente foi essencial para que o julgador pretérito tenha chegado à conclusão, ora tomada como premissa.

A partir do momento em que se suscita um incidente destacado, cuja função primordial é pacificar uma questão, tudo o que nele sucede consiste em debater as posições hermenêuticas antagônicas, opor argumentos e eleger a leitura correta. Por certo, há fundamentos que prevalecerão e serão sintetizados na tese, e essa motivação será a *ratio decidendi* do precedente, que, por sua vez, em inúmeros outros casos, funcionará como *ratio decidendi*, sendo tomada a tese como premissa.

Portanto, existem dois possíveis usos do termo *ratio decidendi* na dinâmica pátria de julgamentos objetivos[198]: a *ratio decidendi* da tese,

---

caráter imperativo, ao conteúdo de todas as hipóteses nele indicadas. *O que se manifesta de maneira diferente é a reação* prevista pelo Código para as diversas situações de contrariedade às súmulas e precedentes." (THEODORO JÚNIOR, Humberto. *Curso de Direito Processual Civil*. Vol. 3. 54. ed. Rio de Janeiro: Forense, 2021. Livro eletrônico.).

198 A mesma lógica se aplica ao controle concentrado de constitucionalidade. A rigor, a conclusão de uma ADIN quanto à constitucionalidade de uma norma (que não é a *ratio* dessa ação) pode ser tomada em processo posterior como *ratio decidendi*: AGRAVO REGIMENTAL NO RECURSO EXTRAORDINÁRIO COM AGRAVO. FORO POR PRERROGATIVA DE FUNÇÃO. NOVA INTERPRETAÇÃO CONFERIDA PELA QUESTÃO DE ORDEM NA AÇÃO PENAL 937. RATIO DECIDENDI. APLICABILIDADE A AUTORIDADES QUE POSSUAM MANDATO ELETIVO E PRERROGATIVA DE FORO. HIPÓTESES DE FORO POR PRERROGATIVA DE FUNÇÃO POR SIMETRIA AO QUE PREVÊ A CONSTITUIÇÃO FEDERAL DE 1988. IMPOSSIBILIDADE. RATIO DECIDENDI DO QUE FORA DECIDIDO NA ADI 2.553/MA. AGRAVO REGIMENTAL A QUE SE NEGA PROVIMENTO. 1. Nos termos decididos pelo Plenário do SUPREMO TRIBUNAL FEDERAL, na Questão de Ordem na Ação Penal 937, Rel. Min. ROBERTO BARROSO (3/5/2018), o foro por prerrogativa de função "aplica-se apenas aos crimes cometidos durante o exercício do cargo e rela-

isto é, do precedente[199], e a tese enquanto *ratio decidendi* de casos concretos futuros.

Por isso, não está de todo incorreta a percepção de que a *ratio* não esteja fixada claramente no acórdão, de maneira destacada, não se confundindo com a tese jurídica[200]. O que é impreciso é reduzir a importância da tese, privilegiando a *ratio decidendi* como elemento único e primordial do precedente.

---

cionados às funções desempenhadas". Com isso, este TRIBUNAL acabou por imprimir interpretação mais restritiva à extensão da cláusula constitucional de prerrogativa de foro em relação ao entendimento até então adotado. A Primeira Turma desta CORTE, por sua vez, no julgamento da Questão de Ordem no INQ 4.703/DF (Rel. Min. LUIZ FUX, DJe de 1º/10/2018), reconheceu que a ratio decidendi do precedente firmado pela QO na AP 937/RJ aplica-se às demais autoridades que possuam mandatos eletivos e prerrogativa de foro. 2. No caso dos autos, trata-se de ação penal em que se apura a suposta prática do crime de peculato-desvio, previsto no art. 312, caput, do CP, imputado ao ora recorrente (e outros) quando este ocupava o cargo de Secretário de Obras do Estado de Roraima. Portanto, em que pese na ocasião do oferecimento da denúncia ocupasse o cargo de Deputado Estadual, na época em que ocorridos os fatos denunciados, o ora recorrente ocupava cargo diverso no executivo estadual (Secretário de Obras). 3. Dessa forma, tratando-se de fatos ocorridos em período anterior à época em que foi Deputado Estadual, e em cargo que não era (e nem é) mais ocupado pelo ora recorrente, o afastamento da incidência do foro por prerrogativa de função, nos termos do decidido pelo Plenário desta CORTE na QO na AP 937, é medida que se impõe. 4. Além disso, considerando que o tema central da controvérsia diz respeito à impossibilidade de previsão de outras hipóteses de foro por prerrogativa de função por simetria ao que prevê a Constituição Federal de 1988, verifica-se que o aresto impugnado se encontra amparado pela ratio decidendi do acórdão proferido em sede de controle concentrado de constitucionalidade no bojo da ADIn nº 2.553/MA, na medida em que é irrelevante o fato de a decisão proferida fazer referência a cargos e funções diversos daquele objeto de análise nos presentes autos. 5. Agravo Regimental a que se nega provimento.
(ARE 1322140 AgR, Relator(a): Alexandre de Moraes, Primeira Turma, julgado em 28/06/2021)

199 Por vezes, na própria tese se opta por trazer os fundamentos decisórios, o que esvazia por completo a discussão. Veja-se, por exemplo, o RE 795567, Rel. Min. Teori Zavascki, Tema 187, DJe 9.9.2015, no qual se fixou a seguinte tese: As consequências jurídicas extra penais, previstas no art. 91 do Código Penal, são decorrentes de sentença penal condenatória. Tal não ocorre, portanto, quando há transação penal, cuja sentença tem natureza meramente homologatória, sem qualquer juízo sobre a responsabilidade criminal do aceitante. As consequências geradas pela transação penal são essencialmente aquelas estipuladas por modo consensual no respectivo instrumento de acordo.

200 LOPES FILHO, Juraci Mourão. *Os precedentes judiciais no constitucionalismo brasileiro contemporâneo*. 3. ed. Salvador: JusPodivm, 2020, p. 115.

O protagonismo da tese, modelo eleito pelo legislador na esteira dos valores constitucionais da isonomia e da segurança jurídica, reduz, ainda, outro empecilho para a importação pura e simples do sistema de precedentes estrangeiro: a deliberação colegiada nos tribunais brasileiros[201]. Se a *ratio decidendi* é o elemento central do precedente – e o que efetivamente vincula -, há que existir um sistema capaz de garantir a concordância da maioria dos julgadores a seu respeito[202], como justificação judicial racional[203].

---

[201] MAZZOLA, Marcelo; VALE, Luís Manoel Borges do. Contagem de votos: divergências quantitativa/qualitativa e a esquizofrenia no âmbito dos tribunais. *Revista de Processo*, vol. 317, jul. 2021.

[202] "Mas uma Corte Suprema não atribui sentido ao direito por meio do anúncio do resultado de um recurso que impugnou uma decisão. Atribuir sentido ao direito requer discussão sobre as questões de direito. Só quando a questão de direito é objeto de adequada deliberação e a maioria do colegiado compartilha do mesmo fundamento para resolvê-la é que se pode falar em *ratio decidendi* e, portanto, em precedente." (MARINONI, Luiz Guilherme. *Precedentes obrigatórios*. 6. ed. São Paulo: Revista dos Tribunais, 2019). No mesmo sentido: FERRAZ, Thaís Schilling. *O precedente constitucional*: construção e eficácia do julgamento da questão com repercussão geral. São Paulo: Saraiva, 2017.

[203] "A justificação judicial, em outras palavras, é o núcleo-duro da atividade do Supremo Tribunal Federal e do Superior Tribunal de Justiça, a partir da qual as partes podem aferir a fundamentação e a sociedade civil e demais cortes judiciárias podem reconhecer o precedente de seus julgados. De um lado, uma decisão apresenta justificação interna (interne Rechtfertigung) sempre que o dispositivo decorre logicamente da fundamentação e que essa contempla todos os fundamentos arguidos pelas partes. Na justificação interna, portanto, interessa a correção lógica e a completude da motivação da decisão. Daí que a justificação interna é uma justificação formal que responde à necessidade de não contradição no discurso jurídico. É o campo em que a lógica atua no processo interpretativo, no qual o julgador raciocina de forma dedutiva para solução das questões. (...) De outro, uma decisão tem justificação externa (externe Rechtfertigung) sempre que as premissas adotadas na decisão são adequadas. A justificação externa, portanto, concerne à adequação das escolhas das premissas empregadas na justificação interna. Nessa linha, constitui uma justificação material que responde à necessidade de adoção de razões suficientes para tomada de decisão, envolvendo o exame tanto de normas como de fatos, na medida em que entre ambos existe uma absoluta implicação. É o campo em que a argumentação atua no processo interpretativo, no qual o julgador individualiza, valora e decide de forma não dedutiva" (MITIDIERO, Daniel. *Cortes superiores e cortes supremas: do controle à interpretação, da jurisprudência ao precedente*. 2. ed. São Paulo: Revista dos Tribunais, 2015, p. 83-86)

Sucede, no entanto, que a busca pela eficiência jurisdicional empolgou o legislador, ao longo das últimas décadas, a autorizar julgamentos monocráticos, em hipóteses (cada vez menos) restritas[204]. Essa otimização da atividade jurisdicional acaba por tornar residual o pronunciamento colegiado, cujo grau de debate, por sua vez, tem erodido, ante o volume de trabalho e a criação de modalidades de julgamento eletrônicos e virtuais, que nascem com a promessa – realizada, a propósito – de elevar a produtividade das cortes, retirando, porém, o contato imediato e direto dos julgadores.

No sistema processual brasileiro, a exemplo do *common law*, adota-se o modelo seriado de votação (*seriatim*), no qual o acórdão se afigura como um conjunto de manifestações individuais (*speech*), publicados (*published reports*), o que dificulta a apreciação exata dos fundamentos adotados pelo colegiado, quando o voto de cada desembargador ou ministro deixa de referir os anteriores, funcionando como uma "sucessão de monólogos"[205]. No cenário anglo-saxão, porém, é comum a publicação de um voto de um dos julgadores concatenando o entendimento da maioria (*opinion*), sem prejuízo de se externalizarem manifestações dissidentes (*dissent opinion*)[206]. Por outro lado, no modelo *per curiam* ("por tribunal"), a decisão

---

[204] Eis a atual dicção do Código: Art. 932. Incumbe ao relator: I - dirigir e ordenar o processo no tribunal, inclusive em relação à produção de prova, bem como, quando for o caso, homologar autocomposição das partes; II - apreciar o pedido de tutela provisória nos recursos e nos processos de competência originária do tribunal; III - não conhecer de recurso inadmissível, prejudicado ou que não tenha impugnado especificamente os fundamentos da decisão recorrida; IV - negar provimento a recurso que for contrário a: a) súmula do Supremo Tribunal Federal, do Superior Tribunal de Justiça ou do próprio tribunal; b) acórdão proferido pelo Supremo Tribunal Federal ou pelo Superior Tribunal de Justiça em julgamento de recursos repetitivos; c) entendimento firmado em incidente de resolução de demandas repetitivas ou de assunção de competência; V - depois de facultada a apresentação de contrarrazões, dar provimento ao recurso se a decisão recorrida for contrária a: a) súmula do Supremo Tribunal Federal, do Superior Tribunal de Justiça ou do próprio tribunal; b) acórdão proferido pelo Supremo Tribunal Federal ou pelo Superior Tribunal de Justiça em julgamento de recursos repetitivos; c) entendimento firmado em incidente de resolução de demandas repetitivas ou de assunção de competência; VI - decidir o incidente de desconsideração da personalidade jurídica, quando este for instaurado originariamente perante o tribunal; VII - determinar a intimação do Ministério Público, quando for o caso; VIII - exercer outras atribuições estabelecidas no regimento interno do tribunal.

[205] CÂMARA, Alexandre Freitas. *Levando os padrões decisórios a sério*. Barueri: Atlas, 2018, p. 257.

[206] FERRAZ, Thaís Schilling. *O precedente constitucional*: construção e eficácia do julgamento da questão com repercussão geral. São Paulo: Saraiva, 2017, p. 286.

final é una, residindo em um único texto que concatena o acordo dos membros da corte, comumente adotada em países nos quais o julgamento é sigiloso, como França, Itália, Alemanha e Espanha, com o evidente benefício de esclarecer a razão adotada para decidir.

Há, ainda, dois sistemas de votação quanto à colheita de votos: em alguns países, vota-se por questão (*issue-by-issue*); em outros, globalmente (*case-by-case*)[207]. A depender do adotado, é possível que a decisão final seja pelo provimento do recurso, ainda que cada julgador assim entenda por um motivo diverso (no julgamento por caso), ou pelo desprovimento (se decidido por questão[208]). Embora o Código indique a adoção deste sistema para a votação das questões preliminares[209], vige, quanto ao mérito, as previsões dos regimentos internos dos tribunais, quando existentes[210].

---

[207] "O modelo case-by-case reflete a visão de cada juiz sobre o resultado do caso em sua totalidade, enquanto que o modelo issue-by-issue reflete a visão de cada juiz a respeito das questões." (MARINONI, Luiz Guilherme. *Julgamento nas Cortes Supremas: precedente e decisão do recurso diante do novo CPC*. 2. ed. São Paulo: Revista dos Tribunais, 2017. Livro eletrônico.).

[208] Esse o modelo sustentado como correto, para um verdadeiro julgamento colegiado, em: BARBOSA MOREIRA, José Carlos. Julgamento colegiado e pluralidade de causas de pedir. *Temas de direito processual: terceira série*. São Paulo: Saraiva, 1984, p. 131-135. No mesmo sentido, analisando julgado em desrespeito com o parâmetro regimental do tribunal local: "O caso revela uma hipótese de decisão colegiada paradoxal decorrente da aplicação da técnica de julgamento "por caso" (case-by-case) em vez de por questão (issue-by-issue), agravada pela inadequada submissão do feito ao rito do art. 942 do CPC/15 (...). Conforme se extrai do voto da relatora, o regramento interno do Tribunal local prevê a solução para a hipótese, que é precisamente a conversão do julgamento de "por caso" em "por questão". Diante da divergência acerca da conclusão, cindido o julgamento em questões, seria de se presumir que a vogal restaria vencida (como, de fato, o foi) sobre o ponto da natureza - local ou regional - do dano. A partir daí, restaria ao colegiado decidir a divergência remanescente, i.e., qual das comarcas do interior, Mercês ou Cataguases, prevaleceria para fins de competência. É de todo provável que haja soluções regimentais para eventual impasse, empate ou outra ocorrência que impeça a extração da maioria. De toda sorte, cabe à origem definir a solução a ser aplicada para superar a divergência. Certo é que a técnica de julgamento ampliado não se presta para tanto na hipótese, por absolutamente incabível, e sua adoção no caso resultou em prejuízo à parte recorrente." (REsp n. 1.842.663, Ministro Og Fernandes, DJe de 12/12/2019.)

[209] Art. 939. Se a preliminar for rejeitada ou se a apreciação do mérito for com ela compatível, seguir-se-ão a discussão e o julgamento da matéria principal, sobre a qual deverão se pronunciar os juízes vencidos na preliminar.

[210] Para um estudo detalhado e propositivo da temática, veja-se: MAZZOLA, Marcelo; VALE, Luís Manoel Borges do. Contagem de votos: divergências quantitativa/qualitativa e a esquizofrenia no âmbito dos tribunais. *Revista de Processo*, vol. 317, jul. 2021.

A determinação de que o julgamento seja colegiado, desde a admissibilidade, nos procedimentos fixadores de teses jurídicas se revela como a ferramenta escolhida pelo legislador para garantir um satisfatório grau de debate sobre os fundamentos suscitados, que, de resto, deverão constar no acórdão[211].

---

[211] "Quando, no entanto, diante de um julgamento do qual se pretende extrair tese de eficácia reforçada, a exigência é trazida para um novo patamar: o da fundamentação exauriente. O artigo 984, §2º, é o mais didático possível: "o conteúdo do acórdão abrangerá a análise de todos os fundamentos suscitados concernentes à tese jurídica discutida, sejam favoráveis ou contrários". A diferença, extraível de uma simples leitura, é que, na regra geral, a decisão deve afastar os argumentos capazes de contrariar a conclusão contida no dispositivo (reflexo da fundamentação, por óbvio), enquanto, nos casos repetitivos, tanto as alegações a favor da tese quanto as contrárias devem ser mencionadas, se posicionando a corte a respeito de cada uma delas.

Além disso, mesmo os argumentos coincidentes com a conclusão adotada devem ser *todos* analisados. Em síntese, tudo que for levado ao conhecimento do órgão colegiado julgador será considerado, de forma expressa, no acórdão prolatado. Não se trata, evidentemente, de um mero luxo legislativo, sem consequências práticas. Como sabido, os julgamentos de casos repetitivos (bem como o do Incidente de Assunção de Competência), ao gerar decisão com forte eficácia prospectiva, merecem revestimento especial quanto à sua aptidão à pacificação social (escopo social, na lição de Cândido Dinamarco) – da qual um dos elementos centrais é a motivação. Tanto maior será a exigência quanto ao poder de convencimento de uma decisão quanto for sua capacidade de gerar efeitos e invadir esferas jurídicas dos sujeitos envolvidos – daí, a dicotomia fundamentação suficiente *versus* fundamentação exauriente. O regramento dos recursos repetitivos ostentava, no texto originário do código, redação idêntica, no artigo 1.038, §3º ("O conteúdo do acórdão abrangerá a análise de todos os fundamentos da tese jurídica discutida, favoráveis ou contrários"). A Lei 13.256/2016, no entanto, modificou o texto, restringindo significativamente o comando, passando a esperar do acórdão apenas a "análise dos fundamentos relevantes da tese jurídica discutida". Dois problemas cardeais exsurgem da sutil alteração – nenhum deles capaz de romper com a unidade do microssistema. Inicialmente, o que se entende por "fundamentos relevantes"? Sem dúvidas, estamos diante de um conceito jurídico indeterminado, intencionalmente inserido no código, em decorrência de uma circunstância fática que não se pode ignorar: o descomunal volume de processos que deságuam nos tribunais de cúpula, invariavelmente comprometendo a qualidade ou a celeridade da prestação jurisdicional derradeira. Ocorre, porém, que, ao contrário do que comumente se percebe mesmo em votos ministeriais, o Direito não pode estar submetido a questões fáticas de forma definitiva. Soa como uma inversão de valores completa o abrandamento das exigências qualitativas do serviço judicial tão somente porque o mesmo está asfixiado. Não se quer ser mais real que o rei ou viver (apenas) no mundo do dever-ser, é claro, mas em certas matérias o refino é inegociável: e o poder de convencimento esperado de um acórdão fixador de tese é, seguramente, uma delas. É bastante questionável, a propósito, que o emagrecimento da fundamentação, em casos tais, se revele, de fato, vantajoso do ponto de vista da carga de trabalho. Uma tese construída brevemente, passando superfi-

Ainda assim – e nos demais casos - falta a cultura de julgamento por questão, capaz de didaticamente expor as razões de decidir adotadas pelo tribunal. Por essa razão, a construção de uma tese jurídica, prática incorporada à experiência forense brasileira, se revela uma saída ideal para que se consiga extrair, com segurança, o entendimento do tribunal, já que, ao menos quanto à tese, há pronunciamento de cada um dos membros e, não raro, debates com vistas ao aprimoramento da redação. A partir do enunciado, então, podem atuar os operadores do direito, segura e simplificadamente.

Além do afastamento do fatigante debate acerca dos fundamentos determinantes, tem-se uma maior adequação ao cenário jurídico brasileiro com o modelo das teses jurídicas porque também é dispensável, no seu uso ordinário, a investigação a respeito do contorno fático do caso concreto a partir do qual se formou o entendimento[212].

Naturalmente, os processos nos quais for aplicada a tese contribuirão para a sua completa e adequada compreensão, desde aquele primeiro julgado pelo próprio tribunal que fixou o entendimento. Contudo, a análise dos fatos, elemento crucial para larga doutrina na tradição an-

---

cialmente pelos argumentos colecionados, é capaz de ser desconstruída de igual maneira. Uma visão de médio prazo basta para perceber que se está diante de um autêntico "tiro no pé": a questão jurídica, precocemente devolvida aos julgadores dos casos concretos, surtirá efeito bumerangue, voltando rapidamente sob a roupagem de um *distinguishing* ou um *overrulling* evitável desde o primeiro momento. É a ideia do lema "julgar bem, desde a primeira vez, para que se evitem rejulgamentos de casos idênticos em face da omissão na análise de argumentos". Por essas razões, perfunctoriamente perceptíveis, é de se entender que a modificação textual nada mudou: "fundamentos relevantes", em julgamento de caso repetitivo, são todos os trazidos e mais os ventilados pelo órgão julgador ou pelos participantes em geral. Só assim haverá grau de perfeição proporcional ao da eficácia do *decisum*." (PORTO, José Roberto Sotero de. *Teoria Geral dos Casos Repetitivos*. Rio de Janeiro: GZ, 2018).

[212] "Por essa razão, o método de identificação de *ratio decidendi* cunhado pela *common law* não se revela compatível com a tradição civilista. O juiz de um sistema romano-germânico não pode buscar a solução dos litígios apenas nos fatos. Sua principal referência deve ser a lei.

Essa constatação impõe uma interrupção na pesquisa. Se o método para a identificação de *ratio decidendi* e *obiter dictum* tem como critérios a busca por fatos e a solução direta de casos, esta discussão pouco contribui para a *civil law*. É preciso buscar outra visão para o tema que contemple a interpretação legislativa." (PUGLIESE, William. *Precedentes e a civil law brasileira*: interpretação e aplicação do novo código de processo civil. São Paulo: Revista dos Tribunais, 2016. Livro eletrônico.).

glo-saxã[213], é totalmente acessória, se não for dispensável, no sistema brasileiro, que é um modelo de generalização facilitada dos entendimentos, que deve se distanciar de especificidades fáticas na exata medida em que o julgamento fixador de tese delas se afasta[214].

[213] "A *ratio decidendi* e os fundamentos determinantes, expressões tradicionalmente utilizadas para expressar a porção da fundamentação que identifica o modo como a Corte efetivamente resolveu a questão de direito, caracterizam os precedentes. Só há razão para falar em *ratio decidendi* ou em fundamento determinante quando se busca delinear o que orienta a vida social e os casos futuros. Quando se pensa apenas nos litigantes é completamente supérfluo e até mesmo contraditório aludir a *ratio decidendi* e a fundamentos determinantes – embora isto não seja incomum em decisões judiciais e passagens doutrinárias. Assim como a *ratio decidendi* e os fundamentos determinantes dizem respeito às decisões que orientam a sociedade e os juízes dos casos futuros, a coisa julgada mostra-se ligada aos litigantes. Esclareça-se que a *ratio decidendi* detém implicitamente a ideia da sua obrigatoriedade, até porque pensar numa *ratio decidendi* que pode ou não ser adotada seria não só uma contradição em termos, porém uma verdadeira perda de tempo e de energia.

A ideia de "tese jurídica" é uma versão de *civil law* que certamente será inadequada para retratar a porção da fundamentação que revela o que a Corte pensa sobre uma questão jurídica se for confundida com o resultado do raciocínio interpretativo do colegiado, ou melhor, se for vista como um enunciado da interpretação-resultado ou um resumo da solução conferida à questão de direito. A ideia de tese jurídica, para bem funcionar, não pode ser outra coisa que não o fundamento – subscrito pela maioria do colegiado – que determina a solução do caso ou do recurso, considerada a moldura fática em que as razões determinantes da Corte estão inseridas. A não ser assim, a "tese jurídica" corre o sério risco de se transformar num enunciado abstrato tão incapaz de regular os casos quanto as velhas máximas do direito italiano e as súmulas do nosso direito. Enunciados abstratos de nada adiantam quando se pensa em regular casos que estão por vir. É que o juiz, para poder saber se uma "tese" ou "*ratio*" se aplica ao caso sob julgamento, não pode deixar de ter em conta a situação conflitiva concreta a partir da qual a Corte expressou as suas razões de direito. Fora desta dimensão uma *ratio decidendi* não apenas serve para qualquer caso, como também não oferece ao juiz dos novos casos quaisquer critérios que permitam a racionalidade da sua aplicação de modo restritivo ou extensivo. Mas o verdadeiro problema é o de que, tratando-se de incidente de resolução de demandas repetitivas, não há como pensar em precedente e, portanto, nem em *ratio decidendi* nem em "tese jurídica". No art. 985 do CPC/2015, o legislador mais uma vez dá clara demonstração de que imagina que o incidente pode dar origem a um precedente obrigatório. Tanto é assim que, ao invés de falar de decisão de questão ou de coisa julgada, grosseira e equivocadamente alude a "aplicação", "não observância" e "fiscalização da efetiva aplicação" da "tese adotada"." (MARINONI, Luiz Guilherme. *Incidente de resolução de demandas repetitivas*: decisão de questão idêntica x precedente. São Paulo: Revista dos Tribunais, 2016, p. 101-103).

[214] Sustentando que os fatos devem ser levados em conta, já que a única vedação, no recurso extraordinário, é o reexame do cenário fático: FERRAZ, Thaís Schilling. *O precedente constitucional*: construção e eficácia do julgamento da questão com re-

A preocupação com os fatos apenas se justifica por uma importação geral do sistema de precedentes anglo-saxão[215] ou pela intenção de não aplicar erradamente um precedente (leia-se: uma tese), notando que o caso concreto é diverso daquele paradigma[216]. Ocorre, porém, que, tecnicamente, o que é diferente não são (apenas) os contornos fáticos, mas a hipótese de incidência da norma: ao se agregar um elemento à questão jurídica, tal questão permanece sendo "de direito": ou seja, se há uma tese que trata de uma categoria profissional e questiona-se se se aplica a outra categoria, a mudança não é somente fática, senão jurídica, porque a discussão em abstrato leva sempre em conta elementos da realidade corrente, jamais metafísicos. Em suma, modificando-se o cenário de aplicação da norma, surge uma nova questão jurídica, à qual a tese *de per si* não se aplica.

Embora exista o tradicional entendimento que considere que as circunstâncias fáticas são um elemento essencial do próprio conceito de

---

percussão geral. São Paulo: Saraiva, 2017, p. 268. Trata-se, porém, de um falso problema, já que o objeto dos incidentes é sempre uma questão de direito.

215 "O precedente, embora espelhe uma decisão que compartilha um mesmo fundamento para a solução da questão de direito, é necessariamente relacionado com o quadro fático em que a questão jurídica está inserida. A Corte Suprema obviamente não analisa fatos ou valora provas, mas argumenta de acordo com a realidade fática que envolve a *quaestio iuris* a ser solucionada. A moldura fática, que deve ser delineada na decisão da Corte, ajuda a dar inteligência à solução da questão de direito e, assim, dá aos magistrados dos casos futuros condições de racionalizar as suas decisões diante de situações fáticas similares. São as razões jurídicas compartilhadas e os fatos do caso que conferem oportunidade para a aplicação do precedente mediante raciocínio racional, pautado em critérios objetivos.". (MARINONI, Luiz Guilherme. *Precedentes obrigatórios*. 6. ed. São Paulo: Revista dos Tribunais, 2019. Livro eletrônico.).

216 "Para sucesso do programa alvitrado pelo CPC/2015, é importante o empenho na formulação de precedente e de sua aplicação à luz de soluções não apenas quantitativas, mas também e principalmente qualitativas.

Não se presta a uma adequada e justa formação de precedente apenas as razões em que o julgador fundamentou seu decisório, porque elas podem ser incorretas ou imprecisas, ou porque foram formuladas de modo muito amplo, ou muito restrito. É imprescindível o desdobramento da tese jurídica em volta de sua *ratio* e de sua possível distinção em face do novo caso a decidir. Não se tolera a compreensão da *ratio decidendi* sem investigar-se os fatos relevantes para a resolução da causa. Há de ir-se além da própria escolha feita no precedente, para se aquilatar o que em sua fundamentação ganha dimensões suficientes para universalização." (THEODORO JÚNIOR, Humberto. *Curso de Direito Processual Civil*. Vol. 3. 54. ed. Rio de Janeiro: Forense, 2021. Livro eletrônico.).

precedente[217][218], o que se percebe é que o ordenamento pátrio não se condiciona por essa lógica[219]. No sistema brasileiro, os comandos vinculantes proferidos em ações de controle concentrado, por exemplo, sempre são formulados a partir de um processo objetivo, dessubjetivado[220]. Semelhantemente, sucede nos procedimentos de fixação de teses, ao menos no seu primeiro extrato, etapa essencial do julgamento, que é aquela que efetivamente obriga os julgadores posteriores. Ainda que se cogitasse não atribuir às teses a qualidade de precedente – opção que seria meramente terminológica, tendo em vista a eficácia que lhes é atribuída pelo ordenamento -, o Código de Processo Civil fez opção distinta[221], fazendo supor que tais entendimentos estão inseridos no conceito amplo de precedente mencionado no art. 489, §1º, VI e poucas vezes repetido no diploma, que, no geral, prefere ser específico em relação a cada parâmetro decisório e suas consequências jurídicas, revestindo-se de especificidade técnica.

Também é imprecisa a pretensão de afirmar que apenas os precedentes, assim entendidos os casos concretos julgados e tomados, de-

---

[217] Considerando que o precedente é a soma das circunstâncias do caso concfeto com a tese ou princípio jurídico retirado da motivação (*ratio decidendi*): TUCCI, José Rogério Cruz e. *Precedente judicial como fonte do direito*. 2. ed. Rio de Janeiro: GZ, 2021, p. 2.)

[218] Exigindo que a *ratio* seja descoberta também a partir dos fatos do caso, sob pena de não se consubstanciar em precedente, razão pela qual se determina que a aplicação da súmula deve levar em consideração os fatos dos casos que levaram à sua edição (art. 926, §2º, do Código): PEREIRA, Rafael Caselli. *A influência dos fatos na formação de precedentes*. Londrina: Thoth, 2022, p. 314.

[219] Em sentido próimo, Teresa Arruda Alvim aduz que o precedente é um pronunciamento do juiz sobre o direito, não integrado pelas questões fáticas, embora seja importante lê-lo a partir delas, ponderando se tais fatos não deveriam ser tidos como essenciais (ALVIM, Teresa Arruda. Estabilidade e adaptabilidade como objetivos do direito: *civil law* e *common law*. Revista de Processo, n. 132, 2009, p. 132).

[220] "Trata-se de controle exercido fora de um caso concreto, independente de uma disputa entre partes, tendo por objeto a discussão acerca da validade da lei em si. Não se cuida de mecanismo de tutela de direitos subjetivos, mas de preservação da harmonia do sistema jurídico, do qual deverá ser eliminada qualquer norma incompatível com a Constituição." (BARROSO, Luís Roberto. *O controle de constitucionalidade no direito brasileiro*. 8. ed. São Paulo: Saraiva, 2019, p. 73).

[221] Se muito, poder-se-ia assumir um conceito de precedente em sentido amplo, a incluir todos os parâmetros decisórios, e um precedente em sentido estrito, apenas com aqueles vinculantes, como decisões do controle concentrado, súmulas vinculantes e, como defendido, as teses jurídicas.

pois, como razão de decidir, pudessem trazer unidade ao direito, negando-se essa função às súmulas[222] e, sobretudo, às teses jurídicas[223]. Seguramente, definir a interpretação de um texto ou identificar a nor-

---

[222] "As súmulas nunca conseguiram contribuir para a unidade do direito. Foram pensadas a partir de uma compreensão muito superficial do sistema em que as decisões têm efeito obrigatório ou a partir das máximas, uma lamentável e ineficaz tentativa de alguns sistemas de *civil law* para o encontro da uniformidade da interpretação. As súmulas foram concebidas como enunciados da interpretação das Cortes de correção e destinadas a facilitar os julgamentos dos recursos. Note-se, porém, que a súmula é o enunciado da tese de direito e não pode, como é óbvio, explicar os motivos da adoção da tese em face de uma determinada situação concreta.

Ao contrário, a ratio decidendi ou os fundamentos determinantes de uma decisão espelham não apenas uma tese de direito, mas, mais propriamente, a racionalidade da tese em face de determinada moldura fática. Uma súmula obviamente não tem condições de refletir a racionalidade da argumentação própria a um precedente. Pode, com alguma dificuldade, resumir a tese de direito sustentada numa decisão. Frise-se, assim, que enquanto o método das súmulas era empregado nas Cortes de correção como método de trabalho, uma teoria de precedentes é indispensável diante das Cortes que têm o poder de atribuir sentido ao direito e desenvolvê-lo." (MARINONI, Luiz Guilherme. *Precedentes obrigatórios*. 6. ed. São Paulo: Revista dos Tribunais, 2019. Livro eletrônico.).

[223] ""Precedente é norma jurídica induzida do julgamento de um caso concreto. Essa norma encontra-se na *ratio decidendi* da decisão. As súmulas, a que se refere no novo Código, não são precedentes. São normas gerais e abstratas editadas por tribunais que, geralmente, expressam a *ratio decidendi* de uma ou mais decisões, mas que se desprendem do caso concreto. Quem invoca súmula não precisa identificar o caso ou casos em que supostamente ela se baseou. Essa diferença é essencial para que se compreenda o atual sistema jurídico brasileiro. (...) O mesmo [nota: de que os repetitivos são precedentes], porém, já não se pode dizer da decisão proferida pelo tribunal, em incidente de resolução de demandas repetitivas (CPC, arts. 976 a 987), em que o tribunal não julga caso concreto, mas se pronuncia sobre o direito em tese, por decisão aplicável também aos casos futuros (CPC, art. 985), o que evidencia a natureza legislativa da decisão.

A interpretação do tribunal, aplicada aos processos pendentes e suspensos, configura caso de competência funcional; sua aplicação, porém, aos casos futuros (CPC, art. 985, II), constitui clara hipótese de poder normativo inconstitucionalmente atribuído aos tribunais por lei ordinária.

Seria, porém, irracional, um sistema em que, depois de uniformizada a jurisprudência, em todo o País, em incidente de resolução de demandas repetitivas, permitisse decisão diversa, a respeito de situações de fato ocorridas na mesma época, mas em ações posteriormente propostas, o que demonstra a necessidade de se abandonar o dogma da separação dos poderes em sua feição clássica." (TESHEINER, José Maria. *Precedentes, jurisdinormação e fundamentação da sentença*. Disponível em: <https://www.academia.edu/28266388/Precedentes_jurisdinorma%C3%A7%C3%A3o_e_fundamenta%C3%A7%C3%A3o_da_senten%C3%A7a>).

ma a partir da combinação de dispositivos do ordenamento traz, em definitivo, contribuição decisiva para que o direito seja lido de maneira única por todos os submetidos a esse ordenamento, ou seja, garantindo unidade de leitura.

No cenário brasileiro, portanto, é incorreto pretender sustentar que a tese deva, necessariamente, ser lida à luz de determinado quadro fático ou que não seja a tese a obrigar os futuros julgadores, mas a *ratio decidendi*, os fundamentos determinantes, em mera replicação dos sistemas americano e britânico.

Em um caso, no entanto, se afigura oportuno o estudo do debate enfrentado pelo colegiado e da completa motivação do julgado do qual emergiu a tese: quando se pretender ampliar o entendimento do enunciado. Com efeito, conquanto o elemento vinculante seja o texto da tese, é possível que interesse ao litigante sua aplicação a outros casos, buscando convencer o juiz acerca da adequação e da replicabilidade da lógica aplicada para outras hipóteses, como sói ocorrer no *common law*.

Trata-se de funcionamento interessante e capaz de enriquecer o ordenamento[224], estendendo o entendimento para além do texto consagrado no procedimento formados da tese. Nesses casos, porém, caberá à parte ônus de argumentação muito maior que quando meramente suscita a aplicação da tese, nos termos nela contidos, porque não bastará a identificação entre o caso concreto (leia-se: a relação jurídica *in concreto*) e o entendimento pacificado, cabendo demonstrar a motivação do julgamento da tese e sua absoluta adequação para o cenário *sub judice* – o que, por uma questão de isonomia, não poderá ser desprezado, como se o tribunal nunca tivesse desenvolvido qualquer raciocínio sobre o tema[225].

---

[224] Há autores que entendem que o que efetivamente vincula seja a *ratio*, não a tese, o que seria mais útil, sistêmico e abrangente, indo o precedente além de uniformizar, no sentido de produzir coerência sistêmica na interpretação e aplicação do direito: FERRAZ, Thaís Schilling. *O precedente constitucional*: construção e eficácia do julgamento da questão com repercussão geral. São Paulo: Saraiva, 2017, p. 266-267.

[225] Para além da tese, existe a aplicação de sua *ratio*, no que se denominou potencial de ampliação da *ratio decidendi* (parece, porém, mais correto reputar potencial de expansão da tese jurídica com base na *ratio*): "Assim, se, de um lado, por razões ligadas à necessidade de obtenção de uma maior praticidade, são formuladas "teses jurídicas", à luz das quais os casos, cujos procedimentos foram previamente sobrestados (porque tratam de questões jurídicas absolutamente idênticas às dos recursos afetados), não se pode dizer, por outro, que a vinculatividade do precedente (consistente neste recurso) limite-se apenas àqueles processos sobrestados. Isto por-

Esse movimento, que pode se dar tanto nas instâncias ordinárias como pela via da reclamação, quando for apreciado pelo tribunal que fixou o entendimento, pode suscitar a complementação da tese originária, facilitando a aplicação posteriormente por todos os julgadores submetidos ao entendimento, a edição de uma nova tese ou a elaboração de uma sub-tese, em homenagem à publicidade que inspira o sistema[226].

---

que, uma vez formulada a tese e decidido o recurso afetado, a *ratio decidendi* deste acórdão será aplicável também a casos que não são absolutamente iguais aos do precedente, sob o ponto de vista fático, mas devem ser decididos à luz do mesmo princípio jurídico. *Para cada um destes outros casos*, há de ser feito exame analítico, com o fito de se descobrir a *holding* do precedente, de molde a identificá-la (ou não) com aquela que embasou a solução do precedente.

A *ratio decidendi* evidentemente é conceito muito mais abrangente (do ponto de vista da sua potencialidade de atingir um número muito maior de casos) do que o de *tese jurídica*, tal como este tem sido usado pelos Tribunais Superiores. A sua amplitude decorre da circunstância de ser muito mais abstrata, porque passível de ser discutida e moldada no caso subsequente, a partir do contraditório efetivo.

O ideal, portanto, é que a tese jurídica seja formulada de maneira a representar o conteúdo parcial da própria *ratio decidendi*, uma hipótese de incidência, permitindo que a decisão seja concretizada para o caso do recurso afetado e de todos os demais que tenham tido seus procedimentos suspensos, de antemão, porque tratam de questão jurídica idêntica.

A tese precisa ser instrumento para conferir maior segurança jurídica no tratamento de casos repetitivos. Cabe aos tribunais especial atenção para que o texto da tese observe os limites estritos do que foi julgado, sem pretender indevidamente alcançar outras situações não veiculadas e discutidas nos casos-piloto. A criação de tese jurídica que não corresponda a situações julgadas é ilegítima e, por isso, não cumpre seu papel de representar uma hipótese de incidência da *ratio decidendi*.

De todo modo, parece-nos que, em ambos os casos – aplicação da tese jurídica e da *ratio decidendi* –, a decisão que se afastou do precedente está sujeita à reclamação. Assim, tanto aquela que tenha sido tomada em caso que trata de questão jurídica absolutamente idêntica à do precedente quanto as que foram tomadas sem levar em conta o precedente, em casos factualmente diferentes, mas que estejam submetidas à mesma *ratio decidendi* do recurso piloto, podem ser controladas por meio de reclamação." (BARIONI, Rodrigo; ALVIM, Teresa Arruda. Recursos repetitivos: tese jurídica e ratio decidendi. In: BIANCHI, José Flávio; PINHEIRO, Rodrigo Gomes de Mendonça; ALVIM, Teresa Arruda (coords.). *Jurisdição e direito privado*: estudos em homenagem aos 20 anos da Ministra Nancy Andrighi no STJ. São Paulo: Thomson Reuters Brasil, p. 611-630).

226 Um exemplo interessante de mais de uma tese firmada sobre um mesmo tema, complementando-o e especificando-o para uma hipótese específica diz respeito aos repetitivos sobre a suspensão das ações individuais quando do ajuizamento de uma ação coletiva. Embora a lei seja clara ao prever o direito de suspensão do processo individual, mera possibilidade à escolha do litigante autor de cada uma das várias ações, o Superior Tribunal de Justiça, em sede de recursos repetitivos, firmou e reafirmou tese jurídica no sentido da obrigatoriedade da suspensão de todos os processos individuais sobre a mesma questão tratada na ação coletiva.

O primeiro julgado nessa linha foi o Recurso Especial 1.110.549: RECURSO REPETITIVO. PROCESSUAL CIVIL. RECURSO ESPECIAL. AÇÃO COLETIVA. MACRO-LIDE. CORREÇÃO DE SALDOS DE CADERNETAS DE POUPANÇA. SUSTAÇÃO DE ANDAMENTO DE AÇÕES INDIVIDUAIS. POSSIBILIDADE. 1.- Ajuizada ação coletiva atinente a macro-lide geradora de processos multitudinários, suspendem-se as ações individuais, no aguardo do julgamento da ação coletiva. 2.- Entendimento que não nega vigência aos aos arts. 51, IV e § 1º, 103 e 104 do Código de Defesa do Consumidor; 122 e 166 do Código Civil; e 2º e 6º do Código de Processo Civil, com os quais se harmoniza, atualizando-lhes a interpretação extraída da potencialidade desses dispositivos legais ante a diretriz legal resultante do disposto no art. 543-C do Código de Processo Civil, com a redação dada pela Lei dos Recursos Repetitivos (Lei n. 11.672, de 8.5.2008). 3.- Recurso Especial improvido. (REsp n. 1.110.549/RS, relator Ministro Sidnei Beneti, Segunda Seção, julgado em 28/10/2009). Na ocasião, fez-se uma releitura do art. 104 à luz da sistemática dos recursos repetitivos, inserida no art. 543-C do CPC/73, sublinhando a obrigatória suspensão dos processos quando da afetação do tema para julgamento "por amostragem", de ofício pelo julgador da ação coletiva. A visão é interessantíssima, embora *contra legem*, porque reafirma nossa posição de que ambos os mecanismos são instrumentos de tutela coletiva. Prevaleceu o interesse público na efetividade do Judiciário, em vez do exercício ilimitado do direito de ação de cada particular. A esse respeito, nesse mesmo julgado, o STJ entendeu não haver mácula à Constituição porque o ajuizamento da demanda individual é possível, vedando-se tão somente seu prosseguimento. Ademais, os indivíduos poderiam, em abstrato, se habilitar como *amici curiae* no incidente, se satisfizessem os requisitos (argumento que não convence, tendo em vista a restrição, por vezes necessária, ao ingresso de sujeitos como colaboradores do juízo). De resto, ressalvou o tribunal que eventuais peculiaridades de casos concretos devem ser analisadas após o término da suspensão. Esse precedente serviu como parâmetro decisório em diversas ocasiões, no próprio STJ, inclusive para a Corte Especial, que deixou de conhecer embargos de divergência a respeito do tema (AgRg nos EAREsp n. 693.242/PR, Rel. Min. Laurita Vaz, Corte Especial, julgado em 16/12/2015). Em um segundo momento, a 1ª Seção da Corte da Cidadania também concluiu pela suspensão obrigatória, em recurso repetitivo, no Resp 1.353.801 (REsp 1.353.801/RS, Rel. Ministro Mauro Campbell Marques, Primeira Seção, julgado em 14/08/2013).

Por fim, a 2ª Seção reiterou a posição, em novo recurso repetitivo, Resp 1.525.327 que esclareceu, ainda, o prazo da suspensão: até o trânsito em julgado do processo coletivo: RECURSO ESPECIAL REPRESENTATIVO DE CONTROVÉRSIA. AÇÃO INDIVIDUAL DE INDENIZAÇÃO POR SUPOSTO DANO AMBIENTAL NO MUNICÍPIO DE ADRIANÓPOLIS. AÇÕES CIVIS PÚBLICAS. TUTELA DOS DIREITOS INDIVIDUAIS HOMOGÊNEOS. EVENTO FACTUAL GERADOR COMUM. PRETENSÕES INDENIZATÓRIAS MASSIFICADAS. EFEITOS DA COISA JULGADA. INEXISTÊNCIA DE PREJUÍZO À REPARAÇÃO DOS DANOS INDIVIDUAIS E AO AJUIZAMENTO DE AÇÕES INDIVIDUAIS. CONVENIÊNCIA DA SUSPENSÃO DOS FEITOS INDIVIDUAIS. EXISTÊNCIA. 1. A tese a ser firmada, para efeito do art. 1.036 do CPC/2015 (art. 543-C do CPC/1973), é a seguinte: Até o trânsito em julgado das Ações Civis Públicas n. 5004891-93. 2011.4004.7000 e n. 2001.70.00.019188-2,

Também é viável que, na apreciação de um ponto mais específico aparentemente contido naquela tese, se verifique que a correta interpretação é justamente no sentido de excluí-lo do enunciado – esse ulterior posicionamento terá caráter declaratório negativo, definindo uma distinção. Diante disso, quando a tese primeira for mais ampla, as apreciações futuras, respeitadoras da *ratio*, provavelmente irão a restringir para hipóteses incongruentes; quando, porém, for mais limitada, novas afetações de temas – ou mesmo argumentações que pretendam estender a conclusão vinculante com base na fundamentação do acórdão - podem ampliá-la.

Pode-se, em tom de síntese, propor que haja um precedente imediato, de aplicação direta e simples, que é o entendimento consubstanciado na tese, e um precedente mediato, extraível dos fundamentos que levaram à edição de tese, sempre que, a partir do acórdão do tribunal em julgamento de casos repetitivos, de incidente de assunção de competência ou de repercussão geral, haja uma motivação plenamente aplicável a outras hipóteses de incidência que, por algum motivo acessório, não tenha sido mencionada no enunciado da tese jurídica[227]. Em

---

em tramitação na Vara Federal Ambiental, Agrária e Residual de Curitiba, atinentes à macrolide geradora de processos multitudinários em razão de suposta exposição à contaminação ambiental decorrente da exploração de jazida de chumbo no Município de Adrianópolis-PR, deverão ficar suspensas as ações individuais. 2. No caso concreto, recurso especial não provido. (REsp n. 1.525.327/PR, relator Ministro Luis Felipe Salomão, Segunda Seção, julgado em 12/12/2018).

[227] Veja-se um exemplo, retirado de uma súmula vinculante, mas que poderia ser aplicado a uma tese fixada: "A título exemplificativo, tome-se o RE n. 500.171/GO, que deu origem à Súmula Vinculante n. 12 do STF. O caso concreto dizia respeito à cobrança de taxa de matrícula pela Universidade Federal de Goiás, cujos recursos seriam destinados para o programa de assistência a "alunos de baixa condição socioeconômica-cultural". O aluno se insurgiu contra a referida cobrança, arguindo a gratuidade prevista no art. 206, IV, da CF. O relator do caso, Min. Ricardo Lewandowski, fundamentou sua decisão em sentido favorável ao pleito do aluno, a partir do fundamento de que o art. 208 da CF "assinala ao Estado a obrigação de manter uma estrutura institucional que permita ao cidadão comum, tenha ou não recursos financeiros, o acesso ao ensino superior, em seus vários níveis, da graduação à pós-graduação, ministrado em estabelecimentos oficiais, tendo como única limitação a sua competência intelectual". Em seguida, afirmou que "a gratuidade do ensino público em estabelecimentos oficiais, conforme se lê no *caput* do art. 206, IV, configura um princípio. Um princípio que não encontra qualquer limitação, no tocante aos distintos graus de formação acadêmica". Por fim, salientou que "a Constituição e a Lei asseguraram às universidades públicas os recursos necessários

uma perspectiva de aplicação *erga omnes*, porém, há que se reconhecer uma distinção e que apenas aqueles primeiros são aplicáveis *prima*

> para a consecução de seus fins, inclusive para o eventual amparo de estudantes necessitados, providência que a recorrente busca levar a efeito mediante a cobrança da taxa de matrícula aqui impugnada". A partir desses fundamentos, o STF concluiu ser inconstitucional qualquer limitação ao princípio constitucional do ensino público gratuito nos estabelecimentos oficiais. O enunciado da Súmula Vinculante nº 12, oriunda desse julgamento, ficou assim redigida: "A cobrança de taxa de matrícula nas universidades públicas viola o disposto no art. 206, IV, da Constituição Federal". O enunciado da Súmula Vinculante, no caso, não é completo no tocante à regra jurídica pronunciada pelo STF ao julgar o caso (*ratio decidendi*). Com efeito, o exame do acórdão indica que também é inconstitucional a cobrança de outras taxas atreladas ao direito de ensino, como a referente à prova substitutiva e ao exame final, entre outras. A *ratio decidendi* é inequivocamente mais ampla do que a gratuidade da taxa de matrícula, podendo ser assim afirmada: a gratuidade de quaisquer despesas inerentes ao aproveitamento integral do curso de graduação em universidade pública.". Em outro exemplo concreto, aponta-se: "Contudo, também, há teses jurídicas firmadas no julgamento de repetitivos que podem abranger situações fáticas de maior variabilidade. Ilustrativamente, pode-se pensar no caso da cobrança de comissão de corretagem na compra e venda de imóvel em incorporação. O STJ fixou a seguinte tese jurídica: "Validade da cláusula contratual que transfere ao promitente-comprador a obrigação de pagar a comissão de corretagem nos contratos de promessa de compra e venda de unidade autônoma em regime de incorporação imobiliária, desde que previamente informado o preço total da aquisição da unidade autônoma, com o destaque do valor da comissão de corretagem". A abrangência dessa tese jurídica pode ter sido mal dimensionada, de maneira que a redação aparente inclui algumas situações que, em verdade, não foram discutidas nos processos que geraram o precedente. No caso supramencionado, seria possível, por exemplo, discutir se o regime ao qual está submetido o contrato de compromisso de compra e venda – Sistema Financeiro de Habitação, programa Minha Casa Minha Vida etc. – conduziria a resultado diverso daquele exposto na tese jurídica. (...) A tese jurídica não pode ser vista como uma regra jurídica genérica, que possa incluir em seu bojo inúmeras situações fáticas que não foram objeto de contraditório e, portanto, de consideração pelo tribunal. A atividade do Poder Judiciário está circunscrita à tarefa de julgar casos concretos que lhe sejam submetidos, de maneira que a tese jurídica produzida no julgamento de casos repetitivos não pode ultrapassar os limites das questões jurídicas presentes no caso concreto. Os tribunais devem ter grande cuidado com a elaboração da tese jurídica, para que não reflita aquilo que não se decidiu. Sem dúvida, situações de menor variabilidade fática são mais apropriadas para a formação de teses jurídicas do que hipóteses mais abertas." (BARIONI, Rodrigo; ALVIM, Teresa Arruda. Recursos repetitivos: tese jurídica e ratio decidendi. In: BIANCHI, José Flávio; PINHEIRO, Rodrigo Gomes de Mendonça; ALVIM, Teresa Arruda (coords.). *Jurisdição e direito privado*: estudos em homenagem aos 20 anos da Ministra Nancy Andrighi no STJ. São Paulo: Thomson Reuters Brasil).

facie, obrigando não só o Judiciário, mas também particulares e entes públicos[228], pela facilitação que traz consigo.

A título conclusivo, é perceptível que o modelo das teses jurídicas traz como uma vantagem principal a precisão de definição do tema, através da redação do entendimento em um enunciado, o que torna dispensável, para a aplicação pura e simples da tese, a investigação acerca das razões de decidir e do quadro fático que embasou eventual caso concreto a partir do qual sobreveio o incidente voltado à uniformização.

Esse ponto posiciona a tese jurídica como um padrão decisório de maior qualidade que a jurisprudência, que possui como traço marcante a espontaneidade e a falta de consolidação do entendimento em um enunciado destacado. Em relação às súmulas, aproxima-se da sua experiência, também calcada na redação de enunciados, mas a aperfeiçoa, por destacar um procedimento específico para a formação, de natureza jurisdicional, no qual se exige fundamentação exauriente, efetivamente permitindo a construção de uma razão de decidir, elemento valioso para o progressivo aperfeiçoamento do entendimento. Por essas duas razões, também em relação aos precedentes típicos do *common law* as teses surgem como mecanismo preferível.

Além disso, surge como outra vantagem relevante a adequação do sistema à realidade brasileira de raciocínio jurídico pela via dos silogismos, na qual qualquer demanda envolve um aspecto fático e um aspecto jurídico, cada qual com ambiente próprio de instrução e debate.

Semelhantemente ao que ocorre nos casos em que não há necessidade de instrução probatória, tratados há muito por técnicas próprias (julgamento antecipado do mérito e tutela de evidência, por exemplo) e por instrumentos específicos (notadamente, mandado de segurança e *habeas corpus*), a tese jurídica se apresenta como o pretexto para que o extrato jurídico do caso concreto seja resolvido independente de discussão sobre a controvérsia anteriormente pacificada, não havendo necessidade de revolvimento da questão, devendo o julgador assumir a conclusão do incidente, contida na tese, como premissa decisória, cabendo-lhe aplicá-la e dar-lhe concretude. Desse modo, a adequação traz como reflexo a vantagem da facilitação.

---

228 ZANETI JR, Hermes. Comentário ao art. 927. In; CABRAL, Antonio do Passo; CRAMER, Ronaldo. *Comntários ao novo Código de Processo Civil*. 2. ed. Rio de Janeiro: Forense, 2016, p. 1.340).

Sob o ponto de vista do objeto, as teses jurídicas trazem a marca da amplitude. Partindo da experiência favorável gradualmente inserida no ordenamento, atualmente tem-se um leque de ferramentas formadoras de teses jurídicas que não se limita pelo tipo de controvérsia a ser enfrentada.

Em um primeiro aspecto, tem-se que o tribunal, ao enfrentar o debate acerca da questão jurídica, pode desfazer variados tipos de problemas interpretativos[229].

Uma espécie de insegurança hermenêutica é a dupla (ou múltipla) possibilidade de interpretação. Nesses casos, o texto a partir do qual se deve extrair a norma permite variadas conclusões, seja por sua intencional tessitura aberta, seja por conta da complexidade advinda de sua leitura conjunta com o restante do ordenamento, mormente os princípios gerais e os valores constitucionais[230].

---

[229] "De fato, a ideia de que a sentença judicial surge, claramente e sem vacilação, da norma codificada, e é puramente declaratória em relação ao direito posto preexistente, hoje está absolutamente superada. Essa ideia, diz Hassemer, cedeu lugar à de que o juiz atua, em diferentes medidas, como *criador do direito*. Entretanto, evidentemente o direito posto, e especificamente o direito codificado, exerce função relevante com relação à atuação do juiz, que se consubstancia num assunto extremamente atual e complexo.

A ideia de que a sentença decorreria automaticamente da lei foi substituída por outra, a de que o juiz cria a norma jurídica. A relação existente entre a lei, de um lado, e a sentença, de outro tornou-se muito mais complexa.

Essa vinculação entre a *lei* e a *decisão judicial* é, pois, um elemento necessário de qualquer cultura jurídica consistente e duradoura. E a circunstância de as regras jurídicas serem codificadas reforça essa vinculação e faz com que a lei seja seu elemento básico. (...)

O verbo criar pode parecer muito forte e pode, erradamente, ser compreendido como se se tratasse de uma criatividade livre, como a do artista. Não é isso o que aqui se quer significar. O juiz cria, e pode criar, quando (a) há uma situação em que ou não há norma ou a norma é ineficiente; (b) há uma pluralidade de *sentidos* que *podem* ser atribuídos ao texto normativo." (ALVIM, Teresa Arruda. *Modulação*: na alteração da jurisprudência firme ou de precedentes vinculantes. 2. ed. São Paulo: Revista dos Tribunais, 2021).

[230] "A segunda ordem de argumentos compressora da força normativa dos princípios constitucionais vincula-se à técnica da subsunção. Ao se interpretar o dado positivo, atribui-se ao legislador infraconstitucional, e especialmente ao codificador, o papel de decifrar, por meio da técnica regulamentar, os princípios fundamentais do ordenamento. Estes, por serem menos detalhados, e dotados de menor densidade analítica, acabariam inevitavelmente tendo sua força normativa reduzida à prescrição contida nas regras. Em consequência, segundo tal raciocínio, a regra deveria prevalecer sobre o princípio, pois indicaria opção política indiscutível quanto

Outra modalidade é a definição da extensão da norma, com a precisa especificação de suas hipóteses de incidência, sempre no caso a caso - isto é, a partir do enfrentamento da questão específica que indaga se determinada norma contém determinada hipóteses, acaba-se por ir criando um conjunto de conclusões, afirmativas ou negativas, que estabelecem limites hermenêuticos[231][232].

Um terceiro tipo de objetivo deliberativo se refere à compatibilidade da norma com as demais que compõem o ordenamento (desfazimento de antinomias[233]) e, em especial, com outra superior, em um juízo

a certa norma de comportamento. Tratar-se-ia de versão remodelada no vetusto brocardo latino *in claris non fit interpretatio*, o qual pressupõe a norma como unidade lógica isoladamente considerada, descartando a necessidade, para que adquira sentido *in concreto*, de confrontá-la com todas as demais normas que compõem o sistema. Na esteira de tal entendimento, acaba-se por subverter a ordem hierárquica do ordenamento, aplicando-se os princípios à luz de regras infraconstitucionais, que *decodificariam* o seu sentido axiológico.

Todavia, se a força normativa dos princípios constitucionais decorre da concepção unitária do ordenamento jurídico, no qual a Constituição ocupa posição hierárquica suprema, nem o tamanho do Estado e tampouco as reformas legislativas hão de alterar a normatividade constitucional. Ao revés, como antes demonstrado, as normas constitucionais afiguram-se parte integrante do instrumental teórico do direito civil, remodelando e revitalizando seus institutos, em torno de sua força reunificadora do sistema. Não se trata de subjugar a dogmática do direito civil, mas de reconstrui-la a partir dos valores constitucionais, tendo-se presente que as categorias e conceitos jurídicos não são estáticos, mas dinâmicos e historicamente determinados. Nessa mesma vertente, o Código Civil não pode ser considerado sistema monolítico, apartado das leis especiais, equivocadamente tratadas como microssistemas. O ordenamento jurídico, para ser como tal considerado, não admite fragmentações ou compartimentos indenes à tábua de valores constitucional, que o unifica e o vivifica." (TEPEDINO, Gustavo; OLIVA, Milena Donato. *Fundamentos de Direito Civil*: Teoria Geral do Direito Civil. 3. ed. Rio de Janeiro: Forense, 2022).

231 Veja-se: RE 600063, Rel. p/ ac. Min. Roberto Barroso, Tema 469, DJe 15.5.2015: Nos limites da circunscrição do município e havendo pertinência com o exercício do mandato, garante-se a imunidade ao vereador.

232 A título de exemplo: RE 638491, Rel. Min. Luiz Fux, Tema 647, DJe 23.8.2017: É possível o confisco de todo e qualquer bem de valor econômico apreendido em decorrência do tráfico de drogas, sem a necessidade de se perquirir a habitualidade, reiteração do uso do bem para tal finalidade, a sua modificação para dificultar a descoberta do local do acondicionamento da droga ou qualquer outro requisito além daqueles previstos expressamente no art. 243, parágrafo único, da Constituição Federal.

233 "A tese de que o ordenamento jurídico constitui um sistema (...) também pode ser expressa dizendo que *o direito não tolera antinomias*. (...) O fato de que no direi-

de apreciação de constitucionalidade ou de legalidade[234][235]. É bastante comum, a propósito, que o Supremo Tribunal Federal estipule a constitucionalidade ou a inconstitucionalidade de determinadas interpretações ou mesmo de determinados textos legais em sede de repercussão geral[236]. Igualmente, os tribunais locais devem realizar uma filtragem

---

to romano, considerado por longos séculos o direito por excelência, não existissem antinomias foi cânone constante para os intérpretes, ao menos enquanto o direito romano foi direito vigente. Um dos objetivos da interpretação jurídica era também o de eliminar as antinomias, caso surgisse alguma (...)." (BOBBIO, Norberto. *Teoria Geral do Direito*. 3. ed. São Paulo: Martins Fontes, 2010, p. 240).

234 Veja-se: REsp 1221170, Rel. Min. Napoleão Nunes Maia Filho, 1ª Seção, DJe 24.04.2018: (a) é ilegal a disciplina de creditamento prevista nas Instruções Normativas da SRF ns. 247/2002 e 404/2004, porquanto compromete a eficácia do sistema de não-cumulatividade da contribuição ao PIS e da COFINS, tal como definido nas Leis 10.637/2002 e 10.833/2003; (b) o conceito de insumo deve ser aferido à luz dos critérios de essencialidade ou relevância, ou seja, considerando-se a imprescindibilidade ou a importância de determinado item - bem ou serviço - para o desenvolvimento da atividade econômica desempenhada pelo Contribuinte.

235 Em tribunal local: TJ/ES. IRDR 0016940-85.2016.8.08.0000, Rel. Des. Samuel Meira Brasil Junior, DJe 3.10.2017: 1. É ilegal a adoção do divisor de 220 horas mensais sobre os vencimentos dos Agentes Comunitários de Segurança, diante do disposto no item 5.15, do Anexo Único, da Lei Municipal n.º 482/2007. 2. Os Agentes Comunitários de Segurança não têm direito à extensão do adicional noturno às horas que ultrapassem o limite legal. 3. Incabível a aplicação retroativa da Lei Municipal n.º 774/2012 para o pagamento de eventuais diferenças salariais e seus reflexos, em período por ela não abarcado. 4. É devido aos Agentes Comunitários de Segurança o recebimento do adicional de risco, nas condições e termos estabelecidos após o advento da Lei Municipal n.º 642/2010 e da Lei Municipal n.º 774/2012.

236 Nesse sentido: RE 870947, Rel. Min. Luiz Fux, Tema 810, DJe 20.11.2017: O art. 1º-F da Lei nº 9.494/97, com a redação dada pela Lei nº 11.960/09, na parte em que disciplina os juros moratórios aplicáveis a condenações da Fazenda Pública, é inconstitucional ao incidir sobre débitos oriundos de relação jurídico-tributária, aos quais devem ser aplicados os mesmos juros de mora pelos quais a Fazenda Pública remunera seu crédito tributário, em respeito ao princípio constitucional da isonomia (CRFB, art. 5º, caput); quanto às condenações oriundas de relação jurídica não-tributária, a fixação dos juros moratórios segundo o índice de remuneração da caderneta de poupança é constitucional, permanecendo hígido, nesta extensão, o disposto no art. 1º-F da Lei nº 9.494/97 com a redação dada pela Lei nº 11.960/09; O art. 1º-F da Lei nº 9.494/97, com a redação dada pela Lei nº 11.960/09, na parte em que disciplina a atualização monetária das condenações impostas à Fazenda Pública segundo a remuneração oficial da caderneta de poupança, revela-se inconstitucional ao impor restrição desproporcional ao direito de propriedade (CRFB, art.

constitucional, no exercício do controle difuso, em instrumento mais eficaz que o incidente de arguição de inconstitucionalidade[237].

Nesse ponto, cabe sublinhar uma específica vantagem das teses jurídicas, ao combinar o acertamento e a amplitude, no que se refere ao controle de constitucionalidade difuso. Quando o Supremo Tribunal Federal enfrenta a questão, é preferível que o faça fixando tese acerca da (in)constitucionalidade de determinada norma ou interpretação que pela mera via do controle difuso, por qualquer tipo de procedimento, vez que é possível ao Tribunal Constitucional analisar, como qualquer outro julgador, a compatibilidade com o texto constitucional por qualquer via, inclusive ações originárias e recursos ordinário. Tais opções, no entanto, se assemelham à jurisprudência: por mais relevante que seja, carece de organização e demanda exaustiva pesquisa pelo aplicador do direito, bem como posterior argumentação similar à dos precedentes do *common law*; de outro lado, uma tese fixada pode ser encontrada e citada em breve espaço de tempo e com maior grau de segurança.

Evidentemente, não há uma divisão estanque e tampouco uma taxatividade desses tipos de imbróglios interpretativos, que surgem com naturalidade e em comunhão, muitas das vezes. Afinal, a definição da melhor leitura de um texto em conjunto com o ordenamento significa cotejá-lo com princípios constitucionais, acabando por concretizá-los[238].

5º, XXII), uma vez que não se qualifica como medida adequada a capturar a variação de preços da economia, sendo inidônea a promover os fins a que se destina.

Em outro exemplo: RE 704292, Rel. Min. Dias Toffoli, Tema 540, DJe 3.8.2017: É inconstitucional, por ofensa ao princípio da legalidade tributária, lei que delega aos conselhos de fiscalização de profissões regulamentadas a competência de fixar ou majorar, sem parâmetro legal, o valor das contribuições de interesse das categorias profissionais e econômicas, usualmente cobradas sob o título de anuidades, vedada, ademais, a atualização desse valor pelos conselhos em percentual superior aos índices legalmente previstos.

[237] Veja-se: TJ/SC. IAC 0001938-49.2011.8.24.0083, Rel. Des. Pedro Manoel Abreu, Tema 5: a) É inconstitucional a vinculação do reajuste de vencimentos dos servidores municipais de Correia Pinto a índices federais de correção monetária e; b) Para a concessão de progressão funcional é mister a demonstração de tempo de efetivo exercício na referência e frequência em cursos de capacitação.

[238] É o que sucedeu, por exemplo, no RE 592396, Rel. Min. Edson Fachin, Tema 168, DJe 28.3.2016: É inconstitucional a aplicação retroativa de lei que majora a alíquota incidente sobre o lucro proveniente de operações incentivadas ocorridas

A esse respeito, é válido realizar uma breve digressão. A questão da discussão acerca da constitucionalidade de uma norma em um incidente fixador de tese traz contornos próprios e indagações interessantes. Parece totalmente possível e até recomendável, pelos efeitos outorgados pelo diploma processual, que um tribunal que enfrentaria a análise difusa da constitucionalidade em um incidente de arguição de inconstitucionalidade (artigos 948 e 949 do Código de Processo[239]) o faça por meio de um incidente de resolução de demandas repetitivas ou de assunção de competência, potencializando esses instrumentos forma-

---

no passado, ainda que no mesmo ano-base, tendo em vista que o fato gerador se consolida no momento em que ocorre cada operação de exportação, à luz da extrafiscalidade da tributação na espécie.

[239] Art. 948. Arguida, em controle difuso, a inconstitucionalidade de lei ou de ato normativo do poder público, o relator, após ouvir o Ministério Público e as partes, submeterá a questão à turma ou à câmara à qual competir o conhecimento do processo.

Art. 949. Se a arguição for:

I - rejeitada, prosseguirá o julgamento;

II - acolhida, a questão será submetida ao plenário do tribunal ou ao seu órgão especial, onde houver.

Parágrafo único. Os órgãos fracionários dos tribunais não submeterão ao plenário ou ao órgão especial a arguição de inconstitucionalidade quando já houver pronunciamento destes ou do plenário do Supremo Tribunal Federal sobre a questão.

Art. 950. Remetida cópia do acórdão a todos os juízes, o presidente do tribunal designará a sessão de julgamento.

§ 1º As pessoas jurídicas de direito público responsáveis pela edição do ato questionado poderão manifestar-se no incidente de inconstitucionalidade se assim o requererem, observados os prazos e as condições previstos no regimento interno do tribunal.

§ 2º A parte legitimada à propositura das ações previstas no art. 103 da Constituição Federal poderá manifestar-se, por escrito, sobre a questão constitucional objeto de apreciação, no prazo previsto pelo regimento interno, sendo-lhe assegurado o direito de apresentar memoriais ou de requerer a juntada de documentos.

§ 3º Considerando a relevância da matéria e a representatividade dos postulantes, o relator poderá admitir, por despacho irrecorrível, a manifestação de outros órgãos ou entidades.

dores de teses - a adequação necessária seria o respeito à cláusula constitucional de reserva de plenário (artigo 97 da Constituição[240])[241][242][243].

---

240 Art. 97. Somente pelo voto da maioria absoluta de seus membros ou dos membros do respectivo órgão especial poderão os tribunais declarar a inconstitucionalidade de lei ou ato normativo do Poder Público.

241 "Se o tribunal, ao julgar o IRDR, tiver de apreciar a inconstitucionalidade de lei ou tratado, deverá adotar o procedimento previsto nos art. 948 a 950 do CPC e encaminhar a questão ao plenário ou corte especial. Em tal hipótese, deve ser observada a regra de reserva de plenário: somente o plenário ou o órgão especial é que pode decretar, incidentemente, a inconstitucionalidade de lei ou tratado (art. 97, CF)." (DIDIER JR., Fredie; CUNHA, Leonardo Carneiro da. *Curso de direito processual civil*. v. 3. 14 ed. Salvador: Juspodivm, 2017, p. 725.).

242 "Não se pode ignorar, ainda, que, em diálogo com o princípio da ampla participação, já tratado, o julgamento deve ser sempre colegiado, desde o exame da admissibilidade do incidente. Ademais, se o tema versar sobre a constitucionalidade de algum comando, por força do artigo 97 da Constituição Federal, o julgamento caberá ao plenário do tribunal ou ao seu órgão especial (o regimento define entre as duas vias deixadas pelo constituinte), excepcionando, eventualmente, a regra geral para decidir o incidente." (MELLO PORTO, José Roberto Sotero de. *Teoria geral dos casos repetitivos*. Rio de Janeiro: GZ, 2018. Livro eletrônico.).

243 Em sentido diverso, sustenta-se que o incidente de arguição deve ser instaurado, prejudicialmente: "A ideia de resolver uma questão prejudicial à resolução de demandas repetitivas não convive com a que supõe que a questão constitucional só pode ser decidida quando aflora em um caso entre A e B. Se há incidente de resolução de demandas repetitivas, em que se define questão de direito prejudicial ao julgamento de diversas ações individuais, o incidente de inconstitucionalidade deve se ajustar a esta realidade e não o contrário (...) Portanto, *se o verdadeiro problema não está na discussão de questão de constitucionalidade, mas na impossibilidade da sua discussão por órgão diferente do plenário ou do órgão especial e sem a garantia de quórum qualificado*, cabe ao relator, ao se deparar com pedido de solução de questão constitucional prejudicial à solução de demandas repetitivas, submetê-la ao órgão colegiado competente para o incidente de resolução para que este decida se a questão posta no incidente efetivamente requer controle de constitucionalidade. Lembre-se que, uma vez arguida a inconstitucionalidade de lei perante órgão fracionário do tribunal, esse só deve reconhecer a arguição e, assim, enviá-la ao plenário ou órgão especial, quando houver dúvida fundada sobre a constitucionalidade da norma. Caso se entenda que a norma é constitucional, devendo ser interpretada de acordo, obviamente não há instauração de incidente de inconstitucionalidade. Na verdade, a questão pode ser decidida no incidente de resolução quando pode ser resolvida sem a declaração de que lei é inconstitucional, de que a interpretação proposta à lei é inconstitucional ou de que a aplicação de lei é inconstitucional na situação proposta. Portanto, é obviamente possível julgar mediante o incidente, por exemplo, a questão em que se discute a constitucionalidade de uma conduta em face da Constituição Federal ou a questão que requer a consideração de lei que, muito embora dita inconstitucional, permite ao colegiado afirmar que

Um segundo aspecto da amplitude diz respeito às matérias jurídicas que podem ser debatidas nos procedimentos. Como a prática tem esclarecido, qualquer tema, naturalmente dentro da competência do tribunal julgador, pode ser uniformizado pela via da tese jurídica.

Apesar de inexistir menção no Código de Processo Penal, por exemplo, o Supremo Tribunal Federal e o Superior Tribunal de Justiça possuem variadas teses nessa seara, fixadas em recursos extraordinários com repercussão geral reconhecida[244] e em recursos especiais repetitivos[245][246]. Na mesma linha, os tribunais superiores possuem dezenas de entendimentos sumulados em matéria criminal[247].

---

poderá resolver a questão de direito sem ter que pronunciar a inconstitucionalidade. (...) Quer dizer que o colegiado competente para o incidente de resolução, ao decidir que a questão é de *controle* de constitucionalidade, deve encaminhá-la ao juízo do plenário ou do órgão especial, nos termos do art. 949, II, do CPC/2015. Aliás, isto também deve ocorrer quando, não obstante a questão de direito não tenha sido delineada no requerimento de instauração do incidente de resolução como "questão constitucional", decida o colegiado que a questão abre oportunidade para uma provável decisão de inconstitucionalidade. Nestes casos, participam do incidente de constitucionalidade as partes do incidente de resolução de demandas repetitivas, ou seja, aqueles que devem participar do incidente de resolução na qualidade de representantes dos litigantes excluídos e as partes do processo originário, que, igualmente, devem necessariamente participar do incidente de resolução (art. 984, II, *a*, do CPC/2015). É o que acontece, similarmente, quando a questão que requer controle de constitucionalidade, na ação coletiva, é encaminhada à decisão do plenário ou do órgão especial." (MARINONI, Luiz Guilherme. *Incidente de Resolução de Demandas Repetitivas:* decisão de questão idêntica x precedente. São Paulo: Revista dos Tribunais, 2016. Acesso eletrônico.).

244 No Supremo Tribunal Federal, há 32 registros de temas de repercussão geral sobre Direito Penal, dos quais 27 em que reconhecida a existência do pressuposto, e 35 em matéria processual penal, 34 dos quais com repercussão geral confirmada pela Corte Maior.

245 Em uma simples consulta ao banco de repetitivos do Superior Tribunal de Justiça, chega-se à conclusão de que há 31 temas voltados ao Direito Penal e 19 em matéria de Direito Processual Penal.

246 Veja-se, por exemplo, o tema 20 (É inadmissível a fixação de pena substitutiva [art. 44 do CP] como condição especial ao regime aberto.) e 177 dos repetitivos no STJ (A ação penal nos crimes de lesão corporal leve cometidos em detrimento da mulher, no âmbito doméstico e familiar, é pública incondicionada.), este último reflexo do tema 713 do STF. Ademais, exemplificativamente, um recurso repetitivo em matéria de execução penal: ProAfR no REsp 1753509/PR, Rel. Ministro Rogerio Schietti Cruz, Terceira Seção, julgado em 18/12/2018.

247 São mais de 80 enunciados de súmula sobre Direito Penal e de 130 sobre Direito Processual Penal, a contar ambos os tribunais.

Na verdade, a singeleza dos direitos postos em juízo em uma ação penal, longe de comprometer os julgamentos pacificadores abstratos, já que a avaliação da tipicidade da ação ou omissão do agente será sempre verificada pelo juiz natural, no contato detido com o conjunto probatório, justifica a uniformização, como forma de garantir a mais essencial segurança jurídica pretendida pelo princípio da legalidade penal.

De fato, é impossível que o cidadão determine suas condutas dolosa ou culposamente sem saber, ao certo, o entendimento da jurisprudência acerca de sua antijuridicidade – poder-se-ia ventilar, inclusive, o comprometimento do elemento da culpabilidade do potencial conhecimento da ilicitude.

A rigor, os valores que justificam o sistema de precedentes não apenas autorizam como recomendam (exigem) que a hermenêutica acerca da norma penal e processual penal – bem como de todos os demais ramos jurídicos - seja segura, pronta e clara, na exata proporção da relevância das consequências previstas para o descumprimento do preceito. É necessário restringir a "margem de erro" daquele que se sujeito aos comandos proibitivos e sancionatórios. A autodeterminação exige essa aplicação do sistema de formação de teses independentemente de menção no diploma específico.

Por fim, a amplitude também diz respeito ao elemento cronológico e temporal. Diante dos instrumentos deixados à disposição pelo legislador, pode-se fixar uma tese sobre uma matéria já debatida à exaustão na jurisprudência – e mesmo pacificada, pela utilidade dos efeitos –, sobre questão menos decidida, mas objeto em diversos processos em curso, ou mesmo sobre tema não enfrentado, quando revestido de relevância social a justificar o pronto posicionamento[248][249]. Para tanto, existem procedimentos de cabimento marcado pelo traço repressivo (o julgamento de casos repetitivos: recursos repetitivos e incidente de resolução de demandas repetitivas) e outros denotados pela prevenção, dispensando a multiplicidade de processos sobre a mesma questão (incidente de assunção de competência e repercussão geral).

Em conclusão, percebe-se que as teses jurídicas guardam essa vantagem em relação à súmula vinculante do Supremo Tribunal Federal, cuja autorização constitucional para edição é limitada à modalidade repressiva ("após reiteradas decisões sobre matéria constitucional") e à temática constitucional restrita a determinadas controvérsias ("validade, a interpretação e a eficácia de normas determinadas").

---

[248] A respeito do IAC, veja-se: "A exemplo do que ocorre no microssistema dos casos repetitivos, existe um requisito negativo para a instauração do incidente de assunção de competência: não pode existir repetição da questão em múltiplos processos (ausência de multiplicidade) (art. 947).

O Código, portanto, estabelece uma subsidiariedade dupla: do IRDR em relação aos recursos repetitivos e do IAC em relação aos incidentes repressivos. As duas técnicas se complementam através da prioridade para o incidente de resolução de questões comuns repetitivas. (...)

Parece, portanto, que a intenção do legislador seja, na verdade, que, reunidos os requisitos para a instauração de incidente de uniformização de questões repetitivas, não caberá o incidente de assunção de competência. A prioridade é a solução por meio de incidente de resolução de demandas repetitivas ou de julgamento de recursos repetitivos. (...)

O Superior Tribunal de Justiça, no entanto, decidiu, ao ponderar entre a instauração de um IAC ou do incidente de recursos repetitivos, que, apesar da multiplicidade de demandas a respeito, se poderia optar pelo incidente de assunção, já que possui maior vinculatividade, por permitir o manejo da reclamação diretamente ao tribunal (ProAfR no REsp 1799343/SP, Rel. Ministro Paulo de Tarso Sanseverino, Segunda Seção, julgado em 09/04/2019)." (MENDES, Aluisio Gonçalves de Castro; PORTO, José Roberto Sotero de. *Incidente de Assunção de Competência*. 2. ed. Rio de Janeiro: GZ, 2021. Livro eletrônico.).

[249] Em sentido contrário, entendeu o Superior Tribunal de Justiça que "a instauração desse incidente, ao menos por ora, mostra-se prematura. Com efeito, assim como na afetação ao rito dos repetitivos, a assunção de competência, em homenagem à segurança jurídica, deve ser admitida somente quando a questão de direito tiver sido objeto de debates, com a formação de um entendimento firme e sedimentado no âmbito das Turmas da Segunda Seção, evitando, com isso, a fixação de tese de observância obrigatória que não reflita uma decisão amadurecida desta Corte ao longo do tempo, a partir do sopesamento dos mais variados argumentos em uma ou outra direção." (QO no REsp 1.882.957-SP , Ministra Nancy Andrighi, Segunda Seção, por maioria, julgado em 8/2/2023.)

2.3.2.2. PARTICIPAÇÃO

Elemento que decorre do princípio basilar do contraditório é o da participação, a robustecer o processo de valor democrático[250]. Exige-se, em linhas simples, que aqueles afetados pela decisão judicial possam discuti-la, após proferida, pela via recursal, e anteriormente, no debate de argumentos, viabilizando a justiça do processo[251].

O Código menciona a conveniência da participação, desde os precedentes em geral (artigo 927, §2º) até os procedimentos fixadores de teses (artigos 983, §1º, e 1.038, II)[252], admitindo, de resto, a intervenção de *amici curiae*

---

[250] "O aumento da participação de sujeitos no processo dialoga com o viés democrático do processo. E, quanto maior o aspecto coletivo da tutela, a gerar efeitos para além de uma relação jurídica pontual, maior deve ser o cuidado de se assegurar o debate que legitima o processo, por meio de um contraditório particularmente valorizado.

Verifica-se, no direito processual coletivo, prestigiar-se o elemento da participação pelo processo, na linha da universalidade da jurisdição e do máximo benefício, mas reduzir-se a participação no processo, exercendo-se o contraditório de forma indireta, através do representante adequado." (PINHO, Humberto Dalla Bernardina de; PORTO, José Roberto Sotero de Mello. *Manual de Tutela Coletiva*. São Paulo: Saraiva, 2020. Livro eletrônico). No mesmo sentido, veja-se: GRINOVER, Ada Pellegrini *et al*. *Código Brasileiro de Defesa do Consumidor comentado pelos autores do anteprojeto*. 12. ed. Rio de Janeiro: Forense, 2019.

[251] "O percurso inverso, capaz de levar o contraditório da margem novamente ao centro do fenômeno processual, apenas teve início com o segundo pós-guerra, na segunda metade do século XX, com os movimentos de identificação, proclamação e proteção dos direitos humanos. A revalorização do contraditório alinha-se, assim, com o surgimento e evolução da própria doutrina do processo justo." (SCHENK, Leonardo Faria. *Cognição sumária*: limites impostos pelo contraditório no Processo Civil. São Paulo: Saraiva, 2017. Livro eletrônico.).

[252] "Na sua tramitação, uma vez admitido o incidente, abre-se a fase de juntada de documentos, uma fase probatória. O relator designado vai ouvir as partes e o Ministério Público, além de terceiros interessados. Há a possibilidade da mais ampla participação da sociedade, inclusive por meio da designação de audiências públicas, como previsto no art. 995.

No momento do julgamento ainda se assegura a participação com a sustentação oral, com o prazo de trinta minutos para as partes do processo originário e para o Ministério Público. E o novo Código também assegura a sustentação oral para terceiros que participaram do incidente, afinal, e conforme destacado, o que se quer é uma ampla participação, de tal maneira que essa decisão possa realmente retratar aquilo que a Justiça pode dar de melhor." (CARNEIRO, Paulo Cezar Pinheiro. Breves notas sobre o Incidente de Resolução de Demandas Repetitivas. *Revista Eletrônica de Direito Processual*, v. XIV, ano 8, jul.-dez./2014, p. 485-486.).

em todos os processos (artigo 138). Além disso, a modernidade tem evidenciado a revisão do modelo processual estático, abrindo espaços para outras formas de participação, especialmente social, o que fica bastante claro nos processos estruturantes, com viés experimentalista de reparação[253].

A abertura à intervenção dos sujeitos, inclusive daqueles que possuem processos suspensos nos quais a tese vindoura será aplicada[254], traz benefícios em duas frentes[255][256].

---

253 Na *public law litigation*, o juiz perde a centralidade, convoca a ampla participação processual e social – por meio de intervenção de terceiros (e *amicus curiae*) e de audiências públicas, respectivamente) -, e, em diálogo plural, constrói-se um programa de resolução de conflitos. Desse modo, permite-se um controle democrático das decisões (*democratic accountability*). (DIDIER JR., Fredie; ZANETI JR., Hermes. *Curso de direito processual civil: processo coletivo*. v. 4. 10. ed. Salvador: JusPodivm, 2016. p. 34-36.).

254 Por outro lado, há possibilidade de intervenção no incidente de sujeitos interessados no resultado do procedimento. Esse interesse pode ser de várias formas, para além do tradicional interesse jurídico. Aponta-se a viabilidade de interesse institucional, econômico, ou do interesse objetivo relativamente à questão jurídico-constitucional em discussão, um interesse na formação do precedente. A esse respeito, veja-se: CUNHA JR., Dirley da. A intervenção de terceiros no processo de controle abstrato de constitucionalidade – a intervenção do particular, do colegitimado e do *amicus curiae* na ADIN, ADC e ADPF. In: WAMBIER, Teresa Arruda Alvim *et al.* (coords.). *Aspectos polêmicos e atuais sobre os terceiros no processo civil e assuntos afins*. São Paulo: Revista dos Tribunais, 2004.

255 Some-se a isso uma terceira, relativa à maior responsabilidade dos julgadores com o futuro do direito: "A abertura à participação e ao debate, que não tem como não influir sobre o procedimento recursal, tem repercussão sobre o comportamento dos julgadores, que se veem obrigados a responder às expectativas geradas pela maior participação e pela intensificação do debate. O Ministro não é mais um expectador, que pode decidir friamente sem reagir às alegações dos seus pares e dos advogados, mas alguém que, num ambiente de permanente questionamento e discussão, expõe e testa seus argumentos e colabora para a elaboração da decisão do colegiado. Espera-se dos julgadores uma efetiva participação na discussão das questões que permeiam o raciocínio decisório do colegiado, uma vez que a decisão a ser tomada, mais do que resolver o caso, constituirá critério para o julgamento dos casos futuros, o que atribui outra dimensão de responsabilidade aos partícipes da Corte. Quem firma um precedente não apenas deixa registrado como se comportará diante dos novos casos, mas adquire uma grande responsabilidade em relação ao futuro". (MARINONI, Luiz Guilherme. *Precedentes obrigatórios*. 4. ed. São Paulo: Revista dos Tribunais, 2016. Livro eletrônico.).

256 Também se pode apontar uma quarta vantagem, referente ao reequilíbrio da relação, mormente quando a questão for repetitiva, semelhantemente à função cumprida pelos processos coletivos: "Na verdade, a parte contrária aos interesses coletivos possui sempre a dimensão global dos atos por ela praticados, tendo, portanto,

A primeira se refere à atenuação da aparente falta de possibilidade de intervir em um procedimento tão essencial, o que despertou diversas críticas ao "julgamento por amostragem" trazido pelo diploma processual anterior (nomenclatura que passava a ideia de que bastava ao tribunal apreciar um recurso, julgado representando todos os demais) – hoje, aperfeiçoado, porque cada julgador natural é que, tomando a tese como premissa, aplicará o entendimento, adequadamente ao caso concreto. A partir do momento em que existe a possibilidade de influir no convencimento do tribunal acerca da interpretação correta da norma, se esvazia a discussão acerca da legitimidade dessa atividade jurisdicional[257].

A segunda vantagem advinda da abertura a outros sujeitos no procedimento decisório diz respeito à maturação da discussão, isto é, o enriquecimento do debate, a pluralização de opiniões e visões acerca da melhor hermenêutica.

---

uma ideia exata do alcance de outras eventuais ações ajuizadas, bem como das possibilidades das perdas delas decorrentes.

A possibilidade de os interesses e direitos lesados serem defendidos concomitantemente faz com que a correlação de forças entre os litigantes seja redimensionada em benefício da parte individualmente fraca, mas razoavelmente forte quando agrupada, levando por terra, assim, a política maquiavélica da divisão para reinar." (MENDES, Aluisio Gonçalves de Castro. *Ações coletivas e meios de resolução coletiva de conflitos no direito comparado e nacional*. 4. ed. São Paulo: Revista dos Tribunais, 2014, p. 42)

[257] "A superação desses inconvenientes mediante a prolação de decisão que fixa uma tese abrangente e espraia efeitos além do caso concreto efetivamente julgado investe os tribunais de uma grande responsabilidade. Uma decisão equivocada não ficará restrita à esfera de interesses das partes do específico caso selecionado como representativo da controvérsia, pois todos os interessados na tese, que nem sempre terão a oportunidade de se manifestar em contraditório, serão de algum modo afetados pelo precedente que se formará. Essa inerente deficiência de contraditório nesse tipo de procedimento é remediada por normas que (a) tornam obrigatória a intervenção do Ministério Público (CPC, art. 1.038, inc. III), (b) estimulam a participação no procedimento de pessoas, órgãos e entidades que tenham interesse na controvérsia (CPC, art. 1.038, inc. I), (c) oferecem a possibilidade de ser realizada audiência pública para ouvir pessoas com experiência e conhecimento na matéria a ser julgada (CPC, art. 1.038, inc. II) e (d) disciplinam a escolha do caso a ser afetado como representativo da controvérsia e a identificação da questão repetitiva a ser apreciada (CPC, arts. 1.036, §§ 1º, 4º, 5º e 6º, e 1.037, incs. I e III)." (DINAMARCO, Cândido Rangel; LOPES, Bruno Vasconcelos Carrilho. *Teoria geral do novo processo civil*. 2. ed. São Paulo: Malheiros, 2017, p. 216).

Com efeito, tem sido corrente a contribuição de entidades técnicas, civis, sociais e, evidentemente, jurídicas no julgamento de processos e procedimentos objetivos, desde as ações de controle concentrado de constitucionalidade. Ao lado dos processos suspensos, cujo teor pode e deve ser informado pelos julgadores, quando entenderem haver relevantes argumentos ou nuances especiais, ao tribunal que definirá o entendimento, prestam-se esses sujeitos a concretizar a questão jurídica, dando-lhe contornos próximos à realidade daqueles que serão efetivamente atingidos pela conclusão adotada.

Esse cenário demonstra outra superioridade dos instrumentos fixadores de teses jurídicas em relação aos demais instrumentos mencionados, porque a desejada participação esperada eleva sua legitimidade para a todos vincular, superando a mera jurisprudência, da qual não se tem notícia de maneira concentrada e na qual não se pode influir destacadamente, as súmulas, que surgiam em decorrência da mesma jurisprudência, em procedimentos praticamente sem feição jurisdicional e despidos de qualquer participação externa, e os precedentes clássicos, que emergem de casos subjetivos em sua maioria carentes de pretensões vinculantes – portanto, acompanhados praticamente apenas pelos litigantes envolvidos diretamente.

Longe de significar um vício do sistema, trata-se de solução apropriada à realidade brasileira. Aliás, como o procedimento para a definição da interpretação correta é essencialmente participativo, buscando-se o levantamento de todos os fundamentos jurídicos ventiláveis no caso, não há que se falar em violação ao contraditório ou à representatividade adequada[258]. Nesse particular, não deixa de ser paradoxal que por vezes se defenda a adoção de um sistema de precedentes puro, buscando abrupta aproximação com o *common law*, mas se questione

---

[258] Sobre a representatividade adequada no julgamento dos recursos repetitivos, Bruno Dantas a considera objetiva, em dois momentos: na definição da questão de direito e na variedade de argumentos, enquanto, nas *class actions*, a aferição é subjetiva (DANTAS, Bruno. *Teoria dos Recursos Repetitivos:* tutela pluri-individual nos recursos dirigidos ao STF e ao STJ [arts. 543-B e 543-C do CPC]. São Paulo: Revista dos Tribunais, 2015, p. 300).

a constitucionalidade dos incidentes fixadores de teses[259], por conta de um suposto déficit de representatividade adequada[260].

---

[259] "Quer dizer que os legitimados à tutela dos direitos dos membros do grupo jamais poderiam ter sido afastados do incidente sob pena não só de inconstitucionalidade por falta de participação dos litigantes individuais, mas também de negação da Lei da Ação Civil Pública e do Código de Defesa do Consumidor. (...)Como é óbvio, a decisão do incidente está muito longe de poder ser vista como precedente que atribui sentido ao direito e, por isso, regula a vida em sociedade e obriga os juízes dos casos futuros. Por esse motivo, o incidente, nos moldes em que regulado pelo Código de Processo Civil de 2015, não detém legitimidade constitucional." (MARINONI, Luiz Guilherme. Incidente de resolução de demandas repetitivas e recursos repetitivos: entre precedente, coisa julgada sobre questão, direito subjetivo ao recurso especial e direito fundamental de participar. *Revista dos Tribunais*, v. 962, p. 131-151, dez. 2015. Acesso eletrônico.).

[260] "Olhando-se o incidente à luz da representação adequada, seria possível dizer que qualquer litigante das demandas que se repetem pode se autonomear representante ou imputar a outro litigante este encargo, nos moldes do sistema estadunidense. Ocorre que, nos Estados Unidos, confere-se aos membros da classe oportunidade para impugnar a representação adequada – que, frise-se, também se estende à possibilidade de impugnação da capacidade técnica do advogado –, além de sair do grupo. Mais do que isso: no direito estadunidense o juiz tem dever de rigorosamente controlar a adequação da representação no caso concreto, evitando não só exercer poder em face de pessoas ou grupos destituídos de voz, mas também afetar sujeitos ou classes que não têm condição de influenciar o seu convencimento.

Em contrapartida, no incidente pouco importa se o litigante que se coloca como autor, ou a quem é imposta a condição de réu pelo seu adversário, tem vontade e capacidade técnica para estar à frente dos litigantes excluídos. Esta é uma questão ignorada pela lei processual. Assim, certamente não se verifica, por exemplo, se o autor ou o réu que se coloca no lugar dos excluídos sustentou suas razões no julgamento do incidente, nos termos do art. 984, II, *a* do CPC/2015, que confere ao autor e ao réu do processo originário o prazo de trinta minutos para tanto. Também é ignorado se o advogado da parte que faz as vezes dos excluídos é habituado a sustentações orais no tribunal ou se a parte tem condições financeiras para sustentar a viagem do seu advogado à sede de Tribunal Regional Federal, quando o processo originário é oriundo de comarca sediada em outro estado. Estes são apenas exemplos para evidenciar o completo descaso em relação à representação adequada da parte do processo originário, o qual pode se tornar ainda mais dramático quando se tem em conta que o processo originário, que deu origem ao incidente, pode ser estrategicamente identificado pelo litigante que é parte em todas as demandas repetitivas para ter a oportunidade de se defrontar perante o tribunal com parte cujo advogado não vem se esforçando na defesa do seu constituinte, ou já apresentou peças processuais com argumentação insuficiente.

No incidente também não importa a vontade dos litigantes excluídos, que não podem deixar de se submeter à decisão, estando, aliás, numa posição muito mais difícil do que a dos titulares de direitos individuais homogêneos representados na ação coletiva pelos legitimados *ope legis* à propositura da ação coletiva. É que na ação coletiva para tutela de

2.3.2.3. PUBLICIDADE

Para que o direito seja aplicável, deve ser conhecido. Essa premissa tem orientado todas a tradições jurídicas ao longo de sua história, alimentando o protagonismo da lei e a sede de codificação, no *civil law*, e a reunião de *cases* no *common law* (*plea rolls*, *named reports* e *law reports*[261]). Do mesmo modo, deve orientar a moderna atividade jurisdicional de definição última do sentido da norma para toda a comunidade.

Vê-se que os julgamentos de questões com formação de teses são, dentre todos os instrumentos de garantia de uniformidade decisória, os que mais se revestem da vocação de publicidade[262]. Isso porque o legislador se preocupou em traçar a obrigação de dar publicidade a

---

direitos individuais homogêneos a coisa julgada não prejudica os representados em caso de improcedência do pedido (art. 103, III, do CDC). Anote-se que o art. 103, § 2.º, do CDC afirma que, "na hipótese prevista no inciso III, em caso de improcedência do pedido, os interessados que não tiverem intervindo no processo como litisconsortes poderão propor ação de indenização a título individual"." (MARINONI, Luiz Guilherme. *Incidente de resolução de demandas repetitivas*: decisão de questão idêntica x precedente. São Paulo: Revista dos Tribunais, 2016, p. 41-42).

261 "A história dos repositórios de casos judiciais transpassa todo o desenvolvimento da teoria dos precedentes. Desde os primeiros *Year Books*, passando pelo período dos repositórios pessoais (*named reports* – Edmund Plowden, Edward Coke e outros), dos repositórios autorizados (*authorized reports* – John Burrow e outros) até o dos repositórios atuais (*law reports*), a sua evolução acompanhou a própria transformação da teoria dos precedentes judiciais, sendo possível perceber nas suas páginas as marchas e contramarchas que marcaram o passo das diferentes funções historicamente desempenhadas pelos precedentes judiciais ingleses.

Os repertórios ingleses atuais são editados pelo *Incorporated Council of Law Reporting for England and Wales*, criado em 1865 com a finalidade específica de "imprimir maior certeza e genuinidade aos precedentes judiciais". Com a sua constituição, o direito inglês procurou resolver os problemas de *acessibilidade*, *cognoscibilidade* e *confiabilidade* dos precedentes, na medida em que não é possível exigir fidelidade ao precedente *"without a reliable and accurate system of law reporting"*. Vale dizer: não é possível exigir fidelidade ao precedente *se o direito não é cognoscível e confiável.*" (MITIDIERO, Daniel. *Precedentes: da persuasão à vinculação.* 4. ed. São Paulo: Revista dos Tribunais, 2022. Livro eletrônico.).

262 Sobre o redimensionamento do princípio da publicidade nesses instrumentos, veja-se: DIDIER JR., Fredie; BRAGA, Paulo Sarno; OLIVEIRA, Rafael de. *Curso de direito processual civil*, v.2. 11. ed. Salvador: Juspodivm, 2016, p. 489.

seus julgamentos em dois momentos: na instauração e no resultado (art. 979)[263][264].

Apesar dessas duas marcas legais, os tribunais têm reunido, em seu banco de precedentes, outras decisões, como a admissão e eventuais recursos (notadamente, de embargos de declaração), e datas cruciais, como a de publicação do acórdão. Por outro lado – talvez por estar mais atento à adequação já estudada -, os cadastros, em geral, não vêm trazendo os fundamentos determinantes da decisão (como exigiria o art. 979, §2º), o que, em tese, deveria ser seguido pelas cortes.

A primeira função da publicidade, portanto, é garantir segurança aos jurisdicionados[265], permitindo, aliás, a realização da vantagem referen-

---

[263] Art. 979. A instauração e o julgamento do incidente serão sucedidos da mais ampla e específica divulgação e publicidade, por meio de registro eletrônico no Conselho Nacional de Justiça.
§ 1º Os tribunais manterão banco eletrônico de dados atualizados com informações específicas sobre questões de direito submetidas ao incidente, comunicando-o imediatamente ao Conselho Nacional de Justiça para inclusão no cadastro.
§ 2º Para possibilitar a identificação dos processos abrangidos pela decisão do incidente, o registro eletrônico das teses jurídicas constantes do cadastro conterá, no mínimo, os fundamentos determinantes da decisão e os dispositivos normativos a ela relacionados.
§ 3º Aplica-se o disposto neste artigo ao julgamento de recursos repetitivos e da repercussão geral em recurso extraordinário.

[264] Antes mesmo da indicação do art. 979, §3º, o Supremo Tribunal Federal, em seu regimento interno, já prestigiava a publicidade: Art. 329. A Presidência do Tribunal promoverá ampla e específica divulgação do teor das decisões sobre repercussão geral, bem como formação e atualização de banco eletrônico de dados a respeito.

[265] "A divulgação e a publicidade concedem ao jurisdicionado segurança, pois serão adequadamente informados sobre o incidente e como este afeta o seu processo; confere, ainda, segurança àqueles que exercem a atividade jurisdicional, maximizando os efeitos decorrentes da instauração do incidente, assim como os efeitos decorrentes de seu julgamento, como a obediência e aplicação do entendimento estabelecido sobre a questão de direito debatida. (...) Noutra perspectiva, esta atenção à publicidade possibilita que o incidente alcance um considerável número de demandas que se ocupem do debate da mesma questão de direito, o que garante a resolução de processos repetitivos em um tempo razoável. Nota-se, ainda, que a ampla e específica divulgação e publicidade concretizam o princípio da isonomia em vários aspectos, na medida em que: (i) possibilita a identificação e afetação dos processos idênticos existentes; (ii) autoriza que o entendimento estabelecido no incidente seja aplicado aos demais processos afetados no incidente, assim como aplicado a outros processos que também enfrentem aquela questão de direito; (iii) apresenta uma pauta de conduta a ser observada, tanto nas relações externas ao âmbito do Poder Judiciário (minimizando o potencial de massificação de

te à participação, fazendo-se conhecida a existência de debate sobre uma questão (função de alerta). Note-se que, mesmo nas outras espécies de mecanismos uniformizadores em que a publicidade se faz presente (súmulas, fundamentalmente), esse vínculo democrático não está presente, o que, para fins de sustentar a ampla vinculação às teses, permite traçar uma distinção considerável, evidenciando o benefício da pacificação de entendimentos por essa via. Além disso, os elementos que constam nos cadastros dos tribunais são mais completos nas teses, que destacam a questão submetida a julgamento – aspecto essencial para que se possa bem cumprir a determinação de suspensão

No entanto, há outra razão para enxergar a publicidade como uma vantagem desse instrumento: a viabilidade de consulta. Quando se pensa em uma jurisprudência ou em um precedente do *common law*, existe uma ínsita dificuldade de pesquisa, que se anuvia na exata medida em que o entendimento vai se consolidando, isto é, se repetindo, se fazendo conhecido, se naturalizando[266]. Nesse ponto, as súmulas se mostravam superiores – como, diga-se, não poderia deixar de ser, porque foi justamente esta a finalidade da edição de enunciados sumulares: permitir um método de trabalho.

Ainda assim, o existente no sistema de teses é mais favorável à segurança jurídica. Em primeiro lugar, porque, como dito, todo o procedimento é noticiado, alertando a comunidade jurídica e leiga sobre a relevante decisão vindoura[267]; depois, porque o cadastro é mais robusto,

---

demandas), como no processo (possibilitando a obediência a um entendimento estável e evitando a utilização exacerbada de meios de impugnação às decisões judiciais consequentes da instabilidade jurisprudencial)." (DANTAS, Bruno. Comentário ao artigo 976. In: WAMBIER, Teresa Arruda Alvim *et al.* [coords.]. *Breves comentários ao novo Código de Processo Civil*. São Paulo: Revista dos Tribunais, 2015. Acesso eletrônico.).

[266] "Uma alteração legislativa é, em regra, facilmente identificável através da publicação da nova lei. No entanto, uma mudança jurisprudencial muitas vezes passa por um processo mais lento de amadurecimento, podendo tornar-se tarefa árdua identificar o exato momento em que ela efetivamente ocorreu. Usualmente, a substituição de uma jurisprudência antiga é feita mediante sua referência expressa no próprio ato jurisdicional que traz a modificação. No entanto, essa alteração também pode ocorrer de forma implícita, através do que a doutrina alemã denomina de modificação tácita ou implícita (...). Quando isso ocorre, instaura-se uma indesejável insegurança jurídica." (ARAÚJO, Valter Shuenquener de. *O princípio da proteção da confiança: uma nova forma de tutela do cidadão diante do Estado*. Niterói: Impetus, 2016, p. 248).

[267] Interessante é a reflexão acerca da clareza e da precisão do tema indicado para ser pacificado, evitando-se a superinclusão e a subinclusão: "Nos 50 processos analisados,

identificando dispositivos relacionados à discussão e, ao menos segundo o Código de Processo, os fundamentos determinantes da decisão; por fim, porque, aliado às demais vantagens, superou-se o modelo das súmulas, em franca decadência quanto à edição, cabendo a reunião dos entendimentos vinculantes em um mesmo local.

Esse apanhado de teses, muitas das vezes esmiuçadas em subteses ou complementadas por teses seguintes ou editadas já em um primeiro momento com uma complexidade maior que a das súmulas, com duas ou mais orientações, constitui um verdadeiro "código jurisprudencial". Mesmo não sendo nem código nem jurisprudência, o reunir de entendimentos em um único local de consulta é medida consentânea com a tradição jurídica brasileira, acostumada à consulta a textos legais codificados e à busca por jurisprudência "comum".

---

em determinados casos, a regra jurisprudencial ixada para o tema decorrente do acórdão abordava mais elementos (superinclusão) de situações do que o Recurso escolhido como representativo de controvérsia demandaria. Em outros casos, os elementos foram constatados como deicientes em relação à situação fática que pretende regular (subinclusão).

Como orientação no preenchimento dos formulários, por subinclusão entendese o conjunto de casos em que a regra ixada é defeituosa por ser incapaz de abarcar todo o universo de situações que deveria ser regulado por ela (ou seja, a regra não resolve todas as questões postas à apreciação do Judiciário). Por superinclusão considerase o caso em que a regra jurisprudencial regula situações não compreendidas no recurso, indo além dos limites objetivos da controvérsia. Dáse, portanto, a formação de um precedente que vai além dos fatos discutidos no caso concreto. Em geral, os enunciados dos temas são suicientemente claros e precisos, assim como não incorrem em superinclusão, nem subinclusão.

Dos 50 processos analisados, veriicouse efetiva subinclusão em nove processos e efetiva superinclusão em quatro processos. Sem embargo, a quantidade de processos em que se veriicou o fenômeno de subinclusão é preocupante, pois corresponde a 18% do total de processos analisados. Um dos problemas da subinclusão é que os argumentos que não foram analisados pelo tribunal diicilmente o serão pelos tribunais inferiores, deixando de contribuir para a cons trução da decisão e para o amadurecimento da jurisprudência dos tribunais superiores. Criase um obstáculo, portanto, para a democratização do acesso à justiça e para o atin gimento dos objetivos estabelecidos na Resolução n. 8 do STJ. Por outro lado, os casos de superinclusão são também preocupantes, em nossa opinião, porque, ao se ampliar o âmbito desejado para o pronunciamento judicial, se corre o risco de mitigar o princípio do contraditório e o caráter compartipativo do processo de formação dos precedentes judiciais." (BUSTAMANTE, Thomas da Rosa de *et al* [coords.]. *A força normativa do direito judicial: uma análise da aplicação prática do precedente no direito brasileiro e dos seus desafios para a legitimação da autoridade do Poder Judiciário*. Brasília: Conselho Nacional de Justiça, 2015, p. 97-98).

Notando essa necessidade, têm sido empreendidos esforços frutuosos para a facilitação de uma cultura de busca por padrões decisórios. Merece destaque, nesse ponto, a iniciativa da Escola Nacional de Formação e Aperfeiçoamento de Magistrados (Enfam) e do Superior Tribunal de Justiça (*Corpus 927*[268]), que permite o acesso aos diplomas legais com a possibilidade de se eleger um dispositivo e se buscar decisões do tribunal a seu respeito – distinguindo-se, ainda, entre jurisprudência consolidada e jurisprudência isolada, no caso dos julgados do Tribunal da Cidadania[269]. Note-se que a disponibilização da pesquisa facilitada na própria página da legislação traz relevante reflexo exojudiciário, permitindo a consulta por parte de todos os sujeitos sem que se demande o conhecimento de pesquisas jurisprudenciais reservados aos *sites* de tribunais.

Ademais, há o Banco Nacional de Precedentes, reformulado pela Resolução nº 444 de 25/02/2022[270], que modificou e aprimorou a

---

[268] Além da consulta direta no Portal de Legislação da Presidência da República, pode-se acessar o projeto em https://corpus927.enfam.jus.br.

[269] As bases de dado utilizadas são consultas de controle de constitucionalidade, súmulas vinculantes e repercussão geral do STF. Do STJ, buscam-se dados sobre recursos repetitivos, súmulas, jurisprudências em tese e a própria pesquisa de jurisprudências. Para os posicionamentos agrupados e isolados do STJ, são exibidos todos os processos julgados a partir de janeiro de 2009.

[270] Art. 1º Instituir o Banco Nacional de Precedentes (BNP), em sucessão ao banco que havia sido criado pelo art. 5º da Resolução CNJ nº 235/2016, consistindo em repositório e plataforma tecnológica unificada de pesquisa textual e estatística, conforme padronização de dados definida em ato a ser editado pela Presidência do CNJ.

Art. 2º Para os fins desta Resolução, consideram-se:

I – Precedentes qualificados: os pronunciamentos judiciais listados nos incisos I a V do art. 927 do Código de Processo Civil; e

II – Precedentes, em sentido lato: entre outros, os pedidos de uniformização de interpretação de lei de competência do Superior Tribunal de Justiça (STJ), os enunciados de súmula do Superior Tribunal Militar (STM), do Tribunal Superior Eleitoral (TSE), do Tribunal Superior do Trabalho (TST), dos Tribunais de Justiça (TJs), dos Tribunais Regionais Federais (TRFs), dos Tribunais de Justiça Militares (TJMs), dos Tribunais Regionais Eleitorais (TREs), dos Tribunais Regionais do Trabalho (TRTs) e os pedidos representativos de controvérsia da Turma Nacional de Uniformização dos juizados especiais federais (TNU), bem como os precedentes normativos e as orientações jurisprudenciais do Tribunal Superior do Trabalho.

§ 1º A pesquisa textual de precedentes possibilitará a utilização de conectivos de pesquisa semelhantes aos adotados pelo Supremo Tribunal Federal e pelos tribunais superiores, permitindo recuperação assertiva e padronizada nacionalmente de informações sobre os precedentes.

Resolução nº 235/2016, e pela Portaria nº 116 de 06/04/2022, que esta-

§ 2º A pesquisa estatística de dados decorrentes dos precedentes apresentará informações para toda a comunidade jurídica, separada em painéis específicos, com informações sobre o tema e a classe.

Art. 3º O BNP será alimentado pelos tribunais e pela TNU, com a padronização e as informações previstas em ato a ser publicado pela Presidência do CNJ.

§ 1º Caberá ao CNJ a organização interna dessas informações para maior eficiência na consulta dos dados.

§ 2º A alimentação das informações com a padronização descrita em ato da Presidência do CNJ será de responsabilidade da Comissão Gestora de Precedentes de cada tribunal, com o auxílio direto do Núcleo de Gerenciamento de Precedentes.

§ 3º A gestão das informações é atribuição da Comissão Permanente de Gestão Estratégica, Estatística e Orçamento do CNJ, com o apoio técnico do Departamento de Pesquisas Judiciárias (DPJ).

Art. 4º O BNP será mantido pelo Conselho Nacional de Justiça, sob gerenciamento, de cunho exclusivamente técnico-operacional, de um Comitê Gestor a ser coordenado pelos conselheiros integrantes da Comissão Permanente de Gestão Estratégica, Estatística e Orçamento, e composto por representantes de tribunais convidados pela Presidência do CNJ, além de juiz auxiliar desta.

§1º Comissões de precedentes instituídas por tribunais superiores poderão fornecer subsídios para a atuação do Comitê Gestor do BNP.

§ 2º O CNJ poderá firmar acordos e parcerias para ampliar e consolidar o BNP.

§ 3º Os tribunais e a TNU deverão hospedar nas suas respectivas páginas de Internet um link para a página do BNP.

Art. 5º Para permitir a padronização, a organização e o controle dos recursos representativos da controvérsia encaminhados aos tribunais superiores e à TNU e daqueles que permanecem sobrestados no estado ou na região, conforme o caso, bem como nas turmas e colégios recursais e nos juízos de execução fiscal, os tribunais deverão criar grupo de representativos (GR).

§ 1º O grupo de representativos (GR) é o conjunto de processos enviados ao STF, ao STJ ou ao TST, nos termos do § 1º do art. 1.036 do CPC e do § 4º do art. 896-C da CLT.

§ 2º O conjunto de processos a que se refere o caput receberá um número sequencial e descrição da questão jurídica discutida e servirá de controle para os processos em virtude dele sobrestados no âmbito de cada tribunal.

§ 3º O controle dos dados referentes aos grupos de representativos (GR), bem como a disponibilização de informações para as áreas técnicas de cada tribunal quanto à alteração da situação do grupo deve ser gerenciada por cada Nugep, conforme padronização a ser prevista por ato da Presidência do CNJ.

§ 4º As vinculações de grupo de representativos (GR) a temas devem ser informadas pelos tribunais, bem como os processos eventualmente sobrestados devem passar a ser controlados pelo respectivo tema, após a afetação.

belece os requisitos para a padronização das informações a serem apresentadas para alimentar o Banco Nacional de Precedentes pelos tribunais e pela Turma Nacional de Uniformização dos Juizados Especiais Federais, ambas do Conselho Nacional de Justiça, como consequência das conclusões do Grupo de Trabalho destinado à elaboração de estudos e de propostas voltadas ao fortalecimento dos precedentes no sistema jurídico, instituído pela Portaria nº 240 de 04/11/2020.

Apesar da necessidade permanente de consolidação e desenvolvimento desses sistemas, percebe-se um movimento de maturidade muito superior a qualquer iniciativa correlata anterior aos incidentes de fixação de teses jurídicas. Além disso, é fundamental perceber que a interlocução entre Poder Judiciário e Poder Executivo é uma etapa importantíssima para que a busca por entendimentos judiciais realmente obrigatórios se torne prática também para aplicadores do direito não diretamente ligados à prestação jurisdicional, a principiar pelos que compõem a Administração Pública.

É possível ventilar, portanto, um novo escopo da jurisdição estatal de convencimento, cujos pilares são o amplo debate democrático nos pro-

---

Art. 6º Os tribunais superiores e a TNU poderão organizar os processos encaminhados pelos órgãos judiciais de origem nos termos do art. 5º com a utilização de numeração sequencial correspondente à controvérsia.

Parágrafo único. Utilizada a faculdade prevista no caput, os tribunais superiores e a TNU disponibilizarão ao Conselho Nacional de Justiça, para alimentação do Banco Nacional de Precedentes, as informações previstas em ato da Presidência do CNJ.

Art. 7º Os tribunais e a TNU deverão implantar, no prazo de 120 (cento e vinte) dias, contados da disponibilização da nova versão do webservice pelo CNJ, as ferramentas tecnológicas necessárias para a alimentação do BNP.

§ 1º Para a efetiva implementação das ferramentas tecnológicas, os tribunais e a TNU encaminharão plano de ação ao CNJ, no prazo de 60 (sessenta) dias, indicando, também, os servidores e profissionais responsáveis pelo desenvolvimento tecnológico previsto no caput.

§ 2º A rotina e a periodicidade de alimentação dos dados textuais de decisões e acórdãos serão definidas em ato da Presidência do CNJ.

§ 3º O CNJ disponibilizará aos tribunais e à TNU amplo acesso às informações estruturadas constantes do BNP por meio da Plataforma Digital do Poder Judiciário (PDPJ-Br).

§ 4º O CNJ deverá agregar ao BNP, oportunamente, ferramenta que permita a identificação e tratamento em lote dos processos aos quais os precedentes se apliquem. (...)

Art. 10. As disposições da presente Resolução não se aplicam ao Supremo Tribunal Federal, ressalvada a possibilidade de adesão voluntária por meio de acordo de cooperação ou qualquer outro ajuste.

cedimentos fixados de tese e a posterior publicidade expressiva e pedagógica do que fora decidido. Existe inegável fortalecimento, e complementação, dos escopos educativo e político da jurisdição[271].

2.3.2.4. EFETIVIDADE

Na busca por um sistema no qual os entendimentos possuam os predicados da estabilidade, integridade e coerência, é necessário que haja meios para forçar a retificação dos pronunciamentos desviantes. Essa é, aliás, a novidade principal trazida pelo Código de Processo Civil, que, além de pretender a isonomia e a segurança jurídica a título principiológico, outorga instrumentos aos tribunais para que as tornem realidade[272].

Para além de técnicas processuais específicas, em grande parte de abreviação procedimental[273], cunharam-se os incidentes de fixação de tese, a partir

---

[271] "Outro escopo da jurisdição é a educação das pessoas para o respeito a direitos alheios e para o exercício dos seus – o que, em última análise, é o que se costuma indicar como exercício da cidadania. Entre os escopos políticos do processo está o de dar amparo à estabilidade das instituições políticas. Generalizar o respeito à lei mediante a atuação do processo tem por decorrência o fortalecimento da autoridade do Estado, na mesma medida em que este se enfraquece quando se generaliza a transgressão à lei." (DINAMARCO, Cândido Rangel; LOPES, Bruno Vasconcelos Carrilho. *Teoria geral do novo processo civil*. 2. ed. São Paulo: Malheiros, 2017, p. 20.). A fixação de teses, tornadas públicas e amparadas em múltiplos argumentos, contribui sobremaneira para tanto.

[272] "O papel do precedente com força normativa não foi apenas anunciado pelo Código de Processo Civil de 2015. Sua presença e influência manifestam-se a todo momento, ao longo de toda a sistemática do Código, voltada sempre para o objetivo geral de acelerar os procedimentos e aumentar a eficiência da prestação jurisdicional." (THEODORO JÚNIOR, Humberto. *Curso de Direito Processual Civil*. Vol. 3. 54. ed. Rio de Janeiro: Forense, 2021. Livro eletrônico.)

[273] Resgatando as lições de Chiovenda sobre as espécies de cognição sumária: "A cognição pode ainda ser sumária, por exclusão das espécies anteriores, sempre que se observem outras restrições ao amplo exercício dos poderes inerentes ao contraditório, em quaisquer das suas facetas. O contraditório não sofre limitações, nos dias atuais, apenas por influência das duas técnicas tradicionais de sumarização, expostas acima, com apoio nas lições de Chiovenda. Há outras intervenções pelo legislador processual, nem sempre evidentes, capazes de criar restrições aos direitos decorrentes da garantia, fazendo sumária a cognição, atraindo todos os desdobramentos daí decorrentes. Aqui, a cognição será sumária porque o contraditório terá sido mitigado. Há, no particular, forte pressão exercida pela celeridade." (SCHENK, Leonardo Faria. *Cognição sumária*: limites impostos pelo contraditório no Processo Civil. São Paulo: Saraiva, 2017. Livro eletrônico.).

das experiências anteriores referidas. Na comparação com a jurisprudência e as súmulas, o legislador acabou por criar certo nível hierárquico entre os precedentes[274] – terminologia nada unívoca -, a partir das ferramentas postas à disposição dos aplicadores para que fizessem respeitados os enunciados.

Posto esse leque de instrumentos, é possível estabelecer planos de eficácia jurisdicional entre as espécies analisadas. No primeiro plano (inferior), está a jurisprudência, que deve ser observada[275] sob pena de ensejar a nulidade por falta de fundamentação da decisão (art. 489, §1º, IV) e por um desejo moral coletivo de que o Judiciário seja coerente consigo próprio. No entanto, seu traço característica da ausência de catalogação e de difusão por elevado número de acórdãos acaba por comprometer sua aptidão a ser referida.

Um degrau acima abriga as súmulas dos tribunais, seja pela prática de utilização que receberam dos litigantes e julgadores, seja pelo elemento que justifica sua existência (sistematização), seja, ainda, pelos efeitos processuais que a legislação tem permitido quando o extrato jurídico da demanda fora pacificado por um enunciado. No entanto, a exemplo da jurisprudência, acaso desrespeitadas, despertam a consequência de anulabilidade da decisão, por carência de motivação, tendo sido longa-

---

274 Alguns o delineiam em três níveis: o primeiro, vinculação fraca, diz respeito apenas à sua eficácia persuasiva; o segundo, vinculação média, se refere aquelas decisões que possuem reflexos externos, inclusive para a Administração Púbica, possibilitando facilitação de procedimentos e sua redução (exemplo: as súmulas que autorizam o julgamento monocrático pelo relator). Por fim, a vinculação forte, ou vinculação propriamente dita (como utilizada neste texto), é a obrigatoriedade de os órgãos inferiores decidirem de igual maneira, sob pena de desobediência e ensejamento da reclamação (WAMBIER, Luiz Rodrigues; TALAMINI, Eduardo. *Curso avançado de processo civil*. v. 2. 16. ed. São Paulo: Editora Revista dos Tribunais, 2016, p. 697-699).

Outros autores preferem realizar a divisão entre precedentes meramente persuasivos (idênticos aos de vinculação fraca), precedentes relativamente obrigatórios (que, excepcionalmente, o Judiciário poderia deixar de aplicar, caso existam razões para tanto - em dois casos: ser contrário ao direito, violando norma pré-existente, ou ser contrário à razão, conforme: SESMA, Victoria Iturralde. *El precedente en el common law*. Madri: Civitas, 1995, p. 231) e absolutamente obrigatórios (que devem ser seguidos, invariavelmente). Veja-se: GAIO JÚNIOR, Antônio Pereira. Considerações acerca da compreensão do modelo de vinculação às decisões judiciais: os precedentes no novo Código de Processo Civil brasileiro. *Revista de Processo*. vol. 257. ano 41. São Paulo: Revista dos Tribunais, jul. 2016, p. 353.

275 Assinalando, em relação aos precedentes como um todo, e a partir da redação do artigo 927, que "observar" não significa "olhar" ou apenas considerar, mas cumprir: CRAMER, Ronaldo. *Precedentes Judiciais*: teoria e dinâmica. Rio de Janeiro: Forense, 2016, p. 191.

mente refutado o manejo de recursos extraordinários baseados em seus enunciados[276] e a rescindibilidade de julgados deles divergentes[277][278].

---

[276] AGRAVO REGIMENTAL NO AGRAVO EM RECURSO ESPECIAL. LAVAGEM E OCULTAÇÃO DE BENS E DINHEIRO. VIOLAÇÃO DOS ARTS. 381 E 619 DO CPP. NÃO OCORRÊNCIA. PENA-BASE. ALEGAÇÃO GENÉRICA. SÚMULA 284. NÃO CABE RECURSO ESPECIAL FUNDADO EM VIOLAÇÃO DA SÚMULA. RECURSO DESPROVIDO. (...) 4. Não cabe recurso especial por violação de enunciado de súmula. 5. Agravo regimental improvido. (AgRg no AREsp n. 1.115.225/MS, relator Ministro Reynaldo Soares da Fonseca, Quinta Turma, julgado em 12/9/2017.)No mesmo sentido: REsp 1.208.055-RJ, DJe 28/10/2010; AgRg no Ag 1.304.587-CE, DJe 7/10/2010, e REsp 1.151.121-RJ, DJe 26/8/2010. REsp 1.230.704-SP, Rel. Min. Mauro Campbell Marques, julgado em 1/03/2011.

[277] PROCESSUAL CIVIL. CIVIL. AÇÃO RESCISÓRIA. LOCAÇÃO. RETOMADA DE IMÓVEL. PROVA DE INSINCERIDADE. VIOLAÇÃO DE LITERAL DISPOSIÇÃO DE LEI. ART. 485, V, DO CPC. PEDIDO DE RESCISÃO FUNDADO EM SUPOSTA CONTRARIEDADE À SÚMULA 7/STJ. NÃO-CABIMENTO. PEDIDO JULGADO IMPROCEDENTE. (...) 3. Ocorre que eventual violação à referida síntese da jurisprudência qualificada do Superior Tribunal de Justiça não dá ensejo a ação rescisória, por se relacionar à regra técnica de admissibilidade do recurso especial que, por sua vez, visa impedir o reexame do conjunto probatório naquela via recursal. (AR n. 1.027/SP, relator Ministro Arnaldo Esteves Lima, Terceira Seção, julgado em 27/6/2007, DJ de 6/8/2007, p. 457.)

[278] AÇÃO RESCISÓRIA. PREVIDENCIÁRIO E PROCESSUAL CIVIL. TRIBUNAL A QUO. PROCEDÊNCIA DE AÇÃO RESCISÓRIA FUNDADA EM VIOLAÇÃO DA SÚMULA 71/TFR. DESCABIMENTO. REFORMA DO ACÓRDÃO EM RECURSO ESPECIAL. POSSIBILIDADE. ACÓRDÃO RESCINDENDO FUNDAMENTADO E EM SINTONIA COM A JURISPRUDÊNCIA DESTE TRIBUNAL. INEXISTÊNCIA DE VIOLAÇÃO À DISPOSIÇÃO LITERAL DE LEI. ART. 485, INC. V, DO CPC. UTILIZAÇÃO DE AÇÃO RESCISÓRIA COMO SUCEDÂNEO RECURSAL. DESCABIMENTO. CERCEAMENTO DE DEFESA E OMISSÃO NÃO CARACTERIZADOS. AÇÃO RESCISÓRIA IMPROCEDENTE. 1. Na espécie, o julgado rescindindo, ao dar provimento ao recurso especial do INSS, expressamente registrou que o acórdão proferido pelo Tribunal Regional da 4ª Região em ação rescisória deveria ser reformado, porque não é cabível o ajuizamento de ação rescisória sob o fundamento de alegada violação a texto de súmula. Precedentes: AR nº 1.027/SP, Ministro Arnaldo Esteves Lima, DJ 6/8/2007; REsp nº 154.924/DF, Ministro Jorge Scartezzini, DJ 29/10/2001. 2. Não prevalece, no caso, o argumento de que a indicada violação à disposição literal de lei teria ocorrido em relação à legislação que deu origem à Súmula 71/TFR (fixa o termo inicial da correção monetária no momento do inadimplemento da obrigação e consequente nascimento da dívida), uma vez que o acórdão proferido pelo Tribunal Regional da 4ª Região, ao dar provimento a ação rescisória dos autores para situar o termo inicial da correção monetária de valores obtidos em ação revisional previdenciária no momento do inadimplemento e constituição da dívida, registrou diretamente o entendimento de que " [...] a Súmula é assente, com força de lei, pelas cúpulas dos Tribunais, constituindo uma para-legislação". 3. No caso dos autos, não se identifica a apontada ofensa à literal disposição de lei (art. 485, inc. V, do CPC), mas tão somente a pretensão de se rediscutir decisão que, embora desfavorável aos autores, contemplou adequada interpretação e aplicação da norma legal que regula a con-

Em um terceiro degrau, encontravam-se os entendimentos do Supremo Tribunal Federal proferidos em controle concentrado de constitucionalidade e sua súmula vinculante, em razão do cabimento de reclamação (constitucional) contra atos públicos que os ignorassem. Tal possibilidade é decorrência lógica da eficácia *erga omnes* e vinculante de tais pronunciamentos.

Ocorre que também as teses jurídicas permitem o ajuizamento da reclamação, atualmente incorporada ao plano legal pelo Código, o que reforça seu caráter de autênticos precedentes e sua larga obrigatoriedade. A acertada escolha do legislador – que igualmente é consectária da natureza dessas decisões - as dota de maior efetividade que os modelos predecessores (jurisprudência e súmulas), bem como que os precedentes do *common law*, os quais, ainda que por uma questão cultural que esvazie o problema[279][280], não são dotados de instrumento tão coercitivo.

---

trovérsia. Dessa forma, incabível a utilização da ação rescisória como sucedâneo recursal. Precedentes: AR nº 4.309/SP, Ministro Gilson Dipp; AR 4.220/MG, DJe 8/8/2012; Ministro Jorge Mussi, DJe 18/5/2011; AR nº 2.777/SP, Ministra Maria Thereza de Assis Moura, DJe 3/2/2010. (...) (AR n. 4.112/SC, relator Ministro Marco Aurélio Bellizze, Terceira Seção, julgado em 28/11/2012, DJe de 26/4/2013.)

279 "A tese da vinculação hierárquica dos precedentes traça o caminho inverso da revisão das decisões. Para evitar a reforma, o magistrado ou o colegiado deve seguir os precedentes estabelecidos pelos tribunais que lhe são superiores. (...) Constata-se, assim, que não há, no Brasil, nem nos Estados Unidos, uma regra formal que estabeleça uma hierarquia e obrigue um tribunal inferior a seguir os precedentes de uma corte superior. A diferença é que o respeito às decisões existe na *common law*, o que evita, ou pretende evitar, julgamentos com resultados diametralmente opostos. (...) Apesar disso, ainda que com ampla liberdade, um tribunal poderia aderir a seus próprios precedentes ou a de seus revisores. Algumas razões para tanto podem ser elaboradas: em primeiro lugar, o tribunal pode ser convencido pelas razões da decisão anterior. Além disso, o juiz pode aderir ao precedente por seu próprio interesse, a fim de evitar o estigma associado à reforma de decisões. Em terceiro lugar, um magistrado pode optar por seguir um precedente simplesmente para decidir casos recorrentes e concentrar suas energias em questões que merecem maior atenção. De fato, o respeito ao precedente é um pré-requisito à eficiência da justiça, uma vez que os juízes não têm tempo de se debruçar sobre todas as questões e sobre todos os casos. Neste sentido, Benjamin Cardozo pregava o respeito ao precedente para evitar que o trabalho dos juízes aumentasse até chegar a um ponto de ruptura, em que todas as questões pudessem ser novamente discutidas em todos os casos." (PUGLIESE, William. *Precedentes e a civil law brasileira*: interpretação e aplicação do novo código de processo civil. São Paulo: Revista dos Tribunais, 2016, p. 53-54).

280 Em posição contrária ao sistema do Código de Processo Civil, entendendo que a obrigatoriedade deve decorrer da legitimidade do tribunal superior: "Na realidade, a legitimidade de um Tribunal Constitucional e de seu respectivo efeito vinculante

2.3.2.5. IMEDIATICIDADE

Dialogando com o aspecto da efetividade, encontra-se sua feição temporal: a imediaticidade. As teses formadas são aplicadas imediatamente a diversos processos então existentes (eficácia panprocessual, contemporânea, atual[281]), o que se revela relevante não apenas no microssistema de casos repetitivos, mas também nos incidentes despidos de repetitividade da questão jurídica (assunção de competência e repercussão geral).

Inclusive, acertadamente o Supremo Tribunal Federal tem admitido que, após um julgamento, em sede de embargos de declaração com evidentes efeitos infringentes, se ajuste o acórdão à tese eventualmente fixada[282], o que evidencia que o fundamental é a inexistência de decisões conflitantes proferidas, contemporaneamente, pelo mesmo Judiciário.

---

passam por uma conquista histórica dessa legitimidade. O Tribunal Constitucional alemão (*Bundesverfassungsgericht - BVerfG*) adquiriu a legitimidade e a autoridade de que goza atualmente em razão de sua histórica atuação. Basta mencionar que por força de sua jurisprudência é que uma lei ordinária, a Lei Fundamental Alemã (*GG - Grundgesetz*) adquiriu *status* constitucional, sendo considerada a Constituição Federal alemã. Esse tribunal é uma das instituições melhor avaliadas pelos cidadãos alemães que o consideram verdadeira instituição da sociedade, o que não significa que o Tribunal não possua função contramajoritária. (...) Destarte, o STF deve, obrigatoriamente, por meio de sua jurisprudência, adquirir maior legitimidade perante a sociedade, concretizando direitos e assegurando a higidez do texto constitucional. Vale dizer, a maior executoriedade e efetivação da jurisprudência do STF passa em grande medida muito mais pela melhora qualitativa e conquista histórica da legitimidade da jurisprudência do STF, do que de reformas legislativas e emendas constitucionais". (NERY JÚNIOR, Nelson; NERY, Rosa Maria de Andrade. *Código de Processo Civil Comentado*. 6. ed. São Paulo: Revista dos Tribunais, 2021. Livro eletrônico.)

281 As denominações "panprocessual", "atemporal" e "larga amplitude espacial" são de MANCUSO, Rodolfo de Camargo. *Incidente de Resolução de Demandas Repetitivas*: a luta contra a dispersão jurisprudencial excessiva. São Paulo: Revista dos Tribunais, 2016. A expressão "eficácia do caso" ou "discurso do caso" e "eficácia do precedente" ou "discurso do precedente" é de ZANETI JR., Hermes. Comentário ao artigo 928. In: CABRAL, Antonio do Passo; CRAMER, Ronaldo (coords.). *Comentários ao novo Código de Processo Civil*. 2 ed. Rio de Janeiro: Forense, 2016.

282 CONSTITUCIONAL, TRABALHISTA E PROCESSUAL CIVIL. EMBARGOS DE DECLARAÇÃO NO AGRAVO INTERNO NA RECLAMAÇÃO. OFENSA AO QUE DECIDIDO POR ESTE TRIBUNAL NO JULGAMENTO DA ADPF 324 E DO RE 958.252 (TEMA 725 DA REPERCUSSÃO GERAL). EMBARGOS ACOLHIDOS, COM EFEITOS INFRINGENTES. AGRAVO INTERNO PROVIDO. 1. A controvérsia, nestes autos, é comum tanto ao decidido no julgamento da ADPF 324, Rel. Min. ROBERTO BARROSO, quanto ao objeto de análise do Tema 725 (RE 958.252, Rel. Min. LUIZ FUX), em que

Esse ponto basta para, mais uma vez, posicionar as teses jurídicas em patamar superior para a unidade do direito que a jurisprudência, as súmulas e os precedentes anglo-saxões.

Em relação à jurisprudência, conquanto nos dias correntes haja maior possibilidade de ter acesso a notícias atinentes a julgamentos pontuais, "comuns", é inegável que as decisões esparsas não possuam a mesma força de respeitabilidade imediata. Isso porque carecem da mesma efetividade, como observado, mas também porque sequer constituem jurisprudência, segundo a classificação que exige a reiteração e pacificação do entendimento ao longo do tempo. Acórdãos acabam por se tornar jurisprudência – e esta, observada - com alguma lentidão, indesejável porque sinônimo de dispersão decisória.

Quanto aos precedentes, o contexto é ainda mais afastado da realidade das teses. Uma decisão do *common law* é alçada ao nível de precedente após ser tomada como razão de decidir de pronunciamentos ulteriores. O próprio conceito de precedente, portanto, pressupõe uma lacuna temporal.

As súmulas, por sua vez, conquanto editadas e "válidas" imediatamente, na realidade não trazem um elemento novo ao ordenamento, mas apenas sintetizam a jurisprudência. Além disso, seu procedimento de edição não recebe publicidade, mas apenas seu produto – o que, invariavelmente, tem menor aptidão de conhecimento que um incidente formador de tese, com o qual os magistrados e as partes podem colaborar ativamente.

As teses possuem, em acréscimo, outra vantagem considerável no tocante à imediaticidade: a suspensão dos processos em curso sobre a matéria em debate durante a tramitação do incidente que a pacificará.

---

esta CORTE fixou tese no sentido de que: É lícita a terceirização ou qualquer outra forma de divisão do trabalho entre pessoas jurídicas distintas, independentemente do objeto social das empresas envolvidas, mantida a responsabilidade subsidiária da empresa contratante. 2. Por esse motivo, apesar da decisão impugnada ter sido proferida antes da conclusão do julgamento da ADPF 324 (Rel. Min. ROBERTO BARROSO), o processo em que proferida tal decisão encontra-se sobrestado no Tribunal Superior do Trabalho com base no Tema 725, a sugerir, consequentemente, que a solução do presente caso deve observância às diretrizes deste TRIBUNAL quanto ao ponto. 3. Embargos de declaração acolhidos, com efeitos infringentes, para dar provimento ao agravo interno.

(Rcl 15724 AgR-ED, Relator(a): Rosa Weber, Relator(A) P/ Acórdão: Alexandre de Moraes, Primeira Turma, julgado em 05/05/2020)

O fato de haver um sobrestamento reflete a ponderada preocupação do legislador com o cumprimento tanto da finalidade de definição de sentido jurídico como de economia processual macroscópica.

Note-se que tamanha é a utilidade dessa espécie de tutela cautelar que também aos incidentes preventivos[283] se garante a viabilidade de determinação de paralisação de demandas em curso[284][285]. Eis aqui ou-

---

[283] Enxergando a suspensão no IAC como uma medida prudente: GAIO JÚNIOR, Antônio Pereira. Os perfis do incidente de assunção de competência no CPC/2015. In: GAIO JÚNIOR, Antônio Pereira (org.). *Direito processual em movimento – vol. VIII*. Curitiba: CRV, 2019, p. 22.

[284] "Quando trata do incidente de assunção de competência, o Código não traz previsão de suspensão obrigatória dos processos. O silêncio, conforme decisões do Superior Tribunal de Justiça (AgInt no AgRg no AREsp 611.249/SP, Rel. Ministro Moura Ribeiro, Terceira Turma, julgado em 26/09/2017), é proposital, inexistindo a preocupação de gestão de estoque do microssistema de casos repetitivos. Não fosse a exigência de um processo em trâmite no tribunal e o IAC poderia ter natureza preventiva absoluta, sendo possível que não houvesse qualquer processo a ser suspenso.

Não é de todo correto, porém, afirmar que não existe suspensão no incidente preventivo. Isso porque há uma inegável suspensão, pontual, do processo paradigma, que terá que ser remetido ao colegiado ampliado, que, por sua vez, apenas o analisará após a fixação da tese jurídica.

A suspensão externa, contudo, que vai além desse caso afetado, não é óbvia no IAC. Na verdade, embora a lei não preveja essa possibilidade, pode-se admitir que ocorra a suspensão global, externa, de outras relações jurídicas processuais em curso, por aplicação analógica dos comandos atinentes aos incidentes preventivos, modalidades outras no microssistema de fixação de teses jurídicas.

Para tanto, o relator ou o colegiado (a depender da posição adotada sobre a competência para a decisão de afetação) deverá proferir decisão, absolutamente fundamentada, apresentando os requisitos para a tutela provisória - na hipótese, cautelar – de suspensão de processos. O Código não presume nem define a questão, mas também não a proíbe, devendo a solução emergir do regramento geral do diploma. Também a previsão atinente à repercussão geral, com suspensão de todos os processos em trâmite no país após o reconhecimento do requisito específico de admissibilidade dos recursos extraordinários (art. 1.035, §5º), funciona como argumento de reforço, utilizável por analogia." (MENDES, Aluisio Gonçalves de Castro; PORTO, José Roberto Sotero de. *Incidente de Assunção de Competência*. 2. ed. Rio de Janeiro: GZ, 2021. Livro eletrônico.)

[285] Art. 1.035 § 5º Reconhecida a repercussão geral, o relator no Supremo Tribunal Federal determinará a suspensão do processamento de todos os processos pendentes, individuais ou coletivos, que versem sobre a questão e tramitem no território nacional.

tro campo fértil à atipicidade, cabendo ventilar hipóteses outras de suspensão processual que não total e completa[286].

---

[286] Temática já abordada em outra ocasião: "[Extensão objetiva: *Suspensão total*] Como regra, inclusive em uma interpretação mais direta dos comandos legais, a suspensão determinada paralisaria todo o processo que envolva a questão objeto do incidente, em todos os órgãos jurisdicionais subordinados à corte que a decidirá. Esses dois aspectos, contudo, podem ser mitigados, nas hipóteses da suspensão parcial e setorial, respectivamente.

[*Suspensão parcial*] Quanto à extensão da suspensão de processos, cabe uma primeira análise, interna a cada demanda: é viável que a suspensão seja parcial, voltando-se apenas à parte que será afetada pela aplicação da tese.

Assim, em havendo cumulação simples de pedidos, sem que a decisão sobre aquele que se relaciona com o objeto do incidente implique reflexos na outra parcela do processo, nada justificaria que todo ele restasse sobrestado. O próprio sistema processual pátrio, ao admitir o julgamento antecipado parcial de mérito, robustece a argumentação.

A suspensão parcial abrange apenas parte do objeto do processo subjetivo, permitindo sua continuidade quanto ao restante – hipótese reforçada pelo art. 356, que inaugurou o julgamento parcial de mérito.

[*Suspensão setorial*] Por sua vez, a suspensão setorial abarca apenas os processos em trâmite em certos órgãos julgadores, que, sabidamente, aplicam entendimento diverso àquele provavelmente prevalente no colegiado que julga o incidente. Nessa linha, poder-se-ia cogitar, em se tratando de incidente instaurado nos tribunais superiores, suspensão apenas dos processos em fase recursal ou de juízo de admissibilidade na vice-presidência do tribunal local. Contudo, afigurar-se-ia, em geral, medida antiprodutiva, desprezando a função das instâncias ordinárias de uniformizar a aplicação do direito. Também já se admitiu a suspensão limitada aos processos em fase de conhecimento, excluindo-se aqueles em fase executória, bem como aspectos acessórios, como o exame do pedido de reconhecimento do direito à gratuidade de justiça.

[Eficácia temporal *Suspensão imediata*] A regra será a pronta suspensão (ou, ao menos, a pronta orientação geral de suspensão) dos processos em curso. Evidentemente, o fato de o relator (ou o colegiado) decidirem pela suspensão não implica, magicamente, a efetiva suspensão dos processos, cabendo aos tribunais aperfeiçoar o sistema de comunicação entre os juízos, garantindo a isonomia e a economia processual pretendidas.

[*Suspensão postergada*] Sob o ponto de vista dos processos subjetivos, é razoável ponderar se a suspensão não deve se operar, idealmente, somente após a fase instrutória, isto é, imediatamente antes da fase decisória. Afinal, se o julgador terá que aplicar a tese a ser fixada, revela-se medida de eficiência processual o prosseguimento da ação, preparando-a para o julgamento nos moldes definidos ao cabo do incidente." (PINHO, Humberto Dalla Bernardina de; PORTO, José Roberto Sotero de Mello. *Manual de Tutela Coletiva*. São Paulo: Saraiva, 2020. Livro eletrônico).

Em terceiro lugar, o sistema desenhado pelo legislador, originariamente voltado aos tribunais superiores, traz um específico benefício para a pronta aplicação da tese recém-firmada: o juízo de retratação operado pelos tribunais locais em que havia recursos especiais e extraordinários já interpostos e suspensos na origem. O legislador pretendeu, expressamente, que a presidência ou vice-presidência do tribunal negará seguimento ao recurso que ataque acórdão cujo entendimento esteja estampado na tese ou determine ao colegiado que reexamine a decisão, corrigindo o pronunciamento de modo a adequá-lo à novel tese[287][288].

Certas questões de direito podem ter reflexos apenas em um momento procedimental posterior ao qual o processo esteja, como, por exemplo, um debate sobre critérios de fixação de honorários recursais, não fazendo sentido o sobrestamento cego e acrítico das demandas.

[287] O artigo 1.041 aborda a hipótese de, após o reexame, o acórdão ser mantido, caso em que o recurso extraordinário ou especial será remetido ao tribunal superior competente. Existe, porém, real imposição de revisão da decisão, em excepcional previsão de efeito regressivo dos recursos especial ou extraordinário. Nesse sentido: MENDES, Aluisio Gonçalves de Castro. *Incidente de Resolução de Demandas Repetitivas: Sistematização, análise e interpretação do novo instituto processual*. Rio de Janeiro: Forense, 2017. Analisando a questão ainda sob a égide do CPC/73: DANTAS, Bruno. Comentários aos artigos 976 a 987. In: WAMBIER, Teresa Arruda Alvim et al. (coords.). Breves comentários ao novo Código de Processo Civil. São Paulo: Revista dos Tribunais, 2015, p. 130. RODRIGUES, Marco Antonio dos Santos. Manual dos recursos, ação rescisória e reclamação. São Paulo: Atlas, 2017, p. 276.

[288] Enxergando uma via para a oxigenação de entendimentos: "Na verdade, os dois dispositivos (arts. 927 e 1.041) complementam-se com o objetivo de expurgar qualquer risco de engessamento do Direito. Para chegar a essa conclusão, deve-se ler todo art. 1.041, em especial o fundamento da inclusão na sua parte final da remissão ao § 1o do art. 1.036 do CPC.

Esse parágrafo dispõe sobre a seleção e o envio de recursos representati-vos da controvérsia ao STF e ao STJ, pelos presidentes ou vice-presidentes dos tribunais de origem, quando for identificada multiplicidade de recursos com fundamento em idêntica questão de direito. Assim, o recurso admitido com fundamento no art. 1.041 do CPC deverá ser processado nos tribunais de origem e nos tribunais superiores como recursos representativos da controvérsia por imposição legal.

Mas qual o motivo e a consequência prática dessa imposição? Ora, se a matéria discutida no recurso especial ou extraordinário já está decidida nos respectivos tribunais superiores sob o rito dos recursos repetitivos, a conse- quência lógica desse recurso será o seu provimento monocrático, com funda- mento na alínea b do inciso V do art. 932 do CPC.

Semelhantemente, o funcionamento das teses traz uma adicional vantagem para a dinâmica judiciária: a partir do momento em que o acórdão local de baseie em um entendimento firmado nesses moldes, é incabível o recurso extraordinário para o tribunal superior que a estatuiu, subsistindo apenas o recurso de agravo interno. Significa dizer que, no modelo brasileiro de teses jurídicas, as cortes superiores podem se comportar como cortes de precedentes, cabendo aos demais colegiados garantir o cumprimento desses entendimentos.

Esse aspecto jamais deve ser desconsiderado na análise entre os tipos de instrumentos voltados à busca por uniformidade e integridade sistêmica. O Supremo Tribunal Federal e o Superior Tribunal de Justiça[289]

É nesse aspecto que a correta compreensão da necessidade de haver in- tegração entre os órgãos do Poder Judiciário demanda concluir que a única in- terpretação possível ao art. 1.041 do CPC é permitir ao tribunal de segunda ins- tância manter julgamento em desconformidade com a tese fixada em recurso especial ou extraordinário submetido ao rito dos repetitivos somente quando o Tribunal de Justiça ou Tribunal Regional Federal identificar hipóteses de distinção ou superação do precedente, nunca devido à mera discordância da posição adotada pelos Tribunais Superiores." (MARCHIORI, Marcelo Ornellas. *Centro Nacional de Inteligência da Justiça Federal. Estratégias de prevenção de conflitos, monitoramento e gestão de demandas e precedentes*. Brasília: Conselho da Justiça Federal, Centro de Estudos Judiciários, 2019. Vol. 2, p. 36-37.).

[289] "Nesse sentido, a submissão deste processo como representativo da controvérsia ao Plenário Virtual do STJ, com a proposta de reafirmação do entendimento firmado no enunciado n. 609 da Súmula do STJ, conferirá maior racionalidade nos julgamentos e, em consequência, estabilidade, coerência e integridade à jurisprudência conforme idealizado pelos arts. 926 e 927 do Código de Processo Civil.

Essa providência, inclusive, evitará decisões divergentes nos tribunais ordinários e o envio desnecessário de recursos especiais e/ou agravos em recursos especiais a esta Corte Superior, tendo em vista que os presidentes e vice-presidentes dos tribunais de origem, responsáveis pelo juízo de admissibilidade, poderão negar seguimento a recursos especiais que tratem da mesma questão, ensejando o cabimento do agravo interno para o próprio tribunal, e não mais do agravo em recurso especial, conforme estabelecido no § 2o do art. 1.030 do CPC. (...)

Nessa linha, o julgamento deste processo sob o rito dos recursos repetitivos ou do incidente de assunção de competência, poderá, primeiramente, evitar o ajuizamento de diversas ações judiciais, tendo em vista ser fato notório que a ausência de critérios objetivos para a identificação de qual é a posição dos tribunais com relação a determinado tema incita a litigiosidade processual.

Sob outra vertente, reduzirá a possibilidade de decisões divergentes nos tribunais ordinários e o envio desnecessário de recursos especiais e/ou agravos em recursos especiais a esta Corte Superior, cumprindo com uma das finalidades dos preceden-

o confirmam, tendo empreendido meios para agilizar e racionalizar o debate de conversão de um entendimento dominante em tese jurídica, bem como de suas súmulas em enunciados de tese.

O sistema brasileiro é, ainda, especialmente louvável porque autoriza que os tribunais locais possam fixar entendimentos imediatamente aplicáveis. Apesar da natureza revisora ordinária que caracteriza a atividade dessas cortes, optou-se por admitir, pela via dos incidentes de resolução de demandas repetitivas e de assunção de competência, que haja teses jurídicas de igual nível vinculante, restrito apenas territorialmente, se lhes atribuindo uma função típica de cortes supremas enquanto cortes de sentido, ao passo que as instâncias ordinárias funcionam precipuamente como cortes de casos[290].

A outorga de sentido pelos tribunais superiores obriga os tribunais locais, hierarquicamente e, sobretudo, funcionalmente, porque a autorização para o desrespeito seria sinônimo do comprometimento do sistema jurídico – o que em nada reduz sua importância ou liberdade decisória[291][292]. A essa atribuição de sentido derradeiro, por parte dos

---

tes qualificados (RISTJ, art. 121-A), que é o de servir como instrumento processual à disposição do Superior Tribunal de Justiça capaz de pacificar, em âmbito nacional, questões de direito relevantes ou que se repetem em múltiplos processos." (Resp 1.872.099-SP, Rel. Ministro Presidente da Comissão Gestora de Precedentes, Ministro Paulo de Tarso Sanseverino, julgado em 18/05/2020).

[290] Na lição de Daniel Mitidiero, a jurisprudência é uma figura típica das cortes de casos e o precedente das cortes de sentido (MITIDIERO, Daniel. *Precedentes: da persuasão à vinculação*. 4. ed. São Paulo: Revista dos Tribunais, 2022. Livro eletrônico).

[291] "Ao se ter presente que, na estrutura do Poder Judiciário, Juízes, Tribunais e Cortes Supremas têm funções distintas, sem que qualquer delas interfira na outra, torna-se natural e racional o respeito de um órgão judicial pelas funções dos outros. Como é óbvio, não há motivo para os Tribunais de Justiça, por exemplo, sentirem-se sem autoridade ou liberdade para julgar, por terem que observar um precedente do STJ, quando têm consciência de que não lhes cabe atribuir sentido ao direito, mas apenas resolver os casos conflitivos de acordo com o direito, inclusive com o direito pronunciado pelas Cortes Supremas" (MARINONI, Luiz Guilherme. *A ética dos precedentes:* justificativa do novo CPC. São Paulo: Revista dos Tribunais, 2016, p. 109).

[292] Discorda-se, portanto, de qualquer crítica que restrinja os efeitos da tese apenas ao tribunal superior que a tenha fixado: "Os mecanismos que o CPC traz como tentativa de impor o padrão (vinculação) das decisões de tribunais superiores sobre os demais tribunais, e destes sobre os juízes de primeiro grau, dada sua flagrante inconstitucionalidade – tribunais não criam *teses, leis (salvo o STF, na criação de sú-*

tribunais superiores, se soma uma outorga provisória de sentido quando o tribunal local instaura incidente sobre norma constitucional ou federal, vez que cabível recurso extraordinário ou especial para que o Supremo Tribunal Federal ou o Superior Tribunal de Justiça aprecie a questão e fixe a tese final[293].

---

mula vinculante – CF 103-A), mas decidem *casos concretos* -, devem ser entendidos e recebidos como *ferramentas de uniformização da jurisprudência do próprio tribunal*. O que já é bastante, considerando a instabilidade institucional que reina nos tribunais, principalmente nos superiores, que frequentemente deixam de aplicar suas próprias súmulas e decisões paradigmáticas causando insegurança jurídica. Esses institutos são de extrema importância, relevância e utilidade prática dentro do processo civil brasileiro, como *instrumentos de uniformização da jurisprudência dos próprios tribunais que os decidem*. Não se prestam para vincular e impor suas decisões aos juízos hierarquicamente inferiores, tampouco para resolver questões em série ou fixar teses jurídicas, pois essas atribuições *objetivas*, como mister dos órgãos do Poder Judiciário, não estão autorizadas pela CF, que só permite que o STF (CF 102 III), STJ (CF 105 III), TST, TSE e STM, por meio dos recursos excepcionais (*v.g.* RE, REsp, RR) *redecidam* casos concretos, vale dizer, lides *subjetivas*. A CF não autoriza STF, STJ e TST a elaborar *teses jurídicas*. STF, STJ, TST, TSE, STM não são tribunais de teses, mas de casos concretos. Admite-se a discussão sobre a conveniência de se tornarem tribunais de teses, apenas de *constitutione ferenda*, mas não de *constitutione lata*. Assim, RE e REsp repetitivos estão no ordenamento legal brasileiro apenas como instrumentos de uniformização da jurisprudência do STF e STJ, respectivamente, mas as teses ali afirmadas, jurisdicionalmente só resolvem o caso concreto e não têm aptidão para vincular outros órgãos do Poder Judiciário, mas tão somente o STF, que julgou o RE repetitivo e o STJ, que julgou o REsp repetitivo. O mesmo raciocínio se aplica ao IRDR e ao IAC, cujas teses ali afirmadas somente vinculam os tribunais que as emitiu, vale dizer, em julgamento que uniformiza a jurisprudência desses mesmos tribunais, mas não têm aptidão para vincular outros órgãos do Poder Judiciário hierarquicamente subordinados aos tribunais que decidiram referidos incidentes. Com essa interpretação protegem-se os textos normativos da inconstitucionalidade (*verfassungskonforme Auslegung des Gesetzes*) e lhes confere operatividade e sentido dentro dos sistemas constitucional e processual civil." (NERY JÚNIOR, Nelson; NERY, Rosa Maria de Andrade. *Código de Processo Civil Comentado*. 6. ed. São Paulo: Revista dos Tribunais, 2021. Livro eletrônico.).

293 Esse mosaico retira importância do argumento que nega a vinculação da Administração às teses jurídicas em razão de ser possível a existência da colidência de entendimentos sobre a mesma questão em tribunais diversos (SILVEIRA, Bruna Braga da. *Litigiosidade repetitiva, processo e regulação*: interações entre o judiciário e o órgão regulador no julgamento de casos repetitivos. Salvador: JusPodivm, 2021, p. 206), vez que pode a Administração recorrer de qualquer um deles, buscando, com efeito suspensivo, a outorga final de sentido pelo tribunal superior competente.

Por outro lado, casos há em que a atribuição de sentido pela corte local é definitiva, em razão de a matéria controvertida se basear em legislação municipal[294] ou estadual[295]. Percebe-se, nesse particular, um funcionamento de tais colegiados como cortes de precedentes, porque o interesse na uniformização não transborda as barreiras de sua competência territorial.

Diante de todo o apresentado neste capítulo e uma vez traçado o panorama comparativo entre as teses jurídicas e outros instrumentos voltados à uniformizar entendimentos (jurisprudência, súmulas e, no direito comparado, precedentes típicos do *common law*), pode-se chegar à conclusão parcial de que se está diante do modelo que (i)

---

[294] TJ/AM. IRDR 0001179-52.2016.8.03.0000, Rel. Des. Carmo Antônio. Tese fixada: Os arts. 7º, 17 e 18 da Lei Municipal nº 343/2010 do Município de Oiapoque configuram ascensão funcional, o que é vedada pelo art. 37, II, da Constituição Federal, ficando obstada a implementação do percentual de 30% (trinta por cento) sobre a remuneração do servidor.

[295] TJ/ES. IRDR 0016938-18.2016.8.08.0000, Rel. Des. Fernando estevam Bravin Ruy, DJe 02.04.2018. Tese fixada: I) INCONSTITUCIONALIDADE DO ART. 2º-A, DA LEI ESTADUAL Nº 5.342/1996 (ALTERAÇÃO INCLUÍDA PELA LEI ESTADUAL Nº 8.278/2006) QUE SUPRIMIU O AUXÍLIO-ALIMENTAÇÃO DOS SERVIDORES PÚBLICOS DO ESTADO DO ESPÍRITO SANTO, REMUNERADOS PELO REGIME DE SUBSÍDIO, BEM COMO AS BALIZAS DE EVENTUAL MODULAÇÃO DE EFEITOS DAÍ DECORRENTES: (i.1) inconstitucionalidade do art. 2º-A, da Lei estadual nº 5.342/1996 (alteração incluída pela Lei estadual nº 8.278/2006) que suprimiu o auxílio-alimentação dos servidores públicos do Estado do Espírito Santo, remunerados pelo regime de subsídio: A Lei Estadual nº 5.342/1996 consiste em lei regulamentadora, editada para esmiuçar o direito ao auxílio-alimentação, estabelecido pelo artigo 90, da Lei Complementar nº 46/1994. Sucede, contudo, que, sob pretexto de alterar a lei regulamentadora do benefício (Lei Estadual nº 5.342/1996), a Lei Ordinária Estadual nº 8.278/2006, em verdade, acabou por extinguir a rubrica do auxílio-alimentação para os servidores que recebessem suas remunerações por subsídios efeitos estes que não observam o princípio da reserva de lei complementar, na medida em que o já citado art. 68, parágrafo único, inciso VIII, da Constituição Estadual, conferiu a esta espécie normativa (rectius: lei complementar) a competência para instituir e, por interpretação lógica, modificar o Estatuto dos Funcionários Públicos Civis. Verificada prima face vício nomodinâmico, consubstanciada na invasão da esfera material de competência reservada ao domínio normativo de lei complementar pela Lei Ordinária nº 8.276/2006, resta reconhecida a incompatibilidade da norma impugnada (art. 2º-A, da Lei Estadual nº 5.342/1996) com o art. 68, parágrafo único, inciso VIII, da Constituição Estadual. Dessa maneira, constatada a inconstitucionalidade formal do art. 2º-A, da Lei Estadual nº 5.342/1996, inserido pela Lei Ordinária Estadual nº 8.278/2006, com vigência a partir de 01.04.2006. (...).

melhor define o entendimento adotado pelo tribunal (acertamento), porque o redige em enunciado específico, alvo de debate pelo colegiado, (ii) e porque permite a consulta ao incidente completo no qual foi firmada a tese, o que envolve os casos concretos a partir dos quais se instaurou o procedimento; (iii) de mais própria aplicação ao sistema pátrio de raciocínio jurídico (adequação), seguindo a tradição iniciada pelas súmulas de uso de enunciados, sem, no entanto, fazer necessária a investigação ampla de fundamentos determinantes para sua escorreita utilização, bastando tomar a tese como premissa para decidir a questão jurídica específica; (iv) detentor do maior espectro de cabimento (amplitude), podendo desfazer dúvidas hermenêuticas de qualquer natureza em qualquer campo do direito; (v) de maior legitimidade democrática (participação), por contar com a possibilidade de participação da sociedade e dos atores jurídicos interessados, aprimorando a bem-sucedida prática do Supremo Tribunal Federal no julgamento de ações de controle concentrado de constitucionalidade; (vi) mais acessível à comunidade como um todo (publicidade), desde o momento inaugural, com a alerta de julgamento a principiar com finalidade específica de definir um ponto jurídico controvertido, até sua conclusão, reunidos todos os elementos em bancos de dados próprios e em constante melhoria, o que facilita em demasia sua aplicação por sujeitos sem direta formação ou prática jurídicas; (vii) com a maior gama de efeitos práticos (efetividade), como evidenciado pelo mosaico normativo traçado pelo Código de Processo Civil e complementado pela doutrina e pela jurisprudência; (viii) de mais imediata aplicabilidade (imediaticidade), tanto a casos suspensos como em demandas outras, sempre que ventilarem a mesma questão jurídica pacificada.

O questionamento central, portanto, se volta à extensão da vinculação à tese, investigando-se a possibilidade de enxergar efeito vinculante em relação a agentes alheios ao Judiciário.

3. EFICÁCIA NORMATIVA DAS TESES JURÍDICAS

Posto o cenário claramente evolutivo verificado no ordenamento jurídico brasileiro em relação à concepção de uma real preocupação com a pacificação dos julgados, desde a naturalidade da jurisprudência até a concentração própria dos instrumentos fixadores de teses jurídicas, já foi suficientemente explorado pela doutrina nacional o leque de efeitos atribuídos pelo legislador a tais teses. Com efeito, ao longo do Código de Processo Civil, são referidos os acórdãos dos julgamentos de repetitivos, repercussão geral e do incidente de assunção de competência por diversas ocasiões, deixando-se evidente a eficácia processual desses enunciados, sobretudo em relação a casos futuramente julgados sobre as mesmas questões.

Igualmente, é notório que a simples existência de um posicionamento firme de um tribunal traz reflexos extraprocessuais, funcionando como estímulo ao diálogo das partes de uma relação (real ou potencialmente) conflituosa e possivelmente a saídas consensuais para o litígio. Esse efeito, extraprocessual, também já encontrou espaço de suficiente reflexão.

Sucede, porém, que subsiste outro campo de eficácia das teses que, na realidade, é o de maior relevância para o ordenamento: sua eficácia normativa. Significa dizer que a fixação de uma tese, enquanto demonstração concreta da atividade decisória de um tribunal, gera impactos na própria formatação do ordenamento, no processo de formação de uma norma jurídica, à qual todos os submetidos a esse mesmo ordenamento estão sujeitos.

Note-se que tal aspecto não se limita ao campo processual nem mesmo ao extrato extraprocessual antes mencionado, ligado a uma relação jurídica conflituosa que pode receber tratamento consensual ante a maior certeza da saída que seria encontrada na via jurisdicional. Na realidade, conceber que a tese faz parte da norma é afirmar que todos – litigantes ou não – a ela se submetem. Efeitos, portanto, gerais e abstratos, *erga omnes* e vinculantes.

Essa investigação só pode ser empreendida porque, como analisado anteriormente, as teses não se confundem com um mero apanhado de decisões, concordantes ou não, como a jurisprudência, ou com enunciados editados sem um contexto propriamente preocupado com as garantias constitucionais, como sucede nas súmulas. Uma tese é produto de um procedimento plural, democrático e voltado especificamente a formá-la, de modo que os interessados direta ou indiretamente o podem acompanhar. As vantagens do modelo, antes verificadas, o elegem como paradigma de exercício dessa função jurisdicional de eleição do significado correto de um texto, isto é, de acertamento do sentido real da norma.

O questionamento sobre os efeitos gerais das teses jurídicas encontra um ponto de partida específico em dois dispositivos ineditamente trazidos pelo Código de Processo Civil (artigos 985, §2º[1], e 1.040, IV[2]).

Ambos estão inseridos no microssistema de julgamento de casos repetitivos, voltando-se o primeiro à aplicação da tese jurídica firmada em incidente de resolução de demandas repetitivas e o segundo às editadas por ocasião da apreciação de recursos repetitivos. A redação é praticamente idêntica e informa que, se a questão objeto do incidente disser respeito à prestação de um serviço público concedido, permitido ou autorizado, sucederá a comunicação do julgamento ao órgão, ao ente ou à agência reguladora competente para fiscalizar a efetiva aplicação da tese por parte daqueles sujeitos à regulação.

Em outras palavras, o legislador, em duas ocasiões, trouxe um especial elemento de publicidade quanto ao julgamento de uma questão própria da atividade de prestadores de serviços públicos, de modo que sua efetiva aplicação seja fiscalizada. Percebe-se, portanto, que o tom não é, em nada, sugestivo, mas prático e voltado à efetividade da tese, elemento que lhe é próprio.

---

[1] Art. 985. § 2º Se o incidente tiver por objeto questão relativa a prestação de serviço concedido, permitido ou autorizado, o resultado do julgamento será comunicado ao órgão, ao ente ou à agência reguladora competente para fiscalização da efetiva aplicação, por parte dos entes sujeitos a regulação, da tese adotada.

[2] Art. 1.040. Publicado o acórdão paradigma: IV - se os recursos versarem sobre questão relativa a prestação de serviço público objeto de concessão, permissão ou autorização, o resultado do julgamento será comunicado ao órgão, ao ente ou à agência reguladora competente para fiscalização da efetiva aplicação, por parte dos entes sujeitos a regulação, da tese adotada.

Em um panorama geral, são três as espécies de abordagem doutrinária a respeito da questão. Um primeiro grupo de autores apenas mencionou os comandos, sem tecer maiores comentários[3], acabando por reproduzir, simplesmente, a previsão legal.

Outra leitura busca restringir a eficácia das teses jurídicas, tirando importância dos dispositivos. Segue-se, aqui, a linha da mera vinculatividade (isto é, eficácia apenas endoprocessual) das teses jurídicas, de sorte que a obediência apenas se imporia ao Judiciário, apesar de a estabilidade e a coerência do sistema jurídico recomendarem o respeito global às decisões[4]. Estar-se-ia diante, assim, de uma previsão apenas de caráter comunicativo, de efeitos persuasivos[5].

Uma terceira linha de leitura dos comandos adota sentido elogioso, reconhecendo sua importância expressiva[6], inserida no viés cooperati-

---

[3] Veja-se, a título de exemplo: BENETI, Ana Carolina. Relação entre demandas no processo coletivo – uma análise evolutiva até o novo Código de Processo Civil. *Revista de Processo*, v. 268, p. 437 – 471, jun. 2017; BAHIA, Alexandre Melo Franco de Moraes; HENRIQUES, Paula Valério. Recursos extraordinário e especial repetitivos no CPC/2015: uso e interpretação de acordo com o modelo constitucional de processo. *Revista de Processo*, v. 258, ago. 2016; TEIXEIRA, Guilherme Puchalski. Incidente de Resolução de Demandas Repetitivas: projeções em torno de sua eficiência. *Revista de Processo*, v. 251, jan. 2016; FREIRE, Alexandre. Comentário ao artigo 1.040. In: CABRAL, Antonio do Passo; CRAMER, Ronaldo. **Comentários ao Novo Código de Processo Civil**. 2. ed. Rio de Janeiro: Forense, 2016, p. 1560; DANTAS, Bruno. Comentário ao artigo 985. In: WAMBIER, Teresa Arruda Alvim *et al.* (coords). *Breves comentários ao novo código de processo civil*. São Paulo: Revista dos Tribunais, 2015, p. 2194-2195; FERRAZ, Thaís Schilling. *O precedente constitucional*: construção e eficácia do julgamento da questão com repercussão geral. São Paulo: Saraiva, 2017, p. 225; MENDES, Aluisio Gonçalves de Castro; TEMER, Sofia. O incidente de resolução de demandas repetitivas do novo Código de Processo Civil. *Revista de Processo*, v. 243, mai. 2015.

[4] TEMER, Sofia. *Incidente de Resolução de Demandas Repetitivas*. Salvador: Juspodivm, 2016, p. 220-222.

[5] Aluisio Gonçalves de Castro Mendes, em estudo paradigmático sobre o IRDR, assentou que se trata de "mera comunicação de decisão relevante tomada pelo Poder Judiciário, tendo assim mero efeito persuasivo" (MENDES, Aluisio Gonçalves de Castro. *Incidente de resolução de demandas repetitivas*: sistematização, análise e interpretação do novo instituto processual. Rio de Janeiro, Forense, 2017, p. 239.).

[6] "(...) apresenta importância expressa, visto que compete ao Poder Público zelar pelo cumprimento do quanto determinado pelo Poder Judiciário, sendo de grande valia para a proteção dos interesses e direitos dos consumidores usuários de serviços públicos remunerados por meio de preço público, tarifa ou taxa. A regularidade, a

vo prestigiado pelo Código de Processo Civil, garantindo maior efetividade[7] às teses fixadas.

Ainda assim, existe uma carência de verticalização do tema, verificando se a previsão legal se reveste de validade constitucional, bem como qual seria sua extensão: se restrita aos particulares que prestam serviços públicos e aos entes responsáveis pele fiscalização, como estampado nos dispositivos, ou se a menção é meramente exemplificativa, reveladora de uma perspectiva mais ampla. Ademais, investigar-se a que título se dá, processualmente, tal vinculação.

3.1. FUNDAMENTOS

3.1.1. ARGUMENTO PRINCIPIOLÓGICO

É comum a afirmação, entre os autores que abordam os precedentes no Brasil, segundo a qual os precedentes como um todo e, em especial, as teses jurídicas apenas seriam aptas a obrigar o próprio Judiciário[8] – haveria vinculatividade e não vinculação, portanto. Fundamentalmente, para que os demais poderes, notadamente a Administração Pública, tivessem de seguir os entendimentos, essa dinâmica deveria estar prevista no texto constitucional, uma vez que se trataria de temática atinente à separação dos poderes da república[9].

---

adequação e a efetividade de tais serviços de relevância pública somente poderão ser atendidas se observadas as obrigatórias diretrizes determinadas no bojo do incidente de resolução de demanda repetitiva." (SILVA, Joseane Suzart Lopes da. O incidente de resolução de demandas repetitivas e a proteção da coletividade consumerista: uma análise crítica do novel instituto. *Revista de Direito do Consumidor*, v.109, jan./fev. 2017. Acesso eletrônico.).

[7] MENDES, Aluisio Gonçalves de Castro; NETO, Odilon Romano. Análise da relação entre o novo incidente de resolução de demandas repetitivas e o microssistema dos Juizados Especiais. *Revista de Processo*, v. 245, jul.2015.

[8] Mencionando a existência de mera "eficácia obrigatória interna": CRAMER, Ronaldo. *Precedentes Judiciais*: teoria e dinâmica. Rio de Janeiro: Forense, 2016, p. 189-190.

[9] ""Portanto, saber que é necessário alterar-se a Constituição para criar-se decisão vinculante todos sabem. Optou-se, aqui, pelo caminho mais fácil, mas inconstitucional. Não se resolve problema de falta de integração da jurisprudência, de gigantismo da litigiosidade com atropelo do *due process of law*. Mudanças são necessárias, mas devem constar de reforma constitucional que confira ao Poder Judiciário poder

No entanto, essa lógica apenas se justifica por uma questão histórica e gradativa, uma vez que a eficácia vinculante e os efeitos *erga omnes* foram previstos na Constituição para o controle de constitucionalidade e, depois, para a súmula vinculante por conta de uma necessidade conjuntural. Não se pode olvidar que, à época, a súmula vinculante representou uma autêntica revolução nos moldes de atuação do Judiciário, tendo existido largos debates acerca de sua natureza jurídica (se jurisdicional, administrativa ou legislativa).

Trazer esse instrumento originariamente no texto constitucional foi medida prudente do legislador constituinte reformador, esvaziando, consideravelmente, a margem para indagar acerca da constitucionalidade da norma[10]. Ademais, em 2004, o grau de compreensão do papel do Judiciário, no mosaico de formação da norma jurídica, não era o atualmente verificado, havendo fundado receio acerca dos abusos possivelmente decorrentes da outorga de efeitos relevantes a enunciados editados pelos tribunais.

No entanto, é indubitável que a experiência foi bem-sucedida e, sobretudo, adaptada à realidade nacional, razão pela qual animou-se o Legislativo a criar outras ferramentas similares, com os olhos postos na otimização da função jurisdicional, a começar pelos recursos repetitivos e pela repercussão geral. Essa interlocução permite o dinamismo do ordenamento sem abalo à estrutura democrática e é diante dessa constatação, consolidada pelas décadas de estabilidade democrática, e da duradoura colaboração judiciária-legislativa que devem ser apreciadas as teses jurídicas.

---

para *legislar* nessa magnitude que o CPC, sem cerimônia, quis lhe conceder. Na parte que determina a vinculação ou a observação (aplicação), pelos tribunais inferiores, das decisões dos tribunais superiores e pelos juízos de primeiro grau das decisões dos tribunais estaduais e regionais, os textos normativos são indisputavelmente inconstitucionais. Esses expedientes valem, sim, apenas como mecanismos de uniformização da jurisprudência dos próprios tribunais, mas sem nenhum caráter vinculante ou de observância obrigatória." (NERY JÚNIOR, Nelson; NERY, Rosa Maria de Andrade. *Código de Processo Civil Comentado*. 6. ed. São Paulo: Revista dos Tribunais, 2021. Livro eletrônico.).

[10] Analisando o advento da súmula vinculante e entendendo pela obrigatoriedade de haver previsão constitucional para a vinculação: MELLO, Patrícia Perrone Campos. Precedentes e vinculação. Instrumentos do Stare Decisis e Prática Constitucional Brasileira. *Revista de Direito Administrativo*. Rio de Janeiro, v. 241, jul. - set., 2005.

Isso porque todos os instrumentos fixadores de teses jurídicas foram delineados pelo Código de Processo Civil em compasso com as garantias constitucionais – onde se inserem as vantagens estudadas desse mecanismo, destacadamente a participação e a publicidade - e, sobretudo, para dar-lhes pleno cumprimento[11][12].

Para tanto, deve-se ter em mente uma conclusão lógica de se reputar inconstitucional[13] a criação de teses por procedimentos previstos apenas em sede legal: devem ser incompatíveis com a Constituição. Essa afirmação, com ares de obviedade, revela, no fundo, a existência de um certo formalismo esvaziado de fundamentos, já que é lição corrente que há normas materialmente constitucionais, mas não formalmente, de sorte que se revelam de temática idealmente própria do texto constitucional, embora veiculadas por outra espécie normativa. Tal realidade é, aliás, comum em tempos de neoconstitucionalismo, em que

---

[11] Quando da proposta de criação da súmula vinculante, Calmon de Passos já defendia a desnecessidade da inserção da espécie no texto constitucional: "Assim, concluo que a proposta contida na Emenda Constituicional nº 96, em tramitação no Congresso Nacional, como redigida, só causará mais rigidez, tumulto e insegurança, em matéria que melhor seria tratada em termos de legislação ordinária precedida de boa sedimentação doutrinária, caso a racionalidade, senso do razoável e fidelidade ao dever constitucional associada à função de julgar não foram bastantes para nos dar o equilíbrio que só a consciência dos responsáveis por papéis sociais pode proporcionar, jamais os enunciados jurídicos, um modo de dizer impotente para fazer com que as coisas sejam como ele diz devem ser, se falta aos homens aquilo que já foi enfatizado por um grande brasileiro – a consciência do dever." (CALMON DE PASSOS, José Joaquim. Súmula Vinculante. *Genesis* – Revista de Direito Processual Civil. n. 6, set./dez. 1997).

[12] "Se um juiz ou tribunal, portanto, mesmo ciente de que a situação fático-jurídica que lhe é submetida a julgamento corresponde a precedente qualificado do Supremo Tribunal Federal (decisão de seu Pleno, por exemplo), desconsidera tal diretriz e interpreta o Direito de modo diverso à ratio decidendi desse precedente, obrigará o jurisdicionado prejudicado pela decisão dissonante a manejar recurso ou Habeas Corpus – no STJ e eventualmente no STF – para ver reconhecido o Direito negado pelo juízo ordinário. O dano ao jurisdicionado é manifesto pela notória desigualdade de tratamento que lhe é dispensado no resultado concreto da interpretação e aplicação da lei." (CRUZ, Rogério Schietti. Respeito aos precedentes como direito do jurisdicionado à igualdade na interpretação e aplicação do direito. *Boletim IBCCRIM*, ano 29, n. 343, jun. 2021).

[13] Considerando que apenas a súmula vinculante obriga a Administração, mas não as teses, porque estão no plano infraconstitucional: SILVEIRA, Bruna Braga da. *Litigiosidade repetitiva, processo e regulação*: interações entre o judiciário e o órgão regulador no julgamento de casos repetitivos. Salvador:JusPodivm, 2021, p. 167.

os valores principais do país se espraiem por todos os diplomas editados[14]. Além disso, a opção por um texto constitucional analítico também evidencia que o dogma da necessidade de previsão constitucional é apenas simbólico, vez que, em outros tantos países, a brevidade do constituinte em nada compromete a formação de um ordenamento em que se respeitem os parâmetros superiores.

Some-se a isso que também emendas constitucionais são passíveis de controle de constitucionalidade[15], devendo-se revelar compatíveis com o texto originário e respeitadoras dos requisitos formais e dos limites materiais. O simples fato de a vinculação estar prevista na Constituição, portanto, em nenhuma medida representaria uma espécie de imunidade. Justamente por isso, é injustificável a exigência de inserção no texto constitucional da obrigação de respeito, por parte da Administração, às teses fixadas. Esquece-se esta questão fundamental: a inovação por emenda constitucional, não sendo fruto do Poder Constituinte Originário, também se submete às normas originais da Constituição. É dizer: se a vinculatividade realmente fosse inconstitucional, por violar a separação de poderes, uma emenda que a estampasse na Carta Magna também o poderia ser.

Por fim, e mais importante, deve-se repetir que questionar a constitucionalidade das previsões instauradoras das teses jurídicas significa questionar sua adequação ao texto constitucional. Significa afirmar que o sistema de formação de teses deve afrontar o pretendido pelo constituinte, o que, decididamente, não se sustente.

---

[14] "Outro fenômeno mais atual é a *Constitucionalização do direito*, que insere a carta maior como *centro de gravidade de toda a ordem jurídica*, estabelecendo premissas metodológicas inafastáveis na aplicação da legislação infraconstitucional.

A *supremacia da Constituição Federal na atividade hermenêutica* é tônica da moderna constitucionalização do processo, tanto que a proposta de criação do novel Código de Processo Civil estrutura-se com uma parte geral na qual se inserem os princípios que devem nortear a atividade judicante.

Deveras, considerando os processos objetivos cuja finalidade mediata é a confrontação de leis e sua exegese em face da Constituição, como 'sói' ocorrer com as Ações de Declaração de Inconstitucionalidade, Ação Declaratória de Constitucionalidade e Ação de Descumprimento de Preceito Fundamental, tem-se nesses casos inequívoca demonstração do fenômeno da *constitucionalização do processo civil*." (FUX, Luiz. Processo e Constituição. In: _____ (coord). *Processo Constitucional*. Rio de Janeiro: Forense, 2013, p. 8-9.).

[15] BARROSO, Luís Roberto. *O controle de constitucionalidade no direito brasileiro*. 8. ed. São Paulo: Saraiva, 2019, p. 243.

Há um argumento principiológico[16] fundamental para a questão colocada: a Constituição, ao elencar o notório rol de direitos fundamentais, desenha, com clareza, o parâmetro para a atuação do legislador ordinário. Nesse leque de preceitos, são os mais destacados a fundamentar e justificar a criação do microssistema das teses jurídicas: a isonomia, a segurança jurídica, a liberdade e mesmo a legalidade.

A concretização[17] da igualdade e a viabilização de um cenário de segurança são a justificativa por excelência para a criação de todas as ferramentas[18]. Seria desnecessário e mesmo impossível, no momento da

---

[16] "O princípio da legalidade, tal como entendido modernamente, não pode levar, como de fato não leva, a uma situação de automatismo na aplicação da lei. O juiz está vinculado ao *direito*: lei + doutrina + jurisprudência.

Tenha-se, todavia, presente que, se a *letra da lei* não é mais a base única das decisões do juiz, sendo-o, também, outros elementos do sistema (jurisprudência e doutrina), não se pode deixar de examinar a questão sob outro prisma, já que a ocorrência de decisões diferentes para casos iguais passa a ser algo que pode acontecer, nesse contexto, com indesejável frequência.

O *princípio da legalidade* e o da *isonomia*, verdadeiros pilares da civilização moderna, levam a que se considerem adequadas soluções normativas que tendam a *evitar* que ocorram essas *discrepâncias*. Entre estas soluções normativas estão todos os institutos que levam à uniformização da *jurisprudência*.

Se o juiz cria direito, a jurisprudência tem que ser uniformizada: é o princípio da isonomia que torna a uniformização imperativa. A jurisprudência, quando formalmente uniformizada ou espontaneamente pacificada, gera norma jurídica. O CPC de 2015 está repleto de institutos que têm a uniformização como finalidade." (ALVIM, Teresa Arruda. *Modulação*: na alteração da jurisprudência firme ou de precedentes vinculantes. 2. ed. São Paulo: Revista dos Tribunais, 2021).

[17] "Pode-se afirmar, portanto, que o direito processual civil deve atuar buscando atribuir a maior efetividade possível aos direitos fundamentais, tanto aos referentes ao processo como aos protegidos por meio deste, e aos valores constitucionalmente assegurados. Os institutos do direito processual devem, então, ser analisados e interpretados com o objetivo de realização desses direitos e valores, protegendo, assim, o Estado Democrático de Direito consagrado pela Lei maior." (RODRIGUES, Marco Antonio dos Santos. *A modificação do pedido e da causa de pedir no processo civil*. Rio de Janeiro: Mundo Jurídico, 2014, p. 124-125).

[18] "Na verdade, a isonomia e a segurança jurídica não constituem propriamente requisitos para a instauração do incidente, mas a justificativa do legislador para a sua previsão no Código de Processo Civil. É que, havendo centenas ou milhares de demandas que dependem da solução de uma mesma questão de direito, sempre há possibilidade de decisões diferentes para casos iguais." (MARINONI, Luiz Guilherme. *Incidente de resolução de demandas repetitivas*: decisão de questão idêntica x precedente. São Paulo: Revista dos Tribunais, 2016, p. 18).

edição, que o constituinte imaginasse o atual sistema de fixação de teses, admitindo-o ou estimulando-o. O mote de uma assembleia constituinte de retomada democrática é outro, afirmando o espírito de liberdade.

É o passar do tempo que instiga o legislador a buscar estratégias para garantir o bom funcionamento da justiça sem comprometimento dos valores constitucionais. Por isso, foram-se cunhando, gradualmente, os instrumentos estudados, a começar pela repercussão geral, que tomou, com a prática, contornos próprios de criação de tese, a seguir pelos recursos repetitivos e com os incidentes inaugurados pelo diploma atual (incidentes de resolução de demandas repetitivas e de assunção de competência).

A existência de todos esses mecanismos, portanto, é, antes de uma afronta às garantias constitucionais, a sua concretização. A começar pela igualdade priorizada pelo constituinte: é impensável que se enuncie a isonomia se o Estado, pela via jurisdicional, continua a decidir desarmonicamente casos similares[19], naquilo que tenham de idêntico[20] – e, aqui, as teses jurídicas se apresentam como um instrumento muito mais benéfico que a jurisprudência ou os precedentes estrangeiros[21],

---

19 "Destarte, é inegável a função popular da jurisdição, uma vez que, em nome do povo, essa parcela da soberania é exercida. Ora, não ressoa coerente que cidadãos residentes na mesma localidade e sujeitos à mesma ordem jurídica recebam tratamento diverso das fontes encarregadas da aplicação e interpretação das leis. Assim, a *uniformização* cumpre, obliquamente, a promessa constitucional de que 'todos são iguais perante a lei', além de exercer notável papel pedagógico, em relação à primeira instância, devido à sua força informativa." (FUX, Luiz. *Curso de direito processual civil*. v. 1. 4 ed. Rio de Janeiro: Forense, 2008.).

20 "Quando, em decorrência da própria estrutura homogeneizante da relação jurídica, a individualidade dos litígios cede à massificação, o respeito à igualdade passa de recomendável para imperativo, pena de abalo na credibilidade do próprio Poder Judiciário e de estímulo à litigiosidade e à recorribilidade.

A concretização da isonomia no processo de realização do direito no caso concreto importa em assumir como verdadeiro que a mesma regra jurídica, incidente sobre suportes fáticos suficientemente idênticos, no mesmo momento histórico, deve ensejar a produção dos mesmos efeitos jurídicos." (DANTAS, Bruno. Comentário ao artigo 976. In: WAMBIER, Teresa Arruda Alvim *et al*. [coords.]. *Breves comentários ao novo Código de Processo Civil*. São Paulo: Revista dos Tribunais, 2015. Acesso eletrônico.).

21 "Não há dúvida de que o papel do atual juiz do civil law, e especialmente o do juiz brasileiro, a quem é deferido o dever-poder de controlar a constitucionalidade da lei no caso concreto, muito se aproxima da função exercida pelo juiz do common law, especialmente a realizada pelo juiz estadunidense. Acontece que, apesar da aproximação dos papéis dos magistrados de ambos os sistemas, apenas o common

já que mesmo demandas distintas recebem tons iguais, referentemente àquelas questões jurídicas que veiculam em comum. Essa clareza eleva as teses a um nível superior à da sempre pretendida e nunca efetivada uniformização da jurisprudência.

A seguir, a segurança jurídica resta não apenas prestigiada, como também possibilitada[22], inclusive como efeito da isonomia[23]. Duas são as frentes principais: a previsibilidade acerca da resposta jurisdicional[24] e a estabilidade dessa mesma resposta[25], o que beneficia não apenas os

---

law devota respeito aos precedentes." (MARINONI, Luiz Guilherme. *Precedentes obrigatórios*. 4. ed. São Paulo: Revista dos Tribunais, 2016. Acesso eletrônico.).

[22] "(...) a proteção da igualdade conduz à garantia da segurança jurídica como segurança do Direito e dos direitos, de qualquer cidadão frente ao Estado, a ser realizada pelo Estado por meio da aplicação coerente e consistente do ordenamento jurídico para todos aqueles que se encontram em situação equivalente." (ÁVILA, Humberto. *Segurança Jurídica*: entre permanência, mudança e realização no direito tributário. 2. ed. São Paulo: Malheiros, 2012, p. 231.).

[23] "Mediatamente, a *igualdade no tratamento diante das decisões judiciais*, cujo resultado direto é a outorga de *unidade ao direito,* tem por efeito secundário a *promoção da segurança jurídica*, porque possibilita aos cidadãos *confiar* no direito e *calcular* o espectro de consequências atribuídas aos seus atos. Funciona a *igualdade como um componente inafastável* do direito fundamental ao processo justo na perspectiva de seu resultado, pois o processo, como *instrumento* de efetivação de direitos (e do direito), deve outorgar *igualdade de tratamento* e possibilitar a *autodeterminação dos cidadãos*, conferindo, assim, *juridicidade* ao ordenamento." (ABREU, Rafael Sirangelo de. *Igualdade e processo*: posições processuais equilibradas e unidade do direito. São Paulo: Revista dos Tribunais, 2015. Acesso eletrônico.)

[24] Já se explorou essa dicotomia em outra oportunidade, mais detidamente: "A primeira face do princípio da segurança diz respeito à possibilidade de se prever as consequências de um determinado fato ou ato jurídico, isto é, de um comportamento (*calculabilidade*). O Direito existe, aliás, primordialmente para tanto. A pacificação social começa muito antes do final do processo, o qual, a propósito, é indesejável e dispensável – a rigor, cumpridas as prescrições legais e costumeiras, não sucederia ofensa a direito material qualquer, e, por isso, sequer se falaria em jurisdição. O perfeito respeito às normas, então, garantiria o estado de paz social, prévio e anterior à pacificação que se busca uma vez instaurado um conflito." (PORTO, José Roberto Sotero de. *Teoria Geral dos Casos Repetitivos*. Rio de Janeiro: GZ, 2018. Livro eletrônico.).

[25] "Esse atributo de composição das regras de direito expresso no predicativo *dotada de estabilidade* permite vislumbrar-se o fenômeno da normatividade em todo e qualquer preceito de comportamento individual ou coletivo que reflita um ou mais caracteres próprios da soberania do Estado, seja o simples fato de o ato normativo resultar do processo legislativo estatal, levado a efeito pelas instituições parlamentares (ato legislativo formal) ou outro órgão ou agente público com atribuição normatizadora, seja por

litigantes habituais, mas todos os submetidos ao ordenamento[26], racionalizando o sistema jurídico como um todo[27].

A segurança jurídica possui tanto um valor funcional, enquanto valor que o é por si mesma (afinal, um ordenamento seguro é sempre desejável), bem como instrumental, de modo a viabilizar o gozo de diversos outros direitos, de maneira justa e equânime para todos os destinatários desse autêntico princípio constitucional[28]. Mais do que a segurança "das normas" e "do ordenamento", importa haver uma segurança "de aplicação das normas"[29], tanto pelo Judiciário como pelos demais agentes estatais.

Apenas diante de uma postura estatal clara e estável é que o particular pode confiar, calcular e atuar livremente. Portanto, antes de ferirem qual-

---

exibir alguma outra qualidade peculiar às deliberações normativas do Poder Público, como a imperatividade, a coatividade, a generalidade, a abstratividade ou a provisão de sanção." (CASTRO, Carlos Roberto Siqueira. Função Normativa Regulatória e o Novo Princípio da Legalidade. In: ARAGÃO, Alexandre Santos de [coord]. *O Poder Normativo das Agências Reguladoras*. 2. ed. Rio de Janeiro: Forense, 2011, p. 32).

26 CARNEIRO, Paulo Cezar Pinheiro. Breves notas sobre o Incidente de Resolução de Demandas Repetitivas. *Revista Eletrônica de Direito Processual*. v. XIV, ano 8, jul-dez/2014, p. 487.

27 "*A uniformização faz chegar à única solução correta*. A necessidade de uniformização é ínsita à ideia de sistema jurídico, imprescindível à criação de *previsibilidade*, de *segurança jurídica* e ao *tratamento isonômico* dos indivíduos. Evidentemente, mais uma vez, frise-se que não se estará, necessariamente, diante da decisão ontologicamente correta." (ALVIM, Teresa Arruda; DANTAS, Bruno. *Recurso especial, recurso extraordinário e a nova função dos tribunais superiores no direito brasileiro*. 3. ed. São Paulo: Revista dos Tribunais, 2016, p. 175).

28 ÁVILA, Humberto. *Teoria da Segurança Jurídica*. 6. ed. São Paulo: Malheiros, 2021, p. 193-199.

29 "Tal distinção é igualmente operativa, já que uma norma pode ser considerada segura, enquanto acessível e inteligível, porém pode ser aplicada de modo arbitrário, sem critérios objetivos e uniformes e sem uma adequada justificação e fundamentação. Sem segurança de aplicação a segurança jurídica da norma seria anulada pela insegurança da sua aplicação. Com a devida licença poética, a segurança que havia entrado pela porta sairia depois pela janela." (ÁVILA, Humberto. *Teoria da Segurança Jurídica*. 6. ed. São Paulo: Malheiros, 2021, p. 160.).

quer tipo de liberdade³⁰³¹, as teses jurídicas a garantem³². Quanto mais corriqueiro for o espaço de decisão gozado pelo particular, mais concreto e evidente deve ser o posicionamento do Estado sobre as questões jurídicas ali repousantes e, mormente, acerca de suas consequências práticas³³.

---

30 Como prova de que há um gradual processo na doutrina no sentido de compreender a necessidade de estabilidade na jurisprudência, em detrimento de falaciosas prerrogativas de liberdade de convencimento, há que se ter em mente que algumas vozes sustentaram a inconstitucionalidade do IRDR, por violar a liberdade de decidir dos magistrados (GONÇALVES, Marcelo Barbi. O incidente de resolução de demandas repetitivas e a magistratura deitada. *Revista de Processo*, v. 222, ago. 2013.), o que não prevaleceu. Dentro do sistema judiciário, tem-se sustentado que "tanto as teses fixadas em recursos repetitivos como as estampadas em súmula vinculante devem ser observadas pelos Tribunais" (CÔRTES, Osmar Mendes Paixão. A Reclamação para os Tribunais Superiores no novo CPC, com as alterações da Lei 13.256/2016. *Revista de Processo*, v. 257, jul. 2016, p. 260).

31 "Com efeito, a doutrina contemporânea tem sustentado que a liberdade (rectius: persuasão racional) assegurada aos magistrados para a interpretação dos textos e sequencial aplicação aos casos concretos - para ser justa e efetiva - deve integrar-se no contexto do Judiciário como um todo, enquanto Poder, Função e Atividade, e, não sob o prisma particular e reducionista, de cada um de seus integrantes, o que acaba pondo em risco a unidade exegética do Direito em detrimento de seus corolários: a segurança jurídica e o tratamento isonômico aos jurisdicionados." (MANCUSO, Rodolfo de Camargo. *Incidente de Resolução de Demandas Repetitivas*: a luta contra a dispersão jurisprudencial excessiva. São Paulo: Revista dos Tribunais, 2016, p. 13).

32 "O discurso do precedente tem uma dupla direção. De um lado, a observância de precedentes cria imediatamente um tratamento isonômico entre as pessoas. Ou seja, o precedente promove o sentido mais básico de igualdade, que é o de dar tratamento igual a casos iguais. Mas não é só. O discurso do precedente, de outro lado, mostra-se capaz de promover mediatamente a liberdade. Se é verdade que a aplicação concreta do direito reduz o seu âmbito de indeterminabilidade, então a observância para casos futuros das decisões pretéritas a respeito dos sentidos normativos contribui para a elevação de um nível de cognoscibilidade, calculabilidade e confiabilidade, componentes da segurança jurídica. Ao elevar o grau de segurança jurídica por meio da adoção de precedentes, permite-se que as pessoas possam pautar suas condutas no presente com um maior grau de possibilidade de prever quais serão as consequências jurídicas desses atos no futuro. Ao fazê-lo, assegura-se que as pessoas possam se autodeterminar; no fundo, serem livres. A adoção de precedentes, por conseguinte, promove a liberdade ao proporcionar um ambiente mais seguro para o desenvolvimento da vida social." (MOTTA, Otávio. Aspectos da justificação das decisões judiciais em perspectiva comparada. *Revista de Processo Comparado*. v. 2, jul./dez. 2015, p. 201)

33 No campo sancionatório, é mais sensível essa questão. Por isso, a dicção da Lei de Improbidade Administrativa reformada: Art. 1º § 8º Não configura improbidade a ação ou omissão decorrente de divergência interpretativa da lei, baseada em

Há uma exigência "velada" na Constituição de coerência estatal[34], decorrente do binômio isonomia-segurança jurídica, que, por sua vez, se espelha na proteção da confiança do cidadão em face do Estado, do jurisdicionado em relação à jurisdição e do particular em face da Administração[35].

---

jurisprudência, ainda que não pacificada, mesmo que não venha a ser posteriormente prevalecente nas decisões dos órgãos de controle ou dos tribunais do Poder Judiciário.

34 "In secondo luogo viene l'argomento desumibile dal principio d uguaglianza, quale si esprime nello stringente enunciato 'tratta le situazioni uguali in modo uguale'. Secondo questo punto di vista, decisioni successivamente contrastanti contravvengono al principio di uguaglianza nel contravvenire al principio di coerenza, cosicché sembra doversi consentire con l'osservazione di recente avanzata che 'uguaglianza e (ossequio del) precedente rappresentano, rispettivamente, il profilo spaziale e il profilo temporale del più largo principio normativo della coerenza'". (CHIARLONI, Sergio, efficacia del precedente giudiziario e tipologia dei contrasti di giurisprudenza. *Revista de Processo*, v. 229, mar. 2014, p. 404.).

35 ""A regra do sistema processual é que a jurisprudência dos tribunais seja *estável*, *íntegra* e *coerente* (CPC 926). O Poder Público *tout court* (Executivo, Legislativo e Judiciário) deve agir com probidade e boa-fé objetiva, manifestações do princípio constitucional da legalidade (CF 37 *caput*). A jurisprudência é dinâmica, como são os fatos da vida. Por isso é natural que possa sofrer alterações. O que o texto normativo determina é a fundamentação *adequada* e *específica* sobre as razões da alteração, e, ainda assim, com a observância da segurança jurídica, da boa-fé e da confiança. O sistema exige que o tribunal fique vinculado e aplique sua própria súmula e entendimentos consolidados.

Os poderes públicos têm de agir com boa-fé, subjetiva e objetiva. É direito fundamental do cidadão exigir que o poder público aja com boa-fé e não cometa arbitrariedade. A exigência de o poder público dever proceder com boa-fé decorre do Estado Democrático de Direito (CF 1.º), da segurança jurídica (CF 1.º, 5.º *caput* e XXXVI), da solidariedade (CF 3.º I), da legalidade e da moralidade administrativa (CF 37 *caput*) (...). A CF suíça é expressa em incluir esses preceitos no rol dos direitos fundamentais: "Art. 9.º Cada pessoa tem o direito de exigir dos órgãos estatais tratamento sem arbitrariedade e segundo a boa-fé". No direito brasileiro, a necessidade de o poder público proceder com boa-fé e a proibição de agir com arbitrariedade são direitos fundamentais (CF 5.º) não expressamente positivados. É princípio constitucional provido de *supereficácia*, porque *supernorma positivada de direito* (...). Como o outro lado do princípio da boa-fé, é também manifestação da legalidade, o princípio da confiança (*Vertrauensschutzgrundsatz*), segundo o qual se deve proteger a confiança que os atos ou condutas da Administração/Judiciário provocaram no espírito ou na esfera jurídica do administrado/jurisdicionado, fazendo-o acreditar que deveria agir de determinada maneira e que a Administração/Judiciário agiria conforme seus atos e condutas anteriores, como, por exemplo, seguindo seus próprios entendimentos

Esse princípio que se desdobra da boa-fé objetiva, da esperada e exigida manutenção de comportamento, tem sido frequentemente recordado na abordagem das modificações de posicionamento jurisprudencial, onde inserido o tema da modulação[36]. No entanto, é notório que, independente de qualquer futura variabilidade, a fixação de um entendimento[37] como pretensamente definitivo gera efeitos juridicamente relevantes para todos aqueles possivelmente enquadrados na questão jurídica pacificada.

Logo, existem apenas duas saídas: ou é possível que haja dever de se observar (leia-se: seguir) a interpretação dada, em procedimento qualificado, pelos tribunais responsáveis, ou o mesmo é, de todo, impossível, reinando a anarquia interpretativa, que fere frontalmente a economia processual[38] vista macroscopicamente, o princípio da eficiência e a proteção da confiança, gerada, tradicionalmente, pela coisa julgada[39],

---

jurisprudenciais e a súmula de sua jurisprudência predominante. A boa-fé exige-se de ambas as partes na relação jurídica administrativa (Administração-administrado) e na relação Judiciário-jurisdicionado; a proteção da confiança é medida que tem como titular o administrado e o jurisdicionado." (NERY JÚNIOR, Nelson; NERY, Rosa Maria de Andrade. *Código de Processo Civil Comentado*. 6. ed. São Paulo: Revista dos Tribunais, 2021. Livro eletrônico.).

36 Sob a ótica da Análise Econômica do Direito, a superação de um precedente reduz o seu valor a zero, de modo que a repetição frequente da prática de *overruling* desestabiliza a segurança jurídica, razão pela qual deve o instituto ser utilizado com parcimônia. Veja-se: FUX, Luiz; BODART, Bruno. *Processo Civil e Análise Econômica*. Rio de Janeiro: Forense, 2019.

37 Considerando que, idealmente, por uma questão cultural, até mesmo a jurisprudência deveria ser respeitada, como um "precedente" de obrigatoriedade fraca: ALVIM, Teresa Arruda. *Modulação*: na alteração da jurisprudência firme ou de precedentes vinculantes. 2. ed. São Paulo: Revista dos Tribunais, 2021.

38 "Consequentemente, o processo, como um todo, bem como os respectivos atos e procedimentos devem estar inspirados na economia processual. Esse princípio, por sua vez, precisa ser entendido de modo mais amplo, sob o ponto de vista subjetivo, como orientação geral para o legislador e para o aplicador do direito processual, e, objetivamente, como sede para a escolha das opções mais céleres e menos dispendiosas para a solução das lides." (MENDES, Aluisio Gonçalves de Castro. *Ações coletivas e meios de resolução coletiva de conflitos no direito comparado e nacional*. 4. ed. São Paulo: Revista dos Tribunais, 2014, p. 38)

39 "Como consectário da segurança jurídica, o princípio da proteção da confiança protege o particular destinatário da decisão judicial estabilizada. As pessoas buscam a solução adjudicada do conflito pretendendo que o Estado lhe conceda uma decisão justa, efetiva e estável." (ARAÚJO, José Aurélio de. *Cognição sumária, cognição exaustiva e coisa julgada*. São Paulo: Revista dos Tribunais, 2017, p. 201).

mas, hoje, igualmente pelo tratamento das questões jurídicas, repetitivas ou não, por meio das teses fixadas pelo Judiciário.

Portanto, para bem garantir o funcionamento do próprio Estado, deve haver uma resposta única e estável de sua parte para tais questões. Há uma ínsita necessidade de nele se poder confiar para que toda a sociedade funcione e se gere um ambiente de estabilidade e confiabilidade[40], inclusive sob a ótica econômica. Na última linha, para o cidadão, para o investidor, para o leigo em geral[41], em suma, pouco importa se a regra advém diretamente do texto legal, de um ato normativo proveniente do Executivo ou da interpretação que lhes tenha sido dada pelo Judiciário: o fundamental é que haja clareza e segurança a respeito do comportamento a ser adotado e de suas consequências,

---

40 "Em última análise, a sociedade "funciona melhor" quando uns confiam nos outros e todos confiam no Estado. E, é evidente, quando esta confiança é prestigiada. Indivíduos devem poder confiar no Estado. O Estado não pode frustrar e desorientar o jurisdicionado, tendo condutas contraditórias, e, portanto, surpreendentes. O princípio da confiança é, a nosso ver, ínsito ao Estado de Direito." (ALVIM, Teresa Arruda. *Modulação*: na alteração da jurisprudência firme ou de precedentes vinculantes. 2. ed. São Paulo: Revista dos Tribunais, 2021.).

41 "É evidente que o primeiro componente a tornar algo acessível, próximo, capaz de ser utilizado, é o conhecimento dos direitos que temos e como utilizá-los. O direito a tais informações é ponto de partida e ao mesmo tempo de chegada para que o acesso à justiça, tal como preconizamos, seja real, alcance a todos.

É ponto de partida porque, sem ele, uma série de direitos, notadamente no campo individual, não seriam reclamados, e ponto de chegada, na medida em que, agora no campo coletivo, eventuais direitos reclamados e obtidos fossem realidade para poucos. (…)

Esse dado, o direito à informação, como elemento essencial para garantir o acesso à justiça em países em desenvolvimento como o nosso, é tão importante como o de ter um advogado, um defensor, que esteja à disposição daqueles necessitados que, conhecedores dos seus direitos, querem exercê-los. Trata-se de pessoas que não têm condições sequer de ser partes ¾ os "não-partes" são pessoas absolutamente marginalizadas da sociedade, porque não sabem nem mesmo os direitos de que dispõem ou de como exercê-los; constituem o grande contingente de nosso país." (CARNEIRO, Paulo Cezar Pinheiro. *Acesso à justiça*: juizados especiais cíveis e ação civil pública: uma nova sistematização da teoria geral do processo. Rio de Janeiro: Forense, 1999. Acesso eletrônico.).

Os setores públicos municipal, estadual e federal, ao lado dos bancos e dos fornecedores de serviços essenciais, são os principais litigantes, ano após ano, conforme o Justiça em Números, do Conselho Nacional de Justiça.

porque todos são espécies de atos autoritativos estatais, tenham sido praticados pela função administrativa[42] ou jurisdicional[43][44].

Possível, então, desenhar um grau de hierarquia dos entendimentos jurisprudenciais, colocando, no topo, as decisões concentradas de controle de constitucionalidade e, logo após, as teses fixadas pelo Judiciário em julgamento de questões repetitivas, vez que são os instrumentos desenhados pelo legislador para dar concretude à pretensão constitucional de uniformidade dos entendimentos, prestigiando a igualdade e a segurança jurídica. A fundamentação para a quase equiparação está na legitimidade democrática[45] que o plúrimo debate

---

[42] "Um ato administrativo é um manifesto exemplo do exercício da autoridade estatal. Através dele, o Estado exterioriza a sua vontade e projeta suas intenções. Por serem dotados de uma presunção de legitimidade, são capazes de gerar confiança nas mentes de seus destinatários. Por isso, aquele que crê na vdalidade de um ato administrativo deve receber uma adequada proteção do ordenamento." (ARAÚJO, Valter Shuenquener de. *O princípio da proteção da confiança: uma nova forma de tutela do cidadão diante do Estado*. Niterói: Impetus, 2016, p. 213.).

[43] "A sentença, como ato autoritativo ditado por um órgão do Estado, reivindica naturalmente, perante todos, seu ofício de formular qual seja o comando concreto da lei ou, mais genericamente, a vontade do Estado, para um caso determinado. As partes, como sujeitos da relação a que se refere a decisão, são certamente as primeiras que sofrem a sua eficácia, mas não há motivo que exima os terceiros de sofrê-la igualmente. Uma vez que o juiz é o órgão ao qual atribui o Estado o mister de fazer atuar a vontade da lei no caso concreto, apresenta-se a sua sentença como eficaz exercício dessa função perante todo o ordenamento jurídico e todos os sujeitos que nele operam." (LIEBMAN, Enrico Tullio. *Eficácia e autoridade da sentença e outros escritos sobre a coisa julgada*. Tradução de Alfredo Buzaid e Benvindo Aires, tradução dos textos posteriores à edição de 1945 com notas relativas ao direito brasileiro vigente de Ada Pellegrini Grinover. 4. ed. Rio de Janeiro: Forense, 2007, p. 123.).

[44] "Como a função judiciária é, também 'Estado' para todos os fins, trata-se, isto não pode ser colocado em dúvida, também de função estatal e, como tal, ela deve perseguir o atingimento concreto das finalidades públicas impostas desde a Constituição Federal na perspectiva aqui analisada." (BUENO, Cassio Scarpinella. *Curso sistematizado de direito processual civil: teoria geral do direito processual civil*. v. 1. 3. ed. São Paulo: Saraiva, 2009, p. 61).

[45] Existem, contudo, autores que consideram que o julgamento por amostragem de questão repetitiva viola princípios participativos (ABBOUD, Georges. *Discricionariedade administrativa e judicial: o ato administrativo e a decisão judicial*. São Paulo: Revista dos Tribunais, 2014, p. 395-396). No entanto, não é o que o legislador pretendeu, sendo de se reconhecer que o déficit democrático só ocorrerá se o tribunal julgador e os interessados se revelarem negligentes na observância da normativa processual.

assegura ao procedimento incidental, sendo alvo da pesquisa a estruturação de semelhanças entre os dois tipos de decisões globais (intervenção de interessados, audiências públicas, *amici curiae*, ausência de partes[46], pluralidade argumentativa[47], obrigatória intervenção do Ministério Público).

Percebe-se que o argumento principiológico, na realidade, opera como autêntica premissa de raciocínio, sendo a partir dos linhas constitucionais isonômicas e seguras que se deve entender como cada componente estatal, especialmente o jurisdicional e o legislativo, atuam de modo a evidenciar a todos aqueles sujeitos ao ordenamento o seu sentido único e correto, que, por sua vez, funcionará como premissa de raciocínio para o atuar de agentes estatais e particulares.

3.1.2. ARGUMENTO FUNCIONAL

Uma vez admitido que os princípios constitucionais são a causa de o legislador desenhar o sistema de teses jurídicas e a lente de leitura desse leque de instrumentos, é fundamental verificar o preciso papel que o Judiciário possui na persecução de um ordenamento isonômico e seguro, capaz de gerar expectativas corretas nos cidadãos e protegê-las adequadamente.

3.1.2.1. FORMAÇÃO DA NORMA JURÍDICA

Na típica repartição das funções estatais, caberia ao Legislativo a produção das normas com originalidade, ao Executivo o cumprimento e a efetivação dessas normas e ao Judiciário a composição de litígios

---

46 CABRAL, Antonio do Passo. Despolarização do processo e zonas de interesse: sobre a migração entre os polos da demanda. In: DIDIER JR., Fredie *et al.* (coords.). *Tutela jurisdicional coletiva.* 2ª série. Salvador: Juspodivm, 2012, p. 35-79.

47 O controle principal da atividade jurisdicional é possibilitado pelo dever de motivação que lhe é inerente, o qual ostenta três funções: controle endoprocessual, controle exoprocessual e controle do sistema de precedentes (TARUFFO, Michele. Apuntes sobre las funciones de la motivación. *Revista Iberoamericana de Derecho Procesal.* v. 4, jul-dez. 2016. Acesso eletrônico.). Por isso, sustenta-se que a modificação textual operada pela Lei 13.256/16 no artigo 1.038 §3° nada mudou: "fundamentos relevantes", em julgamento de caso repetitivo, são todos os trazidos e mais os ventilados pelo órgão julgador ou pelos participantes em geral. Só assim haverá grau de perfeição proporcional ao da eficácia do *decisum*.

acerca dessas mesmas normas[48][49]. Esse panorama, abstratamente estanque e equilibrado, desperta sensíveis discussões acerca dos limites concretos da atuação de cada um dos poderes, mas destacadamente do jurisdicional, mormente em razão de caber-lhe a última palavra sobre os conflitos e a solução definitiva desses imbróglios.

De diversas formas tem sido conceituada a jurisdição ao longo do desenvolvimento da ciência processual. Pode-se, porém, encontrar certa tranquilidade ao relacioná-la com a própria noção terminológica de "jurisdição"[50], oriunda do latim *jus dicere*, *jurisdictio*, a dicção do direito. Evidentemente, diz-se o direito em diversos ambientes e momentos, desde as lições jurídicas até a aplicação prática desses en-

---

[48] Na lição perene de Calamandrei, são três os critérios de distinção: orgânico (órgão que exerce), formal (forma que reveste os atos praticados) e substancial (natureza e conteúdo dos atos). Veja-se: CALAMANDREI, Piero. *Opere Giuridiche*: probleme generali del diritto e del processo. Vol. 1. Roma: Roma Ter-Press, 2019.

[49] "O efeito distintivo não é meramente acadêmico. Nos sistemas, como o nosso, que repartem, entre Poderes estruturais, o exercício das funções básicas do Estado – a legislação, a jurisdição e a administração – torna-se relevante identificar os limites de atuação de cada Poder para evitar eventuais ingerências indevidas de um em outro. Esse é, aliás, o ponto de equilíbrio do sistema da tripartição de funções: são harmônicos, é verdade, como desenha a Constituição no art. 2º, mas são independentes. Na verdade, sua independência vem em primeiro lugar; a harmonia – atenuada pela ideia de 'interdependência', que, segundo alguns autores, deve emanar da interpretação de 'independência' contida no texto – vem depois, porque só admissível quando a própria Constituição o autoriza." (CARVALHO FILHO, José dos Santos. O Poder Normativo das Agências Reguladoras. In: ARAGÃO, Alexandre Santos de [coord]. *O Poder Normativo das Agências Reguladoras*. 2. ed. Rio de Janeiro: Forense, 2011, p. 59.).

[50] A jurisdição também pode ser compreendida como um poder (monopólio estatal de decidir e impor decisões), uma função (atribuições dos órgãos estatais para pacificar pela via processual) e uma atividade (exercida pelo magistrado, no processo). Em acréscimo, sob o ponto de vista objetivo representa o conjunto de matérias processuais em que intervêm os órgãos estatais, sob o subjetivo, o conjunto de órgão estatais e, enquanto atividade, o conjunto de atos estatais. Veja-se: GAIO JÚNIOR, Antônio Pereira. *Instituições de Direito Processual Civil*. 4. ed. Salvador: JusPodivm, 2020, pp. 726-729; PINHO, Humberto Dalla Bernardina de. *Jurisdição e pacificação*: limites e possibilidades do uso dos meios consensuais de resolução de conflitos na tutela dos direitos transindividuais e pluri-individuais. Curitiba: CRV, 2017.

sinamentos, desde o aconselhamento jurídico por um advogado até a determinação final do magistrado acerca do conflito[51].

Especificamente quanto a esse atuar do Judiciário, diversas são as formas de defini-lo[52]. Um possível elemento preponderante é a composição de litígios[53], com enfoque na pacificação social justa, sendo esse o traço marcante do acesso à justiça[54][55]. Outra feição jurisdicional tradicional é a atuação[56] da vontade da lei mediante a substituição da

---

[51] "A operação lógica do julgamento pode ser feita por qualquer pessoa dotada dos necessários conhecimentos e dará lugar a um parecer, a uma opinião; mas só aquela feita pelo juiz e epressa em uma sentença tem conteúdo imperativo e eficácia vinculativa." (LIEBMAN, Enrico Tulio. *Manual de Direito Processual Civil*. vol. 1. São Paulo: Malheiros, 2005, p. 21).

[52] "A jurisdição apresenta as seguintes características: função de atuação do direito objetivo na composição dos conflitos de interesses, tornando-os juridicamente irrelevantes; é ato emanado, em regra, do Poder Judiciário; reveste-se de particularização; atividade exercida mediante provocação; imparcial; com o advento da coisa julgada, torna-se imutável.

A função legislativa, por sua vez, objetiva criar normas abstratas que possuem comando genérico; é ato emanado, em regra, do Poder Legislativo; reveste-se de generalização; é atividade exercida sem provocação; é também imparcial; e seus atos são passíveis de revogação, mediante a realização de outro ato incompatível com o primeiro, ou de serem considerados nulos, mediante controle de constitucionalidade.

Por fim, a função administrativa tem por escopo promover o bem comum, em conformidade à lei (executar os comandos estatais); é ato emanado, em regra, do Poder Executivo; reveste-se de autoexecutoriedade; é atividade exercida sem provocação; sendo o ato administrativo passível de revogação ou anulação.

Com efeito, a separação conceitual das funções estatais típicas não pode levar ao equívoco de interpretá-la como uma separação absoluta dos poderes." (PINHO, Humberto Dalla Bernardina de. *Manual de Direito Processual Civil Contemporâneo*. 4. ed. São Paulo: Saraiva, 2022. Livro eletrônico.).

[53] GAIO JÚNIOR, Antônio Pereira. *Instituições de Direito Processual Civil*. 4. ed. Salvador: JusPodivm, 2020, pp. 726-729.

[54] GRINOVER, Ada Pellegrini. *Ensaio sobre a processualidade*. Brasília: Gazeta Jurídica, 2016, p. 30.

[55] Essa visão permite, inclusive, alargar a noção daqueles que exercem a jurisdição, abarcando também a jurisdição privada, notadamente pela arbitragem e pela via consensual. Veja-se: PINHO, Humberto Dalla Bernardina de; MAZZOLA, Marcelo. *Manual de Mediação e Arbitragem*. 2. ed. São Paulo: Saraiva, 2021.

[56] "Ora, o processo civil, que se encaminha por demanda de uma parte (autor) em frente a outra (réu), serve justamente, (...) não mais a *tornar concreta* a contade da lei, pois essa vontade já se formou como vontade concreta anteriormente ao pro-

vontade dos particulares pela atividade do órgão público judicante, que afirma a vontade concreta da mesma lei, na prática[57][58].

Seja qual for a perspectiva adotada (inclusive, porque são complementares[59]), há um questionamento ulterior central, acerca da forma como se enxerga a atividade dos tribunais, ao aplicar o direito - tema alvo de reiteradas contribuições[60]. Grosso modo, pode-se afirmar a existência de duas visões: a da atividade meramente declaratória[61] e a da atividade criativa da jurisprudência[62].

---

cesso, mas a certificar qual seja a vontade concreta da lei e a efetivá-la, quer dizer, traduzi-la em ato: ou a vontade de lei afirmada pelo autor, a qual, se eistente, é efetivada com o *recebimento ida demanda, ou em caso contrário a contade negativa da lei, efetivada com a* recusa. (CHIOVENDA, Giuseppe. *Instituições de Direito Processual Civil*. Vol. 1. São Paulo: Saraiva, 1969, p.5.).

[57] "O 'comando', que qualifica a sentença, tem por finalidade compor a lide. Ele traduz a vontade da lei, o imperativo da lei, na sua aplicação à espécie decidida. Por ele se declara a vontade da lei reguladora do caso concreto. O direito, preexistente, se manifesta, se concretiza com a declaração jurisdicional." (SANTOS, Moacyr Amaral. *Primeiras linhas de direito processual civil*. vol. 3. 19. ed. São Paulo: Saraiva, 2000, p. 11.).

[58] "A função precípua do Poder Judiciário, como decorre de sua própria destinação constitucional, como um dos ramos do poder do Estado, é assegurar a aplicação do direito objetivo, exercendo a atividade jurisdicional." (SILVA, Ovídio Araújo Baptista da. *Curso de Processo Civil*: processo de conhecimento. Vol. 1. 5. ed. São Paulo: Revista dos Tribunais, 2000, p. 52).

[59] LIEBMAN, Enrico Tulio. *Manual de Direito Processual Civil*. vol. 1. São Paulo: Malheiros, 2005, p. 23.

[60] MARINONI, Luiz Guilherme. *Precedentes obrigatórios*. 4. ed. São Paulo: Revista dos Tribunais, 2016; ZANETI JR., Hermes. *O valor vinculante dos precedentes*: teoria dos precedentes normativos formalmente vinculantes. 2. ed. Salvador: Juspodivm, 2016.

[61] Veja-se, no direito comparado: BLACKSTONE, William. *Commentaries on the law of England*. v.1, Chicago: The University of Chicago Press, 1979; DWORKIN, Ronald. *Taking rights seriously*. Cambridge: Harvard University Press, 1978; DWORKIN, Ronald. *Law's empire*. Cambridge: Harvard University Press, 1978.

[62] Ainda no direito comparado: BENTHAM, Jeremy. Truth versus Ashhurst; or law as it is, contrasted with what it is said to be. *The works of Jeremy Bentham*. v. 5, Edinburgh: William Tait, 1843. vol. 5, p. 231-238; AUSTIN, John. *Lectures on jurisprudence, or the philosophy of positive law*. v. 2, 5. ed. London: John Murray, 1911, p. 634; HART, Herbert L. A. *The concept of law*. Oxford: Clarendon Press, 1993.

Classicamente, tem-se que a atuação do magistrado se restringe à aplicação da norma, cujo sentido é declarado. Significa que, para ser despida de qualquer arbítrio, a decisão judicial não se reveste de caráter criador: como elemento distintivo da atividade legislativa, à judicatura não é dado criar o direito *ex novo*[63], mas apenas dizê-lo[64], interpretá-lo e, na hipótese de haver lacuna, integrá-lo. Aliás, mesmo no caso de omissão legal, o objetivo do magistrado passa por alcançar o intuito do legislador[65]. A norma possui eficácia e obrigatoriedade anteriores à prolação da sentença[66] – termo que funciona como metonímia para todas as decisões judiciais, todo provimento[67].

---

[63] "[A]os juízes se solicita que interpretem, esclareçam, integrem e transformem e não que criem *ex novo* o direito. Isto não significa que sejam legisladores" (LIEBMAN, Enrico Tullio. A força criativa da jurisprudência e os limites impostos pelo texto da lei. *Revista de Processo*, v. 11, n. 43, p. 58, jul./set. 1986.).

[64] "Não se deve esquecer que o papel dos juízes e tribunais, bem como dos árbitros quando convencionado o juízo arbitral, é de jurisdição, isto é, dizer o direito (*juris dicere*) e não criá-lo. Nessa tarefa, o julgador coloca-se na posição de intérprete e não de legislador. Ocorre que, na prática, com frequência, perante leis lacunosas ou desajustadas, ou com a omissão do ordenamento, o juiz passa de intérprete a legislador. No entanto, qualquer que seja o aspecto em que se encare essa atividade, o papel do juiz é sempre condicionado à aplicação da lei; nunca é livre e arbitrário." (VENOSA, Silvio de Salvo. *Introdução ao estudo do Direito*. 7. ed. Barueri: Atlas, 2022. Livro eletrônico).

[65] "[A] voz que se ouve, quando a lei silencia, não é a do magistrado. É a do legislador ainda." (TENÓRIO, Oscar. *Lei de Introdução ao Código Civil brasileiro*. Rio de Janeiro: A noite, 1944, p. 108).

[66] A natureza declaratória "não é uma ficção, é a consequência natural do fato de que a lei é eficaz e obrigatória independentemente de uma sentença que lhe determine a aplicação" (LIEBMAN, Enrico Tullio. A força criativa da jurisprudência e os limites impostos pelo texto da lei. *Revista de Processo*, v. 11, n. 43, jul./set. 1986, p. 60).

[67] "'Sentenças', aqui, tem sentido amplo, abarcando o conjunto das decisões do Poder Judiciário em ações envolvendo matéria constitucional. Significa, portanto, os provimentos judiciais que dirimem dissídios relacionados com a ameaça ou a violação de direitos subjetivos, em ações e procedimentos comuns ou especiais disciplinados na legislação processual, bem como as que são prolatadas, em caráter liminar ou definitivo, nos processos de natureza objetiva de controle abstrato de constitucionalidade." (ZAVASCKI, Teori Albino. *Eficácia das sentenças na jurisdição constitucional*. 4. ed. São Paulo: Revista dos Tribunais, 2017, p. 27).

Nessa perspectiva, a atividade jurisdicional é declaratória[68], apenas esclarecendo a vontade da lei que a precede[69] e que, nas condições normais, pode ser descoberta fora e independentemente do juízo, haja vista ser a jurisdição essencialmente secundária[70], por apenas surgir quando houver conflito que envolva dúvida justamente sobre a vontade concreta da lei (fase de conhecimento) ou recusa de seguimento daquela já verificada (fase de execução)[71]. Por isso, afirma-se ser patológico, no direito, o recurso ao processo judicial[72]: a vida fisiológica

---

[68] SANTOS, Moacyr Amaral. *Primeiras linhas de direito processual civil*. vol. 3. 19. ed. São Paulo: Saraiva, 2000, p. 12-13.

[69] "Afirma-se, igualmente, que as decisões aditivas e substitutivas correspondem à produção de norma geral pelo Judiciário, equiparável a uma lei. Ainda que a parte ablativa da decisão pudesse configurar mera atuação como legislador negativo, amplamente aceita pela doutrina, a parte reconstrutiva de tais decisões, que adiciona ou substitui conteúdos, configuraria inequívoca atuação como legislador positivo. Haveria, nesse caso, usurpação dos poderes do Legislativo, violação ao princípio da separação dos poderes e ao princípio da legalidade. Esses argumentos são rebatidos pela alegação de que, ainda que o Judiciário inove ao proferir decisões manipulativas, o conteúdo decorrente da componente reconstrutiva da decisão deve sempre equivaler à única solução constitucional possível. O juiz não produz um ato puro de vontade, tal como faria o legislador, mas explicita uma solução que já estava imanente no sistema. Essa atuação se dá dentro dos limites do exercício da jurisdição: depende de provocação por aqueles que detenham legitimidade para tal, tem por limite os termos em que a demanda é formulada e seu alcance e segue um processo em que se observam contraditório, ampla defesa e devido processo legal. A decisão deve ser fundamentada e, ao se desincumbir de tal fundamentação, o magistrado tem um ônus reforçado de demonstrar a existência de uma resposta obrigatória à luz da constituição. A constituição, a seu turno, também é lei, inclusive de hierarquia superior, razão pela qual uma decisão proferida com base nela não pode ser considerada, tampouco, como violadora do princípio da legalidade." (BARROSO, Luís Roberto; MELLO, Patrícia Perrone Campos. O papel criativo dos Tribunais. In: MENDES, Aluisio Gonçalves de Castro; DINAMARCO, Cândido Rangel; PINHO, Humberto Dalla Bernardina de; FUX, Luiz (Coord.). *Estudos de Direito Processual em homenagem a Paulo Cezar Pinheiro Carneiro*. Rio de Janeiro: GZ, 2019, p. 722).

[70] SANTOS, Moacyr Amaral. *Primeiras linhas de direito processual civil*. vol. 1. 23. ed. São Paulo: Saraiva, 2004, p. 70.

[71] "Nos países de *civil law*, por outro lado, os magistrados, respeitada a divisão entre os Poderes, criam, no máimo, norma específica que só vale para aquele o caso concreto examinado." (CÔRTES, Osmar Mendes Paixão. *Recursos repetitivos, súmula vinculante e coisa julgada*. Brasília: Gazeta Jurídica, 2018, p. 247).

[72] CALAMANDREI, Piero. Limiti fra giurisdizione e amministrazioni nella sentenza civile. *Opere Giuridiche*: probleme generali del diritto e del processo. Vol. 1. Roma: Roma Ter-Press, 2019, p. 66-68.

dos direitos passa por cumprir obrigações e respeitar o patrimônio jurídico alheio, surgindo a transgressão como anormalidade[73].

Assim, as situações jurídicas substanciais nascem do acontecimento concreto, de modo que as decisões judiciais apenas as revelam, eliminando dúvidas, desfazendo incertezas, enquanto palavra final – os direitos e as obrigações antecedem ao processo (*ex facto oritur jus*). As normas materiais, portanto, definem modelos de fatos capazes de criar situações jurídicas novas (*fattispecie*) e estabelecer consequências (*sanctiones juris*), ao passo que as normas processuais ditam critérios para a descoberta desses fatos[74].

Justamente por essa ideia de que o tribunal apenas garante cumprimento a uma norma preexistente é que se reputa tratar-se de uma teoria dualista. Mesmo quando interpreta, o juiz funciona como um mero canal de comunicação entre a causa concreta e alguma fonte do direito[75], jamais se cogitando da sentença como um produto de sua vontade ou opinião pessoais. O escopo da jurisdição, portanto, é a atuação da vontade concreta do direito[76].

Em caso de existir algum vazio normativo, se estaria diante, ainda, de atividade interpretativa, não de criação, porque não seria dado ao Judiciário criar *ex novo*, mas somente descobrir e reconhecer[77]. O recurso aos critérios integrativos e aos postulados hermenêuticos (como

---

[73] DINAMARCO, Cândido Rangel. *Instituições de Direito Processual Civil*: volume 1. 9. ed. São Paulo: Malheiros, 2017, p. 227-228.

[74] DINAMARCO, Cândido Rangel. *Instituições de Direito Processual Civil*: volume 1. 9. ed. São Paulo: Malheiros, 2017, p. 104-205.

[75] "Certo que as normas devem ser interpretadas, cumpre destacar que a aplicação do Direito cinsiste, a grosso modo, em enquadrar um caso concreto na previsão de uma norma jurídica – é submeter à lei uma relação da vida real. Para isso, é necessário analisar o conteudo e o alcance da norma, a hipótese real e suas circunstâncias e a adaptação do preceito à situação." (CÔRTES, Osmar Mendes Paixão. *Recursos repetitivos, súmula vinculante e coisa julgada*. Brasília: Gazeta Jurídica, 2018, p. 163).

[76] Mesmo provimentos condenatórios, que dependem de procedimento ulterior, respeitam essa lógica, pois a produção da atuação do direito não se confunde com o objetivo de propiciá-la. O sistema processual como um todo a produz; a sentença predispõe requisitos para que isso possa ocorrer. Nesse sentido: DINAMARCO, Cândido Rangel. *Instituições de Direito Processual Civil*: volume 1. 9. ed. São Paulo: Malheiros, 2017, p. 228-229.

[77] A jurisprudência, portanto, é essencialmente conceitual, ganhando contornos de trabalho artesanal (CALAMANDREI, Piero. La funzione dela giurisprudenza nel

os fins sociais e o bem comum[78]) apenas autoriza a revelação do direito, ainda que de modo mais inteligente, que transborda dos limites da lei estrita para alcançar princípio e precedentes, razão pela qual a valoração de fatos concretos mediante a interpretação da lei à luz dos princípios e valores da sociedade não representa criação, sob pena de comprometimento da legalidade e do Estado de Direito[79].

A leitura oposta enxerga que o ato judicial também possui natureza de criação do direito, seja a título de concretização da norma geral[80], avivamento da justiça inanimada que reside na lei[81], ou aperfeiçoamento da lei, necessariamente incompleta e imperfeita[82]. Trata-se de uma teoria unitária, para a qual o ordenamento se constrói conjuntamente pela atividade legislativa e pela judiciária. Mesmo as decisões conflitantes acabariam por ser um argumento em prol dessa tese, evidenciando o papel criativo dos julgadores, que completam o sistema objetivo[83].

---

tempo presente. *Opere Giuridiche*: probleme generali del diritto e del processo. Vol. 1. Roma: Roma Ter-Press, 2019, p. 603).

[78] Nesse sentido, veja-se o Código de Processo Civil: Art. 8º Ao aplicar o ordenamento jurídico, o juiz atenderá aos fins sociais e às exigências do bem comum, resguardando e promovendo a dignidade da pessoa humana e observando a proporcionalidade, a razoabilidade, a legalidade, a publicidade e a eficiência.

[79] DINAMARCO, Cândido Rangel. *Instituições de Direito Processual Civil*: volume 1. 9. ed. São Paulo: Malheiros, 2017, p. 229-230.

[80] "Sentença é ato de produção do direito, tal como a lei, só que situado no escalão da individualização ou concretização da norma geral". (LARENZA, Karl. *Metodologia da ciência do direito*. Gulbenkian, 1997, p. 94).

[81] "[O] juiz não é o aplicador mecânico das regras legais, mas um verdadeiro criador de direito vivo. Já os antigos observavam que 'o juiz é a Justiça viva', em comparação com a lei, que é a 'Justiça inanimada'" (MONTORO, André Franco. O problema das fontes do direito: fontes formais e materiais. *Revista de Informação Legislativa*, n. 32, out./dez. 1971, p. 11).

[82] "Pois a lei, obra humana, é necessariamente incompleta e imperfeita. (...) A lei moderna, fruto de compromissos e resultado do *acordo possível* na heterogeneidade de um Parlamento, é não raro *vaga e ambígua*." (TEIXEIRA, Sálvio de Figueiredo. *A Criação e Realização do Direito na Decisão Judicial*. Rio de Janeiro: Forense, 2003, p. 8-9).

[83] "A contrário do que pode parecer à primeira vista, as divergências que surgem entre sentenças relativas às mesmas questões de fato e de direito, longe de revelarem a fragilidade da jurisprudência, demonstram que o ato de julgar não se reduz a uma atitude passiva diante dos textos legais, mas implica notável margem de poder criador. Como veremos, as divergências mais graves, que ocorrem no exercício da jurisdição, encontram nela mesma processos capazes de atenuá-las, quando não de eliminá-las, sem ficar comprometida a

Costuma-se opor à tese criativa o fato de aqueles que exercem jurisdição carecem de representatividade popular, ao menos pela via eleitoral. Para seus defensores, porém, a preocupação com o elemento democrático resta superada por conta da concepção de que o Legislativo não representa a vontade popular, mas apenas de pequenos grupos, enxergando-se que o Judiciário ostentaria maior legitimidade, através do debate[84], da consideração dos argumentos apresentados[85] e da participação no processo.

---

força criadora que se deve reconhecer aos magistrados em sua tarefa de interpretar as normas, coordená-las, ou preencher-lhes as lacunas. Se é um mal o juiz que anda à cata de inovações, seduzido pelas "últimas verdades", não é mal menor o julgador que se converte em autômato a serviço de um fichário de arestos dos tribunais superiores.

A jurisprudência, muitas vezes, inova em matéria jurídica, estabelecendo normas que não se contêm estritamente na lei, mas resultam de uma construção obtida graças à conexão de dispositivos, até então considerados separadamente, ou, ao contrário, mediante a separação de preceitos por largo tempo unidos entre si. Nessas oportunidades, o juiz compõe, para o caso concreto, uma norma que vem completar o sistema objetivo do Direito." (REALE JÚNIOR, Miguel. *Lições preliminares de Direito*. 25. ed. São Paulo: Saraiva: 2001, p. 158-159).

[84] "Quanto à capacidade de participação dos indivíduos na tomada de decisões, é relevante notar que o Legislativo edita normas por meio de parlamentares eleitos com base em critérios complexos, nem sempre assecuratórios da representatividade popular – vide discussões sobre o critério proporcional de eleição, o regime de suplência, distribuição de tempo de propaganda na TV, financiamento de campanhas etc. Muitas das leis editadas pelo Congresso impõem regras de enorme impacto na vida diária das pessoas, sem que se tenha oportunizado à imensa maioria delas, sequer indiretamente, expor suas razões ou influenciar de forma efetiva o conteúdo do regramento promulgado. Em vez de um regime "pelo povo e para o povo", o que se observa na prática legislativa é a utilização do poder político por grupos minoritários, que pressionam parlamentares para obtenção de benefícios em detrimento da maioria da população, a qual fica alheia ao processo de tomada de decisão. O direito surgido nos Tribunais guarda legitimidade democrática substancialmente maior, porquanto é resultado de diversas discussões travadas, em casos concretos, entre sujeitos diretamente interessados no assunto controvertido, sendo a solução jurídica descoberta em conjunto com os jurisdicionados e não arbitrariamente imposta. Toda a carga legitimadora do sistema jurisdicional depende da adequada fundamentação dos provimentos judiciais, como garantia de que a participação democrática será sempre a base da conclusão adotada pelos magistrados." (FUX, Luiz; BODART, Bruno. Notas sobre o princípio da motivação e a uniformização da jurisprudência no novo Código de Processo Civil à luz da análise econômica do Direito. *Revista de Processo*. v. 269, jul./2017. Acesso eletrônico.).

[85] "O Estado não deve se limitar a impor seus provimentos, pois o papel constitucional que lhe foi atribuído é promover a justiça e a pacificação social. Nesse contexto, o convencimento das partes acerca da legitimidade da decisão é essencial. A sensação de frustração da parte derrotada é bastante amainada, se não eliminada,

Some-se a isso o fato de a tese dualista se basear na premissa de uma rígida separação dos poderes, de modo que à jurisdição não seja viável inovar no ordenamento. No entanto, como a evolução histórica demonstrou, a tripartição clássica era uma forma de neutralizar o Judiciário[86], havendo, modernamente, uma clara tendência de reconhecimento da margem criativa existente para o julgador, o que se afigura conciliável com a divisão constitucional de funções estatais por encontrar limites e basear-se nas demais normas do sistema jurídico[87].

---

quando o julgador demonstra ter analisado todos os seus argumentos relevantes, opondo motivos racionais para o seu acolhimento ou não. Do contrário, o que se tem é denegação de justiça, provocando a revolta e o descrédito do Judiciário perante os cidadãos.

Não se compatibilizava com esse raciocínio a jurisprudência no sentido de que os Juízes e Tribunais não estão obrigados a responder a todos os argumentos das partes na fundamentação da sentença. Por força do mandamento constitucional, havendo diversos argumentos igualmente aptos, em tese, a dar supedâneo ao direito que a parte alega ter, o magistrado tem o dever de analisar cada um deles, sob pena de vício na fundamentação do julgado." (FUX, Luiz; BODART, Bruno. Notas sobre o princípio da motivação e a uniformização da jurisprudência no novo Código de Processo Civil à luz da análise econômica do Direito. *Revista de Processo*. v. 269, jul./2017. Acesso eletrônico.).

86 "A teoria clássica da divisão dos poderes, construída com um claro acento anti-hierarquizante e com a finalidade de explodir a concepção mono-hierárquica do sistema político, irá garantir de certa forma uma progressiva separação entre Política e Direito, regulando a legitimidade da influência política na administração, que se torna totalmente aceitável no legislativo, parcialmente aceita no executivo e é fortemente neutralizada no judiciário, dentro dos quadros ideológicos do Estado de Direito. (...) De fato, a neutralização do judiciário é uma das peças importantes no aparecimento da Dogmática como uma teoria autônoma. Ela se torna, no correr do século XIX e com todos os percalços que a acompanham, a pedra angular dos sistemas políticos mais desenvolvidos, na medida em que permite a substituição da unidade hierárquica concreta simbolizada pelo rex por uma estrutura complexa de comunicação e controle de comunicação entre forças mutuamente interligadas (...)." (FERRAZ JR., Tércio Sampaio. *Função social da dogmática jurídica*. 2. ed. São Paulo: Atlas, 2015, p. 63-64).

87 "E, a partir daí, colocou-se a problemática da separação absoluta dos Poderes. O juiz aplica o direito preexistente, sendo, portanto, sua função, em certa medida, declaratória. Mas a lei escrita tem lacunas e, cada vez mais, precisa ser interpretada. Há, também, situações problemáticas cuja solução não está prevista de modo específico na lei. Então a função judicial *não se cinge a declarar o direito*, mas há, hoje, a tendência a se reconhecer que, em certa dimensão, o cria. Com isso queremos dizer que o juiz, até certo ponto e sob certas condições, pode criar direito no caso concreto, mas sempre à luz das demais regras do sistema e dos princípios jurídicos,

Na realidade, uma perspectiva realista e pragmática da atividade jurisdicional esvazia a discussão entre dualistas e unitários, entre a tese declaratória e a pretensão criadora. Com efeito, criar e declarar não são aspectos opostos nem estanques, variando, a depender da decisão judicial, qual prevalecerá[88], a depender do grau de precisão dado pelas fontes do ordenamento. A rigor, por mais precisa que seja a norma, se houver intenção de a interpretar, o Judiciário encontrará margem para tanto, fixando contornos de significado diversos daqueles dados pela literalidade[89].

---

e deve fazê-lo sempre de forma harmônica com o sistema." (ALVIM, Teresa Arruda; DANTAS, Bruno. *Recurso especial, recurso extraordinário e a nova função dos tribunais superiores no direito brasileiro*. 3. ed. São Paulo: Revista dos Tribunais, 2016).

[88] "A nosso ver, não se trata de teses opostas. *Ambos os fenômenos ocorrem em maior ou menor grau*. Dependendo do caso concreto, o juiz mais declara o direito preexistente do que cria. Porém, casos haverá, cada vez mais frequentes no mundo contemporâneo, em que o juiz mais cria do que declara. E outros haverá, ainda, em que o juiz, ao decidir, estará unicamente criando a regra para o caso concreto.

Nessa ordem de ideias, deve-se esclarecer que, mesmo nas hipóteses em que o juiz cria direito, pode-se vislumbrar a existência de uma única solução correta para o caso. Não se trata propriamente da única que existia previamente: mas será única, a partir de sua criação tida como a correta para os casos subsequentes." (ALVIM, Teresa Arruda; DANTAS, Bruno. *Recurso especial, recurso extraordinário e a nova função dos tribunais superiores no direito brasileiro*. 3. ed. São Paulo: Revista dos Tribunais, 2016, p. 169).

[89] "É facílimo aplicar a norma, não se precisa de lei nenhuma. Só não a entende quem não quer entender, e há gente que não está querendo entender, é claro, por óbvias razões. Desculpem a digressão, mas não resisto à tentação de dizer isso. 'Art. 192 - (...). § 3o - As taxas de juros reais, nelas incluídas comissões e quaisquer outras remunerações direta ou indiretamente referidas à concessão de crédito, não poderão ser superiores a 12% ao ano. A cobrança acima deste limite será conceituada como crime de usura, punido, em todas as suas modalidades, nos termos que a lei determinar'. Qualquer criança entende isso, qualquer criança que saiba somar. Se vocês assistirem a qualquer programa referente à inflação e a matérias correlatas com essa, vão ouvir a todo momento a expressão: "as taxas de juros reais". O Jornal do Brasil, na p. 11, tem publicado artigos que, em grande número, se referem às taxas de juros reais. Só na hora de interpretar a Constituição é que não se sabe o que é; não se sabe porque não se quer saber. É claro que a taxa de juros reais é tudo aquilo que se cobra, menos a correção monetária. Se sabemos o que é boa-fé, conceito muito mais vago, se sabemos o que são bons costumes, o que é vaguíssimo, se sabemos o que é mulher honesta, para aplicarmos o dispositivo legal que define o crime de estupro, porque é que não podemos saber que são taxas de juros reais? Isso faz parte da tarefa quotidiana do Juiz: interpretar textos legais e definir conceitos jurídicos indeterminados; e este aqui não é tão indeterminado. Acho até

Nessa dinâmica, fala-se, não sem controvérsias[90], na distinção entre precedente declarativo (no qual ocorre a mera aplicação de norma que já constitui direito, ou seja, fora anteriormente construída pela interpretação pretoriana em casos anteriores) e precedente criativo (em que, naquele julgado, há a criação do direito onde não existia – o que é possível mesmo no *civil law*, em hipótese de lacuna legal, por exemplo)[91].

---

que é bastante determinado." (BARBOSA MOREIRA, José Carlos. Ações coletivas na Constituição Federal de 1988. *Revista de Processo*, n. 61, jan./mar.1991, p. 194-195)

[90] "Essa classificação não nos agrada, porque, segundo pensamos, o juiz não 'cria' o direito. Mesmo quando decide a partir de princípios, ou resolve questões à luz de textos legais que contenham expressões vagas, não está autorizado o juiz a julgar "a partir do nada", como se legislador fosse. Deve o juiz encontrar a solução no sistema jurídico, proferindo decisão harmônica com o que se produziu na história e na comunidade jurídica.

Dito de outro modo, não se admite que o juiz insira algo 'estranho' ao ambiente jurídico. A novidade do 'precedente criativo' somente pode ser admitida no sentido de esclarecer algo, ou se descobrir um princípio que, por assim dizer, encontrava-se adormecido. Mas mesmo aí não se cria. (...) Por outro lado, o precedente 'declaratório' não apenas "declara". Ora, nenhum juiz, ao decidir, age como autômato, como se, com uma película transparente, permitisse entrever, da leitura de sua decisão, o texto de uma lei. Os textos não são apenas lidos pelo juiz e aplicados, mas são lidos, entendidos, interpretados em si mesmos, interpretados à luz da Constituição, interpretados à luz de outros artigos de lei e de princípios jurídicos, e, então, aplicados a uma problemática concreta. A expressão 'precedente declaratório' pode induzir ao engano de que o juiz não participa da criação da solução jurídica, mas que apenas "comunica" a solução que já se encontraria 'pronta'." (MEDINA, José Miguel Garcia. Integridade, estabilidade e coerência da jurisprudência no Estado Constitucional e Democrático de Direito: o papel do precedente, da jurisprudência e da súmula, à luz do CPC/2015. *Revista dos Tribunais*. v. 974. dez./2016. Acesso eletrônico.).

[91] "Denomina-se declarativo o precedente que tão somente reconhece e aplica uma norma jurídica já existente, ao passo que o precedente criativo se traduz naquele que cria e aplica uma nova norma jurídica. Assim, entende-se que no primeiro caso (precedente declarativo), a norma é aplicada porque já constitui Direito, enquanto que no segundo (precedente criativo), a norma se transforma em Direito para o futuro, pois é agora aplicada. Vale notar, ainda, que o precedente declarativo, sobretudo, nos sistemas jurídicos onde a imensa maioria das questões já se encontram reguladas por atos do Legislativo ou mesmo por decisões judiciais anteriores, se vê em prática mais comum, restando às decisões judiciais novas apenas declarar dito Direito preexistente. Por outro lado, os precedentes criativos possuem uma importância ímpar, já que procuram criar o Direito onde ele ainda não existia, não obstante serem menos frequentes nos mais variados sistemas jurídicos. Não obstante as particularidades, ambos os precedentes são fontes do Direito, cada qual dentro de suas peculiaridades aplicativas" (GAIO JÚNIOR, Antônio Pereira. Considerações

Com efeito, mesmo defensores da tese declaratória, admitem a liberdade que o julgador possui, circunscrevendo-a tão somente a remontar valores da sociedade, ainda que não sejam os seus próprios, sempre como um canal entre eles e o caso concreto[92] - de onde exsurge, invariavelmente, margem de insegurança jurídica e variabilidade. Nessa linha, embora se rechace a premissa da ampla margem criativa[93], admite-se algum espaço de apreciação, para além dos fatos, especialmente na adequação entre eles e o preceito jurídico, conjugados pela consciência do magistrado, de sorte que inexiste norma que não consinta ao juiz um certo respiro de liberdade criativa[94].

Na essência, o que se percebe é que a discussão entre a declaração e a criação é, no fundo, um reflexo da preocupação – maior ou menor – dos juristas com a insegurança jurídica, com a incerteza e a difícil verificação do direito[95]. Isso porque tanto os dualistas aceitam a

---

acerca da compreensão do modelo de vinculação às decisões judiciais: os precedentes no novo Código de Processo Civil brasileiro. *Revista de Processo*. v. 257. ano 41. São Paulo: Revista dos Tribunais, jul. 2016, p. 352).

[92] DINAMARCO, Cândido Rangel. *Instituições de Direito Processual Civil*: volume 1. 9. ed. São Paulo: Malheiros, 2017, p. 229-230.

[93] Negando a natureza de fonte primária ao precedente, porque a criação não se dá irrestritamente, mas apenas enquanto interpretação de uma norma primária: JOBIM, Marco Félix; OLIVEIRA JÚNIOR, Zulmar Duarte de. *Súmula, jurisprudência e precedente: da distinção à superação*. Porto Alegre: Livraria do Advogado, 2021, p. 42.

[94] "La sentenza non vien fuori diretamente dalla legge: vien fuori dalla coscienza del Giudice, stimolata da molteplici motivi psicologici, tra I quali la legge costituisce il motivo più importante, ma non l'único; um motivo che per trasformarci in sentenza deve incontrarsi e fondersi, come in um crogiuolo, cogli altri motivi di ordine morale, al contato dei quali se transforma, da astratta proposizione logica, in concreta volontà individuale. (...)

"Non c'è norma, si può dire, che non consenta al giudice um certo respiro di libertà creativa: il sistema dela legalità à non là abolizione del diritto libero, ma la riduzione e, si potrebbe dire, il *razionamento* di esso entro le caselle dele leggi." (CALAMANDREI, Piero. La funzione dela giurisprudenza nel tempo presente. *Opere Giuridiche*: probleme generali del diritto e del processo. Vol. 1. Roma: Roma Ter-Press, 2019, p. 606.)

[95] "[A] própria expressão direito judiciário ('*judiciary law*') foi usada há mais de século e meio pelo grande filósofo e jurista Jeremy Bentham para definir (e condenar) o fato de que, no ordenamento inglês, 'embora o juiz, como se fiz, nominalmente não faça senão declarar o direito existente, pode-se afirmar ser em realidade criador do direito'. A reprovação de Bentham era motivada pelo fato de que ele via (e acentuava) sobretudo os 'vícios' do direito judiciário: a sua incerteza, obscuridade, confusão e dificuldade na verificação. (...) O próprio Bentahm, na verdade, era consciente que

existência de uma margem de liberdade para o julgador como os criativistas impõem limites à atividade jurisdicional, o que evidencia que, ao cabo, nenhuma das teses se satisfaz, no moderno cenário jurídico, com o texto legal, até porque, reitere-se, é a própria lei que garante espaço de discricionariedade (regrada) para o Judiciário[96].

Portanto, sob o posto de vista prático, seja qual for a razão para a existência de dúvida quanto ao significado da norma – portanto, dúvida quanto ao comportamento aceito pelo ordenamento, de acordo com o qual devem se autodeterminar os cidadãos -, caberá ao Judiciário definir o correto sentido, o que lhe impõe o dever de escolha[97].

---

nem mesmo a completa codificação teria eliminado inteiramente do caminho o direito judiciário." (CAPPELLETTI, Mauro. *Juízes legisladores?*. Trad. Carlos Alberto Alvaro de Oliveira. Porto Alegre: Sergio Antonio Fabris Editor, 1993, p. 17-18).

[96] "Aqui preciso mencionar um ponto importante que deve ocorrer àqueles que são formados na tradição do Civil Law. Não há nada nos fundamentos do sistema de precedentes dos EUA que se confronte com a característica que é lembrada usualmente como o ponto central dos sistemas do Common Law, qual seja, a de que os juízes que operam no Common Law criam o direito e não simplesmente desvendam o direito preexistente. Os argumentos de eficiência e humildade são bons também nos sistemas nos quais todos concordam que os juízes desvendam o que diz o direito, onde o "direito" é entendido como algo externo à decisão judicial. Considerem a seguinte reflexão internalizada por um juiz que se defronta com o segundo caso a trazer uma mesma questão jurídica nesse sistema: "Com certeza espera-se que a juíza 'A' e eu venhamos a estabelecer qual é o direito já existente. A juíza 'A' incursionou no mesmo processo de argumentação jurídica que eu também farei e encontrou a resolução do caso. Se eu fizesse o mesmo por minha conta exclusiva chegaria à mesma conclusão, sendo que, nesse caso, teria duplicado o esforço por ela realizado, o que resultaria em algo ineficiente. Ou, então, eu chegaria a uma conclusão diferente, mas não há razão para pensar que eu possa desenvolver argumentação jurídica melhor do que ela e, assim, razões de humildade desaconselham que eu me envolva num processo argumentativo por minha própria conta". Uma outra forma de enfocar este ponto é observar que a assertiva segundo a qual os juízes do Common Law realizam algo muito diferente do que apenas desvendar o direito preexistente é algo controvertido, pois os sistemas do Common Law contemplam claramente sistemas de processos adjudicatórios baseados em precedentes." (TUSHNET, Mark. Os precedentes judiciais nos Estados Unidos. trad. Flavio Portinho Sirangelo. *Revista de Processo*, v. 218, abr. 2013, p. 114)

[97] "Não é completamente verdadeiro que na realidade prática (e eu não conheço razão alguma pela qual a teroai deveria estar em desacordo com a realidade dos fatos) uma dada palavra, ou até determinada combinação de palavras, tenha um só significado e nenhum outro. Qualquer palavra tem geralmente vários significados, inclusive no dicionário. (...) [O]nde existe dúvida, não é suficiente o simples ins-

O enfoque principal da questão é justamente a definição do grau de criatividade[98], o que passa por identificar limites, de duas naturezas: processual e substancial. Quanto à primeira, exsurge o respeito ao processo judiciário, suas garantias e pressupostos; quanto à segunda, há inegável alteração daquilo que se considera legítimo a depender da cultura e da época, bem como dos ditames constitucionais[99].

Outra forma de distinção, consentânea a essa, aborda o suporte para o exercício criativo da atividade estatal: apenas ao Legislativo seria possível criar normas sem suporte na sociedade ou no ordenamento já posto, diferindo do Judiciário, ainda, pela função social exercida e por sua estrutura formativa[100].

---

trumento da lógica, e os juízes, mesmo de maneira inata ou oculta, são chamados a exercer a soberana prerrogativa da escolha." (HOLMES, Oliver Wendell. Law in Science and Science in Law. *Collected Legal Papers*. New York: Peter Smith, 1952).

[98] "E até a atividade do juiz vinculado à lei, aos precedentes, ou a ambos dificilmente pode ser diferenciada, do ponto de vista de seus limites substanciais, da do legislador, cujo poder de criação do direito esteja sujeito aos vínculos ditados por uma constituição escrita e pelas decisões da justiça constitucional. Deste ponto de vista, a única diferença possível entre jurisdição e legislação não é, portanto, de natureza, mas sobretudo de frequência ou quantidade, ou seja, *de grau*, consistindo na maior quantidade e no caráter usualmente mais detalhado e específicos das leis ordinárias e dos precedentes judiciários ordinários, em relação às normas constitucionais (...). Daí decorre que o legislador se depara com limites substanciais usualmente *menos frequentes e menos precisos* que aqueles com os quais, em regra, se depara o juiz: do ponto de vista substancial, ora em exame, a criatividade do legislador pode ser, em suma, quantitativamente mas não qualitativamente diversa da do juiz. (...) Do ponto de vista substancial, portanto, não é diversa a 'natureza' dos dois processos, o legislativo e o jurisdicional. *Ambos constituem processos de criação do direito*." (CAPPELLETTI, Mauro. *Juízes legisladores?*. Trad. Carlos Alberto Alvaro de Oliveira. Porto Alegre: Sergio Antonio Fabris Editor, 1993, p. 26-27.

[99] No caso brasileiro, as cláusulas pétreas, por exemplo.

[100] "É insuficiente que as regras estabelecidas e aplicadas por uma corte sejam objetivas em um sentido de mera universalidade. Essas regras devem ser suportadas pelos padrões normais da sociedade e pelos padrões especiais do ordenamento jurídico. Esta é a maior diferença apontada pela doutrina entre o Judiciário e o Legislativo na tradição anglo-saxã: o legislador pode criar normas sem suporte da sociedade e do ordenamento jurídico.
Essa distinção entre o Judiciário e o Legislativo assume três ordens: função social, estrutura e equidade.
Quanto à função social, o Judiciário é a instituição procurada por uma pessoa para resolver um conflito em que exista um direito supostamente violado. Esse direito funda-se, invariavelmente, no ordenamento jurídico daquela sociedade ou em seus padrões de conduta. Já o Legislativo tem como função primordial governar o futuro; e

A indagação acerca a atividade criativa ou não repercute, diretamente, na concepção de ser a jurisprudência (ou, mais relevantemente, as

---

para o tempo que virá a melhor opção pode ser a modificação dos padrões existentes e das regras em vigor.

Em relação à estrutura, o Legislativo é formado democraticamente por membros com experiências e ideais distintos. O Judiciário, por sua vez, é constituído por sujeitos com formação bastante semelhante e que devem respeito a uma instituição central.

Os membros do Poder Legislativo respondem diretamente à população, pois seus cargos são temporários e submetem-se com frequência ao processo eleitoral. Os juízes respondem somente às partes e aos advogados e não costumam ser seguidos pela mídia, com exceção de poucos casos de grande repercussão.

Essas noções revelam-se suficientes para demonstrar, no âmbito da estrutura, que o suporte das decisões proferidas pelo Judiciário é diverso do adotado pelo Legislativo. A legitimidade do legislador é conferida, justamente, pela democracia e pelo constante acompanhamento de seus atos. O magistrado, porém, não recebe este tipo de pressão. Por isso, a legitimidade de suas decisões está fundada no respeito às regras estabelecidas e às decisões anteriores.

Por fim, no que toca à equidade, o Judiciário atua aplicando regras de modo retroativo. Para que uma decisão em um caso novo seja tomada, a solução é fundamentá-la com base em regras e precedentes conhecidas pelas partes na época em que negociaram. Ou seja, para inovar, o magistrado deve demonstrar respeito ao passado. Por outro lado, o legislador pode alterar o ordenamento sem esta necessidade.

Pelo exame dessas três ordens que demonstram o suporte às decisões judiciais, notam-se algumas diferenças entre o Poder Judiciário da *common law* e o brasileiro.

No Brasil, o suporte às decisões dos juízes justifica-se por uma simples constatação: a aplicação de norma prevista em lei. Retoma-se, aqui, a noção de que na *civil law* o magistrado é uma simples boca da lei."

(PUGLIESE, William. *Precedentes e a civil law brasileira:* interpretação e aplicação do novo código de processo civil. São Paulo: Revista dos Tribunais, 2016, p. 40-41).

teses jurídicas) fonte[101] formal do direito ou mera fonte suplementar[102].

Por fonte do direito[103], deve-se entender o meio técnico de realização do direito objetivo, sua forma de expressão, uma vez que tanto a autoridade como seus subordinados necessitam tomar conhecimento de seu conteúdo[104]. Em outra perspectiva, reputam-se como fontes os mecanismos por meio dos quais a norma jurídica surge com força obrigatória legítima[105], pressupondo-se, sempre, uma fonte de poder

---

[101] "A palavra *fonte* tem, entretanto, dois sentidos. Quando se trata de investigar, cientificamente, a origem histórica de um instituto jurídico, ou de um sistema, dá-se o nome de *fonte* aos monumentos ou documentos onde o pesquisador encontra os elementos de seu estudo, e nesta acepção se qualifica de *fonte histórica*. É com este sentido que nos referimos ao *Digesto* ou às *Institutas*, como fonte das instituições civis, ou às Ordenações do Reino, como fonte do nosso direito. Quando se tem em vista um direito atual, a palavra *fonte* designa as diferentes maneiras de realização do direito objetivo (*fonte criadora*), através das quais se estabelecem e materializam as regras jurídicas, às quais o indivíduo se reporta para afirmar o seu direito, ou o juiz alude para fundamentar a decisão do litígio suscitado entre as partes, e tem o nome de *fonte formal*." (PEREIRA, Caio Mário da Silva. *Instituições de Direito Civil*: introdução ao Direito Civil – Teoria Geral de Direito Civil. Atualizadora e colaboradora: Maria Celina Bodin de Moraes. 34. ed. Rio de Janeiro: Forense, 2022. Livro eletrônico).

[102] Nesse último sentido: MANCUSO, Rodolfo de Camargo. *Divergência jurisprudencial e súmula vinculante*. 4. ed. São Paulo: Revista dos Tribunais, 2010, p. 86-87; GRECO, Leonardo. *Instituições de processo civil*. v. 1. 5. ed. Rio de Janeiro: Forense, 2015, p. 51.

[103] Apontando que a finalidade das fontes é dar unidade, clareza, certeza e segurança: JOBIM, Marco Félix; OLIVEIRA JÚNIOR, Zulmar Duarte de. *Súmula, jurisprudência e precedente: da distinção à superação*. Porto Alegre: Livraria do Advogado, 2021, p. 37.

[104] "A autoridade encarregada de velar pela observância da norma jurídica e o súdito, obrigado a sua obediência, têm necessidade de se informar da sua existência, e conhecer-lhe o teor. O meio técnico de realização do direito objetivo é o que se denomina *fonte de direito*." (PEREIRA, Caio Mário da Silva. *Instituições de Direito Civil*: introdução ao Direito Civil – Teoria Geral de Direito Civil. Atualizadora e colaboradora: Maria Celina Bodin de Moraes. 34. ed. Rio de Janeiro: Forense, 2022. Livro eletrônico).

[105] "Pelo termo "fonte do direito" costumam-se designar os mecanismos por meio dos quais a norma jurídica surge com força obrigatória legítima. A classificação tradicional das fontes do direito reflete quatro grandes expressões de poder: as leis, advindas do Poder Legislativo; a jurisprudência, emanada pelo Poder Judiciário; os usos e costumes jurídicos, tradução do poder social; e finalmente, a fonte negocial, fruto do poder individual, da autonomia privada." (TEPEDINO, Gustavo; OLIVA,

anterior[106]. A depender da amplitude da leitura, pode-se considerar como tal tanto o Legislativo, como o Judiciário e até o poder social ou individual (autonomia privada).

Não há, no entanto, consenso acerca do rol de fontes jurídicas. Em nossa tradição de *civil law*, a lei ocupa posto de destaque e natureza de fonte do direito por excelência, isenta de dúvidas, em razão do grau de certeza que outorga[107]. Complementarmente, tem-se enxergado a natureza de fontes acessórias ou subsidiárias a elemento integrativos como a analogia, os costumes e os princípios gerais do direito[108].

Milena Donato. *Fundamentos de Direito Civil:* Teoria Geral do Direito Civil. 3. ed. Rio de Janeiro: Forense, 2022).

[106] "As diferentes categorias de fontes formais que indicamos revelam uma origem própria. Consoante a lição de Miguel Reale, toda fonte pressupõe uma *estrutura de poder*. A lei é emanação do Poder Legislativo; o costume é a expressão do *poder social*; a sentença, ato do Poder Judiciário; os atos-regras, que denomina por *fonte negocial*, são manifestações do *poder negocial* ou da *autonomia da vontade*." (NADER, PAULO. *Introdução ao Estudo do Direito*. 44. ed. Rio de Janeiro: Forense, 2022. Livro eletrônico.).

[107] "Há uma hierarquia entre as fontes formais do Direito, na qual a lei ocupa posição superior.

Breve comparação entre o *Direito escrito* e o *Direito consuetudinário* revela, por outro lado, as vantagens da lei sobre o costume. A lei é certa, precisa, rígida e pode ser modificada ou suprimida facilmente. Tem, ademais, o cunho da generalidade. O costume é impreciso e inseguro, mas, em compensação, flexível, podendo modificar-se à medida que as necessidades sociais evoluem. Possui, demais disso, base popular de maior autenticidade por força do modo por que se forma. Seus inconvenientes são, entretanto, maiores do que essas vantagens.

No Direito moderno, o papel do costume é insignificante, raro sendo o que se forma hoje em dia, não só devido à expansão legislativa mas também em consequência das limitações de sua força obrigatória. Sobrevivem, no entanto, costumes *secundum legem*, e, de alguma sorte, para aplicação do Direito nos casos de lacuna da lei, usos *praeter legem*, posto que outros processos de integração, como a analogia e o recurso aos princípios gerais do Direito, sejam empregados com maior frequência. Do *costume*, também qualificado *uso normativo*, distinguem-se os *usos negociais* e os *usos integrativos*. Tais usos não são fonte de Direito; importam para a interpretação dos negócios jurídicos." (GOMES, Orlando. *Introdução ao Direito Civil*. 22. ed. Rio de Janeiro: Forense, 2019. Livro eletrônico).

[108] "Não há consenso na classificação das *fontes formais* do Direito. Alguns doutrinadores reduzem-nas à lei e ao costume; outros acrescentam a *jurisprudência* e os *princípios gerais do Direito;* e os [menos] precisos incluem ainda a *doutrina* e a *equidade*. Conceituada, porém, a *fonte formal* como forma de expressão e do Direito

Atualmente, como forma de dinamização, ventila-se uma moderna teoria das fontes do direito, a doutrina do ato jurídico *lato sensu*. Segundo essa visão, seria o ato jurídico a fonte do direito, cujo elemento essencial é a vontade, que pode variar entre individual, coletiva, geral, impessoal, pessoal, etc. Nesse gênero, estão os atos-regra, oriundos de grupos dotados de competência (se público, de onde advém a lei) ou capacidade (se privados, de onde vêm estatutos e regulamentos corporativos, por exemplo); os atos subjetivos, frutos da declaração de vontade unilateral ou bilateral com finalidade de produção de efeitos jurídicos; os atos condição, produtos da declaração de vontade de um órgão público ou particular no tratamento de um indivíduo em situação de impessoalidade; e os atos jurisdicional, enquanto declaração de vontade do Estado[109].

Positivo, só o costume e a lei podem classificar-se, sem controvérsia, sob essa rubrica. Justificam-se, não obstante, referências à jurisprudência e à doutrina pela função colaboradora que exercem na elaboração do Direito. Quando muito, poder-se-ia dizer que desempenham, em relação à lei e ao costume, o papel de satélites, na comparação sugestiva de Du Pasquier." (GOMES, Orlando. *Introdução ao Direito Civil*. 22. ed. Rio de Janeiro: Forense, 2019. Livro eletrônico).

109 "Cabe aqui uma palavra sobre a *moderna doutrina das fontes de direito*, em termos de franca libertação dos conceitos clássicos. Levando em consideração que a conduta individual não é disciplinada somente pela lei, mas por outras situações objetivas que obrigam da mesma forma que o comando estatal (por exemplo, o contrato, o ato jurídico unilateral, a sentença etc.), construiu-se modernamente uma teoria genérica de fonte formal, abrangente de todas elas. E criou-se, então, a concepção de que fonte de direito é o *ato jurídico*, expressão que de princípio deve ser diferenciada da ideia de *negócio jurídico*, uma vez que esse se acha absorvido por aquela generalização.

Para esta corrente o elemento essencial de aproximação é a *vontade*: tanto a lei, como o contrato, como a sentença são gerados por manifestações de vontade, destinadas a produzir efeitos jurídicos. A diferença é que, em certos casos, a vontade criadora é a do *grupo social*; em outros, a de um *agrupamento* reduzido; e, em outros ainda, do próprio *indivíduo*. Por outro lado, as situações geradas são, em uns casos, *impessoais*, e, em outros, *pessoais*. Desde, pois, que existe uma similitude de fatores de constituição (vontade) e uma identidade de resultados (produção de efeitos jurídicos), é possível reunir nesta fórmula uniforme toda a noção de fonte de direito, congregação que se efetua por dizer que a *fonte formal do direito é o ato jurídico*.

Mas não se pode deixar de atentar para a diferença dos *elementos acidentais*, e, então, em função da presença de fatores vários (como a manifestação volitiva originária, a morfologia, a extensão dos efeitos etc.), a doutrina realiza uma distinção e subdivide os atos jurídicos *lato sensu* em várias espécies: *ato-regra, ato subjetivo, ato-condição, ato jurisdicional*. (...)

A inserção dos atos jurisdicionais como fonte jurídica é resultado da compreensão do papel de protagonismo que a jurisprudência e, mais detidamente, os precedentes – e, no direito brasileiro, as teses jurídicas – têm exercido na função estatal de definição normativa e do posterior cumprimento dos direitos reconhecidos pelo ordenamento.

É inegável que, muito em razão da tradição romana-germânica em que inserido, há uma resistência em reconhecer a jurisprudência como fonte formal[110] e primária do direito pátrio[111]. Em geral, essa posição se alinha com a teoria declaratória da atividade jurisdicional, enxergando

---

Ato jurisdicional é uma declaração de vontade do Estado, através do órgão competente, tendo por efeito o estabelecimento de uma situação jurídica com força de vontade legal. Os atos jurisdicionais podem ser, em tese, administrativos ou judiciais. Entre nós, entretanto, *somente judiciais*, porque não há no Brasil a instituição de Contencioso Administrativo. Aqui são atos jurisdicionais as sentenças, proferidas pelo Poder Judiciário, as quais, com o *trânsito em julgado*, criam situações jurídicas definitivas. Também os atos jurisdicionais são *relativos*, pois que os efeitos não podem ultrapassar das pessoas que participaram do processo em que foram proferidos, ou os sub-rogados, a que também já se definia dizendo "*res inter alios iudicata aliis nec nocet nec prodest*". (PEREIRA, Caio Mário da Silva. *Instituições de Direito Civil:* introdução ao Direito Civil – Teoria Geral de Direito Civil. Atualizadora e colaboradora: Maria Celina Bodin de Moraes. 34. ed. Rio de Janeiro: Forense, 2022. Livro eletrônico).

110 Fontes formais são os modos pelos quais o direito se manifesta, fontes de expressão do direito, ao passo que fontes materiais são os fatores ou poderes sociais ou culturais e as exigências históricas que determinam a formação da norma: TUCCI, José Rogério Cruz e. *Precedente judicial como fonte do direito*. 2. ed. Rio de Janeiro: GZ, 2021, p. 7, n. 19.

111 "(...) por maior que seja a influência dos precedentes judiciais, jamais eles adquirem o valor de uma norma obrigatória e universal, podendo, quando muito, propiciar reformar ou inovações legislativas, como também pode fazer a ciência jurídica." (RÁO, Vicente. *O direito e a vida dos direitos*. 2. ed. São Paulo: Resenha Universitária, 1976, n. 192, p. 303).

o juiz como servo da lei[112] e atribuindo traço subsidiário[113] ou informativo[114] à jurisprudência.

---

[112] "Interpretando e aplicando o Direito Positivo, é irrecusável a importância do papel dos tribunais na formação do Direito, sobretudo porque se lhe reconhece, modernamente, o poder de preencher as lacunas do ordenamento jurídico no julgamento de casos concretos. Mas, daí a incluir a jurisprudência entre as fontes do Direito vai grande distância, porque os julgados dos tribunais não criam regras jurídicas.

Duas razões principais confirmam a exclusão: a primeira, a de que o juiz é servo da lei, não passando de aspiração doutrinária, contestável e perigosa, a tese de que deve ter o poder de julgar contra a lei; a segunda, a de que o julgado produz efeito unicamente entre as partes, princípio que se proclama com a declaração de "autoridade relativa da coisa julgada". Bem certo é que, atualmente, se desenvolve forte tendência para alargar os poderes dos magistrados, admitindo-se até que, na ausência de texto, julgue como se legislador fora. Mas esse *direito judiciário*, muito restrito, aliás, não chega a ser uma fonte formal, porque a regra criada no julgamento não possui os caracteres de generalidade, abstração e permanência, próprios das normas jurídicas. Por outro lado, é incontestável a influência dos *precedentes*, que conduzem a uniformidade dos julgamentos, mas, desde que não têm força obrigatória, os juízes não estão adstritos a segui-los. Não raro, aliás, verificam-se na jurisprudência verdadeiras reviravoltas que os destroem. Nestas condições, a jurisprudência, conquanto exerça função relevante na elaboração do Direito, concorrendo, frequentes vezes, para o seu aperfeiçoamento, não é propriamente uma de suas fontes. Nem mesmo as súmulas em que se condensa e têm força obrigatória na solução de certos casos, em determinado Tribunal, podem ser consideradas fonte formal do Direito. (…) Não tendo, porém, a virtude de gerar Direito, a jurisprudência não é fonte formal nos países de legislação escrita, mesmo quando os tribunais podem assentar *prejulgados*." (GOMES, Orlando. *Introdução ao Direito Civil*. 22. ed. Rio de Janeiro: Forense, 2019. Livro eletrônico).

[113] "No que tange à *jurisprudência*, trata-se do conjunto de decisões reiteradas dos tribunais em sua atividade de interpretar e aplicar o direito. Nos sistemas da família romano-germânico, a jurisprudência constitui fonte subsidiária do direito, ao contrário dos sistemas da *common law*, cuja fonte principal é o precedente jurisprudencial e, apenas de forma acessória, a norma legislada. Ainda assim, a fonte jurisprudencial tem adquirido crescente eficácia nos últimos anos no direito brasileiro, em grande parte por força do fenômeno crescente de judicialização de inúmeras demandas políticas da sociedade, às quais o Judiciário tem sido chamado a responder de forma mais ágil e, em certos aspectos, com maior representatividade social que o próprio Legislativo." (TEPEDINO, Gustavo; OLIVA, Milena Donato. *Fundamentos de Direito Civil*: Teoria Geral do Direito Civil. 3. ed. Rio de Janeiro: Forense, 2022).

[114] "Ainda que não mencionada a jurisprudência em textos legais como fonte, é inafastável esse seu papel. Trata-se, como se vê, de fonte informativa e ilustrativa. A lei e as condições sociais de sua promulgação envelhecem, perdem a atualidade, distanciam-se dos fatos originários; cabe aos tribunais dar novos matizes, novos caminhos na aplicação da lei. É papel da jurisprudência atualizar o entendimento da

No entanto, a discussão, no plano teórico, fica esvaziada ante a importância prática das decisões judiciais[115] e, em especial, a ascensão das teses jurídicas enquanto instrumento concentrado de enunciação de entendimentos acertados (precisos) e seguros, superando a experiência das súmulas[116] e a figura imprecisa da jurisprudência.

Por mais que se reitere a ascendência da lei[117], admite-se que a atividade dos tribunais seja cada vez mais importante na manutenção de sua atualização, inclusive de modo a influenciar o legislador[118], e,

---

lei, abrir horizontes, dando-lhe uma interpretação atual que atenda às necessidades do momento dos fatos. A jurisprudência é dinâmica. O juiz deve ser arguto pesquisador das necessidades sociais, decidindo como um homem de seu tempo e do seu meio, não se prendendo a premissas ultrapassadas ou preconceitos renitentes. Aí se coloca toda a grandeza do papel da jurisprudência." (VENOSA, Silvio de Salvo. *Introdução ao estudo do Direito*. 7. ed. Barueri: Atlas, 2022. Livro eletrônico)

[115] GONÇALVES, Carlos Roberto. *Direito Civil brasileiro*: parte geral. Vol. 1. 7. ed. São Paulo: Saraiva, 2009, p. 29.

[116] "Embora não caiba aos tribunais ditar normas, operou-se paulatinamente no país um deslocamento da visão judicial, com a expedição de súmulas de jurisprudência dos tribunais, em especial do precursor que foi o Supremo Tribunal Federal. Julgados repetitivos podem servir de fonte importante nos tribunais. A súmula é um enunciado que resume uma tendência de julgamento sobre determinada matéria, decidida contínua e reiteradamente pelo tribunal. Essas, mormente as dos tribunais federais superiores, convertem-se em verdadeiras fontes formais de Direito. Maior imperatividade ganham as mencionadas súmulas vinculantes.

Embora não possa ser tecnicamente assim considerado, na prática essas súmulas tiveram o condão de dar certeza e segurança a inúmeros fatos e negócios jurídicos. Contudo, não se trata de norma impositiva e não deve o operador do Direito curvar-se à súmula, se entender que é hora de mudar. Nem mesmo os membros do tribunal que expediu a súmula estão a ela vinculados, embora seja ampla a importância desse instituto. As súmulas vinculantes devem obedecer a esse mesmo princípio filosófico."

[117] Advogando posição periférica da lei, na abordagem da regulação estatal: CASTRO, Carlos Roberto Siqueira. Função Normativa Regulatória e o Novo Princípio da Legalidade. In: ARAGÃO, Alexandre Santos de (coord.). *O Poder Normativo das Agências Reguladoras*. 2. ed. Rio de Janeiro: Forense, 2011, p. 50.

[118] "Mas não negamos à jurisprudência o valor de fonte informativa ou intelectual do direito. Na sua função específica, os tribunais, aplicando e interpretando a lei, vivificam-na e adaptam-na às transformações econômicas e sociais. Pela autoridade intelectual de seus juízes, como em razão de constituírem os julgamentos o meio material de se apurar como a regra jurídica deve ser entendida, a consulta à jurisprudência é elemento informativo de constante utilidade. À medida que se distancia a época em que a lei é votada, o seu texto puro perde a vivacidade origi-

sobretudo, de sua interpretação. A resistência ao reconhecimento da natureza de fonte à jurisprudência é muito mais uma deferência à primazia legal[119] que uma negação de seguimento do entendimento que os tribunais possuem acerca do texto legislado.

---

nal, e é então a discussão perante as Cortes, como a palavra destas, que mantém a norma em plena atualidade. Há mesmo escritores que dedicam suas atividades ao comentário e à explicação dos arestos, apontando o desenvolvimento do direito através do trabalho constante da jurisprudência. Neste sentido é irrecusável que a jurisprudência atua como força científica, induzindo até o legislador a elaborar novas normas de disciplina e de solução de problemas que repercutem no pretório antes de nas assembleias legislativas, ao mesmo passo que opera como fator de humanização de leis votadas ao tempo em que vigorava um individualismo extremado, incompatíveis com as tendências socializantes de nosso tempo." (PEREIRA, Caio Mário da Silva. *Instituições de Direito Civil:* introdução ao Direito Civil – Teoria Geral de Direito Civil. Atualizadora e colaboradora: Maria Celina Bodin de Moraes. 34. ed. Rio de Janeiro: Forense, 2022. Livro eletrônico).

[119] "Não havendo a LINDB mencionado como fonte de direito a *jurisprudência*, cabe aqui indagar se pode ser ela considerada como tal. Se se tomar a expressão *fonte* em sentido técnico estrito, não se pode assim compreender a jurisprudência, porque nos regimes de separação de poderes, ao Judiciário cabe aplicar contenciosamente a lei aos casos particulares, e, não competindo aos tribunais formular regras jurídicas, senão aplicá-las, a manifestação jurisprudencial não se pode qualificar como fonte criadora da norma de direito, porque não passa de um processo de aplicação da lei. A Corte de Justiça não elabora a regra, porém diz ou declara o direito, arrimada à disposição legislativa, que é, por isso mesmo, a sua fonte. A função criadora da norma pertence ao Poder Legislativo. O Judiciário cinge-se a aplicá-la ou interpretá-la, ou a verificar e declarar a existência do costume (...), razão por que se recusa aos arestos e decisões o caráter gerador de direito. Os tribunais, porém, tomam as questões e pronunciam-se em certo rumo, que com o tempo se fixa, sendo invocada habitualmente a sua jurisprudência, que aparentemente é a regra vigente. Em face disto, insistimos na pergunta, se, mesmo assim, não pode ser tachada de fonte. Argumenta-se em contrário com a vacilação jurisprudencial ou a possibilidade de uma alteração radical, já que no nosso sistema não vigora a força do precedente, dominante no sistema da *Common Law*, em que a própria Corte e as inferiores se prendem aos arestos proferidos. Em razão disto, negam-lhe tal qualidade. Não é este, porém, um argumento convincente, de vez que, se é verdade que as alterações jurisprudenciais são possíveis e frequentes, nem sempre ocorrem, mantendo-se por anos a fio a mesma orientação, ao que acresce o fato de também a lei escrita ser suscetível de revogação. Entendemos, no entanto, não se possa qualificar cientificamente a jurisprudência como fonte formal porque, nos sistemas de direito escrito, a repetição, ainda que iterativa e constante, do pronunciamento dos tribunais, tem por *base* a regra legal, e não a decisão judiciária, em si mesma." (PEREIRA, Caio Mário da Silva. *Instituições de Direito Civil:* introdução ao Direito Civil – Teoria Geral

Por consequência, impõe-se assinalar que qualquer norma legal é, na última linha, a interpretação que recebe e que tal interpretação, nos moldes constitucionais, é dada, com definitividade, pelo Judiciário. Importa, ao cabo, considerar o conteúdo significativo daquela norma originária[120], através da leitura da norma judicada[121].

É exatamente esse o papel da jurisdição quando resolve um caso subjetivo, emanando comando declaratório, não raro também constitutivo ou condenatório[122]. A definição da norma particular[123], pela sentença, é que obrigará as partes, cristalizando-se pela coisa julgada.

---

de Direito Civil. Atualizadora e colaboradora: Maria Celina Bodin de Moraes. 34. ed. Rio de Janeiro: Forense, 2022. Livro eletrônico).

[120] "É inegável que, se o Judiciário considera de ordem pública uma norma legal antes tida na conta de regra dispositiva, ou vice-versa, verifica-se uma alteração substancial na dimensão típica do preceito, o qual adquire ou perde força cogente. Se uma regra é, no fundo, a sua interpretação, isto é, aquilo que se diz ser o seu significado, não há como negar à Jurisprudência a categoria de *fonte do Direito*, visto como ao juiz é dado armar de obrigatoriedade aquilo que declara ser "de direito" no caso concreto. O magistrado, em suma, interpreta a norma legal situado numa "estrutura de poder", que lhe confere competência para converter em sentença, que é uma *norma particular*, o seu entendimento da lei.

Numa compreensão concreta da experiência jurídica, como é a da teoria tridimensional do Direito, não tem sentido continuar a apresentar a Jurisprudência ou o costume como *fontes acessórias ou secundárias*.

O que interessa não é o signo verbal da norma, mas sim a sua significação, o seu "conteúdo significativo", o qual varia em função de mudanças operadas no plano dos valores e dos fatos." (REALE JÚNIOR, Miguel. *Lições preliminares de Direito*. 25. ed. São Paulo: Saraiva: 2001, p. 160).

[121] MANCUSO, Rodolfo de Camargo. *Incidente de Resolução de Demandas Repetitivas*: a luta contra a dispersão jurisprudencial excessiva. São Paulo: Revista dos Tribunais, 2016, p. 13-14.

[122] "Isso faz parte da tarefa quotidiana do Juiz: interpretar textos legais e definir conceitos jurídicos indeterminados (...)." (BARBOSA MOREIRA, José Carlos. Ações coletivas na Constituição Federal de 1988. *Revista de Processo*, v. 61, jan-mar.1991, p. 195).

[123] "Norma seria a interpretação conferida a um texto (enunciado), parte de um texto ou combinação de um texto. Não existe norma antes da interpretação ou independentemente dela. Interpretar é produzir uma norma. A norma é produto do intérprete." (NERY JUNIOR, Nelson. *Princípios do processo na Constituição Federal*. 12. ed. São Paulo: Revista dos Tribunais, 2016. Acesso eletrônico).

Se, contudo, essa conclusão é inegável no campo das decisões subjetivas e pontuais, que constituirão a jurisprudência, muito mais evidente será nos pronunciamentos abstratos em que se fixam teses jurídicas. A recalcitrância em reconhecer o conjunto de decisões de um tribunal sobre um tema como fonte primária pode até se justificar pelos elementos próprios da jurisprudência (espontaneidade, falta de publicidade e acertamento, etc). O mesmo, porém, não se pode dizer para as teses jurídicas, pelo seu leque de vantagens quanto às garantias constitucionais.

A interpretação pretoriana é, pois, a última etapa[124] do processo estatal de formação da norma jurídica, um processo plural que conta com a decisiva iniciativa legislativa[125] e com o não menos relevante exercício judiciário[126]. Trata-se de uma etapa essencial, indisfarçável e natu-

---

[124] "A jurisprudência, nesse contexto, é o momento final da interpretação, quando é fixado o entendimento do magistrado (ou colegiado de magistrados) sobre a aplicação da norma, em reiteradas decisões. Aliás, aqui, mister seja aberto parênteses para fixar, para o presente estudo, o significado do terno plurívoco *jurisprudência*: coleção de decisões reiteradas sobre um determinado tema, de um Juízo, Tribunal ou de determinada Justiça Especializada. Do ponto de vista não estritamente técnico, todavia, *jurisprudência* pode significar até mesmo uma única decisão sobre um assunto e a tendência de determinada Corte." (CÔRTES, Osmar Mendes Paixão. *Recursos repetitivos, súmula vinculante e coisa julgada.* Brasília: Gazeta Jurídica, 2018, p. 175).

[125] "Não se promove uma sociedade mais justa, ao menos primariamente, por obra do aparelho judicial. (…) Pelo prisma jurídico, a tarefa básica inscreve-se no plano do direito material" (BARBOSA MOREIRA, José Carlos. Por um processo socialmente efetivo. *Revista de Processo,* São Paulo, v. 27, n. 105, p. 193-190, jan/.mar. 2002, p. 181.).

[126] "Em qualquer uma das hipóteses, no entanto, a conclusão será pretensamente definitiva, podendo-se afirmar que a lei, no Estado Constitucional, está em sentido periférico. Isso porque a garantia da inafastabilidade da jurisdição, estampada no artigo 5°, XXXV, da Constituição Federal reserva ao Judiciário a última palavra acerca dos conflitos surgidos na sociedade, de particulares entre si ou para com o Poder Público ou, ainda, entre instituições. Assim, ainda que a intenção do legislador tenha sido outra, destoando o sentido da tese da interpretação autêntica da lei, prevalecerá a conclusão fixada no procedimento de "caso repetitivo". A exceção será a reação legislativa, contrariando entendimento jurisprudencial." (PORTO, José Roberto Sotero de. *Teoria Geral dos Casos Repetitivos*. Rio de Janeiro: GZ, 2018.).

ral[127][128], admitida largamente, pelas diversas escolas hermenêuticas, variando-se apenas os limites admitidos por cada linha de pensamento, reconhecendo-se à técnica de interpretação a mesma normalidade que a de elaboração e a de aplicação normativa[129].

---

[127] "Completa e vigente a norma, em todo o ciclo de sua existência como disciplina de conduta social, deve aplicar-se pelos órgãos executivos, pelas autoridades administrativas e especialmente pelo Poder Judiciário. A lei, como fonte essencial do direito, exprime em linguagem a palavra de comando, que deve então ser captada pelo aplicador, o que exige o trabalho de entendimento de seu conteúdo. Na sua finalidade normativa de comportamento, abraça a atividade social e regula as ações humanas segundo o paradigma corrente ao tempo de sua votação, mas tem ainda um sentido de previsibilidade natural, que na direção do futuro pretende conter a normação das relações jurídicas a se empreenderem no tempo vindouro.

A interpretação da lei, como processo mental de pesquisa de seu conteúdo real, permite ao jurista fixá-lo tanto em relação com a forma do comando coetâneo de seu aparecimento como ainda nas situações que o desenvolvimento das atividades humanas venha a criar, inexistentes quando de sua elaboração, porém suscetíveis de subordinação à sua regra em tempo ulterior. Esta pesquisa da vontade legal, que, de tão importante e construtiva, não falta quem classifique como última fase da elaboração normativa, sob fundamento de que a lei contém na verdade o que o intérprete nela enxerga, ou dela extrai, afina em essência com o conceito valorativo da disposição, e conduz o direito no rumo evolutivo que permite conservar, vivificar e atualizar preceitos ditados há anos, há décadas, há séculos, e que hoje subsistem somente em função do entendimento moderno de seus termos." (PEREIRA, Caio Mário da Silva. *Instituições de Direito Civil*: introdução ao Direito Civil – Teoria Geral de Direito Civil. Atualizadora e colaboradora: Maria Celina Bodin de Moraes. 34. ed. Rio de Janeiro: Forense, 2022. Livro eletrônico).

[128] "Esta [a técnica de interpretação] tem por objetivo a revelação do significado das expressões jurídicas. Não é uma tarefa a ser executada apenas pelos juízes e administradores, mas por todos os destinatários das normas jurídicas. A finalidade da interpretação consiste em proporcionar ao espírito o conhecimento do Direito. Não se restringe à análise do Direito escrito: lei, medida provisória e decreto, mas se aplica também a outras formas de manifestação do Direito, como as normas costumeiras. Os principais meios empregados na interpretação do Direito são: o gramatical, o lógico, o sistemático e o histórico." (NADER, PAULO. *Introdução ao Estudo do Direito*. 44. ed. Rio de Janeiro: Forense, 2022. Livro eletrônico.).

[129] "Porém, como é evidente, ou o *precedente* é uma *norma jurídica* – e, portanto, tem força vinculante – e vale independentemente de suas boas razões, ou é um simples *exemplo*, que obriga apenas nos limites em que a *experiência* anterior persuade o seu destinatário. É por essa razão que a doutrina chega à ácida conclusão de que a doutrina do precedente persuasivo se resume ao fim e ao cabo à oferta de uma *escolha totalmente livre* ao juiz: *"segui il precedente, a meno che esso sia contrario, nel modo più evidente, a ciò che ti piace"*. O precedente persuasivo resolve-se na abertura

Na atividade de interpretação, encontram-se ao menos três possíveis significados: a descrição de molduras interpretativas possíveis, a de diversas interpretações recebidas pela doutrina e pela jurisprudência e a descrição do último significado verdadeiro da norma[130]. Esta última, a de maior relevo e aquela capaz de outorgar sentido definitivo ao ordenamento, é propiciada pela fixação de uma tese jurídica.

Funciona o Judiciário, portanto, como um protagonista na formação do ordenamento, ao lado do Legislativo[131], nesse processo global de diminuição de ambiguidades e de interrogações em relação à norma legislada – enfim, de complexidades[132]. Nesse desenrolar normativo, primeiramente o Legislativo edita um ato normativo, em processo predominantemente político, após, o Judiciário o interpreta, em processo predominantemente técnico. Também o Executivo e os particulares atuam em decorrência do ato editado e, após a atividade jurisdicional, em conformidade com o sentido definido pelos tribunais.

Não é exagerado concluir que as teses jurídicas, enquanto instrumento vocacionado a conferir a interpretação judiciária a uma norma, possuem o mesmo grau de vinculação que essa mes-

---

de um amplo juízo de conveniência ao juiz." (MITIDIERO, Daniel. *Precedentes: da persuasão à vinculação.* 4. ed. São Paulo: Revista dos Tribunais, 2022.)

130 GUASTINI, Riccardo. *Das fontes às normas.* Trad. Edson Bini. São Paulo: Quartier-Latin, 2005, p.95-97.

131 "[A] jurisdição é, em certo sentido, uma atividade que se coloca como *continuação e especificação da legislação*; e a norma jurídica, que é o produto da legislação, torna-se critério de julgamento para a jurisdição." (LIEBMAN, Enrico Tulio. *Manual de Direito Processual Civil.* vol. 1. São Paulo: Malheiros, 2005, p. 22). Mencionando a jurisdição como um prolongamento da função legislativa: SANTOS, Moacyr Amaral. *Primeiras linhas de direito processual civil.* vol. 1. 23. ed. São Paulo: Saraiva, 2004, p. 21.

132 "Há, por conseguinte, no processo global de produção do Direito, uma primeira redução de complexidade de natureza predominante, mas não exclusivamente política, para determinação de um universo de dever ser formalizado em termos genéricos e abstratos, a par de uma segunda redução de complexidade de natureza predominante, mas não exclusivamente técnica, a partir daquela, para concreção do que foi definido genericamente, tendo em vista sua aplicação a casos concretos. O processo político disciplina e conforma aquela primeira função. O processo administrativo e o processo jurisdicional disciplinam e conformam essa segunda função. Tudo isso, entre nós, no contexto e sob o império das exigências fundamentais de um Estado de Direito Democrático." (CALMON DE PASSOS, José Joaquim. Súmula Vinculante. *Genesis* – Revista de Direito Processual Civil. n. 6, set./dez. 1997).

ma norma, porque inscrita nos seus limites de eficácia[133]. Ao fixar uma tese, o tribunal competente elimina possíveis interpretações e elege aquela mais consentânea com o ordenamento, protegendo sua unidade e capacidade de informar comportamentos, reduzindo-se a discricionariedade deixada pelo legislador[134].

---

[133] "[O] fixado em termos genéricos, frese-se, em termos genéricos, pelos tribunais superiores obriga aos tribunais e juízes inferiores, tanto quanto a lei. Falar-se em decisão de tribunal superior sem força vinculante é incidir-se em contradição manifesta." (CALMON DE PASSOS, José Joaquim. Súmula Vinculante. *Genesis* – Revista de Direito Processual Civil. n. 6, set./dez. 1997).

[134] "O direito é indeterminado basicamente por duas razões: os *textos em que vazado são equívocos* e as *normas são vagas*. (...) Os textos são equívocos porque ambíguos, complexos, implicativos, defectivos e por vezes se apresentam em termos exemplificativos ou taxativos. As normas são vagas porque não é possível antever exatamente quais são os fatos que recaem nos seus respectivos âmbitos de incidência.

Um texto é equívoco porque dá azo a *dúvidas interpretativas a respeito do seu significado*, seja porque ambíguo, complexo, implicativo, defectível ou redigido de forma aberta ou fechada. Um texto é *ambíguo* quando dá lugar a dois ou mais significados possíveis excludentes – significa uma coisa ou outra. É *complexo* quando dá lugar a dois ou mais significados possíveis concorrentes – significa uma coisa e outra. É *implicativo* quando dá lugar logicamente a outro. É *defectível* quando o texto está sujeito a exceções implícitas. Por fim, os textos podem ainda ser equívocos por força do modo com que redigidos, se aludindo a *simples exemplos* ou se contendo uma *pretensão de taxatividade* – em um e em outro caso a *analogia* e o *argumento analógico* são fatores de equivocidade textual.

Essa potencial equivocidade dos textos, contudo, não é algo que possa ser eliminado simplesmente pelo *apuramento linguístico* na sua redação. Na verdade, a equivocidade não é propriamente um defeito *objetivo* do texto, mas uma decorrência de *diferentes interesses e concepções a respeito da justiça dos intérpretes* e da *multiplicidade de concepções dogmáticas e métodos interpretativos por eles utilizados* que interferem na atividade de individualização, valoração e escolha de significados. (...)

Uma norma é vaga porque dá lugar a *dúvidas interpretativas a respeito dos casos* que recaem ou não sob o seu campo de aplicação. As normas são vagas porque se valem de *predicados* para comunicar aquilo que esperam de seus destinatários. Os predicados aludem não a entidades individuais, mas a *classes*, isto é, um conjunto de entidades individuais, cujo significado depende das suas *características* (isto é, dos *atributos* do objeto) e da sua *extensão* (isto é, dos objetos que são alcançados pelas características). A vagueza normativa, portanto, deriva do fato de os predicados normativos terem seus confins de aplicação incertos por força da indeterminação das suas características e do seu alcance.

Conquanto, a fim de que o direito possa *orientar* condutas a fim de cumprir com os seus objetivos básicos de prover uma ordem jurídica pautada pela *liberdade* e pela *igualdade*, é preciso *reduzir a sua indeterminação*. A interpretação é o modo pelo qual essa operação é paulatina e contextualmente realizada." (MITIDIERO, Daniel. *Precedentes: da persuasão à vinculação*. 4. ed. São Paulo: Revista dos Tribunais, 2022. Livro eletrônico.).

Dessa interpretação da lei pelos tribunais, emerge o direito enquanto pauta de conduta[135].

Ressoam sem fundamento, diante dessa dinâmica de colaboração para a construção do ordenamento jurídico[136], o apontamento de usurpação legislativa pelo Judiciário e de qualquer inconstitucionalidade *prima facie* dos enunciados normativos das teses, seja em sua formação ou em sua aplicação[137]. Afinal, em todo o processo evolutivo que culminou na sistemática das teses jurídicas, o enfoque é a racionalização da atividade jurisdicional sem que haja prejuízo para a atividade cognitiva desempenhada pelo magistrado, incólume quanto à apreciação fática[138].

Na ciência dos precedentes judiciais e, especificamente, na das teses jurídicas, o Judiciário atua dentro dos limites restringidos pelo

---

135 "Em nosso entender, o direito é a lei, interpretada pelos tribunais à luz da doutrina: destes elementos emerge a pauta de conduta, que orienta a vida do jurisdicionado, indicando-lhe o que pode e o que não pode fazer." (ALVIM, Teresa Arruda. *Modulação na alteração da jurisprudência firme ou de precedentes vinculantes*. 2. ed. São Paulo: Revista dos Tribunais, 2021. Livro eletrônico).

136 A jurisdição, doravante, passa a exercer, em colaboração com a legislação, "a tutoria do ordenamento jurídico, por intermédio de pronunciamentos jurisdicionais altamente qualificados" (THEODORO JÚNIOR, Humberto. *Curso de Direito Processual Civil*. Vol. 3. 54. ed. Rio de Janeiro: Forense, 2021. Livro eletrônico.).

137 "A interpretação da *quaestio facti* em conjunto com a *quaestio juris* é a própria cognição processual de fatos e normas, é o raciocínio jurídico em que se constitui o julgamento. Se o juiz abre mão de sua atividade interpretativa a favor da interpretação abstrata da súmula ou do enunciado vinculativo, nega vigência à sua própria independência funcional, violando o princípio do juiz natural (artigo 5º, LIII, CR)." (ARAÚJO, José Aurélio de. *Cognição sumária, cognição exaustiva e coisa julgada*. São Paulo: Revista dos Tribunais, 2017, p. 190)

138 "Anzittuto, va precisato che la decisione giudiziaria non consiste nella mera enunciazione di regole (o di massime) presentate come l'unica interpretazione astrattamente corretta, uniforme e vincolante, di disposizioni normative, posto che – come ormai riconosce uniformemente – è l'interprete a scegliere e a determinare il loro significato. D'altronde, bisogna pure riconoscere che vi possono essere buone ragioni per decidere casi simili in modi diversi: posto che non esistono due fatti uguali, è piuttosto sulle differenze, ossia particulars, che deve fondarsi l'interpretazione della norma che deve essere applicata al caso específico. Pare evidente che quando una norma viene interpretata per derivarne nel processo, è riferimento ai fatti di quel caso a guidare l'interpretazione della norma" (TARUFFO, Michele. La giurisprudenza tra casistica e uniformità. Rivista Trimestrale di Diritto e Procedura Civile, ano LXVIII, n. 1. Milano: Giuffrè, mar. 2014, p. 41-42).

Legislativo, na etapa anterior. Por sua vez, a Administração agirá restrita pela interpretação jurisdicional, que fixa os limites de validade de leitura daquele comando, definindo a correta resposta esperada[139] não apenas de seus membros julgadores, mas de todo agente estatal.

Sob o ponto de vista da natureza jurídica, a figura do precedente já foi entendida como um ato-fato jurídico, por estar contido em uma decisão judicial, que é um ato, mas produzir efeitos independentemente da vontade dos envolvidos em sua elaboração, portanto como um fato[140]. Em outra perspectiva, aponta-se se tratar de uma fonte do direito, no sentido próprio, ou uma regra ou princípio, a depender da tessitura normativa, no sentido impróprio[141].

No caso das teses jurídicas, ainda que se aplique o raciocínio atinente aos precedentes, verifica-se que se está diante não de uma norma autônoma, abstrata e gerada livremente, porque essa atividade é incompatível com a função jurisdicional, mas sim do correto sentido da norma inicialmente produzida pela autoridade competente, em regra o Legislativo[142].

---

[139] "Dizer-se que para certo e determinado caso só há uma decisão correta é, também, a ideia que está por trás da necessidade de que os *precedentes sejam seguidos,* principalmente *nas hipóteses em que o juiz tenha exercido função visivelmente criativa.* Nos países de civil law, havendo reiteradas decisões em determinado sentido, ou até mesmo havendo uma só, de tribunal superior, esta será a tese correta e equivocadamente decidirá o juiz que não considerar essa cláusula abusiva. Assim, em relação ao futuro, esta será a única decisão correta para casos concretos. Idênticos. Por isso é que, nessa dimensão, vê-se que a decisão do juiz não se limita a ser a regra para o caso concreto, mas, vista como *precedente,* assume também a função de ser o direito aplicável a casos futuros. (...)

A uniformização faz chegar à única solução correta. A necessidade de uniformização é ínsita à ideia de sistema jurídico, imprescindível à criação de *previsibilidade,* de *segurança jurídica* e ao *tratamento isonômico* dos indivíduos. Evidentemente, mais uma vez, frise-se que não se estará, necessariamente, diante da decisão ontologicamente correta." (ALVIM, Teresa Arruda; DANTAS, Bruno. *Recurso especial, recurso extraordinário e a nova função dos tribunais superiores no direito brasileiro.* 3. ed. São Paulo: Revista dos Tribunais, 2016, p. 170 e 175).

[140] DIDIER JR, Fredie; BRAGA, Paula Sarno; OLIVEIRA, Rafael Alexandria. *Curso de Direito Processual Civil,* v. 2. 10. ed. Salvador: JusPodivm, 2015, p. 453.

[141] Entendendo não se tratar de ato-fato nem no sentido próprio (decisão de onde é extraída a tese) nem no impróprio (norma constante no julgado): CRAMER, Ronaldo. *Precedentes Judiciais:* teoria e dinâmica. Rio de Janeiro: Forense, 2016, p. 102.

[142] "Nenhuma limitação, portanto, em termos de definição política, sofreu a função legislativa, que permaneceu como a única legitimada para a formalização da vontade geral, democraticamente expressa institucionalizada. Novidade foi a atribuição dessa

3.1.2.2. TUTELA DA UNIDADE DO ORDENAMENTO

Uma segunda função exercida pelo Judiciário que esclarece a vinculação de todos às teses é a de tutela do ordenamento jurídico, sobretudo de sua unidade, elemento essencial para a própria existência do ordenamento[143]. Apenas pela via da segurança interpretativa é que a complexidade da ordem jurídica[144] não comprometerá sua unidade, revelando-se lógico e sistêmico[145].

---

função, com maior ênfase, a agentes executivos e judiciários, em dimensão diversa da anterior e com alcance diferenciado. (...) Com os agentes do judiciário, o mmesmo ocorreu, indiretamente, em decorrência da necessidade, cada vez mais imperiosa, da edição de normas estruturadas com conceitos indeterminados, a par da crescente exigência de enunciação de princípios e fixação de valores a que se deve submeter o comportamento social, público e privado, tudo isso necessitado de preenchimento quando de sua aplicação aos casos concretos." (CALMON DE PASSOS, José Joaquim. Súmula Vinculante. *Genesis* – Revista de Direito Processual Civil. n. 6, set./dez. 1997).

[143] "Não poderíamos falar de ordenamento jurídico se não o considerássemos algo unitário." (BOBBIO, Norberto. *Teoria Geral do Direito*. 3. ed. São Paulo: Martins Fontes, 2010, p. 211).

[144] Definindo a ordem jurídica como a ordenação e organização de coexistencia social que deriva do ordenamento: VENOSA, Silvio de Salvo. *Introdução ao estudo do Direito*. 7. ed. Barueri: Atlas, 2022.

[145] "O conceito de ordenamento pressupõe conjunto de normas destinadas a ordenar a sociedade segundo determinado modo de vida historicamente determinado. Daqui decorre, como consequência fundamental, que o ordenamento há de ser sistemático, orgânico, lógico, axiológico, prescritivo, uno, monolítico, centralizado. Por ser o ordenamento jurídico composto por uma pluralidade de fontes normativas, apresenta-se necessariamente como sistema heterogêneo e aberto. Daí sua complexidade, que só alcança a unidade se assegurada a centralidade da Constituição, que contém a tábua de valores que caracterizam a identidade cultural da sociedade.

Mostra-se equivocado imaginar uma linha divisória entre normas valorativas (oriundas da Constituição) e normas prescritivas (legislação infraconstitucional); ou entre, de um lado, regras gerais e abstratas (premissa maior), e, de outro, o fato jurídico (premissa menor), restando o papel do juiz circunscrito à finalidade complementar em relação ao legislador, consubstanciado na valoração de *standards* de comportamento nos espaços em que não há regulamentação específica.

O sistema jurídico, bem ao contrário, há fazer convergir a atividade interpretativa e legislativa na aplicação do direito, sendo aberto justamente para que se possa nele incluir todos os vetores condicionantes da sociedade, inclusive aqueles que atuam na cultura dos magistrados, na construção da solução para o caso concreto. A pluralidade de fontes normativas, nessa perspectiva, não pode significar a perda do fundamento unitário do ordenamento, devendo sua harmonização se operar de acordo com a

Partindo-se, portanto, da pluralidade de normas que compõem o conjunto ordenamento, exige-se que haja um pronunciamento seguro quando diante de dúvidas hermenêuticas de quaisquer espécies. Essa demanda por certeza foi experimentada ao longo de todo o desenrolar jurídico nas diversas tradições, atribuindo-se, nos dias correntes, ao Judiciário essa derradeira voz, o que, no modelo brasileiro, se faz sentir, de maneira privilegiada, através das teses jurídicas.

Na busca por essa concepção unitária do ordenamento, revela-se a hierarquia da Constituição como uma premissa importante. Abordando a questão da constitucionalidade das normas, admite-se que as decisões do Supremo Tribunal Federal devam ser respeitadas[146], haja vista que a compatibilidade com a norma constitucional é um requisito geral de validade[147], sendo impossível admitir que o seja para alguns e não para os demais[148].

Importa perceber, porém, que essa correta conclusão - de que a eficácia do pronunciamento judicial a esse respeito seja geral em razão de o ato objeto de apreciação ser geral[149] - nada mais representa que

---

Constituição, que o recompõe, conferindo-lhe, assim, a natureza de sistema. Ou seja, a pluralidade de núcleos legislativos deve conviver harmonicamente com a noção de unidade do ordenamento." (TEPEDINO, Gustavo; OLIVA, Milena Donato. *Fundamentos de Direito Civil:* Teoria Geral do Direito Civil. 3. ed. Rio de Janeiro: Forense, 2022).

[146] "O legislador constitucional brasileiro e seu maior intérprete, o Tribunal Constitucional, vêm revelando, em modificações normativas e na sua interpretação, que fizeram uma opção. Para que haja maior segurança jurídica, previsibilidade, estabilidade e igualdade nas relações jurídicas e na própria atuação do poder Judiciário, as decisões da Suprema Corte deverão ser respeitadas." (FERRAZ, Thaís Schilling. *O precedente constitucional:* construção e eficácia do julgamento da questão com repercussão geral. São Paulo: Saraiva, 2017, p. 211).

[147] BITTENCOURT, Carlos Alberto Lúcio. *O controle jurisdicional de constitucionalidade das leis.* 2ª ed. Rio de Janeiro: Forense, 1968, p. 140-146.

[148] "Por ser a constitucionalidade da lei um atributo de validade, não se pode conceber que seja válida para uns e inválida para outros, o máximo que se pode admitir, e aí em nome da segurança jurídica, é que os efeitos da declaração sejam modulados." (FERRAZ, Thaís Schilling. *O precedente constitucional:* construção e eficácia do julgamento da questão com repercussão geral. São Paulo: Saraiva, 2017, p. 211). (FERRAZ, Thaís Schilling. *O precedente constitucional:* construção e eficácia do julgamento da questão com repercussão geral. São Paulo: Saraiva, 2017, p. 216).

[149] "Hoje existem também as ações de controle concentrado e abstrato de constitucionalidade, ações diretas de inconstitucionalidade, ações declaratórias de constitucionalidade e arguições de descumprimento de preceito fundamental, que já mencionamos, em que a compatibilidade da lei ou ato normativo com a Constituição é

a própria defesa e possibilidade de subsistência do ordenamento jurídico, devendo a mesma lógica ser aplicada em relação a decisões que definem a correta interpretação de uma norma.

Isso porque o entendimento concentrado na tese jurídica revela sempre uma análise de compatibilidade normativa, seja em relação a normas superiores (identicamente ao controle de constitucionalidade, portanto), seja em relação a normas de igual força (resolvendo-se antinomias), seja em relação aos vários sentidos textuais extraíveis da norma legislada. Independente da causa de insegurança, será a tese o instrumento de definição.

---

examinada *in abstracto* pelo Supremo Tribunal Federal, independentemente da sua aplicação a um determinado caso concreto. Fala-se nesses casos de processo objetivo e da atuação da Corte Suprema como *legislador negativo*. A doutrina dominante atualmente não hesita em atribuir-lhes natureza jurisdicional, não só pelo caráter contencioso que geralmente adotam, mas também porque se trata de procedimentos que visam à busca de um provimento sobre uma situação fática concreta, no caso a incompatibilidade ou compatibilidade de determinada lei ou de determinado ato normativo com a Constituição. A extensão subjetiva que tem a decisão é uma consequência da própria eficácia subjetiva da lei ou do ato normativo examinado.

De qualquer modo, não posso deixar de reconhecer que a força vinculante que têm as decisões judiciais nas ações de controle concentrado de constitucionalidade se aproxima bastante do caráter normativo genérico e abstrato da função legislativa, que somente pode ser atribuída aos juízes através de preceito constitucional, pois, se é a Constituição que institui a separação de poderes, somente ela pode estabelecer as exceções a esse princípio.

Também têm caráter normativo, no direito brasileiro, os regimentos internos dos tribunais e as súmulas vinculantes. Em ambos os casos estamos diante de atos administrativos, não jurisdicionais, dos tribunais superiores, sendo que no caso da súmula vinculante, do próprio Supremo Tribunal Federal, a que a própria Constituição veio a atribuir eficácia geral e abstrata (art. 96, inc. I, *a*; e art. 103-A, acrescentado pela Emenda Constitucional n. 45/2004).

A atribuição de função normativa aos tribunais através de Emenda Constitucional, entretanto, não pode deixar de ser analisada à luz dos limites do poder de emenda, tendo em vista as cláusulas pétreas que impedem a reforma da Constituição em certas matérias, como os direitos e garantias individuais (Constituição, art. 60, § 4º, inc. IV). Sob esse prisma, cumpre mencionar que a força normativa da declaração de constitucionalidade, instituída pela Emenda Constitucional n. 3/93, foi considerada pelo Supremo Tribunal Federal compatível com a Constituição. E quanto à da súmula vinculante não há esperança de que outra seja proximamente a orientação da Corte Suprema, que já adotou formalmente várias súmulas dessa natureza." (GRECO, Leonardo. *Instituições de Processo Civil:* introdução ao Direito Processual Civil. Vol. 1. 5. ed. Rio de Janeiro: Forense, 2015).

A propósito, tanto as ações de controle concentrado de constitucionalidade quanto os incidentes fixadores de teses jurídicas são espécies de tutela coletiva, variando apenas seu exercício a título principal ou incidental[150], com preocupação e abrangência coletiva patentes[151], pela via própria de tutela do direito material[152], que, em ambas, é o direito difuso à higidez do ordenamento, à unidade normativa, à interpretação certeira das normas como pressuposto para a posterior isonômica aplicação.

---

[150] " Em suma, é correto afirmar que, nas ações coletivas, há (i) tutela coletiva pela via principal, já que (ii) baseada em direito subjetivo coletivo, logo (iii) possuindo sempre matéria coletiva, (iv) interagindo com os litígios coletivos através de mecanismo de *opt out*, (v) havendo individualização, para os direitos individuais homogêneos, na fase de liquidação e execução, enquanto, na fixação de tese acerca de questão repetitiva, existe (i) tutela coletiva pela via incidental, pois (ii) centrada no direito objetivo e, portanto, coletivo, (iii) versando sobre matéria coletiva ou não, (iv) funcionando em sistema de *opt in*, (v) cuja individualização só será relevante em caso de distinção ou superação da tese." (PINHO, Humberto Dalla Bernardina de; PORTO, José Roberto Mello. *Manual de Tutela Coletiva*. São Paulo: Saraiva, 2020. Livro eletrônico.). Note-se que as ações de controle concentrado são tidas como processo coletivo especial.

[151] MENDES, Aluisio Gonçalves de Castro. *Incidente de Resolução de Demandas Repetitivas*: sistematização, análise e interpretação do novo instituto processual. Rio de Janeiro: Forense, 2017, p. 103.

[152] "Quando se fala, pois, em 'defesa coletiva' ou em 'tutela coletiva' de direitos homogêneos, o que se está qualificando como coletivo não é o direito material tutelado, mas sim o modo de tutelá-lo, o instrumento de sua defesa." (ZAVASCKI, Teori Albino. *Processo coletivo: tutela de direitos coletivos e tutela coletiva de direitos*. 7. ed. São Paulo: Revista dos Tribunais, 2017, p. 40).

No sistema de tutela coletiva[153], o controle de constitucionalidade e a fixação de teses são instrumentos que muito se aproximam[154], porque objetivos e reveladores dessa especial função da jurisdição[155], não de

---

[153] "A solução coletiva de conflitos não é uma preocupação recente na história do direito processual no cenário internacional e decorre de uma modificação no cenário das relações jurídicas, que não se restringem mais a relações estritamente individuais, entre Caio e Tício, ou entre Caio em face de Tício e de Mévio. O seu objeto inclui: (a) as ações coletivas, que se caracterizam pelas demandas nas quais um legitimado extraordinário poderia defender, em juízo, os interesses de toda uma coletividade, grupo ou pessoas, sem que todos os interessados tivessem de ingressar pessoalmente no Poder Judiciário; (b) os processos incidentes ou modelo, que seriam decididos a partir de casos individuais, mas com aplicação da decisão a todos os litigantes e (c) os meios de solução extrajudicial de conflitos coletivos." (MENDES, Aluisio Gonçalves de Castro; SILVA, Larissa Clare Pochmann da. Ações coletivas e incidente de resolução de demandas repetitivas: algumas considerações sobre a solução coletiva de conflitos. In: ZANETI JR., Hermes (org.). *Processo coletivo*. Salvador: JusPodivm, 2016. Coleção Repercussões no Novo CPC, v. 8. p. 536).

[154] "Decisões de Tribunais Superiores devem ser respeitadas, principalmente se são muitas no mesmo sentido: jurisprudência firme.

Há, ainda, outro critério que nos permite distinguir das demais as decisões que têm carga normativa, e, pois, geram confiança no jurisdicionado: é a função exercida pela decisão. Devem ser tidas como relevantes as que têm função uniformizadora, como, v.g., a que julga embargos de divergência ou um IAC.

A mesma função uniformizadora pode ser atribuída às sentenças coletivas, movidas com base no CDC e na LACP." (ALVIM, Teresa Arruda. *Modulação*: na alteração da jurisprudência firme ou de precedentes vinculantes. 2. ed. São Paulo: Revista dos Tribunais, 2021).

[155] "Se considerarmos os três elementos básicos da atuação do fenômeno jurídico – ou seja, a norma abstrata, o suporte fático de sua incidência e a norma individualizada (relação jurídica) que daí surge –, poderemos identificar algumas notas distintivas entre (a) a função jurisdicional exercida comumente pelo Poder Judiciário na solução de conflitos de interesses concretizados e (b) a que se desenvolve nos processos de controle concentrado de constitucionalidade. No primeiro caso, a função jurisdicional é concebida como atividade destinada a atuar sobre o *suporte fático* e a *norma individualizada*, dirimindo controvérsias a respeito do surgimento ou não da relação jurídica, ou sobre a existência ou o modo de ser de direitos subjetivos, de deveres ou de prestações. No segundo, faz-se atuar a jurisdição com o objetivo de tutelar não direitos subjetivos, mas sim a própria ordem constitucional, o que se dá mediante solução de controvérsias a respeito da legitimidade da *norma jurídica abstratamente considerada*, independentemente da sua incidência em específicos suportes fáticos. Aqui, portanto, o processo é objetivo. Nele não figuram *partes*, no sentido estritamente processual, mas entes legitimados a atuar institucionalmente, sem outro interesse que não o da preservação do sistema de direito."

criar a norma somente para um caso concreto, nem de resolver litígios subjetivos, mas de enfoque na visão geral da sociedade, como técnicas de gestão[156] e de outorga de sentido ao texto legal. Essa perspectiva em nada ofende a tradicional atuação de proteção de direitos subjetivos concretos[157], porque funciona como um meio para garantir que essa tutela seja realizada nos moldes pretendidos pelo constituinte, porque respeitadora da isonomia e da segurança jurídica como meios para a consecução da liberdade.

Mais do que a preocupação com o instrumento que leva o debate abstrato ao tribunal (ação de controle concentrado ou incidente que forma tese jurídica), importa verificar a atividade de conhecimento exercida pela corte. A rigor, mostra-se despida de justificativa a resistência em se reconhecer eficácia normativa – e, portanto, vinculante e *erga omnes* – às teses, porque o exercício jurisdicional é praticamente idêntico em ambas as hipóteses.

A amplitude conferida pela jurisprudência ao objeto de controle, especialmente pela via da ação de descumprimento de preceito fundamental, admitindo-se que o Supremo Tribunal Federal analise a compatibilidade de determinado entendimento jurisprudencial com a

---

(ZAVASCKI, Teori Albino. *Processo coletivo: tutela de direitos coletivos e tutela coletiva de direitos*. 7. ed. São Paulo: Revista dos Tribunais, 2017. Livro eletrônico.).

156 MENDES, Aluisio Gonçalves de Castro. *Incidente de Resolução de Demandas Repetitivas*: sistematização, análise e interpretação do novo instituto processual. Rio de Janeiro: Forense, 2017, p. 103-104.

157 "É inegável a tendência, verificada em nosso sistema, de privilegiar o método de controle concentrado de constitucionalidade das normas, e as decisões de mérito proferidas nas correspondentes ações têm não apenas a eficácia direta de tutelar a ordem jurídica, mas também, indiretamente, a de autorizar ou desautorizar a incidência da norma, objeto da ação, sobre os fatos jurídicos, confirmando ou negando a existência dos direitos subjetivos individuais. Considerando essa circunstância, e, ainda mais, que as mesmas sentenças têm eficácia *ex tunc*, do ponto de vista material, e *erga omnes*, na sua dimensão subjetiva, não há como negar que o sistema de controle concentrado de constitucionalidade constitui, mais que modo de tutelar a ordem jurídica, um poderoso instrumento para tutelar, ainda que indiretamente, direitos subjetivos individuais, tutela que acaba sendo potencializada em elevado grau, na sua dimensão instrumental, pela eficácia vinculante das decisões. É, em outras palavras, um especial modo de prestar tutela coletiva." (ZAVASCKI, Teori Albino. *Processo coletivo: tutela de direitos coletivos e tutela coletiva de direitos*. 7. ed. São Paulo: Revista dos Tribunais, 2017. Livro eletrônico.).

Constituição, é um argumento decisivo[158][159][160]. Não há diferença ontológica entre o julgamento de uma arguição de descumprimento e o de um incidente de repercussão geral[161], inexistindo, igualmente, razão para a dissonância de eficácia.

---

[158] "Esse é também o entendimento do Supremo – precedente: Arguição de Descumprimento de Preceito Fundamental nº 33, da relatoria do Ministro Gilmar Mendes. A simples possibilidade de interposição de recurso ou impetração de mandados de segurança contra cada uma das decisões impugnadas não traduz, só por si, a inobservância ao requisito da subsidiariedade. Ao contrário, é preciso atentar para o propósito subjacente da arguição: a defesa da ordem constitucional objetiva e também da racionalidade do sistema processual. (…) Os princípios evocados – separação dos Poderes, legalidade, isonomia, devido processo legal, contraditório e ampla defesa –, ao lado do federativo, que se aponta desrespeitado, consubstanciam preceitos fundamentais passíveis de ensejar controle de constitucionalidade mediante a via excepcional da arguição (…)." (Voto do Ministro Marco Aurélio. ADPF 219, Relator: Marco Aurélio, Tribunal Pleno, julgado em 20/05/2021).

[159] Cabimento da argüição de descumprimento de preceito fundamental (sob o prisma do art. 3º, V, da Lei nº 9.882/99) em virtude da existência de inúmeras decisões do Tribunal de Justiça do Pará em sentido manifestamente oposto à jurisprudência pacificada desta Corte quanto à vinculação de salários a múltiplos do salário mínimo. (…) Requisito de admissibilidade implícito relativo à relevância do interesse público presente no caso. (ADPF 33, Relator(a): Gilmar Mendes, Tribunal Pleno, julgado em 07/12/2005).

[160] ADMISSIBILIDADE DO AJUIZAMENTO DE ADPF CONTRA INTERPRETAÇÃO JUDICIAL DE QUE POSSA RESULTAR LESÃO A PRECEITO FUNDAMENTAL - EXISTÊNCIA DE CONTROVÉRSIA RELEVANTE NA ESPÉCIE, AINDA QUE NECESSÁRIA SUA DEMONSTRAÇÃO APENAS NAS ARGÜIÇÕES DE DESCUMPRIMENTO DE CARÁTER INCIDENTAL - OBSERVÂNCIA, AINDA, NO CASO, DO POSTULADO DA SUBSIDIARIEDADE (…) NOVA INTERPRETAÇÃO QUE REFORÇA A EXIGÊNCIA ÉTICO-JURÍDICA DE PROBIDADE ADMINISTRATIVA E DE MORALIDADE PARA O EXERCÍCIO DE MANDATO ELETIVO - ARGÜIÇÃO DE DESCUMPRIMENTO DE PRECEITO FUNDAMENTAL JULGADA IMPROCEDENTE, EM DECISÃO REVESTIDA DE EFEITO VINCULANTE. (ADPF 144, Relator: Celso de Mello, Tribunal Pleno, julgado em 06/08/2008)

[161] Veja-se, por exemplo, a definição sobre a competência, tema já objeto de ADPF e de teses de Repercussão Geral: ARGÜIÇÃO DE DESCUMPRIMENTO DE PRECEITO FUNDAMENTAL. MEDIDA CAUTELAR. ATOS DO TRIBUNAL SUPERIOR ELEITORAL. DECISÕES JUDICIAIS QUE RECONHECERAM A COMPETÊNCIA ORIGINÁRIA DO TSE PARA PROCESSAR E JULGAR RECURSOS CONTRA A EXPEDIÇÃO DE DIPLOMAS DECORRENTES DE ELEIÇÕES ESTADUAIS E FEDERAIS. ALEGAÇÃO DE VIOLAÇÃO AO DISPOSTO NOS INCISOS LIII, LIV E LV DO ARTIGO 5º E INCISOS III E IV DO § 4º DO ARTIGO 121, DA CONSTITUIÇÃO DO BRASIL. FUMUS BONI IURIS E PERICULUM IN MORA NÃO CARACTERIZADOS. MEDIDA CAUTELAR NÃO REFERENDADA PELO TRIBUNAL PLENO. 1. Controvérsia quanto à competência do Tribunal Superior

A maleabilidade do sistema atual é tal que os mesmos temas podem ser, perfeitamente, tratados e pacificados por meio da arguição concentrada[162]

> Eleitoral para examinar originariamente recursos contra a expedição de diplomas decorrentes de eleições estaduais e federais. 2. O Tribunal admitiu a arguição após o exame de questão de ordem referente à representação processual do argüente. 3. O encaminhamento desses recursos ao TSE consubstanciaria, segundo o argüente, contrariedade ao disposto nos incisos LIII, LIV, e LV do artigo 5º, e nos textos dos incisos III e IV do § 4º do artigo 121 da Constituição do Brasil, vez que os Tribunais Regionais Eleitorais não teriam apreciado previamente as questões de que tratam. 4. A relevância da controvérsia quanto à competência do Tribunal Superior Eleitoral para examinar originariamente recursos contra a expedição de diploma e o perigo de lesão ensejaram o deferimento monocrático de medida liminar. 5. O Tribunal dividiu-se quanto à caracterização do fumus boni iuris e do periculum in mora e, contra o voto do Ministro Relator, não referendou a cautelar.(ADPF 167 MC-REF, Relator: Eros Grau, Tribunal Pleno, julgado em 01/10/2009).
>
> Em Repercussão Geral: Recurso extraordinário. Repercussão geral. 2. Sistema Financeiro da Habitação (SFH). Contratos celebrados em que o instrumento estiver vinculado ao Fundo de Compensação de Variação Salarial (FCVS) – Apólices públicas, ramo 66. 3. Interesse jurídico da Caixa Econômica Federal (CEF) na condição de administradora do FCVS. 4. Competência para processar e julgar demandas desse jaez após a MP 513/2010: em caso de solicitação de participação da CEF (ou da União), por quaisquer das partes ou intervenientes, após oitiva daquela indicando seu interesse, o feito deve ser remetido para análise do foro competente: Justiça Federal (art. 45 c/c art. 64 do CPC), observado o § 4º do art. 1º-A da Lei 12.409/2011. Jurisprudência pacífica. 5. Questão intertemporal relativa aos processos em curso na entrada em vigor da MP 513/2010. Marco jurígeno. Sentença de mérito. Precedente. 6. Deslocamento para a Justiça Federal das demandas que não possuíam sentença de mérito prolatada na entrada em vigor da MP 513/2010 e desde que houvesse pedido espontâneo ou provocado de intervenção da CEF, nesta última situação após manifestação de seu interesse. 7. Manutenção da competência da Justiça Estadual para as demandas que possuam sentença de mérito proferida até a entrada em vigor da MP 513/2010. 8. Intervenção da União e/ou da CEF (na defesa do FCVS) solicitada nessa última hipótese. Possibilidade, em qualquer tempo e grau de jurisdição, acolhendo o feito no estágio em que se encontra, na forma do parágrafo único do art. 5º da Lei 9.469/1997. (RE 827996, Relator: Gilmar Mendes, Tribunal Pleno, julgado em 29/06/2020).

162 Veja-se a análise de compatibilidade do crime de desacato, com fixação de tese jurídica em ADPF: DIREITO CONSTITUCIONAL E PENAL. ARGUIÇÃO DE DESCUMPRIMENTO DE PRECEITO FUNDAMENTAL. CRIME DE DESACATO. ART. 331 DO CP. CONFORMIDADE COM A CONVENÇÃO AMERICANA DE DIREITOS HUMANOS. RECEPÇÃO PELA CONSTITUIÇÃO DE 1988. 1. Trata-se de arguição de descumprimento de preceito fundamental em que se questiona a conformidade com a Convenção Americana de Direitos Humanos, bem como a recepção pela Constituição de 1988, do art. 331 do Código Penal, que tipifica o crime de desacato. 2. De acordo com a jurisprudência da Corte Interamericana de Direitos

ou da repercussão geral[163], até mesmo com fixação de tese em ambas. A

Humanos e do Supremo Tribunal Federal, a liberdade de expressão não é um direito absoluto e, em casos de grave abuso, faz-se legítima a utilização do direito penal para a proteção de outros interesses e direitos relevantes. 3. A diversidade de regime jurídico – inclusive penal – existente entre agentes públicos e particulares é uma via de mão dupla: as consequências previstas para as condutas típicas são diversas não somente quando os agentes públicos são autores dos delitos, mas, de igual modo, quando deles são vítimas. 4. A criminalização do desacato não configura tratamento privilegiado ao agente estatal, mas proteção da função pública por ele exercida. 5. Dado que os agentes públicos em geral estão mais expostos ao escrutínio e à crítica dos cidadãos, deles se exige maior tolerância à reprovação e à insatisfação, limitando-se o crime de desacato a casos graves e evidentes de menosprezo à função pública. 6. Arguição de descumprimento de preceito fundamental julgada improcedente. Fixação da seguinte tese: "Foi recepcionada pela Constituição de 1988 a norma do art. 331 do Código Penal, que tipifica o crime de desacato". (ADPF 496, Relator: Roberto Barroso, Tribunal Pleno, julgado em 22/06/2020)

163 Veja-se tese jurídica em Repercussão Geral acerca da constitucionalidade de dispositivo do diploma civilista: Direito constitucional e civil. Recurso extraordinário. Repercussão geral. Aplicação do artigo 1.790 do Código Civil à sucessão em união estável homoafetiva. Inconstitucionalidade da distinção de regime sucessório entre cônjuges e companheiros. 1. A Constituição brasileira contempla diferentes formas de família legítima, além da que resulta do casamento. Nesse rol incluem-se as famílias formadas mediante união estável, hetero ou homoafetivas. O STF já reconheceu a "inexistência de hierarquia ou diferença de qualidade jurídica entre as duas formas de constituição de um novo e autonomizado núcleo doméstico", aplicando-se a união estável entre pessoas do mesmo sexo as mesmas regras e mesas consequências da união estável heteroafetiva (ADI 4277 e ADPF 132, Rel. Min. Ayres Britto, j. 05.05.2011) 2. Não é legítimo desequiparar, para fins sucessórios, os cônjuges e os companheiros, isto é, a família formada pelo casamento e a formada por união estável. Tal hierarquização entre entidades familiares é incompatível com a Constituição de 1988. Assim sendo, o art. 1790 do Código Civil, ao revogar as Leis nº 8.971/1994 e nº 9.278/1996 e discriminar a companheira (ou o companheiro), dando-lhe direitos sucessórios bem inferiores aos conferidos à esposa (ou ao marido), entra em contraste com os princípios da igualdade, da dignidade humana, da proporcionalidade como vedação à proteção deficiente e da vedação do retrocesso. 3. Com a finalidade de preservar a segurança jurídica, o entendimento ora firmado é aplicável apenas aos inventários judiciais em que não tenha havido trânsito em julgado da sentença de partilha e às partilhas extrajudiciais em que ainda não haja escritura pública. 4. Provimento do recurso extraordinário. Afirmação, em repercussão geral, da seguinte tese: "No sistema constitucional vigente, é inconstitucional a distinção de regimes sucessórios entre cônjuges e companheiros, devendo ser aplicado, em ambos os casos, o regime estabelecido no art. 1.829 do CC/2002". (RE 646721, Relator(a): Marco Aurélio, Relator(a) p/ Acórdão: Roberto Barroso, Tribunal Pleno, julgado em 10/05/2017)

identidade de cognição exige identidade de efeitos[164], sob pena de se criar um sistema mais preocupado com a forma que com a função.

No anseio de atender a incumbência constitucional do Supremo Tribunal Federal e otimizar a prestação jurisdicional de controle, ventila-se a adoção da teoria dos motivos determinantes[165]. Basicamente,

---

[164] Falando em efeitos normativos da repercussão geral: FERRAZ, Thaís Schilling. *O precedente constitucional:* construção e eficácia do julgamento da questão com repercussão geral. São Paulo: Saraiva, 2017, p. 213.

[165] O Supremo Tribunal ainda não adota a técnica; "Por fim, importante lembrar que já sob a égide do novo CPC, em 29 de novembro de 2017, foram julgadas pelo Plenário do STF a ADI 3.406/RJ e a ADI 3.470/RJ.

Nessas ações diretas de inconstitucionalidade, debatia-se se a Lei 3.579/2001 do estado do Rio de Janeiro, que proíbe a extração do asbesto/amianto em todo território daquela unidade da federação e prevê a substituição progressiva da produção e da comercialização de produtos que o contenham, era inconstitucional por violar a norma geral sobre o tema (Lei Federal 9.055/95).

Alguns meses antes, o STF já havia se debruçado sobre a constitucionalidade de lei do estado de São Paulo com o mesmo conteúdo. Naquela oportunidade, reconheceu-se a constitucionalidade da lei paulista, tendo sido o artigo 2º da Lei Federal 9.055/95 declarado inconstitucional de forma incidental.

A corte manteve o seu posicionamento quanto à lei carioca e julgou, por maioria, improcedentes pedidos formulados em ações diretas de inconstitucionalidade ajuizadas. Entretanto, ganhou destaque a declaração, também por maioria e incidental, da inconstitucionalidade do artigo 2º da Lei Federal 9.055/95, com efeito vinculante e *erga omnes*.

A ministra Cármen Lúcia, em seu voto, chegou a mencionar que o STF está caminhando para se tornar uma corte de precedentes, ou seja, um tribunal que não declara a inconstitucionalidade do ato normativo objeto do controle, mas da própria matéria em discussão.

Em razão da referida decisão, já se sustentou ter o Supremo Tribunal Federal adotado a tese da abstrativização do controle de constitucionalidade, e que a discussão estaria superada.

Contudo, fato é que a declaração de inconstitucionalidade do artigo 2º da Lei Federal 9.055/95, com efeitos *erga omnes* e vinculantes, foi proferida no bojo de uma ação direta de controle de constitucionalidade.

Assim, pode-se dizer que houve uma ampliação no objeto da ação direta de constitucionalidade proposta, tendo sido estendidos os efeitos *erga omnes* e vinculantes à questão incidental. Contudo, tal decisão não foi tomada em um processo concreto, mas, sim, em um processo objetivo, o que, por ora, não nos permite falar em abstrativização do controle difuso." (PORTO, José Roberto Mello; MARTINS, Danniel Adriano Araldi. STF não adota (ainda) a abstrativização do controle difuso. *Consultor Jurídico*. 10 de maio de 2019).

busca-se estender o efeito vinculante típico do decidido em uma ação de controle de constitucionalidade (em seu dispositivo, portanto), à fundamentação, evitando-se o ajuizamento de ações diversas quando a razão de decidir for a mesma[166].

A técnica, porém, se afigura de conturbada aplicabilidade em razão da difícil referibilidade da precisa fundamentação adotada nos julgamentos, podendo-se ignorar, voluntariamente ou não, o posicionamento anterior. Por outro lado, as teses, reunindo no enunciado a conclusão do tribunal, representam maior acertamento, cogniscibilidade geral ante a publicidade e, enfim, segurança jurídica.

---

[166] A hipótese é relativamente comum, sucedendo quando diversos diplomas reiteram a mesma prática normativa. Veja-se a questão do foro por prerrogativa de autoridades estaduais previsto exclusivamente em constituições dos Estados, a atrair a competência do Supremo Tribunal Federal por diversas vezes: AÇÃO DIRETA DE INCONSTITUCIONALIDADE - CONSTITUIÇÃO DO ESTADO DE RORAIMA - OUTORGA DE PRERROGATIVAS DE CARÁTER PROCESSUAL PENAL AO GOVERNADOR DO ESTADO - IMUNIDADE A PRISÃO CAUTELAR E A QUALQUER PROCESSO PENAL POR DELITOS ESTRANHOS A FUNÇÃO GOVERNAMENTAL - INADMISSIBILIDADE - OFENSA AO PRINCÍPIO REPUBLICANO - USURPAÇÃO DE COMPETÊNCIA LEGISLATIVA DA UNIÃO - PRERROGATIVAS INERENTES AO PRESIDENTE DA REPUBLICA ENQUANTO CHEFE DE ESTADO (CF/88, ART. 86, PAR. 3. E 4.) - AÇÃO DIRETA PROCEDENTE. PRINCÍPIO REPUBLICANO E RESPONSABILIDADE DOS GOVERNANTES (...) (ADI 1019, Relator(a): Ilmar Galvão, Relator(a) p/ Acórdão: CELSO DE MELLO, Tribunal Pleno, julgado em 19/10/1995).

Mais recentemente: AÇÃO DIRETA DE INCONSTITUCIONALIDADE. DIREITO PROCESSUAL PENAL. COMPETÊNCIA POR PRERROGATIVA DE FUNÇÃO. CONSTITUIÇÃO ESTADUAL QUE ESTENDE FORO CRIMINAL POR PRERROGATIVA DE FUNÇÃO A PROCURADORES DE ESTADO, PROCURADORES DA ASSEMBLEIA LEGISLATIVA, DEFENSORES PÚBLICOS E DELEGADOS DE POLÍCIA. IMPOSSIBILIDADE DE EXTENSÃO DAS HIPÓTESES DEFENDIDAS PELO LEGISLADOR CONSTITUINTE FEDERAL. AÇÃO DIRETA PROCEDENTE. 1. A Constituição Federal estabelece, como regra, com base no princípio do juiz natural e no princípio da igualdade, que todos devem ser processados e julgados pelos mesmos órgãos jurisdicionais. 2. Em caráter excepcional, o texto constitucional estabelece o chamado foro por prerrogativa de função com diferenciações em nível federal, estadual e municipal. 3. Impossibilidade de a Constituição Estadual, de forma discricionária, estender o chamado foro por prerrogativa de função àqueles que não abarcados pelo legislador federal. 4. Ação direta de inconstitucionalidade julgada procedente para declarar a inconstitucionalidade do art. 81, IV, da Constituição do Estado do Maranhão.

(ADI 2553, Relator: Gilmar Mendes, Relator p/ Acórdão: Alexandre de Moraes, Tribunal Pleno, julgado em 15/05/2019)

Em uma etapa posterior, tendo o Judiciário cumprido seu natural papel de definição de sentido da norma, cabe ao Estado aplicar essa norma nos limites desse sentido, no exercício de todas as suas funções – ressalva feita à possibilidade de inovação legislativa, ante a natureza de criação *ex novo* que lhe é inerente.

Em última análise, aplicar o texto em sentido diverso do eleito pela jurisdição na tese jurídica é descumprir o ordenamento, alimentando o isolacionismo entre as funções estatais, na contramão da moderna atuação cooperativa de formação e aplicação da norma[167]. Trata-se, ao lado de toda a concepção da força normativa e integrativa da Constituição, de mais uma mudança de parâmetro da legalidade para a juridicidade[168].

A consideração da interpretação judicial pela Administração Pública não é uma novidade no direito comparado. Especialmente nos países do *common law*, onde a formação do direito se deu gradualmente com a externalização de entendimentos pelos julgadores, cunhando-se os precedentes[169], orientando administradores na sua atuação, mormente quando diante de dúvidas interpretativas[170].

---

[167] Ademais, como observa Dimitri Dimoulis, a separação dos poderes não impõe o isolacionismo ("a cada poder sua função"). Sua configuração constitucional inclui as interferências entre os poderes, que criam um sistema de interdependências (no lugar da suposta independência de cada poder). Nesse sentido, veja-se: DIMOULIS, Dimitri. Arguição de descumprimento de preceito fundamental: problemas de concretização e limitação. *Revista dos Tribunais*, v. 832/2005, p. 11 – 36, fev/2005.

[168] Apontando o princípio da legalidade como um dognma do Estado moderno: CASTRO, Carlos Roberto Siqueira. Considerações acerca do desvio de poder na Administração Pública. *Revista de Direito da Procuradoria-Geral da Justiça do Estado do Rio de Janeiro*, v. 5, 1977, p. 259. Atualmente, a virtude passa por juridicizar de forma global as relações entre o Estado e os administrados, eliminando incerteza: CASTRO, Carlos Roberto Siqueira. Função Normativa Regulatória e o Novo Princípio da Legalidade. In: ARAGÃO, Alexandre Santos de [coord]. *O Poder Normativo das Agências Reguladoras*. 2. ed. Rio de Janeiro: Forense, 2011, p. 36.

[169] O Judiciário, inclusive, valida práticas influenciadas pelos precedentes, como o notório aviso de Miranda, praticado pelos policiais sob influência do caso preteritamente decidido pelos tribunais, tendo o Chief Justice Rehnquist deixado de enxergar motivos para anular prisões. A esse respeito, veja-se: JOBIM, Marco Félix; OLIVEIRA JÚNIOR, Zulmar Duarte de. *Súmula, jurisprudência e precedente: da distinção à superação*. Porto Alegre: Livraria do Advogado, 2021, p. 34.

[170] "The executive branch enforces public law. If the judiciary does not interpret and implement federal laws uniformly, the executive branch may have a difficult

Esse reflexo de efeitos também já foi sentido no ordenamento brasileiro, com efetivação a nível regulamentar de decisões tomadas pelo Supremo Tribunal Federal[171], sendo natural e expectável que assim suceda em relação a todos os entendimentos tomados concentradamente: não só as decisões em controle de constitucionalidade, mas também na fixação de teses jurídicas.

O paradigma da juridicidade, a superar a mera legalidade[172], subordina os atos administrativos a uma nova etapa de adequação[173]: além da conformidade regulamentar com a legislação, insere-se o filtro da interpretação fixada nas teses jurídicas. Desse modo, atende-se a exi-

---

time determining its enforcement options and obligations. (...) And even if administrators could foresee each particular rule applicable in each divergent case, the disuniformity would still hamper the executive branch's ability to plan and implement effective enforcement strategies in many contexts. Thus rational and efficient administration of public law often requires federal courts to interpret federal law uniformly." (CAMINKER, Evan H. Why must inferior courts obey superior court precedents?, *Stanford Law Review*, vol. 46, n. 4, abr. 1994, p. 836).

171 "Na linha do entendimento do STF, o STJ (REsp 1.183.378/RS, 4.ª T., rel. Min. Luis Felipe Salomão, j. 25.10.2011, m.v., DJe 01.02.2012.) considerou que 'Os arts. 1.514, 1.521, 1.523, 1.535 e 1.565, todos do CC/2002, não vedam expressamente o casamento entre pessoas do mesmo sexo, e não há como se enxergar uma vedação implícita ao casamento homoafetivo, sem afronta a caros princípios constitucionais, como o da igualdade, o da não discriminação, o da dignidade da pessoa humana e os do pluralismo e livre planejamento familiar'. A necessidade de respeito a essa orientação gerou a Res. 175, de 14.05.2013, do CNJ, dada a resistência dos cartórios em celebrar o casamento civil entre pessoas do mesmo sexo, pois até então os cartórios estavam apenas convertendo em casamento a união estável já configurada." (ALVIM, Teresa Arruda; DANTAS, Bruno. *Recurso especial, recurso extraordinário e a nova função dos tribunais superiores no direito brasileiro*. 3. ed. São Paulo: Revista dos Tribunais, 2016, p. 172).

172 Art. 2º A Administração Pública obedecerá, dentre outros, aos princípios da legalidade, finalidade, motivação, razoabilidade, proporcionalidade, moralidade, ampla defesa, contraditório, segurança jurídica, interesse público e eficiência. Parágrafo único. Nos processos administrativos serão observados, entre outros, os critérios de: I - atuação conforme a lei e o Direito.

173 OLIVEIRA, Rafael Carvalho Rezende. *Precedentes Administrativos*. Rio de Janeiro: Forense, 2018, p. 99.

gência de coerência[174][175] no atuar da Administração Pública, enfatizada pela inflação legislativa e pela carga de abertura dos textos legais, a demandar ponderações por parte dos agentes públicos.

Desse contexto, emerge o interesse pela temática dos precedentes administrativos[176][177][178]. Seguindo-se a tradição anglo-saxã, toma-se a razão de decidir de uma decisão executiva concreta anterior, independentemente de sua reiteração, como norma vinculante para casos futuros.

A Administração encontra limites vinculantes à sua atuação tanto extenamente (heterovinculação), enquanto demonstração do sistema de freios e contrapesos (*checks and balances*), quanto internamente (autovinculação ou autolimitação), nessa exigência de atuação não contraditória, nem aleatória ou irracional, dotando-se de previsibili-

---

[174] Aplicação da teoria dos atos próprios, como concreção do princípio da boa-fé objetiva, sintetizada nos brocardos latinos 'tu quoque' e 'venire contra factum proprium', segundo a qual ninguém é lícito fazer valer um direito em contradição com a sua conduta anterior ou posterior interpretada objetivamente, segundo a lei, os bons costumes e a boa-fé (...) Doutrina e jurisprudência acerca do tema. (REsp 1192678/PR, Rel. Ministro Paulo de Tarso Sanseverino, Terceira Turma, julgado em 13/11/2012).

[175] Interessante perceber que mesmo autores que sustentam que apenas o Judiciário esteja vinculado às teses apontam que, por estabilidade e coerência, a Administração deveria seguir tais entendimentos (TEMER, Sofia. *Incidente de Resolução de Demandas Repetitivas*. Salvador: Juspodivm, 2016, p. 220-222), o que evidencia um dever, não mera sugestão.

[176] "O precedente administrativo pode ser conceituado como a norma jurídica retirada de decisão administrativa anterior, válida e de acordo com o interesse público, que, após decidir determinado caso concreto, deve ser observada em casos futuros e semelhantes pela Administração Pública." (OLIVEIRA, Rafael Carvalho Rezende. *Precedentes Administrativos*. Rio de Janeiro: Forense, 2018, p. 95).

[177] Os precedentes administrativos são um "valioso instrumento de proteção dos administrados frente a possíveis desvios do administrador público", assim entendida a "norma jurídica extraída por indução de um ato administrativo individual e concreto, do tipo decisório, ampliativo ou restritivo da esfera jurídica dos administrados, e que vincula o comportamento da Administração Pública para todos os casos posteriores e substancialmente similares" (CARVALHO, Gustavo Marinho de. *Precedentes Administrativos no Direito Brasileiro*. São Paulo: Contracorrente, 2015, p. 114 e 121).

[178] VALE, Luís Manoel Borges do; OLIVEIRA, Rafael Carvalho Rezende (coords.). *Por uma teoria dos precedentes administrativos*. Salvador: JusPodivm, 2022.

dade o agir administrativo, beneficiando os particulares e os próprios agentes públicos[179].

Em ambas as esferas o posicionamento final judiciário deve ser tomado em consideração, influindo essa modalidade de heterovinculação também na autolimitação administrativa[180]. Isso porque os parâmetros normativos eleitos pela Administração devem seguir aqueles firmados pelo Judiciário.

A partir da soma de padrões de atuação – legal e judiciário[181] -, pode-se definir orientações administrativas para os agentes públicos, desenvolvendo precedentes próprios e aplicando os judiciais. Essa prática é concretizada através de enunciados de diversas espécies (instruções normativas, portarias, pareceres, manifestaçõese súmulas administrativas).

---

[179] "A autovinculação administrativa não acarreta benefícios apenas para os particulares, mas, também, para a própria Administração Pública que, ao atuar de forma coerente e não contraditória, aufere das seguintes vantagens: a celeridade da resposta às demandas repetitivas; a redução da litigiosidade; a diminuição das incertezas, dos riscos e dos custos das relações jurídico-adminiatrativas; e a maior aceitação dos particulares às suas decisões e, por consequência, o reforço da legitimidade de sua atuação." (OLIVEIRA, Rafael Carvalho Rezende. *Precedentes Administrativos*. Rio de Janeiro: Forense, 2018, p. 105)

[180] MOREIRA, Egon Bockmann; PEREIRA, Paula Pessoa. Art. 30 da LINDB. O dever jurídico de incrementar a segurança jurídica. *Revista de Direito Administrativo*. Rio de Janeiro. Edição Especial: Direito Público na Lei de Introdução às Normas de Direito Brasileiro – LINDB (Lei nº. 13.655/2018), nov. 2018, p. 260.

[181] "A consciência exigida é que não deve o Poder Executivo atuar somente mediante os mandamentos do Poder Legislativo, em uma visão de estado liberal, contemporaneamente ultrapassado, mas também em consonância com os princípios constitucionais, notadamente de direitos fundamentais, e em decorrência dos mandamentos do Poder Judiciário neste sentido, feitos por intermédio dos precedentes vinculantes, desde que legislação específica assim consinta. (...) O objetivo de se respeitar os precedentes obrigatórios não é apenas para aplicação no ambiente forense, nos milhares de processos judiciais existentes, quando se edita, por exemplo, portarias de dispensas de recursos para os Advogados Públicos ou orientações para o não ajuizamento de ações, mas, de forma ampla e geral, também e principalmente, de meio preventivo e adoção de práticas administrativas consensuais para que novas ações não sejam intentadas, devido a recalcitrância na aplicação de legislação pela Administração Pública, de que se sabe não se coaduna com o entendimento massivo dos tribunais." (OLIVEIRA, Weber Luiz de. Precedentes judiciais na Administração Pública. *Revista de Processo*, vol. 251, jan. 2016. Acesso eletrônico.).

Comumente, encontram-se orientações para a atuação processual dos procuradores, estabelecendo-se uma linha de atuação uniforme, em diálogo com as decisões tidas como vinculativas pelo Código de Processo Civil[182]. O próprio diploma[183], aliás, deixou clara a relevância das normativas administrativas para o atuar dos advogados públicos em juízo, reconhecendo a existência de orientações vinculantes de cada ente, atribuindo-lhes efeito processual de dispensa da remessa necessária[184] - efeito levado a cabo pelos magistrados, membros do Judiciário, o que evidencia que a influência em prol da unidade interpretativa do ordenamento e da coesão estatal é recíproca.

Seguindo a linha evolutiva descrita, a legislação vem reconhecendo a necessidade de atuação uniforme também na seara extraprocessual. Por isso, a Lei de Introdução às Normas de Direito Brasileiro[185] passou a prever o caráter vinculante de instrumentos voltados a garantir segurança jurídica na esfera administrativa, enumerando como tal as súmulas administrativas e as respostas a consultas[186] - rol exemplifi-

---

[182] Veja-se a portaria nº 487, da Advocacia Geral da União, que, em divseros artigos, dispõe sobre os procedimentos a serem observados pelos Advogados da União para reconhecimento da procedência do pedido, abstenção de contestação e de recurso e desistência de recurso já interposto, nos casos em que especifica.

[183] MOREIRA, Egon Bockmann. *Processo Administrativo*. Princípios constitucionais, a Lei 9.784/199 e o Código de Processo Civil/2015. 5. ed. São Paulo: Malheiros, 2017.

[184] Art. 496. Está sujeita ao duplo grau de jurisdição, não produzindo efeito senão depois de confirmada pelo tribunal, a sentença: I - proferida contra a União, os Estados, o Distrito Federal, os Municípios e suas respectivas autarquias e fundações de direito público; II - que julgar procedentes, no todo ou em parte, os embargos à execução fiscal.

§ 4º Também não se aplica o disposto neste artigo quando a sentença estiver fundada em: IV - entendimento coincidente com orientação vinculante firmada no âmbito administrativo do próprio ente público, consolidada em manifestação, parecer ou súmula administrativa.

[185] Reputando tratar-se de lei nacional, não apenas federla, porque estruturante de todo o sistema jurídico: OLIVEIRA, Weber Luiz de. *Precedentes judiciais na Administração Pública*. Salvador: JusPodivm, 2019, p. 153-154.

[186] A redação foi dada pela Lei 13.655/2018: Art. 30. As autoridades públicas devem atuar para aumentar a segurança súmulas administrativas e respostas a consultas.

Parágrafo único. Os instrumentos previstos no *caput* deste artigo terão caráter vinculante em relação ao órgão ou entidade a que se destinam, até ulterior revisão.

cativo que merece alcançar outras justificações universalizáveis[187], às quais deve referir o agente público em sua motivação[188].

A previsão demonstra que, ultrapassada a etapa histórica em que bastava o simples silogismo para que a Administração emitisse decisões executórias, apenas formalmente examinadas por órgãos de controle, a norma jurídica passa a ser formada continuamente e em colaboração plurissubjetiva[189].

3.1.3. ARGUMENTO PRAGMÁTICO

O direito moderno, em razão de sua massividade e dos anseios por celeridade inerentes aos tempos correntes, demanda permanente análise de cunho prático. É fundamental, ao abordar institutos e instrumentos, que as conclusões e as propostas modificativas possuam o traço da viabilidade e que, cada vez mais, o pragmatismo influa nos espaços de decisão.

Na questão precisa enfrentada (vinculação ou não da Administração Pública às teses fixadas pelo Judiciário), o argumento pragmático é retumbante. Ao menos desde a redemocratização, os entes públicos vêm ocupando papel de destaque na contribuição para a litigância desenfreada, cuja irracionalidade se busca combater[190]. Se, de um lado, o

---

[187] MOREIRA, Egon Bockmann; PEREIRA, Paula Pessoa. Art. 30 da LINDB. O dever jurídico de incrementar a segurança jurídica. *Revista de Direito Administrativo*. Rio de Janeiro. Edição Especial: Direito Público na Lei de Introdução às Normas de Direito Brasileiro – LINDB (Lei nº. 13.655/2018), nov. 2018, p. 266.

[188] Art. 50. Os atos administrativos deverão ser motivados, com indicação dos fatos e dos fundamentos jurídicos, quando: VII - deixem de aplicar jurisprudência firmada sobre a questão ou discrepem de pareceres, laudos, propostas e relatórios oficiais.

[189] "Atualmente, as decisões tomadas pelos órgãos do Estado necessitam (regras, princípios e postulados). Isso implica a criação de mecanismos que estabilizem as decisões no tempo e permitam seu aperfeiçoamento contínuo, públicos. Mais: mecanismos públicos que divulguem as decisões e autovin- culem as autoridades que as emanaram." (MOREIRA, Egon Bockmann; PEREIRA, Paula Pessoa. Art. 30 da LINDB. O dever jurídico de incrementar a segurança jurídica. *Revista de Direito Administrativo*. Rio de Janeiro. Edição Especial: Direito Público na Lei de Introdução às Normas de Direito Brasileiro – LINDB (Lei nº. 13.655/2018), nov. 2018, p. 246)

[190] Apreciando números da década de 1990, verificando o desenvolvimento concreto da ação civil pública, Paulo Cezar Pinheiro Carneiro já concluía, a respeito da Administração: "Os dados acima assumem intensa gravidade na medida em que

Estado garantidor exige uma atuação proativa e, ao prometer direitos, autoriza a judicialização como instrumento de efetivação, de outro, a ineficiência estatal e mesmo sua indiferença são causas permanentes para o elevado número de processos[191].

Sucede, porém, que a maioria dos temas objeto dos processos judiciais contra a Fazenda Pública são plenamente passíveis de uniformização pela via das teses jurídicas, o que implica economia processual macroscópica e microscópica[192]. Com efeito, investindo-se na imediata instauração de incidentes e respeitando-se os entendimentos consolidados, pode-se criar um ambiente propício para o debate concentrado de teses – o que, a propósito, é interessante para a própria Administração -, com ulterior isonomia na aplicação administrativa desses entendimentos.

---

as pessoas jurídicas de direito público, a quem a lei confere legitimidade (estado, município, órgãos da administração indireta — art. 5º, *caput*, da LACP) para a defesa dos direitos das coletividades em geral, são justamente as que, em segundo lugar, mais violam esses mesmos direitos. Aliás, aqui reside outra grande contradição, na medida em que constitui dever básico e elementar das pessoas jurídicas de direito público em geral realizar e proteger os direitos que interessam à sociedade, e não se voltar contra eles. O problema é político e demanda solução política." (CARNEIRO, Paulo Cezar Pinheiro. *Acesso à justiça*: juizados especiais cíveis e ação civil pública: uma nova sistematização da teoria geral do processo. Rio de Janeiro: Forense, 1999. Acesso eletrônico.).

[191] Os setores públicos municipal, estadual e federal, ao lado dos bancos e dos fornecedores de serviços públicos essenciais, têm ocupado as listas dos maiores litigantes reiteradamente. Veja-se, por exemplo, as publicações do Conselho Nacional de Justiça: "100 maiores litigantes" (https://www.cnj.jus.br/wp-content/uploads/2011/02/100_maiores_litigantes.pdf) e o Justiça em Números (https://www.cnj.jus.br/wp-content/uploads/2021/11/relatorio-justica-em-numeros2021-221121.pdf).

[192] "Simples o raciocínio subjacente: convencendo-se os potenciais litigantes (ou melhor, seus advogados de que não vale a pena postular em sentido contrário ao adotado na súmula, dada a enorme improbabilidade de vitória, muitas ações deixarão de ser propostas, e muitos recursos de ser interpostos. (...) Realmente, muitas queixas têm-se feito ouvir acerca da insistência de órgãos do Poder Executivo em sustentar teses divergentes das esposadas por decisões dos Tribunais Superiores, inclusive da Corte Suprema. Atribui-se a esse inconformismo boa parcela de responsabilidade pelo ingurgitamento das vias judiciais, conquanto nem sempre a imputação se acompanhe de dados objetivos capazes de ministrar-lhe a desejável base empírica. De qualquer sorte, não há negar a probabilidade de que venha a reduzir-se o vulto do contencioso com a Administração Pública, e com isso a diminuir em medida ponderável a massa dos pleitos." (BARBOSA MOREIRA, José Carlos. A Emenda Constitucional nº 45 e o Processo. Temas de Direito Processual (nona série). 2. ed. Rio de Janeiro: GZ, 2023, p. 38-39).

A atenta visão da Análise Econômica do Direito indica que a existência de um precedente – e, no cenário brasileiro, das teses jurídicas, por todas as razões de superioridade que possuem em relação ao modelo do *common law* – funciona como elemento de desestímulo ao demandismo[193]. A mera existência de dúvida tem, por outro lado, sido ingrediente frequente para a resistência de potenciais réus ao cumprimento do posicionamento pretendido por particulares, como sucede tanto no campo consumerista como no fazendário e tributário[194].

A leitura consequencialista reforça a obrigatoriedade de seguimento das teses pelos demais poderes, em razão do prestígio que traz não apenas à economia processual, mas à duração razoável dos processos que dela decorre e à otimização do tempo intraprocessual, revertendo-se o período de debate jurídico da questão uniformizada para o

---

[193] "Para que se garanta que as disposições do novo Código serão refletidas em frutos concretos para os cidadãos, é imperioso estar atento à racionalidade que inspirou a sua elaboração. Como ensina Richard Posner, a jurisprudência é um estoque de capital que gera incremento produtivo às futuras decisões do Judiciário. Trata-se de um acúmulo de conhecimento que produz utilidade por vários anos a potenciais litigantes, em formato de informações sobre suas obrigações jurídicas. O estoque de capital, assim, traduz-se em menos demandas judiciais, já que, sendo possível realizar um prognóstico de suas chances em juízo, as partes tendem a solucionar suas desavenças consensualmente – ou as desavenças podem sequer ocorrer. Mais ainda, a heurística derivada da aplicação de precedentes simplifica a tarefa do julgador, poupando recursos na solução dos casos." (FUX, Luiz; BODART, Bruno. Notas sobre o princípio da motivação e a uniformização da jurisprudência no novo Código de Processo Civil à luz da análise econômica do Direito. *Revista de Processo*. v. 269, jul./2017. Acesso eletrônico.).

[194] "Sendo a questão preponderantemente de direito, como no caso de algumas questões de índole tributária, o valor social do precedente estável e vinculante aumenta, praticamente garantindo o comportamento cooperativo das partes.

Quando a questão principal é de fato e de direito, ainda assim o precedente tem grande valor, mas, como vimos, a assimetria de informação fática pode levar à litigância. Quando as questões fáticas importam e o precedente é amplo, a possibilidade de distinguishing traz alguma incerteza a priori, mas acaba por atualizar o valor do precedente. Da mesma forma ocorre com o overruling, mas desde que pressuposta a estabilidade do precedente. Sem estabilidade razoável, todo o sistema perde valor.

É por isso que defendemos extremo rigor no juízo de admissibilidade dos recursos especiais e extraordinários, com interpretação restritiva das possibilidades recursais quando o juízo negativo se funda em precedente vinculante de corte superior." (WOLKART, Erik Navarro. *Análise Econômica do Processo Civil*. São Paulo: Revista dos Tribunais, 2020. Livro eletrônico.).

aperfeiçoamento de outras atividades próprias do juízo de conhecimento, como a dilação probatória[195].

Em acréscimo, deve-se ter em mente que todo o sistema deve ser otimizado a partir das teses jurídicas. A aposta feita pelo legislador[196] e aguçada pela jurisprudência[197], de exigir que tribunais locais sejam

---

[195] PUGLIESE, William. *Precedentes e a civil law brasileira:* interpretação e aplicação do novo código de processo civil. São Paulo: Revista dos Tribunais, 2016.

[196] "Foi previsto o manejo de reclamação (artigo 988, IV) quando inobservada a tese fixada nos incidentes (artigo 985, §1º, norma geral do microssistema), ou, ainda, quando suceder aplicação indevida ou sua não aplicação (artigo 966, §4º).

Com o advento da lei 13.256/16, passou a existir diferença no cabimento da reclamação quanto à tese determinada em IRDR ou em IAC e àquela advinda do incidente de julgamento de recursos repetitivos. Antes, seria cabível para garantir a observância de acórdão proferido em julgamento de casos repetitivos. Com a modificação, contudo, quando se tratar de decisão em recurso repetitivo, só seria manejável quando esgotadas as instâncias ordinárias (artigo 988, §5º, II).

O que se percebe é uma espécie de delegação, por parte dos tribunais superiores fixadores da tese, do controle de sua aplicação, exigindo que, antes do manejo da reclamação, seja dada oportunidade para as cortes locais se filiarem ao entendimento vinculativo, corrigindo, inclusive, decisões que destoem do padrão decisório criado.

Longe de se tratar de mecanismo que fere o acesso à justiça, se busca conscientizar os magistrados da importância do dever de autorreferência, sob a ótica vertical, segundo a qual todos os juízes do tribunal, inclusive os de primeiro grau, devem considerar e seguir os posicionamentos da corte. (...)

No entanto, em um (aparente) último capítulo, a Corte Especial do Superior Tribunal de Justiça (Resp 1.799.343 definiu que não cabe reclamação para controle da aplicação dos precedentes fixados pelo tribunal, compreendendo que o parágrafo 5º do art. 988 é incompatível com o rol de cabimento do próprio dispositivo, soando como uma compensação legislativa em relação à restrição criada pela Lei 13.256/16. Assim, a via adequada para discutir a correção ou não dos entendimentos aplicados ao caso concreto é apenas a recursal ordinária." (PINHO, Humberto Dalla Bernardina de; PORTO, José Roberto Mello. *Manual de Tutela Coletiva*. São Paulo: Saraiva, 2020. Livro eletrônico.).

[197] Em sua redação original, o art. 988, IV, do CPC/2015 previa o cabimento de reclamação para garantir a observância de precedente proferido em julgamento de "casos repetitivos", os quais, conforme o disposto no art. 928 do Código, abrangem o incidente de resolução de demandas repetitivas (IRDR) e os recursos especial e extraordinário repetitivos. Todavia, ainda no período de vacatio legis do CPC/15, o art. 988, IV, foi modificado pela Lei 13.256/2016: a anterior previsão de reclamação para garantir a observância de precedente oriundo de "casos repetitivos" foi excluída, passando a constar, nas hipóteses de cabimento, apenas o precedente oriundo de IRDR, que é espécie daquele. Houve, portanto, a supressão do cabimento da reclamação para a observância de acórdão proferido em recursos especial e extraor-

os derradeiros fiscais da aplicação desse tipo de pronunciamentos dos tribunais superiores, longe de significar a subtração do acesso à justiça ou a negativa de prestação jurisdicional, acaba por impor uma mudança de expectativas dos próprios jurisdicionados sobre a margem de abertura ao desrespeito aos entendimentos[198].

---

dinário repetitivos, em que pese a mesma Lei 13.256/2016, paradoxalmente, tenha acrescentado um pressuposto de admissibilidade - consistente no esgotamento das instâncias ordinárias - à hipótese que acabara de excluir.

Sob um aspecto topológico, à luz do disposto no art. 11 da LC 95/98, não há coerência e lógica em se afirmar que o parágrafo 5º, II, do art. 988 do CPC, com a redação dada pela Lei 13.256/2016, veicularia uma nova hipótese de cabimento da reclamação. Estas hipóteses foram elencadas pelos incisos do caput, sendo que, por outro lado, o parágrafo se inicia, ele próprio, anunciando que trataria de situações de inadmissibilidade da reclamação.

De outro turno, a investigação do contexto jurídico-político em que editada a Lei 13.256/2016 revela que, dentre outras questões, a norma efetivamente visou ao fim da reclamação dirigida ao STJ e ao STF para o controle da aplicação dos acórdãos sobre questões repetitivas, tratando-se de opção de política judiciária para desafogar os trabalhos nas Cortes de superposição.

Outrossim, a admissão da reclamação na hipótese em comento atenta contra a finalidade da instituição do regime dos recursos especiais repetitivos, que surgiu como mecanismo de racionalização da prestação jurisdicional do STJ, perante o fenômeno social da massificação dos litígios.

Nesse regime, o STJ se desincumbe de seu múnus constitucional definindo, por uma vez, mediante julgamento por amostragem, a interpretação da Lei federal que deve ser obrigatoriamente observada pelas instâncias ordinárias. Uma vez uniformizado o direito, é dos juízes e Tribunais locais a incumbência de aplicação individualizada da tese jurídica em cada caso concreto.

Em tal sistemática, a aplicação em concreto do precedente não está imune à revisão, que se dá na via recursal ordinária, até eventualmente culminar no julgamento, no âmbito do Tribunal local, do agravo interno de que trata o art. 1.030, § 2º, do CPC/15. (Rcl 36.476/SP, Rel. Ministra Nancy Andrighi, Corte Especial, julgado em 05/02/2020)

198 "Ainda assim, percebe-se que o sistema optou por uma divisão de trabalho entre cortes de origem e cortes superiores: essas estabelecem o precedente, aquelas detectam a necessidade de distinguishing. O instrumento final para forçar a boa consecução dessa tarefa é o agravo interno a ser interposto contra a decisão monocrática de inadmissibilidade do recurso excepcional. A solução parece boa. A uma porque, como vimos, é preciso reconduzir os tribunais superiores ao exercício eficiente de sua função principal: fixar e uniformizar a interpretação das leis federais e da Constituição. Para tanto, é urgente reduzir drasticamente o número homérico de processos que hoje lá tramitam. É o caso típico de processos socialmente indesejáveis. A duas porque não há nada de errado em restringir a detecção do distinguishing à instância de origem. O

Em outras palavras, a partir do momento em que não cabem recursos extraordinários para as cortes que fixaram as teses, quando for hipótese de aplicação, se aumenta a margem de racionalidade, reser-

---

Código, aliás, foi pródigo nessa possibilidade, conferindo duas oportunidades à parte que se sentiu prejudicada. A primeira chance de buscar o distinguishing dá-se com a própria interposição do recurso excepcional, buscando convencer o presidente ou vice-presidente do tribunal de sua necessidade na hipótese, caso em que, antes de ser remetido à instância superior, o processo será encaminhado ao órgão prolator da decisão para fins de reconsideração (art. 1.030, II). A segunda oportunidade abre-se com o cabimento de agravo interno contra a decisão monocrática que nega seguimento ao recurso exatamente por não detectar a necessidade de distinguishing. Obviamente, de nada valeriam as restrições acima se o STJ admitisse reclamação constitucional fundada na violação de precedente vinculante pelo tribunal inferior. Felizmente o STJ recentemente pronunciou-se sobre o tema para negar a possibilidade. No acórdão, a relatora Min. Nancy Andrighi afirma expressamente que o cabimento de reclamação seria uma forma de burlar o filtro recursal aqui discutido. O tribunal afirmou o não cabimento da medida fundada em descumprimento de recurso repetitivo. Nos fundamentos do voto relator, fica clara a preocupação reconduzir o STJ às suas atribuições constitucionais, esquivando-o da incômoda posição de tribunal de terceira instância. A Min. expressamente afirma, ainda, que, admitido o cabimento de reclamação, tornar-se-ia estéril a vedação do CPC. Problema maior estaria na negativa de admissibilidade de recurso fundado na necessidade de revogação ou alteração do precedente. O tópico vem sendo levantado e criticado pela doutrina. Como vimos, precedentes precisam de estabilidade, mas depreciam com o tempo. Se chegado o momento de alterá-lo, como propiciar essa oportunidade à corte superior? Como vimos, parece não caber agravo vertical contra a decisão que denega seguimento ao recurso excepcional quando a decisão originária estiver de acordo com esse mesmo precedente que agora se imagina estar desatualizado. A doutrina majoritariamente propõe que, de uma forma ou de outra, o recurso seja remetido à instância superior. Discordamos fortemente. Do ponto de vista da necessidade de buscar-se o funcionamento eficiente das cortes superiores, a norma parece-nos acertada. O raciocínio é simples. Caso coubesse agravo vertical na hipótese, o advogado da parte vencida teria incentivo para sempre agravar, alegando, para tanto, a necessidade de alteração do precedente. As cortes seriam assim escravizadas a verdadeiro trabalho de Sísifo: fixar o precedente para ser aplicado pelas cortes inferiores e depois julgar todos os recursos dos vencidos que discordarem do precedente, cada um com um argumento diferente. Como vimos, quando o número de processos é excessivo, é razoável que a lei desestimule sua proliferação, o mesmo valendo para recursos. Nessa linha, quando o número de recursos é absurdo (como é o caso dos recursos aos tribunais superiores), é justificável seu banimento em certas hipóteses, desde que não se ofenda a Constituição. Por outro lado, se o sistema funcionar corretamente, tempo virá em que os precedentes ficarão desatualizados e os recursos precisarão ser estimulados. É nesse momento que o art. 1.030 geraria um problema." (WOLKART, Erik Navarro. *Análise Econômica do Processo Civil*. São Paulo: Revista dos Tribunais, 2020. Livro eletrônico.).

vando condições de tempo para que tais tribunais possam se debruçar sobre temas que necessitam de uniformização, prospectivamente[199].

Existente, no entanto, um aspecto complementar ao da otimização interna do Judiciário[200]. Externamente, a jurisdição pode experimentar um aumento de legitimidade por decidir mais célere e coerentemente as demandas postas à sua apreciação. E mais do que isso: a partir do momento em que a Administração está obrigada a seguir e a fiscalizar a observância das teses[201], o Estado experimenta uma postura

---

[199] "A função da Corte Suprema, portanto, está em promover a unidade do Direito mediante a sua adequada interpretação. Como, de um lado, a interpretação jurídica pode dar lugar a uma multiplicidade de significados, e como, de outro, o Direito encontra-se sujeito à cultura, a unidade do Direito que a Corte Suprema visa a promover tem duas direções distintas: essa é tanto retrospectiva como prospectiva. Vale dizer: a Corte Suprema visa à promoção da unidade do Direito tanto para resolver uma questão jurídica de interpretação controvertida nos tribunais como para desenvolver o Direito diante das novas necessidades sociais, outorgando adequada solução para questões jurídicas novas." (MITIDIERO, Daniel. *Cortes superiores e cortes supremas: do controle à interpretação, da jurisprudência ao precedente*. 2. ed. São Paulo: Revista dos Tribunais, 2015, p. 69)

[200] "O magistrado que decide em desacordo com precedentes, sem observância das regras próprias do overruling, para satisfazer preferências pessoais, agendas políticas ou até mesmo para que suas habilidades argumentativas ganhem destaque, ameaça diretamente o capital consubstanciado no arcabouço jurisprudencial. A proliferação dessa conduta assistemática transmuda o Judiciário em um aparelho disfuncional para a multiplicação de regras socialmente ineficientes. Recursos serão desnecessariamente gastos com a reforma de decisões não alinhadas à jurisprudência. As consequências negativas também atingem os juízes: se a atual geração de magistrados não respeita os precedentes criados pelos mais antigos, a próxima geração provavelmente também não respeitará os julgados dos juízes de hoje. E se os magistrados das Cortes Superiores ignorarem os próprios precedentes, o respeito a estes por todo o sistema judicial restará comprometido. Em última análise, a credibilidade do Judiciário como instituição resta comprometida, legitimando a ampliação do espaço de atuação dos outros Poderes." (FUX, Luiz; BODART, Bruno. Notas sobre o princípio da motivação e a uniformização da jurisprudência no novo Código de Processo Civil à luz da análise econômica do Direito. *Revista de Processo*. v. 269, jul./2017. Acesso eletrônico.).

[201] "Se essa afirmação é feita a respeito do Poder Executivo federal dos Estados Unidos, o que dizer a respeito da Administração Pública brasileira, que é a maior litigante em todo o território. Se houvesse uniformidade nas decisões, municípios, estados e a União poderiam planejar com mais segurança seus atos e, mais do que isso, não teriam razão para insistir em discussões judiciais já pacificadas pelos tribunais superiores.

colaborativa[202] e unitária, caminhando conjuntamente rumo à eficiência[203] e permitindo o equilíbrio econômico e a confiabilidade de toda a sociedade[204].

Por outro lado, quando o Executivo atua descumprindo entendimentos esposados nas teses sob o argumento de que inexiste efeito

---

A Administração Pública deve levar em consideração as decisões do Poder Judiciário. Nesse sentido, as súmulas vinculantes, cuja regulamentação foi inserida na Constituição da República por meio da Emenda Constitucional nº 45, tem ao menos um ponto positivo: o artigo 103-A da Carta dispõe que o enunciado aprovado por dois terços de seus membros vincula a administração pública direta e indireta.

Ao impor que o Estado respeite as decisões do Supremo Tribunal Federal, a Constituição deu um importante passo para atingir a uniformidade e a previsibilidade defendidas neste trabalho. No entanto, como será discutido adiante, a súmula não é a forma ideal para que o entendimento reiterado dos tribunais seja organizado, pois o contexto fático da decisão é deixado de lado.

De qualquer modo, a uniformidade do Direito é imprescindível para que a Administração Pública atue de modo eficiente e para que implemente suas políticas públicas." (PUGLIESE, William. *Precedentes e a civil law brasileira:* interpretação e aplicação do novo código de processo civil. São Paulo: Revista dos Tribunais, 2016, p. 65).

[202] "Outra previsão que me parece extremamente importante e inovadora refere-se à comunicação aos órgãos, aos entes ou às agências reguladoras competentes para a fiscalização da efetiva aplicação da tese adotada no incidente pelos prestadores de serviços públicos concedidos, permitidos ou autorizados, como, por exemplo, a telefonia, o transporte, a geração e distribuição de energia elétrica, entre outras. Em suma, as agências reguladoras e demais entes públicos passam a cooperar para que o resultado do incidente possa ser implementado na prática pelas pessoas jurídicas sob sua fiscalização, independentemente de provocação ou de decisão judicial em novos processos individuais." (CARNEIRO, Paulo Cezar Pinheiro. Breves notas sobre o Incidente de Resolução de Demandas Repetitivas. *Revista Eletrônica de Direito Processual*. v. XIV, ano 8, jul-dez/2014, p. 486 - 487.).

[203] "A principal contribuição do incidente de resolução de demandas repetitivas ao aprimoramento da prestação da tutela jurisdicional no Brasil será atribuir maior racionalidade e eficiência ao sistema e não, necessariamente, celeridade e efetividade." (TEIXEIRA, Guilherme Puchalski. Incidente de resolução de demandas repetitivas: projeções em torno de sua eficiência. *Revista Eletrônica de Direito Processual*, v. 16, jul/dez. 2015, p. 233)

[204] TUCCI, José Rogério Cruz e. *Precedente judicial como fonte do direito*. 2. ed. Rio de Janeiro: GZ, 2021, p. 5. Em sentido contrário, entendendo que a imposição imediata da tese jurídica a contratos em curso impõe desequilíbrio econômico-financeiro e burla ao sistema democrático nacional: OLIVEIRA, Weber Luiz de. *Precedentes judiciais na Administração Pública*. Salvador: JusPodivm, 2019, p. 169-171.

vinculante[205], faz uma aposta na indiferença nos particulares, acreditando que ao menos alguma parcela optará por aquiescer e deixar de demandar o Judiciário, que, seguramente, aplicaria o posicionamento favorável. Tal postura, reprovável em todas as hipóteses sob a ótica ética[206], se torna duplamente negativa quando praticada pelo próprio Estado, que, de maneira autofágica, corrói o direito, desmerece o que havia apontado como correto.

Ordinariamente, o passo seguinte seria a judicialização da matéria[207] e, com isso, o desgaste do mesmo Estado em resolver questão que deveria e poderia ter sido solucionada extrajudicialmente, com o reconhecimento dos direitos à luz da tese jurídica. Uma vez que o Judiciário não possui margem para discordar do entendimento, ao menos até que venha a ser superado, é reprovável e temerário que seja o próprio Estado a estimular gastos públicos para criar empecilhos à efetivação daquilo que é devido ao particular.

Apenas se pode admitir que a Administração sustente um entendimento negativo enquanto esse posicionamento não for conflituoso com o afirmado pelo Judiciário[208]. Após a definição final do sentido da

---

[205] Sustentando que a Administração apenas deve seguir precedentes "diretamente vinulantes" quando significarem agregação de valor para a própria Amdinistração e para o administrado: OLIVEIRA, Weber Luiz de. *Precedentes judiciais na Administração Pública*. Salvador: JusPodivm, 2019, p. 223.

[206] CARNEIRO, Paulo Cezar Pinheiro. A ética e os personagens do processo. *Revista Forense*, Rio de Janeiro, separata, v. 358. p. 351-352.

[207] "Se um juiz ou tribunal, portanto, mesmo ciente de que a situação fático-jurídica que lhe é submetida a julgamento corresponde a precedente qualificado do Supremo Tribunal Federal (decisão de seu Pleno, por exemplo), desconsidera tal diretriz e interpreta o Direito de modo diverso à ratio decidendi desse precedente, obrigará o jurisdicionado prejudicado pela decisão dissonante a manejar recurso ou Habeas Corpus – no STJ e eventualmente no STF – para ver reconhecido o Direito negado pelo juízo ordinário. O dano ao jurisdicionado é manifesto pela notória desigualdade de tratamento que lhe é dispensado no resultado concreto da interpretação e aplicação da lei (...)" (CRUZ, Rogério Schietti. Respeito aos precedentes como direito do jurisdicionado à igualdade na interpretação e aplicação do direito. *Boletim IBCCRIM*, ano 29, n. 343, jun. 2021).

[208] Veja-se o item 3 da tese fixada em Repercussão Geral a seguir, que só se admite enquanto não houver tese fixada pelo Judiciário em contrário à posição administrativa: RECURSO EXTRAORDINÁRIO. REPERCUSSÃO GERAL. PRÉVIO REQUERIMENTO ADMINISTRATIVO E INTERESSE EM AGIR. 1. A instituição de condições para o regular exercício do direito de ação é compatível com o art. 5º, XXXV, da Constituição. Para se caracterizar a presença de interesse em agir, é preciso haver necessidade de ir a juízo.

norma, pela atividade jurisdicional, cabe ao Estado adequar-se, como um todo, à tese fixada, até porque pode persuadir o tribunal, ao longo do procedimento, buscando demonstrar a correção de sua posição[209].

2. A concessão de benefícios previdenciários depende de requerimento do interessado, não se caracterizando ameaça ou lesão a direito antes de sua apreciação e indeferimento pelo INSS, ou se excedido o prazo legal para sua análise. É bem de ver, no entanto, que a exigência de prévio requerimento não se confunde com o exaurimento das vias administrativas. 3. A exigência de prévio requerimento administrativo não deve prevalecer quando o entendimento da Administração for notória e reiteradamente contrário à postulação do segurado. 4. Na hipótese de pretensão de revisão, restabelecimento ou manutenção de benefício anteriormente concedido, considerando que o INSS tem o dever legal de conceder a prestação mais vantajosa possível, o pedido poderá ser formulado diretamente em juízo – salvo se depender da análise de matéria de fato ainda não levada ao conhecimento da Administração –, uma vez que, nesses casos, a conduta do INSS já configura o não acolhimento ao menos tácito da pretensão. 5. Tendo em vista a prolongada oscilação jurisprudencial na matéria, inclusive no Supremo Tribunal Federal, deve-se estabelecer uma fórmula de transição para lidar com as ações em curso, nos termos a seguir expostos. 6. Quanto às ações ajuizadas até a conclusão do presente julgamento (03.09.2014), sem que tenha havido prévio requerimento administrativo nas hipóteses em que exigível, será observado o seguinte: (i) caso a ação tenha sido ajuizada no âmbito de Juizado Itinerante, a ausência de anterior pedido administrativo não deverá implicar a extinção do feito; (ii) caso o INSS já tenha apresentado contestação de mérito, está caracterizado o interesse em agir pela resistência à pretensão; (iii) as demais ações que não se enquadrem nos itens (i) e (ii) ficarão sobrestadas, observando-se a sistemática a seguir. 7. Nas ações sobrestadas, o autor será intimado a dar entrada no pedido administrativo em 30 dias, sob pena de extinção do processo. Comprovada a postulação administrativa, o INSS será intimado a se manifestar acerca do pedido em até 90 dias, prazo dentro do qual a Autarquia deverá colher todas as provas eventualmente necessárias e proferir decisão. Se o pedido for acolhido administrativamente ou não puder ter o seu mérito analisado devido a razões imputáveis ao próprio requerente, extingue-se a ação. Do contrário, estará caracterizado o interesse em agir e o feito deverá prosseguir. 8. Em todos os casos acima – itens (i), (ii) e (iii) –, tanto a análise administrativa quanto a judicial deverão levar em conta a data do início da ação como data de entrada do requerimento, para todos os efeitos legais. 9. Recurso extraordinário a que se dá parcial provimento, reformando-se o acórdão recorrido para determinar a baixa dos autos ao juiz de primeiro grau, o qual deverá intimar a autora – que alega ser trabalhadora rural informal – a dar entrada no pedido administrativo em 30 dias, sob pena de extinção. Comprovada a postulação administrativa, o INSS será intimado para que, em 90 dias, colha as provas necessárias e profira decisão administrativa, considerando como data de entrada do requerimento a data do início da ação, para todos os efeitos legais. O resultado será comunicado ao juiz, que apreciará a subsistência ou não do interesse em agir. (RE 631240, Relator(a): Roberto Barroso, Tribunal Pleno, julgado em 03/09/2014)

[209] "Noutro prisma, a boa-fé do Estado-Juiz, insculpida no art. 5º do CPC/2015, também compreende o dever de coerência na atividade jurisdicional. Com efeito, trata-se de

3.2. NATUREZA JURÍDICA

Tomando como premissa que as teses jurídicas são um especial instrumento para alcançar a precisão interpretativa e que os princípios constitucionais, a função jurisdicional e a prática do sistema jurídico exigem que o entendimento nelas contido seja seguido por todos os submetidos ao ordenamento, ante sua unidade, resta indagar a que título, processualmente, se dá a referida vinculação.

Essa questão, bastante relevante, nem sempre tem recebido a devida atenção. Sendo uma forma de garantia de segurança-estabilidade[210], percebe-se haver proximidade das teses com outros fenômenos tradicionalmente conhecidos, notadamente a coisa julgada e a preclusão. No entanto, consigo não devem ser confundidas.

Uma primeira linha de entendimento enxerga, em alguns mecanismos de fixação de teses, especialmente no incidente de resolução de demandas repetitivas, um julgamento de questão de direito, que apenas obriga aqueles que dele participaram, tendo em conta os ditames do devido processo legal e da ampla defesa. Diferentemente, um precedente, por fixar o sentido do direito, a todos alcançaria[211].

---

uma preocupação central do Código, cujo art. 926 impõe aos Tribunais a uniformização de sua jurisprudência para mantê-la estável, íntegra e coerente. Repise-se que a segurança jurídica quanto ao entendimento dos Tribunais pauta não apenas a atuação dos órgãos hierarquicamente inferiores, mas também o comportamento extraprocessual de pessoas envolvidas em controvérsias cuja solução já foi pacificada pela jurisprudência. A disposição das partes a resolver suas disputas por um acordo, à luz da teoria dos atores racionais, resulta da multiplicação da probabilidade de vitória pelo proveito (ou prejuízo, no caso do potencial réu) esperado com o valor fixado em condenação por eventual sentença judicial, subtraindo-se disso o custo de litigar em juízo. Nos Estados Unidos, onde a higidez dos precedentes é valorizada, apenas 2% (dois por cento) das causas de acidentes automotivos, 4% (quatro por cento) de todas as causas cíveis nas Cortes estaduais e menos de 2% (dois por cento) das causas cíveis federais são resolvidas por ato jurisdicional de mérito." (FUX, Luiz; BODART, Bruno. Notas sobre o princípio da motivação e a uniformização da jurisprudência no novo Código de Processo Civil à luz da análise econômica do Direito. *Revista de Processo*. v. 269, jul./2017. Acesso eletrônico.).

210 Ronaldo Cramer sustenta que o precedente constitui uma espécie de estabilidade processual, devendo integrar, portanto, o gênero das estabilidades ao lado das espécies preclusão e coisa julgada. Veja-se: CRAMER, Ronaldo. *Precedentes judiciais*: teoria e dinâmica. Rio de Janeiro: Forense, 2016, p. 98.

211 "Trata-se de clara suposição de que a decisão proferida em incidente que julga questão de direito de titularidade de muitos pode a eles ser naturalmente estendida,

Segundo essa classificação, o referido incidente não formaria um precedente, uma vez que este surge com naturalidade a partir do direito de ação (aspecto antes referido como espontaneidade) [212], pressupondo a regra da universalidade, segundo a qual deve ser aplicável ao maior número de casos e não apenas a uma "mesma questão"[213], de

---

como se fosse um precedente obrigatório. O incidente de resolução de demandas repetitivas, ao afastar os litigantes das ações individuais da discussão da *mesma questão de direito* (art. 976, I, do CPC/2015), supõe que a decisão dessa questão nada mais é do que um precedente que se aplica aos casos pendentes.

Note-se, aliás, que o art. 985, *caput* e I, do CPC/2015 trazem confissão neste sentido, afirmando não só que a decisão – chamada de "tese jurídica" – *"será aplicada"* a "todos os processos individuais ou coletivos que versem sobre *idêntica questão de direito* e que tramitem na área de jurisdição do respectivo tribunal, inclusive àqueles que tramitem nos juizados especiais do respectivo Estado ou região" e "aos *casos futuros* que versem *idêntica questão de direito* e que venham a tramitar no território de competência do tribunal, salvo revisão na forma do art. 986" (art. 985, I e II, do CPC/2015), mas também que, *"não observada* a tese adotada no incidente, *caberá reclamação"* (art. 985, § 1.º, do CPC/2015).

Um precedente fixa o sentido do direito e, por isso, *naturalmente* diz respeito a todos, enquanto uma decisão que resolve questão de direito que constitui prejudicial à tutela jurisdicional do direito de muitos, além de ter valor enquanto resolução de uma específica questão de direito, tem eficácia de coisa julgada em relação aqueles que têm os seus direitos discutidos. Torna-se necessário, assim, distinguir precedente de coisa julgada que recai sobre questão e pode atingir terceiro (arts. 503, § 1.º e 506, do CPC/2015)." (MARINONI, Luiz Guilherme. *Incidente de resolução de demandas repetitivas*: decisão de questão idêntica x precedente. São Paulo: Revista dos Tribunais, 2016, p. 19).

212 "Um precedente surge naturalmente do exercício do direito de ação e dos casos que são submetidos à Corte. Suspender o exercício do direito de participar para formar um precedente retroativo é, sem qualquer dúvida, não só ignorar que o jurisdicionado tem direito a um dia perante a Corte, mas também não perceber que o objetivo do sistema de precedentes é regular o modo de ser do direito e não resolver casos de massa.

Uma técnica de resolução de casos múltiplos não pode considerar situações jurídicas de massa para privilegiar o encontro de uma decisão sem a participação dos membros do grupo afetado. Isso constituiria uma ilegítima priorização da otimização da prestação jurisdicional sobre o direito fundamental de participar do processo." (MARINONI, Luiz Guilherme. *Incidente de resolução de demandas repetitivas*: decisão de questão idêntica x precedente. São Paulo: Revista dos Tribunais, 2016, p. 32).

213 "A circunstância de o incidente de resolução tratar de "idêntica questão" (art. 985, I e II, do CPC/2015) tem clara repercussão sobre o raciocínio que dá origem à decisão judicial. Essa decisão obviamente não é elaborada a partir da regra da *universalidade*, ou seja, da regra que determina que um precedente deva ser aplicável ao *maior número de casos possíveis*. A decisão de resolução de demandas repetitivas

sorte que a técnica da distinção recebe relevância muito maior que na mera replicação de entendimentos sobre uma questão[214], reduzindo a margem argumentativa dos afetados[215].

Seguindo essa linha, a tese jurídica apenas se aproximaria do precedente, regulando casos futuros e não apenas litigantes como na coisa julgada sobre questão, se fosse o fundamento determinante tomado a partir de uma situação conflitiva concreta. Somente aqueles representados adequadamente no incidente, por um daqueles legitimados para a tutela de direitos individuais homogêneos, nos moldes do microssistema de tutela coletiva, que passassem por uma mesma situação fático-concreta – o que não se confunde necessariamente com identidade de fatos, admitindo-se que haja repetição através de fatos novos - é que poderiam ser alcançados pelo resultado do julgamento do incidente de resolução de demandas repetitivas[216].

---

objetiva regular uma *"mesma questão"* (art. 976, I, do CPC/2015) infiltrada em casos que se repetem ou se multiplicam." (MARINONI, Luiz Guilherme. *Incidente de resolução de demandas repetitivas*: decisão de questão idêntica x precedente. São Paulo: Revista dos Tribunais, 2016, p. 33).

[214] "Assim, a técnica da distinção não tem a mesma relevância em se tratando de resolução de demandas repetitivas. Nesses casos, caberá a distinção apenas para demonstrar que determinada questão é diferente daquela que foi já resolvida ou submetida ao incidente. Porém, jamais se utilizará a técnica da distinção para limitar ou ampliar o alcance do precedente em razão de circunstância não considerada no momento da sua elaboração. Isso só pode ocorrer quando o precedente revela o direito que é racionalmente aplicável a determinada situação concreta, o qual, assim, pode não ser aplicável em face de certa situação ou ser racionalmente aplicável diante de outra." (MARINONI, Luiz Guilherme. *Incidente de resolução de demandas repetitivas*: decisão de questão idêntica x precedente. São Paulo: Revista dos Tribunais, 2016, p. 33).

[215] "Os litigantes afetados pela decisão tomada no incidente têm uma possibilidade de argumentar em face da aplicação da decisão muito mais restrita do que a do litigante diante do precedente. E isso pela razão de que a questão decidida no incidente *é idêntica, é a mesma*. Se a questão é a mesma, a decisão será *inapelavelmente* aplicada em todos os casos pendentes. Como já dito, a lógica da aplicação do precedente, por ser outra, não impede o litigante do caso sob julgamento de demonstrar que a questão sob julgamento, apesar de formalmente parecer igual, tem particularidades que a diferenciam, impedindo a aplicação do precedente." (MARINONI, Luiz Guilherme. *Incidente de resolução de demandas repetitivas*: decisão de questão idêntica x precedente. São Paulo: Revista dos Tribunais, 2016, p. 33-34).

[216] "Para que a decisão do incidente seja aplicável a casos futuros, esses não só devem constituir demandas que tenham a questão de direito resolvida no incidente

Como solução para um sistema reputado privilegiador de violadores de direitos, porque calaria os interessados e os lesados[217], sugere-se a maior participação da Defensoria Pública, o controle de representatividade adequada em concreto e a oportunidade de participação de entes legitimados[218].

---

como prejudicial, como ainda devem ser demandas que derivem da mesma situação fático-concreta que fez surgir as demandas que pendiam quando foi instaurado o incidente. Não que os fatos devam ser historicamente os mesmos. Também pode haver demandas repetitivas quando a situação de fato se repete no tempo, de modo a fazer surgir inúmeros casos concretos delineados com base na mesma moldura fática e dependentes da solução de uma mesma questão de direito.

Porém, como já dito, só podem ser alcançados pela coisa julgada que recai sobre questão de direito solucionada em incidente aqueles que, além de terem tido a sua questão de direito posta à decisão, foram representados por um legitimado à tutela dos direitos individuais homogêneos, conforme a Lei da Ação Civil Pública e o Código de Defesa do Consumidor, assim como outras leis que outorgam legitimidade coletiva à tutela de específicos direitos. Litigantes de casos futuros que não foram representados no incidente em que a questão de direito foi decidida obviamente não estão sujeitos à coisa julgada e, assim, têm liberdade e oportunidade de amplamente discutir a questão de direito e de exigir resolução em conformidade com os seus argumentos." (MARINONI, Luiz Guilherme. *Incidente de resolução de demandas repetitivas*: decisão de questão idêntica x precedente. São Paulo: Revista dos Tribunais, 2016, p. 106).

217 "No Brasil o raciocínio é *exatamente oposto, capaz de estimular os interesses dos violadores de plantão*. Opta-se por uma estratégia em que se nega participação aos lesados e se confere ao infrator oportunidade incondicional de estar presente no único local em que a questão será resolvida. O incidente simplesmente prefere ignorar os lesados, dando oportunidade para o afirmado violador ou responsável participar sem ter qualquer adversário capaz de representar aqueles que entendem que os seus direitos foram violados. Diante do incidente, ao invés de se privilegiar o direito constitucional de participar dos lesados, consagra-se a oportunidade de o infrator sempre estar presente, concentrando esforços num único local." (MARINONI, Luiz Guilherme. *Incidente de resolução de demandas repetitivas*: decisão de questão idêntica x precedente. São Paulo: Revista dos Tribunais, 2016, p. 45).

218 "Daí a razão pela qual a Defensoria Pública deve ter grande espaço para atuar em favor dos litigantes que não podem ser ouvidos, desconsiderando-se se estes *economicamente* necessitam ou não da tutela de um Defensor Público. Por identidade de razões, na falta de participação de associação legitimada ou da Defensoria Pública, o Ministério Público *necessariamente* deve assumir a posição de *parte*, ou seja, de defensor dos direitos individuais dos litigantes que não podem falar perante a Corte, de nada importando se os direitos têm natureza tributária etc.

Perceba-se que a força da representação adequada, no incidente, tem que ser mais vigorosa do que a presente na ação coletiva destinada à tutela de direitos individuais homogêneos, regulada pela Lei da Ação Civil Pública e pelo Código de Defesa do

Percebe-se que essa forma de enxergar o funcionamento da técnica a aproxima, a título de efeitos e de requisitos, da coisa julgada tradicional,

> Consumidor. É que a sentença de improcedência, nesta ação coletiva, não prejudica os representados que não ingressaram no processo coletivo na qualidade de litisconsortes (art. 103, § 2°, do CDC). Ao contrário, no incidente, os litigantes excluídos podem ser prejudicados, uma vez que a coisa julgada sobre a questão é *pro et contra*. Ora, quando os representados apenas podem ser beneficiados, sobrando-lhes sempre a ação individual em caso de improcedência, a adequação da representação acaba tendo importância muito menor.
>
> Alternativa para a correção da constitucionalidade estaria no controle da representação adequada no caso concreto, nos moldes da *class action* do direito estadunidense. Admitir-se-ia que a parte do processo originário pode autonomear-se ou ser nomeada pelo seu adversário representante dos litigantes das demandas repetitivas. Nesse caso, os litigantes excluídos teriam a possibilidade de impugnar a parte enquanto representante adequado e o tribunal possuiria a grave incumbência de controlar a representação, considerando atentamente as circunstâncias do caso e a capacidade da parte – e de seu advogado – para sustentar, de maneira vigorosa e adequada, as razões também pertencentes aos demais litigantes.
>
> O art. 979 do CPC/2015, ao advertir que a "instauração e o julgamento do incidente serão sucedidos da mais ampla e específica divulgação e publicidade, por meio de registro eletrônico no Conselho Nacional de Justiça", deve ser invocado para abrir oportunidade para a participação dos entes legitimados ou, na outra opção, para a correção da inconstitucionalidade, para que os litigantes excluídos possam impugnar a parte enquanto representante adequado e, eventualmente, requerer o ingresso no incidente.
>
> Essa "ampla e específica divulgação e publicidade" deve dar aos vários legitimados à tutela dos direitos em disputa, nos termos da Lei da Ação Civil Pública e do Código de Defesa do Consumidor, a possibilidade de ingressar no incidente para a efetiva defesa dos direitos. Cabe-lhes, afinal, a tutela dos direitos dos membros dos grupos, ou seja, dos direitos daqueles que têm casos pendentes que reclamam a solução de "questão idêntica".
>
> A falta de intervenção na qualidade de parte de qualquer associação ou da Defensoria Pública, que igualmente deverá ser intimada com base no art. 979 do CPC/2015, impõe, inevitavelmente, a intervenção do Ministério Público na qualidade de legitimado à tutela dos direitos dos litigantes. Aliás, se não for assim, o incidente estará retirando não só do Ministério Público, mas também da Defensoria Pública e dos demais legitimados à tutela dos direitos individuais homogêneos o poder-dever de tutelá-los." (MARINONI, Luiz Guilherme. *Incidente de resolução de demandas repetitivas*: decisão de questão idêntica x precedente. São Paulo: Revista dos Tribunais, 2016, p. 50).

a recair sobre uma questão específica[219][220]. A resistência dessa linha doutrinária reside na possibilidade de um terceiro se prejudicar em razão desse julgamento do qual não participou, direta ou mesmo indiretamente, ante o suposto déficit de representação.

Estar-se-ia, aqui, diante de um ilegítimo *collateral estoppel*, figura desenvolvida no *common law*[221] que seria correlata a essa coisa julgada

---

[219] "Embora no processo de controle abstrato de constitucionalidade não se fale em partes, muito menos em partes materiais ou em terceiros juridicamente interessados, é evidente que a ideia de alcançar a todos deriva da necessidade de não permitir, a quem quer que seja, opor-se à declaração de inconstitucionalidade. Nesta dimensão, a prática constitucional brasileira passou a acatar a tese de que a coisa julgada material qualifica a parte dispositiva da decisão de inconstitucionalidade. Entendeu-se que o dispositivo da decisão de inconstitucionalidade, isto é, a declaração de que a norma 'x' é inconstitucional, tornar-se-ia imutável e indiscutível, e que tal dispositivo alcançaria a todos. Perceba-se que importaram, de forma isolada e autônoma, a coisa julgada material e a eficácia da decisão em relação a todos. Não bastaria apenas a coisa julgada nem somente a eficácia erga omnes" (MARINONI, Luiz Guilherme. Eficácia Vinculante: a ênfase à ratio decidendi e à força obrigatória dos precedentes. *Revista de Processo*. vol. 184. jun. 2010).

[220] Advogando a maios efetividade dessa posição: "Eis a diferença relevante: ao se sustentar que a irradiação dos efeitos de uma decisão proferida em um julgamento por amostragem a terceiros funda-se na teoria dos precedentes judiciais, deve-se admitir que todos os órgãos de hierarquia inferior do Poder Judiciário podem voltar a enfrentar o mérito daquela questão jurídica, ainda que se encontrem a ela vinculados por força do CPC de 2015.

Já quando se sustenta que tal irradiação de efeitos a terceiros decorre da coisa julgada, como se está a fazer na presente tese, veda-se ao Poder Judiciário adentrar novamente no mérito daquela questão jurídica central definida no julgamento representativo da controvérsia.

Não se perca de vista que, para adotar a primeira hipótese de fundamentação, faz-se necessário considerar que os órgãos do Judiciário deveriam analisar o mérito daquela questão jurídica indefinidas vezes, procedendo, ainda, ao cotejo fático entre o julgado paradigma e os milhares de casos concretos semelhantes.

Como é notório, não é essa a prática que vem se desenvolvendo no Brasil." (RODRIGUES, Roberto de Aragão Ribeiro. *Precedente formado em casos repetitivos*: eficácia, *issue preclusion* e as teses jurídicas prejudiciais. Curitiba: Juruá, 2017, p. 253).

[221] Para uma perspectiva econômica do insttiuto, abordando-se o incentivo exagerado a um acordo ("corrida ao tribunal") ou a gastos maiores daquele que pode se beneficiar em processos futuros, veja-se: FUX, Luiz; BODART, Bruno. *Processo Civil e Análise Econômica*. Rio de Janeiro: Forense, 2019, p. 148-150.

sobre questão do *civil law*[222]. Basicamente, com a naturalidade de construção típica do *case law*, passou-se a entender não ser razoável que uma parte possa rediscutir uma mesma questão, em juízo, em processos distintos apenas pela mudança de adversário (*non-mutual collateral estoppel*) [223]. Como requisitos, estão a identidade da questão e o prévio

---

[222] "Não é preciso frisar que realmente existem profundas discrepâncias acerca das matrizes teóricas do direito anglo-americano e do direito europeu-continental e, por essa razão, entre os seus respectivos fundamentos. Não obstante, na realidade da praxe jurídica, ou seja, no que se refere à interpretação e à aplicação do direito, essa presumida diferença não joga qualquer papel determinante... As duas faces do processo e, sobretudo, da decisão judicial – autoridade e razão – estão estritamente ligadas: uma jurisprudência e uma legislação constantemente irracionais perderiam toda autoridade, mas o pensamento jurídico racional, revestido, portanto, de autoridade, deve transpor-se à decisão. Na teoria do direito anglo-americano o acent mais forte é colocado sobre o elemento da razão; na do direito europeu-continental, sobre o elemento da autoridade, mas sempre em busca de um caminho que atenda à efetividade do processo e ao anseio de toda a sociedade." (TUCCI, José Rogério Cruz e. *Limites subjetivos: da eficácia da sentença e da coisa julgada civil*. São Paulo: Revista dos Tribunais, 2006, p. 142).

[223] "Contudo, se a proibição de voltar a discutir questão determinante do resultado faz parte de orientação presente há muito no *common law*, só mais recentemente, em meados do século XX, surgiu no Estados Unidos a discussão a respeito da possibilidade de o terceiro – que não participou do processo – poder invocar a proibição da relitigação da questão já decidida. Antes disso, o *collateral estoppel* só podia ser alegado em ação posterior *entre as mesmas partes* – por qualquer das partes que discutiu a questão decidida – e, nesse sentido, falava-se em mutualidade do *estoppel*. O debate acerca da possibilidade de proibir a parte de relitigar decisão diante de *outro adversário* foi iniciado no célebre caso *Bernhard v. Bank of America National Trust and Savings Association,* decidido pela Suprema Corte da Califórnia no início dos anos.

A Suprema Corte estadunidense tratou pela primeira vez do assunto apenas em 1971, em *Blonder-Tongue Laboratories Inc. v. University of Illinois Foundation.*

Em *Blonder-Tongue,* a Universidade de Illinois alegou violação da sua patente. Porém, a Universidade já havia alegado, em ação anterior em que litigou *com outra parte*, que a sua patente teria sido infringida, quando então se declarou a invalidade da patente. Diante disso, discutiu-se na Suprema Corte se a Universidade poderia ser impedida de rediscutir a decisão que anteriormente declarara a invalidade da sua patente. A Suprema Corte fez importantes considerações quanto às consequências econômicas da abertura à relitigação da validade da patente e, com base nelas, revogou parcialmente o precedente firmado em *Triplett v. Lowell,* alegando que a mutualidade do *estoppel* estava "*out of place*".

Entretanto, para deixar de lado o princípio da mutualidade firmado em *Triplett,* lembrou a Suprema Corte que a proibição de a parte voltar a litigar uma questão já decidida dependeria da verificação de se ela teve "*full and fair opportunity*" para litigar no

julgamento de mérito a seu respeito do qual participou a parte ou teve a oportunidade de o fazer.

Essa técnica, partindo sempre da premissa de extensão em favor de terceiros[224][225], esclarece que, se um sujeito foi parte de um processo,

---

processo anterior. Diante deste ponto, disse a Suprema Corte que, se as questões em ambas as ações devem ser idênticas torna-se fácil decidir se a parte teve oportunidade de litigar de modo completo e adequado a questão.

Tanto em *Bernhard* quanto em *Blonder-Tongue* firmaram-se os seguintes requisitos para a admissão da proibição de rediscussão: i) a questão que se pretende discutir deve ser idêntica (*the issue is identical*) àquela que já foi discutida; ii) deve ter ocorrido julgamento final de mérito (*a final judgments on the merits*) na ação anterior; iii) o litigante que se pretende proibir de discutir a questão deve não só ter sido parte na ação anterior, mas nela deve ter tido ampla e justa oportunidade de participar.

Nessas condições, o *collateral estoppel* passou a ser designado de *non-mutual collateral estoppel* exatamente para evidenciar a possibilidade de terceiro poder invocar a proibição de rediscussão contra aquele que participou." (MARINONI, Luiz Guilherme. *Incidente de resolução de demandas repetitivas*: decisão de questão idêntica x precedente. São Paulo: Revista dos Tribunais, 2016, p. 21-23).

224 "Registre-se, desde já, que a presente tese defende a expansão dos efeitos da coisa julgada formada em julgamentos representativos da controvérsia somente para beneficiar terceiros, nunca para prejudicá-los, nos termos do art. 506 do CPC de 2015. Aplica-se aqui a máxima pas de nullité sans grief – não há nulidade sem prejuízo – já que os terceiros afetados pela coisa julgada não sofrerão prejuízo algum.

Considera-se lúcida a opção legislativa consubstanciada no art. 506, que a um só tempo resguarda o princípio do devido processo legal e viabiliza uma superior efetividade do processo. De fato, a proposta ora apresentada não encontra qualquer óbice de estatura constitucional, já que os terceiros somente serão atingidos pela eficácia expandida da coisa julgada formada em julgamentos para- digmáticos para se beneficiar, nunca para experimentar prejuízos." (RODRIGUES, Roberto de Aragão Ribeiro. *Precedente formado em casos repetitivos*: eficácia, *issue preclusion* e as teses jurídicas prejudiciais. Curitiba: Juruá, 2017).

225 Ainda que sustente a diferenciação plena entre a coisa julgada em benefício de terceiros e o efeito obrigatório dos precedentes formados nas Cortes Supremas, Marinoni admite a hipótese de extensão da coisa julgada a terceiros, para lhes beneficiar, quando um único ato provoca danos a diversas pessoas, tal como um acidente de grandes proporções. Neste caso, considera que, se a responsabilidade pelo dano foi adequadamente discutida pela parte ré, há formação de coisa julgada sobre a prejudicial da responsabilidade por aquele dano, a qual pode vir a ser invocada por terceiros em futuros processos. Seguindo este raciocínio, o processualista formula outro exemplo que mais se aproxima com as ideias aqui expostas, por envolver questão prejudicial de direito: "O mesmo ocorre no caso de ato contrário ao direito que exige tributo ou sua majoração. A afirmação de que um tributo está

pode ter o julgamento desse processo bem como de suas questões prejudiciais estendido, ainda que em seu desfavor, perante outras partes, em conclusão bastante pragmática[226][227].

Apesar de inicialmente pensado como uma forma de defesa da parte, posteriormente admitiu-se seu uso ofensivo, ou seja, em que um terceiro processa a parte do processo original com base no reconhecimento de

---

sendo inconstitucionalmente cobrado, ao ser negada, faz surgir questão prejudicial. A discussão e a decisão dessa questão em processo de um ou de um grupo produz coisa julgada, que, assim, pode ser invocada por terceiro em processo futuro. Nessa hipótese, ao contrário do que ocorre no caso dos danos múltiplos ocasionados pelo derrame de material químico, não há um único ato que atinge a todos, mas atos particulares balizados numa premissa comum, que nada mais é do que o ato que afirma a exigibilidade do tributo. Contudo, isso não quer dizer que a questão decidida no processo de um contribuinte não seja exatamente a mesma que importa a outro contribuinte para obter tutela do seu direito." (MARINONI, Luiz Guilherme. Coisa julgada sobre questão, inclusive em benefício de terceiro. *Revista de Processo*. São Paulo: Editora Revista dos Tribunais, v. 259, set. 2016, p. 113.

226 "Assim, não é de espantar que o mais célebre sinal histórico-jurídico de *collateral estoppel* em favor de terceiro esteja num parágrafo de Bentham escrito em *Rationale of Judicial Evidence*. Disse Bentham, na célebre obra publicada em 1827, que há razão para dizer que um homem não deve perder a sua causa em consequência de uma decisão proferida em processo de que não foi parte; *mas não há qualquer razão para dizer que ele não deve perder a sua causa em consequência de uma decisão proferida em um processo em que foi parte, simplesmente porque o seu adversário não foi.*" (MARINONI, Luiz Guilherme. *Incidente de resolução de demandas repetitivas*: decisão de questão idêntica x precedente. São Paulo: Revista dos Tribunais, 2016, p. 25).

227 "Qual seria o sentido de se exigir que, nos exemplos acima des- critos, a União continuasse a ter que se defender indefinidamente, quando teses jurídicas que lhe são favoráveis já tenham sido firmadas pelo Supe- rior Tribunal de Justiça com efeitos vinculantes para os órgãos inferiores do Poder Judiciário?

O mesmo pode se dizer em relação à obrigatoriedade dos órgãos inferiores do Poder Judiciário continuar a analisar indefinidamente o mé- rito de tais questões estritamente jurídicas já pacificadas e de observância obrigatória.

Em todas as hipóteses acima, parece muito mais adequado fun- damentar a irradiação dos efeitos da decisão proferida em julgamentos por amostragem não em uma distorcida aplicação da doutrinda do stare decisis, mas sim na expansão subjetiva da coisa julgada que não traz qualquer prejuízo a terceiros, em termos semelhantes à lógica que rege a utilização da doutrina da defensive nonmutual issue preclusion." (RODRIGUES, Roberto de Aragão Ribeiro. *Precedente formado em casos repetitivos*: eficácia, *issue preclusion* e as teses jurídicas prejudiciais. Curitiba: Juruá, 2017).

sua responsabilidade acerca de um evento reconhecido[228]. A lógica de beneficiar os ausentes[229] não é totalmente estranha ao nosso sistema, tendo em conta a extensão da coisa julgada operada nos processos coletivos, especialmente na figura da liquidação (ou transporte) *in utilibus*[230].

---

[228] "O non-mutual collateral estoppel foi pensado inicialmente em perspectiva defensiva e, apenas posteriormente, enquanto offensive collateral estoppel. Blonder-Tongue é um caso típico de defensive collateral estoppel, já que Blonder-Tongue se defende mediante a alegação de proibição de relitigação da questão da validade da patente.

Mas existem vários casos em que terceiro invoca a proibição de rediscussão para obter condenação daquele que, num primeiro processo, foi responsabilizado e condenado a pagar indenização em virtude do acidente que também o vitimou. Fala-se, nesse caso, de offensive collateral estoppel. A Suprema Corte dos Estados Unidos decidiu em favor do uso ofensivo do collateral estoppel em 1979, ao julgar Parklane v. Shore. É interessante que, nesta ocasião, a Suprema Corte teve oportunidade de distinguir Parklane em face de Blonder-Tongue não só para demonstrar a distinção conceitual entre o offensive e o defensive collateral estoppel, mas, sobretudo, para evidenciar a diferença de consequências concretas e práticas entre o uso de um e de outro. De qualquer forma, a Corte concluiu que nenhum dos argumentos que poderiam justificar a rejeição do uso do offensive collateral estoppelestariam presentes no caso sob julgamento e, assim, decidiu que as partes estavam collaterally estopped de relitigar a questão." (MARINONI, Luiz Guilherme. *Incidente de resolução de demandas repetitivas: decisão de questão idêntica x precedente*. São Paulo: Revista dos Tribunais, 2016, p. 23).

[229] "Do problema e da discussão levada a efeito no direito estadunidense retiram-se consequências muito importantes para o direito brasileiro, especialmente para a sobrevivência do incidente de resolução de demandas repetitivas: i) o *collateral estoppel* proíbe a rediscussão de questão já decidida; ii) o *non-mutual collateral estoppel* permite que terceiro invoque a proibição de discussão de questão já decidida desde que a questão posta no novo processo seja idêntica, tenha sido julgada mediante sentença final de mérito, e que aquele que se pretende proibir de voltar a discutir tenha adequadamente participado do primeiro processo; iii) os terceiros, quando a decisão não os beneficia, sempre conservam o direito de propor as suas ações sem qualquer limitação de discussão. Claramente significa que a proibição de relitigar questão já decidida jamais pode prejudicar aquele que não teve oportunidade de discuti-la. Isso porque, como foi assentado em *Parklane v. Shore*, não há como atingir quem não participou do processo e, portanto, não teve oportunidade de ser ouvido, sem violar o *due process*." (MARINONI, Luiz Guilherme. *Incidente de resolução de demandas repetitivas*: decisão de questão idêntica x precedente. São Paulo: Revista dos Tribunais, 2016, p. 25).

[230] Os danos a direitos difusos ou coletivos podem atingir também sujeitos individuais – inclusive, é comum que todos sejam tutelados em uma mesma ação coletiva (híbrida). No entanto, pode ocorrer de apenas se pedir ao Judiciário que proteja os bens transindividuais, deixando-se, aparentemente, para outra ocasião as discussões

O instrumento do *estoppel* começou por ter seu uso restrito aos fatos das demandas (*estoppel by record*), decorrente da máxima segundo a qual alguém não pode negar uma realidade para a qual contribuiu com sua conduta, proibindo a parte de negar alegações, em um depoimento, por exemplo, que basearam decisões anteriores[231]. A seguir,

---

individuais. O microssistema possui resposta peculiar para tal situação, autorizando que os indivíduos, lesados em decorrência de conduta praticada pelo condenado na ação coletiva que levou à formação do título a respeito de direitos difusos ou coletivos, ingressem em juízo para liquidar e executar seus danos pessoais. É o chamado transporte *in utilibus* da coisa julgada sobre direitos transindividuais para o plano individual, autorizada pelo art. 103, §3º, do CDC.

Trata-se de autêntica ampliação subjetiva e objetiva do julgado originário, operada *ope legis*, em homenagem ao princípio da economia processual, sempre que o julgamento da ação coletiva que tenha por objeto direitos difusos ou coletivos seja favorável. De certa forma, a sentença declaratória coletiva passa a ser automaticamente integrada por preceito condenatório em favor dos indivíduos envolvidos.

Outra parcela da doutrina prefere considerar que não se trata de extensão legal, mas de efeito secundário da sentença cível condenatória, a tornar certa a obrigação de indenizar as vítimas individuais. É o caso da condenação de determinado fornecedor a retirar um produto nocivo do mercado, vez que tem potencial de gerar danos, bem como daquela referente ao dano ambiental, como um derramamento de óleo em região explorada por pescadores. Esse título executivo judicial, sobre matéria difusa, poderá ser liquidado e executado pelos indivíduos que provarem ter sofrido lesões em decorrência do referido produto.

Não se pode ignorar, por fim, a existência de posição conservadora, que não enxerga qualquer peculiaridade no art. 103, §3º, compreendendo que, em respeito ao princípio da congruência, a abrangência da coisa julgada quanto aos direitos individuais dependeria, sempre, de pedido a respeito." (PINHO, Humberto Dalla Bernardina de; PORTO, José Roberto Sotero de Mello. *Manual de Tutela Coletiva*. São Paulo: Saraiva, 2020. Livro eletrônico).

231 "A proibição de relitigar questão, surgida no ancestral direito inglês, limitou-se num primeiro momento aos fatos. É interessante recordar que a tradição da cultura inglesa foi particularmente marcada pelos valores do calvinismo e do protestantismo acético. Esses valores não só apontaram para um modo de vida que impunha a previsibilidade do direito e, por consequência, colaboraram para o surgimento do mecanismo do *stare decisis,* como também tiveram influência nas bases daquilo que mais tarde veio a ser concebido como *collateral estoppel*. É possível dizer que no direito inglês, as preclusões, compreendidas como formas de proibição de retorno a algo já afirmado ou decidido, têm como fundamento a ideia de que o homem não pode negar as situações para as quais contribuiu com a sua própria conduta.

Esse princípio de ordem religiosa e moral tomou forma jurídica e teve grande repercussão sobre o desenvolvimento do direito processual. Importa aqui ter em conta que a ideia de *estoppel* constituía uma vedação de a parte, depois de proferida a decisão,

evoluiu-se para o *estoppel by judgment*, muito semelhante ao efeito preclusivo da coisa julgada[232], e, por fim, para as questões de direito, vedando a relitigação em juízo de uma mesma questão jurídica, ainda que por ocasião de outro julgamento com cenário fático diverso[233].

---

negar ou colocar em dúvida os fatos por ela alegados e discutidos. Essa ideia foi relacionada ao sistema de registro ou gravação por escrito das atividades desenvolvidas pelas partes no processo. Da transcrição por escrito (*recorded*) das alegações realizadas pela parte no curso do processo decorria uma presunção de verdade, chancelada por meio do que se designou *estoppel by record*. Tratava-se de uma técnica que impedia a parte de pôr em dúvida as alegações e as conclusões que deram origem à decisão de resolução do litígio, mas que era vista como regra de prova." (MARINONI, Luiz Guilherme. *Incidente de resolução de demandas repetitivas*: decisão de questão idêntica x precedente. São Paulo: Revista dos Tribunais, 2016, p. 25-26).

[232] "A introdução do conceito romano de *res judicata* no direito inglês fez com que o *estoppel*, concebido como exigência de presumir verdadeiras as alegações de fato deduzidas e declaradas no processo, aproxima-se da ideia de coisa julgada, de modo que a preclusão sobre os fatos passou a ser aceita como uma consequência da coisa julgada. Basicamente, entendeu-se que, se a coisa julgada faz recair efeitos preclusivos sobre o resultado final do processo ou sobre a parte dispositiva da decisão, o *estoppel* acobertava as passagens ou as questões de fato solucionadas pelo juiz para chegar ao desenlace do litígio. Daí o motivo pelo qual se passou a falar em *estoppel by judgment*." (MARINONI, Luiz Guilherme. *Incidente de resolução de demandas repetitivas*: decisão de questão idêntica x precedente. São Paulo: Revista dos Tribunais, 2016, p. 27).

[233] "Sobre o tema do *collateral estoppel* diante de questão de direito é interessante considerar a decisão da Suprema Corte estadunidense em *Montana v. U.S.*, proferida em fevereiro de 1979. Nesse caso, o governo dos Estados Unidos, enquanto responsável por exigência fiscal imposta pelo estado de Montana, recebeu decisão desfavorável da Suprema Corte deste estado. Num segundo processo, o governo dos Estados Unidos voltou a questionar a constitucionalidade da imposição fiscal perante Corte do Distrito de Montana, que, após declarar que o governo não estava proibido de voltar a discutir a questão de constitucionalidade em virtude da primeira decisão da Suprema Corte do estado, reconheceu que a exigência fiscal feria a Constituição. Porém, em razão de *appeal* do Estado de Montana, a Suprema Corte dos Estados Unidos declarou que a primeira decisão da Suprema Corte de Montana proibia a rediscussão da constitucionalidade da exigência fiscal, declarando a legitimidade do *collateral estoppel* em face de uma questão de direito.

Frise-se que a Suprema Corte dos Estados Unidos, nesse caso, claramente considerou que estava diante de uma proibição de relitigar questão de direito em virtude de anterior decisão, ou seja, não supôs que havia impossibilidade de rediscussão da questão por existir um precedente. Tanto é que analisou se o governo dos Estados Unidos teve "*full and fair opportunity*" no primeiro processo e, por conta disso, decidiu que o governo estava *estoppedde* buscar uma decisão contrária à questão num segundo proces-

Apesar de buscar a realização da isonomia e da segurança jurídica e possibilitar a coerência do sistema jurídico, o *collateral estoppel* não se confunde com a teoria do *stare decisis*, porque não de divorcia do aspecto subjetivo, atuando semelhantemente à eficácia subjetiva da coisa julgada, ainda que em relação apenas ao sujeito que participou adequadamente do primeiro processo, a partir da questão que foi decidida. Por sua vez, a doutrina da estabilidade dos precedentes se desloca do limite das partes envolvidas para o plano da normatividade, extraindo-se a razão de decidir do caso antecedente e aplicando-a, se for hipótese, ao subsequente.

Conclui-se, a partir dessa lógica, que as teses jurídicas só poderiam, se quiserem respeitar as garantias constitucionais, vincular os sujeitos envolvidos a ponto de terem participado do julgamento. Especificamente quanto aos dispositivos trazidos pelo Código e que instauraram o questionamento central deste trabalho, somente se poderia falar em uma espécie de execução delegada da decisão judicial, por parte dos entes enumerados, desde que tenham participado direta ou indiretamente do incidente[234].

---

so. Como é evidente, esta análise seria completamente desnecessária caso a Suprema Corte tivesse admitido que estivesse diante de um precedente, quando obviamente não importaria quem teve *"full and fair opportunity"* de participar." (MARINONI, Luiz Guilherme. *Incidente de resolução de demandas repetitivas*: decisão de questão idêntica x precedente. São Paulo: Revista dos Tribunais, 2016, p. 27-30).

[234] "Trata-se aqui de uma decisão de questão de direito, 'relativa à prestação de serviço concedido, permitido ou autorizado", que diz respeito a "entes sujeitos a regulação'. Ora, se tais entes devem observar a decisão da questão de direito, devem ter participado direta ou indiretamente do incidente. Só assim podem se sujeitar à decisão ou responder à coisa julgada. Significa que o órgão regulador é comunicado para fiscalizar a observância da decisão da questão de direito por parte daqueles que, além de submetidos a tal decisão, estão sujeitos à sua regulação.

A previsão do § 2.º, portanto, destina-se a demonstrar que a decisão de questão de direito, 'relativa à prestação de serviço concedido, permitido ou autorizado, deve ter a sua observância fiscalizada pelo órgão regulador, evitando-se, assim, conflitos e ações judiciais derivados de uma postura inadequada dos entes regulados.

Note-se que, ainda que a decisão do incidente não reclame execução judicial, na medida em que constitui solução de questão prejudicial à decisão de demanda repetitiva, a fiscalização da observância, por parte do órgão regulador, funciona como uma espécie de 'execução delegada' da decisão da questão de direito, lembrando-se que o órgão regulador pode impor sanções aos entes regulados." (MARINONI, Luiz Guilherme. *Incidente de Resolução de Demandas Repetitivas*: decisão de questão idêntica x precedente. São Paulo: Revista dos Tribunais, 2016, p. 107-108).

Como forma de garantir a regularidade do procedimento e dos seus efeitos, sugere-se a integração dos entes envolvidos na futura fiscalização na relação processual, a título de *amici curiae*[235], ventilando-se, inclusive, uma modalidade de intervenção provocada[236], *iussu iudicis*[237]. Também se aponta que, em questões técnicas, típicas da regulação, o Judiciário não poderia decidir sem incorporar a agência reguladora no debate[238] e que

---

[235] SILVEIRA, Bruna Braga da. *Litigiosidade repetitiva, processo e regulação*: interações entre o judiciário e o órgão regulador no julgamento de casos repetitivos. Salvador: JusPodivm, 2021, p. 198.

[236] "Muito embora não se possa garantir às técnicas de julgamentos de causas repetitivas o mesmo tipo de contraditório assegurado aos processos individuais, é inegável que algum contraditório deve haver, no sentido de assegurar que todos os argumentos relevantes para a fixação da tese sejam previamente analisados e enfrentados. Se a coletividade será afetada pela tese firmada em julgamentos de causas repetitivas, é preciso que asseguremos que a coletividade esteja adequadamente representada.

Daí a importância de intimação prévia do ente fiscalizador, a garantir-lhe intervenção na qualidade de assistente. A participação do ente especializado, responsável pela defesa do interesse da coletividade mediante fiscalização da prestação de serviços delegados, contribui sensivelmente para a representatividade adequada, porque lhe dá maior poder de ação no curso do processo. Entretanto, não resolve os demais problemas relativos aos dispositivos em comento, como a violação à separação de poderes e à flagrante usurpação de competência regulamentadora da administração." (ÁVILA, Henrique de Almeida. A repercussão das decisões repetitivas em relação aos serviços públicos delegados: a contextualização do efeito vinculante à luz da Separação de Poderes. Tese de doutorado. São Paulo: Pontifícia Universidade Católica, 2019, p. 119).

[237] "A forma sugerida para a situação abordada neste estudo é a intervenção *iussu iudicis*, ordenada pelo juiz, com o intuito de otimizar a atividade processual, visto que a agência reguladora é afetada pelo acórdão que fixa a tese jurídica em sede de IRDR. Ademais, tal ação por parte do juiz está de acordo com as melhores técnicas de gestão processual, afastando qualquer crítica sobre possível imparcialidade. A convocação da agência ocorre de forma pertinente e amparada nos objetivos institucionais dessas entidades." (BITTENCOURT, Alexandre Magno da Conceição. O IRDR e as agências reguladoras. In: MENDES, Aluisio Gonçalves de Castro; PORTO, José Roberto Mello [coords.]. *Incidente de Resolução de Demandas Repetitivas*: panorama e perspectivas. Salvador: JusPodivm, 2020, p. 977).

[238] "Quando, porém, a questão for de natureza técnica, ainda que envolva cláusula contratual ou matéria cível, a abordagem deve ser diferente. Em tais situações a participação da agência é de vital importância. Já foi visto que as leis instituidoras concedem poder normativo às agências para decidir e normatizar as peculiaridades e tecnicidades de cada setor. Ademais, tais agências possuem o poder de revogar as suas próprias determinações técnicas a qualquer momento, desde que verifiquem a conveniência e a oportunidade de fazê-lo. Por isso, não faz sentido o Poder Judiciário decidir uma questão de cunho específico, técni- co, para o qual não está

não bastaria enxergar, nos dispositivos, um dever[239] de a agência requerer seu ingresso no ambiente de debate[240].

Ocorre, porém, que a importação dessa tradição norte-americana para o cenário brasileiro desconsidera a própria evolução do ordenamento nacional, que, buscando as mesmas finalidades de ambas as teorias, concretizou a isonomia de forma mais adequada à sua sistemática.

No modelo brasileiro atual, a coisa julgada pode alcançar questões prejudiciais, mas apenas nos limites elencados no Código de Processo Civil[241], como mecanismo de economia processual, entre as mesmas partes. Na verdade, a coisa julgada (material) tem sido entendida como a qualidade própria de imutabilidade e indiscutibilidade da decisão judicial de mérito transitada em julgado. Trata-se de uma exigência de

---

devidamente preparado muitas das vezes, sem que as agências reguladoras participem. Nestes casos, é evidente o déficit de capacidade institucional dos tribunais para resolver a questão." (BITTENCOURT, Alexandre Magno da Conceição. O IRDR e as agências reguladoras. In: MENDES, Aluisio Gonçalves de Castro; PORTO, José Roberto Mello [coords.]. *Incidente de Resolução de Demandas Repetitivas*: panorama e perspectivas. Salvador: JusPodivm, 2020, p. 973-974).

239 SILVA, Ticiano Alves e. O incidente de resolução de demandas repetitivas e as agências reguladoras: o conteúdo jurídico do § 2º do art.985 do CPC. In: ARAÚJO, José Henrique Mouta; CUNHA, Leonardo Carneiro da; RODRIGUES, Marco Antonio (coords.). *Fazenda Pública*. 2. ed. Salvador: Juspodivm, 2016, p. 753-774.

240 Aponta-se que as agências poderiam sequer saber do incidente (BITTENCOURT, Alexandre Magno da Conceição. O IRDR e as agências reguladoras. In: MENDES, Aluisio Gonçalves de Castro; PORTO, José Roberto Mello [coords.]. *Incidente de Resolução de Demandas Repetitivas*: panorama e perspectivas. Salvador: JusPodivm, 2020, p. 975), o que ignora toda a vertente da publicidade já analisada.

241 Art. 503. A decisão que julgar total ou parcialmente o mérito tem força de lei nos limites da questão principal expressamente decidida.

§ 1º O disposto no caput aplica-se à resolução de questão prejudicial, decidida expressa e incidentemente no processo, se:

I - dessa resolução depender o julgamento do mérito;

II - a seu respeito tiver havido contraditório prévio e efetivo, não se aplicando no caso de revelia;

III - o juízo tiver competência em razão da matéria e da pessoa para resolvê-la como questão principal.

§ 2º A hipótese do § 1º não se aplica se no processo houver restrições probatórias ou limitações à cognição que impeçam o aprofundamento da análise da questão prejudicial.

ordem ontológica, garantindo segurança jurídica às partes envolvidas no litígio judicial, e de administração judiciária.

A coisa julgada não é um efeito da sentença[242] nem uma qualidade desse efeito, mas uma situação jurídica que decorre da lei, assegurando imutabilidade do conteúdo do pronunciamento judicial, recaindo sobre a norma concreta gerada por todas as espécies de sentença[243]. Portanto, está inserida no campo das relações jurídicas processuais específicas[244]: é a partir de um caso[245] que se pode falar em imutabilidade, nos limites daquele caso.

A imagem da coisa julgada, maior reflexo da estabilidade processual[246], não se identifica com a etapa de julgamento da questão jurídica no bojo dos incidentes de formação de teses. Apenas em um segundo momento, de aplicação da tese a um caso concreto (o paradigma ou

---

[242] "É claro que, se a sentença não produz para as partes o efeito da coisa julgada, não poderá tampouco estender aos terceiros os afirmados efeitos reflexos da coisa julgada. A eficácia da sentença - já se viu – consiste propriamente na emanação de um *comando*, que declara ou modifica as relações jurídicas ou condena o devedor, se se produz essa eficácia também para os terceiros é coisa que se examinará a seu tempo. A coisa julgada, contudo, assim como não é para as partes um efeito da sentença, *a fortiori* não pode sê-lo para os terceiros, nem por via direta nem por via reflexa." (LIEBMAN, Enrico Tullio. *Eficácia e autoridade da sentença e outros escritos sobre a coisa julgada*. Tradução de Alfredo Buzaid e Benvindo Aires, tradução dos textos posteriores à edição de 1945 com notas relativas ao direito brasileiro vigente de Ada Pellegrini Grinover. 4. ed. Rio de Janeiro: Forense, 2007, p. 85.).

[243] BARBOSA MOREIRA, José Carlos. Eficácia da Sentença e Autoridade da Coisa Julgada. *Temas de Direito Processual*. Terceira Série. São Paulo: Saraiva, 1984, p. 99-114.

[244] SILVEIRA, Bruna Braga da. *Litigiosidade repetitiva, processo e regulação*: interações entre o judiciário e o órgão regulador no julgamento de casos repetitivos. Salvador:JusPodivm, 2021, p. 163.

[245] FERRAZ, Thaís Schilling. *O precedente constitucional*: construção e eficácia do julgamento da questão com repercussão geral. São Paulo: Saraiva, 2017, p. 279.

[246] "Basicamente há que reiterar o que venho repetindo desde o princípio. Que a coisa julgada produzirá seus efeitos sempre que o pronunciamento em questão requerer uma estabilidade que pudesse ver-se perturbada por futuros pronunciamentos." (NIEVA-FENOLL, Jordi. *Coisa julgada*. Tradução Antonio do Passo Cabral. São Paulo: Revista dos Tribunais, 2016, p. 230).

qualquer outro), é que há formação da coisa julgada, parâmetro de segurança em uma relação jurídica específica[247][248].

Ter essa clareza quanto aos dois momentos da técnica de fixação de teses colabora na investigação do fenômeno processual que sucede na etapa essencial, objetiva e abstrata, de debate acerca da correta interpretação da norma como trazida pelo ordenamento, no qual o Judiciário contribui para desfazer uma dúvida hermenêutica precisa, seja para restringir ou para ampliar sua hipótese de incidência.

Nesse instante, por maior que seja a demanda por participação e por mais aconselhável que se revele a oitiva de demandantes e da sociedade, o debate é objetivo, isto é, normativo. Ainda que se considere a visão consequencialista da decisão a ser tomada – importante postura para se evitar o ingresso em discussões metafísicas e divorciadas da praticidade que denota o direito -, ventilando-se a aplicabilidade concreta da posição a ser enunciada na tese, sua concretude, sua aplicação, se reserva ao momento posterior de atuação no caso concreto, tanto na vida judicial, se judicializada a questão, como na administrativa, se vier a ser provocada a Administração ou mesmo espontaneamente, como se espera, e no plano não estatal, nas relações entre particulares.

---

[247] "A garantia da coisa julgada articula-se com a do devido processo legal (art. 5º, nº LIV). Como é cediço, deve ser interpretada com a largueza a disposição que a ele se refere: não é só a privação da liberdade ou dos bens que se subordina ao devido processo legal, mas toda e qualquer ingerência da atividade judicial na esfera das pessoas. A ingerência será legítima na medida em que prevista na lei, e realizada pelos meios e sob as condições que ela estatuiu: fora daí, será ilegítima. Se o Poder Judiciário já interferiu uma vez, não lhe é dado voltar a interferir senão quando a lei a tanto o autorize, e da maneira legalmente prescrita. As pessoas são postas a salvo de ingerências arbitrárias – e é arbitrária toda ingerência não contemplada no ordenamento positivo, inclusive a reiteração fora dos quadros nele fixados" (BARBOSA MOREIRA, José Carlos. Considerações sobre a chamada "relativização" da coisa julgada material. *Temas de direito processual*. Nona Série. São Paulo: Saraiva, 2007, p. 248).

[248] "Na jurisdição de conhecimento, a coisa julgada é garantia da segurança jurídica e da tutela jurisdicional efetiva. Àquele a quem a Justiça reconheceu a existência de um direito, por decisão não mais sujeita a qualquer recurso no processo em que foi proferida, o Estado deve assegurar a sua plena e definitiva fruição, sem mais poder ser molestado pelo adversário" (GRECO, Leonardo. Garantias fundamentais do processo: o processo justo. *Estudos de Direito Processual*. Campos dos Goytacazes: Faculdade de Direito de Campos, 2005, p. 245-246).

Sendo a coisa julgada a especial qualidade de imutabilidade da norma concreta que atua a vontade abstrata do legislador[249], sua incidência se dá *a posteriori* da definição normativa-abstrata: primeiro, edita-se a norma; depois, aplica-se a norma a uma relação específica[250]. Do mesmo modo, só se pode pensar em coisa julgada em relação à tese *a posteriori* da definição normativa-abstrata judiciária: primeiro, interpreta-se a norma em um incidente dotado dessa vocação; depois, aplica-se a norma judicada a uma relação específica[251], que, por demandar estabilidade[252], se reveste do manto da coisa julgada[253].

---

249 "A vontade da lei, que se contém no comando emergente da sentença, e que corresponde à expressão da vontade do Estado de regular concreta e definitivamente o caso decidido, tornou-se indiscutível, imutável, no mesmo ou em outro processo. O comando emergente da sentença, tornado imutável, adquire *autoridade de coisa julgada*, a impedir que a relação de direito material decidida, entre as mesmas partes, seja reexaminada e decidida, *no mesmo processo ou em outro processo*, pelo mesmo ou outro juiz ou tribunal." (SANTOS, Moacyr Amaral. *Primeiras linhas de direito processual civil*. vol. 3. 19. ed. São Paulo: Saraiva, 2000, p. 44).

250 "A coisa julgada cria para as partes, e principalmente para o beneficiário da decisão, a expectativa legítima de que o caso foi definitivamente julgado e que poderá usufruir do seu direito sem que o mesmo venha a ser contestado futuramente. Como consectário da segurança jurídica, o princípio da proteção da confiança protege o particular destinatário da decisão judicial estabilizada. As pessoas buscam a solução adjudicada do conflito pretendendo que o Estado lhe conceda uma decisão justa, efetiva e estável." (ARAÚJO, José Aurélio de. *Cognição sumária, cognição exaustiva e coisa julgada*. São Paulo: Revista dos Tribunais, 2017, p. 201)

251 "O processo tem por finalidade resolver um conflito de interesses submetido ao judiciário, mediante a prática de uma série de atos ligados entre si por um fio condutor que se destina à formulação de uma norma jurídica concreta – sentença –, assim como a sua atuação no mundo prático com a entrega do bem da vida ao vencedor – cumprimento de sentença." (CARNEIRO, Paulo Cezar Pinheiro. *O novo processo civil brasileiro*. 3. ed. Rio de Janeiro: Forense, 2022. Livro eletrônico.).

252 "A coisa julgada tem como fundamento evitar a perpetuação de conflitos e a insegurança jurídica, sendo inerente ao Estado Democrático de Direito. A coisa julgada não é apenas uma garantia individual, mas também coletiva, no sentido de viabilizar a estabilidade das decisões." (PINHO, Humberto Dalla Bernardina de. *Manual de Direito Processual Civil Contemporâneo*. 4. ed. São Paulo: Saraiva, 2022. Livro eletrônico.).

253 "Igualmente, tenho dificuldade em enxergar coisa julgada erga omnes exclusivamente quanto à questão de direito – vez que a solução do recurso-piloto em sua individualidade e concretude continua indubitavelmente a ter eficácia estritamente inter partes –, pois, como se sabe, a coisa julgada é autoridade que recai sobre sentença que resolve uma lide na acepção carneluttiana. Vale dizer, sem partes, não

A real indagação, portanto, deve recair sobre o procedimento de definição da tese: se não pela coisa julgada, a que título se tem uma vinculação.

Há muito, se dedica atenção ao fenômeno dos efeitos subjetivos da coisa julgada, inclusive em relação a terceiros[254]. Tais estudos, desenvolvidos em múltiplas teorias, evidenciam a constatação doutrinária de que mesmo uma sentença entre duas partes gera algum tipo de efeito perante aqueles estranhos à relação jurídica processual[255].

---

pode haver coisa julgada, mas mero efeito vinculante, o que evidencia a contradição da expressão "coisa julgada da questão de direito". (DANTAS, Bruno. *Teoria dos Recursos Repetitivos:* tutela pluri-individual nos recursos dirigidos ao STF e ao STJ [arts. 543-B e 543-C do CPC]. São Paulo: Revista dos Tribunais, 2015. Livro eletrônico.).

[254] "Quanto aos *efeitos* da sentença que não se confundem com a autoridade da coisa julgada, o Código reconhece claramente, segundo revela o exame sistemático, que eles são capazes de atingir a esfera jurídica de terceiros, seja embora por via reflexa." (BARBOSA MOREIRA, José Carlos. *Comentários ao Código de Processo Civil.* Vol. 5. 11. ed. Rio de Janeiro: Forense, 2003, n. 100).

[255] "Deve-se entender que o conteúdo da decisão judicial de mérito que recebeu a formação da coisa julgada, em relação ao seu conteúdo imutável, atingirá somente as partes envolvidas no litígio, o que não se pode dizer dos efeitos da decisão que recebeu a imutabilidade da coisa julgada, pois os efeitos da decisão podem, no mundo da realidade, atingir outros sujeitos que não tenham participado do litígio e sequer recebido a coisa julgada.

Isso pode ocorrer. Para tanto se compreenda que se tornando imutável a decisão de mérito entre "A" e "B", a imutabilidade e, consequente, indiscutibilidade – coisa julgada – só atingirá a estes sujeitos, não vinculando a outrem o conteúdo imutável da decisão de mérito.

Todavia, os efeitos – resultados no mundo da realidade – da decisão de mérito que recebeu o manto da coisa julgada podem ser livremente modificados ou, sequer, implementados pelas partes, bem como poderão também atingir a terceiros, pois os efeitos (resultados) da decisão de mérito, imutáveis, concretizar-se-ão no plano da realidade e não, efetivamente, no da processualidade.

Enrico Tullio Liebman sensibilizou a doutrina, demonstrando que a coisa julgada poderia produzir efeitos a terceiros, mas sendo estes secundários, ou indiretos. Estes efeitos que alcançam os terceiros, de forma secundária, acabam por caracterizar os chamados efeitos reflexos da sentença que produzem seus resultados para fora da sentença, atingindo-lhes no mundo fático. Tais efeitos têm o poder, então, de levar aos terceiros os resultados da res iudicata, mas de modo secundário. O efeito reflexo relatado por parte da doutrina italiana é logo chamado, por Enrico Tullio Liebman, de eficácia reflexa." (THAMAY, Rennan. *Coisa Julgada.* 2. ed. São Paulo: Revista dos Tribunais, 2020). Nesse sentido, veja-se: TESHEINER, José Maria Rosa. Elementos para

Os limites subjetivos da coisa julgada[256] devem ser compreendidos a partir da sentença, enquanto manifestação de vontade do poder estatal – como tal, existente no mundo jurídico e válida *erga omnes* e, portanto, oponível contra todos. Essa produção de efeitos perante terceiros, que à decisão judicial devem respeito, não se confunde com a formação da coisa julgada, fenômeno que se opera *inter partes*[257]. Significa dizer que, conquanto todos estejam submetidos ao ato estatal decisório, apenas as partes envolvidas naquele processo o fazem condicionadas aos elementos da imutabilidade e indiscutibilidade[258].

---

uma teoria geral do processo. São Paulo: Saraiva, 1993, p. 186-187; SILVA, Ovídio A. Baptista da. Curso de processo civil: processo de conhecimento. Vol. 1. 5. ed. São Paulo: Revista dos Tribunais, 2001, p. 505; LIMA, Paulo Roberto de Oliveira. Contribuição à teoria da coisa julgada. São Paulo: Revista dos Tribunais, 1997, p. 41.

256 Para um estudo completo, veja-se: TUCCI, José Rogério Cruz e. *Limites subjetivos: da eficácia da sentença e da coisa julgada civil*. São Paulo: Revista dos Tribunais, 2006.

257 "É primário que os efeitos da coisa julgada, em princípio, atingem somente as pessoas envolvidas no processo. Mas, como decorre da sentença, e representando a vontade do poder estatal na esfera jurisdicional, passa a fazer parte do mundo jurídico, e impõe-se a todas as pessoas, valendo *erga omnes*. Ou seja, a eficácia restringe-se *inter partes*, mas será oponível *erga omnes*. Os terceiros, não relacionados no processo, submetem-se aos seus efeitos, devendo obediência ao comando emanado da decisão do juiz. Não estão imunes às consequências ou às determinações emanadas. Se uma sentença reconhece o domínio por meio da ação de usucapião a favor de alguém, aos estranhos no processo vale essa manifestação estatal, não se lhes permitindo a prática de atos atentatórios ao domínio e à posse. Identicamente, firmando a decisão que uma pessoa é filha de outra, esta declaração de filiação impõe-se a todos, sem ressalva, não se admitindo a recusa de sua consideração por terceiros. (...)

Entrementes, aos terceiros não advém a imutabilidade da coisa julgada. Já que não estiverem presentes na ação, permanece aberto o caminho judicial para uma futura lide, contestando o domínio ou buscando reaver a posse. Ou seja, não existe a indiscutibilidade em relação a eles. Em proposição simples, bem resume a questão Ovídio A. Baptista da Silva: "Todos, pois, são obrigados a reconhecer o julgado entre as partes; não podem, porém, ser prejudicados."" (RIZZARDO, Arnaldo. *A sentença*: ação anulatória, ação rescisória. São Paulo: Revista dos Tribunais, 2021, p. 87).

258 Veja-se o entendimento no sentido da validade da ação de usucapião (e do consectário registro da propriedade em cartório, com efeitos *erga omnes*), mesmo com a falta de citação de um confinante, que suportará os efeitos da procedência, sem, contudo, estar submetido à coisa julgada, o que, na prática, lhe assegura a abertura da via judicial de discussão da questão: RECURSO ESPECIAL. USUCAPIÃO. CUMULAÇÃO DE PRETENSÕES: USUCAPIÃO E DELIMITATÓRIA. CITAÇÃO DO CÔNJUGE DO CONFINANTE. NÃO OCORRÊNCIA. NULIDADE RELATIVA DO FEITO.

Se está diante de uma eficácia decorrente da própria natureza do exercício da função jurisdicional estatal, exigida por uma questão lógica, de modo a viabilizar, no plano fático, o cumprimento da decisão judicial, inclusive pela via dos efeitos secundários[259].

NECESSIDADE DE DEMONSTRAÇÃO DO PREJUÍZO. INEFICÁCIA DA SENTENÇA, COM RELAÇÃO AO CONFINANTE, NO QUE CONCERNE À DEMARCAÇÃO DA ÁREA USUCAPIENDA. 1. Estabelece o Código de Processo Civil de 1973, no tocante ao procedimento da usucapião, que o autor deve requerer "a citação daquele em cujo nome estiver registrado o imóvel usucapiendo, bem como dos confinantes e, por edital, dos réus em lugar incerto e dos eventuais interessados" (art. 942). 2. Os confrontantes têm grande relevância no processo de usucapião porque, a depender da situação, terão que defender os limites de sua propriedade e, ao mesmo tempo, poderão fornecer subsídios fáticos ao magistrado.

3. Com relação ao proprietário e seu cônjuge, constantes no registro de imóveis, é indispensável, na ação de usucapião, a citação deles (e demais compossuídores e condôminos) como litisconsortes necessários, sob pena de a sentença ser absolutamente ineficaz, inutiliter data, tratando-se de nulidade insanável.

4. No tocante ao confrontante, apesar de amplamente recomendável, a falta de citação não acarretará, por si, causa de irremediável nulidade da sentença que declara a usucapião, notadamente pela finalidade de seu chamamento - delimitar a área usucapienda, evitando, assim, eventual invasão indevida dos terrenos vizinhos - e pelo fato de seu liame no processo ser bem diverso daquele relacionado ao dos titulares do domínio, formando pluralidade subjetiva da ação especial, denominada de litisconsórcio sui generis.

5. Em verdade, na espécie, tem-se uma cumulação de ações: a usucapião em face do proprietário e a delimitação contra os vizinhos, e, por conseguinte, a falta de citação de algum confinante acabará afetando a pretensão delimitatória, sem contaminar, no entanto, a de usucapião, cuja sentença subsistirá, malgrado o defeito atinente à primeira.

6. A sentença que declarar a propriedade do imóvel usucapiendo não trará prejuízo ao confinante (e ao seu cônjuge) não citado, não havendo efetivo reflexo sobre a área de seus terrenos, haja vista que a ausência de participação no feito acarretará, com relação a eles, a ineficácia da sentença no que concerne à demarcação da área usucapienda. 7. Apesar da relevância da participação dos confinantes (e respectivos cônjuges) na ação de usucapião, inclusive com ampla recomendação de o juízo determinar eventual emenda à inicial para a efetiva interveniência - com citação pessoal - destes no feito, não se pode olvidar que a sua ausência, por si só, apenas incorrerá em nulidade relativa, caso se constate o efetivo prejuízo. (REsp n. 1.432.579/MG, relator Ministro Luis Felipe Salomão, Quarta Turma, julgado em 24/10/2017)

259 Veja-se o reflexo de uma ação de reconhecimento de paternidade em relação aos avós, que, não sendo parte no processo, suportam efeitos logicamente decorrentes da procedência: RECURSO ESPECIAL. PROCESSUAL CIVIL E DIREITO DE FAMÍLIA. SENTENÇA QUE RECONHECEU VÍNCULO ENTRE PAI E FILHO. EFEITOS ERGA OMNES. RELAÇÃO AVOENGA. CONSEQUÊNCIA JURÍDICA DA DECISÃO. COISA JULGADA. VIOLAÇÃO. NÃO OCORRÊNCIA. AÇÃO DECLARATÓRIA INCIDENTAL

Por outro lado, mesmo perante terceiros indiferentes ao processo, a sentença é válida, ao firmar uma situação jurídica[260]. Gera-se uma

---

PROPOSTA PELO AVÔ CONTRA O NETO. PRETENSÃO DE AFASTAR A RELAÇÃO DE PARENTESCO SOB O EXCLUSIVO FUNDAMENTO DE INEXISTÊNCIA DE VÍNCULO BIOLÓGICO. INTERESSE DE AGIR. AUSÊNCIA. 1. Os efeitos da sentença, que não se confundem com a coisa julgada e seus limites subjetivos, irradiam-se com eficácia erga omnes, atingindo mesmo aqueles que não figuraram como parte na relação jurídica processual. 2. Reconhecida, por decisão de mérito transitada em julgado, a relação de parentesco entre pai e filho, a consecutiva relação avoenga (vínculo secundário) é efeito jurídico dessa decisão (CC/2002, art. 1.591), afigurando-se inadequada a ação declaratória incidental para a desconstituição do vínculo primário, sob o exclusivo argumento de inexistência de liame biológico. 3. Recurso especial não provido. (REsp n. 1.331.815/SC, relator Ministro Antonio Carlos Ferreira, Quarta Turma, julgado em 16/6/2016)

260 "Os efeitos da sentença podem ser observados e vividos, por vezes, no mundo dos fatos, pois a sentença como ato processual do juiz, que pode, em alguns casos, decidir a questão controvertida, tem como qualidade inicialmente gerar eficácia (potencialidade de gerar resultados) e depois efeitos (resultados) daquilo que fora decidido. Dessa forma, a sentença concretiza-se no mundo dos fatos por meio dos seus resultados, ou seja, de seus efeitos. (...) Com efeito, as eficácias da sentença são as potencialidades de se concretizar a ordem judicial, enquanto que os efeitos se consubstanciam na realização do que foi estatuído judicialmente no mundo dos fatos.

Em vista disso, de outro lado, a coisa julgada traduz-se pela imutabilidade do conteúdo decisório da sentença, ou seja, a imutabilidade do comando decisório. Essa distinção é relevante, pois o que realmente se torna imutável, a coisa julgada, vem a ser a determinação judicial, como comando decisório do juiz, enquanto que os efeitos da sentença, como resultados fenomênicos da decisão judicial, podem ser realizados ou não e, inclusive, mutáveis pelas próprias partes, que podem estipular, entre si, distintas formas de cumprir aquilo que fora determinado judicialmente. Esse aspecto demonstra a distinção efetiva entre os efeitos da sentença e a coisa julgada, que acaba sendo relevante para este estudo, pois, diferenciado de forma clara, perceber-se-á que a coisa julgada, das demandas de natureza individual com eficácia inter partes, não atinge a terceiros, quer para beneficiar ou prejudicar, pois a decisão mérito faz coisa julgada entre as quais é dada. (...) Assim, em resumo desta primeira construção, afirme-se que a coisa julgada, como imutabilidade e, consequente, indiscutibilidade do comando decisório da decisão de mérito só pode vincular benéfica ou maleficamente às partes envolvidas na tutela individual (eficácia inter partes), muito embora os efeitos da sentença, algo totalmente diferente de coisa julgada, possam atingir a terceiros, beneficiando ou prejudicando seus interesses. Isso permite se afirmar que o terceiro, caso queira, poderá se opor à coisa julgada produzida entre A e B e promover sua demanda para discutir a questão, visto que sobre ele, terceiro, ainda não impera a coisa julgada, ou seja, a imutabilidade e, consequente, indiscutibilidade do comando

eficácia natural[261] de respeito à decisão, que não se confunde com a coisa julgada[262]. O principal fundamento para tanto é a natureza da sentença enquanto ato estatal[263] - logo, imperativo e unilateralmente

decisório da decisão de mérito." (THAMAY, Rennan. *Coisa Julgada*. 2. ed. São Paulo: Revista dos Tribunais, 2020. Livro eletrônico).

261 "A sentença, como ato autoritativo ditado por um órgão do Estado, reivindica naturalmente, perante todos, seu ofício de formular qual seja o comando concreto da lei ou, mais genericamente, a vontade do Estado, para um caso determinado. As partes, como sujeitos da relação a que se refere a decisão, são certamente as primeiras que sofrem a sua eficácia, mas não há motivo que exima os terceiros de sofrê-la igualmente. Uma vez que o juiz é o órgão ao qual atribui o Estado o mister de fazer atuar a vontade da lei no caso concreto, apresenta-se a sua sentença como eficaz exercício dessa função perante todo o ordenamento jurídico e todos os sujeitos que nele operam." (LIEBMAN, Enrico Tullio. *Eficácia e autoridade da sentença e outros escritos sobre a coisa julgada*. Tradução de Alfredo Buzaid e Benvindo Aires, tradução dos textos posteriores à edição de 1945 com notas relativas ao direito brasileiro vigente de Ada Pellegrini Grinover. 4. ed. Rio de Janeiro: Forense, 2007, p. 123.).

262 "Entretanto, a sentença firma uma situação jurídica que passa a prevalecer perante todos. Impõe uma realidade que atinge as pessoas em geral. (...) Os indivíduos em geral são terceiros totalmente desinteressados ou estranhos à relação jurídica processual, o que importa não lhes dizer respeito pessoal o objeto da lide e mesmo a decisão. No entanto, são alcançados pela eficácia natural da decisão, impondo-se o respeito, sem que fiquem atingidos pela coisa julgada material. Daí não se admitir que desconsiderem a sentença, defluindo o dever de ter o vencedor como titular do domínio, ou a pessoa separada judicialmente não mais como casada. Não devem especificar na qualificação o estado civil de casada.

Tal decorrência emerge do art. 503 do CPC/2015: "A decisão que julgar total ou parcialmente o mérito tem força de lei nos limites da questão principal expressamente decidida"." (RIZZARDO, Arnaldo. *A sentença*: ação anulatória, ação rescisória. São Paulo: Revista dos Tribunais, 2021, p. 98).

263 "Os tempos mudaram: e quer parecer que um dos resultados a que esse ensaio contribuiu para levar foi a 'descoberta' de que a sentença é o ato pelo qual o Estado, titular do poder jurisdicional, cumpre sua função, distribuindo justiça entre os consorciados: daí por que a sentença não pode mais ser aproximada ao contrato (verdadeira relíquia histórica do tempo em que a autoridade da sentença devia ser reconduzida à *litis contestatio*), mas há de ser posta, como ato jurisdicional, ao lado do ato legislativo e do ato administrativo. Sua eficácia participa das características típicas dos atos do poder público: produz unilateralmente e de modo vinculante, na esfera jurídica dos sujeitos, os efeitos declaratórios ou modificativos correspondentes àquilo que nela se dispôs. Essa eficácia é chamada pela doutrina italiana imperatividade ou autoratividade e é independente da validade formal do ato." (LIEBMAN, Enrico Tullio. *Eficácia e autoridade da sentença e outros escritos sobre a coisa julgada*. Tradução de Alfredo Buzaid e Benvindo Aires, tradução dos textos

eficaz. Corroborando-o, afirma o legislador que a decisão tem força de lei[264], evidenciando que a decisão judicial tem aptidão para contribuir normativamente, revelando o próprio direito[265].

Esse funcionamento, que se faz sentir mesmo em relação a julgados subjetivos, ganha nova força nas decisões que fixam teses jurídicas, essencialmente declaratórias[266]. Se o ato praticado pelo Estado quanto a um conflito específico a todos envolve, reforçadamente o faz quando voltado a definir o significado da norma legal, que, por sua vez, também submete a coletividade, por sua generalidade e abstração[267].

Note-se, nesse ponto, que mesmo teses que acabem por atribuir um sentido adicional ao texto interpretado (aditivas) mantém natureza declaratória, porque o provimento jurisdicional busca desfazer a incerteza jurídica hermenêutica. Eventual caráter constitutivo fica reservado

---

posteriores à edição de 1945 com notas relativas ao direito brasileiro vigente de Ada Pellegrini Grinover. 4. ed. Rio de Janeiro: Forense, 2007. Prefácia à segunda edição brasileira.).

264 Art. 503. A decisão que julgar total ou parcialmente o mérito tem força de lei nos limites da questão principal expressamente decidida.

265 "Nos últimos tempos, tem-se dado a devida atenção à *carga normativa* da jurisprudência. Tem-se reconhecido que decisões judiciais são mais do que *fonte* do direito: são o próprio direito. (...) Se são o próprio direito, é natural que se reconheça que, além de resolver a controvérsia entre A e B, decisões judiciais, *em diferentes medidas*, significam algo para o sistema normativo." (ALVIM, Teresa Arruda. *Modulação*: na alteração da jurisprudência firme ou de precedentes vinculantes. 2. ed. São Paulo: Revista dos Tribunais, 2021).

266 "A sentença gera efeitos materiais para as partes dependendo da natureza do dispositivo. A sentença declaratória traz a certeza jurídica sobre a existência ou inexistência de determinada relação jurídica, anteriormente existente." (CARNEIRO, Paulo Cezar Pinheiro. *O novo processo civil brasileiro*. 3. ed. Rio de Janeiro: Forense, 2022. Livro eletrônico.).

267 "Registre-se, por fim, que todos esses aspectos, em seu conjunto, estão e evidenciar que o modelo brasileiro atual, no que concerne ao tema da ampliação subjetiva da coisa julgada em matéria de controle de constitucionalidade das leis, segue a vocação moderna das Cortes de cassação dos países europeus, que lhes atribuem, de um lado, a supremacia do controle de constitucionalidade das leis e, de outro, a hegemonia da interpretação e aplicação do direito.

Não há dúvida, outrossim, que a força *erga omnes*, supra referenciada, acentua o caráter de fonte de direito dos precedentes judiciais do Supremo Tribunal Federal." (TUCCI, José Rogério Cruz e. *Limites subjetivos: da eficácia da sentença e da coisa julgada civil*. São Paulo: Revista dos Tribunais, 2006, p. 344).

ao julgador do caso concreto que venha a aplicá-la, fazendo incidir efeito em uma relação jurídica específica, ou ao ato administrativo que reconheça a incidência do entendimento e o torne efetivo para aquela hipótese concreta.

Diante de todo o exposto, é de se concluir que a decisão que fixa a tese possui uma eficácia normativa natural[268], direta[269] e primária[270], ao completar o processo de criação da norma jurídica, obrigando a todos aqueles submetidos ao ordenamento jurídico nos mesmos moldes que a norma interpretada o faz, ao subtrair-lhe ou esclarecer-lhe o sentido último, em nada se confundindo com o instituto da coisa julgada, por faltar-lhe a incidência sobre uma relação jurídica específica - aspecto

---

[268] Em sentido contrário, mais aproximado do *common law*: "Também não se deve confundir a transcendência dos motivos com a ideia de eficácia natural de uma sentença. Não se está a falar em efeitos diretos, anexos e reflexos que decorram do provimento final, mas de uma *rule* que se extrai essencialmente da fundamentação da decisão, que pode corresponder a uma ou mais proposições de direito, princípios, que possam servir à solução de outros casos, não iguais (porque no mínimo as partes e o tempo serão diferentes), mas semelhantes ao que foi julgado." (FERRAZ, Thaís Schilling. *O precedente constitucional:* construção e eficácia do julgamento da questão com repercussão geral. São Paulo: Saraiva, 2017, p. 280).

[269] Não se trata de eficácia reflexa do fato jurídico "acórdão que fixa tese" para outros casos, porque emana diretamente dessa decisão a eficácia normativa. Para a distinção entre eficácia direta e reflexa, veja-se a abordagem de Liebman a Carnelutti em: LIEBMAN, Enrico Tullio. *Eficácia e autoridade da sentença e outros escritos sobre a coisa julgada.* Tradução de Alfredo Buzaid e Benvindo Aires, tradução dos textos posteriores à edição de 1945 com notas relativas ao direito brasileiro vigente de Ada Pellegrini Grinover. 4. ed. Rio de Janeiro: Forense, 2007.

[270] Sob a ótica do incidente em que se fixa a tese, não há que se falar em efeito normativo secundário: "Já os efeitos secundários das sentenças não foram objeto de pedido na demanda – caso contrário, inserir-se-iam nos efeitos principais. Na realidade, são eles consequências legais do acolhimento do pedido autoral, sendo automáticos, o que afasta a própria necessidade de que sejam objeto de decisão judicial, bem como independem da vontade do demandante." (RODRIGUES, Marco Antonio dos Santos. *A modificação do pedido e da causa de pedir no processo civil.* Rio de Janeiro: Mundo Jurídico, 2014, p. 258.). Também os efeitos secundários não se confundem com a coisa julgada: "(...) os efeitos secundários da sentença não se podem contrapor à coisa julgada, que não é efeito da sentença e tampouco à soma dos seus efeitos principais, mas tão-só uma sua (possível) qualidade." (LIEBMAN, Enrico Tullio. *Eficácia e autoridade da sentença e outros escritos sobre a coisa julgada.* Tradução de Alfredo Buzaid e Benvindo Aires, tradução dos textos posteriores à edição de 1945 com notas relativas ao direito brasileiro vigente de Ada Pellegrini Grinover. 4. ed. Rio de Janeiro: Forense, 2007, p. 72.).

que se fará presente quando da aplicação da tese a casos concretos, no exercício típico da função jurisdicional de concretização do direito através da pacificação de conflitos – nem dele dependendo para efetivar a posição adotada[271].

Na persecução desse regular atuar estatal pela via da jurisdição e pela via administrativa, funciona a fixação de entendimentos pelo mecanismo de teses jurídicas como um meio aperfeiçoador da realização de direitos que ambas as funções estatais[272] buscam, robustecido pelo marcante traço da eficiência.

---

[271] Por isso, descabido (como sustentado, entre outros, por: OLIVEIRA, Weber Luiz de. *Precedentes judiciais na Administração Pública*. Salvador: JusPodivm, 2019, p. 166-167) se reputar ofensiva à coisa julgada, ao devido processo legal e à ampla defesa a vinculação de entes públicos e das agências reguladoras à tese vez que efetivamente a ela se submetem como à lei se submetem, cabendo-lhes, como evidenciado pelo legislador, fiscalizar sua efetiva aplicação, independente de terem participado do procedimento. Igualmente, ressoa equivocada a eigência de lei específica para fazer cumprir a tese, pelo suposto mandamento constitucional (art. 174 e art. 175, I), porque a lei – e sua interpretação correta – deve ser respeitada e seguida irrestritamente.

[272] Há uma natureza publicista inegável, nesse ponto: "O juiz que, na plenitude de seus poderes e com todas as garantias outorgadas pela lei, cumpre sua função, declarando, resolvendo ou modificando uma relação jurídica, exerce essa atividade (e não é possível pensar diversamente) para um escopo que outra coisa não é senão a rigorosa e imparcial aplicação e atuação da lei; e não se compreenderia que esse resultado todo objetivo e de interesse geral pudesse ser válido e eficaz só para determinados destinatários e limitado a eles. Concepção assim restrita dos efeitos da sentença podia ser lógica quando tinha o processo caráter de atividade privada, e o fundamento da eficácia da sentença era um contrato ou quase-contrato pelo qual se submetiam as partes, mais ou menos voluntária e livremente, ao *iudicium* e à sentença que se devia prolatar. Mas, desde que recebe a sentença a sua eficácia do poder soberano da autoridade em cujo nome é pronunciada, da qualidade pública e estatal do órgão que a prolata (visto que já se logrou a plena consciência desta verdade), seria de todo em todo inexplicável que valesse ela só para um e não para todos como formulação da vontade do Estado no caso concreto. Por outro lado, não é o processo uma tutela do direito subjetivo, concedida pessoalmente ao seu titular, mas tutela, atuação e garantia do direito objetivo, exercida para satisfazer um interesse público e geral; e desenvolve-se nos modos e com as providências que mais se afigurem oportunas para assegurar o descobrimento da verdade e o triunfo da justiça." (LIEBMAN, Enrico Tullio. *Eficácia e autoridade da sentença e outros escritos sobre a coisa julgada*. Tradução de Alfredo Buzaid e Benvindo Aires, tradução dos textos posteriores à edição de 1945 com notas relativas ao direito brasileiro vigente de Ada Pellegrini Grinover. 4. ed. Rio de Janeiro: Forense, 2007, p. 123-124.).

3.3. IMPLICAÇÕES

Emergem, desse cenário descrito, diversas consequências de elevada relevância prática e sistêmica. Doravante, serão abordadas as duas que interessam no estudo do tema da vinculação às teses: a amplitude do espectro subjetivo de vinculação e a possibilidade de controle do descumprimento extrajudiciário dos entendimentos.

3.3.1. EXTENSÃO SUBJETIVA: EXEMPLIFICARIEDADE DA PREVISÃO LEGAL

Após a exposição dos fundamentos principiológicos, funcionais e pragmáticos pelos quais as teses jurídicas devem ser tidas como interpretações vinculantes, pode-se retornar à específica previsão do legislador processual que serviu de ponto de partida para toda a reflexão (artigos 985, §2º[273], e 1.040, IV[274], do Código de Processo Civil). A menção aos órgãos, entes e agencias reguladoras competentes para fiscalização da efetiva aplicação do entendimento judicial deve ser entendida como exemplificativa e precisa.

Como sustentado e demonstrado a respeito do processo de formação da norma jurídica, coordenado entre Legislativo e Judiciário e obrigatoriamente respeitado pela Administração Pública, vez que subordinada ao ordenamento cujos contornos são definidos pelas demais funções, e pelo argumento pragmático segundo o qual a resistência de aplicação de uma tese significa tão somente uma ofensa à eficiência e à economicidade estatais, o administrador deve seguir e fazer cumprir os enunciados. Essa lógica é geral, alcançando qualquer atuar do Estado, não se limitando à descentralização administrativa e à prestação de serviço público por particulares.

---

[273] Art. 985. § 2º Se o incidente tiver por objeto questão relativa a prestação de serviço concedido, permitido ou autorizado, o resultado do julgamento será comunicado ao órgão, ao ente ou à agência reguladora competente para fiscalização da efetiva aplicação, por parte dos entes sujeitos a regulação, da tese adotada.

[274] Art. 1.040. Publicado o acórdão paradigma: IV - se os recursos versarem sobre questão relativa a prestação de serviço público objeto de concessão, permissão ou autorização, o resultado do julgamento será comunicado ao órgão, ao ente ou à agência reguladora competente para fiscalização da efetiva aplicação, por parte dos entes sujeitos a regulação, da tese adotada.

Com efeito, a exclusiva menção a tais hipóteses no diploma processual quer, antes de isentar o restante da Administração do inescusável dever de respeitar o ordenamento, reafirmá-lo, afastando quaisquer dúvidas também em relação à extensão dessa obrigação para o ambiente da concessão e permissão de serviços públicos e, em especial, ao âmbito regulatório. O legislador, ao especificar, presumiu o óbvio: que a administração ocorra de acordo com o ordenamento jurídico, em respeito à juridicidade, à moderna feição da legalidade.

A função regulatória surge na tendência de transferência da prestação de serviços públicos ao setor privado, com a criação de mecanismos de controle externo. A rigor, o Estado não transfere a atividade a terceiros, mas apenas sua execução, em uma evolução do sistema tradicional. Pela via da delegalização, encontram-se normas capazes de atender às especificidades dos setores técnicos[275], garantindo-se uma dose de autonomia mesmo em relação ao Executivo[276], visando à efetividade[277].

---

[275] SOUTO, Marco Juruena Villela Souto. *Direito Administrativo Regulatório*. Rio de Janeiro: Lumen Juris, 2002, p. 37.

[276] "A autonomia das agências reguladoras existe, em maior ou em menor escala, frente a todos os Poderes do Estado, revelando-se mais sensível em face do Poder Executivo, tendo em vista o maior número de pontos de contato que com ele possui, e a tradicional, mas ultrapassada, ideia de subordinação hierárquica ao Chefe do Governo de todos os agentes e entidades do aparato administrativo." (ARAGÃO, Alexandre Santos de. Agências Reguladoras e Agências Executivas. *Revista de Direito Administrativo*. n. 228, 2002, p. 118.).

[277] "Preocupa a sociedade – isto sim – é a perspectiva que advirá da delegação normativa, ou seja, se a delegação implicará *efetiva consecução dos resultados*. Em outras palavras; não está em jogo princípio da hierarquia normativa e da separação de Poderes e funções. Está em jogo, realmente, o princípio da efetividade." (CARVALHO FILHO, José dos Santos. O Poder Normativo das Agências Reguladoras. In: ARAGÃO, Alexandre Santos de [coord]. *O Poder Normativo das Agências Reguladoras*. 2. ed. Rio de Janeiro: Forense, 2011, p. 69).

As agências reguladoras[278] exercem seu poder normativo[279] técnico, complementando, especificando, uma norma superior, cujo significado é dado pelo Legislativo e, em seguida, precisado pelo Judiciário, e a ela se submetendo[280]. O atributo que diferencia o regulamento da lei é a novidade, a capacidade de inovar (quase que) ilimitadamente, embora com ela se identifique quanto à generalidade[281] – semelhantemente, portanto, à fixação de uma tese jurisdicional, embora em patamar abaixo. Também se pode traçar paralelo entre a regulação normativa e os incidentes que fixam teses quanto à necessidade de participação como forma de legitimação democrática da norma produzida[282].

---

278 As agências possuem natureza de autarquias de regime especial, que, além da autonomia administrativa e financeira, possuem independ~encia técnica setorial, em uma espécie de "instância arbitral" (CASTRO, Carlos Roberto Siqueira. Função Normativa Regulatória e o Novo Princípio da Legalidade. In: ARAGÃO, Alexandre Santos de [coord]. *O Poder Normativo das Agências Reguladoras*. 2. ed. Rio de Janeiro: Forense, 2011, p. 50), especificamente voltadas para os setores desestatizados, cuja lei de criação outorga poderes normativos e fiscalizatórios: ANEEL (Lei 9427/96, art. 3º, I: expedindo atos regulamentares; II: regulando serviço e fiscalizando); ANATEL (Lei 9472/97, art. 19, X: expedindo normas e padrões a serem cumpridos); e a ANP (Lei 9478/97, art. 8º: promover a regulação e a fiscalização).

279 Há certa dose de divergência quanto ao exercício da função regulamentadora (CARVALHO FILHO, José dos Santos. O Poder Normativo das Agências Reguladoras. In: ARAGÃO, Alexandre Santos de [coord]. *O Poder Normativo das Agências Reguladoras*. 2. ed. Rio de Janeiro: Forense, 2011, p. 66) ou da regulatória, na qual prevaleceriam os critérios técnicos, econômicos e a autonomia dos agentes (MADEIRA, José Maria Pinheiro. *Administração Pública Centralizada e Descentralizada*. 2. ed. Rio de Janeiro: América Jurídica, 2004, p. 265; SOUTO, Marcos Juruena Villela. Extensão do Poder Normativo das Agências Reguladoras. In: ARAGÃO, Alexandre Santos de [coord]. *O Poder Normativo das Agências Reguladoras*. 2. ed. Rio de Janeiro: Forense, 2011, p. 96-97).

280 "Como ato inferior à lei, o regulamento não pode contrariá-la ou ir além do que ela permite. No que o regulamento infringir ou extravasar da lei, é írrito e nulo, por caracterizar situação de ilegalidade." (MEIRELLES, Hely Lopes. *Direito Administrativo Brasileiro*. 18. ed. São Paulo: Malheiros, 1993, p. 163).

281 "Em sentido material o regulamento tem afinidade com a lei em virtude de sua *generalidade*, pois os regulamentos possuem sempre caráter genérico. Mas distingue-se dela por lhe faltar *novidade*, visto as suas normas serem, pelo que toca à limitação de direitos individuais, simples desenvolvimento ou aplicação de outras normas, essas inovadoras." (CAETANO, Marcelo. *Manual de Direito Administrativo*. 10. ed. Coimbra: Coimbra, 1973, tomo I, p. 96.).

282 SOUTO, Marcos Juruena Villela. Extensão do Poder Normativo das Agências Reguladoras. In: ARAGÃO, Alexandre Santos de [coord]. *O Poder Normativo das*

Essa sequência hierárquica esclarece que a submissão das agências reguladoras ao entendimento fixado na tese jurídica não abala os poderes peculiares dessas autarquias técnicas[283], porque sua função normativa está, necessariamente, limitada pela norma legal e pelo sentido final dessa norma definido jurisdicionalmente[284].

Por essa razão, o procedimento regulatório se mantém hígido quanto aos requisitos para a normatização - inclusive o procedimento, a necessidade de Análise de Impacto Regulatório[285], decisão colegiada, consulta pública e eventuais audiências públicas[286] -, apenas cabendo ao ente respeitar o conteúdo da lei, nos limites da tese jurídica.

Agências Reguladoras. 2. ed. Rio de Janeiro: Forense, 2011, p. 97.

283 Em sentido diverso, apontando riscos de o Judiciário se imiscuir em questões regulatórias, alertando para a necessidade de capacitação técnica deste poder: SILVA, Marcos Rolim da. Regulação econômica pelo Judiciário? Riscos e potencialidades da análise judicial de questões regulatórias no contexto do novo CPC. *Revista de Processo Comparado*, v. 5, p. 107-140, jan./jun. 2017.

284 Não se trata de abdicação normativa, sem estabelecimento de *standards* mínimos, mas de delegação.

285 Nada de incompatível existe entre os requisitos apontados e a postura pragmática defendida por autores (SILVEIRA, Bruna Braga da. *Litigiosidade repetitiva, processo e regulação*: interações entre o judiciário e o órgão regulador no julgamento de casos repetitivos. Salvador: JusPodivm, 2021, p. 227) que retiram do Judiciário sua função de definir interpretações, já que o ambiente de formação da tese é participativo, democrático e mesmo consequencialista.

286 Lei 13.848/2019: Art. 6º A adoção e as propostas de alteração de atos normativos de interesse geral dos agentes econômicos, consumidores ou usuários dos serviços prestados serão, nos termos de regulamento, precedidas da realização de Análise de Impacto Regulatório (AIR), que conterá informações e dados sobre os possíveis efeitos do ato normativo. (...)
Art. 7º O processo de decisão da agência reguladora referente a regulação terá caráter colegiado. (...)
Art. 9º Serão objeto de consulta pública, previamente à tomada de decisão pelo conselho diretor ou pela diretoria colegiada, as minutas e as propostas de alteração de atos normativos de interesse geral dos agentes econômicos, consumidores ou usuários dos serviços prestados. (...)
Art. 10. A agência reguladora, por decisão colegiada, poderá convocar audiência pública para formação de juízo e tomada de decisão sobre matéria considerada relevante.

Inexiste qualquer inconstitucionalidade[287], porque o Judiciário, submetido que está à lei, não se imiscui na forma de realização da função da agência reguladora, mas evidencia o teor da legislação que subordina a regulamentação[288].

Também é desnecessário traçar outras exigências para aplicabilidade da tese no âmbito regulatório[289], como a edição de lei específica que determine essa obediência, de modo a concretizar o dogma da legalidade e a suposta demanda por publicidade, tanto pela lei autorizativa, geral e abstrata, como por ato específico[290]. A rigor, tratar-se-ia de uma norma criada apenas para reiterar um elemento natural e incontornável do ordenamento: sua unidade.

Diante de toda a racionalidade sistêmica expostas, não prosperam as alegações de inconstitucionalidade[291], porque a obrigatoriedade de

---

[287] Em sentido contrário, apontando inconstitucionalidade e a necessidade de outorgar-se intepretação conforma a Constituição para exigir-se tais meios e instrumentos definidos na legislação e nos contratos que regem a matéria: OLIVEIRA, Weber Luiz de. *Precedentes judiciais na Administração Pública*. Salvador: JusPodivm, 2019, p. 163-164 e 172.

[288] Por isso, correta é a posição que indica que caberá à agência reguladora editar ato normativo no sentido da tese (CÂMARA, Alexandre Freitas. *O novo processo civil brasileiro*. 4. ed. São Paulo: Atlas, 2015, p. 552), discordando-se da posição contrário, que enxerga uma "intromissão indevida do Judiciário" (SILVEIRA, Bruna Braga da. *Litigiosidade repetitiva, processo e regulação*: interações entre o judiciário e o órgão regulador no julgamento de casos repetitivos. Salvador: JusPodivm, 2021, p. 215).

[289] Entendendo que o Judiciário não pode subordinar a agência em questões regulatórias, porque a redação final do dispositivo apenas menciona fiscalização e não regulação: SILVEIRA, Bruna Braga da. *Litigiosidade repetitiva, processo e regulação*: interações entre o judiciário e o órgão regulador no julgamento de casos repetitivos. Salvador: JusPodivm, 2021, p. 175.

[290] No sentido da exigência da autorização legislativa específica: OLIVEIRA, Weber Luiz de. *Precedentes judiciais na Administração Pública*. Salvador: JusPodivm, 2019, p. 213 e 237.

[291] Na ADIN 5492, ajuizada pelo Governador do Estado do Rio de Janeiro, alega-se que os dispositivos estabelecem "uma vinculação absolutamente inconstitucional", direta e automática da Fazenda Pública, o que violaria o devido processo legal e a garantia do contraditório. Citando a doutrina de Nelson Nery, aduzem que "não pode haver decisão judicial que vincule outros órgãos do Poder Judiciário (...), somente vinculam as decisões do STF em controle abstrato de constitucionalidade das leis e atos normativos (CF 102 §2º) e as súmulas vinculantes do mesmo STF (CF 103 caput)" (NERY JÚNIOR, Nelson. *Comentários ao Código de Processo Civil*. São Paulo: Revista dos Tribunais, 2016, p. 1.975).

fiscalização da aplicação das teses pelos entes reguladores tutela a expectativa dos usuários dos serviços públicos[292], concretizando a efeti-

Alega-se que a *eficácia natural da sentença* (LIEBMAN, Enrico Tullio. *Eficácia e autoridade da sentença e outros escritos sobre a coisa julgada*. Rio de Janeiro: Forense, 2007, p. 121), que atinge os terceiros, não se reveste da imutabilidade, "já que tais terceiros, sofrendo *prejuízos jurídicos* em sua esfera subjetiva, não ficam impedidos de rediscutir o conteúdo da decisão, com o necessário acesso ao meio judicial que lhes assegure a ampla oportunidade de defesa do gozo de seus direitos".

Segundo o autor, o incidente não gera imutabilidade inerente à coisa julgada material e o fato de a Fazenda Pública apenas o poder suscitar quando parte de um processo (art. 977) ou participar dele como *amicus curiae* compromete o contraditório e a afasta dos limites subjetivos da coisa julgada material.

Acresce que, "mesmo que tratada tal comunicação como uma espécie de *institucionalização* da *eficácia natural da decisão* por disposição legal", não haveria meio posterior para a rediscussão da tese, tanto recursal, por se tratando de direito local, como pela via de uma ação judicial autônoma, já que os juízos estariam vinculados ao debatido e decidido pelo tribunal local (art. 489, §1º, VI).

Pugnam, enfim, pela declaração de inconstitucionalidade e, subsidiariamente, pela interpretação conforme da expressão "para fiscalização da efetiva aplicação, por parte dos entes sujeitos a regulação, da tese adotada", para retirar qualquer grau de cogência e imperatividade à comunicação dirigida ao ente regulador, quando não tenha figurado como parte no procedimento de formação do precedente.

No sentido oposto, o Senado Federal prestou informações, defendendo a constitucionalidade da norma, sustentando que (*i*) os dispositivos concretizam os princípios da eficácia, da eficiência, da duração razoável do processo e da isonomia, de sorte que a desobediência administrativa às teses fixadas reduziria o papel do Judiciário, "quase como um cartório", criando uma série de demandas evitáveis, e que (*ii*) há contraditório nos procedimentos, com oitiva de interessados (art. 983), o que inclui a participação do Estado como *amicus curiae*.

Semelhantemente, posicionou-se a Associação Norte e Nordeste de Professores de Processo, assentando que "[o]s argumentos por sua inconstitucionalidade, enfim, não procedem, inclusive porque, caso fossem acolhidos, gerariam certamente um estado de coisas inconstitucional, que permitiria aos entes e órgãos públicos, bem como, por consequência, aos prestadores de serviço público objeto de concessão, permissão ou autorização, agir em dissonância ao entendimento dos tribunais, o que apenas gera insegurança jurídica e prejuízo aos cidadãos".

[292] "Caso o incidente tenha tido por objeto questão relativa à prestação de serviço concedido, permitido ou autorizado, o resultado do julgamento será comunicado ao órgão, ao ente ou à agência reguladora competente para a fiscalização da efetiva aplicação da tese adotada por parte dos entes sujeitos à regulação. Esta regra encontra guarida no § 2º do art. 985 e apresenta importância expressa, visto que compete ao Poder Público zelar pelo cumprimento do quanto determinado pelo Poder Judiciário, sendo de grande valia para a proteção dos interesses e direitos

vidade[293][294] e evitando novas judicializações[295] motivadas pela falta de diálogos institucionais entre as funções do Estado[296][297].

---

dos consumidores usuários de serviços públicos remunerados por meio de preço público, tarifa ou taxa. A regularidade, a adequação e a efetividade de tais serviços de relevância pública somente poderão ser atendidas se observadas as obrigatórias diretrizes determinadas no bojo do incidente de resolução de demanda repetitiva." (SILVA, Joseane Suzart Lopes da. O incidente de resolução de demandas repetitivas e a proteção da coletividade consumerista: uma análise crítica do novel instituto. *Revista de Direito do Consumidor*, v.109, jan./fev. 2017. Acesso eletrônico.)

293 MENDES, Aluisio Gonçalves de Castro; NETO, Odilon Romano. Análise da relação entre o novo incidente de resolução de demandas repetitivas e o microssistema dos Juizados Especiais. *Revista de Processo*. v. 245. Jul./2015. Acesso eletrônico.).

294 "Este é, certamente, o mais importante efeito da decisão paradigma quando se pensa neste sistema como um método de gerenciamento de causas repetitivas. É que o ente regulador deverá, a partir da fixação do precedente vinculante, produzir ato normativo de natureza administrativa, cuja observância pelos entes sujeitos a regulação é obrigatória, impondo a adaptação do serviço ao que tenha sido decidido pelo Superior Tribunal de Justiça ou pelo Supremo Tribunal Federal. Diz-se que este efeito é tão importante porque, como sabido, as sanções que os entes reguladores podem impor aos que prestem serviços sujeitos a regulação são muito pesadas, com previsão de multas elevadas e até mesmo, em casos extremos, de perda da concessão, permissão ou autorização. Pois isto deverá, em termos práticos, produzir o resultado de promover a adaptação das condutas dos prestadores de serviços aos entendimentos firmados nos precedentes vinculantes, de modo que haverá, como consequência inevitável, uma diminuição da litigiosidade em relação a tais condutas." (CÂMARA, Alexandre Freitas. *O novo processo civil brasileiro*. 2. ed. São Paulo: Atlas, 2016. p. 559)

295 "Trata-se de iniciativa importante que, ao estabelecer indispensável cooperação entre o órgão jurisdicional e as pessoas, os entes e/ou órgãos administrativos, cria condições de efetividade do quanto decidido no âmbito jurisdicional e, nesse sentido, traz à mente o disposto no art. 4.º que, pertinentemente, não se contenta tão só com a declaração do direito, mas também com sua concretização. Ademais, se essa fiscalização for efetiva, como se espera, reduzem-se os riscos de nova judicialização do conflito, o que viabiliza passo importante em direção a um mecanismo mais racional de distribuição de justiça, inclusive na perspectiva dos meios alternativos/adequados difundidos desde o art. 3.º. Que os entes administrativos façam, como devem fazer, a sua parte e que o CPC de 2015 sirva de mola propulsora a tanto". (BUENO, Cássio Scarpinella. *Manual de Direito Processual Civil*. São Paulo: Saraiva, 2015, p. 590.)

296 NUNES, Dierle. Comentário ao artigo 1.040. In: WAMBIER, Teresa Arruda Alvim *et al.* (coords). *Breves comentários ao novo código de processo civil*. São Paulo: Revista dos Tribunais, 2015, p. 2340.

297 "E, em se tratando de prestação de serviço público por concessão, permissão ou autorização, o resultado do julgamento será comunicado ao órgão, ente ou agência reguladora competente para fiscalização da efetiva aplicação da tese adotada. Com isso,

A especificidade da menção em relação a entes fiscalizadores da prestação de serviços públicos por particulares é um reforço, portanto, do papel cooperativo a ser desempenhado por todos os que formam a atividade estatal, funcionando, ainda, como uma maneira de esvaziar questionamentos que, destoando da moderna colaboração entre Legislativo e Judiciário na criação da norma jurídica, busquem identificar a tese jurídica com a coisa julgada, dando contornos exclusivamente subjetivos a uma atividade interpretativa essencialmente abstrata e objetiva.

3.3.2. CONTROLABILIDADE: CABIMENTO DE RECLAMAÇÃO

Em seu conceito, a norma jurídica se compõe de um elemento funcional, assim entendida a fonte material, a base axiológica que funda o conteúdo do preceito normativo, e outro estrutural, que se bifurca: a estrutura normativa externa diz respeito ao vínculo com os destinatários da norma, enquanto fonte formal do direito, ao passo que a estrutura interna soma ao comando ou preceito (proposição categórica) uma sanção (consequência)[298].

Esse elemento sancionatório – a chamada função repressiva da norma jurídica - se divide em sanções diretas, indiretas e coercitivas[299],

---

o Código expressamente contempla a produção de efeitos vinculantes do julgamento por amostragem dos recursos excepcionais também em relação ao Poder Executivo, não só ao próprio Poder Judiciário." (PINHO, Humberto Dalla Bernardina de. *Direito Processual Civil Contemporâneo*. v. 2. São Paulo, Saraiva, 2017, p. 970)

[298] "Inserida visceralmente no ordenamento, a norma jurídica deve ser estudada em sua perspectiva estrutural e funcional. A perspectiva estrutural, ou seja, a forma como se apresenta ou sua morfologia, subdivide-se em dois aspectos, que revelam sua estrutura interna e externa. Por estrutura interna entende-se o binômio preceito-sanção. A norma jurídica, em sua *estrutura interna*, é dotada de um comando ou preceito, designado como proposição categórica, que impõe certo comportamento, e também de uma sanção, isto é, a consequência do descumprimento do comando, que coincide com a reação previsível e proporcional destinada a coibir o descumprimento. Note-se aqui, mais uma vez, a singularidade do sistema jurídico que, ao contrário do sistema científico, não se desconstitui com a violação, mas provê, uma vez constatada a sua contrariedade, ao restabelecimento, mediante mecanismos próprios, da ordem emanada pelo comando." (TEPEDINO, Gustavo; OLIVA, Milena Donato. *Fundamentos de Direito Civil: Teoria Geral do Direito Civil*. 3. ed. Rio de Janeiro: Forense, 2022).

[299] "Pela *sanção direta* a ordem jurídica provê, de maneira coercitiva, a execução da conduta devida. Tem-se exemplo de sanção direta na execução específica de obrigação de fazer, dispondo o art. 501 do CPC que "na ação que tenha por objeto a emissão de declaração de vontade, a sentença que julgar procedente o pedido, uma vez transitada em julgado, produzirá todos os efeitos da declaração não emitida".

recordando que correlato à unidade do ordenamento é o predicado de sua eficácia, embos elementos constitutivos do direito[300].

Em razão do aspecto funcional, ou seja, por se revelar como um recorte de validade do sentido da norma legislada, o descumprimento da tese jurídica é sinônimo do descumprimento da lei por ela interpretada[301]. Significa dizer, com apoio na juridicidade, que um ato administrativo ou mesmo a atuação de um particular que confronte o entendimento enunciado na tese ofende o ordenamento.

Já a *sanção indireta* apresenta-se como resposta do ordenamento à hipótese em que não há possibilidade de restauração da situação anterior ao descumprimento da norma jurídica. É o que ocorre no caso de violação da cláusula contratual de não divulgar ao concorrente segredos de negócio, a qual, uma vez desrespeitada, ensejará reparação pelos danos sofridos, sem que seja possível, por outro lado, desfazer o repasse já consumado de informações confidenciais. (...)

Terceira espécie de sanção consiste nas *medidas coercitivas*, ou expedientes restritivos à liberdade ou aos bens do devedor destinados a compeli-lo ao cumprimento da prestação. Constituem exemplos dessa espécie as hipóteses em que o Código Civil autoriza ao possuidor de determinado bem o direito de retenção sobre ele, ou a possibilidade de prisão por dívida de pensão alimentar.

Tais são as espécies de sanção que se configuram no exame da chamada *função repressiva* da norma jurídica, a mais tradicional forma de atuação do ordenamento jurídico." (TEPEDINO, Gustavo; OLIVA, Milena Donato. *Fundamentos de Direito Civil: Teoria Geral do Direito Civil*. 3. ed. Rio de Janeiro: Forense, 2022).

300 "A dificuldade é resolvida, também nesse caso, deslocando-se a perspectiva da norma singular para o ordenamento considerado no seu todo e afirmando que a eficácia é um caráter constitutivo do direito somente se com a expressão 'direito' nos referimos não à norma singular, mas ao ordenamento. (...)

Se a força é necessária para a realização do direito, então só existe um ordenamento jurídico (ou seja, que corresponde à definição que demos de direito) se, e enquanto, se fizer valer com a força: em outras palavras, um ordenamento jurídico existe enquanto é *eficaz*. (...) Um ordenamento jurídico, considerado no seu todo, só é válido se é eficaz." (BOBBIO, Norberto. *Teoria Geral do Direito*. 3. ed. São Paulo: Martins Fontes, 2010, p. 194 e 227).

301 "Guardando coerência com a posição defendida, deve-se aproximar a súmula, ou a jurisprudência com força vinculante, da norma de caráter geral de natureza interpretativa editada pelo legislador. Nem pode valer mais, nem deve valer menos. Assim, sua violação deve acarretar, para os magistrados, os mesmos resultados que toda violação de lei lhe acarreta, não sendo aceitável se dê àquela violação um tratamento privilegiado." (CALMON DE PASSOS, José Joaquim. Súmula Vinculante. *Genesis* – Revista de Direito Processual Civil. n. 6, set./dez. 1997)

Uma primeira conclusão quanto à sindicabilidade desses atos é que todo o instrumental existente para o controle de atos administrativos em descompasso com o princípio da legalidade se aplica à hipótese. A mácula da validade desses atos pode ser aferida em sede extraprocessual, com exercício da autotutela administrativa, inclusive, bem como na seara jurisdicional, pelo procedimento comum ou por modalidades especiais de tutela, inclusive coletiva, como a específica via da ação popular, e a ação de improbidade administrativa.

Contudo, como a juridicidade está condicionada pelo específico instrumento da tese jurídica, surge, em relevante acréscimo, o instrumento da reclamação para o pronto controle dos atos desviantes.

A reclamação possui, atualmente mais do que nunca, a natureza jurídica de ação, razão pela qual se pode enquadrá-la, ainda, como um remédio constitucional, na medida em que se fundamenta em dispositivos constitucionais[302].

Ao longo de sua história evolutiva, porém, se encontra a etapa da ausência de previsão expressa, em que o Supremo Tribunal Federal admitia seu manejo com base na teoria dos podere simplícitios, ante a necessidade de efetividade do poder explícito de julgar, seguida pela previsão exclusiva em sede regimental da corte, em 1957, e, só em 1988, sede consttiucional positiva, com ulterior tratamento legislativo pela Lei 8.038/1990, e ampliação pela Emenda Constitucional 45/2004 a abarcara súmula vinculante. O Código de Processo Civil atual representa o último capítulo dessa evolução de tratamento, abordando a reclamação amplamente, trazendo cabimento, legitimados, procedimento.

A finalidade da reclamação é não apenas garantir direitos, mas fazer com que sejam cumpridas decisões judiciais que já os reconheceram[303],

---

[302] Constituição Federal: Art. 102. Compete ao Supremo Tribunal Federal, precipuamente, a guarda da Constituição, cabendo-lhe: I - processar e julgar, originariamente: l) a reclamação para a preservação de sua competência e garantia da autoridade de suas decisões.
Art. 105. Compete ao Superior Tribunal de Justiça: I - processar e julgar, originariamente: f) a reclamação para a preservação de sua competência e garantia da autoridade de suas decisões.

[303] "Trata-se de remédio com a específica finalidade de garantir, não pura e simplesmente, que o direito seja cumprido, mas, mais do que isso, de garantir que decisões jurisdicionais (no sentido lato, abrangendo também as "súmulas vinculantes") em que direitos já foram reconhecidos, sejam respeitados. Percebe-se, portanto, porque inexiste instituto semelhante no direito alemão, francês, inglês etc."

funcionando como "garantia das garantias"[304]. Enquanto se pode aplaudir o mecanismo como instrumento que potencializa a efetividade das decisões proferidas pelo Judiciário[305], há quem o enxergue com reticências, na medida em que reconhece o descumprimento daquele que deveria fazer cumprir as normas e decisões: o Poder Público[306].

Partindo da Constituição Federal[307] e do Código de Processo Civil[308], pode-se organizar as hipóteses típicas e taxativas de cabimento da re-

---

(ALVIM, Teresa Arruda et al. *Primeiros comentários ao novo Código de Processo Civil.* São Paulo: Revista dos Tribunais, 2015).

[304] DANTAS, Marcelo Navarro Ribeiro. *Reclamação Constitucional no direito brasileiro.* Porto Alegre: Sergio Antonio Fabris Editor, 2000, p. 501.

[305] Isso porque "aumenta a eficácia decisória dos julgados, conferindo-lhes maior força, por ocasião do respectivo cumprimento e potencializa as normas de competência" (MORATO, Leonardo Lins. *Reclamação.* São Paulo: Revista dos Tribunais, 2006, p. 234).

[306] "Outros entendem que a situação equivale à placa posta na estrada pelo Poder Público: cuidado, buracos na pista. Ou, pior, *"cuidado, nesta esquina você pode ser assaltado a qualquer momento"*! Ou seja, postas por aqueles a quem caberia tomar providências para tapar os buracos e evitar os assaltos.

Estamos de acordo com a segunda opinião: a insubordinação dos membros do Poder Judiciário e do Poder Público em geral é, sem dúvida, razão de ser destas ações, que não encontram paralelo no direito comparado dos países do Primeiro Mundo. Essa rebeldia é também uma das causas do acúmulo excessivo de processos e recursos que abarrotam nossos tribunais." (ALVIM, Teresa Arruda et al. *Primeiros comentários ao novo Código de Processo Civil.* São Paulo: Revista dos Tribunais, 2015)

[307] Art. 102. Compete ao Supremo Tribunal Federal, precipuamente, a guarda da Constituição, cabendo-lhe: I - processar e julgar, originariamente: l) a reclamação para a preservação de sua competência e garantia da autoridade de suas decisões.

Art. 103-A § 3º Do ato administrativo ou decisão judicial que contrariar a súmula aplicável ou que indevidamente a aplicar, caberá reclamação ao Supremo Tribunal Federal que, julgando-a procedente, anulará o ato administrativo ou cassará a decisão judicial reclamada, e determinará que outra seja proferida com ou sem a aplicação da súmula, conforme o caso.

Art. 105. Compete ao Superior Tribunal de Justiça: I - processar e julgar, originariamente: f) a reclamação para a preservação de sua competência e garantia da autoridade de suas decisões.

Art. 111-A § 3º Compete ao Tribunal Superior do Trabalho processar e julgar, originariamente, a reclamação para a preservação de sua competência e garantia da autoridade de suas decisões.

[308] Art. 988. Caberá reclamação da parte interessada ou do Ministério Público para:

clamação[309] para a preservação de competência de tribunal e para a garantia da autoridade de decisão de tribunal[310], onde se incluem ofensas a súmula vinculante[311], a decisão em controle concentrado de constitucionalidade; e às teses fixadas pelo Judiciário nos incidentes típicos.

I - preservar a competência do tribunal;

II - garantir a autoridade das decisões do tribunal;

III – garantir a observância de enunciado de súmula vinculante e de decisão do Supremo Tribunal Federal em controle concentrado de constitucionalidade;

IV – garantir a observância de acórdão proferido em julgamento de incidente de resolução de demandas repetitivas ou de incidente de assunção de competência;

§ 5º É inadmissível a reclamação:

II – proposta para garantir a observância de acórdão de recurso extraordinário com repercussão geral reconhecida ou de acórdão proferido em julgamento de recursos extraordinário ou especial repetitivos, quando não esgotadas as instâncias ordinárias.

309 "De rigor, todas as hipóteses de cabimento da reclamação visam direta ou indiretamente, à preservação da autoridade do Tribunal." (ALVIM, Teresa Arruda *et al*. *Primeiros comentários ao novo Código de Processo Civil*. São Paulo: Revista dos Tribunais, 2015).

310 Independente de haver uma decisão vinculante para todos, porém, pode caber a reclamação, buscando que se observe a autoridade do tribunal por uma decisão proferida no próprio processo. Por exemplo, pode ser que o juiz indefira um pedido de tutela provisória, o tribunal, em agravo de instrumento, reforme a decisão, mas o juiz se negue a cumpri-la. Também assim pode ocorrer quando o julgador, na etapa de satisfação, determina meio executivo diverso daquele definido pelo tribunal, em recurso anterior ou no próprio título executivo (Rcl 2.826/BA, Rel. Ministra Nancy Andrighi, Rel. P/ Acórdão Ministro Luis Felipe Salomão, Segunda Seção, julgado em 10/11/2010). Exigindo que haja prejuízo para o cabimento: "Também nas execuções promovidas pelo credor de forma completamente diversa da recomendada pelo acórdão, é de admitir a reclamação se das medidas executivas decorrerem prejuízo sério e imediato para a parte." (THEODORO JÚNIOR, Humberto. *Curso de Direito Processual Civil*. Vol. 3. 5. ed. Rio de Janeiro: Forense, 2017, p. 945)

311 "A análise do dever de observar o precedente retratado na súmula vinculante revela que é possível contrariá-lo de quatro maneirasdistintas – ausência de consideração, inadequada interpretação, aplicação indevida ou omissão na aplicação. A primeira ocorre pela omissão de apreciação do precedente. A segunda, pela equivocada interpretação do enunciado, dos fatos e das razões subjacentes ao precedente ou do caso em que aplicável o precedente. A terceira, pela aplicação do precedente a caso incongruente ou pela produção de consequências jurídicas menores, maiores ou diversas das previstas pelo precedente. A quarta, pela ausência de aplicação, nada obstante a congruência entre o caso e o precedente. Em todas essas situações há desrespeito ao precedente resumido na súmula vinculante, sendo cabível a reclamação. O direito brasileiro igualmente refere que cabe reclamação fundada em súmula vinculante quando decisão judicial ou ato administrativo "negar-lhe vigência". A contrarie-

Certas decisões, portanto, constituindo "precedentes judiciais" (em um sentido amplo, ou seja, por obrigar o Judiciário e, quanto ao controle de constitucionalidade, os outros poderes), autorizam o cabimento de reclamação, para que sejam efetivamente seguidos. Por conta disso, a reclamação funciona como um instrumento concreto para garantir sua observância, completando a previsão mais genérica do Código[312]. Além disso, o legislador quis deixar claro que tal hipótese de cabimento engloba a não aplicação – onde se inclui a decisão omissa[313] - e a aplicação indevida[314].

Existe entendimento doutrinário que extrapola a previsão legal, sustentando que qualquer decisão das Cortes Supremas, isto é, aquelas voltadas a fixar precedentes e definir o sentido da lei (ou atribuir sentido ao ordenamento – Constituição Federal, no caso do Supremo Tribunal Federal, e legislação federal, no do Superior Tribunal de Justiça), deva ser tido como obrigatória e, se descumprida, ensejaria o cabimento de reclamação[315].

---

dade aqui não é ao precedente, mas à própria súmula. Negar vigência significa negar valor jurídico – existência no plano jurídico – à súmula. Significa, em outras palavras, negar que determinada súmula pertence ao ordenamento jurídico." (MITIDIERO, Daniel. *Reclamação nas Cortes Supremas*. São Paulo: Revista dos Tribunais, 2020, p. 82-83).

312 CPC: Art. 927. Os juízes e os tribunais observarão:

I - as decisões do Supremo Tribunal Federal em controle concentrado de constitucionalidade;

II - os enunciados de súmula vinculante;

III - os acórdãos em incidente de assunção de competência ou de resolução de demandas repetitivas e em julgamento de recursos extraordinário e especial repetitivos;

IV - os enunciados das súmulas do Supremo Tribunal Federal em matéria constitucional e do Superior Tribunal de Justiça em matéria infraconstitucional;

V - a orientação do plenário ou do órgão especial aos quais estiverem vinculados.

313 Apesar disso, a doutrina discute se uma decisão que deixe de aplicar a tese, não fazendo qualquer menção a esse respeito (decisão omissa, portanto), pode ser atacada por reclamação. No sentido defendido, acenando positivamente ao cabimento: CÂMARA, Alexandre Freitas. *O novo processo civil brasileiro*. 2. ed. São Paulo: Atlas, 2016.

314 Art. 988. § 4º As hipóteses dos incisos III e IV compreendem a aplicação indevida da tese jurídica e sua não aplicação aos casos que a ela correspondam.

315 "O art. 988, IV, do CPC de 2015 afirma que caberá reclamação para "garantir a observância de enunciado de súmula vinculante e de precedente proferido em julgamento de casos repetitivos ou em incidente de assunção de competência". Como é óbvio, é irracional supor que as Cortes Supremas só firmam precedentes em recursos repetitivos ou que apenas os precedentes estabelecidos nestes casos têm eficácia obrigatória. A função das Cortes Supremas não é, nem de longe, a de resolver casos repetitivos, mas a de atribuir sentido ao direito e desenvolvê-lo de acordo com as necessidades da sociedade.

Parece, contudo, que tal não foi a intenção do legislador[316], que, não obstante ampliando o cabimento do referido remédio consideravelmente, elegeu certos parâmetros decisórios como vinculativos, o que, aliás, é bastante razoável e consentâneo com a realidade judiciária de tais tribunais, ainda assoberbados com milhares de processos distribuídos semanalmente, circunstância que, inegavelmente, enseja algum grau de dissidência jurisprudencial.

Fora desse rol do ordenamento, não há margem para ajuizamento de reclamação, sucedaneamente aos meios adequados para a impugnação, como recursos ou ações autônomas. De todo modo, a reclamação é um remédio marcado pelo traço da facultatividade, alternativo ou cumulativo às demais alternativas[317].

Imaginar que só há precedente em caso de recurso repetitivo é tão equivocado que faz esquecer dos precedentes estabelecidos a partir do reconhecimento de repercussão geral. Ora, é pouco mais do que evidente que os precedentes fixados em recurso extraordinário têm eficácia obrigatória, assim como os precedentes oriundos de recurso especial.

A circunstância de uma questão de direito estar se multiplicando nos tribunais não explica, por si só, a sua relevância para o desenvolvimento do direito e para a orientação da sociedade. Pense-se, por exemplo, na questão atinente à aplicação do art. 1.790, III, do CC, isto é, na questão de se a companheira, no caso de união estável, tem direito à herança em igualdade de condições à cônjuge em face do casamento. Essa certamente não é uma hipótese de recurso repetitivo, mas revela uma questão fundamental para a orientação da sociedade, sendo imprescindível a sua definição para garantir a previsibilidade enquanto valor moral indispensável para a pessoa se desenvolver no Estado de Direito.

Significa que a reclamação é cabível em qualquer hipótese de precedente de Corte Suprema e, portanto, também quando fixado para definir questão constitucional em recurso extraordinário ou para solucionar questão de direito federal infraconstitucional em recurso especial." (MARINONI, Luiz Guilherme. *Precedentes obrigatórios*. 4. ed. São Paulo: Revista dos Tribunais, 2016, p. 320).

316 RODRIGUES, Marco Antonio. *Manual dos recursos, ação rescisória e reclamação*. São Paulo: Atlas, 2017, p. 368.

317 Entendendo que, se o fim da reclamação for garantir o respeito ao título executivo, os meios ordinários de discussão e defesa do cumprimento de sentença bastariam: "Normalmente, os desvios cometidos contra o acórdão na fase de execução podem ser obstados pelos mecanismos impugnativos do procedimento de cumprimento da decisão judicial, não havendo, em regra, justificativa para se recorrer à reclamação. Todavia, há casos em que a lesão ao direito da parte e à força e autoridade do julgado do tribunal é tão imediata e grave que os expedientes de defesa ordinários não são suficientes para impedir prontamente o gravame. Pense-se, por exemplo, no desrespeito de uma decisão declaratória ou constitutiva transitada em julgado, sem que haja procedimento executivo em curso." (THEODORO JÚNIOR, Humberto. *Curso de Direito Processual Civil*. Vol. 3. 5. ed. Rio de Janeiro: Forense, 2017, p. 944).

Um aspecto de sua importância para o sistema de teses jurídicas diz respeito aos atos que podem ser controlados pela via da reclamação. Apesar da pretensão restritiva segundo a qual apenas as hipóteses de controle de constitucionalidade concentrado (aí incluída a edição de súmula vinculante) ensejam obrigatoriedade para a Administração Pública[318][319], o mais correto, por todo o já sustentado, é enxergar que também as teses devem ser observadas, o que enseja o cabimento do

---

[318] Entendendo que, quanto à reclamação constitucional, o cabimento atinge quaisquer atos, mas que, quanto às hipóteses do Código de Processo, apenas os atos jurisdicionais: MONNERAT, Fábio Victor da Fonte. *Súmula e precedentes qualificados: técnicas de formação e aplicação.* São Paulo: Saraiva, 2019, p. 464.

[319] Defendendo o não cabimento, em interpretação conforme que esvazia os comandos do Código estudados: "Nada obstante isso, perde lugar o uso da reclamação quando o provimento cuja autoridade se quer restabelecer não poderia contar com efeito vinculante, por ausência de autorização constitucional expressa. A atribuição de efeito vinculante não está no âmbito de livre disposição do legislador infraconstitucional.

Dito de outro modo, não é possível que a reclamação seja utilizada contra ato que se desobriga dos efeitos inconstitucionais de um dado provimento. De nada adiantaria concluir pela impossibilidade de vinculação fundada em previsão infraconstitucional se, ao fim, se permitisse o manejo da reclamação, como se o ato do ente administrativo, tivesse desaplicado decisão que, legitimamente, o obrigava.

Dessa sorte, comunicada acerca de decisão exarada em recursos repetitivos que versem sobre prestação de serviço público (CPC/2015 985 §2o e o CPC/2015 1.040, IV), contra a Administração, ainda que não haja aplicação da tese vinculante, não poderá ser ajuizada reclamação." (ÁVILA, Henrique de Almeida. A repercussão das decisões repetitivas em relação aos serviços públicos delegados: a contextualização do efeito vinculante à luz da Separação de Poderes. Tese de doutorado. São Paulo: Pontifícia Universidade Católica, 2019, p. 140).

remédio, como caminho célere para a manutenção da higidez do ordenamento jurídico[320][321].

Essa conclusão garante o apoio do Judiciário na efetivação dos entendimentos fixados por si próprio[322], desenhando controlabilidade em

---

[320] Em afirmação genérica na linha aqui defendida: "Uma vez que se presta não apenas para questionar atos ou decisões judiciais, mas qualquer ato de poder que se enquadre numa das hipóteses dos incisos do art. 988 do CPC/2015, a tendência doutrinária e jurisprudencial é negar à reclamação a natureza de recurso, preferindo qualificá-la como ação. (...)

Podendo o manejo da reclamação se voltar contra atos tanto da administração como do judiciário (CF, art. 103-A, § 3º), sua maior serventia se dá no combate à insubordinação do Poder Público contra a autoridade dos atos do Poder Judiciário, praticados na esfera dos tribunais. Dentro do sistema de valorização dos precedentes judiciais, a reclamação vai além da defesa de decisões individuais, e se presta também para assegurar a força vinculante da jurisprudência, nos casos em que o Código a reconhece (súmulas vinculantes do STF, incidente de demandas repetitivas e de assunção de competência, ações de controle de constitucionalidade etc.). (...)

Por outro lado, legitimado passivo é quem praticou o ato impugnado por meio da reclamação, que, nos termos do art. 103-A, § 3º, da CF, poderá ser autoridade judicial (juiz ou tribunal), ou administrativa. A previsão genérica da reclamação, em defesa da competência e autoridade do STF e do STJ não discrimina que tipo de autoridade pode ser sujeito passivo da medida (CF, arts. 102, I, "l"; e 105, I, "f"), tampouco o faz a legislação regulamentadora infraconstitucional (Lei nº 8.038/1990, arts. 13 a 18; CPC/2015, arts. 988 a 993). Porém, o art. 103-A introduzido na CF pela Emenda nº 45/2004, ao regular a Súmula Vinculante do STF, dispôs em seu § 3º ser cabível a reclamação contra ato judicial ou administrativo que contrariar dita Súmula. O CPC/2015 ampliou a força vinculante da jurisprudência dos tribunais superiores, e na defesa dessa força previu cabimento de reclamação contra atos que contrariem os precedentes firmados em julgamentos de casos repetitivos ou em incidente de assunção de competência (art. 988, IV). Diante disso, a reclamação deve assumir dimensões objetiva e subjetiva iguais em todas as referidas situações equiparadas pela lei, sendo de admiti-la tanto em face de autoridade judiciária, como administrativa." (THEODORO JÚNIOR, Humberto. *Curso de Direito Processual Civil*. Vol. 3. 5. ed. Rio de Janeiro: Forense, 2017, p. 941, 943 e 945).

[321] Em sentido aparentemente contrário, exigindo lei ou previsão constitucional específica para tanto: "(...) A Reclamação não se destina a combater o descumprimento de decisão judicial por autoridade administrativa, exceto se expressamente previsto em lei (art. 28 da Lei 9.868/1999) ou na Constituição (art. 103-A, § 3º, incluído pela EC 45/2004). (...)" (REsp 863.055/GO, Rel. Ministro Herman Benjamin, Primeira Seção, julgado em 27/02/2008). Note-se, porém, que a decisão é anterior ao Código Fux.

[322] "Sempre que a questão de direito debatida no incidente envolver a prestação de serviço objeto de concessão, permissão ou autorização, o resultado do julgamento terá de ser comunicado ao órgão ou à agência reguladora competente para a fiscalização do efetivo cumprimento da decisão por parte dos entes sujeitos à fiscalização (art. 985, § 2.o do

face de atos judiciais e também dos administrativos[323][324], evitando-se toda forma de insubmissão ao correto sentido do texto legal[325].

Note-se que a limitação ao cabimento da reclamação adotada pelos tribunais superiores, notadamente pelo Superior Tribunal de Justiça, em nada abala a posição ora defendida, antes a reforçando, vez que, diferentemente do que sucede no Judiciário, onde se espera o alinhamento de pronunciamentos ao longo do desenrolar processual em diversas instâncias de apreciação da questão jurídica, no plano administrativo há espaço para um indesejado isolacionismo.

CPC/2015). Tal medida é de salutar importância, para persuadir as concessionárias, permissionárias e autorizadas a exercerem suas atividades observando os contornos definidos da questão jurídica, tendo consciência de que, havendo desrespeito, o consumidor poderá buscar amparo em juízo e, inclusive, ajuizar reclamação ao tribunal competente." (CAMBI, Eduardo; FOGAÇA, Mateus Vargas. Incidente de resolução de demandas repetitivas no novo Código de Processo Civil. *Revista de Processo*. v. 243. Mai./2015. Acesso eletrônico.).

[323] "A tese também será observada nos juizados especiais da área do tribunal e nos processos futuros que venham a tramitar na área de competência do tribunal. O órgão público competente para a fiscalização do cumprimento da tese adotada pelo prestador de serviço público concedido, permitido ou autorizado será intimado da decisão para exercício da referida fiscalização. Caberá reclamação contra a não aplicação da tese adotada pelo tribunal (art. 985, § 1º), seja em processo judicial, seja em decisão administrativa." (GRECO, Leonardo. *Instituições de Processo Civil*: recursos e processos da competência originária dos tribunais. Vol. 3. Rio de Janeiro: Forense, 2015).

[324] Em sentido contrário, entendendo incabível a reclamação porque, no incidente de resolução de demandas repetitivas, seria hipótese de coisa julgada: "Por outro lado, eventual violação da coisa julgada, quando anterior ao trânsito em julgado, pode ser discutida mediante recurso; quando posterior, pode ser demonstrada por meio de ação rescisória (art. 966, IV, do CPC/2015). Aliás, uma das grandes novidades em tema de ação rescisória é a de que, a partir do código de 2015, esta pode ser proposta com base em violação de coisa julgada sobre questão. Isso em virtude de que, com o novo código, passa-se a admitir a coisa julgada sobre questão (art. 503, § 1.º, do CPC/2015).

Assim, admitir reclamação em virtude da não observância da decisão proferida no incidente de resolução significa outorgar a esta decisão a mesma força conferida à decisão do Supremo Tribunal Federal no controle concentrado de constitucionalidade (art. 988, III, do CPC/2015)." (MARINONI, Luiz Guilherme. *Incidente de resolução de demandas repetitivas*: decisão de questão idêntica x precedente. São Paulo: Revista dos Tribunais, 2016, p. 107).

[325] Interessante é a aguçada provocação no sentido do cabimento da reclamação contra atos administrativos que descumprissem decisões judiciais mesmo antes do advento da súmula vinculante e, logicamente, das teses jurídicas: DANTAS, Marcelo Navarro Ribeiro. *Reclamação Constitucional no direito brasileiro*. Porto Alegre: Sergio Antonio Fabris Editor, 2000, p. 494-495.

Com a modificação operada ainda na *vacatio* do Código[326], o regramento acerca dos recursos repetitivos e do recurso extraordinária com repercussão geral[327] perdeu um pouco sua clareza. Chegou-se até a reputar-se inconstitucional a restrição, por violar a reserva de fixação de competência dos tribunais superiores na Constituição Federal, além de suficiente a previsão de manutenção de sua autoridade[328].

O ponto relevante é o próprio cabimento da reclamação. Apesar de retirada a hipótese do rol do *caput*, o §5º, II, *a contrario sensu*, esclare-

---

[326] Redação originária: Art. 988. Caberá reclamação da parte interessada ou do Ministério Público para:

III - garantir a observância de decisão do Supremo Tribunal Federal em controle concentrado de constitucionalidade;

IV - garantir a observância de enunciado de súmula vinculante e de precedente proferido em julgamento de casos repetitivos ou em incidente de assunção de competência.

§ 5º É inadmissível a reclamação proposta após o trânsito em julgado da decisão.

Redação atual: Art. 988. Caberá reclamação da parte interessada ou do Ministério Público para:

III – garantir a observância de enunciado de súmula vinculante e de decisão do Supremo Tribunal Federal em controle concentrado de constitucionalidade;

IV – garantir a observância de acórdão proferido em julgamento de incidente de resolução de demandas repetitivas ou de incidente de assunção de competência.

§ 5º É inadmissível a reclamação:

I – proposta após o trânsito em julgado da decisão reclamada;

II – proposta para garantir a observância de acórdão de recurso extraordinário com repercussão geral reconhecida ou de acórdão proferido em julgamento de recursos extraordinário ou especial repetitivos, quando não esgotadas as instâncias ordinárias.

[327] Apesar da lamentação de parte da doutrina em razão da suposta retirada do cabimento de reclamação para controle de tese fixada em repercussão geral (LEMOS, Vinicius Silva. *Recursos e Processos nos Tribunais*. 4. ed. Salvador: JusPodivm, 2020, p. 969), o Supremo Tribunal Federal continua reconhecendo sua viabilidade.

[328] Ventila-se uma inconstitucionalidade formal, em acréscimo, porque o projeto originário, que resultou na Lei 13.256/16, na Câmara dos Deputados, mencionava "recurso especial em questão repetitiva", sendo alterado no Senado, sem retorno à casa legislativa originária, para "acórdão proferido em julgamento de recurso extraordinário ou especial repetitivos", concluindo, porém, que há fundamento para se considerar a mudança meramente redacional, com base no art. 928, II, do Código (BUENO, Cássio Scarpinella. *Curso sistematizado de direito processual civil*. Vol. 2. 9. ed. São Paulo: Saraiva, 2020, p. 530-532).

ceria o cabimento[329], prevalecendo a posição favorável ao ajuizamento, desde que após o esgotamento das instâncias ordinárias – ou seja, no mesmo momento em que caberia o recurso especial ou o recurso extraordinário - , sendo incabível a reclamação *per saltum*[330]. Na prática, o reclamante deveria comprovar o esgotamento das instâncias locais ou a inexistência de meios ordinários[331], ajuizando a ação sempre antes do trânsito em julgado[332].

A justificativa para a modificação é bastante prática e estrutural: os tribunais superiores não teriam condições de receber milhares de reclamações contra atos de juízes de primeiro grau, cabendo aos tribunais locais fiscalizarem a aplicação desses precedentes. O Supremo Tribunal Federal, inclusive, vem seguindo tal linha, admitindo reclamações após a interposição de todos os recursos ordinários[333].

---

[329] RODRIGUES, Marco Antonio. *Manual dos recursos, ação rescisória e reclamação*. São Paulo: Atlas, 2017, p. 365.

[330] LEMOS, Vinicius Silva. Recursos e Processos nos Tribunais. 4. ed. Salvador: JusPodivm, 2020, p. 964.

[331] "Portanto, as partes deverão fazer uso prévio dos meios de integração supramencionados, dos recursos existentes ou demonstrar a impossibilidade de meios ordinários para a observância da tese, sem deixar que haja o trânsito em julgado, pois, neste caso, a reclamação também é considerada inadmissível". (MENDES, Aluisio Gonçalves de Castro. *Incidente de Resolução de Demandas Repetitivas*: sistematização, análise e interpretação do novo instituto processual. Rio de Janeiro: Forense, 2017, p. 245).

[332] "O interessado terá, sempre, de agir com presteza, para evitar que a reclamação não se frustre diante do aperfeiçoamento da *res iudicata*. Mas a interposição do recurso cabível, para evitar a coisa julgada, não é empecilho a que, paralelamente se ajuíze a reclamação, que, quando cabível, é tecnicamente, de eficácia imediata e de consequências mais enérgicas do que aquelas proporcionáveis pela impugnação recursal." (THEODORO JÚNIOR, Humberto. *Curso de Direito Processual Civil*. Vol. 3. 5. ed. Rio de Janeiro: Forense, 2017, p. 944).

[333] A erronia na observância de pronunciamento do Supremo formalizado, em recurso extraordinário, sob o ângulo da repercussão geral, enseja, esgotada a jurisdição na origem considerado o julgamento de agravo, o acesso ao Supremo mediante a reclamação. (Rcl 26874 AgR, Relator: Min. Marco Aurélio, Primeira Turma, julgado em 12/11/2019). A reclamação constitucional com fundamento na erronia de aplicação de entendimento do STF firmado de acordo com a sistemática da repercussão geral admite como objeto tão somente decisão judicial proferida no exercício da competência conferida à Corte de origem quanto à apreciação de recurso extraordinário pelo Código de Processo Civil, sob pena de se subverter o instituto e tornar inócua a inovação normativa introduzida pela EC nº 45/04. Precedente plenário. (Rcl 20892 AgR, Relator: Min. Dias Toffoli, Segunda Turma, julgado em 15/03/2016)

O Superior Tribunal de Justiça, no entanto, em debatido julgamento, decidiu não ser cabível reclamação para controle da aplicação de precedente firmado em recurso especial repetitivo, mesmo que esgotadas as instâncias ordinárias[334]. A decisão, bastante questionada pela doutrina – sobretudo, por desconsiderar a interpretação no sentido do

---

[334] Em sua redação original, o art. 988, IV, do CPC/2015 previa o cabimento de reclamação para garantir a observância de precedente proferido em julgamento de "casos repetitivos", os quais, conforme o disposto no art. 928 do Código, abrangem o incidente de resolução de demandas repetitivas (IRDR) e os recursos especial e extraordinário repetitivos. Todavia, ainda no período de vacatio legis do CPC/15, o art. 988, IV, foi modificado pela Lei 13.256/2016: a anterior previsão de reclamação para garantir a observância de precedente oriundo de "casos repetitivos" foi excluída, passando a constar, nas hipóteses de cabimento, apenas o precedente oriundo de IRDR, que é espécie daquele. Houve, portanto, a supressão do cabimento da reclamação para a observância de acórdão proferido em recursos especial e extraordinário repetitivos, em que pese a mesma Lei 13.256/2016, paradoxalmente, tenha acrescentado um pressuposto de admissibilidade - consistente no esgotamento das instâncias ordinárias - à hipótese que acabara de excluir.

Sob um aspecto topológico, à luz do disposto no art. 11 da LC 95/98, não há coerência e lógica em se afirmar que o parágrafo 5º, II, do art. 988 do CPC, com a redação dada pela Lei 13.256/2016, veicularia uma nova hipótese de cabimento da reclamação. Estas hipóteses foram elencadas pelos incisos do caput, sendo que, por outro lado, o parágrafo se inicia, ele próprio, anunciando que trataria de situações de inadmissibilidade da reclamação.

De outro turno, a investigação do contexto jurídico-político em que editada a Lei 13.256/2016 revela que, dentre outras questões, a norma efetivamente visou ao fim da reclamação dirigida ao STJ e ao STF para o controle da aplicação dos acórdãos sobre questões repetitivas, tratando-se de opção de política judiciária para desafogar os trabalhos nas Cortes de superposição.

Outrossim, a admissão da reclamação na hipótese em comento atenta contra a finalidade da instituição do regime dos recursos especiais repetitivos, que surgiu como mecanismo de racionalização da prestação jurisdicional do STJ, perante o fenômeno social da massificação dos litígios.

Nesse regime, o STJ se desincumbe de seu múnus constitucional definindo, por uma vez, mediante julgamento por amostragem, a interpretação da Lei federal que deve ser obrigatoriamente observada pelas instâncias ordinárias. Uma vez uniformizado o direito, é dos juízes e Tribunais locais a incumbência de aplicação individualizada da tese jurídica em cada caso concreto.

Em tal sistemática, a aplicação em concreto do precedente não está imune à revisão, que se dá na via recursal ordinária, até eventualmente culminar no julgamento, no âmbito do Tribunal local, do agravo interno de que trata o art. 1.030, § 2º, do CPC/15. (Rcl 36.476/SP, Rel. Ministra Nancy Andrighi, Corte Especial, julgado em 05/02/2020)

cabimento a partir da negativa de cabimento somente antes de utilizados todos os recursos no tribunal local -, também se fundamenta em argumentos de administração judiciária e mesmo do próprio papel do tribunal superior, enquanto corte de precedentes.

Tal razão de decidir não abala, portanto, a tese sustentada de viabilidade de ajuizamento da reclamação quando diante de atos que não judiciais, porque, em tais casos, a provocação jurisdicional se limita à análise do descumprimento do entendimento[335], isto é, à contrariedade em relação ao próprio ordenamento jurídico.

É interessante perceber que se sustenta o alargamento do cabimento da reclamação quanto à compreensão de uma esfera objetiva de um remédio constitucional subjetivo: o mandado de injunção. Admitiu-se existir uma dimensão objetiva, com eficácia *erga omnes*, na referida ação, o que autoriza o ajuizamento de reclamação, por sujeitos que não impetraram o mandado originário, para que a eles se estenda a lógica do julgado[336]. O Supremo Tribunal Federal, inclusive, pontualmente seguiu essa lógica, referindo-se a mandados de injunção julgados anteriormente como fundamento para julgar procedente reclamação apresentada por ofensa a entendimento externado em ação declaratória de inconstitucionalidade[337]. Essa mecânica reforça a coer-

---

[335] "Tendo por objeto outro processo, ação, defesa e decisão na reclamação não se reportam imediatamente ao direito material, mas sim à própria decisão reclamada, que se converte no código de acesso à legitimidade e interesse e no parâmetro para delimitação do mérito da causa. Nesse sentido, o mérito na reclamação é composto pelas afirmações constantes da ação e defesa diretamente relacionadas à decisão reclamada. Nele entram não só as questões postas pelas partes reconduzíveis de maneira imediata à decisão reclamada, mas também os pedidos formulados." (MITIDIERO, Daniel. *Reclamação nas Cortes Supremas*. São Paulo: Revista dos Tribunais, 2020, p. 95).

[336] MENDES, Gilmar Ferreira; BRANCO, Paulo Gustavo Gonet. *Curso de Direito Constitucional*. 12. ed. São Paulo: Saraiva, 2017, p. 1.506.

[337] Amplitude da decisão proferida no julgamento do Mandado de Injunção n. 712. Art. 142, § 3º, inciso IV, da Constituição do Brasil. Interpretação da Constituição. Afronta ao decidido na ADI 3.395. Incompetência da Justiça do Trabalho para dirimir conflitos entre servidores públicos e entes da administração às quais estão vinculados. Reclamação julgada procedente. O Supremo Tribunal Federal, ao julgar o MI n. 712, afirmou entendimento no sentido de que a Lei n. 7.783/89, que dispõe sobre o exercício do direito de greve dos trabalhadores em geral, é ato normativo de início inaplicável aos servidores públicos civis, mas ao Poder Judiciário dar concreção ao artigo 37, inciso VII, da Constituição do Brasil, suprindo

citividade outorgada pelo ordenamento à reclamação, bem como seu evidente cabimento quanto à não aplicação de tese jurídica no plano extraprocessual.

Note-se que não há qualquer previsão no Código de Processo Civil, diploma que regula amplamente a reclamação, que contrarie a possibilidade de seu ajuizamento para afastamento de ato administrativo ou legislativo[338]. A dicção legal acerca da legitimidade passiva[339], da competência e da decisão final do processo são plenamente compatíveis com a causa de pedir residente no descumprimento de tese pela Administração ou mesmo por particular.

No caso de julgamento de improcedência, a decisão será meramente declaratória. Por outro lado, caso julgada procedente a reclamação, aponta-se que seu conteúdo será de cassação ou de determinação

---

omissões do Poder Legislativo. No julgamento da ADI 3.395, o Supremo Tribunal Federal, dando interpretação conforme ao artigo 114, inciso I, da Constituição do Brasil, na redação a ele conferida pela EC 45/04, afastou a competência da Justiça do Trabalho para dirimir os conflitos decorrentes das relações travadas entre servidores públicos e entes da Administração à qual estão vinculados. Pedido julgado procedente. (Rcl 6568, Relator Min. Eros Grau, Tribunal Pleno, julgado em 21/05/2009)

338 Há possibilidade de tutela, pelo Judiciário, de atos administrativos do Poder Legislativo – atos legislativos atípicos, portanto - pela via reclamacional. Nesse sentido, veja-se a Rcl 22124-MC/DF, Rel. Min. Rosa Weber, decisão monocrática proferida em 13 deo utubro de 2015: "Ante o exposto, no exercício de juízo de delibação, notadamente precário, ao exame do pedido liminar, suficientemente demonstrados o *periculum in mora* e a plausibilidade jurídica – *fumus boni juris* – da tese, forte nos arts. 14, II, da Lei no 8.038/1990 e 158 do RISTF, concedo a medida acauteladora para, nos moldes pretendidos, suspender os efeitos da decisão proferida pelo Presidente da Câmara dos Deputados em resposta à Questão de Ordem no 105/2015, bem como os atos que lhe são decorrentes, até o julgamento final da reclamação, e para determinar à autoridade reclamada que se abstenha de receber, analisar ou decidir qualquer denúncia ou recurso contra decisão de indeferimento de denúncia de crime de responsabilidade contra Presidente da República com base naquilo em que inovado na resposta à Questão de Ordem 105/2015."

339 O Código, sem explicitar totalmente o legitimado passivo na reclamação, menciona a notificação da autoridade público e a citação do beneficiário do ato ou da omissão: Art. 989. Ao despachar a reclamação, o relator: I - requisitará informações da autoridade a quem for imputada a prática do ato impugnado, que as prestará no prazo de 10 (dez) dias; III - determinará a citação do beneficiário da decisão impugnada, que terá prazo de 15 (quinze) dias para apresentar a sua contestação.

de outra medida[340]. O comando de cassação terá vez se o ato impugnado houver contrariado a autoridade do tribunal (inclusive, por desrespeito a precedente). Em geral, se entende que que não haverá reforma do ato no julgamento da reclamação, mas mero controle, com remessa do processo ao órgão que prolatou a decisão, mediante a técnica do reenvio[341].

Por sua vez, a determinação de medida adequada é previsão ampla, intencionalmente para que o tribunal encontre saída célere e eficaz, como a avocação dos autos (se o ato contrariar sua competência), a cassação ou anulação da decisão, com ordem para que se profira outra em seu lugar, respeitando sua decisão anterior ou a tese, ou, ainda, uma medida mandamental diretamente resolutiva. Tem-se, aqui, mais um comando na linha da atipicidade e da efetividade, a ser controlada pelo filtro da proporcionalidade à luz do caso concreto[342]. Percebe-se que não há uma correlação direta entre a causa de pedir e o tipo de provimento decorrente do acolhimento da reclamação. A cassação e outra medida podem – e devem – ser cumuladas[343].

Por fim, importa destacar a denecessidade de esgotamento da instância administrativa para o ajuizamento da reclamação por descum-

---

340 Art. 992. Julgando procedente a reclamação, o tribunal cassará a decisão exorbitante de seu julgado ou determinará medida adequada à solução da controvérsia.

341 Em sentido aparentemente diverso: "Quando a reclamação tiver por objeto a garantia da autoridade de decisão, precedente ou jurisprudência vinculante, o julgamento de procedência do pedido leva à desconstituição da decisão contrária à orientação do tribunal, determinando-se a sua observância naquilo que pertinente ao caso concreto" (MARINONI, Luiz Guilherme; MITIDIERO, Daniel. *Comentários ao Código de Processo Civil*, v. 16. São Paulo: Revista dos Tribunais, 2016, p. 144).

342 MARINONI, Luiz Guilherme; MITIDIERO, Daniel. *Comentários ao Código de Processo Civil*, v. 16. São Paulo: Revista dos Tribunais, 2016, p. 144.

343 Apesar disso, alguns sugerem, buscando delinear mais propriamente o cenário, que a preservação da competência levaria à determinação de medida adequada, como a remessa dos autos para o juízo competente, com eventual adaptação formal do pedido pela parte requerente, ao passo que a reclamação cujo objeto seja a garantia de autoridade levaria à "desconstituição do julgado": MARINONI, Luiz Guilherme; MITIDIERO, Daniel. *Comentários ao Código de Processo Civil*, v. 16. São Paulo: Revista dos Tribunais, 2016, p. 143.

primento de tese jurídica, podendo-se provocar a jurisdição quando diante de lesão ao direito de higidez normativa do ordenamento[344].

---

344 "A propositura de reclamação fundada em precedente resumido em súmula vinculante contra ato administrativo é condicionada ao prévio esgotamento da instância administrativa. Duas razões sustentam esse condicionamento. A primeira está ligada à legalidade e à autotutela administrativa: pressupõe-se que a administração pública revisará seus atos de acordo com as normas jurídicas vigentes. A segunda está ligada à administração da Justiça Civil: a admissão de imediata reclamação ao STF poderia transformá-lo em uma corte de controle em primeira instância dos atos administrativos – com evidente desvirtuamento de sua função de corte de interpretação e de precedentes.

No entanto, essa regra não impede, em casos absolutamente excepcionais, caracterizados por iminente perecimento de direito e indisponibilidade de meio efetivo de tutela administrativa adequada, acesso imediato à reclamação perante o STF. Nessa hipótese, a parte tem o ônus de demonstrar a excepcionalidade, demonstrando a ausência de razoabilidade da aplicação da norma geral ao caso particular." (MITIDIERO, Daniel. *Reclamação nas Cortes Supremas*. São Paulo: Revista dos Tribunais, 2020, p. 98).

CONCLUSÃO

Ao final deste trabalho, percebe-se que o anseio por segurança jurídica e por igualdade, que principia pelo texto constitucional, encontra, atualmente, no direito brasileiro, um poderoso instrumento para, enfim, garantir que o Estado possa aplicar um único entendimento sobre a mesma questão jurídica.

A expectativa de justiça, em todas as tradições jurídicas, sempre passou pelos ditames da isonomia e da previsibilidade. Contudo, cada família e cada ordenamento a buscou de uma maneira própria. Viu-se que, no *common law*, o direito foi sendo revelado a partir das decisões judiciais, com espontaneidade, cabendo aos precedentes – inicialmente, persuasivos e, apenas posteriormente, vinculativos – externar e garantir algum grau de certeza acerca da licitude dos comportamentos. O *case law* se baseia na investigação da *ratio decidendi* e na comparação com os casos sob julgamento, temperado por uma grande dose de respeito cultural aos precedentes.

De outro lado, o caminho na tradição anglo-saxã foi menos retilíneo, do primeiro momento, em que a prática acabava por ir formando o direito também pela via das decisões dos pretores romanos, até a formação dos Estados nacionais, em que o mote passou a ser o reforço, também pelo ordenamento jurídico, da soberania e da autonomia estatais. A Revolução Francesa, em sua sede de ruptura, pretendeu elevar o texto legal ao patamar máximo de observância, reduzindo a importância do Judiciário.

Essa utópica visão da separação dos poderes, contudo, foi se corroendo até encontrar, no século passado, o total descrédito, com o advento do constitucionalismo e a modificação do perfil legal. Os juízes passaram a se deparar com a insuficiência do texto legislado, encontrando margem cada vez maior para a discricionariedade decisória, o que, sob o ponto de vista do jurisdicionado, se revelou deletério, ameaçando a igualdade desde sempre pretendida.

Esse fenômeno, experimentado globalmente, também se fez sentir no Brasil. Fiel à tradição do *civil law*, o ordenamento pátrio traz, desde os primeiros regramentos processuais, instrumentos para a uniformização da jurisprudência. Contudo, as propostas de prevenção e composição de divergências jamais foram capazes de sepultar a disparidade decisória, de sorte que a elas outras ferramentas foram juntadas, a principiar pelas súmulas dos tribunais, nascidas com o objetivo de proporcionar um método de trabalho no Supremo Tribunal Federal, que prontamente inspirou os demais tribunais.

A litigiosidade repetitiva crescente e a própria incapacidade de impor irrestrito respeito aos enunciados sumulados, contudo, despertaram a criatividade do legislador, que encontrou, na repercussão geral e nos recursos especiais repetitivos, instrumentos vocacionados a otimizar a prestação jurisdicional e garantir maior grau de certeza quanto aos entendimentos dos tribunais superiores, através da fixação de teses jurídicas.

Essa figura essencialmente brasileira se mostrou como uma autêntica evolução de todas as anteriores (precedentes, jurisprudência e súmulas), guardando, sobretudo nos moldes conferidos pelo Código de Processo Civil atual, diversas vantagens, presentes, além dos recursos repetitivos, nos incidentes de resolução de demandas repetitivas e de assunção de competência.

Inicialmente, a uniformização em relação a uma questão jurídica específica (precisão ou acertamento) se insere, sem arestas, no modo de raciocínio jurídico silogístico próprio da tradição brasileira, sem que se empobreça o processo de desenvolvimento do ordenamento jurídico. Além disso, guarda superioridade por dispensar a investigação quanto aos fatos e mesmo quanto aos fundamentos determinantes, elementos muito aclamados pela doutrina à luz do sistema do *common law*, mas artificiais para o operador do direito brasileiro (adequação).

A seguir, tem-se, no modelo de fixação de teses vigente, relevante abertura quanto às dúvidas hermenêuticas passíveis de uniformização bem como quanto às matérias jurídicas que podem ser pacificadas (amplitude). Em acréscimo, o procedimento se afigura essencialmente democrático por conter, em sue gênese, a premissa de envolvimento de interessado e da sociedade (participação), bem como por se exigir que se atribua notoriedade à instauração e ao julgamento dos incidentes (publicidade).

Por fim, as teses são mais efetivas que a jurisprudência e as súmulas (efetividade), guardando aplicação célere (imediaticidade). Diante disso, pode-se concluir ter-se alcançado um nível instrumental privilegiado para a pretensão de uniformidade de pronunciamentos jurisdicionais.

Assim sendo, pela primeira vez se pode discutir a sensível questão acerca da vinculação da Administração aos entendimentos judiciais a partir de um ponto efetivamente capaz de trazer real assertividade acerca de qual seria esse posicionamento. Não foi por outra razão que o legislador inseriu a obrigação de fiscalização da tese jurídica pelos entes públicos quanto aos prestadores de serviços públicos autorizados, permitidos ou concedidos e pelas agências reguladoras (artigos 985, §2º, e 1.040, IV).

Apesar da tímida abordagem doutrinária a respeito de tais previsões, buscou-se provar que, na realidade, a redação legal é exemplificativa. Isso porque as teses jurídicas possuem eficácia normativa, o que decorre não de qualquer dicção legislativa isoladamente, mas de tr6es frentes de fundamentos: principiológico, funcional e pragmático.

O argumento principiológico se refere, antes de mais nada, ao dever de todo o ordenamento estar subordinado aos ditames constitucionais, especialmente os da isonomia, da segurança jurídica e da liberdade. Conceber que a Administração – ou que qualquer pessoa sujeita à Constituição – decida diversamente do assertivamente definido pelo Judiciário é admitir a validade de se descumprir a interpretação dada a uma norma, ferindo, justamente, a igualdade e a previsibilidade.

O argumento funcional está ligado ao atuar jurisdicional, inserindo essa função estatal na esteira de formação da norma jurídica, de sorte que a discussão acerca da criatividade ou não da atividade judicial perde importância quando realizada a indubitável missão de interpretar os textos postos pelo Legislativo ou pelo Executivo, em caráter pretensamente definitivo. Em um segundo aspecto, a função jurisdicional obriga a todos, quando fixa um entendimento de forma precisa e democrática (isto é, pela via das teses jurídicas), por tutelar a unidade do ordenamento, elemento que lhe é essencial e intrínseco, garantindo o direito difuso à higidez hermenêutica.

O argumento pragmático parte de uma perspectiva prática para concluir que, no funcionamento estatal, cabe ao Judiciário sindicar atos dos demais poderes, em razão da inafastabilidade que denota a atividade jurisdicional. Assim, desobedecer a seus entendimentos é ofender a eficiência esperada do próprio Estado, que aposta na negligência dos particulares para, em desrespeito aos ditames constitucionais, sustentar posição tida, por ele próprio, como ilícita.

Ante esse contexto, conclui-se que a Administração e os particulares estão sujeitos à posição externada por meio da tese jurídica fixada. Tal vinculação, no entanto, não ocorre pelo instrumento da coisa julgada, qualidade atinente à imutabilidade de um pronunciamento judicial em uma relação jurídica específica, mas em razão da natureza declaratória da correta interpretação da norma objeto do incidente, ostentando sua decisão final, de caráter objetivo, eficácia normativa natural, direta e primária, enquanto ato autoritativo estatal.

Tal ato se insere como meio necessário para a consecução dos objetivos constitucionais na esfera extraprocessual e, apenas eventualmente, pela via jurisdicional. Por todo o exposto, tem-se que as previsões do diploma processual acerca da fiscalização de aplicação das teses é somente uma demonstração do que deveria ser a dinâmica regular de observância dos entendimentos judiciais, presumivelmente tomados em conta pela Administração Pública.

Por fim, afigura-se sindicáveis os atos discordantes das teses jurídicas, seja pelos meios ordinários (ajuizamento de ação judicial pelo procedimento comum ou por procedimentos especiais, a exemplo da ação popular, da ação civil pública e da ação de improbidade administrativa), seja pelo especial instrumento da reclamação, enquanto ação de cabimento aberto pelo Código de Processo Civil.

O atual cenário, portanto, é de otimismo e de satisfação. Respeitador dos ditames e das exigências constitucionais, o legislador reforçou qualitativamente os instrumentos fixadores de teses jurídicas, assegurando que o Estado possa, com grau de certeza elevado, consolidar entendimentos jurisdicionais acerca de normas legislativas, a serem efetivadas pelos administradores, sendo certo que, em caso de imperfeiçoes nessa engrenagem estatal, será agasalhado o cidadão pela pronta atuação judiciária.

POSFÁCIO

"Tese Jurídica" talvez seja uma das expressões mais ditas e repetidas a partir do Código de 2015.

Podemos afirmar, sem medo de errar, que o Poder Judiciário se reinventou a partir dos chamados incidentes fixadores de tese. Mesmo a figura do recurso especial repetitivo, inserida em nosso ordenamento à época do CPC/73, recebeu roupagem mais dinâmica e se tornou a principal ferramenta de uniformização de jurisprudência.

Da mesma forma, a repercussão geral hoje representa o pensamento dominante no âmbito do STF. E, em breve, teremos a regulamentação da arguição de relevância, instituída pela PEC 125/2022.

Como bem aponta o autor, há grandes desafios no momento. O primeiro reside em estabelecer os graus de vinculação das teses, observados os institutos da modulação, superação, distinção e reconsideração, tudo à luz das garantias da fundamentação analítica da decisão e do direito ao contraditório participativo.

O segundo representa a necessária evolução da mentalidade dos operadores do direito no sentido de compreender que a expressão "norma jurídica" agora é mais ampla e que a vinculação deve ser a regra, tanto para os integrantes do Poder Judiciário como para a Administração em geral.

E o terceiro está intimamente ligado a relevante questão da indexação, organização e sistematização das teses já aprovadas, bem como a necessária interface com as leis formais, o que, aliás, já foi sinalizado pelo CNJ, tanto pela Resolução 444/2022, como pela recente Recomendação 134/2022.

Este é, certamente, um daqueles livros que vai estar sempre ao alcance do leitor, pois sua consulta será frequente.

Desejo uma profícua leitura a todas e todos.

Rio de Janeiro, novembro de 2022

Humberto Dalla Bernardina de Pinho
Professor Titular na UERJ e na Estácio
Desembargador do TJRJ

REFERÊNCIAS

ABBOUD, Georges. *Discricionariedade administrativa e judicial*: o ato administrativo e a decisão judicial. São Paulo: Revista dos Tribunais, 2014.

ABREU, Rafael Sirangelo de. *Igualdade e processo*: posições processuais equilibradas e unidade do direito. São Paulo: Revista dos Tribunais, 2015.

ALVES, José Carlos Moreira. *Direito Romano*. 20. ed. Rio de Janeiro: Forense, 2021.

ALVIM, Teresa Arruda et al. *Primeiros comentários ao novo Código de Processo Civil*. São Paulo: Revista dos Tribunais, 2015.

ALVIM, Teresa Arruda. Estabilidade e adaptabilidade como objetivos do direito: *civil law* e *common law*. *Revista de Processo*, n. 132, 2009.

ALVIM, Teresa Arruda. *Modulação*: na alteração da jurisprudência firme ou de precedentes vinculantes. 2. ed. São Paulo: Revista dos Tribunais, 2021.

ALVIM, Teresa Arruda; DANTAS, Bruno. *Recurso especial, recurso extraordinário e a nova função dos tribunais superiores no direito brasileiro*. 3. ed. São Paulo: Revista dos Tribunais, 2016.

ARAGÃO, Alexandre Santos de. Agências Reguladoras e Agências Executivas. *Revista de Direito Administrativo*. n. 228, 2002.

ARAÚJO, José Aurélio de. *Cognição sumária, cognição exaustiva e coisa julgada*. São Paulo: Revista dos Tribunais, 2017.

ARAÚJO, Valter Shuenquener de. *O princípio da proteção da confiança: uma nova forma de tutela do cidadão diante do Estado*. Niterói: Impetus, 2016.

AUSTIN, John. *Lectures on jurisprudence, or the philosophy of positive law*. v. 2, 5. ed. London: John Murray, 1911.

ÁVILA, Henrique de Almeida. A repercussão das decisões repetitivas em relação aos serviços públicos delegados: a contextualização do efeito vinculante à luz da Separação de Poderes. Tese de doutorado. São Paulo: Pontifícia Universidade Católica, 2019.

ÁVILA, Humberto. *Segurança Jurídica*: entre permanência, mudança e realização no direito tributário. 2. ed. São Paulo: Malheiros, 2012.

BAHIA, Alexandre Melo Franco de Moraes; HENRIQUES, Paula Valério. Recursos extraordinário e especial repetitivos no CPC/2015: uso e interpretação de acordo com o modelo constitucional de processo. *Revista de Processo*, v. 258, ago. 2016.

BAKER, J. H. *An introduction to English Legal History*. 4. ed. Londres: Butterworths, 2002.

BARBOSA MOREIRA, José Carlos. Ações coletivas na Constituição Federal de 1988. *Revista de Processo*. v. 61, jan./mar. 1991.

BARBOSA MOREIRA, José Carlos. *Comentários ao Código de Processo Civil*. Vol. 5. 11. ed. Rio de Janeiro: Forense, 2003.

BARBOSA MOREIRA, José Carlos. Considerações sobre a chamada "relativização" da coisa julgada material. *Temas de direito processual. Nona Série*. São Paulo: Saraiva, 2007.

BARBOSA MOREIRA, José Carlos. Eficácia da Sentença e Autoridade da Coisa Julgada. *Temas de Direito Processual. Terceira Série*. São Paulo: Saraiva, 1984.

BARBOSA MOREIRA, José Carlos. Julgamento colegiado e pluralidade de causas de pedir. *Temas de direito processual. Terceira série*. São Paulo: Saraiva, 1984.

BARBOSA MOREIRA, José Carlos. Julgamento e ônus da prova. *Temas de Direito processual Civil*. Segunda série. 2. ed. São Paulo: Saraiva, 1988.

BARBOSA MOREIRA, José Carlos. Por um processo socialmente efetivo. *Revista de Processo*, v. 27, n. 105, p. 193-190, jan/.mar. 2002.

BARBOSA MOREIRA, José Carlos. *Temas de Direito Processual. Nona série*. São Paulo: Saraiva, 2007.

BARBOSA MOREIRA, José Carlos Barbosa. *Temas de direito processual. Segunda série*. São Paulo: Saraiva, 1980.

BARBOSA MOREIRA, José Carlos. Correntes e contracorrentes no processo civil contemporâneo. In: *Doutrinas Essenciais de Processo Civil*. São Paulo: Revista dos Tribunais, 2011, v.1.

BARIONI, Rodrigo; ALVIM, Teresa Arruda. Recursos repetitivos: tese jurídica e ratio decidendi. In: BIANCHI, José Flávio; PINHEIRO, Rodrigo Gomes de Mendonça; ALVIM, Teresa Arruda (coords.). *Jurisdição e direito privado*: estudos em homenagem aos 20 anos da Ministra Nancy Andrighi no STJ. São Paulo: Thomson Reuters Brasil, 2020.

BARROSO, Luís Roberto. *O controle de constitucionalidade no direito brasileiro*. 8. ed. São Paulo: Saraiva, 2019.

BARROSO, Luís Roberto; MELLO, Patrícia Perrone Campos. O papel criativo dos Tribunais. In: MENDES, Aluisio Gonçalves de Castro; DINAMARCO, Cândido Rangel; PINHO, Humberto Dalla Bernardina de; FUX, Luiz (Coord.). *Estudos de Direito Processual em homenagem a Paulo Cezar Pinheiro Carneiro*. Rio de Janeiro: GZ, 2019.

BENETI, Ana Carolina. Relação entre demandas no processo coletivo – uma análise evolutiva até o novo Código de Processo Civil. *Revista de Processo*, v. 268.

BENETI, Sidnei Agostinho. Assunção de competência e fast-track processual. *Revista de Processo*, v. 171, mai. 2009.

BENTHAM, Jeremy. Truth versus Ashhurst; or law as it is, contrasted with what it is said to be. *The works of Jeremy Bentham*. v. 5, Edinburgh: William Tait, 1843. vol. 5.

BITTENCOURT, Alexandre Magno da Conceição. O IRDR e as agências reguladoras. In: MENDES, Aluisio Gonçalves de Castro; PORTO, José Roberto Mello (coords.). *Incidente de Resolução de Demandas Repetitivas*: panorama e perspectivas. Salvador: JusPodivm, 2020.

BITTENCOURT, Carlos Alberto Lúcio. *O controle jurisdicional de constitucionalidade das leis*. 2ª ed. Rio de Janeiro: Forense, 1968.

BLACKSTONE, William. *Commentaries on the law of England*. v.1, Chicago: The University of Chicago Press, 1979.

BOBBIO, Norberto. *Teoria da Norma Jurídica*. 6. ed. São Paulo: Edipro, 2016.

BOBBIO, Norberto. *Teoria Geral do Direito*. 3. ed. São Paulo: Martins Fontes, 2010.

BUENO, Cassio Scarpinella. *Curso sistematizado de direito processual civil*: teoria geral do direito processual civil. Vol. 1. 3. ed. São Paulo: Saraiva, 2009.

BUENO, Cássio Scarpinella. *Curso sistematizado de direito processual civil*. Vol. 2. 9. ed. São Paulo: Saraiva, 2020.

BUENO, Cássio Scarpinella. *Manual de Direito Processual Civil*. São Paulo: Saraiva, 2015.

BUENO, Cássio Scarpinella. *Processo civil interpretado*. Vol. 5. 3. ed. São Paulo: Saraiva, 2008.

BUSTAMANTE, Thomas da Rosa de *et al* (coords.). *A força normativa do direito judicial: uma análise da aplicação prática do precedente no direito brasileiro e dos seus desafios para a legitimação da autoridade do Poder Judiciário*. Brasília: Conselho Nacional de Justiça, 2015.

CABRAL, Antonio do Passo. Comentário ao artigo 975. In: CABRAL, Antonio do Passo; CRAMER, Ronaldo. *Comentários ao Novo Código de Processo Civil*. 2. ed. Rio de Janeiro: Forense, 2016.

CABRAL, Antonio do Passo. Despolarização do processo e zonas de interesse: sobre a migração entre os polos da demanda. In: DIDIER JR., Fredie *et al.* (coords.). *Tutela jurisdicional coletiva*. 2ª série. Salvador: JusPodivm, 2012.

CAETANO, Marcelo. *Manual de Direito Administrativo*. 10. ed. Coimbra: Coimbra, 1973, tomo I.

CALAMANDREI, Piero. La funzione dela giurisprudenza nel tempo presente. *Opere Giuridiche*: probleme generali del diritto e del processo. Vol. 1. Roma: Roma Ter-Press, 2019.

CALAMANDREI, Piero. La genesi logica dela sentenza civile. *Opere Giuridiche*: probleme generali del diritto e del processo. Vol. 1. Roma: Roma Ter-Press, 2019.

CALAMANDREI, Piero. Limiti fra giurisdizione e amministrazioni nella sentenza civile. *Opere Giuridiche*: probleme generali del diritto e del processo. Vol. 1. Roma: Roma Ter-Press, 2019.

CALMON DE PASSOS, José Joaquim. Súmula Vinculante. *Genesis* – Revista de Direito Processual Civil. n. 6, set./dez. 1997.

CÂMARA, Alexandre Freitas. *Levando os padrões decisórios a sério*. Barueri: Atlas, 2018.

CÂMARA, Alexandre Freitas. *Manual de Direito Processual Civil*. Barueri: Atlas, 2022.

CÂMARA, Alexandre Freitas. *O novo processo civil brasileiro*. 4. ed. São Paulo: Atlas, 2015.

CAMBI, Eduardo; FOGAÇA, Mateus Vargas. Incidente de resolução de demandas repetitivas no novo Código de Processo Civil. *Revista de Processo*, v. 243, mai. 2015.

CAMINKER, Evan H. Why must inferior courts obey superior court precedents?, *Stanford Law Review*, vol. 46, n. 4, abr. 1994.

CAPPELLETTI, Mauro. *Juízes legisladores?*. Trad. Carlos Alberto Alvaro de Oliveira. Porto Alegre: Sergio Antonio Fabris Editor, 1993.

CARNEIRO, Paulo Cezar Pinheiro. A ética e os personagens do processo. *Revista Forense*, Rio de Janeiro, separata, v. 358.

CARNEIRO, Paulo Cezar Pinheiro. *Acesso à justiça*: juizados especiais cíveis e ação civil pública: uma nova sistematização da teoria geral do processo. Rio de Janeiro: Forense, 1999.

CARNEIRO, Paulo Cezar Pinheiro. Breves notas sobre o Incidente de Resolução de Demandas Repetitivas. *Revista Eletrônica de Direito Processual,* Rio de Janeiro, v. XIV, a. 8, jul-dez. 2014.

CARNEIRO, Paulo Cezar Pinheiro. *O novo processo civil brasileiro*. 3. ed. Rio de Janeiro: Forense, 2022.

CARVALHO FILHO, José dos Santos. O Poder Normativo das Agências Reguladoras. In: ARAGÃO, Alexandre Santos de (coord). *O Poder Normativo das Agências Reguladoras*. 2. ed. Rio de Janeiro: Forense, 2011.

CARVALHO, Gustavo Marinho de. *Precedentes Administrativos no Direito Brasileiro*. São Paulo: Contracorrente, 2015.

CASTRO, Carlos Roberto Siqueira. Função Normativa Regulatória e o Novo Princípio da Legalidade. In: ARAGÃO, Alexandre Santos de (coord). *O Poder Normativo das Agências Reguladoras*. 2. ed. Rio de Janeiro: Forense, 2011.

CHIARLONI, Sergio, efficacia del precedente giudiziario e tipologia dei contrasti di giurisprudenza. *Revista de Processo*, v. 229, mar. 2014.

CHIOVENDA, Giuseppe. *Instituições de Direito Processual Civil*. Vol. 1. São Paulo: Saraiva, 1969.

CÔRTES, Osmar Mendes Paixão. A Reclamação para os Tribunais Superiores no novo CPC, com as alterações da Lei 13.256/2016. *Revista de Processo*, v. 257, jul. 2016.

CÔRTES, Osmar Mendes Paixão. *Recursos repetitivos, súmula vinculante e coisa julgada*. Brasília: Gazeta Jurídica, 2018.

CRAMER, Ronaldo. *Precedentes Judiciais*: teoria e dinâmica. Rio de Janeiro: Forense, 2016.

CROSS, Rupert; HARRIS, Jim W. *Precedent in English Law*. 4. ed. Oxford: Oxford University Press, 2004.

CRUZ, Rogério Schietti. Respeito aos precedentes como direito do jurisdicionado à igualdade na interpretação e aplicação do direito. *Boletim IBCCRIM*, ano 29, n. 343, jun. 2021.

CUNHA JR., Dirley da. A intervenção de terceiros no processo de controle abstrato de constitucionalidade – a intervenção do particular, do colegitimado e do *amicus curiae* na ADIN, ADC e ADPF. In: WAMBIER, Teresa Arruda Alvim *et al.* (coords.). *Aspectos polêmicos e atuais sobre os terceiros no processo civil e assuntos afins*. São Paulo: Revista dos Tribunais, 2004.

DANTAS, Bruno. Comentário ao artigo 976. In: WAMBIER, Teresa Arruda Alvim *et al.* (coords.). *Breves comentários ao novo Código de Processo Civil*. São Paulo: Revista dos Tribunais, 2015.

DANTAS, Bruno. *Teoria dos Recursos Repetitivos:* tutela pluri-individual nos recursos dirigidos ao STF e ao STJ (arts. 543-B e 543-C do CPC). São Paulo: Revista dos Tribunais, 2015.

DANTAS, Marcelo Navarro Ribeiro. *Reclamação Constitucional no direito brasileiro*. Porto Alegre: Sergio Antonio Fabris Editor, 2000.

DIDIER JR, Fredie. *Sobre a Teoria Geral do Processo, essa desconhecida*. 3. ed. Salvador: JusPodivm, 2016.

DIDIER JR., Fredie; BRAGA, Paulo Sarno; OLIVEIRA, Rafael de. *Curso de direito processual civil*. v.2. 11. ed. Salvador: JusPodivm, 2016.

DIDIER JR., Fredie; CUNHA, Leonardo Carneiro da. Curso de direito processual civil. v. 3. 14 ed. Salvador: Juspodivm, 2017.

DIDIER JR., Fredie; ZANETI JR., Hermes. *Curso de direito processual civil: processo coletivo*. v. 4. 10. ed. Salvador: JusPodivm, 2016.

DINAMARCO, Cândido Rangel. *Instituições de Direito Processual Civil*: volume 1. 9. ed. São Paulo: Malheiros, 2017.

DINAMARCO, Cândido Rangel. Processo civil comparado. *Revista de Processo*, v. 90, 1998.

DINAMARCO, Cândido Rangel; LOPES, Bruno Vasconcelos Carrilho. *Teoria geral do novo processo civil*. 2. ed. São Paulo: Malheiros, 2017.

FERRAZ JR., Tércio Sampaio. *Função social da dogmática jurídica*. 2. ed. São Paulo: Atlas, 2015.

FERRAZ, Thaís Schilling. *O precedente constitucional:* construção e eficácia do julgamento da questão com repercussão geral. São Paulo: Saraiva, 2017.

FIGUEROA, Jim Ramírez. *Los hechos en el precedente:* fundamentos para un uso adecuado del precedente constitucional. Lima: Yachat Legal, 2020.

FRANCO, Afonso Arinos de Melo. Minha evolução para o parlamentarismo. *Revista de Ciência Política,* v. 27, n. 2, mai./ago. 1984.

FREIRE, Alexandre. Comentário ao artigo 1.040. In: CABRAL, Antonio do Passo; CRAMER, Ronaldo. *Comentários ao Novo Código de Processo Civil.* 2. ed. Rio de Janeiro: Forense, 2016.

FUX, Luiz. *Curso de Direito Processual Civil.* 5. ed. Rio de Janeiro: Forense, 2022.

FUX, Luiz. *Curso de direito processual civil* v. 1. 4. ed. Rio de Janeiro: Forense, 2008.

FUX, Luiz. Juízo 100% Digital e a vocação da moderna atividade jurisdicional. In: FUX, Luiz; ÁVILA, Henrique; CABRAL, Trícia Navarro Xavier. *Tecnologia e Justiça Multiportas.* Indaiatuba: Editora Foco, 2021.

FUX, Luiz. Processo e Constituição. In: FUX, Luiz (coord). *Processo Constitucional.* Rio de Janeiro: Forense, 2013.

FUX, Luiz; BODART, Bruno. Notas sobre o princípio da motivação e a uniformização da jurisprudência no novo Código de Processo Civil à luz da análise econômica do Direito. *Revista de Processo,* v. 269, jul. 2017.

FUX, Luiz; BODART, Bruno. *Processo Civil e Análise Econômica.* Rio de Janeiro: Forense, 2019.

GAIO JÚNIOR, Antônio Pereira. Considerações acerca da compreensão do modelo de vinculação às decisões judiciais: os precedentes no novo Código de Processo Civil brasileiro. *Revista de Processo.* vol. 257. ano 41. São Paulo: Revista dos Tribunais, jul. 2016.

GAIO JÚNIOR, Antônio Pereira. *Instituições de Direito Processual Civil.* 4. ed. Salvador: JusPodivm, 2020.

GAIO JÚNIOR, Antônio Pereira. Os perfis do incidente de assunção de competência no CPC/2015. In: GAIO JÚNIOR, Antônio Pereira (org.). *Direito processual em movimento – vol. VIII.* Curitiba: CRV, 2019.

GALANTER, Marc. Why the haves come out ahead? Speculations on the limits of legal change. *Law and Society Review,* v. 9, n. 1, p. 95-160, 1974.

GOMES, Orlando. *Introdução ao Direito Civil.* 22. ed. Rio de Janeiro: Forense, 2019.

GONÇALVES, Carlos Roberto. *Direito Civil brasileiro:* parte geral. Vol. 1. 7. ed. São Paulo: Saraiva, 2009.

GONÇALVES, Marcelo Barbi. O incidente de resolução de demandas repetitivas e a magistratura deitada. *Revista de Processo,* v. 222, ago. 2013.

GONZALEZ, Anselmo Moreira. *Repetitivos ou "impeditivos"? Sistematização do Recurso Especial Repetitivo.* Salvador: JusPodivm, 2020.

GOODHART, Arthur L. Determining the *ratio decidendi* of a case. *Yale Law Journal*, v. 40, dez. 1930.

GRECO, Leonardo. Garantias fundamentais do processo: o processo justo. *Estudos de Direito Processual*. Campos dos Goytacazes: Faculdade de Direito de Campos, 2005.

GRECO, Leonardo. *Instituições de Processo Civil: introdução ao Direito Processual Civil*. Vol. 1. 5. ed. Rio de Janeiro: Forense, 2015.

GRECO, Leonardo. Novas súmulas do STF e alguns reflexos sobre o mandado de segurança. *Revista Dialética de Direito Processual*, são Paulo, n. 10, jan. 2004.

GRECO, Leonardo. Publicismo e Privatismo no Processo Civil. *Revista de Processo*, v. 164, out. 2008.

GRINOVER, Ada Pellegrini et al. *Código Brasileiro de Defesa do Consumidor comentado pelos autores do anteprojeto*. 12. ed. Rio de Janeiro: Forense, 2019.

GRINOVER, Ada Pellegrini. *Ensaio sobre a processualidade*. Brasília: Gazeta Jurídica, 2016.

GUASTINI, Riccardo. *Das fontes às normas*. Trad. Edson Bini. São Paulo: Quartier-Latin, 2005.

HART, Herbert L. A. *The concept of law*. Oxford: Clarendon Press, 1993.

HILL, Flávia Pereira. *O Direito Processual Transnacional como forma de acesso à justiça no século XXI*: os reflexos e desafios da sociedade contemporânea para o Direito Processual Civil e a concepção de um título executivo transnacional. Rio de Janeiro: GZ, 2013.

HOLMES, Oliver Wendell. *The Common Law*. New York: Dover Publications, 1991.

JOBIM, Marco Félix; OLIVEIRA JÚNIOR, Zulmar Duarte de. *Súmula, jurisprudência e precedente: da distinção à superação*. Porto Alegre: Livraria do Advogado, 2021.

KAPLOW, Louis. "Information and the aim of adjudication: truth or consequences?". *In*: Stanford Law Review, Volume 67, Issue 6, 2015.

LANDES, William M; POSNER, Richard A. Legal Precedent: a theoretical and empirical analysis. *The Journal of Law & Economics* 249, 1976.

LARENZA, Karl. *Metodologia da ciência do direito*. Gulbenkian, 1997.

LEAL, Victor Nunes. Passado e Futuro da Súmula do STF. *Revista de Direito Administrativo*, v. 145. Rio de Janeiro: FGV, 1981.

LEMOS, Vinicius Silva. *O incidente de assunção de competência: da conceituação à procedimentalidade*. Salvador: JusPodivm, 2018.

LEMOS, Vinicius Silva. *Recursos e Processos nos Tribunais*. 4. ed. Salvador: JusPodivm, 2020.

LIEBMAN, Enrico Tullio. A força criativa da jurisprudência e os limites impostos pelo texto da lei. *Revista de Processo*, v. 11, n. 43, jul./set. 1986.

LIEBMAN, Enrico Tullio. *Eficácia e autoridade da sentença e outros escritos sobre a coisa julgada*. Tradução de Alfredo Buzaid e Benvindo Aires, tradução dos textos posteriores à edição de 1945 com notas relativas ao direito brasileiro vigente de Ada Pellegrini Grinover. 4. ed. Rio de Janeiro: Forense, 2007.

LIEBMAN, Enrico Tullio. *Manual de Direito Processual Civil*. vol. 1. São Paulo: Malheiros, 2005.

LIMA, Paulo Roberto de Oliveira. *Contribuição à teoria da coisa julgada*. São Paulo: Revista dos Tribunais, 1997.

LOPES FILHO, Juraci Mourão. *Os precedentes judiciais no constitucionalismo brasileiro contemporâneo*. 3. ed. Salvador: JusPodivm, 2020.

MADEIRA, José Maria Pinheiro. *Administração Pública Centralizada e Descentralizada*. 2. ed. Rio de Janeiro: América Jurídica, 2004.

MANCUSO, Rodolfo de Camargo. *Divergência jurisprudencial e súmula vinculante*. 4. ed. São Paulo: Revista dos Tribunais, 2010.

MANCUSO, Rodolfo de Camargo. *Incidente de Resolução de Demandas Repetitivas*: a luta contra a dispersão jurisprudencial excessiva. São Paulo: Revista dos Tribunais, 2016.

MARCHIORI, Marcelo Ornellas. *Centro Nacional de Inteligência da Justiça Federal. Estratégias de prevenção de conflitos, monitoramento e gestão de demandas e precedentes*. Brasília: Conselho da Justiça Federal, Centro de Estudos Judiciários, 2019. Vol. 2.

MARCHIORI, Marcelo Ornellas. O modelo criativo e funcional do sistema de precedentes brasileiro: proposta para a atuação unificada da repercussão geral e dos recursos repetitivos. In: MENDES, Aluisio Gonçalves de Castro; PORTO, José Roberto Mello (coords). *Incidente de Resolução de Demandas Repetitivas: panorama e perspectivas*. Salvador: JusPodivm, 2020.

MARINONI, Luiz Guilherme. *A ética dos precedentes:* justificativa do novo CPC. São Paulo: Revista dos Tribunais, 2016.

MARINONI, Luiz Guilherme. Coisa julgada sobre questão, inclusive em benefício de terceiro. *Revista de Processo*. São Paulo: Editora Revista dos Tribunais, v. 259, set. 2016.

MARINONI, Luiz Guilherme. Eficácia Vinculante: a ênfase à ratio decidendi e à força obrigatória dos precedentes. *Revista de Processo*. vol. 184. jun. 2010.

MARINONI, Luiz Guilherme. *Incidente de resolução de demandas repetitivas*: decisão de questão idêntica x precedente. São Paulo: Revista dos Tribunais, 2016.

MARINONI, Luiz Guilherme. Incidente de resolução de demandas repetitivas e recursos repetitivos: entre precedente, coisa julgada sobre questão, direito subjetivo ao recurso especial e direito fundamental de participar. *Revista dos Tribunais*, v. 962, p. 131-151, dez. 2015.

MARINONI, Luiz Guilherme. *Julgamento nas Cortes Supremas: precedente e decisão do recurso diante do novo CPC*. 2. ed. São Paulo: Revista dos Tribunais, 2017.

MARINONI, Luiz Guilherme. *O STJ enquanto corte de precedentes*. 2. ed. São Paulo: Revista dos Tribunais, 2014.

MARINONI, Luiz Guilherme. *Precedentes obrigatórios*. 4. ed. São Paulo: Revista dos Tribunais, 2016.

MARINONI, Luiz Guilherme; MITIDIERO, Daniel. *Comentários ao Código de Processo Civil*, v. 16. São Paulo: Revista dos Tribunais, 2016.

MAZZOLA, Marcelo. Qual a relação entre mediação extrajudicial, precedentes e negócios jurídicos processuais?. *Migalhas*. 24/05/2016.

MAZZOLA, Marcelo; VALE, Luís Manoel Borges do. Contagem de votos: divergências quantitativa/qualitativa e a esquizofrenia no âmbito dos tribunais. *Revista de Processo*, vol. 317, jul. 2021.

MEDINA, José Miguel Garcia. Integridade, estabilidade e coerência da jurisprudência no Estado Constitucional e Democrático de Direito: o papel do precedente, da jurisprudência e da súmula, à luz do CPC/2015. *Revista dos Tribunais*. v. 974. dez./2016.

MEIRELLES, Hely Lopes. *Direito Administrativo Brasileiro*. 18. ed. São Paulo: Malheiros, 1993.

MELLO, Patrícia Perrone Campos. Precedentes e vinculação. Instrumentos do Stare Decisis e Prática Constitucional Brasileira. *Revista de Direito Administrativo*. Rio de Janeiro, v. 241, jul. - set., 2005.

MENDES, Aluisio Gonçalves de Castro. *Ações coletivas e meios de resolução coletiva de conflitos no direito comparado e nacional*. 4. ed. São Paulo: Revista dos Tribunais, 2014.

MENDES, Aluisio Gonçalves de Castro. *Incidente de resolução de demandas repetitivas*: sistematização, análise e interpretação do novo instituto processual. Rio de Janeiro, Forense, 2017.

MENDES, Aluisio Gonçalves de Castro; PORTO, José Roberto Mello (coords). *Incidente de Resolução de Demandas Repetitivas: panorama e perspectivas*. Salvador: JusPodivm, 2020.

MENDES, Aluisio Gonçalves de Castro. *Jurisprudência e precedentes no direito brasileiro contemporâneo: estudos em homenagem a José Carlos Barbosa Moreira e Ada Pellegrini Grinover*. In: SIMONS, Adrian; MENDES, Aluisio Gonçalves de Castro; RAGONE, Alvaro Pérez; LUCON, Paulo Henrique dos Santos. Estudos em homenagem a Ada Pellegrini Grinover e José Carlos Barbosa Moreira. São Paulo: Tirant Lo Blanch, 2019.

MENDES, Aluisio Gonçalves de Castro; NETO, Odilon Romano. Análise da relação entre o novo incidente de resolução de demandas repetitivas e o microssistema dos Juizados Especiais. *Revista de Processo*, v. 245, jul.2015.

MENDES, Aluisio Gonçalves de Castro; PORTO, José Roberto Sotero de. *Incidente de Assunção de Competência*. 2. ed. Rio de Janeiro: GZ, 2021.

MENDES, Aluisio Gonçalves de Castro; TEMER, Sofia. O incidente de resolução de demandas repetitivas do novo Código de Processo Civil. *Revista de Processo*, v. 243, mai. 2015.

MENDES, Gilmar Ferreira; BRANCO, Paulo Gustavo Gonet. *Curso de Direito Constitucional*. 12. ed. São Paulo: Saraiva, 2017.

MITIDIERO, Daniel. *Cortes superiores e cortes supremas: do controle à interpretação, da jurisprudência ao precedente*. 2. ed. São Paulo: Revista dos Tribunais, 2015.

MITIDIERO, Daniel. *Precedentes: da persuasão à vinculação*. 4. ed. São Paulo: Revista dos Tribunais, 2022.

MITIDIERO, Daniel. *Reclamação nas Cortes Supremas*. São Paulo: Revista dos Tribunais, 2020.

MONNERAT, Fábio Victor da Fonte. *Súmulas e precedentes qualificados*: técnicas de formação e aplicação. São Paulo: Saraiva, 2019.

MONTORO, André Franco. O problema das fontes do direito: fontes formais e materiais. *Revista de Informação Legislativa*, n. 32, out./dez. 1971.

MORATO, Leonardo Lins. *Reclamação*. São Paulo: Revista dos Tribunais, 2006.

MOREIRA, Egon Bockmann. *Processo Administrativo*. Princípios constitucionais, a Lei 9.784/199 e o Código de Processo Civil/2015. 5. ed. São Paulo: Malheiros, 2017.

MOREIRA, Egon Bockmann; PEREIRA, Paula Pessoa. Art. 30 da LINDB. O dever jurídico de incrementar a segurança jurídica. *Revista de Direito Administrativo*. Rio de Janeiro. Edição Especial: Direito Público na Lei de Introdução às Normas de Direito Brasileiro – LINDB (Lei nº. 13.655/2018), nov. 2018.

MOTTA, Otávio. Aspectos da justificação das decisões judiciais em perspectiva comparada. *Revista de Processo Comparado*. v. 2, jul./dez. 2015.

NADER, PAULO. *Introdução ao Estudo do Direito*. 44. ed. Rio de Janeiro: Forense, 2022.

NERY JUNIOR, Nelson. *Princípios do processo na Constituição Federal*. 12. ed. São Paulo: Revista dos Tribunais, 2016.

NERY JÚNIOR, Nelson; NERY, Rosa Maria de Andrade. *Código de Processo Civil Comentado*. 6. ed. São Paulo: Revista dos Tribunais, 2021.

NIEVA-FENOLL, Jordi. *Coisa julgada*. Tradução Antonio do Passo Cabral. São Paulo: Revista dos Tribunais, 2016.

NUNES, Dierle. Comentário ao artigo 1.040. In: WAMBIER, Teresa Arruda Alvim *et al.* (coords). *Breves comentários ao novo código de processo civil*. São Paulo: Revista dos Tribunais, 2015.

OLIVEIRA SANTOS, Pedro Felipe de; ARABI, Abhner Youssif Mota. Cortes digitais: a experiência do Supremo Tribunal Federal. In: FUX, Luiz; ÁVILA, Henrique; CABRAL, Trícia Navarro Xavier. Tecnologia e Justiça Multiportas. Indaiatuba: Editora Foco, 2021.

OLIVEIRA, Pedro Miranda de. Comentário ao artigo 1.035. In: ALVIM, Teresa Arruda et al. (coords.). *Breves comentários ao novo Código de Processo Civil*. São Paulo: Revista dos Tribunais, 2015.

OLIVEIRA, Rafael Carvalho Rezende. *Precedentes Administrativos*. Rio de Janeiro: Forense, 2018.

OLIVEIRA, Weber Luiz de. Precedentes judiciais na Administração Pública. *Revista de Processo*, vol. 251, jan. 2016.

OLIVEIRA, Weber Luiz de. *Precedentes judiciais na Administração Pública*. Salvador: JusPodivm, 2019.

OSNA, Gustavo. Direitos individuais homogêneos. Pressupostos, fundamentos e aplicação no processo civil. São Paulo: Revista dos Tribunais, 2014.

PEREIRA, Caio Mário da Silva. *Instituições de Direito Civil*: introdução ao Direito Civil – Teoria Geral de Direito Civil. Atualizadora e colaboradora: Maria Celina Bodin de Moraes. 34. ed. Rio de Janeiro: Forense, 2022.

PEREIRA, Rafael Caselli. *A influência dos fatos na formação de precedentes*. Londrina: Thoth, 2022.

PICARDI, Nicola. *Jurisdição e processo*. Organizador e revisor técnico da tradução Carlos Alberto Alvaro de Oliveira. Rio de Janeiro: Forense, 2008.

PINHO, Humberto Dalla Bernardina de. *Jurisdição e pacificação*: limites e possibilidades do uso dos meios consensuais de resolução de conflitos na tutela dos direitos transindividuais e pluri-individuais. Curitiba: CRV, 2017.

PINHO, Humberto Dalla Bernardina de. *Manual de Direito Processual Civil Contemporâneo*. São Paulo: Saraiva, 2019.

PINHO, Humberto Dalla Bernardina de; MAZZOLA, Marcelo. *Manual de Mediação e Arbitragem*. 2. ed. São Paulo: Saraiva, 2021.

PINHO, Humberto Dalla Bernardina de; PORTO, José Roberto Sotero de Mello. *Manual de Tutela Coletiva*. São Paulo: Saraiva, 2020.

PINHO, Humberto Dalla Bernardina de; RODRIQUES, Roberto de Aragão Ribeiro. O microssistema de formação de precedentes judiciais vinculantes previstos no novo CPC. *Revista de Processo*, v. 41, set.2016.

PORTO, José Roberto Mello; MARTINS, Danniel Adriano Araldi. STF não adota (ainda) a abstrativização do controle difuso. *Consultor Jurídico*. 10 de maio de 2019.

PORTO, José Roberto Sotero de. *Teoria Geral dos Casos Repetitivos*. Rio de Janeiro: GZ, 2018.

PUGLIESE, William. *Precedentes e a civil law brasileira:* interpretação e aplicação do novo código de processo civil. São Paulo: Revista dos Tribunais, 2016.

RÁO, Vicente. *O direito e a vida dos direitos.* 2. ed. São Paulo: Resenha Universitária, 1976.

REALE JÚNIOR, Miguel. *Lições preliminares de Direito.* 25. ed. São Paulo: Saraiva: 2001.

RIZZARDO, Arnaldo. *A sentença:* ação anulatória, ação rescisória. São Paulo: Revista dos Tribunais, 2021.

RODRIGUES, Marco Antonio dos Santos. *A modificação do pedido e da causa de pedir no processo civil.* Rio de Janeiro: Mundo Jurídico, 2014.

RODRIGUES, Marco Antonio dos Santos. *Manual dos recursos, ação rescisória e reclamação.* São Paulo: Atlas, 2017.

RODRIGUES, Roberto de Aragão Ribeiro. *Precedente formado em casos repetitivos:* eficácia, issue preclusion e as teses jurídicas prejudiciais. Curitiva: Juruá, 2017.

SALOMÃO, Rodrigo Cunha Mello. *A Relevância da Questão de Direito no Recurso Especial.* Curitiba: Juruá, 2020.

SANTOS, Moacyr Amaral. *Primeiras linhas de direito processual civil.* vol. 1. 23. ed. São Paulo: Saraiva, 2004.

SANTOS, Moacyr Amaral. *Primeiras linhas de direito processual civil.* vol. 3. 19. ed. São Paulo: Saraiva, 2000.

SCHAUER, Frederick. Precedent. *Social Science Research Network*, 2011.

SCHENK, Leonardo Faria. *Cognição sumária:* limites impostos pelo contraditório no Processo Civil. São Paulo: Saraiva, 2017.

SCHENK, Leonardo Faria. Breve relato histórico das reformas processuais na itália. Um problema constante: a lentidão dos processos cíveis. *Revista Eletrônica de Direito Processual*, vol 2, n. 2, 2008.

SCHMITZ, Leonard Ziesemer. Compreendendo os "precedentes" no Brasil: fundamentação de decisões com base em outras decisões. *Revista de Processo*, São Paulo, v. 226, dez. 2013.

SESMA, Victoria Iturralde. *El precedente en el common law.* Madri: Civitas, 1995.

SILVA, Joseane Suzart Lopes da. O incidente de resolução de demandas repetitivas e a proteção da coletividade consumerista: uma análise crítica do novel instituto. *Revista de Direito do Consumidor*, v.109, jan./fev. 2017.

SILVA, Marcos Rolim da. Regulação econômica pelo Judiciário? Riscos e potencialidades da análise judicial de questões regulatórias no contexto do novo CPC. *Revista de Processo Comparado*, v. 5, p. 107-140, jan./jun. 2017.

SILVA, Ovídio Araújo Baptista da. *Curso de Processo Civil:* processo de conhecimento. Vol. 1. 5. ed. São Paulo: Revista dos Tribunais, 2000.

SILVA, Ticiano Alves e. O incidente de resolução de demandas repetitivas e as agências reguladoras: o conteúdo jurídico do § 2º do art.985 do CPC. In: ARAÚJO, José Henrique Mouta; CUNHA, Leonardo Carneiro da; RODRIGUES, Marco Antonio (coords.). *Fazenda Pública*. 2. ed. Salvador: Juspodivm, 2016.

SILVEIRA, Bruna Braga da. *Litigiosidade repetitiva, processo e regulação*: interações entre o judiciário e o órgão regulador no julgamento de casos repetitivos. Salvador: JusPodivm, 2021.

SOUTO, Marco Juruena Villela Souto. *Direito Administrativo Regulatório*. Rio de Janeiro: Lumen Juris, 2002.

SOUTO, Marcos Juruena Villela. Extensão do Poder Normativo das Agências Reguladoras. In: ARAGÃO, Alexandre Santos de (coord). *O Poder Normativo das Agências Reguladoras*. 2. ed. Rio de Janeiro: Forense, 2011.

STONE, Julius. The *ratio* of the *ratio decidendi*. The Modern Law Review, vol. 22, n. 6, nov. 1959.

TARUFFO, Michele. Apuntes sobre las funciones de la motivación. *Revista Iberoamericana de Derecho Procesal*. v. 4, jul-dez. 2016.

TARUFFO, Michele. La giurisprudenza tra casistica e uniformità. *Rivista Trimestrale di Diritto e Procedura Civile*, ano LXVIII, n. 1. Milano: Giuffrè, mar. 2014.

TEIXEIRA, Guilherme Puchalski. Incidente de Resolução de Demandas Repetitivas: projeções em torno de sua eficiência. *Revista de Processo*, v. 251, jan. 2016.

TEIXEIRA, Sálvio de Figueiredo. *A Criação e Realização do Direito na Decisão Judicial*. Rio de Janeiro: Forense, 2003.

TEMER, Sofia. *Incidente de Resolução de Demandas Repetitivas*. Salvador: Juspodivm, 2016.

TENÓRIO, Oscar. *Lei de Introdução ao Código Civil brasileiro*. Rio de Janeiro: A noite, 1944.

TEPEDINO, Gustavo; OLIVA, Milena Donato. *Fundamentos de Direito Civil*: Teoria Geral do Direito Civil. 3. ed. Rio de Janeiro: Forense, 2022.

TESHEINER, José Maria Rosa. *Elementos para uma teoria geral do processo*. São Paulo: Saraiva, 1993.

TESHEINER, José Maria Rosa. *Precedentes, jurisdinormação e fundamentação da sentença*. Disponível em: https://www.academia.edu/28266388/Precedentes_jurisdinorma%C3%A7%C3%A3o_e_ fundamenta%C3%A7%C3%A3o_da_senten%C3%A7a.

THAMAY, Rennan. *Coisa Julgada*. 2. ed. São Paulo: Revista dos Tribunais, 2020.

THEODORO JÚNIOR, Humberto. *Curso de Direito Processual Civil*. Vol. 3. 54. ed. Rio de Janeiro: Forense, 2021.

THEODORO JÚNIOR, Humberto; NUNES, Dierle; BAHIA, Alexandre Melo Franco; PEDRON, Flávio Quinaud. *Novo CPC – Fundamentos e sistematização*. 3. ed. Rio de Janeiro: Forense, 2016.

TUCCI, José Rogério Cruz e. *Limites subjetivos: da eficácia da sentença e da coisa julgada civil.* São Paulo: Revista dos Tribunais, 2006.

TUCCI, José Rogério Cruz e. *Precedente judicial como fonte do direito.* 2. ed. Rio de Janeiro: GZ, 2021.

TUSHNET, Mark. Os precedentes judiciais nos Estados Unidos. trad. Flavio Portinho Sirangelo. *Revista de Processo,* v. 218, abr. 2013.

VALE, Luís Manoel Borges do; OLIVEIRA, Rafael Carvalho Rezende (coords.). *Por uma teoria dos precedentes administrativos.* Salvador: JusPodivm, 2022.

VENOSA, Silvio de Salvo. *Introdução ao estudo do Direito.* 7. ed. Barueri: Atlas, 2022.

VIGO, Rodolfo Luis. *Interpretación (argumentación) jurídica em el Estado de Derecho Constitucional.* Santa Fe: Rubinzal-Culzoni, 2015.

VILLEY, Michel. *A formação do pensamento jurídico moderno.* 2. ed.São Paulo: WMF Martins Fontes, 2009.

WAMBAUGH, Eugene. *The study of cases: a course of instruction.* 2. ed. Boston: Little Brown and Company, 1984.

WAMBIER, Luiz Rodrigues; TALAMINI, Eduardo. *Curso avançado de processo civil.* v. 2. 16. ed. São Paulo: Editora Revista dos Tribunais, 2016.

WOLKART, Erik Navarro. *Análise Econômica do Processo Civil.* São Paulo: Revista dos Tribunais, 2020.

ZANETI JR, Hermes. Comentário ao art. 927. In; CABRAL, Antonio do Passo; CRAMER, Ronaldo. *Comntários ao novo Código de Processo Civil.* 2. ed. Rio de Janeiro: Forense, 2016.

ZANETI JR., Hermes. *O valor vinculante dos precedentes: teoria dos precedentes normativos formalmente vinculantes.* 2. ed. Salvador: JusPodivm, 2016.

ZAVASCKI, Teori Albino. *Eficácia das sentenças na jurisdição constitucional.* 4. ed. São Paulo: Revista dos Tribunais, 2017.

ZAVASCKI, Teori Albino. *Processo coletivo: tutela de direitos coletivos e tutela coletiva de direitos.* 7. ed. São Paulo: Revista dos Tribunais, 2017.

ZWEIGERT, R; KÖTZ, H. *An introduction to comparative law.* 3. ed. Oxford: Clarendon Press, 1998.

editoraletramento
editoraletramento.com.br
editoraletramento
company/grupoeditorialletramento
grupoletramento
contato@editoraletramento.com.br

editoracasadodireito.com
casadodireitoed
casadodireito